위대한 스승의 가르침
족첸의 '롱첸닝틱'을 위한 예비수행 지침서

지은이 **뺄뛸 린뽀체**(꾼켄직메 최기왕뽀, 1808~1887)
오갠 직메 최기왕뽀라고도 하는 뺄뛸 린뽀체는 티벳 동부 캄의 유목민 마을인 자추카에서 태어났다. 초대 도둡첸 린뽀체에 의해서 성취자 뺄게삼뗀푼촉의 환생자로 인정받았다. 뺄게삼뗀푼촉은 '옴마니 빼메훔'이 새겨진 10만 개의 돌로 돌담을 세운 것으로 유명하다.
근본 스승인 직메갤와뉴구를 만난 뺄뛸 린뽀체는 다른 중요한 가르침의 전승뿐만 아니라, 롱첸닝틱의 예비수행에 대한 가르침을 스물다섯 번 받았으며, 그 모든 가르침을 열심히 공부하고 강한 힘으로 수행했다. 직메갤와뉴구 외에도 초대 도둡첸 직메 틴레외샐·직메 웅오차르·돌라직메·갤새 섄팬타애, 위대한 성취자 도켄쩨 예쉐 도르제를 포함하여 당대의 위대한 수많은 스승들을 만나 가르침을 받은 후에 은둔 수행자가 되어 집이나 절을 소유하지 않고 산속 동굴이나 나무아래에서 지냈다. 당대의 가장 저명한 스승들은 모두 의심할 여지없이 궁극적 본성에 대한 깨달음을 얻은 뛰어난 성취자로 뺄뛸 린뽀체를 기억하고 있다. 그의 삶은 보살의 삶을 여실히 보여 주었으며, 샨띠데와의 환생자로 여겨졌다. 달라이라마 존자께서는 당신이 받들고 전승하는 뺄뛸 린뽀체의 보리심에 대한 가르침을 공공연하게 자주 찬탄하신다.

옮긴이 **오기열**(땐진린첸 까르마꾼가)
전남 함평에서 출생하여 광주일고와 서울공대를 졸업했다. 10년 전 인도·네팔 배낭여행 중 한 티벳 여성과의 운명적 만남이 계기가 되어 티벳어를 배우게 되었다. 그후 티벳 불교에 관심을 갖고, 북인도 다람살라에서 14대 달라이 라마 존자님의 법문을 듣고 친견한 후, 인도철학과 불교공부를 시작했다. 또한 네팔의 안나푸르나 베이스캠프 단독 트레킹을 시작으로, 랑탕히말·안나푸르나 라운딩·조모랑마 베이스캠프 쿰부히말 트레킹에서 고꾜리·칼라파타르·추쿵리에 올랐다. 2018년 곰림(수습차제)을 번역한『까말라실라의 수행의 단계』를 출간했다. 현재 여러 해 동안 인연 있는 사람들에게 티벳어를 가르치고 있다. 이메일은 semsangpo@naver.com 이다.

위대한 스승의 가르침

초판 발행   2012년 3월 30일
3쇄 발행   2020년 2월 2일

저   자   뺄뛸 린뽀체
옮 긴 이   오기열
발 행 인   이연창
편집책임   청암 스님, 김 명
교   정   박재용, 김수남, 신기식
펴 낸 곳   도서출판 지영사
            서울특별시 성북구 성북로 28길 40 낙원연립 라동 101호
            전화 02-747-6333 팩스 02-747-6335
            이메일 maitriclub@naver.com
            등록 1992년 1월 28일 제1-1299호

값 30,000원
ISBN 89-7555-172-7 03220

*책의 초판발행에는 많은 불자들의 도움이 있었습니다.

위대한 스승의 가르침

티벳의 모든 불교 종파의 스승과 제자들이
받들어 공경하는 수행의 나침반

뺄뚤 린뽀체 지음 | 오기열 옮김

THE DALAI LAMA

FOREWORD

Buddhism arrived in Korea and Tibet at different times and by different routes and yet both Tibetan and Korean Buddhism share common roots in India. Assimilation of the same basic principles and practices into different local conditions has given rise to distinct traditions. Nevertheless, in the value we place on our Buddhist heritage, the peoples of Korea and Tibet have much in common. In recent years, many Korean Buddhists have been taking particular interest in Tibetan Buddhism, studying with Tibetan teachers and preparing translations of Tibetan texts into Korean. This particular book is a product of such dedication.

One of the eminent disciples of Jig-me Ling-pa, the exponent of Dzog-pa Chen-po Long-chen Nying-thig, Jig-me Gyal-wai Nyu-gu gave an oral explanation of this teaching which his disciple Dza Pal-trul Rinpoche transcribed, giving it the title: *The Words of my Perfect Teacher* (*Kunsang La-mai Zhal-lung*). This is the book translated here. Making such significant works available in the languages of those who wish to put them into practice is a real gift. I congratulate Tenzin Rinchen, Oh Kiyul, for translating this important text into Korean with the help of Tibetan scholars including Geshe Tenzin Namkha. I trust that Koreans interested in Dzog-chen teachings will derive great value from his work.

In the Great Perfection teachings it is said that we need to identify the basic mind, in relation to which all phenomena are to be understood as the mere projection of the mind. We then familiarise ourselves continuously and single-pointedly with this conviction. However, in order to achieve a thorough understanding of this, we need to engage in the proper practices under the guidance of a qualified master in addition to reading books.

December 27, 2011

14대 달라이 라마 존자님의 서문

　불교는 한국과 티벳에 서로 다른 시기에 그리고 다른 경로를 통해서 도달했지만, 티벳과 한국의 불교는 둘 다 인도에 뿌리를 두고 있습니다. 동일한 기본 원리와 수행법이 서로 다른 지역적 환경에 적응하면서 각기 다른 독특한 전통을 형성했습니다. 그러면서도 한국과 티벳 사람들이 불교에 소중한 가치를 부여하는 데는 많은 공통점을 가지고 있습니다. 최근 수년 동안에 많은 한국 불자들이 티벳 불교에 특별한 관심을 가지고 티벳 스승들과 공부하면서 티벳 서적을 한글로 번역했습니다. 이 책은 그러한 헌신의 산물입니다.

　족첸의 롱첸닝틱을 확립한 직메링빠의 수승한 제자, 직메걀와뉴구께서 이 가르침을 구전으로 전했는데 이것을 그의 제자인 뺄뛸 린뽀체께서 글로 옮겨 적어 『위대한 스승의 가르침』(꾼상라매셀룽)이라는 제목을 붙였습니다. 이 책이 그 번역서입니다. 이처럼 중요한 저술을, 수행하고자 하는 사람들의 언어로 읽을 수 있게 한 것은 진정한 선물입니다. 이 소중한 책을 게쉐 땐진남카 등 티벳 학자들의 도움을 받아 땐진린첸(오기열)이 한글로 옮긴 것을 축하드립니다. 이 책이 족첸 가르침을 배우려는 한국인들에게 큰 도움이 되리라고 확신합니다.

　대원만(족첸)의 가르침에서는, 우리는 마음의 본성을 알아차려야 하며 이와 관련하여 모든 현상은 단지 마음의 투사임을 알아야 한다고 말합니다. 그런 다음에 지속적으로 마음을 집중하여 이에 대한 확신을 몸으로 익혀야 합니다. 그렇지만 이에 대한 온전한 깨달음을 성취하려면, 책을 읽는 것뿐만 아니라 자격을 갖춘 스승의 안내를 받아 올바른 수행을 해야 합니다.

2011년 12월 27일 달라이 라마

समन्तभद्र गुरोर्मुखागम नाम
महासन्धि महाधातु चित्ततिल कस्य
पूर्व गतीनां नायकम्वार्णण
विहरति स्म ॥

༄༅། །རྫོགས་པ་ཆེན་པོ་ཀློང་ཆེན་སྙིང་ཏིག་གི་
སྔོན་འགྲོའི་ཁྲིད་ཡིག་
ཀུན་བཟང་བླ་མའི་ཞལ་ལུང་
ཞེས་བྱ་བ་བཞུགས་སོ།།

족첸의 룽첸닝틱을 위한

예비수행 지침서

'위대한 스승의 가르침'이

여기에 있습니다.

싸만따바드라 구로르무카가마 나마
samantabhadra gurormukhāgama nāma

마하싼디 마하다뚜 찟따띨라 까쌰
mahāsandhi mahādhātu cittatila kasya

뿌르왐 가띠남 나야깜와르나나
pūrvaṃ gatīnāṃ nāyakamvārṇaṇa

비하라띠 쓰마
viharati sma

....

족빠첸뽀 롱첸닝틱기

왼도티익

꾼상라매샬룽

쉐자와숙소

....

족첸의 롱첸닝틱을 위한
예비수행 지침서
'위대한 스승의 가르침'이
여기에 있습니다.

차례

- 14대 달라이 라마 존자님의 서문 •• 4
- 예경문 •• 12

1부 외적인 일반 예비수행

1장 수행의 기회와 유리한 조건은 얻기 어렵다 •• 17
가르침을 듣는 방법 •• 19
수행의 기회와 조건을 얻기 어려움 •• 42

2장 삶은 영원하지 않다 •• 71
외부 환경인 이 세상을 깊이 사유하여 무상함을 수행한다 •• 73
세상 안의 중생들을 사유하여 무상함을 수행한다 •• 76
훌륭한 분들을 사유하면서 무상함을 수행한다 •• 79
모든 유정들의 주재자를 사유하면서 무상함을 수행한다 •• 82
다른 여러 가지 비유를 사유하면서 무상함을 수행한다 •• 85
죽게 되는 상황은 불확실함을 사유하면서 무상함을 수행한다 •• 97
간절히 사유하면서 무상함을 수행한다 •• 100

3장 윤회계의 결함 •• 109
윤회계의 일반적 고통을 깊이 사유한다 •• 111
6도 중생 각각의 고통을 깊이 사유한다 •• 114

4장 행위의 원인과 결과 •• 169
해서는 안 되는 옳지 못한 행위 •• 171
열 가지 불선행의 과보 •• 188

　　　실천해야 할 선한 행위 ·· 197
　　　모든 행위의 본성에 대한 가르침 ·· 201

5장 **해탈의 공덕** ·· 223
　　　해탈의 경지를 얻는 원인 ·· 225
　　　해탈의 결과 ·· 226

6장 **스승을 따르는 방법** ·· 227
　　　스승을 살펴보는 것 ·· 229
　　　스승을 따르는 것 ·· 240
　　　스승의 생각과 행동을 본받는 것 ·· 250

2부 내적인 특별한 예비수행

1장 **귀의(모든 길의 디딤돌)** ·· 283
　　　귀의의 구분 ·· 285
　　　귀의하는 방법 ·· 295
　　　귀의한 다음에 지켜야 할 계율과 귀의의 공덕 ·· 306

2장 **발보리심(대승의 뿌리)** ·· 323
　　　4무량심 닦기 ·· 325
　　　실제 보리심 일으키기 ·· 362
　　　원보리심과 행보리심을 위해 배워 익혀야 할 사항 ·· 370

3장 장애를 닦는 도르제셈빠 수행 ··437
  참회를 통한 정화방법 ··439
  네 가지 대치법 ··443
  도르제셈빠 수행방법 ··448
  백자 만뜨라 독송 ··452

4장 자량을 쌓기 위한 만달라 공양 ··471
  두 가지 자량 쌓기의 필요성 ··473
  성취하는 만달라 ··477
  공양하는 만달라 ··479

5장 꾸살리 자량 쌓기(쬐 수행법) ··497
  몸 공양 ··499
  몸 공양의 수행 ··501
  쬐의 의미 ··511

6장 구루요가(깨달음의 지혜를 얻는 방법) ··519
  구루요가의 중요성 ··521
  구루요가 수행방법 ··529
  세 가지 내부 딴뜨라의 전승 ··569

3부 신속한 길-포와

1장 죽음의 순간을 위한 비밀 구전 가르침 포와
  (의식의 전이)··597
  다섯 가지 포와 방법··599
  세 가지 인식을 이용해 의식을 옮김··606

가르침의 핵심요약··629

- 빨뚤 린뽀체의 후기··641
- 잠괸꽁뚤 린뽀체의 헌사··644
- 목판본 뻬차의 간기··646
- 14대 달라이 라마 존자님의 헌사··647
- 옮긴이 후기··649
- 참고서적··656
- 찾아보기··658

예경문

무연無緣*의 대자비를 지니신
공경하는 모든 스승들께 엎드려 절하옵니다.

승리자의 마음과 '위드야다라'*의 상징의 전승을 지녔으며
보통 사람 중에서 가장 선연善緣이 있으시어
성자들의 보살핌으로 두 가지 의미*를 성취하신
세 가지 전승*의 스승들께 엎드려 절하옵니다.

모든 현상이 다한 법계에서 법신의 지혜를 얻으셨고
광명계 속에서 보신의 정토가 나타나는 것을 보셨으며
제자들에게 나타나, 화신으로 중생들을 이롭게 하신
일체를 아시는 법왕 롱첸빠 앞에 엎드려 절하옵니다.

일체지로 알아야 할 모든 것의 실상을 보셨고
자비의 빛줄기가 제자들의 영광으로 나타났으며
최상승인 심오한 길의 가르침을 분명히 드러내신
릭진직메링빠 앞에 두 손 모아 엎드려 절하옵니다.

아왈로키테쉬와라께서 정신적 친구의 모습으로 나타나

말씀의 빛으로 인연 있는 사람 모두 해탈의 길로 들게 하셨으며
각 중생을 적합한 방편으로 다스리는데 행함이 한량없으신
커다란 은혜를 베푸시는 근본 스승께 엎드려 절하옵니다.

완벽한 가르침은 일체지자 롱첸빠와 그 전승의 저술이며
핵심 구전 가르침으로 한 생애에 성불을 이루는 다르마이니
외적인 일반 예비수행의 길과 내적인 예비수행의 길,
가르침의 일부로 신속한 길 포와수행을 포함합니다.

분명하고 이해하기 쉬우나 심오하고 지극히 수승한
비할 바 없는 스승의 흠 잡을 데 없는 구전 가르침을
내 마음속에 기억하고 있는 그대로 설명하려고 하니
본존과 스승들께서 제 마음의 흐름에 가피를 내려주소서.

이 책은 대원만(족첸) 수행의 '롱첸닝틱'에 대한 외적인 일반 예비수행법과 내적인 예비수행법을, 비할 바 없이 훌륭하신 스승의 구전 가르침에 따라 그대로 기록해 놓은 것입니다. 여기에는 세 가지가 있으니 외적인 일반 예비수행, 내적인 특별한 예비수행, 본수행의 일부인 신속한 길 포와에 대한 가르침입니다.

*무연의 대자비: 중생연자비衆生緣慈悲(쎔짼라믹빼닝제སེམས་ཅན་ལ་དམིགས་པའི་སྙིང་རྗེ་)·법연자비法緣慈悲(최라믹빼닝제ཆོས་ལ་དམིགས་པའི་སྙིང་རྗེ་)·무연자비無緣慈悲(믹메라믹빼닝제དམིགས་མེད་ལ་དམིགས་པའི་སྙིང་རྗེ་)의 세 가지 자비(닝제쑴믹당괴༼ སྙིང་རྗེ་གསུམ་: 삼연자비三緣慈悲) 중에서, 무연자비는 자비를 베푸는 자도 자비의 대상도 자비의 행위도 자성이 없는 환영과 같음을 알아서 일체를 분별하지 않고 베푸는 자비로서, 이것은 공성空性을 깨달은 붓다만이 갖는 자비이다. '대자비'라고 말할 때는 붓다나 보살의 자비를 나타낸다.(『티영사전』과 『장한불학사전』, 600쪽) 세 가지 자비는 유정들이 그들의 불행에서 벗어나기를 간절하게 염원하는 마음의 측면에서 동일하지만 대상에 따라 나눌 때, 중생연자비는 모든 살아있는 존재들의 고통을 관하여 일어나는 연민이고, 법연자비는 중생들의 고통뿐 아니라 중생을 포함한 모든 현상의 무상함을 관하여 일어나는 연민이며, 무연자비는 중생과 모든 현상의 무자성無自性을 관하여 일어나는 연민이다.(『The Dalai Lama Stages of Meditation』, 49쪽)

*영문본에는 '마음전승의 승리자이며, 상징전승의 비드야다라이신'으로 번역했으나, 중문본과 『Tantric Practice In Nyingma』에는 위와 같이 번역되어 있어 이에 따른다. 특히 『Tantric Practice In Nyingma』에서 '승리자'는 이 경우 '꾼두상뽀'를 가리킨다고 설명하고 있다.

*두 가지 의미 있는 일: ①본인에게 의미있는 것 ②다른 사람들에게 의미 있는 것

*세 가지 전승: 승리자의 마음의 전승, 위드야다라의 상징의 전승, 개인의 구전 전승. 상세한 내용은 569쪽 참조.

1부

외적인 일반 예비수행

외적인 일반 예비수행에는 수행 기회와 조건의 얻기 어려움, 삶의 무상함, 윤회계의 결함, 행위의 인과법, 해탈의 이로움, 스승을 따르는 방법, 이렇게 여섯 가지가 있습니다.

■ 일러두기

1. 금강승 밀교의 중요한 용어는 국문과 한문으로만 옮길 경우 의미가 제대로 드러나지 않아 티벳어와 산스끄리뜨어도 함께 옮겼다.
2. 인명이나 지명의 경우 티벳어 원음에 가깝게 표기하였으며, 티벳어 표기는 동국대학교 티벳대장경 연구소의 표기법을 따랐다. 즉 영어나 한자식 표기법을 따르지 않았다. 예를 들면, 대뿡 འབྲས་སྤུངས་ 사원의 경우 영어표기(Drepung)에 따르면 드레풍이 되어야 하나 티벳어 발음에 따라 대뿡으로 표기했으며, 밀라래빠도 영어표기(Milarepa)에 따라 밀라레파로 하지 않고 밀라래빠ཨི་ལ་རས་པ་로 표기했다. 그러나 실제 발음과 차이가 큰 경우는 위의 표기법에 따르지 않았다. 예를 들면, 따시델레나 예쉐의 경우, 표기법에 따라 따씨델레나 예쎄로 하면 너무 된소리가 되므로, 따시델레나 예쉐로 표기했다. 꾼두상뽀의 경우는 원칙대로 발음하면 뀐뚜상뽀가 되어야 하지만 발음의 편의상 꾼두상뽀로 표기했다.
3. 번역의 대본은 『족빠첸뽀 롱첸닝틱기왼도티익 꾼상라매샐룽』(rdzogs pa chen po klong chen snying tig gi sngon 'gro'I khrid yig kun bzang bla ma'I zhal lung, 뺄뛸 린뽀체, 즉 오갠직메최기왕뽀 저술, Sherig Parkhang, 다람살라, India에서 1979년에 목판본을 옵셋 인쇄한 뻬차)이다.
4. 대본의 번역에 참조한 영문 번역본은 『Words of My Perfect Teacher』(Patrul Rinpoche. Translated by Padmakara Translation Group, Vistaar Publications, 2006, Delhi, India)이며, 줄여서 '영문본'으로 표기했다. 주로 참조한 중국어 번역본은, 『普賢上師言教』(巴珠仁波切 著. 佐欽熙日森五明佛學院 번역, 서장인민출판사, 2007, 서장, China)이며, 줄여서 '중문본' 혹은 '중문본 #1'로 표기했다. 몇 부분의 대조를 위해 일부 참조한 다른 중문번역본으로 2007년 북경의 종교문화출판사에서 출판된 『보현상사언교』를 '중문본 #2'로 표기했으며, 2000년 켄뽀 쇠남다르개 བསོད་ནམས་དར་རྒྱས་(索達吉)에 의해 번역되어 대만에서 출판된 『보현상사언교』는 '중문본 #3'로 표기했다.
5. 번역에 설명이 필요한 단어나 문구에는 번호로 각주를 달았으며, 이 경우 주로 참조한 서적으로, 꾼상라매샐룽의 티벳어 주석서인 『닝틱왼도신디』(켄첸응악왕뺄상)이다. 그 영문번역서인 『A Guide to The Words of My Perfect Teacher』(Khenpo Ngawang Pelzang)는 『A Guide to WMPT』로 줄이고, 『Tantric Practice in Nying-ma』(Khetsun Sangpo Rinbochay)은 『TPIN』으로 줄였으며, 『The Dzogchen Innermost Essence Preliminary Practice』(Jigme Lingpa)는 『IEPP』로 줄여서 표기했다.

1장

수행의 기회와 유리한 조건은 얻기 어렵다

수행 기회와 조건의 얻기 어려움에 대한 가르침에는 가르침을 듣는 방법, 설명해야 할 법의 순서, 두 가지가 있습니다.

가르침을 듣는 방법

가르침을 듣는 방법에는 올바른 마음동기와 올바른 행위, 두 가지가 있습니다.

1. 마음동기

올바른 마음동기에는 광대한 마음가짐인 보리심의 마음동기와 광대한 방편인 비밀 만뜨라의 마음동기 두 가지가 있습니다.

광대한 마음가짐인 보리심의 마음동기

윤회계에 사는 모든 유정들은 시작이 없는 때로부터 자신의 아버지나 어머니가 아니었던 사람은 한사람도 없습니다. 부모였을 적에 커다란 사랑으로 돌봐주셨고, 음식 중 가장 좋은 것을 주셨으며, 제일 좋은 옷을 입혀주시면서, 지극한 사랑으로 길러주신 것은 오로지 그분들의 은혜입니다.

그렇지만 그처럼 은혜를 베푼 사람들이 모두 행복을 바라면서도 행복의 씨앗인 열 가지 선행(10선+善)을 행할 줄 모르고, 고통을 바라지 않으면서도 그 씨앗인 열 가지 악행(10불선+不善)을 그만둘 줄 모릅니다. 그래서 간절히 바라는 것과 실제 행동하는 것이 서로 상반되어, 길을 잃고 헤매는 장님이 허허벌판 가운데 버려진 것과 같으니 이러한 중생들 오, 정말 불쌍하구나!

> 내가 이번에 심오하고 수승한 법을 듣고 수행하여
> 중생들이 진정 의미 있는 것을 성취하게 할 수 있으므로
> 6도六道의 고통을 당하고 있는, 전생에 부모였던 이러한 중생들이
> 6도 각각의 모든 업상業相[1]과 고통苦痛과 습기習氣[2]에서 벗어나
> 일체를 아는 붓다의 경지를 얻게 하리라.

라고 생각하는 것이 '광대한 마음가짐인 보리심'입니다. 이러한 마음가짐은 법을 들을 때나 수행할 때 언제나 소중합니다.

크고 작은 어떠한 선근善根[3]을 수행하더라도, 그 선근을 다음에 선업의 인因이 확실히 되도록 방편으로 감싸는 것은 준비단계에 보리심을 일으키는 것이고, 선행이 여러 가지 조건에 의해 파괴[4]되지 않게 하는 것은

---

[1] 업상(래낭ལས་སྣང་) : 전생의 행위, 즉 업業으로 인해 생기는 윤회계의 청정하지 못한 현상 혹은 윤회계에서 겪는 업에 의한 다양한 경험.
[2] 습기(박착བག་ཆགས་) : 수많은 행위, 즉 업이 남긴 발자국. 습기장은 아뢰야식의 습기 혹은 미세한 소지장이다. '번뇌의 습기'와 '번뇌'의 차이점은 다음과 같다. 아라한은 모든 번뇌를 제거한 성인이다. 붓다(상개གངས་རྒྱས་)는 모든 번뇌의 습기까지 완전히 닦아내고(상གངས་) 일체를 다 아는(개རྒྱས་) 분이다.
[3] 선근: 티벳어 게왜짜와དགེ་བའི་རྩ་བ་의 줄임말. 모든 안락과 이로움을 가져다주는 인因으로, 위로 공양을 올리거나 아래로 보시를 하거나 공경하여 섬기는 것 등이다.
[4] 선근은 무엇에 의해 파괴되는가: 다른 사람들을 위해서 완벽한 깨달음을 성취하도록 선행의 공덕을 회향하지 않으면, 선행의 과보를 한번 경험하고 그 다음에는 소멸된다. 만약 화를 내면, 천 겁에 걸쳐 쌓은 보시나 지계로부터 생긴 모든 선행이 화가 마음속에 일어난 바로 그 순간에 파괴된다. 이미 행한 선행에 대해 조금이라도 후회하는 마음이 생긴다면, 선행의 공덕이 없어진다. 마지막으로 선행을 남에게 과시하여 조금이라도 자랑하게 되면, 그 공덕이 소멸된다. 공덕을 소

본수행시 마음에 아무런 생각의 대상을 지니지 않는 것(무연無緣)[5]이며, 선행이 점점 더 늘어나게 하는 것[6]은 마지막에 회향의 인장으로 완벽하게 봉인하는 것으로, '수승한 세 가지 방법'을 지니는 것이 반드시 필요합니다.

따라서 법을 듣는 것에 대해서도 먼저 듣는 방식이 중요한데, 그보다도 법을 듣고자 하는 마음동기가 더 중요합니다.

> 선한 동기인가 선하지 않은 동기인가의 차이 외에
> 선행인가 악행인가는, 그 모습이나 크고 작음에 따르지 않는다.

자신이 위대해지기를 바라거나 명성을 바라는 등 이 세상 삶을 추구하려는 마음동기로는, 법을 아무리 많이 들어도 진정한 법에 이르지 못하기 때문에, 우선 자신의 안을 돌아보고 자신의 마음동기를 바르게 하는 것이 가장 중요합니다. 동기를 이와 같이 바로 세울 줄 안다면 이것이 선행을 능숙한 방편으로 감싸는 것이며, 대중생의 길인 헤아릴 수 없는 공덕의 문에 들어서게 됩니다. 그와 같이 동기를 바로 세울 줄 모른다면,

---

멸시키는 이 네 가지 원인을 제거하기 위해서는, 바탕으로 위대한 중도(우마첸뽀དབུམ་ཆེན་པོ་: 마하마드야미까)의 견해를, 길로 대수인大手印(착갸첸뽀ཕྱག་རྒྱ་ཆེན་པོ་: 마하무드라)의 견해를, 결과로 대원만大圓滿(족빠첸뽀རྫོགས་པ་ཆེན་པོ་: 마하싼디)의 견해를 증득해야 한다. 3륜에 대한 다음과 같은 확신을 일으킴으로써 이러한 견해와 유사한 것을 얻을 수 있으며, 3륜에 대한 확신은 행위자, 행위의 대상, 행위가 비록 현현하지만, 마치 마술처럼, 꿈처럼, 간다르바의 성처럼, 물에 비친 달처럼, 자성(랑신རང་བཞིན་: 본래 존재함)이 없다는 것에 대한 확신을 말한다.(『닝틱왼도신디』, 22~23쪽 요약)

[5] 마음에 아무런 생각의 대상을 지니지 않는 것(믹빠메빠དམིགས་པ་མེད་པ་): 무연. 행위자, 행위의 대상, 행위 그 어느 것도 진실로 존재하지 않으므로, 행하는 동안에 그러한 생각을 조금도 마음에 담아 지니지 않는 것이다.(짬뚤 린뽀체)

[6] 선행이 점차 늘어나게 하는 것: 『혜해청문경』에서, "대양에 떨어뜨린 한 방울의 물은, 대양이 다 마를 때까지 없어지지 않는다. 이와 같이 깨달음(보리)에 온전히 회향한 선행도 깨달음(보리)를 성취할 때까지 마르지 않는다"라고 한 것처럼, 한 방울의 물을 바다에 떨어뜨리면 그 물방울은 거대한 바닷물에 섞여 바닷물이 다 마를 때까지 바다 안에 있는 것처럼, 선행의 공덕을 '일체지의 바다'에 '완벽하게 회향'한다면 완전한 깨달음을 성취할 때까지 그 선행의 공덕은 없어지지 않는다.(『닝틱왼도신디』, 23쪽)

법을 듣거나 수행해도 법의 겉모습만을 향해 다가가는 것입니다. 그러므로 법을 들을 때나 수행할 때, 예를 들어 본존 수행이든, 만뜨라 독송이든, 오체투지든, 꼬라를 돌든, 심지어 '마니' 한 음절을 독송하더라도 보리심의 마음동기를 갖추는 것이 가장 중요합니다.

광대한 방편인 비밀 만뜨라에 대한 마음동기

『삼상등론三相燈論』에서,

> 목표는 같지만 애매하지 않고[7]
> 방편은 다양하고 어려움이 없으며[8]
> 근기가 뛰어난 자들을 위한 것이기 때문에
> 만뜨라승은 특히 수승하다.

---

[7] 현교와 밀교 모두 완전한 붓다의 경지를 궁극의 목표로 삼고 있지만, 밀교는 목표에 도달하는 방법에서 현교와 다르다. 밀교는 네 가지 면에서 현교보다 수승하다. 미혹에서 벗어난 견해, 다양한 수습의 방편, 어려움 없는 행, 최상근기의 수행자가 그것들이다. 첫째, 현교와 밀교 모두 궁극의 공간인 법계(ཆོས་ཀྱི་དབྱིངས་, dharmadhatu)를 대상으로 삼고 있지만, 각각의 견해는 본질적으로 다르다. 전자는 마치 명료하지 못한 시각으로 형상을 보는 것과 같고, 후자는 명료한 시각으로 보는 것과 같다. 원인승 즉 현교에서는 승의적 진리인 법성을 여덟 가지 극단적 희론(팔변희론)에서 벗어난 대공성으로 확립하지만, 법계와 원초적 지혜의 쌍운(དབྱིངས་ཡེ་ཟུང་འཇུག་)에 대한 본성을 여실히 깨달을 수 없다. 미혹된 측면을 제거한 다음, 법계와 원초적 지혜의 쌍운에 대한 본성을 확립시킴으로써, 법성에 대한 견해가 미혹에서 벗어난다. 원인승에서는 실체로 보이는 세속의 현상들을 마법적 환영처럼 연기緣起된 것으로 확립한다. 그렇지만 보통의 청정하지 못한 현상들을 환영처럼 인식하는 것 외에, 그러한 현상들을 불신佛身(kayas)과 원초적 지혜로 확립하지는 못하여, 미혹된 측면을 가진다. 비밀 만뜨라 금강승에서는 불신과 원초적 지혜의 유희를 수습하고 위대한 법신, 즉 분리할 수 없는 두 가지 진리로서 확립된다. 분리할 수 없는 두 가지 진리는 본래부터 법계와 원초적 지혜가 둘로 분리될 수 없음을 의미한다.(『닝틱왼도신디』, 25~26쪽)

[8] 둘째, 수습의 측면에서 수승하다. 수습의 방편으로 생기차제가 있으며 지혜로서 원만차제가 있다. 즉 방편이 다양하다. 셋째, 행하는 측면에서 수승하다. 인승因乘은 다섯 가지 감각적 즐거움을 제거하지 않고서 깨달음을 성취하는 길에 대한 가르침이 없지만, 과승果乘인 밀승은 오히려 다섯 가지 감각적 즐거움을 부정하지 않고 청정한 인식의 길로 가져감으로써, 마음을 신속하게 그리고 어려움 없이 번뇌로부터 보호할 수 있다. 그래서 법신과 색신 쌍운의 경지인 '도르체창'의 경지를 한 생애에 한 몸으로 성취할 수가 있다.(『닝틱왼도신디』, 26쪽)

고 말한 것처럼 비밀 만뜨라 금강승에는 들어가는 길이 많으며, 복덕과 지혜자량을 쌓는 방편이 다양하고, 커다란 어려움을 겪을 필요 없이 결과를 증득하게 하는 심오한 방편들이 있지만, 그것들의 근본은 우리의 염원(마음동기)이 어디로 향하느냐에 달려 있습니다.[9]

> 모든 현상은 조건에 따르므로
> 전적으로 자신의 염원이나 마음동기[10]에 달려 있다.

라고 말한 것처럼, 법을 설하는 장소와 법을 설하는 사람 등을 보통의 청정하지 않은 모습으로 보지 말고 다섯 가지 완벽함(5원만五圓滿)[11]을 관상하면서 들으세요.

완벽한 장소는 옥민[12]이라는 법계의 궁전, 완벽한 스승은 법신 싸만따바드라,[13] 완벽한 대중(권속)은 승리자의 마음의 전승자와 위드야다라[14]의 상징의 전승자인 남성 여성 보살과 남녀 본존들 그 자체로 관상하세요.

혹은 법을 설하는 바로 이 자리가 성스러운 구리 빛 산의 '연꽃 빛 궁전(상독뺄리의 연화광궁)'이고, 법을 설하는 바로 이 스승이 우갠국의 빠드마

---

9 아무리 가르침이 심오하고 아무리 과정이 신속해도 수행자에게 염원이나 관심, 의지 등 강한 마음동기가 없다면, 어떠한 일도 일어나지 않을 것이다.(『Tantric Practice in Nying-ma』, 27쪽 참조)
10 마음동기: 티벳어 뒨빼쩨ངུན་པའི་རྩེ་를 직역하면 '염원(aspiration)의 꼭대기'이며, '꼭대기 혹은 정상'을 '가장 핵심적인 것'이라고 본다면 '마음의 동기 또는 의도'로 해석된다. 예를 들면, 동기가 순수하면 주위에 뜻하지 않게 저절로 도움의 손길들이 모여들며, 강하고 선한 마음동기를 가지면 결국에 염원한대로 이루어진다.
11 다섯 가지 완벽함: 완벽한 장소(처處원만), 완벽한 스승(사師원만), 완벽한 대중(권속眷屬원만), 완벽한 가르침(법法원만), 완벽한 시간(시時원만).
12 옥민(옥민འོག་མིན་, ⓢākanishtha): 색구경천色究竟天. 색계 4선정四禪定의 세계 중 최상의 세계.
13 싸만따바드라(ⓢsamantabhadra): 티벳어로 꾼두상뽀ཀུན་ཏུ་བཟང་. 보현불. 본래의 법신불이며 닝마빠의 본초불이다.
14 위드야다라(ⓢvidyādhara): 티벳어 릭진རིག་འཛིན་은 '실상에 대한 각성을 지닌 자'를 의미하며 금강승을 성취한 수행자를 말한다. 한자로 지명持明이다. 본존과 만뜨라와 대락大樂에 대한 본래의 지혜를 '릭빠རིག་པ་(ⓢvidya)'라고 하며, 바로 이 각성을 심오한 방편으로 지니는 것이 위드야다라이다.(『장한불학사전』, 1510쪽)

삼바와이고, 우리들 각자 법을 듣는 대중들도 여덟 위드야다라,[15] 빠드마삼바와의 스물다섯 제자들, 다까와 다끼니 그 자체로 관상하세요.

혹은 완벽한 장소를 동쪽의 진정한 기쁨의 정토(동방 부동불의 정토)로, 완벽한 스승을 보신報身인 금강살타金剛薩陀로, 모인 대중들을 금강가족의 본존들과 남성 여성 보살 그 자체로 관상하세요.

혹은 완벽한 장소는 서방 극락정토로, 완벽한 스승은 아미타바의 붓다로, 완벽한 대중들은 연화 가족의 본존들과 남성 여성 보살, 남녀 본존들 그 자체로 관상하세요.

어떤 경우에도 가르침은 대승이며, 시간은 계속해서 돌아가는 영원의 수레바퀴임을 본래부터 실제로 그런 것으로 알고 마음에 간직하세요.

그와 같이 관상하는 그런 것들도 실제로 그런 것(청정한 것)으로 알아야 하며, 실제로 그렇지 않은 것을 바로 이 순간에 마음에 떠올린 것이 아닙니다.

스승이란 삼세의 모든 붓다가 구현된 실체입니다. 몸은 상가(출가 교단)이며, 말씀은 성스러운 법이며, 마음은 붓다의 본성으로, 3보三寶가 모두 구현되어 있습니다. 몸은 스승, 말씀은 이담, 마음은 다끼니로 3근본三根本[16]이 모두 구현되어 있습니다.

몸은 화신, 말씀은 보신, 마음은 법신으로 3신을 한 몸에 구현하셨습니다. 과거 모든 붓다의 화신이며, 미래의 모든 붓다의 원천이고 현재

---

15 여덟 위드야다라: 몸의 위드야다라[성취자 잠뻴쉐넨(Manjushrimitra)], 말씀의 위드야다라[성취자 성현 루둡(Nagarjuna)], 마음의 위드야다라[성취자 훙까라(Hungkara)], 공덕의 위드야다라[성취자 비말라미뜨라(Vimalamitra)], 행의 위드야다라[성취자 쁘라바하스띠(Prabhahasti)], 법계의 위드야다라[성취자 다나상끄리따(Dhana Sanskrita)], 분노행의 위드야다라[성취자 구햐찬드라(Guhyachandra)], 분노만뜨라의 위드야다라[성취자 신땀가르바(Shintam Garbha)].

16 3근본: 가피의 근본인 스승, 성취의 근본인 이담(수호본존), 호법의 근본인 다끼니(칸도마)를 말한다.

모든 붓다의 대리인입니다. '황금과 같은 깔빠(현겁賢劫)'의 천 분의 붓다께
서도 마음을 다스리지 못한 오염에 물든 우리 중생들을 제자로 받아주셨
으니, 자비와 은혜의 면에서 모든 붓다보다도 훌륭합니다.

> 스승은 붓다이고, 스승은 다르마이며 또한 스승은 상가다.
> 모든 성취를 가능하게 하는 사람은 스승이다.
> 스승은 성스러운 지금강持金剛[17]이다.

라고 말한 것과 같습니다. 그리고 우리들, 법을 듣기 위해 모인 사람들도
바탕으로 불성佛性[18]을 지니고, 토대로 귀중한 인간의 몸을 활용하며, 유
리한 조건으로 스승과 함께하고, 방편으로 그의 구전 가르침을 따름으로
써 미래의 붓다가 될 것입니다.

『희금강속喜金剛續』[19]에서 다음과 같이 말한 것과 같습니다.

> 모든 중생이 바로 붓다이다.
> 그렇지만 일시적인 오염으로 가려져 있다.
> 그 오염을 닦으면 진정한 붓다가 된다.

---

17 바즈라다라: 티벳어로 도르제창རྡོ་རྗེ་འཆང་이라고 하며 다섯 붓다 가족을 한 몸에 구현한 최고의 보신불로 밀교에서 추구하는 이상적인 붓다이다. 보신불을 친견할 수 있을 만큼 근기가 성숙된 중생들을 위해 붓다 샤꺄무니께서 밀교의 법을 '바즈라다라'의 모습인 보신불의 몸으로 나타내어 법을 설하셨다고 한다.(『예세 초겔』, 설오 옮김, 주132)
18 불성(여래장如來藏): 모든 중생의 마음의 흐름 속에 본래 머물러있는 바탕의 흐름으로 지복에 이르는 정수이다. 공성인 본성과 광명인 특성과 편재하는 자비를 구현하고 있다. 원문의 티벳어 데섹닝뽀བདེ་གཤེགས་སྙིང་པོ་ 의미는 여래장으로, 중문번역도 여래장으로 되어 있으나 영문본에 따른다.
19 『희금강속喜金剛續(헤바즈라딴뜨라)』: 원문의 티벳어 규딱니རྒྱུད་བརྟགས་གཉིས་를 직역하면 '마음의 흐름을 살피는 두 가지'로 중문본에는 '이관찰속二觀察續'으로 되어 있다. 그러나 이것은 헤바즈라딴뜨라의 약본을 말한다. 『장한불학사전』에서는 이를 "헤바즈라딴뜨라이며 전권 2장으로 되어 있어 '이품속二品續'이라고도 한다"라고 설명했다.(『장한불학사전』, 309쪽) 헤바즈라딴뜨라는 지혜 모母 딴뜨라의 왕이다. 광본과 중본, 약본이 있으며 광본은 칠십만송, 중본은 오십만송, 약본은 '이품二品'이라 한다.(『티영사전』)

2. 태도

올바른 태도에는 버려야 할 태도와 취해야 할 태도가 있습니다.

버려야 할 태도에는 그릇의 세 가지 결함과 여섯 가지 오염과 다섯 가지 잘못된 이해가 있습니다.

버려야 할 태도

①그릇의 세 가지 결함

귀를 기울이지 않는 것은 뒤집힌 그릇과 같은 결함이고, 들은 것을 마음에 간직하지 못하는 것은 밑바닥이 뚫린 그릇과 같은 결함이며, 듣고 있는 것이 번뇌와 섞이는 것은 독이 들어 있는 그릇과 같은 결함이라고 말한 세 가지입니다.

첫 번째, 법을 들을 때 자신의 귀의 인식작용(이식耳識)이 다른 대상으로 흩어지지 않고 법을 가르치는 소리에 집중해서 들어야 합니다. 그렇게 듣지 않으면 뒤집혀진 그릇에 영양가가 농축된 액체를 붓는 것처럼, 몸은 법을 듣는 자리에 있어도 가르침은 한 마디도 본인이 듣지 못합니다.

두 번째, 그렇게 듣는 가르침도 단지 이해하거나 듣기만 하고 마음속에 간직하지 않는다면, 바닥에 구멍이 뚫린 그릇에 영양이 있는 즙을 아무리 많이 부어도 남아 있는 것이 없는 것처럼, 가르침을 아무리 많이 들어도 마음속에 지니고 수행할 줄 모릅니다.

세 번째, 가르침을 들을 때 자신이 위대해지고 싶어 하거나 유명해지고 싶어 하는 등 순수하지 못한 마음가짐으로 듣거나, 탐욕이나 분노나 어리석음 등 다섯 가지 독(탐욕·분노·무지·자만심·질투)이 들어 있는 망념으로 들으면, 가르침이 마음 수련에 도움이 되지 않을 뿐만 아니라 법 또한 법이 아닌 것(특히 세간팔법世間八法)으로 되어버립니다. 그래서 독이 있는 그릇에 맛있는 영양즙을 붓는 것과 같습니다. 그러므로 인도의 성현 파담빠께서도 다음과 같이 말씀하셨습니다.

> 법을 들을 때는 사슴이 소리에 귀를 기울이는 것처럼 해야 한다.
> 법을 사유할 때는 북쪽 사람(양치는 유목민)이 양털 깎듯이 해야 한다.
> 법을 수습修習할 때는 바보가 음식 맛을 보는 것처럼[20] 해야 한다.
> 법을 수행할 때는 배고픈 약이 풀을 뜯어먹는 것처럼[21] 해야 한다.
> 법의 열매를 거둘 때는 해가 구름에서 벗어나는 것처럼 해야 한다.

가르침을 들을 때는 사슴이 비나(일곱 줄의 인도 현악기) 소리에 끌려서, 한쪽에서 사냥꾼이 독화살을 겨누어도 알지 못하고 조용히 듣고 있는 것처럼, 온몸의 털이 떨리고 눈에는 눈물을 글썽이며, 두 손을 합장하고 다른 생각이 끼어들지 않게 집중해서 들어야 합니다. 그렇지 않고 몸은 법을 듣는 자리에 앉아 있으면서도 마음은 분별망상의 뒤를 쫓아다니며, 쓸데없는 말의 창고 문을 열어 입으로 여기저기 말참견하고, 눈으로 이것저것 다 둘러보면서 가르침을 듣는 것은 올바르지 않습니다. 따라서 이 경우에 기도문 독송과 만뜨라 염주 돌리기 등 어떤 형태의 선법 수행도 제쳐두고 법을 들어야 합니다. 그처럼 법을 들은 후에도 설명한 의미들을 마음에 담아 잊지 않도록 항상 수행해야 합니다. 대능인大能仁(붓다)께서도 말씀하셨습니다.

---

20 바보는 음식의 맛을 볼 수 있지만, 그가 맛보고 있는 풍미를 설명할 수 없다. 마찬가지로 진정한 수습의 맛은 묘사할 수 없고 개념을 벗어나 있다.(영문본, 11쪽 각주)
21 약(티벳어 약གཡག་이며, 고산지대의 가축으로 흔히 '야크'로 잘못 표기되고 있다)이 풀을 뜯을 때는 땅바닥에 바짝 붙어 자란 짧은 풀을 땅바닥을 핥듯이 남김없이 뜯으며, 뜯는 중에 다음 뜯을 곳을 보면서 뜯는다. 마찬가지로 법을 수행할 때는 항상 다음에 수행해야 할 법을 생각하면서 해야 한다.

> 내가 그대에게 자유에 이르는 길(해탈의 방편)을 보여주었지만
> 자유(해탈)는 자신에게 달려 있음을 알아야 하느니라.

스승이 제자에게 가르침을 설하는 것은 법을 듣는 방법, 법을 실천하는 방법, 악행을 피하는 방법, 선행을 실천하는 방법, 수행하는 방법들을 가르치지만, 제자도 그것들을 잊지 말고 마음에 간직하여 수행함으로써 증득해야 합니다.

그렇지 않고 들은 것을 마음에 간직하지 않으면 법을 듣는 이익 정도는 있을지 모르겠지만, 가르침의 말과 의미를 조금도 알 수 없기 때문에 법을 듣지 않은 것과 같습니다. 마음속에 간직한다고 해도 번뇌와 섞인다면 올바른 법이 되지 않습니다. 비할 바 없는 닥뽀(감뽀빠)께서 말씀하셨습니다.

> 법을 법대로 행하지 않으면
> 법으로 인해 나중에 악도에 가게 되는 원인이 된다.

이처럼 위로 스승과 법에 대한 잘못된 생각이나, 중간에 수행동료에 대한 비난이나 자만심, 멸시 등 옳지 못한 생각을 지니는 것은 악도에 가게 되는 원인이 되기 때문에 그러한 것들을 해서는 안 됩니다.

② 여섯 가지 오염

『석궤론釋軌論』[22]에서 말했습니다.

---

[22] 『석궤론』(남새릭빠རྣམ་བཤད་རིག་པ་, ⓢvyākhyāyukti): 와수반두(세친)의 저술이며, 영문본에는 『Well Explained Reasoning』으로 『티영사전』에는 『Reasoning for Explanations』로 영역되어 있다. 티벳어 원문은 남새릭빠རྣམ་བཤད་རིག་པ་로 릭빠རིག་པ་(ⓢvidyā)는 릭빠རིགས་པ་(ⓢyukti)의 오기誤記로 생각된다. 중문본에는 티벳어 원문에 따라 『석명론釋明論』으로 되어 있다.

> 자만심을 가지거나 믿음이 없거나
> 열심히 추구하는 마음이 없거나
> 밖으로 산란되거나 안으로 빠져들거나
> 싫증을 내면서 듣는 것은 오염된 것이다.

    법을 가르치는 스승보다도 내가 더 대단하다고 생각하는 자만심, 법이나 스승을 믿지 않는 것, 법을 열심히 추구하지 않는 것, 마음이 외부의 대상에 산란되는 것(도거掉擧), 다섯 가지 감각이 지나치게 내면으로 집중되는 것(혼침惛沈), 법문시간이 너무 길다는 등으로 싫증을 내는 것입니다. 이러한 여섯 가지 오염(육종장애六種障碍)을 피해야 합니다.

    모든 번뇌들 중에서 자만심과 질투는 확인하기가 어렵습니다. 따라서 자신의 마음의 흐름을 자세히 살펴야 합니다. 자신에게 법이나 세속의 어느 측면에서든 훌륭한 특성이 아주 조금 있는 것에 대해서도, '나는 이렇고 이런 사람이다'라고 생각하면서 특별한 것으로 여긴다면, 자신의 결함은 보지 못하고 상대방의 훌륭한 점을 알지 못합니다. 그러므로 자만심을 버리고 항상 겸손하게 자세를 낮추세요.

    믿음이 없다면 다르마의 문이 막혀 있는 것이므로, 네 가지 믿음[23] 중에서 불퇴전의 믿음을 지니십시오.

    법을 열심히 추구하는 것은 모든 성취의 바탕이므로 커다란 열정에서 뛰어난 수행자가 나오고, 보통의 열정에서는 평범한 수행자가 나오며, 작은 열정에서는 별 볼 일 없는 수행자가 나옵니다. 법을 추구하지 않으면 법을 전혀 성취하지 못합니다. 세상의 속담에 다음과 같이 말한 것과 같습니다.

---

23 네 가지 믿음: 1단계 열정적인 순수한 믿음, 2단계 깨달음을 염원하는 간절한 믿음, 3단계 확신에 찬 믿음, 4단계 불퇴전의 믿음.(『TPIN』, 34쪽)

> 법은 주인이 없으며
> 누구든 가장 열심히 추구하는 사람이 주인이 된다.

우리들의 스승(붓다)께서도 단 네 줄짜리 법을 구하기 위해서 몸의 살갗에 구멍을 파서 각 구멍에 기름을 채우고 천 개의 기름심지를 심어 놓았으며, 몸소 불구덩이에 뛰어들었고, 몸에 천 개의 작은 쇠못을 박는 등 수백 가지 고행[24]을 통해 법을 얻으셨습니다.

> 화염이나 면도날 위를 통과해야 할지라도
> 죽음에 이를 때까지 올바른 법을 구하라.

고 말한 것처럼, 강한 열정과 끈기로 모든 고난이나 더위와 추위에도 아랑곳하지 말고 법을 들어야 합니다.

    외부의 여섯 가지 감각의 대상에 마음이 산란되는 것은 윤회계에 대한 '미혹된 인식'의 뿌리이며 모든 고통의 원천입니다. 예를 들면, 눈의 인식작용(안식眼識)이 형상을 탐하기 때문에 나방은 버터 불에 타 죽으며, 귀가 소리를 좋아하여 사슴이 사냥꾼에게 살해되고, 코가 향내를 탐하여 벌이 꽃에 갇히며, 혀가 맛을 탐하여 큰 물고기가 낚싯바늘에 잡히고, 몸이 접촉의 대상을 탐하여 코끼리가 늪에 빠지는 것과 같습니다. 더구나 마음의 인식작용(의식意識)이 과거의 습성을 뒤쫓아 가거나, 미래의 번뇌를 미리 맞이하거나, 현재의 생각이 주위의 조건이나 외부 대상으로 산란되는 이러한 세 가지는 법을 듣고 가르치고 수습하고 수행하는 어떤 경우에도 멀리 해야 합니다. 걜새 린뽀체[25]께서 다음과 같이 말

---

24 수백 가지 고행: 붓다의 전생담에서 인용한 이 이야기는 결심이 어느 정도로 확고해야 하는지를 보여주기 위한 것이다. 사실은 붓다를 잘못된 길로 들게 하려고 마라가 시험한 것이다.(『TPIN』, 35쪽)

쏨하셨습니다.

전에 맛본 즐거움과 고통은 물 위에 그린 그림과 같아
이미 끝난 것은 흔적이 없으니, 뒤를 쫓아가지 말라.
아무래도 생각난다면, 번영은 기울게 되고
만남은 헤어질 것임을 사유하라.
믿을 수 있는 것이 법외에 있느냐?
마니 만뜨라를 독송하는 자여![26]

앞날에 대한 구상이나 계획은
마른 강바닥에 던져진 고기 잡는 그물과 같아
생각대로 맞아 떨어지지 않을 것이니, 욕망과 염원을 줄여라.
아무리 해도 생각난다면
언제 죽을지 전혀 알 수 없다는 것을 사유하라.
법이 아닌 어떤 것을 행할 시간이 있느냐?
마니 만뜨라를 독송하는 자여!

지금 하는 일들은 모두 꿈속의 집안일과 같아서
그 노력들은 의미가 없으니, 그만두고 던져버려라.
법에 맞는 음식도 반드시 집착 없이 받으라.[27]

---

25 걀새 린뽀체: 1295~1369. 톡메상뽀 རྒྱལ་སྲས་ཐོགས་མེད་བཟང་པོ་ 에게 주어진 호칭이며 닝마와 사꺄의 대성취자이다. 『깨달음을 향한 이의 37수행법』의 저자이다.
26 마니 만뜨라 독송자: 널리 알려진 '옴마니빼메훔'을 늘 독송하지만, 불교의 가르침에 대한 상세한 지식이 전혀 없는 사람을 가리킨다. (영문본, 주15 참조)
27 법에 맞는 음식도 집착없이 받으라: 영문본에는 "당신의 정직한 소득조차도 아무런 집착 없이 생각하라"로 해석했고, 『TPIN』에는 "당신의 수행에 도움이 되는 음식도 무집착의 인장으로 취하라"로 되어 있다. 짬뛸 린뽀체께서는 "생명을 죽이거나, 훔치거나, 빼앗거나 하여 부당하게 손에 넣은 것이 아닌, 법에 어긋나지 않는 음식조차도 반드시 만족해하면서 받으라. 맛있다고 더 많이 먹고 싶어 하는 등 욕심을 내지 말고, 음식을 마치 몸을 낫게 하는 약이라 생각하고 받으라"라는 의미라고 설명했다.

수많은 행위들은 진정한 의미가 없다.
마니 만뜨라를 독송하는 자여!

출정出定 후(후득위에서)[28] 탐·진·치에서 생긴
모든 분별심을 다스리는 이 수행법은
일체의 생각과 인식이 법신으로 떠오를 때까지
반드시 필요하다. 필요할 때 항상 기억하라.
미혹된 생각이 멋대로 돌아다니게 하지 말라.
마니 만뜨라를 독송하는 자여!

또한 다음과 같이 말씀하셨습니다.

아직 오지 않은 앞일을 불러들이지 말라.
아직 오지 않은 앞일을 불러들이면
다와닥빠(월칭月稱)의 아버지처럼 된다.

예전에 한 가난한 사람이 많은 보리를 얻게 되어, 그것을 자루에 담아 천장에 매달아 놓았습니다. 그는 그 아래에 누워, '자 이제 나는 이 보리를 기반으로 해서 많은 재산을 얻을 수 있으리라. 그때는 아내도 맞으리라. 거기서 아들도 하나 분명히 생길 텐데, 그 아들 이름을 무엇이라고 지을까' 하고 생각하고 있었는데, 그 순간 달이 떠올랐기 때문에, '나는 아들 이름을 다와닥빠라고 붙여야지' 하고 생각하는 순간 보릿자루의 손잡이 끈을 쥐가 갉아먹어 끊어져, 그 사람 위에 떨어져 죽었습니다.

---

28 출정 후(제톱ཞེས་ཧྲིད་): 티벳어를 직역하면 '나중에 얻다'의 의미로 '후득위後得位'이다. 선정삼매를 수행할 때, 인법무아의 공성을 일념으로 관하여 평등하게 머무는 선정삼매로부터 일어난 이후의 시간이다. 이때 오감의 대상에 대해 보거나 듣는 어떤 것도 모두 환상의 연출처럼 보게 된다(후득여환).(『장한불학사전』, 537쪽)

그처럼 과거나 미래에 대한 많은 상념들은 결실을 이루는 경우는 없고, 자신의 마음이 산란하게 되는 원인이 되기 때문에 철저히 멀리해야 합니다. 항상 정신을 차리고 주의를 기울여(억념憶念과 정지正知와 불방일不放逸로) 법을 들어야 합니다.

너무 지나치게 안으로 마음을 모으거나 가르침의 단어나 의미 하나하나에 붙잡히는 것은, 곰이 쥐를 잡으러 흙을 파내는 것처럼 하나씩 붙잡을 때마다 하나씩 잊어버리게 될 뿐, 전체를 결코 이해할 수 없을 것입니다. 너무 집중이 강하면 졸음으로 정신이 몽롱해지는 결함에 빠지기도 하기 때문에 팽팽함과 느슨함을 적절히 해야 합니다.

예전에 쉬로나[29]에게 아난다께서 수행을 가르치고 있었는데, 그는 어떤 때는 너무 집중이 강하고, 어떤 때는 집중이 너무 약해서 올바른 수행을 할 수가 없었습니다. 붓다께 여쭈니 다음과 같이 물었습니다.

"쉬로나여! 그대는 출가 전에 비나를 켜는데 능숙했는가?"

"그건 아주 능숙했습니다."

"그대의 비나 소리는 줄이 아주 팽팽한 곳에서 나는가, 아주 느슨한 곳에서 나는가?"라고 물었습니다.

"둘 다 아닙니다. 팽팽함과 느슨함이 적절한 데서 가장 좋은 소리가 나옵니다"라고 말씀드렸더니,

"그렇다면 그대의 마음도 그와 같다"라고 붓다께서 말씀하셨습니다. 쉬로나는 그 말씀에 따라 수행하여 마침내 결과를 얻었습니다.

마찍랍된(1031~1129)께서도 말씀하셨습니다.

확실하게 집중하면서 편하게 풀어 놓는 것[30]

---

[29] 쉬로나: 비나 연주자로 후에 붓다의 제자가 되어, 6도의 다른 영역들(특히 아귀계가 널리 알려짐)을 갔다 올 수 있는 능력을 지녔음. 조금 긴 이름은 '도신께나와제와리(Earrings of Ten Million Sheaves of Gold)'이다.

거기에 '견해'의 요점이 있다.

이처럼 마음을 너무 긴장하여 안으로 집중하지 말고, 팽팽함과 느슨함을 적절히 하여 감각을 자연스럽고 편한 상태로 두십시오.

가르침이 너무 길어 배고프고 목이 마르다고 짜증을 내거나, 바람이나 햇볕, 비 때문에 힘들다는 등 의욕을 잃어 가르침 듣는 것을 싫어해서는 안 됩니다. 이번에 수행의 기회와 유리한 조건(8유가八有暇와 10원만十圓滿)을 지닌 인간의 몸을 얻고 자격을 갖춘 스승을 만나 심오한 구전 가르침을 들을 수 있으니, 이는 얼마나 즐거운가! 헤아릴 수 없는 겁劫 동안 자량을 쌓은 결과, 이제 심오하고 수승한 법을 듣는 것은 평생에 걸쳐 백 번의 식사에 한번 먹는 식사와 같으니, 이 법을 위해서 어떠한 고난이나 더위와 추위를 겪는다고 해도, 참아야 한다고 생각하면서 즐겁고 기쁜 마음으로 들어야 합니다.

③ 다섯 가지 잘못된 이해

단어는 이해하면서도 의미는 이해하지 못하는 것
의미는 이해하면서도 단어는 이해하지 못하는 것
가리키는 것에 맞지 않게 이해하는 것
순서를 틀리게 이해하는 것
잘못 이해하는 것

이 다섯 가지를 피해야 합니다. 듣기 좋고 멋진 문구가 몇 개 생겼을

---

30 본문의 티벳어 딤기담라회기뢰གྱིས་བསྒྲིམས་གྱིས་གློད་གྱིས་གློད་의 의미는, 직역하면 '확고하게 죄면서도 느슨하게 풀어놓은 것'이며, '마음이 산란되지 않게 하면서 동시에 아주 편안하게 하는 것'을 뜻한다.

때 그것을 특별하게 여기고 심오한 의미들에 대해 사유하지 않는다면 어린애가 꽃을 꺾는 것과 같아서, 단어에 대한 추측으로는 마음수련에 도움이 안 됩니다.

반면에 설명하는 방법은 단지 단어이므로, 그것이 무슨 필요가 있는가 하고 생각하면서 무시합니다. 그렇지만 그렇게 되면 깊은 의미를 파악한다고 해도, 단어에 의지하지 않고는 의미가 드러나지 않기 때문에 단어와 의미가 서로 연결이 되지 않을 것입니다.[31]

방편적인 의미(불요의不了義)와 실질적인 의미(요의了義)와 간접적인 의미[32]를 가진 여러 다양한 가르침들을 가리키는 것에 맞지 않게 이해한다면, 단어와 그 뜻에 대해 잘못 이해하여 올바른 법과 어긋나게 됩니다.

순서를 잘못 이해한다면, 가르침의 흐름에 맞지 않아 듣거나 가르치거나 수행하는 어느 경우에도 혼란(모순이나 자가당착)이 쌓이게 됩니다.

의미를 잘못 이해하면, 끊임없이 잘못된 생각이 번성하여[33] 자신의 마음이 오염되고, 가르침의 품위를 저하시키는 것이기 때문에 그러한 것들을 피하고, 단어와 상징과 의미와 순서 등 모든 것을 실수 없이 올바르게 기억하세요.

아무리 가르침이 어렵고 많더라도 끝마치지 못할 것으로 생각하여, 낙

---

31 "설명하는 것은 단지 건조한 단어들을 나열한 것뿐이고, 오직 마음의 본성을 이해해야 한다"고 말하면서 스스로 대단한 닝마 수행자라고 생각하는 사람들이 있다. 그들은 본인의 가슴을 손가락으로 찌르면서 단어를 보지 않고도 핵심적인 의미를 적나라하게 파악할 수 있다고 주장한다.(『닝틱왼도신디』, 30쪽)
32 방편적인 의미(당왜된དྲང་བའི་དོན་): 직접 언급할 경우 그것을 이해하기가 곤란한, 깨닫지 못한 사람을 궁극의 실상으로 이끌기 위한 의미. 티벳어 당왜된དྲང་བའི་དོན་을 직역하면 '이끌기 위한 의미'이다. 실질적인 의미(응에빼된ངེས་པའི་དོན་): 요의. 깨달음을 얻은 사람의 관점에서 본 진리로 궁극적 의미이다. 간접적인 의미: 함의含意. 밀의密意. 직접 언급되지 않은 의미를 간접적으로 소개하기 위해 주어지는 가르침이다.(영문본, 주18 참조)
33 예컨대, 비밀 만뜨라승의 가르침을 받은 이후에는 성적 결합행위와 술을 즐겨, '결합과 해탈의 수행'을 행할 수 있다고 생각하는 것은 의미를 한참 잘못 이해한 것으로, 단지 혼자서 상상을 한 것일 뿐이다. 의미를 잘못 이해하면 가르침은 오히려 독이 될 것이다.(『닝틱왼도신디』, 30쪽)

심하지 말고 불굴의 노력으로 마음속에 간직하세요. 아무리 가르침이 쉽고 하찮은 것이라도 쉬운 법이라고 경시하지 말고 잊지 말고 마음속에 간직하세요. 앞뒤의 흐름과 제대로 연결하여 모든 단어와 의미를 올바로 마음속에 간직해야 합니다.

취해야 할 태도

취해야 할 올바른 태도에는 네 가지 인식에 의지하는 것, 6바라밀六婆羅密을 지니는 것, 그 밖에 다른 행동방식에 의지하는 것, 이렇게 세 가지가 있습니다.

①네 가지 인식에 의지하는 것
먼저 『화엄경華嚴經』에서 다음과 같이 말했습니다.

> 고귀한 집안의 자손이여, 그대는
> 자신에 대해 환자라는 인식을 일으켜야 한다.
> 법에 대해 치료약이라는 인식을 일으켜야 한다.
> 정신적 친구(스승)에 대해 유능한 의사라는 인식을 일으켜야 한다.
> 열심히 수행하는 것은 병을 치료하는 방법이라는 인식을 일으켜야 한다.

사람은 시작이 없는 때로부터 고통의 커다란 바다인 윤회계에서, 세 가지 독이 원인이 되어 나타난 세 가지 고통을 가진 질병으로 고생하는 환자와 같습니다.

예컨대, 심한 병에 든 환자가 유능한 의사에게 의지하여, 그 의사가 지시한 것은 무엇이든 그대로 실행하고, 처방해주는 약은 무엇이든 복용하여, 병에서 벗어나는 기쁨을 추구하는 것처럼, 유능한 의사와 같은 자격을 갖춘 스승께서 말씀하신 것은 무엇이든 실행하고, 수승한 법의 약을 복용함으로써 업과 번뇌와 고통의 병으로부터 벗어나도록 해야 합니다.

스승에게 의지한다고 해도 스승의 말씀대로 실행하지 않으면, 마치 의사의 지시를 듣지 않으면 의사가 환자에게 도움을 줄 방법이 없는 것과 같습니다. 수승한 법의 약을 자신이 복용함으로써 수행하지 않는 것은 마치 환자에게 약과 처방이 셀 수 없이 많아도 자신이 약을 먹지 않아서 병에 도움이 안 되는 것과 같습니다.

그렇지만 요즈음에는 '스승께서 자비(연민)로 저를 굽어 살펴주세요'라고 하면서 커다란 희망을 품고, 본인이 수많은 불선업을 쌓아도 그 과보를 받을 필요 없이 스승이 자비로 정토에 조약돌 던지듯이 해줄 수 있을 것으로 생각하고 있습니다.

스승이 자비로 감싼다고 하는 것은 사랑으로 제자로 받아들이고, 심오한 구전 가르침을 주시며, 해서는 안 되는 일과 해야 할 일에 대한 눈을 뜨게 해주시며, 승리자의 말씀에 따라 해탈의 길을 보여주는 것으로 이보다 더 위대한 자비(연민)는 아무것도 없습니다. 그 자비에 의지하여 해탈의 길로 가고 안 가고는 본인에게 달려 있습니다.

그보다도 이번에 수행의 기회와 유리한 조건(8유가와 10원만)이 갖추어진 인간의 몸을 얻었으며, 취해야 할 것과 피해야 할 것의 핵심을 알고 있고, 본인에게 선택의 자유가 있는 이 시점이 영원히 선한 염원과 영원히 악한 염원의 갈림길이므로, 스승께서 말씀하신 것은 무엇이든 그 말씀에 따라 수행하여 윤회에 머물 것인지 열반의 세계로 갈 것인지 결심하는 것이 매우 중요합니다.

그것과 달리, 마을 장례식을 주관하는 사람들이 고인의 시신 머리맡에서, "당신은 지금 위로 올라가는 길과 아래로 내려가는 길의 갈림길에서 마치 말고삐로 방향을 조종하는 것과 같다"고 말하고 있는데, 전에 이미 길을 수행한 사람이 아니라면 그 순간 과거의 업으로 인한 무시무시한 바람이 등 뒤에서 쫓아오고, 끔찍한 검은 어둠이 앞에서 다가오므로, 바르도의 길고 험한 길에서 막다른 곳으로 몰리게 됩니다. 죽음의 신 염라 대왕의 헤아릴 수 없는 사자使者들이 "죽여라, 죽여! 두들겨 패라, 두들겨 패!"라고 소리 지르면서 쫓아오니 도망갈 곳도, 숨을 곳도, 피난처도, 믿을 곳도 아무것도 없어서, 무엇을 해야 할지 전혀 알 수 없는 순간에, 어떻게 그런 순간이 올라갈지 내려갈지를 선택할 수 있는 갈림길이 될 수 있겠습니까? 우갠국의 대사께서도 다음과 같이 말씀하셨습니다.

> 고인 성명을 적은 종이(위패)의 머리에 관정을 수여하기에는 이미 너무 늦었다. 의식은 이미 바르도에서 멍청한 개처럼 헤매고 있어, 상계上界를 기억하는 것조차도 그에게는 어려움이 있다.

따라서 오르내릴 수 있는 갈림길은 마치 말고삐로 방향을 조절하는 것과 마찬가지로 확실한 것은 지금, 살아있는 바로 이 순간입니다.
이러한 인간의 몸으로 선행 하나를 실천하더라도 다른 중생보다 그 영향력이 강하여, 이번 생에 여기에서 몸을 완전히 벗어버릴(미래에 다시 태어나지 않게 될) 수도 있습니다.

반면에 악행을 쌓더라도 다른 중생이 행한 것보다 그 영향력이 커서, 악도의 바닥에서 벗어나지 못하는 원인이 될 것이 확실하기 때문에, 이번에 유능한 의사와 같은 훌륭한 스승을 만나, 죽음에서 살려내는 감로수와 같은 약인 수승한 법을 만난 이 순간에, 올바른 네 가지 인식에 의지하여 자신이 들은 법을 수행하여 해탈의 길로 가야 합니다.

그와 반대쪽인 옳지 못한 네 가지 인식을 멀리해야 합니다. 『공덕장 功德藏』[34]에서 다음과 같이 말했습니다.

> 나쁜 본성을 가진, 얄팍한 자들이
> 스승을 마치 사향을 가진 사슴인 것처럼 정성으로 시봉하여
> 성스러운 법인 사향을 찾아 얻은 후에
> 사냥만 즐겨하고 삼마야는 저버린다.

스승을 사향사슴으로 생각하고, 법을 사향으로 생각하며, 자신을 사냥꾼이라고 생각하고, 진지하게 수행하는 것을 화살이나 올가미로 사향사슴을 잡는 방편으로 생각하면서, 법을 받아 수행은 안하고, 스승의 은혜를 소중하게 여기지 않는 사람들은, 법에 의지하여 악업을 쌓아 악도의 바닥돌이 될 것입니다.

② 6바라밀을 지니는 것

모든 법 수행에 대한 구전 가르침인 『현관장엄론 現觀莊嚴論』[35]에서 말했습니다.

> 꽃과 방석 등 훌륭한 공양물을 올려라.

---

34 『공덕장』: 원제는 티벳어로 왼땐린뽀체최 가왜차르ཡོན་ཏན་རིན་པོའི་མཛོད་དགའ་བའི་ཆར་이며, '공덕보장功德寶藏 환희림우歡喜霖雨'로 한역된다. 깨달음을 향한 완벽한 길에 대한 닝마빠의 스승 릭진직메링빠의 저술이다. 내용은 수행의 기회와 조건은 얻기 어려움, 죽음의 무상함, 행위의 원인과 결과, 윤회계의 고통, 네 개의 거대한 바퀴(사대차륜), 귀의, 4무량심, 보리심을 확실하게 지니는 것, 발보리심과 행보리심에서 지켜야 할 사항, 위드야다라경, 바탕으로 존재하는 방식, 길로서 족첸의 특별한 길, 결과로서 완벽한 몸과 지혜 등 13품으로 되어 있다.(『장한불학사전』, 1482쪽)

35 『현관장엄론』: 마이뜨레야(미륵彌勒)의 5부 논서 중 하나로 원제는 『반야바라밀다교언 현관장엄론』이다.

자리를 청결히 하고 행동을 청정하게 하라.
모든 생물에게 해를 입히지 말라.
스승에게 청정한 믿음을 지녀라.
마음을 모아 스승의 가르침을 들어라.
의문을 제거하기 위해서 질문을 드려라.
법을 듣는 자는 이와 같은 여섯 가지를 지녀야 한다.

법좌를 마련하여 방석을 펴고 만달라와 꽃 등을 공양 올리는 것이 보시報施이며, 설법하는 장소를 쓸고 물을 뿌리는 등 바르게 하며, 스스로 불경스런 행동 등을 삼가는 것이 지계持戒이고, 작은 곤충이나 벌레등 미물까지도 해를 입히지 않으며, 모든 어려움과 더위, 추위를 견뎌내는 것이 인욕忍辱이고, 스승과 법에 대한 잘못된 견해를 버리고 올바른 믿음으로 즐겁게 듣는 것이 정진精進이며, 스승의 구전 가르침에서 마음을 다른 곳으로 산란시키지 않고 듣는 것이 선정禪定이며, 의문점과 불확실한 부분 등을 해소하기 위해 질문하여 모든 잘못된 이해를 없애는 것이 지혜智慧로, 법을 듣는 사람은 6바라밀을 지녀야 합니다.

③ 그 밖에 다른 행동방식에 의지하는 것
『비나야경毗奈耶經』에서 말했습니다.

공경하는 마음이 없는 사람에게 법을 가르치지 말라.
건강하면서도 머리를 덮어 쓴 사람[36]과
일산日傘이나 지팡이, 무기를 들고 있는 사람과
머리에 터번을 쓰고 있는 사람들에게는 가르치지 말라.

---

36 머리에 모자나 두건을 쓰거나 추울 때 혹은 햇볕을 가리기 위해 옷자락으로 머리를 감싸는 경우도 해당된다.(게쉐 땐진남카 스님)

『본생담』에서 말했습니다.

> 가장 낮은 자리에 앉으라.
> 온화하고 공손한 태도를 지녀라.
> 기쁨에 넘치는 눈으로 보라.
> 말씀의 감로수를 마시는 것처럼
> 완전히 집중하여 법을 들으라.

이처럼 공경하는 마음이 없는 행동은 일체 하지 말아야 합니다.

수행의 기회와 조건을 얻기 어려움

설명해야 할 가르침의 순서는 수행 기회(8유가)의 본성을 사유하는 것, 법에 관련된 특별히 유리한 조건(10원만)을 사유하는 것, 이러한 것들을 얻기가 어려운 것에 대해 비유로서 사유하는 것, 숫자의 차이로서 실제로 어려움을 사유하는 것입니다.

1. 수행 기회의 본성에 대하여 사유한다

수행 기회의 본성에 대한 사유는 일반적으로 수행이 자유롭지 못한 여덟 가지 상황에 태어나지 않고 올바른 법을 수행할 기회가 있는 것을 '자유로움(유가有暇)'이라고 합니다. '자유롭지 못함(무가無暇)'은 법을 수행할 기회가 없는 여덟 가지 상황으로 다음과 같이 말씀하셨습니다.

> 지옥 중생과 아귀와 축생
> 야만인과 오래 사는 천신
> 잘못된 견해를 가지고 있는 사람
> 붓다가 없는 때 태어난 사람과 바보
> 이들이 자유롭지 못한 여덟 가지 상황이다.

지옥 중생으로 태어나면 뜨거움이나 차가움의 고통을 끊임없이 겪어야 하므로, 법을 수행하는데 자유롭지 못합니다. 아귀는 배고픔과 목마름의 고통을 겪기 때문에 법을 수행할 기회가 없습니다. 축생은 어쩔 수 없이 일을 해야 하고 서로서로 해를 주고받는 고통을 당하고 있어 법을 수행할 여유가 없습니다.

수명이 긴 천신은 아무런 생각(상想)없이 시간을 보내므로 법을 수행할 여유가 없습니다. 변방에 태어나면 붓다의 가르침이 없어 법을 수행할 기회가 없습니다. 외도外道나 그와 비슷한 잘못된 견해를 가진 자로 태어나면 자신의 마음이 잘못된 견해로 오염되어 있어 법을 수행할 기회가 없습니다. '암흑의 시기(무불겁無佛劫: 어두운 깔빠)'에 태어나면 3보라는 말조차도 듣지 못하고 선악을 알아볼 수 없어 법을 수행할 기회가 없습니다. 바보로 태어나면 의식이 제대로 기능을 하지 못하므로 법을 수행할 기회가 없습니다.

이러한 여덟 가지 중에서, 3악도三惡道의 중생들은 항상 각자가 과거에 쌓은 나쁜 행동의 결과로 그곳에 던져져(태어나게 되어), 뜨거움과 차가움, 굶주림과 목마름 등의 고통을 계속해서 겪어야 하므로 법을 수행할 여유가 없습니다.

'야만인'이란 로카타[37] 등 32개 변방지역에 살고 있는 사람들과 남을 해치는 것을 법이라고 말하는 소위 '야만인의 신앙'이라고 하는 것으로, 살생하는 것을 선행으로 간주하는 사람들입니다. 변방지역의 야만인들도 당연히 인간과 같은 몸을 가지고 있지만 마음이 제대로 기능하지 못하여 올바른 법을 제대로 수용할 수가 없습니다. 어머니를 아내로 취하

---

37 로카타: 티벳 남동부에 있는 지역으로 오늘날의 인도 아쌈·아루나찰 프레데시·나갈랜드와 미얀마의 북서부에 해당된다.(영문본, 주24 참조)

는 등 자기 조상의 나쁜 전통을 따르기 때문에 법에 맞는 행동에 위배됩니다. 작은 생물을 죽이고 야생동물을 사냥하는 등 옳지 못한 행동에 아주 방편이 능숙하고, 오로지 악행만을 행하기 때문에 죽자마자 악도로 가는 중생이 많아서 법을 수행할 기회가 없는 상황입니다.

'수명이 긴 천신'[38]이란 생각이 없는 천신으로, 선과 악 어느 것에 대해서도 생각이 없는 선정상태를 해탈로 생각하고 수행했기 때문에 생각이 없는 천신으로 태어났습니다. 그러한 삼매에 든 상태로 수많은 아승지겁 동안 머무르면서, 천상계에 태어나게 한 강제하는 업(인업引業)이 소진되면 잘못된 견해로 인해 악도에 다시 태어나기 때문에 법을 수행할 기회가 없습니다.

'잘못된 견해'란 일반적으로 붓다의 가르침에서 밖으로 벗어난 잘못된 견해를 가진 상견常見과 단견斷見입니다. 그러한 견해들은 우리의 마음을 그릇된 견해로 오염시켜, 바른 법에 대해 관심을 갖지 못하게 하므로 수승한 법을 수행할 기회가 없습니다. 그렇지만 이곳 티벳에서 우갠국의 두 번째 붓다(빠드마삼바와)께서, 티벳을 보호하는 일을 뗀마쭈니[39]에게 맡겼기 때문에 외도들이 실제로 들어 올 수 없었습니다. 그와 유사한, 올바른 법과 올바른 스승에 대해 잘못된 인식을 가지고 있는 사람들이라면, 역시 수승한 법을 제대로 수행할 기회가 없습니다. 예를 들면, 비구 쑤낙사뜨라는 25년 동안 세존의 시자로 지냈지만, 믿음이 조금도 없이 항상 잘못된 견해만 가지고 있었기 때문에 결국 꽃밭에서 아귀로 태어난 것과

---

[38] "오래 사는 신들은 처음 태어날 때 '나는 신으로 태어났다'라는 생각과, 수명이 다할 때 '나는 죽을 때가 되었다'라는 두 가지 생각밖에 못한다. 평소에는 깊은 잠을 자듯이 보내면서 수행을 할 생각조차 하지 못하고 긴 수명을 다 보내고 만다."(『람림』, 초뗼 편역, 196쪽) "거기서는 태어날 때와 죽을 때 외에는 심心과 심소心所의 움직임이 멎고."(『깨달음에 이르는 길』, 청전 옮김, 120쪽)

[39] 뗀마쭈니: 밀교를 수호하는 열두 명의 여신으로 원래는 지방신이었는데, 불법과 수행자를 수호하겠다는 서원을 세워 호법의 여신으로 승격되었다고 한다. 밀교에서는 무상 요가부 수행을 할 때 이 열두 명의 여신에게도 항상 공양을 올린다고 한다.(『예세 초곌』, 설오 옮김, 주51)

같습니다.

 붓다가 없는 곳에서 태어난다는 것은 어두운 시대에 태어나는 것으로, 붓다께서 오시지 않은 빈 땅에서 태어나면 3보三寶라는 소리조차 들어 보지 못하고 성스러운 법의 광명이 없으므로, 법을 수행할 기회가 없는 상황입니다.

 바보로 태어나면 자신의 마음이 올바로 기능을 하지 못하므로 가르침을 듣고, 가르치고, 수습하고, 수행하는 어떤 것도 할 수가 없습니다. 바보는 일반적으로 말하는 데 장애가 있는 것을 의미하며, 말할 줄 알고 뜻을 이해하는 인간의 특성을 다 갖추지 못하여 법을 수행할 기회가 없는 상황입니다. 또한 마음의 인식 기능에 장애가 있어 아주 우둔하여 가르침에 대한 이해력이 법이 뜻하는 의미에 미치지 못하는 사람들도 법을 수행할 기회가 없습니다.

2. 법에 관련된 특별히 유리한 조건에 대해 사유한다

 법에 관련된 특별히 유리한 조건(원만圓滿)을 사유하는 것에는 다섯 가지 개인적인 유리한 조건(5자원만五自圓滿)과 다섯 가지 환경적인 유리한 조건(5타원만五他圓滿)이 있습니다.

다섯 가지 개인적인 유리한 조건

나가르주나께서 말씀하신 것과 같습니다.

 인간으로 중심지에서 태어났고, 모든 감각기관이 갖추어져 있고,

하는 일이 그릇되지 않으며, 성스러운 대상(법)에 믿음을 갖는다.

인간의 몸을 얻지 못하면 법을 만나지 못하니, 인간의 몸은 바탕[40]의 유리한 조건입니다. 법이 없는 변방에 태어나면 법을 만나지 못하지만, 이번에 법의 말씀이 있는 중심지에 태어났으니, 지역의 유리한 조건입니다.

감각기능이 온전하지 못하면 법 수행에 장애가 되는데 그렇지 않고 이번에 그와 같은 결함이 없으니, 감각기능에 장점을 지닌 유리한 조건입니다. 행위의 목적이 잘못되면 항상 불선을 행하며 법에 등을 돌리지만, 그렇지 않고 이번에 선행을 행하려는 생각을 하고 있는 것은 의도에 대한 특별히 유리한 조건입니다.

믿음의 대상인 붓다의 가르침을 믿지 않는다면 법으로 마음이 향하지 않겠지만 그렇지 않고 이번에 마음이 법으로 향할 수 있으니, 믿음에 대한 유리한 조건입니다. 이러한 다섯 가지는 자신이 처한 환경에 따라 갖추어야 하기 때문에, '자신의 운에 따른 다섯 가지 유리한 조건(5자원만)'이라고 말합니다.

더 구체적으로 설명하면, 진실하고 청정한 법을 수행하기 위해서는 인간이 되는 것이 절대적으로 필요합니다. 인간의 몸을 얻지 못하면, 예컨대 3악도 중에서 가장 훌륭한 몸인 동물일지라도, 지금 인간계에 존재하는 동물들 중에서 모습이 아주 예쁘거나 값이 매우 고가이거나 아무리 훌륭하다고 여겨지는 동물이라도 그에게, "지금 네가 '옴마니빼메훔'이라고 한번만 독송하면 너는 붓다가 될 것이다"라고 말해도, 그 말조차 이해하지 못하고 뜻도 모르며 말할 줄도 모릅니다. 심지어 지금 당장 얼어 죽어도, 웅크리고 앉아있는 것 외에 다른 방법은 조금도 생각할 줄

---

40 바탕: 법을 배우고 수행할 수 있는 토대를 의미한다.

모릅니다. 인간이라면 아무리 허약해도 스스로 동굴이나 나무아래 같은 곳으로 가서 땔감을 모아서 불을 피워 얼굴과 손을 따뜻하게 덥힐 줄 압니다. 그 정도도 축생이 할 줄 모른다면 법을 수행할 생각은 말할 필요도 없습니다.

천신 등 가장 훌륭한 몸이라도 별해탈계를 받을 자격을 갖춘 법기法器(법그릇)가 되지 못하기 때문에, 완벽한 가르침을 마음의 흐름 속에 받을 선연善緣을 지니고 있지 못합니다.

중심지에는 지리적인 중심지와 법의 말씀 중심지 두 가지가 있는데, 첫 번째는 일반적으로 남섬부주南瞻部洲의 중심지는 인도 보드가야의 금강좌이며, 현겁賢劫의 천 분의 붓다께서 깨달음을 얻은 곳입니다. 겁劫이 다해도 파괴되지 않고 사대원소가 해를 입힐 수 없어 마치 공중에 두레박이 매달려 있는 것처럼 머물러 있으며, 중앙에 보리수로 장엄되어 있다고 합니다. 그곳을 위주로 하여 성지聖地의 여러 도시들을 지리적인 중심지라고 합니다.

법의 말씀 중심지는 붓다의 가르침인 수승한 법이 어디에 머물러 있느냐인데, 법이 존재하지 않는 곳은 모두 변방이라고 합니다. 따라서 예전에 붓다께서 이 세상에 오신 후 인도에 가르침이 머물러 있는 동안은 그곳이 지리적으로 그리고 법적으로 중심지였지만, 지금 인도 보드가야도 외도들이 차지하여 붓다의 법이 없다고 말하므로 법의 측면에서는 변방입니다.[41]

눈의 나라인 이곳 티벳은 전에 붓다께서 세상에 나타나셨을 때는 인구도 많지 않았고 가르침이 전파되지 않아서, '변방의 나라 티벳'으로 알

---

41 뺄뛸 린뽀체는 1808년에 태어나 1887년에 입적했으므로 이 글을 쓴 시기를 1850년에서 1880년 사이로 본다면 인도의 보드가야가 불교성지로 복원되지 않았던 때이다. 보드가야는 1870년부터 발굴·복원되어, 지금은 각국의 많은 사원이 건립되었고 매년 다양한 대법회가 열리고 있으므로 법의 측면에서도 변방이라고 할 수 없다.(게쉐 땐진남카 스님)

려져 있었지만, 나중에 인구가 점차 증가하여 붓다의 화신으로 많은 왕이 나타났습니다. 그 중에서 하토토리냰쩬 왕 시대에 『백배참회경百拜懺悔經』[42]과 **싸짜차**(진흙으로 만든 조그만 불상이나 탑)의 주형 등이 궁전 지붕 위에 내려와, 수승한 법이 처음으로 티벳에 나타났습니다.

다섯 왕조가 지나면 그 의미를 알게 될 것이라는 예언에 따라, 대자대비(관세음보살)께서 법왕 송짼감뽀로 환생한 시대에 번역가 퇸미삼보타가 인도로 파견되었습니다. 그는 문법과 글자 등을 배워서 문자가 없는 티벳을 위해 문자의 체계를 확립하였습니다. 관세음보살에 대한 21종류의 현교 경전과 밀교 경전, 그리고 냰뽀상와[43] 등을 티벳어로 번역하였습니다. 신통력으로 여러 화신으로 나타난 왕과 재상 가르똥짼은 나라를 지키기 위한 다양한 미술적 방편을 사용하여, 중국과 네팔의 공주 두 분을 왕비로 맞이하니, 결혼 선물로 스승인 붓다를 상징하는 두 좌의 조오샤까 상[44] 등 그분의 몸과 말씀과 마음을 상징하는 여러 가지 것들이 도착하였습니다. 그리고 라싸 퉐낭 사원[45]을 위주로 하여, 수많은 타될 사원[46]과 양될 사원[47]을 건립하여, 티벳에 수승한 법의 체계를 확립했습니다.

그분의 다섯 번째 왕인 천신의 아들 티송데짼 시대에 3계三界[48]에 대적

---

42 『백배참회경』: 『둥까르장학대사전』에는 "세존의 말씀 3장의 일부분으로 '나가(卍nāga)'를 조복시키기 위해 설하신 것이며, 퇸미삼보타가 힌디어에서 번역하였다"로 소개되며, 『장학불학사전』에는 『제불보살명칭경』으로 기록했다.
43 냰뽀상와: 성스럽고 오묘한 것 (현비신물玄秘神物). 27대 티벳 왕 하토토리냰쩬 시대에 하늘에서 궤짝이 하나 내려와 뚜껑을 열어보니, 『보협경寶篋經』·〈육자진언〉·『제불보살명칭경』·〈금탑〉이 들어 있어 그 이름을 '성스럽고 오묘한 것'이라 했다. (『장학불학사전』, 581쪽)
44 두 좌의 조오샤까 상: 하나는 당나라 문성공주가 가져온 조오샤꺄무니 상으로 12세의 붓다 상인데 현재 조캉 사원에 보관돼 있다. 원래 인도 벵갈의 왕이 중국황제에게 선물로 준 것으로, 문성공주가 가져왔을 때 처음에는 라모체에 모셨다가 후에 조캉으로 옮겼다. '조오 린뽀체'라고도 한다. 또 하나는 네팔의 브리쿠티 공주가 가져온 조오미꾀 도르제(금강부동불)로 8세의 붓다 상이며, 현재 라모체 사원에 보관돼 있다. (영문본, 주295)
45 송짼감뽀 왕이 건립한 조캉 사원의 본래 명칭.
46 타될 사원: 변방의 악한 힘을 조복시키기 위해 세운 네 개의 큰 사원.
47 양될 사원: 변방의 악한 세력을 더욱 물리치기 위해 세운 그 밖의 사원들.

할 자가 없는 위대한 지혜 만뜨라를 지니신 우갠국의 대사 빠드마삼바와를 비롯하여 108명의 학자를 초청했습니다. '변함없고 저절로 세워진 삼애 사원'을 포함하여 붓다의 몸의 상징인 법당을 세웠습니다. 위대한 역경사 바이로짜나를 포함하여 108명의 역경사에게 번역을 배우게 하여, 성자의 나라 인도에 퍼져있는 모든 현교 경전·밀교 경전·논서를 위주로 하여, 붓다의 말씀의 상징인 수승한 법을 번역했습니다. 출가자격을 심사해서 통과한 일곱 명(예시 7인豫試七人)을 출가시켜 붓다의 마음의 상징인 승가를 설립하는 등 붓다의 가르침이 태양이 솟아오르는 것처럼 빛나기 시작했습니다. 그때부터 지금까지 온갖 종류의 번영과 쇠퇴가 일어났지만 사실 붓다의 경전에 대한 구전 가르침과 깨달음의 가르침[49](교법敎法과 증법證法)은 훼손된 적이 없으므로, 티벳은 법의 측면에서 중심지입니다.

다섯 감각기능 중 어느 것이라도 갖추지 못하면 승려의 계율을 받기에 적합한 그릇이 되지 못하며, 헌신의 대상인 붓다의 상을 만나거나 듣고 사유하는 대상인 귀중하고 훌륭한 말씀을 보거나 듣는 등의 행운을 갖지 못하기 때문에, 바른 법을 담을 그릇으로 적합하지 않습니다.

하는 일이 그릇되었다는 것은 사냥꾼이나 매춘부 등의 집안에 태어나서 어려서부터 행위의 목적이 잘못된 길로 들어간 것을 말하지만, 사실은 3문三門, 즉 행동이나 말이나 마음으로 법에 어긋나는 행위를 하는 사람은 누구든 옳지 못한 행위에 발을 들여놓은 것입니다. 그러므로 이와 같이 처음에 태어나지 않았어도 살면서 나중에 그런 일이 생기기 쉬우므로 본인이 수승한 법에 어긋나지 않게 행동해야 합니다.

믿음의 대상인 붓다의 가르침을 믿지 못하면 다른 세상의 강력한 신

---

48 3계: 용왕이 사는 지하세계, 인간이 사는 지상세계, 천신과 다끼니가 사는 천상세계.
49 경전에 대한 구전 가르침과 깨달음의 가르침(룽똑기땐빠ལུང་རྟོགས་ཀྱི་བསྟན་པ་): 경율론 3장에 대한 교법과 계정혜 3학에 대한 증법. 교법(Agama Dharma)과 증법(Adhigama Dharma): 경전의 구전 가르침인 12부경과 깨달음의 가르침인 계정혜 3학.(『장한불학사전』, 1565쪽)

이나 나가⁵⁰나 외도의 가르침 등을 아무리 믿는다고 해도, 윤회계와 악도의 고통으로부터 보호받을 수 없습니다.

따라서 경전에 대한 구전 가르침과 깨달음의 가르침(교법과 증법)을 구현한 붓다의 가르침에 대해 이치를 이해하는 믿음을 얻는 것은, 당신이 올바른 법을 받을 수 있는 틀림없는 그릇이 되는 것이므로, 다섯 가지 개인적인 유리한 조건(5자원만) 중 가장 중요합니다.

다섯 가지 환경적인 유리한 조건

> 붓다께서 오셨고, 그분이 법을 설하셨으며
> 가르침이 머물러 있고, 그 가르침을 따른다.
> 다른 사람을 위해 자비를 행하는 사람이 있다.

라고 한 것처럼, 붓다께서 이 세상에 오신 '광명의 시기(밝은 등불의 깔빠)'에 태어나지 못했다면 법이라는 이름도 없었겠지만, 지금 붓다께서 오신 시기와 만났으니, 특별한 스승을 가진 유리한 조건입니다.

그분이 오셨어도 법을 가르치지 않았다면 도움이 되지 않겠지만, 그렇지 않고 세 단계의 법륜⁵¹을 굴리셨으니, 수승한 법의 가르침이 있는 유리한 조건입니다.

법을 가르쳤어도 가르침이 사라졌다면 소용이 없는데, 그렇지 않고 지금은 가르침이 머물러 있는 기한이 아직 끝나지 않았으니, 시기에 대한

---

50 나가(🕉nāga): 강이나 호수, 바다 등 물속에 살며 가끔 큰 보물을 지킨다. 반은 축생, 반은 천신에 속하며, 보통 뱀의 형상을 하고 있으나 인간으로 모습을 바꿀 수 있다.
51 삼전법륜: 초전은 4성제의 법륜이며, 중전은 무상無相(자성이 없음)의 법륜이고, 삼전은 일체법의 상相을 3상三相으로 분명하게 밝히신 법륜이다.(『둥까르칙죄첸모』, 838쪽)

유리한 조건입니다.

가르침이 머물러 있어도 그 가르침으로 들어가지 않으면 도움이 안 되는데, 그렇지 않고 가르침의 문으로 들어간 것은 본인의 운이 좋은 유리한 조건입니다.

이미 들어갔어도 유리한 여건(순연順緣)으로 스승이 제자로 받아주지 않으면 법의 실상을 알 수 없는데, 스승께서 받아주신 것은 특별한 자비가 있는 유리한 조건입니다.

이 다섯 가지는 환경적인 조건에 따라 갖추어야 하므로, '다섯 가지 환경적인 유리한 조건(5타원만)'이라고 합니다.

또한 현상계가 생성되어 머물다가 파괴되어 완전히 비워지는(성주괴공) 네 기간을 깔빠(겁劫)라고 하며, 그중 완벽한 붓다께서 세상에 오신 때를 '밝은 등불의 깔빠' 그리고 붓다께서 오지 않은 시기를 '어둠의 깔빠'라고 합니다. 그중에서 먼 옛날에 '확실한 기쁨의 마하깔빠'에 3만 3천 붓다가 오셨고, 그 후에 백 번의 '어둠의 깔빠'가 생겨났습니다. 그 다음에 '완벽한 깔빠'에 8억 붓다가 나타났고, 그 뒤 백 번의 '야만의 깔빠'가 생겨났습니다. 그 후 '훌륭한 깔빠'라고 하는 시기에 8억 4천만 붓다가 나타났고, 그 뒤에 5백 번의 '어둠의 깔빠'가 생겨났습니다. 그 다음 '보기에 즐거운 깔빠'에 8억 붓다가 나타났습니다.

그 다음에 7백 번의 '어둠의 깔빠'가 나타나고, 그 후에 '즐거움이 있는 깔빠'에 6만 붓다가 나타났고, 그 뒤에 바로 지금의 '좋은 깔빠(현겁)'가 나타났습니다. 이 깔빠가 나타나기 전, 지난 시대에 3천대천세계(10억 세계의 우주)가 모두 하나의 커다란 대양으로 되어 있었는데, 거기에 천 개의 꽃잎을 가진 연꽃 천 송이가 피어 있었습니다. 청정한 영역(정거천淨居天)[52]

---

[52] 청정한 영역: 색계 4선정의 정거천. 티벳어 གཙང་རིགས་의 번역으로 『장한불학사전』과 『장한대조 단주미불학분류사전』에는 색계 초선정의 첫 번째인 범중천이 ཚངས་རིས་로 표기되고, 4선정의 정거천이 གཙང་མའི་གནས་ 혹은 གནས་གཙང་མ་로 표기되어 གཙང་རིགས་라

의 천신들이 '이유가 무엇인가' 하고 신통력으로 살펴보고, 이번 깔빠에 천 명의 붓다가 나타나리라는 것을 알고, "이번 깔빠는 좋은 깔빠가 되리라"고 말하여, 깔빠의 이름에 '좋은'이 붙은 것을 따르고 있습니다.

모든 사람의 수명이 8만 년에 이르러 '윤회계를 멸하시는 붓다(구류손불拘留孫佛)'[53]가 출현하신 때부터 시작하여, 마지막에 모든 사람의 수명이 헤아릴 수 없이 되어 '염원의 붓다(승해불勝解佛)'가 나타날 때까지 천 분의 붓다가 이 세상 남섬부주 중심지에 있는 금강좌에 오셔서, 완벽한 깨달음을 성취하여 법의 바퀴를 굴릴 것이므로, '환한 등불의 깔빠(광명겁)'입니다. 그 후에 60가지 나쁜 종류의 '야만의 깔빠'가 생길 것이며, 그 다음 수많은 깔빠 동안 만 분의 붓다가 오실 것입니다. 그 다음 만 가지 나쁜 종류의 깔빠가 나타날 것입니다. 이러한 '어둠의 깔빠'와 '환한 등불의 깔빠'가 교대로 섞여 나타나는데, 그 중에 '어둠의 깔빠'를 만나면 3보라는 말조차 없을 것입니다.

그보다도 비밀 만뜨라 금강승의 가르침은 아주 드물게 나타나며 그 외에는 나타나지 않을 것입니다. 우갠국의 대사께서 말씀하셨습니다.

오래전 깔빠의 초기에 '완벽하게 장엄된 깔빠(보엄겁普嚴劫)' 시대가 나타났을 때, '전에 오셨던 왕'이라는 붓다(선생왕불)의 가르침으로 비밀 만뜨라가 널리 전파되었다. 지금은 샤꺄무니 붓다의 가르침으로 비밀 만뜨라가 나타났다. 그렇지만 이제부터 천만 번의 깔빠가 지난 다음에 '꽃으로 장엄된 깔빠(화엄겁華嚴劫)'가 나타날 때, 만주스리라는 붓다(문수사리불)께서 지금 내

는 용어를 찾을 수 없다. 그러나 버지니아 대학의 온라인 티벳어 사전에 짱매내གནས་འདི་གནས (정거천)으로 표기되어 있으며, 중문본에 '정거천'으로 표기되어 있으므로, 청정한 영역을 정거천으로 해석했다. 영문본에는 the Brahma-world로 번역되어 있으며, 범중천이 티벳어로 창리ཚངས་རིས이므로 이를 짱리གནས་རིས와 혼동한 것으로 보인다.

53 윤회계를 멸하시는 붓다: 구류손불拘留孫佛. 과거칠불의 네 번째 붓다이며 또한 현겁의 제일불이다. '구류손'은 산스끄리뜨어 '끄라꾸찬다(krakucchanda)'의 음역이며, 원문의 티벳어 상개코르와직སངས་རྒྱས་འཁོར་བ་འཇིག을 번역하여 '윤회계를 멸하시는 붓다'로 옮겼다.

가 온 것처럼 나타나서, 그분이 비밀 만뜨라를 널리 가르치게 될 것이다. 그 세 깔빠는 중생들이 밀법을 받을 그릇으로 적합하기 때문이다. 그 세 깔빠 외에 어느 시기도 비밀 만뜨라가 나타나지 않을 것이니, 중생들이 그릇으로 적합하지 않기 때문이다.

지금은 '좋은 깔빠(현겁賢劫)'로 인간들의 수명이 백 살이 되는 이 시기에 완벽한 붓다 샤꺄무니께서 세상에 나타나셨으니, '환한 등불의 깔빠' 입니다.

붓다께서 나타났어도, 그 법을 설하지 않고 붓다께서 선정속에 머무르는 시기와 맞아 떨어졌다면, 붓다께서 오셨어도 가르침인 수승한 법의 광명이 없기 때문에 붓다께서 오시지 않은 것과 같습니다. 우리들의 스승(붓다)께서도 보리수 나무아래 금강좌에서 확실하고 완벽하게 깨달음(원만정등각)의 경지를 증득하자마자,

> 심오하고 적정하며 희론을 벗어난
> 모든 것을 밝게 비추는 무위법無爲法[54]인
> 감로와 같은 정법을 내가 찾았지만
> 누구에게 보여도 이해 못할 것이니
> 말없이 이 숲 속에 머무를 것이니라.

라고 말씀하시고, 7주 동안 법을 설하지 않으셨습니다. 그래서 범천(브라흐마)과 제석천(인드라)이 법의 바퀴를 굴려주기를 간청하였습니다.
그뿐만 아니라 가르침을 지니고 있는 사람들도 청정하고 수승한 법에

---

54 무위법: 많은 인과 연이 모여서 만들어진 것이 아니어서, 생주멸生住滅의 변화가 없는 법.

대해 가르치고 배우지 않으면, 중생들에게 실제로 도움을 주기 어렵습니다. 예를 들면, 인도의 성자 스므리띠즈냐나는 어머니가 티벳에 있는 '개별맞춤지옥'에 다시 태어났기 때문에 티벳으로 가는 길에 통역하는 사람이 죽었습니다. 스므리띠즈냐나는 캄 지방에서 떠돌아다니다가, 언어소통이 안 되어 양치는 목동도 하셨습니다. 결국 법으로 중생에게 큰 도움을 주지 못한 채 돌아가셨습니다. 그래서 나중에 성자 아띠샤께서 티벳에 오셨을 때 그 상황을 들으시고, "오 저런! 여러분 티벳 사람은 복덕이 정말 작습니다. 제가 사는 인도의 동부와 서부 어느 곳에도 대학자로서 성자 스므리띠즈냐나보다 뛰어난 사람은 없습니다"라고 말씀하시면서 두 손을 합장하고 눈물을 쏟아내셨습니다.

그러므로 이번에 붓다 샤꺄무니께서 법의 바퀴를 삼 단계로 굴려, 제자들 각자의 선연善緣에 따라 헤아릴 수 없이 다양한 모습으로 몸을 나타내 보여주면서, 아홉 단계 수레(구차제승九次第乘)[55]의 법으로 제자들을 성숙과 해탈[56]로 이끌어 주십니다.

붓다께서 오셔서 법을 설하셨지만, 가르침이 머무는 기한이 다 되어 수승한 법의 가르침이 사라지면 '어둠의 깔빠'와 같아서, 이전 붓다의 가르침이 다하고 다음 가르침이 나타날 때까지를 '가르침의 공백'이라고 하는데, 선연이 있고 이미 복덕을 쌓은 지역에 독각불(연각불)이 나타날 수 있습니다. 그렇지만 법을 가르치거나 들은 것을 수행하지 않습니다.

---

55 아홉 단계 수레: 구차제승으로 닝마빠에서 다음과 같은 아홉 단계를 말한다. ①현교3승(고통의 원인을 끊어서 해탈에 이르게 하는 승)—성문승·독각승·보살승 ②밀교 외부3승(고행을 통해서 깨달음을 일깨우는 승)—사부(끄리야), 행부(짜리야, 우빠), 유가부(요가) ③밀교 내부3승(관정에 의한 방편승)—마하요가·아누요가·아띠요가. 보다 상세한 내용은 『IEPP』(롱첸닝틱왼도) 63~76쪽 참조.
56 성숙과 해탈(민델སྨིན་གྲོལ་): 금강승 수행의 두 가지 핵심으로, 4신을 성취할 수 있는 능력으로 수행자를 성숙시키는 관정과 그 관정으로 생긴 통찰력을 활용하여 수행자가 가르침대로 실제 수행했을 때 마음이 무명에서 벗어나게 하는 스승의 가르침.(『티영사전』)

반면에 붓다 샤꺄무니의 이번 가르침에는 일반적으로 '싸만따바드라의 마음의 가르침',[57] 즉 '결과의 가르침'이 처음 3기三期[58] 동안 지속되며, 다음으로 '성취'하는 기간이 3기, 그리고 '구전 전승'의 기간이 3기, 마지막으로 '단지 징후만을 유지'하는데 1기로, 모두 해서 10기가 있습니다. 그중에서 지금은 7기 또는 8기 정도에 도달한 시기입니다. 수명壽命, 견해, 번뇌의 쇠퇴 등 다섯 가지 쇠퇴(5탁五濁)[59]가 확산되는 시기에 이르렀지만, 구전 전승과 깨달음의 가르침(교법과 증법)이 실제로 사라지지 않고 여전히 존재하고 있어 '수승한 법의 가르침이 있는 유리한 조건'도 온전히 갖추고 있습니다.

가르침이 머물러 있어도 자신이 가르침의 문에 들어가지 않으면 예컨대, 이 세상에 태양이 떠올라도 눈먼 사람에게는 이로움이나 해로움이 조금도 없으며, 큰 호숫가에 가도 본인이 마시지 않으면 목마름이 사라지지 않는 것처럼 경전의 가르침과 깨달음의 가르침이 본인의 마음속에 도달하지 못합니다.

가르침의 문에 들어가는 것 또한 이생에 질병과 악귀에서 벗어나기 위해서 혹은 단지 다음 생에 악도의 고통이 두려워서, 가르침의 문에 들

---

57 싸만따바드라의 마음의 가르침: 닝마의 아띠요가 가르침으로 보현심법普賢心法으로 한역되며, 족첸의 가르침과 동의어이다.(『장한불학사전』, 25쪽)
58 기: 5백 주기를 편의상 1기로 표기한다. 티벳어 옹압갸탁ལྔ་བརྒྱ་ཕྲག은 5백 단위(set) 혹은 5백 주기(interval)을 나타내며, 이것을 5백 년으로 본다면, 처음 3기는 1천5백 년에 해당되어 총 10기는 5천 년에 해당될 것이다. 중문본에는 이처럼 번역되어 있다. 그러나 '단위' 혹은 '주기'를 '년'이라는 기간과 동일한 것으로 볼 근거가 없어, 영문본에서처럼 여러 가지 원인에 기인한 융성과 쇠퇴의 주기를 나타낸다고 본다. 즉 5백 흥망주기를 1기로 본 것이다.
59 다섯 가지 쇠퇴(སྙིགས་མ་ལྔ་): ①수명탁: 악업으로 인해서 마지막에 10세에 이를 때까지 수명이 점차 줄어듦. ②견해탁: 정견에서 벗어나 상견이나 단견 등 사견을 갖게 됨. ③번뇌탁: 마음이 5독을 비롯한 번뇌로 물들어 온갖 죄업을 저지르게 됨. ④중생탁: 몸의 모습과 크기가 열악해지고, 지적능력과 기억력, 부지런함이 줄어듦. ⑤겁탁: 즐거움이 줄어들고 전쟁, 질병, 기근 등 여러 가지 재앙이 발생하는 시기가 됨.

어가도, '두려움으로부터 보호받기 위한 법法'이라고 하여 길에 실제로 들어간 것이 아닙니다.

또한 이생에 먹을 것이나 입을 것 등을 위해서 혹은 다음 생에 오직 천신이나 인간의 안락한 과보만을 추구하면서, 가르침의 문에 들어가는 것도, '좋은 것을 기원하는 법法'이라고 합니다.

그렇지만 윤회계의 모든 일은 진정한 의미가 없다는 것을 알고, 해탈의 길을 추구하면서 법의 문에 들어간다면, 비로소 '길의 출발점에 도착하여 가르침의 문에 들어가는 것'이라고 말합니다.

가르침에 들어가도 스승이 제자로 받아주지 않으면 소용이 없습니다. 『섭송攝頌』 게송 129에서,

'붓다의 모든 가르침은 스승에게 달려 있다'고
모든 공덕을 최상으로 성취하신 승리자께서 말씀하셨습니다.

라고 한 것처럼, 붓다의 말씀은 광대하며, 구전 전승은 헤아릴 수 없고, 알아야 할 것의 끝은 도달할 수 없으므로, 스승의 핵심 구전 가르침에 의존하지 않고는 모든 법의 핵심을 요약하여 수행하는 방법을 알 수 없습니다.

예전에 아띠샤 존자께서 티벳에 오셨을 때, 쿠·옹옥·돔 세 사람이,
"어떤 사람이 해탈과 일체지의 경지를 얻기 위해서는 경전이나 논서, 그리고 스승의 핵심 구전 가르침 중에서 어느 것이 더 중요합니까?"라고 여쭈자,
"그건 스승의 가르침이 더 중요하다"라고 말씀하셨습니다.
"그건 왜 그렇습니까?" 여쭈니,

"경율론 3장을 암송하여 설할 줄 알고, 모든 법의 개념에 통달할지라도 수행을 할 때 스승의 구전 가르침에 대한 수행이 없으면, 법과 수행자가 따로 가게 된다"라고 대답하셨습니다.

"그러면 스승의 가르침에 대한 수행을 간단히 요약하면, 세 가지 계율(별해탈계·보살계·금강계 삼마야)을 지키는 것과, 행동과 말과 마음으로 선행을 열심히 행하는 것으로 요약되나요?"라고 여쭈니, 아띠샤 존자께서,

"그것은 조금도 도움이 되지 않는다"라고 대답하셨습니다.

"왜 그렇습니까?"라고 물으니,

"세 가지 계율을 지키고 닦아도 윤회 3계로부터 벗어나고자 하는 마음이 생기지 않으면 다시 윤회계에 태어나는 원인이 된다. 밤낮 삼문으로 선행을 열심히 해도, 완벽한 깨달음을 위해 회향할 줄 모른다면 약간의 잘못된 생각으로도 선행의 공덕이 없어질 수 있다. 학식 있고 공경받을 만한 스승이나 수행자로 있을지라도, 덧없는 이 세상에 대한 여덟 가지 관심사(세간팔법世間八法)[60]로부터 마음을 돌리지 않는다면 무엇을 하든 이생의 목적을 위한 것이 되기 때문에 다음 생의 길을 찾을 수 없다"라고 말씀하셨습니다. 정신적 친구인 스승의 보살핌을 받는 것은 이처럼 중요합니다.

그와 같이 여덟 가지 수행 기회(8유가)와 열 가지 유리한 조건(10원만)의 열여덟 가지 모두를 자신에 대해 살펴보고 제대로 갖추었다면, '8유가와 10원만을 갖춘 인간의 몸'입니다. 그렇지만 또한 일체를 아시는 법왕(롱첸빠)께서『여의보장론如意寶藏論』[61]에서의 말씀처럼, '일시적 조건으로 수행

---

60 덧없는 세상의 여덟 가지 관심사(직뗀최개འཇིག་རྟེན་ཆོས་བརྒྱད་) : 세간팔법으로 ①바라는 것을 성취한 경우 즐거워하고, ②성취하지 못한 경우 노여워하고, ③안락한 경우 즐겁고, ④불편한 경우는 싫어하고, ⑤칭찬을 받은 경우는 즐거워하고, ⑥비난을 받은 경우 싫어하고, ⑦듣기 좋은 말인 경우 즐거워하고, ⑧듣기 싫은 말인 경우 싫어한다.(『장한불학사전』, 517쪽)

기회가 없는 여덟 가지 상태'와 '법연을 끊어버린 마음으로 인해 수행 기회가 없는 여덟 가지 상태'의 지배를 받지 않는 것도 중요합니다. 『여의보장론』에서 다음과 같이 말씀하셨습니다.

> 5독으로 마음이 산란하거나, 우둔하거나, 마라에 붙잡히는 경우,
> 게으른 경우, 과거 악업의 엄청난 영향력에 압도되는 경우,
> 다른 사람의 지배를 받는 경우, 두려움으로부터 보호받으려는 경우,
> 법을 수행하는 것처럼 가장하는 경우를
> '일시적 조건으로 수행 기회가 없는 여덟 가지 상태'[62]라고 하며
>
> 자신의 질긴 끈에 묶여 있는 경우, 행실이 매우 악한 경우,
> 윤회계에 대한 염리심이 없는 경우, 믿음이 조금도 없는 경우,
> 불선과 악행을 즐기는 경우, 법에 마음이 없는 경우,
> 계율과 삼마야를 저버리는 경우가
> '법연을 끊어버린 마음으로 인해 수행 기회가 없는 여덟 가지 상태'이다.

일시적 조건으로 수행 기회가 없는 여덟 가지 상황

적에 대한 미움이나 친구와 가족, 친척에 대한 애착과 같은 다섯 가지 독의 아주 거친 번뇌를 가지고 있는 사람들은 올바른 법을 수행하고 싶

---

61 『여의보장론』: 롱첸빠의 저술인 『여의장』의 원제. 롱첸빠의 저술 『7보장七寶藏』 중 하나이며, '7보장'은 여의장如意藏(이신죄ཡིད་བཞིན་མཛོད་), 구결장口訣藏(맹악죄མན་ངག་མཛོད་), 법계장法界藏(최잉죄ཆོས་དབྱིངས་མཛོད་), 종론장宗論藏(듑타죄གྲུབ་མཐའ་མཛོད་), 묘승장妙乘藏(텍촉죄ཐེག་མཆོག་མཛོད་), 사의장詞義藏(칙된죄ཚིག་དོན་མཛོད་), 본성장本性藏(내룩죄གནས་ལུགས་མཛོད་)이다.(『장한불학사전』에서 옮긴이 주)

62 언제라도 갑자기 생길 수 있는 장애물이며, 마치 양을 호시탐탐 노리는 늑대처럼, 8마리 늑대(8가지 장애물)는 8유가와 10원만이라는 18마리 양을 어느 때라도 훔쳐 갈 수 있다. 항상 마음을 주의 깊게 살펴 그때마다 각각의 대치법을 써야 한다.(『닝틱왼도신디』, 40쪽)

은 마음이 어쩌다 생겨도, 자신의 마음에 있는 다섯 가지 독의 힘이 더 크기 때문에 거의 대부분이 그 힘의 지배를 받아 청정한 법을 수행할 수 없습니다.

아주 우둔한 사람[63]은 지혜의 빛이 조금도 없고, 그러한 사람은 법의 문에 들어가도 법의 말과 뜻을 조금도 알 수 없어, 법을 배우거나 사유하거나 수습할 수 있는 운이 없습니다.

견해와 수행을 잘못 가르치는 마라와 같은 정신적 친구(스승)가 본인을 제자로 받아들이면 자신의 마음이 잘못된 길로 향하게 되어, 올바른 법과 어긋나게 됩니다.

법을 배우고 싶어도 부지런함이 조금도 없는 게으른 사람은 나태한 습성과 뒤로 미루는 습성의 지배를 당하므로, 법을 수행할 수 없습니다.

법을 열심히 수행해도 자신의 마음에 공덕이 생기지 않는 악행과 장애를 가진 사람은 과거 악업의 엄청난 영향력에 압도되는 것(악업의 커다란 호수가 터지는 것)이 본인이 행한 업의 결과인 줄 알지 못하고, 법에 싫증을 낼 것입니다.

자신에게 힘이 없어 다른 사람의 하인으로 고용된 사람들은 법을 수행하려는 마음이 있어도 다른 사람의 지배를 받고 있기 때문에 수행이 허용 안 됩니다.

이생에서 먹고 사는 문제나 입고 사는 문제 혹은 다른 문제가 두려워서, 그것을 위해서 법의 문에 들어가도, 마음속 깊이 법에 대한 확신이 없기

---

[63] 여기서 우둔하다는 것은 단지 멍청하다는 의미가 아니라 미망에 사로잡혀 있는 사람을 뜻하는 것으로 본인은 윤회계로부터 벗어나려는 강한 염원을 품고 있으나, 다른 모든 중생들도 윤회계에서 벗어나 깨달음을 성취하기를 바라면서 수행하지는 않는 사람을 말한다. 윤회를 벗어나고자 하는 염원을 갖지 못한 자보다는 수승하지만, 그의 마음이 자신과 똑같은 방식으로 고통 받고 있는 다른 사람들을 섭수할 만큼 넓지 못하기 때문에 미망에 가려져 있다고 말한다. 대치법으로는 과거의 악업을 참회하고 장애를 닦으며 지혜의 본존 만주스리에게 발원기도를 해야 한다. (『TPIN』 50쪽에서 요약)

때문에 과거의 오래된 습성으로 법이 아닌 것을 하게 됩니다.

법을 가장하여 물건이나 재산·존경·명성을 얻으려고 하는 사람들은 수행자처럼 가장을 해도 자신의 마음속으로 이생에 대한 관심사만 추구하기 때문에 해탈의 길과는 멀리 떨어져 있습니다. 이러한 여덟 가지 모두 '법을 수행할 기회가 없는 상황'입니다.

법연을 끊어버린 마음으로 인해 수행 기회가 없는 여덟 가지 상황

이생의 물질과 즐거움, 자식들, 부유함, 친척 등의 단단한 끈에 묶여 있는 사람은, 그러한 것들을 위해서 열심히 노력하느라 정신이 없어 법을 수행할 시간이 없습니다.

본인의 마음이 악하여 인간적 특성이 깨알만큼도 없고, 행실에 대해 개선의 여지가 없다면, 옛 성현들의 말씀에 "제자의 좋은 특성은 만들 수 있지만 인간성은 만들 수 없다"고 말씀하신 것처럼, 훌륭한 스승과 만나도 수승한 길로 향하도록 하는 것은 어렵습니다.

악도와 윤회계의 결함에 대한 설명이나 이생의 어떠한 고통에 대해서도 두려운 마음이 전혀 생기지 않는다면, 법에 들어가는 인因인 출리심出離心[64]이 전혀 생기지 않을 것입니다.

올바른 법이나 스승에 대해 믿음이 조금도 없다면, 가르침으로 들어가는 문이 막혀 있어 해탈의 길로 들어가지 못합니다.

불선과 악행을 좋아해서 몸과 말과 마음을 다스리지 못하는 사람은 훌륭한 품성이 없어 법과 반대쪽으로 향하게 됩니다.

선한 공덕과 수승한 법에 대한 인식이 없는 사람은 마치 개 앞에 풀을

---

[64] 출리심(코르와래옹에빠르중와འཁོར་བ་ལས་ངེས་པར་འབྱུང་བ) : 윤회계의 결함을 확실히 인식하고 그로부터 벗어나고자 하는 확고한 마음으로 티벳어로 줄여서 흔히 응엔중ངེས་འབྱུང་이라고 한다.

갖다 놓은 것처럼 됩니다. 그런 경우, 법에 대한 열정이 없기 때문에 본인의 마음속에 공덕이 생기지 않습니다.

일반승에 들어가서 보리심과 계율을 깨뜨리면, 3악도 외에 갈 곳이 없기 때문에 법을 수행하기에 자유롭지 못한 상황에서 벗어날 수가 없습니다.

비밀 만뜨라 승에 들어가서 스승과 금강 형제자매에 대한 삼마야를 더럽히면, 자신과 다른 사람 모두를 파멸시켜 성취의 선연을 잘라버리게 됩니다.

이들 여덟 가지는 '수승한 법에서 멀어지게 하고, 해탈의 등불을 꺼버리는 것'이라고 합니다.

그처럼 '법을 수행할 기회가 없는 열여섯 가지 상황'에 대해 제대로 살피지 않는 경우, 요즈음 같은 5탁 악세五濁惡世[65]에 수행 기회와 유리한 조건(8유가와 10원만)을 모두 갖추고 법을 수행하는 사람 모습을 지니고 있을지라도 법좌 위의 큰스님이든, 일산日傘 아래의 라마든, 산속 외딴 동굴의 은둔 수행자든, 왕국을 버린 사람이든, 스스로 훌륭하다고 여기는 그 누구라도, '법을 수행할 기회가 없는 이러한 열여섯 가지 상황'의 지배를 받으면 법을 수행한다고 생각할지 모르지만, 올바른 길로 가지 못하게 됩니다. 그러므로 성급하게 법의 겉모습을 받아들이기 전에, 해야 할 일 중에서 먼저 본인의 마음을 자세히 살펴서 수행 기회와 유리한 조건에 대한 서른네 가지[66] 이러한 특성들을 다 갖추고 있는지 갖추지 못하고

---

65 5탁 악세: ①출가자의 공덕이 기울어 견해가 탁해짐 ②재가자의 공덕이 기울어 번뇌가 거칠어짐. ③즐거움이 기울어 시기가 쇠퇴함 ④생명력이 기울어 수명이 짧아짐 ⑤중생들의 몸이 형상이나 크기, 힘 등이 쇠퇴하고, 지적능력이나 기억력, 부지런함 등이 기울어 중생이 쇠퇴함.
66 서른네 가지: 티벳어 원본에는 니슈짜시རྙི་ཤུ་རྩ་བཞི་པོ་로 표기되어 그대로 해석하면 '스물네 가지'가 되지만, 8유가와 10원만 그리고 '일시적 조건으로 수행 기회가 없는 여덟 가지 상황'과 '법연을 끊어버린 마음으로 인해 수행 기회가 없는 여덟 가지 상황'을 합하여, 서른네 가지로 하는

있는지 제대로 살펴보아야 합니다. 다 갖추고 있는 것이 확실하다면, 환희심을 가지고 거듭거듭 깊이 사유하세요. 그리고 이와 같이 얻기 어려운 수행 기회와 유리한 조건을 얻은 이 기회를 함부로 낭비하지 말고, 올바른 법을 반드시 수행해야 한다고 생각하면서 마음속 깊이 거듭 반복하여 사유해야 합니다. 만일 전부 갖추지 못했다면 여러 가지 방편을 통해서 갖추는 방법을 반드시 찾아야 합니다.

언제나 어떤 경우에나 본인에게 수행 기회와 유리한 조건의 이러한 장점(공덕)들이 다 갖추어져 있는지 그렇지 않은지에 대해 정신을 집중하여 살펴야 합니다. 그처럼 자세히 살피지 않으면, 수행 기회와 유리한 조건의 공덕들 중에서 만일 하나만 부족해도 진정한 법을 수행할 행운이 없습니다. 심지어 세속적 삶에서 당장 필요한 하나의 사소한 일을 성취하기 위해서도 상호 의존하는 많은 인因(원인)과 연緣(조건)들이 모여야 한다면, 궁극적 목적인 수승한 법을 성취하기 위해서 상호 의존하는 많은 인과 연이 만나는 것이 어찌 필요하지 않겠습니까?

예를 들어 도보여행자가 쉴 때 차를 한잔 끓이려면, 차를 끓일 용기·물·나무·불 등 많은 것들을 모아야 합니다. 그중에서 불 하나만 해도 쇳조각·부싯돌·불쏘시개, 사람 손 등 많은 인과 연이 모이지 않고서는 생기지 않습니다. 그 모든 것 중에서 불쏘시개 등 어느 하나라도 모으지 못하면 다른 것을 다 모아도 조금도 쓸모가 없어 차 끓이는 것을 완전히 포기해야 합니다. 만일 수행 기회와 유리한 조건의 이러한 특성들 중에서 하나만 갖추지 못해도 진실한 법을 수행할 행운이 전혀 없습니다. 따라서 본인의 마음을 주의 깊게 살핀다면 수행 기회와 유리한 조건 열여덟 가지도 다 갖추기 정말 어려우며, 여덟 가지 수행 기회(8유가)보다도 열 가지 유리한 조건(10원만)을 갖추기가 더 어렵습니다.

것이 타당하다.(체링)

게다가 인간으로 태어나 감각기관이 온전하고 중심지에 태어나는 것 정도는 있을 수 있지만, 행위의 목적이 올바르지 않은 길로 들어서서 붓다의 가르침에 대한 믿음이 없다면 세 가지 조건밖에 갖추고 있지 않은 것입니다. 그 두 가지 조건 중 어느 하나가 안 갖추어져 있으면 네 가지 조건만 갖추고 있는 것입니다. 그중에서도, 행위의 목적이 법에 어긋나지 않는 것은 매우 어렵습니다. 행동이나 말 혹은 마음으로 불선행을 행하거나 행하는 모든 일이 이생의 삶을 목적으로 한다면, 이생에서 훌륭한 분 혹은 학식 있는 분이라도 사실은 행위의 목적이 잘못된 것(생활 방식이 법에 어긋나는 것)입니다.

다섯 가지 환경적인 유리한 조건 중에서도, 붓다께서 오셨고 법을 설하셨고 가르침이 이미 머물러 있어도, 자신이 가르침의 문으로 들어가지 않으면 세 가지 조건만 갖춘 것입니다. 가르침의 문에 들어가는 것도 단지 법을 청해 받았다는 것만으로 가르침의 문에 들어가는 것이 아니라 해탈의 길에 들어서기 위해서는 윤회계의 모든 일에는 진정한 의미가 없다는 것을 알고, 윤회계로부터 확실히 벗어나고자 하는 진정한 마음(출리심)을 일으켜야 하며, 대승의 길로 가기 위해서는 진정한 보리심을 마음에 일으키는 것이 필요합니다.

적어도 3보에 대해 확신하는 믿음을 목숨을 내놓더라도 저버리지 않겠다는 결심이 없다면, 단지 기도문을 독송하고 승복을 입고 있는 것만으로 가르침의 문에 들어가 있다고 확신할 수 없습니다. 따라서 수행 기회와 유리한 조건의 이러한 특성들을 있는 그대로 틀림없이 알고 스스로를 점검하는 것이 매우 중요합니다.

3. 수행 기회와 조건의 얻기 어려움을 비유로서 깊이 사유한다

큰 파도가 심하게 치는 바다 위를 소 '멍에' 하나가 둥둥 떠돌아다니는데, 바다 밑에 살고 있는 거북이가 수면으로 올라와 우연히 목에 멍에가 걸리는 것보다도 인간의 몸으로 태어나기가 더 어렵다고 세존께서 말씀하셨습니다. 구체적으로 설명한다면, 3천 대천세계가 하나의 큰 바다로 되어 있다고 상상하고, 그 위를 멍에 하나가 둥둥 떠다니고 있습니다. 멍에라고 하는 것은 쟁기질할 때 소 뒷목에 고정시키는 나무를 말합니다. 그와 같은 구멍 하나를 가진 멍에가 어떤 때는 동쪽에서 밀려오는 파도 때문에 서쪽으로 밀리고, 어떤 때는 서쪽에서 밀려오는 파도 때문에 동쪽으로 밀려다니는 등, 한순간도 머물러 있지 못하고 이리저리 떠돌아다니고 있는데, 바다 밑에 살고 있는 눈먼 거북이가 백 년마다 바다 위로 한번밖에 안 올라오므로, 그 둘이 만나는 것은 매우 어렵습니다. 멍에는 무생물인데다 거북이에게는 멍에를 찾으려는 마음이 없습니다. 눈먼 거북이에게는 멍에를 볼 수 있는 눈이 없습니다. 그 멍에도 한곳에 머물러 있다면 만날 수 있겠지만 한순간도 머물러 있지 않습니다. 그 거북이가 늘 바다 위를 돌아다닌다면 만날 수 있겠지만, 그렇지 않고 백 년마다 바다 위로 한번밖에 안 올라오기 때문에 그 둘이 만나는 것은 매우 어렵습니다. 그럼에도 불구하고 운 좋게 멍에의 구멍에 거북이의 목이 들어갈 수도 있을지 모르지만, 수행 기회와 유리한 조건을 갖춘 인간의 몸을 얻는 것은 그보다 더 어렵다고 경전에서 말씀하셨습니다. 그 의미를 보호주 나가르주나께서『수라비바드라 왕에게 주는 조언』[67]에서

---

[67]『수라비바드라 왕에게 주는 조언』(데쬐샹뽀འདི་སྤྱོད་བཟང་པོ, ⓢsurabhibhadra):『권계왕송勸誡王頌』·『대락행왕교언對樂行王敎言』·『친구에게 보내는 편지』(쉐뎡བཤེས་སྤྲིངས, ⓢsuhrllekha, 친우서親友書),『권계친우서』·『왕에게 보내는 편지』로도 번역된다. 인도 날란다 대학의 위대한 스승인 나가르주나께서 그 당시 친구이자 남인도 지역의 국왕인 고따미 뿌뜨라 혹은 샤따바하나

말씀하셨습니다.

> 너른 바다에 떠다니는 멍에의 구멍과
> 거북이가 만나는 것보다도
> 축생에서 인간의 몸 얻기가 더욱 어려우니
> 인간의 몸으로 수승한 법을 수행하여
> 그 결실이 있도록 하십시오.

샨띠데와께서도 말씀하셨습니다.

> 너른 바다에 떠다니는 멍에의 구멍에
> 거북이가 목을 끼우는 것처럼
> 인간의 몸은 매우 얻기 어렵다고 붓다께서 설하셨다.

이외에도 매끄럽게 마감한 벽면에 콩을 던져서 붙게 하는 것은 어렵다는 비유와, 바늘 끝을 위로 향하게 하여 그 위에 콩을 쌓아 올린다고 해도 단지 한두 개조차도 올려놓기가 힘들다는 비유는, 『열반경』 등 다른 경전에서 말씀하신 것으로 예시했으니 인간으로 태어나기 매우 어렵다는 것을 알아야 합니다.

에게 보낸 편지다. 출가자와 재가자에게 공통적으로 필요한 조언, 재가자에게 특히 해당되는 가르침, 윤회계의 결함과 염리심, 열반의 이로움에 대한 숙고를 포함한다.

4. 수행 기회와 조건의 얻기 어려움을 숫자의 차이로 깊이 사유한다

수행 기회와 유리한 조건을 실제로 얻기 어렵다는 것에 대해 숫자의 차이로 사유하는 것입니다. 중생들의 숫자와 단계를 살펴보면 인간으로 태어날 가능성은 아주 적습니다. 경전에서 예를 들어 말했습니다.

지옥 중생이 한밤에 뜬 별처럼 많다면
아귀는 대낮에 뜬 별 정도이고, 아귀가 한밤의 별만큼이라면
축생은 대낮의 별 정도뿐이며, 축생이 한밤의 별만큼이라면
선도 중생은 대낮의 별 정도밖에 없다.

이 외에도 말했습니다.

지옥 중생이 세상의 먼지만큼 많다면
아귀는 강가 강의 모래만큼이며
축생은 술독의 술밥 낱알만큼이고
아수라는 눈보라 속의 눈송이만큼이며
천신과 인간은 손톱 위의 먼지만큼밖에 없다.

따라서 일반적으로 상계上界의 몸을 얻는 것은 어려우며, 그보다도 수행 기회와 유리한 조건을 갖춘 인간으로 태어나는 것은 훨씬 더 어렵습니다. 지금 우리가 살펴보아도, 인간이 동물에 비해 숫자가 얼마나 적은지 언제라도 직접 볼 수 있습니다. 여름철에 흙덩이 하나에 살고 있는 벌레나 혹은 개미집 하나에 살고 있는 개미의 숫자만큼 남섬부주에 사는 사람들이 그만큼 많지 않습니다. 인간에 대해서도 가르침의 빛이 없는

변방에 사는 사람들의 숫자에 비교해 보면, 수승한 법이 전파된 곳에 태어난 사람은 매우 적습니다. 그보다도 수행 기회와 유리한 조건을 갖춘 사람은 실로 조금밖에 없습니다. 이러한 것들을 사유하면서, 본인이 진실한 수행 기회와 유리한 조건을 갖춘 것에 대해 기뻐해야 합니다.

그와 같이 수행 기회와 유리한 조건의 모든 공덕을 제대로 갖추고 있다면 '보물과 같은 인간의 몸'이라고 부를 수 있으며 '귀중한 인간의 삶'이 그날부터 실현됩니다. 그러나 그것들을 모두 갖추고 있지 않으면 세상적인 측면에 지식과 학식과 재능이 아무리 풍부하다고 해도 '귀중한 인간의 삶'은 아니며, '평범한 인생' 혹은 '단순한 인생'이라고 하며, '불행한 인생·의미 없는 인생·빈손으로 돌아가는 인생'이라고도 합니다. 소원대로 성취시켜 주는 보물(여의주)을 손에 넣고도 의미 없이 낭비하는 사람 혹은 귀중한 황금의 보물섬에서 빈손으로 돌아오는 사람과 같습니다.

이처럼 귀중한 인간으로 태어난 것은
보물을 얻은 것과 비교할 바가 아닙니다.
윤회계에 대한 염리심이 없는 인간들이
그토록 귀중한 몸을 헛되이 써버리는 것을 보고 계시나요?

이와 같이 훌륭한 스승을 만나는 것은
왕국을 얻는 것과 비할 바가 아닙니다.
확고한 믿음과 공경심이 없는 사람들이
스승을 자신과 똑같이 대하는 것을 보고 계시나요?

이처럼 보살계를 받는 것은
최고 관직을 얻는 것과 비할 바가 아닙니다.

자비심 없는 사람들이
받은 계율을 돌팔매질하듯 던져버리는 것을 보고 계시나요?

딴뜨라의 관정을 받는 것은
전륜성왕이 되는 것과 견줄 바가 아닙니다.
삼마야를 지키지 않는 사람들이
서약을 내팽개치는 것을 보고 계시나요?

마음의 본성을 보는 것은
붓다를 보는 것과 비할 바가 아닙니다.
확고한 결심이 없는 사람들이
미혹에 빠져 있는 것을 보고 계시나요?

이러한 수행 기회와 유리한 조건도 우연히 운이 좋아 얻는 것이 아닙니다. 수많은 겁 동안 두 가지 자량을 쌓은 결과입니다. 대학자 닥빠걜챈께서 말씀하셨습니다.

수행 기회와 유리한 조건을 지닌 인간으로 태어난 것은
강력한 힘이 있어서가 아니라
복덕을 쌓은 결과입니다.

단지 인간으로 태어나도 법을 인식하지 못하고 오로지 불선만을 행하는 것은 악도보다도 더 낮은 것입니다. 성자 밀라래빠께서 사냥꾼 괸뽀 도르제에게,

본래 수행 기회와 유리한 조건을 갖춘

> 인간의 몸은 소중하다고 말씀하셨지만
> 그대 같은 사람을 보면 소중할 것이 없는 것 같다.

라고 말씀하신 것처럼, 악도의 바닥돌이 되게 하는 데는 인간의 몸보다 힘센 것이 없습니다. 지금 인간의 몸으로 무엇을 하든 스스로 선택할 수 있는 자유를 가지고 있습니다.

> 이 몸은
> 잘하면 해탈에 이르게 하는 배가 되지만
> 잘못하면 윤회계의 바닥돌[68]이 될 것이다.
> 모든 선행과 악행의 심부름꾼이 바로 이 몸이다.

따라서 과거에 쌓은 복덕의 힘으로, 지금 열여덟 가지의 수행 기회와 유리한 조건(8유가와 10원만)을 지닌 인간으로 태어났지만 핵심인 수승한 법을 받지 않고, 이생의 먹을 것과 입을 것 그리고 세간팔법을 성취하느라 수행 기회와 유리한 조건을 의미 없이 써버리고, 죽음에 임박하여 두 손으로 가슴을 치면서 후회한들 무슨 소용이 있겠습니까? 목적이 잘못된 것입니다. 『입보리행론』에서 말했습니다.

> 이와 같은 수행 기회를 얻고서
> 내가 선행을 수습하여 익히지 않는다면
> 이보다 더 큰 자기기만은 달리 없으리라
> 이보다 더 큰 어리석음도 달리 없으리라.

---

68 윤회계의 바닥돌: 마치 배의 닻처럼, 무거운 돌에 밧줄을 묶어 바다(윤회계)의 밑바닥에 가라앉히면 그 밧줄의 다른 쪽에 묶인 중생은 밧줄이 끊어질 때까지 윤회계에서 벗어날 수 없다.

따라서 지금의 이생은 영원히 선한 것과 영원히 악한 것의 갈림길이기 때문에 지금 이생에 확고한 자리를 차지하지 못하면 앞으로 이와 같은 수행 기회를 얻기가 어려우며, 3악도 같은 곳에 태어나면 법에 대한 인식조차도 없을 것입니다. 해서는 안 될 일과 해야 할 일에 대해 알지 못하고 점점 더 아래로 악도로 한없이 떨어지게 될 것입니다. 그러므로 지금이 노력해야 할 때라는 것을 명심하고, 준비단계에 보리심을 일으키고, 본수행시 아무런 생각의 대상을 지니지 않아야 하며(무소연無所緣), 마지막에 공덕을 회향하는 세 가지 수승한 방법을 갖추어, 거듭 반복하여 관상하여 닦고 수행해야 합니다. 이와 같이 수행하여 마음에 얼마만큼 확신이 생겨야 하는가는, 게쉐쩽아와처럼 해야 합니다. 그분은 잠에 빠져들지 않고 항상 수행만 하셨기 때문에 게쉐 뙨빠께서,

"얘야, 지쳐 쓰러지겠다. 좀 쉬어라. 건강을 해칠 위험이 있다"라고 말씀하시니,

"네, 쉬겠습니다. 그렇지만 쉬면 그뿐입니다. 제가 수행 기회와 유리한 조건을 얻기 어렵다는 것을 생각할 때, 쉴 시간이 없습니다"라고 대답하셨습니다.

그분은 부동불 만뜨라를 9억 번 독송하시느라 평생 동안 전혀 잠을 주무시지 않았습니다. 이처럼 확실하게 마음속에 생길 때까지 닦아 익혀야 합니다.

> 수행 기회를 얻었지만, 그 핵심인 법이 부족하고
> 법문에 들어갔으나, 법 아닌 것을 행하기 바쁘니
> 본인과 그리고 본인처럼 어리석은 중생들에게
> 수행 기회와 조건의 핵심을 얻도록 가피주소서.

이상이 수행 기회와 유리한 조건은 얻기 어렵다는 가르침입니다.

2장
삶은 영원하지 않다

삼세(천상·지상·지하세계)를 덧없는 환상처럼 보시면서
이번 생의 일들을 가래침 속의 먼지처럼 버리고
고행을 견디며 먼저 간 스승의 발자국을 따라가신
비할 바 없는 스승의 발아래 엎드려 절하옵니다.

삶의 무상에 대한 가르침으로 가르침을 듣는 방법은 '수행 기회와 유리한 조건은 얻기 어렵다'의 경우와 같습니다. 설명할 내용의 주제로는 외부의 그릇인 이 세상을 사유하여 무상함을 수행하는 것, 내부에 담긴 중생들을 사유하여 무상함을 수행하는 것, 훌륭한 분들을 생각하면서 영원하지 않음을 수행하는 것, 모든 유정들의 주재자를 생각하면서 영원하지 않음을 수행하는 것, 다른 여러 가지 비유와 의미를 사유하면서 무상함을 수행하는 것, 죽게 되는 상황은 불확실함을 사유하면서 무상함을 수행하는 것, 간절히 사유하면서 무상함을 수행하는 것으로 모두 일곱 가지입니다.

외부 환경인 이 세상을
깊이 사유하여 무상함을 수행한다

중생들의 공통적인 복덕(공업共業)으로 형성된 외부 환경, 즉 이 세상은 네 개의 대륙과 중앙의 수미산(메루산)과 천상계를 아우르는 영역으로, 단단하고 견고하여 한 깔빠 동안 유지되지만, 이들도 영원하지 못해서 결국 일곱 단계의 불과 하나의 물로 인해 파괴될 수밖에 없습니다.

좀 더 구체적으로 설명한다면, 바로 이 마하깔빠(대겁大劫)가 파괴되는 시기에 도달하면, 안에 살고 있는 중생들은 점점 사라져 초선의 천상계(초선천初禪天) 아래에는 중생이 하나도 없게 될 것입니다.

그 다음에 하늘에 7개의 태양이 차례대로 나타나게 될 것입니다. 첫 번째 태양이 모든 과일 나무와 숲을 태워버리고, 두 번째 태양이 나타나서 시냇물과 연못을 하나도 남기지 않고 말려 버리며, 세 번째 태양이 나타나면 모든 강들이 말라 버리고, 네 번째 태양이 나타나면 모든 커다란 호수들, 심지어 마나사로바조차도 말라 버리며, 다섯 번째 태양이 나타나면 외부의 큰 바닷물이 처음에는 백 유순由旬[69] 깊이까지 마르기 시작해서 점차로 2백 유순, 7백, 1천, 1만, 8만 유순의 깊이까지 마르고, 남아

---

[69] 유순: 요자나. 옛날 인도의 거리 단위로 어느 정도인지 확실하지 않다. 약 8킬로미터 혹은 40리에 해당한다.

있는 물이 1유순, 1크로사[70]에서 결국 말발자국을 채울 수 있는 양의 물조차도 남기지 않고 말라 버립니다. 여섯 번째 태양이 나타나면 온 세계와 눈 덮인 산들이 타버립니다. 일곱 번째 태양이 나타나면 산 중의 왕인 수미산과 4대부주와 8중소주와 일곱 황금산과 둘레의 철위산을 태우고 나서, 화염이 하나가 되어 아래로 소용돌이쳐 타올라 지옥을 모두 태우고, 화염이 위로 움직여 범천(초선천)의 비어 있는 무량궁전들도 태워버립니다.

그래서 그 위에 있는 광명천(이선천)의 젊은 천신들이 놀라서 "이처럼 거대한 불이 타올라 오다니!"라고 소리치면, 나이 든 천신들이 "이처럼 큰 불이 전에도 범천까지 왔었는데 다시 되돌아갈 것이니 두려워할 필요 없다"고 안심시킬 것입니다.

그처럼 불로 일곱 번 파괴된 다음에 두 번째 선정의 천상계(이선천二禪天)에 비구름이 형성되어, 처음에는 빗줄기가 멍에 굵기로 내리다가 나중에는 쟁기만큼 굵은 빗줄기가 쏟아져, 광명천(이선천)을 포함한 그 아래 모든 것이 마치 소금이 물에 녹듯 사라질 것입니다.

그처럼 물에 의해 일곱 번의 파괴[71]가 끝나고, 밑바닥에 있는 십자 금강저 모양의 바람이 위로 솟아올라 세 번째 선정의 천상계(삼선천三禪天)를 포

---

70 크로사: 문거閵距. 멀리서 소리칠 때 들을 수 있는 거리로 약 3킬로미터.
71 물에 의한 일곱 번의 파괴: 이 장의 처음에 설명한 '이 세상은 영원하지 못해서 결국 일곱 단계의 불과 하나의 물로 인해 파괴될 수밖에 없습니다'라는 말과 일치하지 않은 것처럼 생각되나 성주괴공의 과정을 상세히 설명한 세친의 『아비달마구사론』 제12권 분별세품分別世品을 보면 이해할 수 있다. 요컨대, "욕계·색계·무색계의 3계 중 색계 3선정 이하는 주기적으로 성주괴공이라는 변화를 겪는다. 무색계는 물질이 존재하지 않으므로 성주괴공의 변화가 없고, 색계 4선정의 세계도 매우 안정된 세계이므로 성주괴공의 변화가 없다. 색계 3선부터 지옥에 이르는 세계는 그곳에 사는 중생들의 마음 상태에 따라 변화한다. 중생들의 마음에 탐심이 강하면 불로 인해 초선천까지 무너지고, 진심이 강해지면 물로 인해 2선천까지 무너지며 치심이 강해지면 바람으로 인해 3선천까지 무너진다. 이 과정이 일곱 번까지는 불로 무너지고 여덟 번째는 물로 무너지며, 이런 식으로 여덟 번 반복되다가 마지막에 64번째는 물이 아닌 바람으로 무너진다."(『붓다의 길 위빠싸나의 길』, 지산 엮음, 141쪽)

함한 그 아래 모든 것이 마치 먼지가 바람에 흩어지듯 흩어져 사라질 것입니다.

　네 개의 대륙과 수미산과 천상계를 가지고 있는 세계 10억 개가 하나의 우주(3천 대천세계)에 포함되어 있는데, 모두 동시에 파괴되어 결국 모든 것이 다시 하나의 허공으로 변하여 비어 있는 상태처럼 됩니다. 그렇다면 계절의 막바지에 있는 날벌레와 같은 우리 인간의 몸에 무슨 영원함이나 확고함이 있을지 생각하면서 마음속 깊이 사유하세요.

세상 안의 중생들을 사유하여 무상함을 수행한다

위로는 윤회계의 가장 높은 세계(비상비비상처非想非非想處)로부터 아래로는 지옥의 바닥에 이르기까지 존재하는 모든 중생들 중에서 죽음의 상황에서 벗어날 수 있는 자는 아무도 없습니다.

> 지상세계나 천상세계에 태어나서
> 정말로 죽지 않은 사람을 누구라도 네가 보았거나
> 들었거나, 아니면 그럴 수도 있다고
> 의문을 가져 보았는가?

라고 『해우서解憂書』에서 말한 것처럼 태어남이 있으면 죽게 되어 있으므로, 상계의 천상계 아래에서 '이 중생은 태어나서 죽지 않았다'고 말할 수 있는 그런 중생을 보거나 듣기는 고사하고, 그 중생이 죽을지 안 죽을지 생각하며 의문을 품는 일조차도 없는 것이 분명합니다. 특히 우리는 수명을 확신할 수 없는 잠부링에서 마지막 시기(5탁 악세五濁惡世)에 태어났기 때문에 지금은 빨리 죽게 됩니다. 처음 태어난 그날 밤부터 시작하여 죽음에 점점 가까이 다가가기 때문에 수명은 절대로 늘어나지 않고 짧아지며, 죽음의 신 마라는 한순간도 멈추어 있지 않고 석양의 그림자처럼 점점 가까이 다가오기 때문에 언제 어디서 죽을지 확실한 것이 없습니다.

내일 죽을지 혹은 오늘 밤에 죽을지 지금 당장 숨쉬는 사이에조차도 죽지 않는다는 보장이 없습니다. 『인연품因緣品』에서 다음과 같이 말했습니다.

> 바로 내일 죽을지 누가 알 것인가?
> 바로 오늘 법과 함께 해야 한다.
> 막강한 야마의 군단과
> 그대는 친구가 아니다.

나가르주나께서도 다음과 같이 말씀하셨습니다.

> 생명은 무수한 질병과 재난의 바람을 맞아
> 시냇물의 물거품보다 꺼지기 쉽고 무상하니
> 깊은 잠 속에서도 숨을 내쉬고 들이쉬어
> 다시 깨어날 수 있다는 것은 얼마나 놀라운가?

사람들은 잠자는 달콤함을 좋아합니다. 그러나 숨을 부드럽게 내쉬고 들이쉬는 사이에도 죽지 않는다는 보장이 없습니다. 따라서 거기에서 죽지 않고 건강하게 깨어날 수 있다는 것 또한 놀라운 현상으로 파악해야 마땅합니다.

그러므로 지금 우리는 언젠가는 죽을 수밖에 없다는 생각 정도는 가지고 있지만, 언제 죽을지 보장이 없다는 인식이 마음속에 확고하게 생겨나지 않아서, 영원히 살 것처럼 집착하면서 오로지 앞으로 살아갈 일에 대한 기대와 걱정으로 마음이 산란합니다.

이생의 평안과 즐거움과 명성 세 가지를 성취하기 위한 노력에 매달리고 있는 때에, 갑자기 죽음의 주재자 야마가 검은 올가미를 가지고 윗니로 아랫입술을 앙당 물고 송곳니를 드러내고 가까이 다가오게 되면, 용감한 군대든 왕의 권세든 부자의 재산이든 현자의 말씀이든 아름다운 여자의 몸이든 빨리 달리는 사자使者든 그 어느 것도 소용없습니다.

쇠로 만든 이음매 없는 작은 상자 속에 들어간 다음, 그 주위로 날카로운 무기를 손에 든 수십만의 용감한 사람들이 화살과 창끝을 바깥쪽으로 향하고 빙 둘러 있어도 지키거나 감출 수 있는 것이 털끝만큼도 없어, 죽음의 주재자 야마가 검은 올가미를 당신 목에 걸면 얼굴이 새파래지고 눈이 눈물로 흐려지며, 머리와 사지에 기운이 빠지는 등 다음 생으로 향하는 큰 길로 어쩔 수 없이 이끌려 갈 수밖에 없습니다. 용감한 전사가 쳐부술 수 없으며, 왕이 명령할 수도 없고 재물로 목숨의 대가를 지불할 수도 없으며, 도망갈 곳도 숨을 곳도 없고 피난처나 구호자, 도와줄 사람이나 친구, 방편이나 자비, 어떤 것도 없습니다.

의왕이신 약사여래께서 실제로 오신다고 해도 수명이 다한 죽음을 지연시킬 수 없으니, 바로 지금 게으름과 뒤로 미루는 습성에 굴복하지 말고, 죽음의 순간에 확실히 도움이 되는 수승한 정법을 수행해야 한다고 다짐하고 마음속 깊이 사유하세요.

훌륭한 분들을 사유하면서 무상함을 수행한다

지금 '좋은 깔빠(현겁)'의 초기에 오신 붓다 위빠신[72]과 시킨[73] 등 일곱 붓다와 각각의 제자들인 성문과 아라한의 권속들이 헤아릴 수 없이 오셔서, 삼승의 가르침으로 한없는 중생들을 위해 이로운 일들을 하셨으나, 그것들도 현재 붓다 샤까무니 가르침의 위대한 발자국만 남아 있는 것이 바로 이것이며, 그 외에는 붓다들께서도 모두 열반에 드셨고 가르침인 수승한 법도 점차로 사라졌습니다.

지금의 이 가르침에 대해 훌륭한 성문승 한 분 한 분과 또 각각의 권속으로 5백 명의 아라한 권속들과 함께 많은 분께서 오셨지만, 그분들 역시 점차로 5온五蘊이 하나도 남아 있지 않은 세계에서 열반에 드셨습니다.

그 외에도 성스러운 나라 인도에 붓다의 가르침을 결집한 5백 분의 아라한, 장엄하신 여섯 분,[74] 수승하신 두 분,[75] 성취자 여든 분, 그리고

---

[72] 위빠신: 티벳어 남빠르식ཆུས་པར་གཟིགས་(ⓢvipasyin)의 번역으로, 의미를 살리면 '승관불勝觀佛'. 산스끄리뜨어 발음을 차용하면 '비파시불毗婆尸佛'이 된다.
[73] 시킨: 티벳어 쭉또르쩬གཙུག་ཏོར་ཅན་(ⓢzikhin)의 번역으로, 의미를 살리면 '보계불寶髻佛', 산스끄리뜨어 발음을 차용하면 '시기불尸棄佛'이 된다.
[74] 장엄하신 여섯 분: 잠부링을 아름답게 장식하신 인도의 대논사 여섯 분으로 '6장엄六莊嚴'이라고 하며, 중관학을 장엄한 나가르주나와 성천, 대법학(아비다르마)을 장엄한 무착과 세친, 논리학(인명학)을 장엄한 진나와 법칭이다.
[75] 수승하신 두 분: 잠부링을 아름답게 한 인도의 '육장엄이승' 중 '2승二勝'으로, 불교 가르침의 근본인 계율에 아주 정통한 양대 논사 석가광과 공덕광을 말한다.

10지十地와 5도五道의 공덕을 성취하신 분들과 신통과 도술에 막힘이 없는 분들이 많이 오셨지만, 지금은 예전에 그렇게 오셨다는 이야기뿐 이외에는 한 분도 살아계시지 않습니다.

눈의 나라 이곳 티벳에도 우갠국의 두 번째 붓다께서 성숙과 해탈의 법륜을 굴리셨을 때, 왕과 신하를 비롯해 스물다섯 분의 대성취자와 예르빠의 대성취자 여든 분 등이 계셨습니다. 그 후에도 구파의 쏘예쉐왕축·수르샤까중내·눕첸상개예쉐 세 분과 신파의 마르빠·밀라래빠·닥뽀하제 세 분 외에도 학식과 성취를 이룬 분들이 헤아릴 수 없이 많이 계셨으며, 그분들 대부분은 높은 단계의 성취를 이루셨고, 사대四大를 자유자재로 다루었습니다. 존재하는 것을 존재하지 않게 하고, 존재하지 않는 것을 존재하게 하는 서로 상반되는 신통을 보여주셨으며, 그분들은 불로 태울 수 없고 물에 빠뜨릴 수 없으며, 흙으로 묻어버릴 수 없고 절벽에서 떨어뜨릴 수도 없습니다. 사대의 모든 재해로부터 벗어나 있습니다.

예를 들면, 성자 밀라래빠께서 네팔의 녜샹까뜨야 동굴[76]에서 묵언하며 수행할 때, 여러 명의 사냥꾼들이 와서 "그대는 인간이냐, 아니면 귀신이냐?"라고 물었으나 대답을 안 하고 눈앞에 시선을 고정하고 그대로 앉아 있었습니다. 그래서 그들은 처음에 많은 독화살을 쏘았지만 맞추지 못했고, 강물에 빠뜨리고 절벽 아래로 던졌으나 그때마다 위쪽으로 다시 올라와서 이전의 그 자리에 앉아 있었습니다. 그분의 몸 주위에 나무를 쌓아놓고 불을 붙였지만 불에 타지 않았습니다. 그와 같은 성취를 얻은 사람들이 많이 나타났으나, 결국에는 모든 것이 무상하다는 것을 보여주고 지금은 단지 이야기밖에[77] 남아 있지 않습니다.

---

76 녜샹까뜨야 동굴: 녜샹(Nyeshang) 혹은 니샹(Nyishang)은 지금의 마낭(Manang)을 말한다. 마낭은 안나푸르나 동쪽의 마르샹디 강변에 있는 마을이며, 강 건너 두 시간쯤 오르면 지금의 안나푸르나 3봉의 중턱에 밀라래빠 수행동굴이 있다.(『Ten Teachings from the 100,000 Songs of Milarepa』, Sri Satguru Publications, 게쉐 하람빠 탕구 린뽀체 지음, 55쪽과 주48)

우리들 각자는 악업이 일으킨 역풍으로 나쁜 습성이 생겼으며, 시대의 밧줄에 묶여 있고, 청정하지 못한 혼돈의 수레바퀴(육신)에 마음의 흐름이 의존하고 있으며, 허상의 육신이라는 돌탑은 언제 어디서 무너질지 보장할 수 없습니다. 따라서 바로 지금부터 몸과 말과 마음으로 선행해야 한다고 생각하면서 수행해야 합니다.

---

77 지금은 단지 이야기밖에: 앞에 인용한 책 55~59쪽에 그 당시 파탄과 박타푸르의 왕이 밀라래빠를 초청한 이야기를 포함하여 자세한 이야기가 있다.

모든 유정들의 주재자를 사유하면서 무상함을 수행한다

수명이 수겁이며 놀라운 후광을 지닌 천신과 선인仙人[78]들도 죽음을 피할 수는 없습니다. 모든 유정들의 주재자인 브라흐마·인드라·비슈누·쉬바 등 수겁 동안 살 수 있는 수명과, 키가 1요자나(유순由旬)와 크로사(문거 閒距) 정도에 달하는 몸과 그 밝기가 해와 달도 능가하는 후광을 지닌 사람들도 죽음을 피할 수는 없습니다.『공덕장功德藏』에서 다음과 같이 말했습니다.

> 브라흐마와 인드라 그리고 쉬바와 전륜왕轉輪王이라도
> 죽음의 신 마라를 피할 수 있는 방법을 생각하지 못한다.

더구나 천신과 선인(리시)으로 다섯 가지 신통력을 지니고 마술의 힘으로 허공을 날아다니는 분들도 결국은 죽음을 피할 수 없습니다.『해우서解憂書』에서 다음과 같이 말했습니다.

> 다섯 가지 신통력을 지닌 위대한 선인이

---

78 선인(당송ད་ང་, ⓐrsi): 리시. 신성한 주문으로 마법을 행할 수 있는 수행자. 혹은 삼문이 청정하고 신통력을 지닌 브라만 수행자.

허공을 멀리 날아갈 수는 있어도
어디로든 불사不死를 경험할 수 있는 곳으로
가는 것은 불가능하다.

 덧없는 인간 세계인 이곳에도 권력과 부로 확실하게 정상을 차지한 여러 전륜왕과 또한 성자의 나라 인도에는 마하삼마타 왕조(중경왕衆敬王)[79]에서 시작하여, 세상을 지배한 왕들이 헤아릴 수 없이 많이 나타났습니다. 그리고 세 분의 빨라 왕, 서른일곱 분의 찬드라 왕을 비롯하여 인도의 동부와 서부에 세력과 재력이 풍부한 왕들이 많이 나타났습니다.
 눈의 나라 티벳에도 천신의 왕이며 제개장보살除蓋障菩薩의 화신인 냐티쨴뽀 왕이 오신 것으로 시작하여, 일곱 분의 '티'라고 하는 하늘의 왕과 여섯 분의 '렉'이라고 하는 땅의 왕, 그리고 여덟 분의 '데'라는 중간 왕과 다섯 분의 '쨴'이라는 연결하는 왕[80]과 열둘과 절반[81]의 '행복한 왕조'와 다섯 분의 '매우 행복한 왕조' 등이 있었습니다. 법왕 송쨴감뽀 시기에는 높은 곳은 네팔 땅에서부터 낮은 곳은 중국 땅에 이르기까지 막강한 군대가 정복했습니다. 천신의 아들 티송데쨴의 통치 기간에는 잠부링의 3분의 2를 세력 아래 넣었으며, 법왕 랠빠쨴 시기에는 인도의 갠지스 강 연안에 철기둥을 세워서 인도와 티벳의 경계선을 표시했습니다.
 인도·중국·게사르·타지키스탄 외에 많은 나라들이 티벳의 세력아래 포함되었습니다. 각국의 사신들이 매년 새해 축제 때는 라싸에 하루

---
79 마하삼마타 왕조: '수많은 사람들이 존경하는 왕조'를 의미한다.
80 제1대 냐티쨴뽀와 무티쨴뽀, 딩티쨴뽀·쏘티쨴뽀·메르티쨴뽀·다티쨴뽀, 제7대 샤티쨴뽀는 '하늘밧줄'을 타고 승천했다. 제10대부터 15대까지 에소렉·세나렉·치도렉 등 '렉'자 돌림 여섯 왕은 지상에 묘를 남겼다. 제16대부터 데출남·데놀람·데놀뽀·데겔뽀 등 '데'자 돌림의 여덟 왕. 제25대부터 29대까지 '쨴'자 돌림의 다섯 왕. 제1대 냐티쨴뽀는 제개장보살의 화신이다.(『티베트 역사 산책』, 김규현)
81 절반의 왕조: 38대 티송데쨴의 아들인 39대 무니쨴뽀는 재산의 평준화와 보시제도를 시행하는 개혁정치에 실패하여 1년 7개월 만에 살해되었다.(위책)

동안 머물러야 하는 등 위력이 있었지만, 지금은 그런 일이 있었다는 이야기뿐 그 외에 아무것도 없는 상황을 생각할 때, 우리가 지금 가지고 있는 집이나 소유물, 권속들, 권세 등 아무리 훌륭하더라도 앞의 것들과 비교하면 단지 벌집 정도밖에 안 됩니다. 그렇다면 이러한 것들에 영원함과 확고함이 무엇이 있는지 생각하면서 사유하세요.

다른 여러 가지 비유를 사유하면서
무상함을 수행한다

일반적으로 한 깔빠의 흥망을 생각해도 무상합니다. 아주 오래전 이 깔빠의 초기에는 인간들도 모두가 각자의 빛으로 비추어 하늘에 해와 달이 없었습니다. 신통력으로 공중을 날아다녔습니다. 키도 여러 요자나만큼 컸습니다. 감로의 음식을 먹었으며, 최상의 평안과 기쁨은 천신들과 견줄 만했으나 번뇌와 불선不善으로 점차로 줄어들어 지금처럼 되었습니다.

지금도 인간들은 번뇌가 점점 더 거칠어지고 있기 때문에 수명과 모든 복덕이 점차로 감소하여 마지막 열 살에 이를 때까지 수명도 계속 줄어들 것입니다.[82] 그때 질병과 전쟁과 기근의 시기가 도래하여 이 세상의 중생들이 거의 다 없어지고, 남아 있는 중생들에게는 붓다 마이뜨레야의 환생자께서 살생을 금하는 법을 가르칠 것입니다. 따라서 그때는 인간의 키도 1완척[83]이 될 것입니다. 그 다음부터 수명이 증가하여 스무 살에 이르고 점차로 계속 증가하여 인간의 수명이 8만 년에 이를 때, 보

---

[82] 깔빠의 초기 인간들은 무량한 수명으로 네 가지 복분(선법, 재부, 즐거움, 안락)을 모두 누리며 생활했던 원만시(깰빠족댄བསྐལ་པ་རྫོགས་ལྡན་, ⓢkritayuga, caturyuga: 완벽한 깔빠)에 살았다. 그 후 점차로, 세 가지 복분만을 누리는 삼분시(깰빠숨댄བསྐལ་པ་གསུམ་ལྡན་)를 거쳐, 두 가지만을 누리는 이분시(깰빠니댄བསྐལ་པ་གཉིས་ལྡན་)를 거치고, 하나만을 누리는 단명하고 박복한 암흑의 시대인 투쟁시(깰빠쬐댄བསྐལ་པ་རྩོད་ལྡན་, ⓢkaliyuga)가 되어 이때 석가모니 붓다께서 세상에 오셨다.(『밀교의 성불원리』, 중암 편저, 67~68쪽 상세 내용참조)

[83] 1완척: 팔꿈치에서 손가락 끝까지의 길이로 약 40센티미터.

호주 마이뜨레야께서 오셔서 붓다가 되어 법의 바퀴를 굴릴 것입니다.

이처럼 흥하고 쇠퇴하는 주기가 열여덟 번 끝나고 나서 중생들의 수명이 무량수에 이르렀을 때 '염원의 붓다(승해불勝解佛)'께서 오셔서 이전 '현겁'의 천 분의 붓다의 수명을 모두 더한 기간만큼 오래 머무실 것이며, 그분들이 중생을 위한 모든 일들을 합한 것만큼 행하실 것입니다. 마침내 이 깔빠도 파괴되어 없어질 것입니다. 이처럼 깔빠가 흥하고 쇠퇴하는 것[84]을 살펴보아도 무상이라는 본성을 벗어날 수는 없습니다.

특히 사계절의 변화를 보아도 무상합니다. 여름철에 초원은 어디나 푸르른 녹색으로 빛나고, 비는 어디든지 감로수처럼 내리며 모든 생물들도 평안과 행복을 누리고, 하양·노랑·빨강·파랑의 아름다운 꽃들이 헤아릴 수 없이 피어나서 천상세계와 같습니다. 가을철에는 신선한 바람이 불기 시작하여 녹색초원은 색깔이 변하며 꽃과 과일도 모두 점점 말라 시들어집니다. 겨울철에는 대지도 모두 돌처럼 변하고 모든 강물이 빙판으로 되며, 차가운 바람의 기운이 널리 퍼집니다. 말이 다녔던 길을 여러 날에 걸쳐서 찾아보아도 여름에 피었던 꽃 등을 하나도 찾을 수가 없게 됩니다. 여름 다음에 가을, 가을 다음에 겨울, 겨울 다음에 봄, 이처럼 차례로 나타나 각 계절은 지난 계절과 모든 상황이 다르므로 무상합니다. 어제와 오늘, 오늘 아침과 오늘 저녁, 올해와 내년 등 그 모든 것들도 하나씩 차례로 무상한 모습을 생각해 보면, 어느 것도 믿고 의지할 수가

---

84 이처럼 깔빠가 흥하고 쇠퇴하는 것: 여기서 설명하는 깔빠는 우주가 성주괴공하는 기간을 넷으로 나눌 때 현재 우리들이 살고 있는 주겁住劫을 말하며, 특히 이 주겁에 천 명의 붓다께서 출현함으로 경에서 광명겁 또는 현겁이라 부른다. 네 개의 각각의 겁은 20중겁으로 이루어지며, 이 80중겁이 모여서 1대겁이 된다. 이 주겁은 20중겁으로, 이는 초한겁과 18승강겁과 말한겁으로 이루어진다. 초한겁은 인간의 수명이 무량수에서 줄어들어 8만 세에 이르고 다시 줄어들어 10세에 이르기까지의 기간이다. 여기서 다시 수명이 늘어나서 8만 세에 이르렀다가 다시 10세까지 줄어드는 기간이 승강겁이며, 열여덟 번 반복된 후, 다시 10세에서 증가해서 8만세에 이르는 마지막 기간이 말한겁이다.(『밀교의 성불원리』, 중암 편저, 51~52쪽 참조)

없습니다.

특히 우리들이 살고 있는 곳이나 마을이나 사원 등에도 전에 부유하고 번창했던 사람들이 지금은 형편이 기울어져 가고, 전에 가난하고 힘이 약한 사람들이 지금은 말에 힘이 있고 권세와 재산이 있는 등 무상의 본성을 벗어날 수 없습니다.

우리들 가족 중 어떤 사람도 선대의 아버지나 할아버지나 증조 할아버지 등 태어났던 모든 사람도 차례로 돌아가셨습니다. 그래서 지금은 이름의 흔적만 남아 있습니다. 그들의 형제와 자매 등 많은 사람들 역시 죽었으며, 시간이 흐른 지금은 어디에 있는지 혹은 지금 여기에 있는지조차도 모릅니다. 작년에 권세 있고 부유하고 번창하여 인간세상의 영광이었던 사람들도 올해는 이름의 흔적밖에 없는 사람들도 많이 있습니다. 지금은 힘 있고 부유하고 영향력 있어 보통 사람의 부러움의 대상이 되는 사람들도, 내년 이맘 때 혹은 다음 달에도 그대로 있을지 없을지 누구도 알 수가 없습니다. 심지어 자신의 가축인 염소·양·개 등이 전에 몇 마리가 죽었으며 지금은 몇 마리가 있는지요? 그들도 모두 결국에는 어떻게 될 것인지 생각해 본다면, 무상이라는 본성을 넘어설 수가 없습니다.

과거에 100년 전에 살았던 사람들 중에서 지금 죽지 않고 남아 있는 사람은 한사람도 없습니다. 지금 사람들 역시 100년이 지나면 모두 죽어, 한사람도 남아 있지 않게 됩니다.

그러므로 외부세상(무생물)과 그 안에 존재하는 것들(생물)의 이러한 모든 현상에는 영원하거나 확고한 것이 단 한 가지도 없습니다.

태어난 것은 모두 무상하여 죽게 되고
쌓아 놓은 것은 모두 무상하여 없어질 것이며

모여 있는 것은 모두 무상하여 흩어질 것이고
세워 놓은 것은 모두 무상하여 무너질 것이며
높이 올라간 것은 모두 무상하여 떨어질 것이니
그처럼 적과 친구, 기쁨과 고통, 좋은 것과 나쁜 것
일체의 분별 또한 무상합니다.

지위가 하늘만큼 높고 권세가 산꼭대기만큼 되고 재산이 용왕만큼 많고 자태가 천신만큼 우아하고 무지개처럼 아름다워도, 누구든 무엇이든 죽음이 갑자기 다가오면 단 한순간도 본인이 할 수 있는 것이 없어, 발가벗겨지고 빈손이 겨드랑이에 끼워져서, 재산이나 아끼는 물건, 친구나 친척, 권속, 제자, 지역사회, 부하들, 음식, 마실 것, 삶의 즐거움 등 그러한 것과 차마 헤어지지 못하면서 그 모든 것을 뒤에 남겨두고, 버터 조각에서 뽑힌 머리카락처럼 홀로 가야 합니다.

수천 명의 승려들을 지도하는 라마일지라도 단 한 명의 승려도 데리고 갈 수가 없습니다. 수만 명의 지도자라도 한사람의 부하도 데리고 갈 수가 없습니다. 세상의 부를 전부 다 가진 사람이라도 바늘이나 실 하나도 가지고 갈 힘이 없습니다.

심지어 자신이 소중하게 돌보던 몸도 남겨 두고 가야 합니다. 살아 있을 때 그 몸은 고급 비단 속에 감싸였고, 그 입에서 차와 술이 끊이지 않았으며, 빼어남과 우아함이 천신과 같은 몸이었지만 지금은 다만 '시신'이라고 말합니다. 만일 그 시신을 본다면 두렵고 안색이 흙빛으로 되며, 마음이 무겁고 떨리는 그런 상황으로 변할 것입니다. 성자 밀라래빠께서 말씀하셨습니다.

시신을 보면 무서운데
지금 이 몸 곁에 와있네.

조금 후에 끈으로 묶고 병풍으로 가리고 흙과 돌로 의지할 곳을 만듭니다. 밥그릇을 머리맡에 엎어 놓아서[85] 아무리 소중하고 사랑스러워도 두려움과 혐오의 대상이 됩니다. 지금은 털과 부드러운 가죽을 여러 겹 쌓고 그 위에 베개를 하고 눕는다고 해도, 잠 한숨 들자마자 금방 불편을 느껴 몸을 좌우로 뒤척여야 합니다. 그렇지만 그때가 되면 돌이나 뗏장을 뺨 아래 고여 놓아 머리는 흙먼지가 묻어 있는 등[86] 피할 수 없습니다. 한 가정의 가장이나 혹은 족장이었던 자신이 지금 죽고 없다면, 남은 사람들은 굶주림이나 추위로 죽거나 적에게 몰살당하거나 강물에 휩쓸려 갈 수밖에 없을까요? 지금 이 사람들에게 있는 재산과 평안과 기쁨 등 여러 가지가 있는데, 이러한 모든 것들이 오로지 나만의 관심사라고 생각하는 사람들도, 죽자마자 그들은 그 시신을 불에 태우거나 물속에 던지거나 공동묘지에 버리는 등 어떻게든 치울 수 있어, 그들에게는 마음 편하게 지내는 것 외에는 아무 생각도 없습니다.

죽게 되면 중음계中陰界에서 한 사람의 동행자도 없이 홀로 떠돌아야 합니다. 따라서 그때는 진실한 법이 유일한 피난처가 되므로, 바로 지금부터 진실한 법을 단 하나라도 성취하기 위해 어떤 경우에도 노력해야 한다는 것을 잊지 말고 거듭 반복하여 사유하세요.

그와 같이 쌓아 놓은 것은 모두 없어지게 되어 있으므로, 세상을 지배하는 왕이 결국 거지가 되는 때도 있습니다. 인생의 전반부에 놀라운 재산을 가진 많은 사람들이 생의 후반부에는 모든 재산을 없애고 굶어 죽

---

85 밥그릇을 제대로 놓으면 중음신들이 음식냄새를 섭취하기 위해 다가오지만, 엎어 놓으면 죽은 자로 생각하여 중음신들이 더 이상 다가오지 않는다. 그래서 죽으면 시신 옆에 밥그릇을 엎어 놓는다.(게쉐 땐진남카 스님)
86 티벳에서 장례는 매장·천장·화장·수장 등의 방법으로 하며, 장례 전 시신의 취급방법은 지역에 따라 다르다. 깨끗한 자리에 반듯이 눕혀 놓는 방식, 웅크리고 앉아 있는 자세로 묶어 자루에 넣는 방식, 묶지 않고 그냥 자루에 넣는 방식, 환경이 열악한 외딴 곳이나 유목민들은 그냥 맨땅 위에 오른쪽을 향해 눕혀 놓는 방식을 취하며, 마지막의 경우 머리 아래에 돌이나 뗏장을 고인다.

으며, 작년에 수백 마리의 가축을 가진 사람도 폭설이나 재난을 당하여 올해에는 거지가 되며, 어제는 권세와 재산이 많은 부자도 적들에게 파괴되어 오늘은 구걸하는 등 수많은 현상들을 우리가 직접 볼 수 있습니다. 그렇다면 재산과 소유물도 영원히 소유하는 것은 불가능합니다. 따라서 긴 여행을 위한 식량으로 가장 중요한 짬빠 가루를 준비하는 것처럼 보시의 복덕자량을 쌓아야 한다는 것을 잊지 말고 거듭 반복하여 깊이 사유하세요.

    모여 있는 것들도 모두 무상하여 흩어집니다. 그 나라의 큰 시장이나 큰 법당 각각에 여러 지역에서 온 사람들이 수천 명 혹은 수만 명 모인다고 해도, 그들도 모두 결국 각자의 갈 곳으로 흩어지는 것처럼 지금 우리들은 스승과 제자, 주인과 시종, 후원자와 수혜자, 정신적 동료(도반), 형제자매, 남편과 아내 등으로, 사랑으로 가까이 지내는 사람들이지만 결국 어떻게든 헤어지지 않을 수 없습니다. 죽거나 끔찍한 돌발 상황이 갑자기 생기면 바로 지금이라도 헤어지지 않는다고 보장할 수 없습니다. 따라서 정신적 동료나 남편과 아내 등 지금은 함께 모여 있는 사람들도 어느 순간 갑자기 헤어지게 될 것입니다. 그러므로 화내고 말다툼하거나 욕하거나 싸우지 말고, 오랫동안 가까이 지내리라는 보장이 없으므로 잠시의 이 짧은 순간에도 사랑으로 가까이 지내면서 돌봐야 한다고 생각하면서 사유하세요. 파담빠께서 말씀하셨습니다.

    가족은 영원하지 않으니 장날 장터에 모인 사람들과 같다.
    그러니 서로 거친 말을 하거나 싸우지 말라! 딩리 사람들이여!

    쌓아 올린 성들도 모두 결국 무너지게 되고, 전에는 번창하여 홍성했던 큰 마을과 많은 사원이 있던 곳도 지금은 텅 비어 버려진 땅이 되었으며, 이곳에도 훌륭한 주인들이 살았지만 지금은 크고 작은 새들의 서식지로 되었습니다. 천신의 아들 티송데짼 시대에 기적처럼 환생한 장인이 건립하여 우갠국의 두 번째 붓다(연화생 대사)께서 봉헌하신 삼애의 3층짜리 대법당(우째 대전大殿)도 화재로 단 하루 만에 무너졌습니다.

법왕 송짼감뽀 시절에, 마르뽀리(붉은 산)의 궁전은 수미산 위에 있는 인드라신의 궁전과 경쟁할 정도였지만 지금은 주춧돌마저도 남아 있지 않습니다. 그렇다면 마치 개미집과 같은 우리의 마을이나 집이나 사원을 그토록 소중히 해서 무엇을 할 것인가? 그러므로 까귀빠의 오랜 스승의 모범적인 삶을 따라서 고향을 뒤로하고 다른 곳을 기꺼이 선택해야 합니다. 거처로는 바위기슭에 머물며 친구로는 야생동물과 함께 지내면서 음식, 의복, 명성에는 조금도 관심두지 말아야 합니다.

> 가장 깊은 마음은 법에 의지하며
> 가장 깊은 법은 청빈한 삶을 지향하고
> 청빈한 삶은 죽음에 바탕을 두며
> 죽음은 호젓하고 텅 빈 골짜기에 의지하라.

라는 까담빠의 네 가지 의지처에 도달해야 함을 잊지 말고 마음속 깊이 사유하세요.

높은 지위를 차지하는 것과 용감한 군대도 영원하지 못합니다. 전륜왕 만다타(아유왕我乳王)[87]는 4대 부주를 지배할 수 있는 황금 바퀴를 굴리고 33천도 지배하였습니다. 천신들의 왕 제석천(인드라)과 같은 자리에 앉았

---

87 만다타 왕(옹알래누ང་འས་བུ་) : 샤꺄무니 붓다의 이전 환생자 전륜성왕이었다. 아유왕 또는 자유왕自乳王으로 한역된다. 아기가 태어나자마자 5천 명의 왕비들에게서 젖이 저절로 흘러나와 모든 왕비들이 '나에게서 젖을 먹어라'고 하면서 가슴을 내보였기 때문에 그와 같은 이름이 주어졌다고 한다.(『둥까르칙죄첸모』, 744쪽)

으며, 아수라와의 싸움을 역전시킬 수 있었습니다. 그렇지만 마침내 땅바닥에 쓰러져 야망을 채우지 못한 채 죽었습니다.

지금 우리들이 직접 볼 수 있는 현상으로도 국왕이든 라마이든 귀족이든 지방고관이든 높은 지위와 권위를 가진 어떤 사람들도 영원히 그 자리를 지키고 있는 사람은 한사람도 없습니다. 작년에 법조문을 다른 사람에게 보여준 힘 있는 사람들도 올해는 감옥에 누워 있는 사람들을 많이 보았으니, 무상한 권세가 무슨 소용이 있나요? 그것보다도 결코 쇠퇴하거나 오염될 수 없어 인간과 천신의 공양을 받아 마땅한 완벽한 붓다의 경지를 이루어야 한다고 생각하면서 깊이 사유하세요.

마찬가지로 적과 친구도 영원하지 않습니다. 예전에 아라한 까따야나께서 탁발하러 갔을 때 어느 집 주인이 아이를 무릎에 안고 생선을 아주 맛있게 먹으면서, 암캐가 생선뼈를 물어 가려고 하자, 돌을 던지는 것을 보았습니다. 그것을 아라한께서 신통력으로 보시고, 물고기는 이생의 아버지이며, 암캐는 어머니의 환생이고, 전생에 자신이 죽인 원수가 앙갚음으로 그의 아들로 태어난 것을 아시고 말씀하셨습니다.

> 아버지의 살을 먹으면서 어머니를 때리고 있네.
> 전생에 죽인 원수를 무릎에 안고 있네.
> 아내(어머니)는 남편(아버지)의 뼈를 물어뜯고 있네.
> 윤회세계의 현상들이 참으로 우습구나.

심지어 이생에서 철천지원수 같은 적이라도 나중에 마음이 맞는 친구가 되거나 가까운 친척으로 연결되어 우정이 다른 사람보다 훨씬 돈독해진 사람도 많이 있습니다. 반면에 부모형제라도 얼마 안 되는 재산이나 하나의 사소한 물건을 차지하기 위해 분개하여 서로 온갖 해를 입힐 수도 있습니다. 부부나 가까운 친구라 할지라도 사소한 일로 적이 되어 서로 죽이는 것도 보았으니, 어떠한 적과 친구도 영원하지 않습니다. 따라서 모든 사람을 사랑과 자비로 돌봐야 한다고 생각하고 자주 깊이 사유하세요.

기쁨과 슬픔의 상황도 영원하지 않아 인생의 초반에는 부유하고 기쁨이 넘치는 많은 사람들이 나중에는 가난하고 고통을 당하며, 인생의 초반에 고통이 많았으나 후반에는 행복한 사람도 있으며, 처음에는 거지였으나 나중에 왕이 된 사람도 많이 있습니다.

성자 밀라래빠의 삼촌처럼, 아침에 며느리를 맞이하여 흥거운 잔치를 베풀었지만, 저녁에 집이 무너져 고통으로 울부짖는 사람도 헤아릴 수 없습니다. 법을 위해 고행을 하면서 수많은 여러 가지 고통을 겪을지라도 마침내 더할 나위 없는 평안과 기쁨을 얻을 것입니다. 이는 마치 전에 오신 과거 붓다들이나 성자 밀라래빠와 같습니다. 옳지 못한 일로 모은 재산으로 아무리 즐거워해도 결국 한없는 고통이 될 것입니다.

옛날에 아파란타까 왕국에 처음 7일간 곡식이 비처럼 내렸고, 그 다음에는 7일 동안 의복의 비가 내리고, 다음 7일 동안 보석의 비가 내렸으나, 그 후 마지막에 흙비가 내려서 모두 땅 속에 묻혀 죽어 악도에 태어난 일이 있었습니다. 따라서 기쁨과 슬픔은 영원함이 없으니, 기대를 품거나 걱정에 사로잡히지 말고 이 세상 삶의 모든 평안과 기쁨과 재산을 가래침 속의 먼지처럼 버리세요.

법을 위해서 고행을 하고 강한 결심으로 고통을 기꺼이 감내하면서, 과거 붓다께서 가신 길을 추구해야 한다고 생각하면서 마음속 깊이 사유하세요.

좋은 것과 나쁜 것 또한 영원하지 않습니다. 우리 삶에서 영향력과 설득력이 아무리 대단한 사람도, 학식이나 창의력이 아무리 풍부한 사람도, 용기나 재능이 아무리 많은 사람도 기우는 시기에 이르게 됩니다. 예전에 쌓은 공덕이 다하면, 생각하는 것들이 모두 옳지 못한 것으로 나타납니다. 하는 일마다 제대로 되지 않습니다. 사람들이 비난을 합니다. 자신은 고통스러운데 다른 사람들은 일방적으로 비난만 합니다. 이전에 조그만 공덕을 가진 사람이 그 공덕을 다 써버린 것과 마찬가지로 지금은 아무것도 없는 사람도 많습니다. 전에는 아는 것 없고 생각 없는 사기꾼이나 거짓말쟁이였던 많은 사람들이 나중에 안락과 재물을 얻어, '왕년의 사기꾼 왕'이라고 하는 비유처럼, 다른 사람들의 신뢰를 얻어 훌륭하고 생각 있는 사람으로 존중 받는 사람도 많습니다.

세간을 벗어난 법의 관점에서도 다음과 같이 말했습니다.

> 성취자가 나이 들어서 배우는 자가 되고
> 은둔수행자가 나이 들어서 재산을 모으고
> 스승이 나이 들어 가정을 가진 자가 되었다.

삶의 초반에 이 세상의 모든 일에 관심을 끊은 은둔자라도 후반에는 재물 모으기에 열중하고, 삶의 초반에 다른 사람들에게 법을 가르치던 큰 스승(아짜라)이라도 후반에는 사냥꾼 혹은 강도가 되기도 하고, 초반에 계를 잘 지키던 계사戒師도 후반에는 여러 아이들의 아버지가 되는 일도 있으며, 인생의 초반에 악한 일만 하던 사람도 나중에는 오로지 바른 법만 수행하여 성취를 얻거나, 그렇지 않더라도 죽는 순간에 가르침에 입문하여 점점 더 높은 곳에 환생하게 된 사람이 많습니다. 따라서 지금 당장의 좋은 모습이나 나쁜 모습에는 한순간도 영원함이나 확고한 것이 아무것도 없습니다.

그렇지만 자신에게 출리심과 염리심이 조금 생겨 법과 비슷한 것을 수행하는 척해서 다른 재가자들이 훌륭하다고 여겨 당신의 후원자나 제자가 되어 공경하여 받들어 모실 때, 스스로 자신의 마음을 주의 깊게 살피지 않고, 자신이 마치 그런 사람처럼 자만심으로 마음이 부풀고 착각에 빠져 '나는 무엇이든 해도 괜찮다'고 생각하는 마음을 일으킨다면 마라에게 완전히 속은 것입니다. 아我에 대한 집착(아집我執)을 버리고 무아에 대한 지혜를 일깨워, 성스러운 보디사뜨와의 경지를 얻을 때까지 좋거나 나쁜 모습에 영원함이 없으므로 항상 죽음과 무상함을 사유하세요.

스스로 마음의 허물을 살피고 항상 낮은 자리를 차지하며 염리심과 출리심을 일으켜, 삼문이 평온하고 온화하여(조복되어) 항상 스스로를 살필 수 있도록 수행하세요. 모든 조건화된 현상들은 영원하지 않다는 것과 윤회계의 고통을 깊이 사유하면서 항상 이에 대한 회한과 깊은 혐오감을 수습해야 합니다. 성자 밀라래빠께서 다음과 같이 말씀하신 것처럼 수행해야 합니다.

> 인적 없는 계곡 바위동굴에서
> 나의 슬픔[88] 가실 날 없으니
> 삼세의 붓다이신 스승을 향한
> 사무치는 마음 떨칠 수가 없노라.

그와 같이 수행하지 않으면 일시적인 이러한 생각도 영원하지 않기 때문에 어떻게 될지 알 수가 없습니다. 예전에 친척하고 원수가 된 어떤 사람이 나중에 법의 문에 들어가서 '수행한 비구 탕빠'라고 불렸습니다.

---

88 슬픔과 사무치는 마음: '슬픔(꾜채데와ྐྱོད་ཆད་དེ་བ་)'에서 티벳어 의미는 마치 울면서 엄마를 애타게 찾는 어린아이가 갖는 불편함이나 고통의 느낌이며, '사무치는 마음(이둥에와ཡིད་དུང་དེ་བ་)'에서 티벳어 의미는 엄마를 애타게 찾는 마음, 즉 전적으로 믿는 마음이다. 따라서 의미상으로 중문본에서처럼 '슬픔'은 '윤회계에 대한 염리심'으로, '사무치는 마음'은 '굳건한 믿음' 혹은 '헌신의 마음'으로 바꾸어도 된다.(짬뙬 린뽀체)

그는 몸의 기(氣)와 마음을 자유자재로 부릴 수 있어서[89] 하늘을 날 수 있게 되었습니다. 하루는 그가 공양한 또르마를 먹으러 비둘기들이 많이 모여들었을 때 그는 '나에게 이와 같은 군대가 있다면 적들을 모조리 없앨 수 있을 텐데……'라고 생각했습니다. 그러나 그 잘못된 생각을 청정한 인식의 길로 가져가지 못했으므로[90] 나중에 고향에 내려와서 지방 군사령관이 되었습니다.

그처럼 처음에는 스승과 도반으로 인해서 법에 대한 인식 정도는 얻을 수 있을지 모르지만, 평범한 사람의 생각은 무상합니다. 따라서 할 수 있을 때 태양과 같은 법으로 자신을 자유롭게 하여[91] 삶과 수행이 하나가 되도록 해야 함을 명심하면서 깊이 사유하세요. 이와 같이 수많은 비유와 그 의미를 깊이 사유하더라도 윤회계의 맨 위로부터 가장 아래의 지옥에 이르기까지 영원한 것과 확고한 것이 조금도 없으며, 모든 것이 변화하고 성장 쇠퇴하는 본성에 대해 확신을 가져야 합니다.

---

89 집중력을 계발했다는 의미에서 마음을 자유자재로 할 수 있었지만, 번뇌를 다스리거나, 마음의 본성을 깨닫는 의미에서는 그렇지 못했다. 법의 관점에서, 올바른 방향 설정 없이 수행하는 것은 쓸모없다.

90 청정한 인식의 길로 가져가다: 티벳어 람두랑빠ལམ་དུ་བསླང་བ་는 직역하면, '길로 가져가다(to take/bring/carry on the path)'로, 티벳어 람두렌빠ལམ་དུ་ལེན་པ་의 과거형이며 람두케르와ལམ་དུ་འཁྱེར་བ་와 같은 의미이다. 이는 일상의 삶에서 모든 상황을 수행의 일부로 이용한다는 것을 뜻한다. 예를 들면, 게룽탕빠가 분노에 대한 대치법으로 자애심을 일으키거나 혹은 분노가 일자마자 그 생각의 공한 본성을 직시함으로써, 그의 부정적인 생각을 청정한 인식의 길로 가져갔다면, 그것은 어떤 해로움도 가져오지 않았을 것이다.

91 할 수 있을 때 태양과 같은 법으로 자신을 자유롭게 하여(랑고니마최기뙨떼རང་འགོ་ཉི་མ་ཚོས་ཀྱིས་བཏོན་ཏེ་): 티벳어 랑고뙨རང་འགོ་བཏོན་은 '독립하다(to be independent)', '스스로 자신을 돌보다(to be able to take care of oneself)', '자신의 두 발로 홀로서다(to stand on one's own two feet)'는 의미를 가진, 티벳어 랑까튭빠རང་ཁ་ཐུབ་པ་와 같은 의미이며, 니마ཉི་མ་는 직역하면, '태양' 혹은 '낮'을 뜻하나, '깨어 있는 동안, 햇빛이 비출 때, 할 수 있을 때'로 의역하면, 영문본에서처럼 "당신이 아직 할 수 있을 때, 다르마로 자신을 자유롭게 하여(free yourself with the Dharma while you can)"로 옮겨진다. 중문본에서는 "날마다 끊임없이 법 수행에 전념하여(소이응당일일부단전주수법所以應當日日不斷專注修法)"로 의역했다.

죽게 되는 상황은
불확실함을 사유하면서 무상함을 수행한다

죽게 되는 상황(연緣)[92]에는 확실한 것이 없음을 사유하면서 무상함을 수행하는 것입니다. 우리들 이 세상 사람들은 태어난 바로 그 순간부터 죽는 것이 확실합니다. 그렇지만 죽음의 방식, 죽게 되는 상황(연緣), 죽음의 시기는 확실하지 않아서, 언제 죽을지, 어디서 죽을지, 어떻게 죽을지, 무엇 때문에 죽을지는 아무도 확신할 수 없습니다. 이 세상 살아가는데 살 수 있는 여건(연緣)은 아주 적고 죽게 되는 원인(연緣)은 많습니다. 이에 대해 대스승 아리야데와(성천聖天)께서 다음과 같이 말씀하신 것과 같습니다.

---

92 상황(껜꾠ན): 티벳어 규껜རྒྱུ་རྐྱེན은 '인연因緣'으로 직역되며, 세분하면 '원인과 조건' 혹은 '일차적인 원인과 이차적인 원인'이 된다. 모든 현상은 여러 원인과 조건이 만나 서로 의존하여 생긴다. 마치 배추 싹이 생기려면, 배추씨가 인因(규རྒྱུ: 일차적 원인 혹은 직접적 원인, 깊이 잠재된 근본원인)이 되어, 적절한 토양과 물과 온도와 햇빛 등이 배추씨가 싹틀 수 있는 적절한 연緣(이차적 원인 혹은 간접적 원인)을 만나야 배추 싹이 생겨날 수 있는 것과 같다. 티벳어 껜རྐྱེན은 '깊은 원인(인因)'이 그 영향력을 발생하게 하는 '보조적인 원인(연緣)'을 말하며, 상황 혹은 환경, 조건, 이유를 말한다. 예컨대, 누군가가 어느 날 간암으로 죽었다면 간암 자체는 그 죽음을 초래한 연緣(상황, 조건, 보조적 원인)이며, 깊이 잠재된 근본적이고 일차적인 원인인 인因은 과거에 행한 옳지 못한 행동(업業: 까르마)이다. 왜 어떤 사람은 젊은 나이에 물에 빠져 죽고, 어떤 사람은 교통사고로 죽고, 어떤 사람은 갑자기 암으로 죽고, 어떤 사람은 장수하는가? 그 아래 연결된 문장의 '원인, 조건, 여건, 상황'으로 번역한 것은 모두 '이차적 원인'인 '연'을 의미한다.

죽음의 원인은 아주 많고
삶의 원인은 매우 적으며
그것조차도 죽음의 원인이 될 수 있다.

불과 물, 독약, 절벽, 잔인한 사람, 맹수를 비롯해 죽음의 원인은 아주 많고 삶의 원인은 아주 조금밖에 없어, 삶의 조건으로 간주되는 음식과 의복을 비롯한 다른 것들도 죽음의 원인이 되는 경우도 있습니다. 그래서 독이 있는 음식을 먹거나 그렇지 않더라도 처음에는 몸에 유익할 것으로 생각하고 음식을 먹었지만, 독이 되거나 그 사람 몸에 맞지 않게 되어 죽음의 원인이 되는 경우도 많습니다.

특히 요즘 사람들은 대부분 고기를 아주 좋아하여 고기나 피로 만든 음식을 주의하여 살피지 않고 즐기기 때문에, 고기의 악령이나 오래된 고기가 모든 질병의 원인이 된다는 것을 모르는 것 같습니다. 또한 잘못된 식사와 생활방식으로 인해 종양, 담, 수종을 일으켜 죽음의 원인이 되는 경우는 숫자로 헤아릴 수 없습니다. 마찬가지로 재산과 명성 등을 추구하여 다른 전쟁터에 간다거나, 사나운 야생동물 가까이 가려고 한다거나, 강을 조심성 없이 건너려고 하는 등 죽음의 원인이 되는 경우도 셀 수 없이 많습니다. 더군다나 죽음의 원인은 종류가 다양하여 죽음의 시기를 확실히 모르고 죽는 것입니다. 어떤 사람은 어머니의 자궁 안에서 죽는 경우도 있고, 태어나자마자 죽는 사람도 있으며, 기어다니는 법을 다 배우기도 전에 요절하는 사람도 있고, 삶의 전성기에 이르러 죽는 사람도 있고, 나이 들고 쇠약하여 죽는 사람도 있으며, 진찰 받거나 보호 받을 시간도 없이 죽는 사람도 있고, 어떤 사람들은 오랜 동안의 병으로 병상에 누워서 죽어가는 눈으로 살아 있는 사람들을 쳐다보다가 뼈와 머리에 살가죽만 덮어쓰고 죽는 일도 있습니다. 어떤 이들은 갑작스런 사고 등으로 밥을 먹다가 혹은 이야기하다가 혹은 일을 하다가 죽는 사람도 많습니다. 스스로 자신의 목숨을 끊는 일도 있습니다. 이처럼 많은 죽음의 환경 가운데서 살 수 있는 생명의 힘은 약해서 바람 속의 버터등불처럼 견디고 있는 것입니다. 따라서 바로 지금 죽음이 갑자기 다가와, 바로 내일 머리나 입에 뿔이 난 동물로 다시 태어나지 않으리라는 보장이 없습니다. 그러므로 언제 죽을지 전혀 알 수 없고, 어디에 다시 태어날지 전혀 알 수 없음에 확고한 생각을 지녀야 합니다.

간절히 사유하면서 무상함을 수행한다

언제 어떠한 경우에나 오로지 죽음만을 사유하고, 앉아 있을 때나 서 있을 때나 누워 있을 때나, "이것이 이 세상에서 마지막 행동이다"라고 입으로도 말하고 마음으로도 절실하게 사유하세요. 다른 곳으로 가게 될 때에도 가는 길에 '거기서 죽게 될지 아니면 이곳으로 돌아올지 확실히 알 수 없다'고 생각하고, 길에 들어서거나 쉼터에서 잠시 머물더라도 '여기서 죽을 수도 있다'고 생각하고, 어디에 있더라도 '여기서 죽을지도 모른다'고 생각해야 합니다. 밤에 잠잘 때에도 '오늘 밤 이 잠자리에서 죽을지 내일 일어날 수 있을지 확신할 수 없다'고 생각하고, 아침에 일어날 때에도 '오늘 하루 중에 죽을지 오늘 밤 잠잘 수 있을지 보장이 없다'고 생각하면서 오로지 죽음만을 마음속 깊이 간절히 사유하세요.

전에 까담빠의 게쉐들께서 밤에 주무실 때, '내일 불을 피우는 일이 있을지 알 수 없다'고 생각하여 불씨를 묻어 두지 않고 밥그릇도 뒤집어 놓은 것처럼, 순간순간 오로지 죽음에 대해 간절히 생각하면서 수행하세요. 그렇지만 죽음만 사유하는 것으로는 충분하지 않아 죽음의 순간 도움이 되는 것은 오직 수승한 법뿐이므로 항상 기억하고 알아차리는 일(억념憶念과 정지正知)을 놓치지 말고, 윤회계의 모든 일들은 무상하며 진정한 의미가 없음을 알고, 분발하여 청정한 법을 수행해야 합니다.

본래 몸과 마음의 만남은 무상하니 잠시 빌린 것을 '나'라고 집착하지 말라. 길을 걸어도 길조차 무상하니, 『섭송』 게송 144에서

> 멍에 길이만큼 앞을 보면서 걸어가면
> 마음에 착란이 없다.

고 말한 것처럼 내딛는 발걸음이 법을 향하도록 하라.

어디에 머물더라도 그 자리 또한 무상하니 정토를 마음에 기억하고 생각하라. 먹고 마시고 즐기는 것 또한 무상하니 삼매를 음식으로 취하라. 잠들어도 잠 또한 무상하니 꿈속의 착란을 정광명으로 닦으라.[93] 얻고자 한다면 재물 또한 무상하니 성자의 일곱 가지 보물[94]을 가까이하라. 친구와 사랑하는 사람들과 가족 또한 무상하니 적정처에서 윤회 세계로부터 확실히 벗어나고자 하는 마음(출리심)을 일으켜라. 지위와 명성 또한 무상하니 항상 낮은 자리를 차지하라. 말 또한 무상하니 만뜨라와 기도문을 열심히 독송하라. 믿음과 출리심 또한 무상하니 결심을 확고

---

93 꿈속의 착란을 정광명으로 닦으라(འཁྲུལ་བ་འོད་གསལ་དུ་སྦྱངས་): "잠을 잘 때도 마음의 본성인 광명을 자각할 수 있다면, 잠의 망상으로부터 벗어날 수 있다"는 의미이다(용수 스님). 『티베트 사자의 서』 안의 '여섯 바르도의 본송'에서, "아! 나에게 꿈의 바르도가 환상처럼 나타나 오는 이때, 무지한 송장처럼 누워있지 않고 부동의 정념으로 본성에 머물며, 꿈을 인지하여 꿈속의 변화들을 수면광명으로 닦아 얻으리라!"라는 글에서 '수면광명'이 바로 위 구절의 광명을 뜻한다고 본다. "수면광명은 수면의 상태에서 겪는 법성의 광명을 말한다. 다시 말해, 임종의 정광명의 발생과 같이 우리들이 잠 속에 들면, 수면단계의 네 가지 현상(아지랑이, 연기, 반딧불, 촛불의 떨림)과 4공四空(공·극공·대공·일체공)이 임종 때와 같이 (뚜렷하게 발생하지 않고) 순식간에 일어난 뒤 수면의 광명이 발생한다. 이 수면의 광명이 일어날 때 꿈속의 몸인 몽신夢身이 발생함과 죽음의 정광명에서 중유의 의생신이 발생하는 것이 서로 유사하므로 생시에 이 수면광명을 임종의 정광명으로, 꿈의 몸을 바르도의 의생신으로 인식해서 닦는 것을 말한다."(『티베트 사자의 서』, 중암 역주, 215쪽과 『밀교의 성불원리』, 중암 편저, 172쪽)
94 성자의 일곱 가지 보물(팍빼노르된འཕགས་པའི་ནོར་བདུན་): 7성재七聖財는 신信·계戒·문聞·사捨·참慚·괴愧·혜慧이다. 순서대로 믿음(대빼노르དད་པའི་ནོར་), 절제(출팀기노르ཚུལ་ཁྲིམས་ཀྱི་ནོར་), 배움(퇴빼노르ཐོས་པའི་ནོར་), 베풂(똥왜노르གཏོང་བའི་ནོར་), 스스로 부끄러움을 앎(응오 차쉐빼노르ངོ་ཚ་ཤེས་པའི་ནོར་: 양심이 있음), 수치심 있음(텔외빼노르ཁྲེལ་ཡོད་པའི་ནོར་: 남의 비난을 두려워하는 마음이 있음), 지혜(쉐랍기노르ཤེས་རབ་ཀྱི་ནོར་)이다.

히 하라.

　인식과 분별 또한 무상하니 훌륭한 품성을 연마하라. 선정 경험과 깨달음 또한 무상하니 모든 현상의 특성이 사라지는 곳[95]까지 나아가라. 그때 삶과 죽음 사이의 경계가 무너지고[96] 기꺼이 죽음을 맞이할 수 있다는 확신을 얻을 것이다. 당신은 죽음이 없는 요새를 차지하였으니, 하늘 높이 자유롭게 솟아오르는 독수리와 같아 죽음이 다가온다는 서글픈 생각에 대해 그때부터는 수행할 필요가 없을 것이다. 성자 밀라래빠께서는 말씀하셨습니다.

　　나는 죽음이 두려워 산으로 갔다.
　　언제 죽을지 알 수 없음을 거듭 사유하고
　　죽음이 없는 본래 확고한 자리를 성취하여
　　이제 죽음의 두려움을 없애 그것을 넘어섰노라.

비할 바 없는 닥뽀 린뽀체께서도 말씀하셨습니다.

　　처음에는 생사生死에 대한 두려움에 쫓겨야 한다,
　　마치 사슴이 함정에서 도망쳐 나오는 것처럼.
　　중간에는 죽어도 절대로 후회하지 말아야 한다,
　　농부가 정성을 기울여 농사짓는 것처럼.

---

[95] 모든 현상의 특성이 사라지는 곳: 티벳어 최니새사ཆོས་ཉིད་ཟད་ས་는 '법성이 다하는 곳'으로, 중문본에는 "법계가 다하는 곳(법계지진지法界之盡地)"으로 번역되었고, 영문본에는 "모든 것이 법성안에서 용해되는 지점"으로 되어 있다. '법성이 다하다'와 관련하여, 법성편진상法性遍盡相을 티벳어로 최니새빼낭와ཆོས་ཉིད་ཟད་པའི་སྣང་བ་라고 한다.

[96] 삶과 죽음 사이의 경계가 무너지고 (སྐྱེ་འཆིའི་བར་ལག་འགྱེལ་) : 티벳어를 직역하면 "생과 사의 장벽이 무너지고"이며, 중문본에는 같은 의미로 "생사를 벗어나고(탈생사脫生死)"로 되어 있으나, 영문본은 "죽음과 환생의 연결고리가 끊어지고"로 번역하면서 "이때의 죽음은 과거의 업에 기인한 보통의 환생이 뒤따르지 않을 것이다"라고 각주를 추가했다.

마지막에는 마음이 평안하고 즐거워야 한다,
만만치 않은 큰일을 끝마친 사람처럼.

처음에는 낭비할 시간이 없음을 알아야 한다,
마치 사람이 급소에 화살을 맞은 것처럼.
중간에는 다른 생각을 일체 일으키지 않고 수행해야 한다,
마치 하나뿐인 아들을 잃은 어머니처럼.
마지막에는 해야 할 일이 더 이상 남아 있지 않음을 알아야 한다,
마치 돌보는 가축들이 적에게 쫓기는 목동처럼.

그와 같이 될 때까지 오직 죽음과 무상만을 사유해야 합니다. 세존께서도 말씀하셨습니다.

무상을 많이 수행하면 모든 붓다에게 공양을 올리는 것이며
무상을 많이 수행하면 모든 붓다에 의해 고통에서 벗어나게 되고
무상을 많이 수행하면 모든 붓다에 의해 수기授記를 받는 것이며
무상을 많이 수행하면 모든 붓다에 의해 가피를 받는 것이니라.
예컨대 모든 발자국 중에서 코끼리 발자국이 가장 큰 것처럼
불교도의 수행에 대한 모든 생각 중에서
오직 무상수행에 대한 생각만이 최상이니라.

세존께서 『비나야경』에서 말씀하셨습니다.

훌륭한 그릇과 같은 나의 제자들, 예를 들어
비구 사리뿟다와 목갈라나 같은 백 명의 비구에게
음식과 공양물을 올리는 것보다
모든 조건 지어진 현상이 무상함을

한순간에 알아차리는 것이 최상이다.

또한 게쉐 뽀또와(1031~1105, 까담빠의 성취자)께 한 재가 수행자가 "법을 하나만 수행하는 데에 가장 중요한 것은 무엇입니까?" 하고 여쭈니, 뽀또와께서 말씀하셨습니다.

법을 하나만 수행한다면
무상함을 수행하는 것이 가장 중요하며
죽음과 무상함을 수행한다면
처음에는 법에 들어가는 인(因)이 될 것이고
중간에는 선행을 닦게 하는 연(緣)이 될 것이며
마지막에는 모든 현상이 똑같음[97]을 깨닫도록 돕는 친구가 될 것이다.

또한 무상함을 수행하면
처음에는 이 세상 삶에 대한 물질적 속박을 끊게 하는 인이 되고
중간에는 윤회계 일체에 대한 집착에서 벗어나게 하는 연이 될 것이며
결국에는 열반의 길로 들어서도록 도와주는 친구가 될 것이다.

또한 무상함을 수행하면
처음에는 믿음이 생기게 하는 인이 될 것이고
중간에는 법을 열심히 수행하도록 하는 연이 될 것이며
마지막에는 지혜가 생기도록 도와주는 친구가 될 것이다.

또한 무상함을 수행하여 마음속에 확신이 생기면
처음에는 법을 찾게 되는 인이 되고

---

97 모든 현상이 똑같음(최남빠니ཆོས་མཉམ་པ་ཉིད་) : 제법의 평등성. 윤회와 열반이 한 맛으로 똑같음(코르대로남འཁོར་འདས་རོ་མཉམ་), 즉 생사열반일미평등生死涅槃一味平等.

중간에는 법을 수행하게 하는 연이 되며
마지막에는 법을 성취하도록 도와주는 친구가 될 것이다.

또한 무상함을 수행하고 마음속에 무상에 대한 확신이 생기면
처음에는 갑옷과 같은 정진으로 수행하려는 결심을 하는 인이 되고
도중에는 가행의 정진으로 수행을 곧바로 시작하게 하는 연이 되며
결국에는 절대로 물러서지 않는 정진精進[98]으로 깨달음을 얻을 때까지
수행에 박차를 가하도록 돕는 친구가 될 것이다.

파담빠께서도 말씀하셨습니다.

무상에 대한 확신이 마음속에 일어나면
처음에는 법에 들어가게 하는 원인이 되며
중간에는 정진에 박차를 가하게 하고
마지막에는 광명의 법신을 성취하게 한다.

그러므로 무상에 대한 진정한 확신이 마음속에 생기지 않으면, 아무리 많은 법을 받았다고 생각하고 아무리 많은 법을 수행했다고 생각할지라도 결국에는 '법의 곰'[99]이 되는 원인이 됩니다. 파담빠께서 말씀하셨습니다.

티벳의 수행자로서 죽음을 생각하는 자는 한사람도 안 보이며
(여전히 죽지 않고) 살아남아 있는 자 또한 한사람도 본 적이 없다.
게다가 노란 승복을 입고 재산을 모으는데 재미를 들였으니

---

98 정진에는 세 가지가 있으며 상세한 것은 408~410쪽에 있다. 절대로 물러서지 않는 정진을 갖게 되면 그 어떤 것도 목적 달성하는 것을 멈추게 할 수가 없다.
99 법의 곰: 올바른 법을 전혀 알지 못하고 자신의 생각에 사로잡힌 완고한 수행자.

이렇게 하여 죽음의 신 야마에게 음식과 재산으로
(목숨에 대한 대가를) 지불하려는지 모르겠구나.
가장 좋은 보물들을 여기저기 쌓아두는 행태는
지옥에서 '비밀스런 바람에 대한 대가(뇌물)'를 받으려는 것인가.
이러한 티벳의 수행자들을 보면, 참으로 우습구나! 하하!
많이 배운 사람일수록 자만심이 크구나.
훌륭한 수행자는 음식과 재물을 모으고 있구나.
믿고 의지할 만한 은둔 수행자는 세상의 일에 정신이 없구나.
자신의 나라를 버린 사람들이 부끄러움을 모르는구나.
그들은 법에 관심이 없구나.
그들은 옳지 않은 일을 즐겨하는구나.
다른 사람들이 죽는 것을 보면서도 자신이 죽을지는 모르고 있으니,
첫 번째 실수는 거기에 있다.

그 때문에 무상에 대한 인식을 수행하는 것은 모든 법 수행의 문을 여는 예비수행이기도 합니다. 한 거사가 게쉐 뽀또와에게 불리한 조건이나 역경(악연惡緣)을 없애는 방법에 관한 가르침을 청했더니, 뽀또와께서 말씀하셨습니다.

너희는 죽음과 무상을 수없이 깊이 사유하라.
그 다음, 죽음이 확실하다는 생각이 일어나면
옳지 않은 일을 그만두는 것이 어렵지 않으며
옳은 일을 실행하는데 어려움이 없게 될 것이니
그에 더하여, 너희는 사랑(자애)과 자비(연민)를 수없이 수습하라.
그리고 그것이 마음속에 확실히 생기면
중생들에게 이로운 일을 하는데 어려움이 없게 될 것이니
그에 더하여, 너희는 모든 현상의 실상인 공성에 대해 수없이 수습하라.

> 그리고 그것이 마음속에 확실히 생기면
> 착란된 인식을 닦는 것이 어렵지 않게 되리라!

그와 같이 무상에 대한 확신이 마음속에 생기면 이 세상 삶의 모든 일들을 가슴 깊이 혐오하여, 마치 구역질하는 사람에게 기름기 많은 음식을 주는 것처럼 됩니다. 제가 공경하는 스승께서도 다음과 같이 자주 말씀하셨습니다.

> 내가 이 세상의 높은 지위와 권세, 재물과 아름다운 것 등
> 그 어떤 것을 보아도 그에 대한 욕망에 사로잡히지 않았는데
> 그 이유는 과거 훌륭한 스승들의 모범적 삶에 대한 이야기를 읽고
> 무상에 대한 확신이 조금 마음속에 생겼기 때문이다.
> 나에게는 이보다 더 훌륭한 구전 가르침은 어떤 것도 보여줄 것이 없다.

그와 같은 무상을 마음속에 얼마만큼 확실히 일으켜야 하는가 하면, 게쉐 카락곰충만큼 되어야 합니다. 그분은 짱의 조오카락 지방의 산속 외딴 수행처로 수행하러 갔는데 동굴 문 앞의 가시덤불에 옷자락이 걸렸습니다.

그래서 처음에는 "이걸 자를까"하고 생각했습니다. 그 후에 "그래! 나는 이 동굴 안에서 죽지 않고 다시 나갈 수 있을지 알 수 없어. 그보다도 오로지 선법 수행하는 게 더 중요하지"라고 생각하여 자르지 않았습니다. 후에 다시 문 앞에 나왔을 때에도 그와 똑같은 일이 일어났지만, "내가 이 문을 통해서 안으로 다시 들어갈지 알 수가 없어"라고 생각했습니다. 그처럼 여러 해 동안 머물러서 성취자가 되어 떠났지만 가시덤불은 잘린 적이 없었습니다.

또한 릭진직메링빠에게도 가을철 음력 칠월이면 해마다 가던 온천이

있었는데, 계단이 없어서 온천 안으로 들어가 앉기가 아주 힘들었습니다. 한 제자가,

"여기에 계단을 만들면 어떻습니까?"라고 여쭈니,

"내년에 여기에 누워 있을지 알 수가 없는데 그처럼 번거로운 일은 해서 뭐 하느냐?"라고 말씀하시며, 항상 무상에 대한 말씀만 꺼내곤 하셨다고 스승께서 말씀하셨습니다. 그러므로 우리들도 그와 같은 것들이 각자 마음속에 확실히 생길 때까지 준비단계로 보리심을 일으키고, 본 수행은 여러 가지 방편으로 마음을 점차 변화시켜 무상에 대한 확신이 진정으로 마음속에 생길 때까지 수행해야 합니다. 마지막에 공덕을 회향하여 수행을 확실하게 마무리하세요. 이렇게 수행하면서 과거 훌륭한 스승들의 행적을 따르는데 힘써 노력해야 합니다.

*무상함이 분명함에도 영원할 것이라는 생각에 붙잡혀서
노년의 문에 이르렀음에도 불구하고 젊다고 생각하고 있으니
본인과 그리고 본인처럼 잘못 생각하고 있는 중생들에게
무상에 대한 확신이 마음속에 생기도록 가피를 내려주소서.*

이상이 삶의 무상함에 대한 가르침입니다.

3장
윤회계의 결함

윤회계의 일들은 진정한 의미가 없다는 것을 생각하시고
대자비로 오직 다른 사람들의 이로움만을 추구하셨으며
윤회나 열반에 집착하지 않고 대승의 가르침대로 행하신
비할 바 없는 스승의 발아래 일념으로 엎드려 절하옵니다.

윤회계의 결함에 대한 가르침에도 두 가지가 있는데 그 중 첫 번째인 법을 듣거나 가르치는 방법은 앞에서 말한 것과 같으며, 두 번째인 설명해야 할 가르침에는 윤회세계의 일반적인 고통을 사유하는 것과 특별히 6도 중생 각각의 고통을 사유하는 것 두 가지가 있습니다.

윤회계의 일반적 고통을 깊이 사유한다

앞에서 설명한 것과 같이 얻기 어려운 수행 기회와 유리한 조건을 얻는다고 해도, 오랫동안 머무를 시간이 없는 데다 무상과 죽음의 지배를 받을 수밖에 없습니다. 죽은 후에도 마치 불이 다 타거나 물이 말라 사라지는 것과 같다면, 단지 그뿐 그 외에 다른 것은 아무것도 없을 것입니다. 그렇지만 죽은 후에 없어지는 것이 아니고 다시 태어나야 합니다. 윤회輪廻를 벗어나지 못하는 것입니다.

일반적으로 '윤회'라는 것은 도공陶工의 물레 또는 물레방아의 바퀴 또는 항아리 안의 파리처럼 '연이어서 도는 것'을 말합니다. 항아리 안에 파리가 들어간 후 입구를 막으면 파리가 어디로 날아가든 항아리 안 이외에는 다른 곳으로 갈 수가 없습니다.

그러한 예와 같이, 이러한 윤회계는 높은 곳이건 낮은 곳이건 어느 곳에 태어나더라도 윤회의 영역을 벗어날 수가 없습니다. 항아리의 윗부분처럼 선도인 천신과 인간의 영역이 있고, 항아리의 아래 부분처럼 3악도의 영역이 있습니다. 그처럼 중생들이 거주하는 여섯 가지 영역에서, 선행이든 불선행이든 번뇌로 오염된 행위(업業: 까르마)로 인하여 한 곳에서 또 다른 곳으로 태어나 돌고 돌기 때문에 '윤회'라고 합니다.

우리들 각자는 윤회계에서 시작을 알 수 없는 때로부터 방황하였고,

윤회하는 모든 중생들은 서로가 서로에게 부모나 혹은 친구 혹은 적이나 혹은 본인과 무관한 사람이 아니었던 사람은 하나도 없습니다. '이분의 어머니는 저분이고, 저분의 어머니는 그분이며, ……'라고 말하면서, 한 중생의 어머니 직계 조상들의 숫자를, 이 지구의 흙으로 노간주나무 열매만한 크기로 둥글게 빚어 숫자를 센다고 해도 다 헤아리기도 전에 지구의 모든 흙이 다 없어질 것입니다. 중생은 우리 모두 각각의 어머니였으며, 이어진 사람의 숫자는 끝이 없다는 것이 경전에서 말씀하신 의미입니다. 보호주 나가르주나께서 말씀하셨습니다.

> 어머니의 직계 조상들을 노간주나무 열매만한 흙덩이로 빚을지라도 이 세상에 있는 모든 흙으로도 다 감당하지 못할 것이다.

그와 같이 윤회계는 무시이래로 현재까지 이처럼 환생으로 태어나지 않은 경우가 없으며 욕망 때문에 머리와 손발이 잘리는 일도 헤아릴 수가 없습니다. 우리가 개미라든가 다른 조그만 곤충으로 태어났을 적에 잘린 손발들을 지금 한곳에 모은다면 산 중의 왕, 수미산보다도 더 높을 것입니다. 먹을 것 없고 입을 것 없어 추위와 배고픔과 목마름 등의 고통을 당하면서 흘린 모든 눈물을 말리지 않고 모은다면, 큰 바다의 물보다도 많을 것입니다. 지옥에서 태어나 우리가 마신 끓는 구리물만 해도 수미산 외곽의 네 개의 큰 바다보다 더 많이 마셨을 것입니다. 그렇지만 아직도 이 윤회세계에 대해 혐오하는 마음이 한순간도 일어나지 않고, 욕망과 집착으로 묶여 있는 사람들은 끝없는 윤회 속에서 이전의 고통보다도 더 많은 고통을 겪어야 할 것입니다.

설령, 선행에 따르는 조그만 선한 과보로 인해 범천梵天이나 제석천帝釋天처럼 긴 수명과 완벽한 몸, 그리고 놀라운 재산을 지닌 몸을 얻는다고 해도 죽음은 피할 수 없고, 죽은 뒤에도 악도의 비참한 고통을 경험해야 합니다. 이 몸이 지닌 권세와 재산과 건강 등 아주 작은 평안이나 즐거움이 몇 년, 몇 개월 혹은 며칠 정도는 우리를 속일 수는 있습니다. 그러나 이러한 상계에 태어나게 한 선한 과보가 다한 후에는 극도의 가난과 불행 혹은 악도의 참을 수 없는 고통을 어쩔 수 없이 겪어야 합니다.

따라서 지금의 평안과 기쁨은 꿈이 한창 무르익어 가는 도중에 깨어나는 것과 같으니 이것에 무슨 의미가 있을까요? 당장은 조그만 선한 과보로 인해 평안과 기쁨처럼 보이는 것들도 '강제하는 업業'[100]이 다한 후에는 한순간도 머물 힘이 없게 됩니다.

값진 보석으로 만들어진 옥좌에 천신의 옷을 펴놓고, 그 위에 앉아서 다섯 가지 감각적 즐거움을 마음껏 즐기는 천신의 왕들도 수명이 다하면 단지 눈 깜짝하는 사이에 쇠가 벌겋게 타오르는 지옥계의 바다 위에 거꾸로 떨어져 고통을 겪기도 합니다. 4대주四大洲를 빛으로 밝히는 태양의 신과 달의 신도 결국에는 대륙 사이에서 칠흑 같은 어둠 속에 다시 태어나, 자신의 사지가 펴졌는지 구부러졌는지조차도 볼 수 없는 경우도 있습니다.

따라서 그럴 듯해 보이는 윤회계의 즐거움에는 믿을 만한 것이 없습니다. 그러므로 이번 생에 고통의 큰 바다인 윤회계로부터 벗어나, 영원한 평안과 즐거움인 완벽한 깨달음의 경지를 반드시 성취해야 한다는 것을 잊지 말고 준비단계·본수행·회향의 세 가지 수승한 방법을 모두 갖추어 수행하세요.

---

100 강제하는 업(펜재기래འཕེན་བྱེད་ཀྱི་ལས) : 6도六道 중 어느 한 곳에 태어나게 하는 업으로 인업 引業으로 한역된다.

6도 중생 각각의 고통을 깊이 사유한다

1. 지옥 중생의 고통

8열지옥 八熱地獄

등활지옥에서 점차 아래로 무간지옥無間地獄에 이르기까지 건물의 층처럼 쌓여 있습니다. 이 바닥과 주위는 전부 대장간의 시뻘겋게 달궈진 쇠와 같아서 겨우 발을 내디딜 만큼조차도 안전한 곳이 없이 오로지 불꽃이 타오르는 공간이 엄청나게 뜨거울 뿐입니다.

① 등활지옥 等活地獄

그 중에서 첫 번째인 등활지옥은 시뻘건 쇠로 된 바닥 위로 불붙은 잔불이 덮여 있는데, 그 공간에 눈보라처럼 셀 수 없이 많은 지옥 중생들이 과거의 업력業力 때문에 함께 모여 있습니다. 그들은 분노로 인한 '강제하는 업(인업引業)' 때문에 거기에 던져졌기 때문에, 그것들의 '원인과 일치하는 결과'로서 모든 사람이 철천지원수를 본 것처럼 서로 증오심을 품고 싸웁니다. 그때 각자의 업으로 인해 상상할 수 없는 가공의 무기를 손에 치켜들고 서로 치고 받아 전부 죽습니다. 하늘에서 '다시 살아나라!'는 소리를 듣자마자 모두가 다시 살아나 이전처럼 싸웁니다. 그렇게 죽었다 다시 살아나는 것을 번갈아 하니 정말 고통스럽습니다. 수명은 인간 세계의 각 50년을 '4대 천왕의 천상계(4천왕천四天王天)'의 하루, 그 30배를 한 달, 그 열두 배를 1년으로 계산해서 4천왕천의 5백 년을 '끝없이 소생하는 지옥'의 하루, 그렇게 계산한 30일을 한 달, 열두 달을 1년[101]으로 하여 그들의 햇수로 5백 년 동안 고통을 겪습니다.

② 흑승지옥黑繩地獄

두 번째인 흑승지옥은 시뻘건 쇠로 된 바닥에 죽음의 신 야마의 집행관들이 지옥 중생들의 몸을 타다 남은 장작처럼 던져놓고, 검정색 선을 4줄, 8줄, 16줄, 32줄 등으로 새겨 넣은 다음 그 줄 위에 대고 불에 달궈진 쇠톱으로 두부 자르듯 격자로 자릅니다.

다 잘려진 부분들은 그 즉시 붙어 한 몸이 되며, 거듭 반복하여 토막 내고 잘려지면서 고통을 당합니다. 수명은 인간 세계의 백 년을 33천三十三天의 하루[102]로 계산하여 33천의 천 년을 흑승지옥의 하루로 쳐서 그들은 천 년을 견뎌야 합니다.

③ 중합지옥衆合地獄

세 번째인 중합지옥은 계곡 크기의 거대한 쇠 절구 속에 수없이 많은 지옥 중생들을 쏟아 붓고, 수미산만큼 커다란 시뻘건 쇠 절굿공이를 죽음의 신 야마의 집행관들이 머리 위로 휘둘러 마구 두들기니 모두가 울부짖으며 치명적인 고통과 상상할 수 없는 두려움을 가지고 죽어갑니다.

---

[101] 따라서 4천왕천의 1년은 인간 세계의 1만 8천 년, 끝없이 소생하는 지옥의 1년은 인간 세계의 32억 4천만 년에 해당한다.

[102] 따라서 33천의 1년은 인간 세계의 3만 6천 년, 검은 선을 긋는 지옥의 1년은 인간 세계의 129억 6천만 년에 해당한다.

절굿공이를 위로 쳐들면 다시 살아나 이전처럼 고통을 당합니다. 게다가 여기 저기 계곡의 모든 산이 예전에 그들이 살생한 동물인 사슴·영양·염소·양 등의 머리형상으로 변합니다. 그리고 불을 뿜어내는 뿔끝으로 서로 머리를 들이받고 있는 동안에 셀 수 없이 많은 지옥 중생들이 과거에 지은 업의 힘 때문에 쫓겨 다니다 그 사이에 갇혀서 서로 치고받을 때 모두가 죽어갑니다. 나중에 산들이 서로 분리될 때 다시 살아나지만 이전처럼 으깨지는 등 고통을 당합니다.

인간 세계의 2백 년을 '다툼이 없는 천상계(야마천夜摩天)'의 하루로 계산하고, 야마천의 2천 년이 '빙 둘러싸고 으깨는 지옥'의 하루가 됩니다. 그들은 거기서 2천 년 동안 당해야 합니다.

④ 규환지옥叫喚地獄

네 번째인 규환지옥은 출구가 없는 시뻘건 쇠로 된 건물에서 구워지면서 고통을 받습니다. 이곳에서 절대로 벗어날 수 없다는 것을 생각하고 크게 울부짖고 있습니다. 인간계의 4백 년을 '기쁨이 있는 천상계(도솔천兜率天)'의 하루로, 도솔천의 4천 년을 '규환지옥'의 하루로 계산합니다. 그들은 거기서 4천 년을 견뎌야 합니다.

⑤ 대규환지옥大叫喚地獄

다섯 번째인 대규환지옥은 무기를 치켜든 무서운 수많은 야마의 집행관들이 헤아릴 수 없는 지옥 중생들을 몰아서 시뻘건 쇠로 된 이중벽의 건물에 집어넣고 절굿공이 등으로 타격합니다. 안과 밖의 출구에 둘 다 쇳물을 발라 막혀 있으므로 안쪽 방에서 탈출한다고 해도 바깥쪽 방에서는 나갈 수 없음을 알고 비명을 지르며 울부짖습니다. 수명은 인간의 8백 년이 '기쁨을 만들 수 있는 천상계(화락천化樂天)'의 하루가 되고, 화락천의 8천 년이 대규환지옥의 하루가 되어 그와 같은 햇수로 8천 년을 견뎌야 합니다.

⑥ 초열지옥焦熱地獄

여섯 번째인 초열지옥은 10억 세상으로 이루어진 우주만큼 커다란 철 가마솥에서 끓고 있는 황동 쇳물 속에 헤아릴 수 없이 많은 지옥 중생들이 삶아지면서 고통을 당합니다. 표면 위로 나올 때마다 죽음의 신 야마의 집행관들이 쇠갈고리로 붙잡아 머리를 쇠 공으로 때려 의식이 희미해졌을 때, 고통의 감각을 느끼지 못하는 것조차 다행이라고 생각하면서 엄청난 고통을 겪습니다. 인간의 1천6백 년이 '타인이 기쁨을 만들도록 하여 마음대로 즐길 수 있는 천신계(타화자재천他化自在天)'의 하루, 타화자재천의 1만 6천 년이 초열지옥의 하루가 됩니다. 그들은 1만 6천 년을 견뎌야 합니다.

⑦ 대초열지옥大焦熱地獄

일곱 번째인 대초열지옥은 불이 타는 쇠로 된 건물 안에서 죽음의 신 야마의 집행관들이 불에 달군 쇠 삼지창으로 두 발바닥과 항문을 찔러서 양 어깨와 정수리를 관통하여 나오게 합니다. 또한 시뻘건 쇠 담요로 몸을 감싸므로 아주 고통스럽습니다. 수명은 '중간 껄빠'의 절반을 견뎌야 하며 인간 세계의 햇수로 헤아릴 수 있는 범위를 벗어납니다.

⑧ 무간지옥無間地獄

여덟 번째인 무간지옥은 불이 타는 쇠로 된 건물을 16개의 '이웃하는 지옥'들이 감싸고 있다. 그 안에서 죽음의 신 야마의 집행관들이 숯불처럼 달궈진 쇳조각들이 산처럼 쌓인 가운데로 셀 수 없이 많은 지옥 중생들을 몰아넣고, 호랑이와 표범 가죽으로 만든 풀무로 공기를 불어넣어 불과 몸을 구분할 수 없게 태우니 고통이 매우 매우 심합니다. 울부짖는 소리 외에 실제 몸은 있는 것처럼 보이지 않습니다. 벗어나고 싶은 마음이 끊임없이 일어나도 벗어난 경우가 없습니다. 가끔 불의 문이 아주 조금 열려 도망가려 한다면 집행관들이 창과 곤봉과 절굿공이 등으로 두들겨 패고, 끓고 있는 청동 쇳물을 입에 붓는 등 이전의 일곱 지옥의 고통까지도 모두 경험해야 합니다. 수명은 '중간 깔빠' 동안 견뎌야 합니다. 이보다 더 심하게 고통 받을 수 없기 때문에 '가장 혹독한 지옥(또는 아비지옥阿鼻地獄)'이라고 합니다. 이곳은 죄 값을 바로 받아야 하는 일(5무간업五無間業)을 한 사람과, 만뜨라 수행에 입문하여 금강 스승에 대해 잘못된 견해를 일으킨 사람 등이 다시 태어나는 곳입니다. 다른 행위로 이곳에 태어날 수는 없습니다.

⑨ 이웃하는 지옥

무간지옥의 주위에 이웃하는 지옥은 무간지옥의 네 방향 각각에 잔불이 타고 있는 구덩이, 썩은 시체들이 있는 수렁, 무기들이 설치된 황야, 칼날의 잎이 있는 숲, 이 네 가지가 다 있습니다. 이처럼 동쪽에 넷, 남쪽에 넷, 서쪽에 넷, 북쪽에 넷을 합해서 열여섯 이웃이 있습니다. 동남간에 '쇠로 된 샐마나무 산(철주산鐵柱山)'이 하나 있고 그와 같이 남서, 서북, 북동쪽에도 각각 하나씩 함께 있습니다.

첫 번째 잔불이 타고 있는 구덩이는 '무간지옥'의 미세한 업을 씻어내기 위해서 그곳을 떠나 올 때, 멀리서 아주 검은 그림자가 있는 구덩이를 보고 좋아서 가지만 시체 태운 재의 잔불이 아주 강렬하게 타오르고 있는 구덩이 속에 갇히게 되어 살과 뼈가 타들어가는 고통을 당합니다.

두 번째 썩은 시체의 수렁은 위와 같이 멀리서 강물을 보고, 전에 '대 깔빠'가 소멸하는 동안 화염에 익혀졌기 때문에 극도로 목이 말라 물을 보고 좋아하면서 마시러 가지만 거기에 물이 어찌 있겠습니까? 인간의 시체, 말의 시체, 개의 시체 등 썩은 시체들이 아주 심한 악취를 풍기며 벌레들만 들끓는 수렁에 빠져 정수리까지 가라앉습니다. 강철 부리를 가진 벌레들에게 먹히면서 고통을 당합니다.

세 번째 면도칼이 설치된 황야는 또다시 거기에서 벗어나 가다가 기분을 편안하게 하는 푸른 초원을 보고 그곳으로 가지만 무기가 설치된 광야와 마주칩니다. 땅바닥은 전부 시뻘겋고 날카로운 쇠꼬챙이들이 풀처럼 자라 있어 그 위로 오른발을 놓으면 오른발을 찌르고 왼발을 놓으면 왼발을 찌르며, 발을 들어 올리면 다시 회복됩니다. 다시 발을 놓으면 전처럼 관통되어 고통을 당합니다.

네 번째 칼날의 숲은 다시 그곳에서 벗어나 기분 좋은 숲을 보고 좋아서 달려가지만 거기에 기분 좋은 숲이 왜 있겠습니까? 단도가 잎처럼 무성하게 달린 숲과 마주칩니다. 그래서 쇠로 된 나무에 수많은 단도가 잎사귀처럼 자라나 바람에 흔들리기 때문에 몸이 조각조각 잘리고 다시 전처럼 붙었다가 잘리는 고통을 당합니다.

다섯 번째 쇠로 된 샬마 산은 청정행을 어기고 파계한 출가자와 성적 욕망을 잘못 즐긴(사음을 행한) 재가자들이 다시 태어나는 곳입니다. 전생에 지은 그와 같은 업의 힘 때문에 무시무시한 쇠로 된 샬마 산기슭에 도달하면 산꼭대기에서 전에 자기를 사랑했던 연인이 소리쳐 부르는 것을 보고 그곳으로 가지만, 쇠로 된 나무들이 자라나 그 잎들이 모두 아래로 향해 있어 온몸을 찌릅니다. 그리고 산꼭대기에 도착하면 갈까마귀와 독수리 등이 눈알을 뽑아 먹습니다. 다시 산기슭에서 연인이 부르고 있는 것을 보고 전처럼 그곳으로 내려갑니다. 그러면 잎들이 모두 위로 향하여 가슴 중앙에서 등의 중앙으로 관통하여 찌릅니다. 산기슭에 도착하면 무시무시한 남녀 철인들이 껴안고서 머리를 물어뜯어 씹어 먹기 때문에 턱의 두 귀퉁이에서 허연 골수가 흘러나오는 등 고통을 당합니다.

그처럼 '여덟 가지 불 지옥', 열여섯 개의 '이웃하는 지옥', '쇠로 된 샬마 산' 등 그것들의 고통을 본인이 자세히 살핀 후에, 외딴 곳에 가서 눈을 감고 본인 자신이 지옥에 실제로 태어났다고 관상하세요. 두려움과 고통의 모습이 실제처럼 떠오르면 다음과 같이 생각하며 거듭 반복하여 깊이 사유하세요.

어떻든 내가 지금 그곳에 태어난 것은 아니지만, 그 고통을 마음에 떠올리는 것만으로도 이렇게 큰 두려움과 고통이 있구나! 지금 거기에 태어난 중생들이 숫자로 헤아릴 수 없이 많이 있구나! 그들은 또한 모두가 나의 전생의 부모였다.

이생의 부모와 사랑하는 사람들과 친구들을 비롯해 많은 사람들이 죽으면 그들 역시 거기에 태어나지 않으리라는 보장이 없다. 그러한 영역에 다시 태어나는 주요 원인은 분노로 인한 행위들이다.

나 자신도 이생과 수많은 전생에 분노로 쌓은 업이 헤아릴 수 없으니 다음 생에 그와 같은 지옥에 다시 태어날 것이 확실하다.

그러므로 이번에 내가 수행 기회와 유리한 조건을 갖춘 인간의 몸을 얻었으니, 자격을 갖춘 스승을 만나 심오한 구전 가르침을 듣고 붓다의 경지를 성취할 수 있는 이 기회에 앞으로 이러한 악도에 절대로 태어나지 않는 방법을 찾기 위해서 최선을 다해야 한다.

이전의 옳지 못한 행위들에 대해서 깊이 후회하면서 참회하고, '지금부터 그러한 지옥에 태어나는 행동은 목숨이 위태로워도 하지 않으리라'고 다짐하면서 굳은 결심을 하세요. 지금 거기에 태어난 중생들에 대해서 강한 자비심(연민)을 일으키세요. "그들 모두가 바로 지금 악도에서 벗어나게 되기를!"라고 생각하면서 기도하는 등 준비단계, 본수행, 회향의 세 가지 수승한 방법을 모두 갖추어 수행하세요.

8한지옥 八寒地獄

8한지옥은 공통적으로 바다와 주변이 모두 눈 덮인 산과 빙하들이 모여 있으며, 눈보라만이 맹위를 떨치는 곳에서 벌거벗은 사람들이 추위로 고통을 당하는 곳입니다. 몸에 물집이 생겨 돋아나는 '수포지옥', 그런 물집이 돋아나서 상처가 생기는 '수포가 터지는 지옥', 추위의 격한 통증을 참을 수 없어 이를 앙당 물게 되므로 '이빨 딱딱 부딪치는 지옥', 너무 추위 '아추추'라고 소리 지르며 비탄의 울음이 끊임없이 나오므로 '아추추 추워 지옥', '아추추'라는 소리조차 제대로 안 나와 목소리가 갈라져 '끼휘'라는 깊은 신음소리를 내는 '비탄의 울음을 우는 지옥', 외부의 피부색이 푸르게 변하여 네 조각으로 갈라지는 '푸른 연꽃처럼 갈라지는 지옥', 내부의 살이 붉게 보이지만 추위로 얼어서 여덟 조각으로 갈라져 터지는 '붉은 연꽃처럼 갈라지는 지옥', 그보다도 검붉게 되어 열여섯, 서른 둘 그리고 셀 수 없이 갈라져 터지는 '큰 연꽃처럼 갈라지는 지옥'이 있어 갈라진 상처 속에 강철 턱을 가진 많은 벌레들이 들어가 뜯어 먹습니다. 이처럼 추위의 고통을 겪는 것들 중에서 여덟 가지 서로 다른 고통에 여덟 가지 이름을 붙인 것을 '8한지옥'이라고 합니다.

그들의 수명은 꼬살라 되[103]로 헤아려 스무 말을 담을 수 있는 용기에

---

103 꼬살라 되: 꼬살라는 고대 인도의 왕국으로 지금의 아요다(Ayodha) 근방이다. 꼬살라 되는 그 당시 곡물의 양을 재는 사각형 나무상자이며 그 양이 얼마인지는 확실치 않으나 우리의 한 되와 비슷하게 1리터로 보고 2백 되는 20말에 해당되는 것으로 번역했다.

참깨로 가득 채워, 그 용기에서 수포지옥의 햇수로 백 년에 한번, 참깨 한 알씩 꺼내어 참깨가 모두 없어지면 수포지옥의 수명이 끝납니다. 그리고 나머지 지옥들은 그보다 차례로 각각 20배로 수명이 점점 길어지며 고통도 점점 커집니다. '수포지옥' 수명의 20배를 '수포가 터지는 지옥' 중생이 견뎌야 합니다. 그 수명의 20배를 '이빨 딱딱 부딪치는 지옥' 중생이 견뎌야 하는 등 나머지 지옥도 같은 방식으로 적용됩니다. 그것들의 고통 또한 이전처럼 자신의 마음에 떠올려 관상해야 합니다. 지금 이 인간세상에서 겨울철에 발가벗고 단지 한순간 서 있는 찬바람의 고통도 참을 수 없다면, 거기에 태어나면 어떻게 참을 것인지 생각하면서 자신의 악행에 대해 참회하고 다시는 안 하리라 맹세하세요. 그리고 그곳에 태어난 중생들에 대해 자비심(연민)을 수습하는 등 앞에서와 같이 준비단계, 본수행, 회향의 세 가지를 모두 갖추어 수행하세요.

개별맞춤지옥

개별맞춤지옥[104]은 장소도 확정된 것이 없고 고통도 확실히 정해지지 않아 바위 사이에서 압착되거나 돌 속에 갇히거나 얼음 속에서 얼거나 뜨거운 물속에서 삶아지거나 불 속에서 태워집니다.

어떤 사람들은 누군가가 나무를 자르고 있는 동안에 본인 자신의 사지와 그 외 신체부위들이 잘려 나가는 것으로 인식하면서 고통을 겪습니다. 절구라든가 빗자루, 냄비, 문, 기둥, 부뚜막, 밧줄 등 항상 이용하고

---

[104] 개별맞춤지옥: 티벳어와 영문은 '하루살이 지옥(니체왜낼와ཉི་ཚེ་བའི་དམྱལ་བ་, ⓔephemeral hell)'으로, 중문은 '고독지옥孤獨地獄'으로 번역했으나, 이 지옥의 특성에 보다 부합되게『티영사전』의 적절한 설명[In the phrase nyi tshe ba'i sems can gyi dmyal ba, it evidently means an 'individually tailored' hell-Dan Martin/ day life hell, trifling hell, ephemeral hells, individual hell, occasional hell (where former inhabitant is released when a new one arrives)-Rangjung Yeshe]을 참조하여 '개별맞춤지옥(individually tailored hell)'으로 번역하였다.

사용하는 물건을 본인 자신으로 인식하면서 그러한 고통을 겪습니다.

예를 들면 중생의 보호자 링제래빠[105]께서 얌독 호수 속에서 물고기, 성취자 탕똥걜뽀[106]께서 돌 속에서 두꺼비를 본 경우 등입니다. 푸른 얌독윰초는 예전에 다끼니 예쉐 초걜이 수행을 위해서 그곳에 머물러 계실 때 뵌교 수행자가 던진 순금 동전 하나가 호수로 변한 것으로 네 개의 유명한 큰 호수 중 하나입니다. 그 호수가 시작되는 라룽강첸에서 호수의 끝 지점인 새마구루에 도착하는 데에는 걸어서 여러 날이 걸리는 먼 거리입니다.

대성취자 링제래빠께서는 호수 안을 보고 눈물을 흘리면서, "아이구, 저런! 공양물을 먹지 말라, 공양물을 먹지 말라!"고 말씀하셨습니다. "왜 그러십니까?" 하고 한 제자가 여쭈니,

"이 호수 안에 공양물을 가로챈 한 라마의 의식이 '개별맞춤지옥'에 다시 태어나 수많은 고통을 당하고 있다"고 대답하셨습니다. 그것을 보여 달라고 청하니, 신통력으로 호수를 순식간에 말렸습니다. 그때 커다란 물고기 한 마리가 나타났는데, 그 몸이 호수 한쪽에서 건너편까지 이르며 수많은 벌레들이 빈틈없이 그 물고기를 뒤덮어 생살을 뜯어 먹으니 견딜 수 없는 고통으로 몸부림치고 있었습니다.

"그처럼 악한 일을 한 자는 누구의 환생입니까?"라고 여쭈니,

"이는 짱라따낙쩬[107]의 환생이다"라고 말씀하셨습니다.

---

105 링제래빠གླིང་རྗེ་རས་པ་: 1128~1188. 초기 둑빠 까규빠의 대성취자로 팍모둑빠의 제자이고 짱빠 갸레의 스승이다.

106 탕똥걜뽀: 1361~1485. 티벳에서 쫑카빠의 스승 중 한 분인 사꺄빠의 렌다와 쉰누로되རེད་མདའ་བ་གཞོན་ནུ་བློ་གྲོས་를 비롯하여 많은 스승으로부터 비밀 만뜨라의 가르침을 받았다. 18년간 인도와 네팔을 여행하며 수많은 성취자들에게서 가르침을 받은 유명한 성취자로 수많은 사원과 다리를 세웠으며, 네팔의 자룽카숄 대탑을 아름답게 보수했고, 보드가야와 멀지 않은 금강굴에서 닝마의 성취자 걜댄도르제닥빠로부터 닝마의 모든 법을 들었다. 그후 티벳으로 돌아와 심오한 법을 보장으로 감추었다.(『둥까르칙죄첸모』, 1031쪽)

107 짱라따낙쩬གཙང་ལྷ་རྟ་ནག་ཅན་: '짱에 사는 흑마를 가진 라마'를 뜻한다.

"짱라따나꺈쩬이란 사람은 말의 힘과 가피가 아주 크고, 악령으로 시달리는 사람들에게는 그분이 보는 것만으로도 효험이 생겼기 때문에 위짱의 네 지역에서 공양의 대상이 되었다. 그러나 죽은 자를 위한 공양의식을 하면서(임종시 포와를 행할 때), '팻' 소리가 나올 때마다 외쳐서 많은 말과 가축을 가져갔던 사람이 바로 그 사람이다."

성취자 탕똥걜뽀께서 커다란 바위 위에서 기맥氣脈 요가 수행(하타요가)을 하고 있는데, 어느 날 바위가 반쪽으로 갈라졌는데 그 안에 큰 두꺼비가 한 마리 앉아 있었습니다. 그런데 두꺼비 몸통에 수많은 작은 벌레들이 달라붙어서 살을 뜯어 먹으니, 두꺼비는 그 고통을 견딜 수가 없어 까만 입을 할딱거리고 있었습니다. 제자들이,

"왜 이런 일이 일어났습니까?"하고 여쭈니,

"이는 동물 희생제를 행한 구루의 환생이다"라고 대답했습니다.

요즘 라마의 모습들 역시 마찬가지입니다. 공덕주가 살찐 양 한 마리를 잡아 식도와 콩팥과 다른 내장들을 살코기와 피와 함께 요리하여, 그것들을 야생 약의 살아 꿈틀거리는 갈빗살 위에 올려 대접할 때, 라마들은 옷자락을 머리 위로 끌어올린 다음 내장들을 어린아이가 젖을 빨듯이 탐하시고, 칼로 그것을 조금씩 잘라 바깥쪽 고기들을 느긋하게 드십니다. 식사를 마치면 입은 기름으로 번들거리고 머리는 김이 피어오르고, 이전과 다른 구레나룻이 약간 붉은색이 되어 머리가 다시 나타납니다. 그러나 이생에서 마구 먹은 대가를 다음 생에 몸으로 갚아야 할 때, 개별 맞춤지옥에서 엄청난 고난을 겪게 됩니다.

응오르 사원의 대승정 뺄댄최꽁이 데게[108]에 머물던 어느 날,

"오늘은 율다 강 안쪽으로 무슨 일이 있어도 아무도 지나가게 하지

---

108 데게སྡེ་དགེ་: '선한 사람들이 모여 사는 곳'의 의미로 티벳 동부 캄 지방에 있는 지명이다. 데게 인경원이 있는 곳이다.

말라"고 말하고 많은 승려들을 강둑에 대기시켰습니다. 저녁 때 큰 나무 둥치 하나가 강물에 떠내려 와 대승정께 그것을 보고하고,

"그 외에 다른 어떤 일도 일어나지 않았습니다"라고 말씀드리니,

"그래? 그 나무토막을 반으로 쪼개라!"고 대승정께서 말씀하셨습니다. 쪼개진 나무토막 안에는 커다란 두꺼비 한 마리가 있었는데 벌레들에게 산 채로 뜯어 먹히고 있었습니다. 대승정께서 그곳에 정화 의식 등을 행하시고,

"이 두꺼비는 데게의 재정 담당인 보개라는 사람의 환생이다"라고 말씀하셨습니다. 그러므로 개인의 이익을 추구하면서 영향력을 행사하며 주민들의 재산을 갈취하는 지방관들도 지금 영향력이 크다고 해도, 이러한 지옥들을 생각하면서 행동을 조심해야 합니다.

마찬가지로 예전에 세존께서 계실 때 살고 계신 동네의 한 도축업자가 밤에는 생명을 죽이지 않는다는 계율을 지켰지만 개별맞춤지옥에 다시 태어났습니다. 밤에는 기분 좋은 저택 안에서 네 명의 어여쁜 여자들이 음식과 술과 온갖 감각적 즐거움을 제공하니 아주 즐겁습니다. 그렇지만 낮에는 저택도 벌겋게 달궈진 쇠로 된 건물로 변하고 네 여자들은 무시무시한 검붉은 개로 변하여 물어뜯습니다.

또한 간통을 한 사람이 낮에는 간통을 하지 않겠다는 서약을 해서 낮과 밤의 즐거움과 고통을 앞의 경우와 반대로 경험하는 것을 쉬로냐께서 보셨습니다.

아름다운 사원에 5백 명 정도의 승려들이 살았는데 정오쯤에 종이 울려 점심을 먹으러 모이면, 사원은 벌겋게 달궈진 쇠로 된 건물로 변하고 발우와 찻잔 등은 무기로 변하여 그것으로 서로 치고 받기만 합니다. 그리고 점심시간이 끝나면 전처럼 흩어져 지냅니다. 전에 까샤빠 붓다(호광불) 시대에 많은 비구들이 점심 공양 때 말다툼을 해서 그것이 성숙된

업이라고 합니다.

그처럼 '8열지옥'과 '8한지옥'의 열여섯과, '이웃하는 지옥'·'개별맞춤지옥' 둘을 합한 18지옥을 '18지옥계'라고 합니다. 그것들의 숫자와 수명, 고통, 거기에 다시 태어나는 원인 등을 자세히 이해하고 거기에 환생한 중생들에 대해서 자비심을 수습하세요. 자신과 모든 다른 사람들이 앞으로 그러한 곳에서 태어나지 않도록 최선의 노력을 기울여야 합니다. 그렇게 하지 않고 단지 이해하고 공부만 해놓고 실제로 수행하지 않으면 나중에 자신의 견해에 사로잡힌 완고한 수행자 혹은 자만심을 가진 수행자가 되는 원인이 됩니다. 고귀한 분들에게 비난을 받거나 현명한 분들이 부끄럽게 생각하는 대상이 될 것입니다.

전에 라마 샹 린뽀체[109]가 계시는 곳에 행실은 아주 훌륭하지만 자만심이 대단한 한 비구 승려가 만나 뵈러 왔습니다.

"비구여, 그대는 어떤 법을 알고 있는가?" 하고 물으니

"많은 법을 들었습니다"라고 대답했습니다.

"그러면 18지옥계라고 하는 것은 무엇인가?"라고 물으니

"8열지옥, 8한지옥 해서 열여섯, '빨간 모자 까르마빠'와 '검은 모자 까르마빠' 둘을 합해 열여덟입니다"라고 말했습니다. 그는 까르마빠를 존경하지 않아서 지옥의 숫자로 계산한 것이 아니라 개별맞춤지옥과 이웃하는 지옥의 이름을 잊어버렸던 것입니다. '빨간 모자 까르마빠'와 '까만 모자 까르마빠'는 그 당시 아주 유명했기 때문에 생각 없이 급히 넣었던 것입니다. 그렇게 되면 법을 받아서 수행하는 것을 말할 것도 없고 용어조차도 모르는 것은 낯 뜨거운 일입니다.

---

[109] 샹 린뽀체: 1121~1193. 까규빠의 한 부파인 챌빠ཚལ་པ་ 까규의 창시자로 샹챌빠ཞང་ཚལ་པ་ 혹은 쬔뒤닥빠བརྩོན་འགྲུས་གྲགས་པ་라고도 한다.

2. 아귀의 고통

일반적으로 아귀에는 밑바닥에서 사는 아귀(은주아귀隱住餓鬼)와 공중을 돌아다니는 아귀 두 종류가 있습니다.

밑바닥에서 사는 아귀

외적인 장애를 가진 자(외장아귀外障餓鬼)와 내적인 장애를 가진 자(내장아귀內障餓鬼)와 개별적인 부담의 장애를 가진 자(특장아귀特障餓鬼) 등이 있습니다.

① 외장아귀

외장아귀란 수백 년 동안 물의 이름조차도 들어 본 적이 없기 때문에 극도로 배고프고 목이 말라서 고통스럽습니다. 끊임없이 먹을 것과 마실 것을 구하려고 돌아다니지만 조금도 찾을 수가 없습니다. 때때로 멀리 푸른 강물이 한줄기 흐르는 것을 보고, 팔다리의 관절이 삐걱거리고 배를 지탱할 수 없을 정도로 고통을 느끼면서 완전히 지쳐서 가까이에 도착했을 때는 물이 모두 말라 강바닥만 남아 있어서 너무나 고통스럽습니다.

또다시 멀리서 과일이 열린 나무들을 보고 전처럼 다가가서 그 앞에 도착하면 말라서 불쏘시개 같은 커다란 나무로 변해 있습니다. 또한 훌륭한 음식과 마실 것과 즐길 것을 많이 보았다고 해도 그 앞에 갔을 때는 그곳을 지키는 무기를 가진 많은 사람들이 내몰아 무기로 두들겨 패니 고통스럽습니다. 여름에는 달빛도 뜨거워 그들을 태우고, 겨울에는 태양도 아주 차갑고 살을 에듯 추우므로 아주 고통스럽습니다.

전에 쉬로나께서 아귀계에 오셨는데, 아귀들의 인색함이 가진 독성으로 열병에 걸려 그분의 입이 바짝 말랐습니다. 그래서 철로 만든 커다란 요새의 문 앞에 무시무시한 붉은 눈을 가진 시커먼 사람이 있어서, 그에게 "물이 어디 있나요?" 하고 물었습니다. 그러자 불에 탄 나무토막 같은 많은 아귀들이 모여들어, "완전하고 위대한 분이여, 물을 좀 주세요"라고 말했습니다. 그분이 "저도 물을 아직 못 찾았네요. 물을 좀 주세요"라고 말하니, "당신은 무슨 말을 하는 거요? 우리들은 이곳에 태어나서 12년이 되었지만 물이라는 이름은 이번에 처음 들었어요"라고 말한 예가 있습니다.

② 내장아귀

내장아귀들은 바늘귀만한 입으로 대양의 모든 물을 마신다고 해도, 말총오리만큼 작은 목구멍 속으로 들어가기 전에 입 안의 열기로 다 말라 버립니다. 아주 조금 목구멍으로 들어간다고 해도 나라만큼 큰 배를 가지고 있어 결코 채울 수 없습니다. 그 정도의 음식이 배 속으로 들어간다고 해도 밤사이에 음식에 불이 붙어 허파와 심장과 내장이 모두 타면서 고통을 당합니다. 걸어가고 싶을 때 한 나라 정도 크기의 배를 갈대만큼 가느다란 사지로 지탱할 수가 없어 아주 고통스럽습니다.

③ 특장아귀

특장아귀란 아귀 각각의 몸에 많은 벌레들이 집을 짓고 살면서 먹을 것으로 삼는 경우를 비롯하여 그 외에도 우리가 예측할 수 없는 다양한 형태의 힘든 삶도 많이 있습니다.

예전에 쉬로나께서 아귀계에 오셨을 때, 궁전에 몸매가 늘씬하고 예쁘고 매혹적이며 보석 장신구로 치장한 여성이 있었는데, 그녀의 옥좌 네

다리에 네 아귀가 묶여 있었습니다. 그녀는 쉬로나에게 음식을 주면서,

"이 아귀들이 당신에게 음식을 요구해도 조금도 주지 마세요"라고 말했습니다. 쉬로나께서 음식을 먹을 때, 아귀들이 달라고 청해서 한 아귀에게 조금 주었더니 음식이 왕겨로 변했습니다. 다시 한 아귀에게 음식을 조금 주었더니 쇳덩어리로 변했습니다. 그처럼 또 한 아귀에게는 자신의 살이 되고, 마지막 아귀에게는 고름과 피가 되었습니다.

그 여성이 다가와서,

"제가 '아무것도 주지 말라'고 말하지 않았나요? 저의 자비심보다 그대의 자비심이 큰가요?"라고 말하니, 쉬로나가 물었습니다.

"이들은 당신과 무슨 관련이 있습니까?"

"이쪽은 저의 남편이었습니다. 저쪽은 아들이었습니다. 이쪽은 며느리였습니다. 저쪽은 가정부였습니다"라고 말했습니다.

"당신들은 무슨 일로 여기 태어나게 되었습니까?"

"남섬부주南贍部洲 사람들은 믿기 어려워하는 사람들이니, 당신은 믿지 못할 것입니다."

"제가 직접 본다면 어떻게 안 믿겠습니까?"

그래서 그녀는 쉬로나에게 자신의 사연을 말했습니다.

"저는 어느 동네의 브라만이었습니다. 어느 성스러운 날, 저녁에 맛있는 음식들을 준비하고 있는데, 그때 마침 위대한 성자 까따야나께서 탁발하러 오셨기에, 저는 신심이 생겨 음식공양을 올렸습니다. 그리고 그때 '남편에게 수희隨喜[110]공양을 올리게 하면 기뻐할 것이다'라고 생각했습니다."

"그후 남편에게 '붓다의 제자인 위대한 까따야나 성자에게 음식공양을 올렸으니 수희공양을 올려 주십시오'라고 말씀드렸더니, 그는 화를

---

110 수희隨喜(제수이랑와རྗེས་སུ་ཡི་རང་བ་) : 다른 사람의 선행을 따라서 기뻐하는 마음.

내면서 '아직 브라만들에게 공양을 드리지 않았고 친척들과 친구들에게 공경을 표하지 않고서, 그대는 그 까까머리 승려에게 첫 음식을 공양했는가? 그 까까머리는 왕겨는 왜 안 먹는가?'라고 말했습니다. 그리고 아들에게도 그와 같이 말했더니 그 역시 화를 내며, '그 까까머리는 왜 쇳덩어리는 안 먹나요?'라고 말했습니다."

"그날 저녁 저의 친척들이 맛있는 음식을 보내왔습니다. 며느리는 자신이 먹고 나서 맛없는 것들을 나에게 주었습니다. 며느리에게 '맛있는 음식들은 다 먹고 맛없는 것을 나에게 준 것 아니냐?' 하고 물었더니, 며느리는 '어머니에게 온 음식을 먹으니 차라리 제 살을 왜 안 먹겠습니까?'라고 거짓말을 했습니다. 또한, 저의 친척에게 음식을 보냈는데 며느리처럼 가정부가 먹고서, '제가 주인마님의 음식을 가로채느니 차라리 제 피를 왜 안 마시겠습니까?'라고 말했습니다."

"이렇게 말한 사람들에 대해서 혼자 생각하기를, '이 사람들이 각자 본인이 행한 행동의 결과를 경험하게 되는 곳에 제가 다시 태어나 그들을 볼 수 있게 되기를……'라고 생각했습니다. 그래서 제가 이곳에 힘센 아귀로 태어났습니다. 그때 그렇게 생각하지 않았더라면 성자에게 공양을 올렸으니 33천三十三天에 태어나 있을 것입니다"라고 말한 다음 그 여성은 쉬로나에게 다음과 같이 부탁했습니다.

"당신이 제가 사는 동네에 가면, 몸을 팔고 있는 제 딸에게 '그대의 부모와 가족들을 내가 만났는데, 그분들이 말하기를, 「이러한 행위의 결과는 네 스스로 마음에 들지 않을 것이고 올바로 사는 방법이 아니다. 그러한 옳지 못한 행동은 제발 그만 두라」고 말했습니다'라고 말해 주세요. 그 애가 믿지 않으면, 돌아가신 아버지의 집에 가면 황금이 가득 든 네 개의 쇠 항아리와 황금 지팡이 그리고 둥근 성수 물병이 있으니 그것들을 꺼내가지고 수시로 위대한 성자 까따야나께 공양을 올리고 우리들의 이름으로 공덕을 회향하도록 말해 주세요. 그것으로 인해 우리의 업이 줄어져 완전히 없어질 것입니다."

또한 성인 제따리께서 여행을 하실 때 5백 명의 아이들 엄마가 된 추한 모습의 여성 아귀가 있었는데 그녀가 성인 제따리에게,

"저의 남편이 보드가야로 음식을 구하러 간 지 12년이 지났는데도, 아직도 안 왔습니다. 당신이 거기 가시면 '그대가 빨리 안 돌아가면 아이들이 배고파 죽을 것입니다'라고 말씀해 주십시오"라고 말했습니다.

"그대의 남편은 어떻게 생겼습니까? 아귀들은 모두 비슷하니 제가 알 수 있을까요?"라고 물으니,

"실수하지 않을 겁니다. 입은 크고 코는 찌그러지고, 한쪽 눈이 멀어, 추한 몸의 아홉 가지 특징을 가지고 있는 사람이 있습니다"라고 말했습니다. 그분이 보드가야에 도착했는데, 한 사미승이 많은 물 또르마와 음식 또르마[111]를 던졌습니다. 사미승이 돌아가자 많은 아귀들이 그것을 서로 차지하려고 몰려들었습니다. 그 가운데 찾던 남편이 있어서 아내의 소식을 전하니,

"제가 12년을 돌아다녔지만 딱 한번 청정한 비구승 한 분이 코딱지를 조금 떨어뜨렸는데, 우리 아귀들이 많이 몰려들어서 아주 조금 얻은 것 외에는 아무것도 얻지 못했습니다"라고 말했습니다.

그는 코딱지 싸움 때문에 다른 아귀들에 의해 몸에 많은 상처를 받았다고 말했습니다. 그처럼 아귀세계 어디에 태어난다 해도, 배고픔과 목마름을 비롯한 갖가지 고통으로 힘들어하는 모습을 마음에 떠올리세요. 지금 우리가 아침만 밥을 못 먹는다고 해도 고통이 어떻겠습니까? 수년 동안 물의 이름조차 들어 보지 못하는 곳에 다시 태어난다면 어떻게 하

---

111 또르마: 짬빠 가루와 버터를 넣고 반죽하여 채색하여서 공양물로 사용한다.

겠습니까? 거기에 다시 태어나는 주된 원인은 인색함과 다른 사람들의 보시를 방해하는 것으로, 그러한 행동을 저 자신도 셀 수 없이 많이 했습니다. '나는 그러한 곳에 어떻게 해서라도 다시 태어나지 않아야 한다'고 생각하면서, 가슴속 깊이 준비단계와 본수행과 마무리 세 가지를 온전히 갖추어 수습修習[112]하세요.

공중을 돌아다니는 아귀

공유아귀空游餓鬼는 요정妖精·왕귀王鬼·사마死魔·역귀曆鬼·여귀女鬼·독각귀獨角鬼 등이며 그들도 언제나 두려움과 환영만을 경험합니다. 항상 나쁜 생각으로 살면서 다른 중생들에게 해를 끼치는 일에만 열중하여, 죽자마자 지옥 등 악도의 바닥으로 가는 중생이 많습니다. 특히 일주일 마다 전에 본인이 질병, 전쟁 혹은 악령 등 무엇으로 죽었든, 바로 그 고통을 다시 경험합니다. 그래서 그 고통을 다른 사람들에게 넘겨주고 싶어서 어디로 가든 거기서도 남을 해롭게 합니다. 그래서 결국 자신에게 아무런 도움이 되지 않습니다. 이전의 가족과 친척, 사랑하는 사람들과 친구 등이 있는 곳이 좋아서 가까이 가도 그들에게 질병과 정신병 등 원하지 않는 고통이 생깁니다.

힘 있는 딴뜨라 수행자가 땅에 묻고 불로 태우고 던지는 세 가지 의식을 행할 때, 어두운 지하 세계에 수깔빠 동안 갇혀 있거나 화공火供 의식의 불로 태워지거나, 겨자씨나 돌가루 등으로 힘껏 때리면 머리는 백 조각으로 갈라지고 몸은 천 갈래로 찢어지는 등 언제나 고통뿐, 거기에서

---

[112] 수습: 티벳어 곰빠སྒོམ་པ་는 '바라는 것을 자꾸 거듭 반복하여 마음에 익숙하게 하다 혹은 습쩔을 들이다'로 풀이되며, 한자 표현으로는 수습, 수행, 반복 연숙練熟이다. 문사수 중에서 수修가 이에 해당되며, 그 의미는 '가르침을 본인의 개인적 경험으로 동화시켜 실질적 수행을 통해서 그 가르침을 습관화시키는 행위'이다.(『장한불학사전』과 『티영사전』)

벗어나지 못합니다.

겨울철은 태양이 차갑고 여름철은 달도 뜨겁게 느끼는 등 전도된 인식들 또한 일반 아귀들과 마찬가지로 생깁니다. 어떤 것들은 새나 개 등의 형상을 가지고 있기 때문에 혐오스런 모습 등 헤아릴 수 없이 다양한 고통을 겪고 있습니다. 그들의 고통 또한 자신의 상황으로 받아들여 거기에 다시 태어난 중생들에게 사랑(자애)과 자비(연민)를 수습하는 등 준비단계와 본수행과 마무리 세 가지를 모두 갖추어 수행하세요.

3. 축생의 고통

악도의 세 번째 영역인 축생에도 깊은 곳에 사는 축생과 여러 곳에 흩어져 사는 축생, 두 가지가 있습니다.

깊은 곳에 사는 축생

외부에 있는 대양 속에 물고기와 악어와 조개와 거북이와 벌레 등이 술독 안의 술밥 낱알처럼 무수히 떼로 몰려다닙니다. 뱀과 악어 등 큰 것은 수미산을 여러 번까지 휘감을 수 있으며, 작은 것은 먼지나 바늘 끝만큼 작습니다. 큰 놈들은 작은 것들을 삼키며, 작은 것들은 큰 놈들의 몸에 구멍을 뚫고 살을 파먹습니다. 큰 생명체 몸에 작은 것들이 살면서 먹이로 합니다. 어떤 것들은 대륙 사이에 햇빛이 비치지 않는 곳에 태어나서 자신이 사지를 뻗고 구부리는 것조차도 볼 수 없어 아주 고통스럽습니다. 멍청하고 무지하여 버리고 취할 것을 전혀 알지 못하여 한없는 고통이 있는 곳에 다시 태어납니다.

여러 곳에 흩어져 사는 축생

천상계와 인간계에 있는 흩어져 사는 동물들 또한 어리석음의 고통과 어쩔 수 없이 일해야 하는 고통을 항상 겪습니다. 나가 등은 가루다의 공격을 받고, 뜨거운 모래가 비처럼 쏟아져 내리며, 게다가 어리석고 무지하며, 잔혹하고 독성 등이 있어서 살기가 아주 힘듭니다.

특히 인간 세계의 동물 중 인간이 길들이지 않은 야생동물들은 항상 두려운 모습으로 행동합니다. 한입을 먹어도 경계심을 늦추지 않으면서 먹습니다. 서로서로 잡아먹고, 사냥꾼과 맹수 등 죽이려는 자가 많습니다. 매는 작은 새를 잡아먹고, 작은 새는 벌레를 잡아먹는 것이 그것을 보여줍니다. 서로서로 죽이는 악한 행동만 늘 합니다.

사냥꾼들은 그러한 중생들을 고통스럽게 하고 죽이는 일에 능숙합니다. 그래서 그물이나 덫·함정·총 등 많은 해로운 도구로 갑자기 생명을 공격합니다. 어떤 것들은 자신의 몸에 생겨난 뿔이나 털, 가죽 등으로 인해 살해당합니다. 진주 때문에 굴은 죽게 되고, 이빨과 뼈 때문에 코끼리가 죽임을 당하며, 가죽 때문에 호랑이와 표범과 수달과 여우 등은 목숨을 빼앗기고, 사향으로 인해 사향노루가, 살코기와 피로 인해 야생 당나귀와 야생 약과 그 외 동물들이 살해되는 등 자신의 몸 자체도 자기 자신이 죽임을 당하는 원인으로 태어나니 끔찍한 고통입니다.

인간에게 의지하여 사는 동물들은 어리석고 무지하여 도살자가 칼을 치켜들고 가까이 다가와도 눈을 빤히 뜨고 쳐다볼 뿐 도망갈 줄도 모릅니다. 또한 우유를 짜고 짐을 지고 거세를 당하고 코가 뚫리고 쟁기질을 하는 등, 어쩔 수 없이 해야 하는 이러한 여러 가지 일들을 겪지 않았으면 하는 생각조차 없습니다. 말과 같이 짐 싣는 동물들은 등이 상처투성이가 되어도 그 위에 또다시 짐을 싣거나 타고 가기도 합니다. 갈 수 없을 때는 회초리로 때리고 돌을 던집니다. 그들에게 어려움과 아픔이 있으리라는 생각을 주인은 안합니다.

가축과 양들은 나이 들어 죽음을 만나기 전까지 이용당합니다. 나이 들면 본인이 죽이거나 다른 사람에게 팔아 버립니다. 그렇지만 어떤 방식으로든 모두 죽임을 당하게 되기 때문에 자연적으로 죽는 경우는 하나도 없습니다.

그와 같은 상상할 수 없는 고통을 겪고 있기 때문에, 그처럼 고통을 당하는 동물들을 볼 때마다 그것을 나 자신이라고 생각하면서 얼마만큼의 고통이 있을지… 자세하게 떠올려서, 축생계에 다시 태어나는 모든 것들에 대해 강한 자비심(연민)을 일으키세요. 특히 자신이 기르고 있는 동물이 있다면 친절과 사랑으로 보살피세요. 심지어 곤충과 작은 벌레들까지도 평안과 고통의 감정이 없는 미물은 하나도 없을 뿐만 아니라 그들도 모두 나의 부모가 아니었던 적이 없기 때문에 모두에게 사랑과 자비를 일으키는 등 준비단계와 본수행과 마무리(가행加行 · 정행正行 · 결행結行) 세 가지를 온전히 갖추어 수행해야 합니다.

그처럼 악도의 3계는 어디에 태어나든 여러 가지 형태의 참기 힘든 고통들이 오랜 기간 지속됩니다. 어리석고 무지한데다 가르침에 대한 인식이 없기 때문에, 또다시 악도에 태어나는 원인을 만들 수밖에 없습니다. 거기에서 태어나면 바깥으로 벗어나기가 어려우며, 본인 자신에게는 그러한 악도에 확실히 다시 태어나게 하는 행위들을, 이번 생과 지난 생에서 쌓은 것이 많이 있습니다. 그래서 이전의 행동에 대해서 참회하고 잘못을 고백하여 앞으로 다시는 그런 행동을 하지 않겠다고 맹세하는 등 진지한 노력을 기울여야 합니다.

거기에 태어난 중생들에 대해 강한 자비심을 수습하세요. 본인이 삼세三世에 걸쳐 쌓은 모든 선한 과보果報를 그러한 악도에 다시 태어난 중생들을 위해서 회향하세요. 그러한 악한 세계로부터 그들이 벗어나기를 염원하는 기도를 올리세요.

'내가 이번에 대승의 법을 만나서 자신과 다른 사람 모두에게 진정한 의미를 성취하는 길을 수행할 수 있게 되었으니, 법을 위해 고행을 하면서 열심히 수행하여 악도의 그 모든 중생들을 청정한 정토淨土로 인도하리라'라고 생각하면서 보리심을 일으키세요.

'그처럼 할 수 있도록 스승과 3보께서 가피를 내려 주소서'라고 생각하면서 본존과 스승께 기도하고 도움을 청하세요. 그런 선행 또한 중생들을 위하여 회향하는 등 '세 가지 수승한 방법'을 갖추어 수행하세요.

그러면 3악도에 다시 태어나면 고통이 본성이지만, 삼선도는 평안하고 기쁠 것으로 생각할지도 모릅니다. 그러나 상계上界에도 평안이 없습니다.

4. 인간의 고통

인간들에게는 세 가지 근본적인 큰 고통, 생로병사라는 커다란 강물과 같은 고통, 미워하는 적들과 마주칠까 두려워하는 고통, 사랑하는 사람들과 헤어질까 두려워하는 고통, 원하지 않는 것과 마주치는 고통, 원하는 것을 얻지 못하는 고통이 있습니다.

세 가지 근본적인 고통

① 변화하는 고통(변고變苦)

근본적인 세 가지 고통의 첫 번째로, 지금 한순간에 행복하게 지내고 있는 도중에 고통으로 변하는 것입니다. 예컨대 몸에 좋은 음식을 먹고 만족하여 포만감을 느끼면서 기분이 좋은데, 기생충이 위 속에 나타나 심한 복통이 갑자기 생겨서 고통을 겪습니다. 지금 즐겁게 지내는데 적이 가축들을 몰고 가거나 집터가 불에 타거나, 심한 병이나 악령이 갑자기 나타나거나 상대방의 나쁜 말을 듣자 곧바로 고통이 되는 것들이 있습니다.

일반적으로 윤회계에는 평안이나 즐거움이나 명성처럼 보이는 어떤 것도 영원하고 확고한 것이 조금도 없으며 결국 고통에서 벗어날 수 없습니다. 그러므로 염리심厭離心을 일으키세요.

② 고통에 덮치는 고통(고고苦苦)

이전의 고통이 아직 사라지지 않았는데 다음 고통이 덮치는 것입니다. 나병에 걸리자 곧이어 수포가 생기고, 수포가 생긴 다음 수포가 터져 상처가 생깁니다. 아버지께서 세상을 떠나시자 곧이어 어머니께서 돌아가십니다. 적에게 추격을 당하고 있는데 사랑하는 사람이 죽는 일 등입니다. 윤회계 어디에 태어나든지 고통 위에 고통만 쌓으면서 시간이 지나갈 뿐 그 외에 마음이 평안할 때가 단 한순간도 없습니다.

③ 조건화되어 일어나는 고통(행고行苦)[113]

---

[113] 조건화되어 일어나는 고통(두제기등앨འདུ་བྱེད་ཀྱི་སྡུག་བསྔལ་)이란 '인과 연의 만남에서 생기는 고통'의 줄임말로, 지금은 고통으로 분명히 안 보이지만, 적절한 조건(연緣)과 만나면 곧바로 고통이 생길 수 있으며, 확실한 고통을 경험할 수 있는 잠재력이 쇠퇴하지 않고 존재하는 것을 말한다. 그와 같은 잠재력은 3계의 모든 중생들의 마음의 흐름에 스며들어(편재해) 있고, 다른 두

지금 우리가 평안하다고 생각하는 것들이 실제로 고통스러운 것처럼 안 보일지라도 사실은 고통의 원인에서 항상 벗어나지 못합니다. 먹는 음식, 입는 옷, 사는 집, 생활용품, 장식품, 축제 등 모든 것들도 악한 행동으로 인해 얻어집니다. 모든 행위 또한 악한 행동의 속임수일 뿐 그 외 아무것도 없기 때문에 이 모든 결과는 고통스러울 뿐입니다.

예컨대 차와 짬빠 등을 예로 든다면, 차는 중국에서 재배되는 식물인데 그 씨를 심거나 잎을 딸 때 등 생명을 잃게 되는 작은 생물들도 헤아릴 수 없습니다. 다르쩨도[114]까지 사람이 짊어지고 올 때 한 사람이 6개짜리 묶음을 12묶음씩 짊어지고 옵니다. 또한 그 모든 것들을 머리로 지탱하여 짊어지기 때문에 이마의 살갗이 닳아 없어져 뼈가 허옇게 드러나 보여도 그래도 짊어져야 합니다.

도톡에서부터 조[115]나 약 혹은 당나귀 등에 짐을 싣고 올 때 그들 모두가 등이 갈라지고 허파에 구멍이 생기고 털이 뽑히는 등 상상할 수 없는 강제 노역의 고통을 받게 됩니다. 차를 사고 팔 때에도 약속과 양심을 중요하게 여기지 않고 오직 속임수와 말다툼으로 거래를 합니다. 교환하는 상품도 대부분 양털과 양 가죽 등인데 그 양털에도 여름철에는 이, 빈대 등 작은 생물들이 양털의 숫자만큼 많습니다. 게다가 그들 중 대부분은 양털을 칼로 깎을 때 머리가 잘려지거나 허리가 두 동강 나거나 내장이 튀어나와 살해당합니다. 죽지 않은 것들도 양털과 함께 섞여 숨이 막혀 죽습니다. 따라서 이러한 것들이 모두 오로지 악도에 다시 태어나게 하는 원인이 됩니다.

가지 고통의 뿌리가 되기 때문에, '어디에나 두루 존재하는 조건화되어 일어나는 고통(편행고遍行苦)'이라고도 한다.(『둥까르칙죄첸모』, 326쪽)
114 다르쩨도དར་རྩེ་མདོ་ : 티벳 동부 캄에 있는 중국과 접경지역의 차 집산지(❸Dhartsendo, Dartsedo, 중문 캉딩康定).
115 조མཛོ་ : 야크གཡག་과 암소 사이의 교배종.

양가죽 또한 방금 태어난 어린 양이 감각기관이 모두 완성되고 즐거움과 고통의 감각을 갖고, 몸도 힘이 충만하여 최초의 삶을 기뻐하고 있는 순간에 갑자기 죽임을 당한 것입니다. 어리석은 동물이지만 죽음은 두렵고 살아 있는 것을 좋아합니다. 맥이 끊어지는 고통을 경험합니다. 새끼가 살해당한 어미 양의 고통은 외아들을 먼저 보낸 엄마를 그대로 보는 것과 같습니다. 그와 같이 물품을 만들어 거래하는 것 등을 생각하면 차 한 모금 마시는 것도 악도에 태어나는 원인이 될 수밖에 없습니다.

짬빠도 우선 흙을 갈아엎을 때 땅 밑의 모든 벌레들이 땅 위로 나오게 되고 땅 위의 모든 벌레들은 땅 아래로 묻히며, 쟁기질하는 소가 어디로 가든 뒤따라가서 까마귀들과 작은 새들이 입을 놀릴 시간이 없이 벌레들을 쪼아 먹습니다.

또한 땅에 물을 끌어올 때 습지에 사는 벌레들은 모두 마른 땅에 널브러지고 마른 곳에 사는 모든 벌레들은 물로 인해 죽습니다. 마찬가지로 씨를 심고 추수하고 타작 등을 할 때 죽임을 당하는 것들도 헤아릴 수 없습니다. 그것들을 생각하면 짬빠를 먹는 것은 전적으로 가루가 된 벌레들을 입에 넣는 것과 마찬가지입니다.

그와 같이 버터와 우유 같은 것들도 세 가지 하얀 것과 세 가지 단 것이라고 하여, 악업으로 인한 오염이 없고 청정하다고 생각하지만 그렇지 않습니다. 새끼 조와 송아지와 새끼 양 등 대부분이 죽임을 당합니다. 도살되지 않은 것들도 태어나자마자 어미의 달콤한 젖을 한 모금도 빨아보지 못하고 목에 밧줄이 걸립니다. 머물러 있을 때는 나무에 묶이고, 갈 때는 서로 묶입니다. 그들 모두가 먹고 마셔야 할 우유 한 모금이 있는데 사람들은 그것을 빼앗아 치즈나 버터로 만듭니다. 어미 몸의 정수(精髓), 즉 새끼를 위한 생명의 에너지를 빼앗기 때문에 죽지도 못하고 살지도 못하는 지경에 이릅니다. 늙은 어미 디(암 약)들도 봄철에는 우리에서 일어날 수 없을 만큼 기력이 소진됩니다. 송아지와 어린 양들도 대부분이 단지 먹을 것이 없어서 굶어 죽습니다. 죽지 않은 것들도 야위어 깡마르고 힘이 약해서 걷는 것이 불안정하고 거의 죽음에 가까워져 몸이 실꾸리의 꼬챙이 정도밖에 안 남게 됩니다.

그와 마찬가지로 지금 우리 각자가 즐거움이라고 여기는 모든 것들, 즉 입으로 먹는 음식, 등에 걸치는 옷, 재물과 모든 일상 생활용품 어느 것을 생각하더라도 다만 옳지 못한 행위를 통해서 만들어진 것 외에는 없기 때문에 이 모든 것들의 결과는 마지막에 악도의 한없는 고통을 겪어야 하는 것입니다. 그러므로 지금 행복이라고 인식하는 모든 것들 또한 행고行苦입니다.

생로병사의 네 가지 고통

① 태어나는 고통

이 세상 사람들은 자궁에서 태어납니다. 따라서 부모 정혈精血의 결합 속으로 중음 상태에서 존재하는 의식인 심향尋香[116]이 들어가서 깔랄라(Kalala: 응락凝酪)에서 아르부다(Arbuda: 막포膜疱)가 되고, 뻬시(Pesi: 혈육血肉)로 된 후, 가나(Ghana: 견육堅肉)로 변하고, 쁘라싸라와(Prasarava: 지절枝節)로 되는 등[117] 여러 과정을 거쳐 태아가 형성될 때의 고통을 경험합니다.

손발과 손발가락 등의 부속기능 그리고 모든 감각기관이 완성될 때는 엄마의 자궁 속, 좁고 냄새나는 어둠 속에서 감옥에 갇혀 있는 것과 같은 고통을 당합니다. 엄마가 뜨거운 음식을 먹는 동안에는 불 속에서 타는

---

116 심향: 티벳어로 이를 디사ཌྲི་ཟ་, 산스끄리뜨어로 간다르바(®gandharva)라고 하며, 죽은 후 육체와 분리되어 중음 상태에서 지속적으로 몸을 받으려고 하는 의식이다. 선연 혹은 악연에 따라 각종의 향기를 먹고 살기 때문에 식향食香, 심향이라고 하며, 건달바乾達婆로도 한역된다.
117 태아가 형성되는 최초 5주의 각 단계. (세친의 『아비달마구사론』 제9권 분별세품分別世品)

것과 같은 고통을 경험하고, 차가운 것을 먹으면 찬물에 던져진 것 같은 고통을 경험합니다. 엄마가 누우면 태아는 산에 눌리는 것 같은 고통을 느끼며, 엄마가 배불리 먹으면 바위 사이에 꽉 끼어 있는 것 같은 고통을 받고, 엄마가 배가 고프면 벼랑에서 떨어지는 듯한 고통을 경험합니다. 걷거나 앉거나 하면서 움직이면 바람에 휩쓸리는 것과 같은 고통이 있습니다. 그 후 달이 차서 태어날 때 생성의 '업풍業風'[118]이 머리를 아래쪽으로 돌려, 자궁문으로 밀면 힘센 거인이 다리를 벽에 세게 부딪치는 듯한 고통이 있습니다. 골반 뼈 사이에서 나타날 때는 압출 금형의 구멍을 통해 당겨지는 듯한 고통이 있습니다. 자궁문이 너무 좁은 사람들은 아이가 바로 그 자리에서 죽거나 혹은 엄마와 아이 둘 다 죽습니다. 죽지 않는다고 해도 죽음에 직면하는 고통을 경험합니다. 우갠국의 대사께서 말씀하셨습니다.

> 산모와 아이 둘 다 죽음의 세계에 반걸음 들어가는 것으로
> 산모는 턱뼈 외에 모든 관절이 이탈하여 벌어지게 된다.

태어난 다음에도 요 위에 떨어질 때 가시가 있는 구덩이에 떨어지는 것과 같습니다. 등에 있는 양수막을 벗길 때는 산채로 가죽을 벗기는 것과 같습니다. 오물들을 닦아낼 때는 가시가 있는 회초리로 때리는 것과 같습니다. 엄마 무릎 위로 데려갈 때는 어린 새를 매가 채가는 것과 같습니다. 정수리에 버터기름을 바를 때는 묶여서 구덩이에 던져지는 것과 같습니다. 이외 여러 가지 고통을 겪습니다. 그 다음 쪼그리고 앉아 아기를 아래로 내려놓을 때는 더러운 진창에 빠지는 것과 같습니다. 배가 고프거나 목이 마르거나 몸이 아프거나 어떠한 고통이 생겨도 다만 울 수

---

[118] 업풍: 과거의 행위들이 무르익은 결과의 피할 수 없는 힘.

밖에 없습니다.

그처럼 태어나서 젊음이 무르익어 갈 때 겉으로 보기에 우선은 성장하는 것처럼 보이지만 사실은 삶이 날마다 줄어들어 죽음에 점차 가까이 다가가고 있습니다. 이 세상의 일들은 성취하여 끝마치는 날이 결코 오지 않습니다. 물결처럼 하나가 지나면 연이어 꼬리를 물고 또 다른 일이 계속적으로 생기는 것을 경험합니다. 그것들도 모두 오로지 옳지 못한 행위와 연결되어 있어서 악도에 태어나는 원인이 되기 때문에 아주 고통스럽습니다.

② 늙어가는 고통

핵심적 의미가 없고 끝마칠 날이 없는 윤회계의 일들을 하면서 알아차리지 못하는 사이에 늙어가는 고통에 직면합니다. 몸의 모든 기력이 점점 약해집니다. 맛있게 먹은 음식도 전부 소화시키지 못합니다. 시력이 나빠져 멀리 있는 물체나 작은 것은 제대로 보지 못합니다. 청력이 약해져 소리와 말을 제대로 듣지 못합니다. 혀의 감각이 무뎌져 음식과 음료수의 맛을 제대로 알지 못하며 말의 연결이 제대로 안 됩니다. 정신적 능력이 약해져 기억이 희미해지고 잘 잊어버리고 멍청해집니다.

이빨이 빠져서 딱딱한 음식은 씹지 못하며 우물거리면서 말합니다. 몸의 열기가 빠져나가 옷이 조금만 얇으면 추워합니다. 들어 올리는 힘이 약해져 조금만 무거우면 들지 못합니다. 감각적 즐거움을 좋아해도 즐길 힘이 없습니다. 몸의 기맥이 약해져 감정이 예민해지고 참을성이 약해집니다. 모두가 불평을 하니 우울해지고 고통스런 생각이 일어납니다. 신체의 구성요소들이 균형을 잃으니 질병과 문제가 많아집니다. 걷는 것, 앉는 것, 움직이는 것도 모두 불가능할 정도로 어렵지만 해야 합니다. 성자 밀라래빠께서 다음과 같이 말씀하셨습니다.

소 매는 말뚝 뽑는 것처럼 힘겹게 일어서는 모양이 하나요.
새 잡으러 살금살금 다가가는 것처럼 구부리고 가는 모습이 둘이요.
흙 자루 말안장에 묶은 밧줄 끊기듯 털썩 주저앉는 모양이 셋이요.
이 세 가지가 함께 모이는 때
늙은 할미 환幻과 같은 몸 쇠약해지는 슬픔이라.

밖으로 피부에 모여 있는 주름이 하나요.
안으로 살과 피가 줄어들어 광대뼈 튀어나오고
양 볼 움푹 들어 간 것이 둘이요.
그 사이 멍청해지고 귀 안 들리고 눈 안보이고 떨리는 것이 셋이요..
이 세 가지가 함께 모이는 때
늙은 할미 추한 모습 드러나는 찡그린 얼굴이라.

무거워지고 누더기가 된 옷이 하나요.
차가워지고 청결하지 못한 음식과 음료가 둘이요
사방에 털가죽 덧댄 잠자리가 셋이요.
이 세 가지가 함께 모이는 때
늙은 할미, 사람과 개들 밟고 지나가는 깨달음을 성취한 성자라.

일어설 때 자연스럽게 곧바로 일어설 수가 없어 두 손을 바닥에 짚고, 굳은 땅에서 쇠말뚝을 잡아당겨 뽑는 것처럼 일어납니다. 걸어갈 때는 허리를 구부리므로 머리를 똑바로 들 수 없으며 발을 올리고 내리는 것도 빨리 할 수가 없어 천천히 어린애가 새를 잡으러 살금살금 다가가는 것처럼 걸어갑니다. 앉을 때는 손발의 모든 관절이 아파서 천천히 앉을 수가 없어 몸무게를 가누지 못하고 손잡이 밧줄이 끊어진 흙 자루처럼 털썩 주저앉습니다.

몸의 살이 모두 빠져서 피부의 바깥 부분이 뭉쳐 몸과 얼굴 전체가 주름살로 가득합니다. 안에 있는 근육과 혈액이 거의 없어져 모든 뼈마디가 드러나 광대뼈와 모든 관절이 밖으로 튀어나와 있습니다. 정신의 기억력이 쇠퇴하여 바보처럼 되고 귀가 안 들리고 눈이 안 보이게 되어 정신이 맑지 않고 어지럽습니다. 몸의 힘이 약해지고 아름답게 보이고 싶은 상황이 줄어들어 옷이 모두 두껍고 낡아 있습니다. 음식과 음료수를 먹고 마시더라도 혀가 맛을 못 느끼기 때문에 먹는 것이 전부 식게 되고 깔끔하지 못합니다. 몸이 무거워 무엇을 하든 불편하여 사방에 기대앉게 되고 자리에서 바로 일어날 수 없습니다. 그때 외부의 '환幻과 같은 몸'이 쇠약해져 안으로 마음이 침울해지고 정신적 고통이 큽니다. 얼굴의 아름다움과 광채가 시들고 피부에 주름이 많아져 추하고 찡그린 모습을 보입니다. 모두가 업신여기고 머리 위로 걸어 지나가도 일어날 수가 없어서 깨끗한 것도 더러운 것도 없이 깨달음을 얻은 요기처럼 지냅니다. 늙어가는 고통을 견딜 수 없어 죽고 싶어도 사실은 죽음에 가까이 다가가기 때문에 극도로 두려움을 느끼는 등 늙어 가는 고통을 악도 중생과 마찬가지로 겪습니다.

③ 병드는 고통

이 몸은 4대四大가 모여 구체화된 것이므로 그들 상호간의 부조화로부터 룽·티빠·배깬[119] 등에 기인한 여러 가지 질병으로 시달리는 고통스

---

[119] 티벳 전통의학 경전 『사부의전』(규시སྨན་དཔྱད་)은 약사여래 부처님이 제자들에게 전하는 5천9백 가지 게송으로 되어 있는데, '탐·진·치 3독三毒이 질병의 근원'이라고 전하며 건강은 심신의 조화와 밀접한 관계가 있음을 밝히고 있다. 티벳 의학의 기본 원리는 세 가지 주요 에너지의 균형을 잡아주는 것이다. 그 세 가지란 룽རླུང་·티빠མཁྲིས་པ་ 그리고 배깬བད་ཀན་을 말하며 3인三因이라고도 한다. 룽(한자로 氣 또는 風으로 의역됨)은 미세한 에너지의 흐름으로 신체 구석구석을 순환하며 마음·말하기 그리고 신체와 연결된 모든 운동과 활동들을 돕는다. 티빠(痰 또는 火)는 열에너지로 신체 구석구석을 순환하며 체온·소화 그리고 생명력의 균형을 잡아준다. 배깬(膽 또는 粘液)은 유체에너지로 신체를 순환하며 관절의 유연성을 유지하고 신체의 안정

런 감각이 일어납니다. 신체와 지적 능력이 모두 전성기에 이르러 힘이 넘치고 눈부신 모습이 한창 때인 야성적인 사람이라도 질병의 고통이 엄습하면 곧바로 돌에 맞은 어린 새처럼 힘을 잃어 침상 바닥에 쓰러집니다. 몸을 움직이는 것조차도 힘들어, "당신 어디가 아프세요?" 하고 물어도 빨리 말할 힘이 없고 내부 깊숙한 곳으로부터 목소리가 안 나오는데도 말합니다. 오른쪽으로 누워도 왼쪽으로 돌아누워도 등을 대고 누워도 배를 깔고 누워도 편한 경우가 없습니다. 먹거나 마시고 싶은 생각이 없어집니다. 밤에 잠이 안 옵니다. 낮 동안에는 낮이 아주 길게 느껴지고 밤에는 밤이 아주 길게 느껴집니다.

쓰거나 맵거나, 신 약 맛의 고통과 사혈瀉血과 뜸질의 고통 등을 원하지 않아도 겪어야 합니다. 병으로 인해 죽음도 갑자기 닥쳐올 것이라고 생각하며 두려워하고 무서워합니다. 악령과 뒤를 지탱해 주는 사악한 힘 이외에는 마음을 스스로 조절할 수 없습니다. 보통의 잘못된 인식 외에도 오로지 환각만을 경험합니다. 자신이 스스로 목숨을 끊어 자살하거나 강으로 뛰어들기도 합니다. 나병과 간질 등에 걸리면 살아 있을 뿐이지 죽은 것과 같습니다. 사람들에게서 버림을 받아 홀로 남겨진 자신의 모습을 스스로 보게 됩니다.

일반적으로 환자들은 모두 스스로 자신을 돌볼 수 없습니다. 병은 쉽게 화를 내게 하므로 다른 사람의 모든 행동이 마음에 들지 않습니다. 마음이 전보다 거칠어집니다. 병이 너무 오래 가면 간병하는 사람도 지쳐서 환자의 말을 있는 그대로 자세히 듣지 않습니다. 항상 병에 대한 생각으로 마음이 불안하여 고통스럽습니다.

기능과 림프계를 돕는다. 이것은 우리말로 번역하면 '바람', '쓸개즙', '점액질'이 되는데 우리말 그대로의 의미는 아니다. 세 에너지가 균형과 조화를 이루고 있을 때 우리는 건강을 유지하나 그렇지 못할 때 병에 걸리게 된다. 티벳 의학에서 그 세 에너지의 균형을 깨뜨리는 장기적인 주원인으로는 무지無知를 들고 있다.[『티베트의학산책』, 김재일(café.buddhapia.com/community/kimjaeil)에서 인용했으며 티벳어 명칭은 티벳어 발음에 맞게 수정했다.]

④ 죽음의 고통

몸이 자리에 쓰러져 일어날 줄 모릅니다. 음식과 마실 것을 보아도 식욕이 안 생깁니다. 죽음에 대한 생각으로 고통스러워 마음이 즐겁지 못합니다. 자부심과 자신감을 잃게 됩니다. 당신을 마중하러 나온 죽음의 환영幻影과 마주칩니다. 누운 자리가 크게 위로 들려지는 현상을 경험하게 됩니다. 가족과 친척들이 주위에 둘러싸고 있어도 당신이 떠나는 것을 지연시킬 수 있는 어떤 방법도 없습니다. 목숨이 끊어지는 고통을 본인 혼자서 겪어야 합니다. 헤아릴 수 없는 소유물을 가지고 있어도 가지고 갈 힘이 없습니다. 마음으로 포기하지 못하며 몸으로도 그것들을 쫓아갈 수 없습니다. 과거의 옳지 못한 행위들을 회상할 때 후회하는 마음이 생깁니다. 악도의 고통을 생각할 때 무섭고 두렵습니다. 죽음이 갑자기 다가오면서 두려움에 사로잡힙니다. 살아있다는 의식이 사라지면서 몸이 점차 식어갑니다.

악행을 한 사람이 죽으면 죽는 순간에 가슴을 손으로 쥐어뜯어 가슴에 손톱자국이 가득한 채로 죽습니다. 과거에 옳지 못한 행동을 기억하고 악도에 태어나는 것을 두려워합니다. 본인에게 선택의 자유가 있을 때 죽는 순간에 도움이 되는 법을 수행하지 않은 것을 생각하면서 후회합니다. 그래서 가슴에 고통이 생겨 가슴을 움켜잡기 때문에 가슴에 손톱자국이 가득한 채로 죽습니다. 다음과 같은 말이 있습니다.

악행을 행한 사람이 죽는 것을 볼 때
이는 행위의 인과를 보여 주는 스승이다.

그러한 사람들은 죽기도 전에 악도의 사자使者들이 다가와서 보이는 것이 모두 무섭고 느끼는 것이 전부 고통으로 나타납니다. 몸의 사대가

분해되어 내부로 흡수되고 호흡이 거칠어지며 사지가 힘없이 흔들리고 환각이 일어나 눈알이 허옇게 뒤집히면 저 세상으로 건너가 죽음의 사자가 다가옵니다. 중음中陰의 환영이 나타납니다. 그렇지만 보호받을 곳이나 피할 곳이 없습니다.

발가벗고 빈손으로 갈 때가 바로 오늘 오지 않는다는 보장이 없습니다. 그때 확실하게 도움을 줄 수 있는 것은 수승한 법뿐 그 외에 누구도 피난처가 되지 못합니다. 다음과 같은 말이 있습니다.

법에 대한 마음을 모태 안에서 일으키며
태어나자마자 죽음에 대한 가르침을 기억하라.

나이가 들었든 젊든 모든 사람에게 죽음은 갑자기 닥쳐오기 때문에 태어난 바로 그 순간부터 죽음에 임박했을 때에 도움이 되는 가르침을 수행해야 합니다. 그런데도 지금까지 죽음을 전혀 생각하지 않고 수많은 어려움을 극복하면서 가족과 친구를 보호하고 잠자리와 여러 가지 물건들을 마련하느라, 사랑하는 사람과 친구들을 위해서 탐욕과 분노와 어리석음이라는 3독으로 이렇게 시간을 보내는 것은 아주 큰 잘못이라는 것을 생각하면서 깊이 사유하세요.

그 외 인간의 고통

① 미워하는 적을 만날까 두려워하는 고통(원증회고怨憎會苦)

밤낮으로 감시하고 지속적으로 보살피는 등 오로지 이 두 가지 바쁜 일로 세월을 보내도 아무런 도움이 안 되고 결국 소유물과 재산도 모두 적과 나누어 가지게 됩니다. 낮의 강도, 밤의 도둑, 늑대와 맹수 등이 시시때때로 갑자기 들이닥쳐 해를 입힙니다. 일반적으로 소유물과 재산은 많이 가질수록 그것을 모으고 지키고 늘리는 데 그 만큼 더 큰 고통이 끝없이 계속되는 법입니다. 보호주 나가르주나께서 말씀하셨습니다.

> 재산을 모으고 지키고 늘리느라 기력이 다 소진되니
> 재산은 스스로를 끊임없이 파괴시키는 것임을 알아야 한다.

성자 밀라래빠께서도 말씀하셨습니다.

> 재산은 처음에 자신을 기쁘게 하고 남들이 부러워하지만
> 아무리 많이 가지고 있어도 만족이 없어
> 도중에 인색함의 밧줄로 당신을 옭아매니
> 좋은 일에 감히 내놓을 수가 없습니다.
> 재산은 적과 악령들을 부르는 손짓이니
> 본인이 모은 것을 다른 사람들이 이용하며
> 결국에는 생명을 위협하는 마라가 됩니다.
> 적을 위해 재산을 돌보는 것은 통탄할 일입니다.
> 이제 나는 윤회계의 유혹을 버렸습니다.
> 마라의 속임에 나는 관심이 없습니다.

재산이 많으면 많은 만큼 고통이 큽니다. 예를 들어 말을 한 마리 가지고 있어도 그것을 적이 끌고 갈까 걱정하고 도둑이 훔쳐가지 않을까 걱정하며 건초를 충분하게 주지 못할까 걱정하는 등 고통이 말 한 마리만큼 많이 있습니다. 마찬가지로 양 한 마리를 가지고 있어도 그 양만큼의 고통이 있습니다. 심지어 차 한 판을 가지고 있어도 차 한 판만큼의 고통이 분명히 있습니다.

"재산이 없을 때는 적이 없다"고 하는 것처럼 소유물이 없으면 적이 없어 마음이 편안하기 때문에 전에 오셨던 과거 붓다들의 삶에 관한 이야기처럼, 소유물과 재산에 대한 모든 집착을 뿌리째 뽑아 버리세요. 사는 것은 새처럼 그때그때 꼭 필요한 만큼만 구하여 그것에 의존하고 오직 올바른 법을 성취해야 한다고 생각하면서 사유하세요.

②사랑하는 사람과 헤어질까 두려워하는 고통(애별리고愛別離苦)

이 세상 윤회계의 모든 중생들은 자기편에 애착하고 상대편에 대해서는 싫어합니다. 가족과 권속과 친구와 친척과 사랑하는 사람 편에 치우쳐 그들을 위해서 고통을 겪습니다. 가족으로 혹은 친구나 친척으로 관계를 맺고 있는 사람들 또한 영원하지 않아 언젠가는 헤어지게 되어 있습니다. 아마도 죽거나 다른 나라에서 떠돌거나 적이나 다른 해로운 일로 위험에 빠진다면 그들의 고통은 본인에게 생긴 것보다 더 힘들 것입니다. 특히 부모는 자식을 사랑하고 또 사랑하여 아이가 추울까 걱정, 배고플까 걱정, 목 마를까 걱정, 병이 날까 걱정, 죽지 않을까 걱정합니다. 아이가 아픈 것보다 차라리 본인이 죽는 편을 택할 만큼 가슴 깊이 사랑하고 아이를 위해 오로지 마음 아파하면서 고통을 겪습니다.

그와 마찬가지로 가족, 친척, 친구 등 사랑하는 가까운 사람들과 헤어지는 것에 대해 두려워하는 고통을 겪습니다. 그렇지만 제대로 살펴보면 사랑하는 사람이라고 해도 정말로 사랑하는지는 확신할 수 없습니다. 부모가 아이를 사랑한다고 각자 나름대로 생각해도 사랑하는 방식이 잘못되어 결국 해를 주게 됩니다. 재산과 재물을 주고 평생친구인 아내를 맞게 하여 윤회의 밧줄로 묶어 놓습니다. 어려운 일을 극복하는 방법, 사랑하는 사람을 지키는 방법, 재산을 늘리는 방법을 비롯하여 옳지 못한 수많은 일들을 가르칩니다. 악도의 바닥에서 벗어나지 못하게 하는 일을 하는 것이기 때문에 그보다 더 심한 해악은 없습니다.

아들·딸도 처음에는 몸의 정수를 빨아먹으며 중간에는 입의 음식을 빼앗아가고 마지막에는 수중에 있는 재산을 강탈해갑니다. 부모는 자녀들을 사랑으로 대하지만 그들은 부모에 대해 반항합니다.

본인 평생 동안 악한 일이든 고통스러운 일이든 비난하는 말이든 상관하지 않고 모아 둔 모든 재산과 물건들을 아낌없이 주어도 고마워하는 기색이 조금도 없습니다. 자기 아들에게 중국 은화를 해변의 모래알만큼 주어도 일반사람에게 찻잎을 찻물에 한번 집어넣을 만큼 주었을 때의 기쁨만큼도 없습니다. 내 아버지의 재산은 당연히 내 것이라는 생각밖에 없습니다.

자매들과 딸들도 각자 재산을 차지하려고 서로 싸우며 주어도 고마운 기색이 없습니다. 계속 주어도 자꾸 요구합니다. 심지어 염주의 숫자를 헤아리는 좋은 터키석 하나 있는 것조차도 달라고 하여 가져갑니다. 기껏해야 다른 사람의 재산을 늘려 주고 본인에게는 도움이 안 됩니다. 잘못되면(딸이 결혼에 실패하면) 친정집 문턱에 주저앉게 되어 친정집에 불명예와 고통을 가져옵니다.

다른 친척과 친구들도 자신이 부유하고 행복하고 하는 일이 다 잘 될 때는 모두가 신처럼 자신을 바라봅니다. 그들은 도움이 되는 것이면 무엇이든 합니다. 필요하지 않아도 재산과 물건들을 줍니다.

그렇지만 본인 형편이 기울어지면, 그들에게 해가 되는 일을 조금도 안 했는데도 이쪽을 적과 같이 대합니다. 도움을 준 보답으로 해악을 가져다줍니다. 이처럼 아들·딸·가족·친척·친구들은 진정한 의미가 조금도 없는 것으로 성자 밀라래빠께서 다음과 같이 말씀하셨습니다.

아들은 처음에 마음 즐겁게 하는 천신의 아들이라

가슴속 깊이 사랑스런 마음을 억누를 수 없습니다.
중간에는 빚 갚으라고 강하게 독촉하는 놈이 되어
달라는 대로 모든 것을 주어도 만족할 줄 모릅니다.
다른 사람의 딸을 집에 들어오게 해서
은혜가 큰 부모를 밖으로 쫓아냅니다.
아비가 불러도 대답을 주지 않습니다.
어미가 불러도 못들은 체합니다.
결국 마음이 멀어진 이웃과 같습니다.
사기꾼의 감언이설에 가슴이 무너집니다.
자신이 낳은 원수가 마음을 아프게 합니다.
저는 이제 윤회에 묶인 밧줄 벗어 던졌으니
이 세상의 아들, 저는 원하지 않습니다.

딸은 처음에 예쁜 미소 짓는 어린 여신으로
가장 아끼는 물건들을 가져가는 여왕이라
중간에는 당연스런 요구가 끊임없습니다.
아빠에게는 노골적으로 요구하여 가져가고
엄마에게는 비밀리에 훔쳐서 가져갑니다.
받은 것에 대해 결코 만족해하지 않습니다.
은혜가 큰 부모의 마음을 흔들어 놓습니다.
결국에는 붉은 얼굴의 마녀가 됩니다.
기껏해야 다른 사람의 재산을 늘려주며
잘못되면 본인에게 불행을 몰고 옵니다.
파멸을 가져오는 마녀가 마음을 아프게 합니다.
저는 이제 벗어날 수 없는 고통을 벗어 던졌으니
파멸의 원인이 되는 딸, 저는 원하지 않습니다.

친척과 친구들, 처음에 만나면 즐겁고 보면 환히 웃습니다.

'이쪽으로 와! 여기 앉아!' 하는 소리가 계곡에 가득합니다.
중간에는 고기와 술로 당신의 친절에 보답을 합니다.
상대방에게 하나를 준 보답으로 이쪽에 하나를 줍니다.
결국 좋아하거나 미워하여 서로 싸우는 원인이 됩니다.
고통을 겪는 친구와 다툼의 원인이라니 가슴이 아픕니다.
즐거울 때 밥 같이 먹는 친구, 저는 이제 포기했습니다.
이 세상의 친구들, 저는 원하지 않습니다.

③ 원하는 것을 얻지 못하는 고통(원부득고願不得苦)

이 세상에 평안과 기쁨을 바라지 않는 사람은 한사람도 없지만 사실은 그처럼 원하는 대로 되는 경우는 아무도 없습니다. 더 편하고 즐겁게 살고 싶어 저택을 지었지만 무너져 본인이 죽게 됩니다. 배를 가득 채우고 싶어 음식을 먹었는데 병이 되어 생명을 위협합니다. 승리에 대한 희망을 품고 전쟁터에 나갔는데 가서 곧바로 죽게 됩니다. 이익을 바라고 장사하러 나가지만 습격을 당하여 거지가 됩니다. 이생의 평안과 기쁨과 재물을 얻으려고 기대하면서 아무리 열심히 노력해도 본인에게 전생에 행한 업의 힘이 없으면 당장 배 채우는 것조차도 안 되고, 본인과 다른 사람들에게 고통을 가져다 줄 것입니다. 확실하게 얻을 수 있는 것은 악도의 바다로부터 벗어나지 못한다는 것을 알게 될 뿐 그밖에는 아무것도 없습니다. 따라서 노력을 산만큼 하는 것보다 복덕을 불씨만큼 쌓는 것이 더 좋습니다.

그러므로 성취하는데 끝이 없는 윤회계의 일들을 해서 무슨 소용이 있겠습니까? 그와 같은 일을 윤회계에서 시작이 없는 때로부터 아무리 열심히 해도 결과는 오직 고통밖에 없습니다. 과거에 이 세상 삶을 위하여 생의 전반기나 후반기 동안에 노력한 만큼 올바른 법을 열심히 추구했다면 지금쯤은 붓다가 되었거나 그렇지 않으면 적어도 악도의 고통을 전혀 겪을 필요 없는 경지를 확실히 성취했을 것입니다.

따라서 하지 말아야 할 일과 해야 할 일의 경계를 확실히 알게 된 이번 기회에 결코 성취할 날 없는 윤회계의 일들에는 기대할 만한 것이 많지 않으니 오로지 성취가 확실한 바른 법만 수행해야 한다고 생각하면서 수습하세요.

④ 원하지 않는 것과 만나게 되는 고통(불원임고不願臨苦)

이와 같은 다양한 모든 고통을 원하는 사람은 한사람도 이 세상에 없지만 원하지 않으면서도 그러한 고통들을 항상 겪습니다. 과거에 행한 업의 힘 때문에 왕의 신하 혹은 부유한 집의 하인 등은 한순간도 자유가 없어 어쩔 수 없이 그들의 지배를 받습니다. 아주 조그만 잘못 때문에 엄청난 고통을 받게 되지만 할 수 있는 방법이 없습니다. 지금 사형장으로 끌려간다고 해도 본인의 의지로 가지 못하고 도망가는 것조차도 불가능합니다.

따라서 바라지 않는 상황과 늘 마주치게 됩니다. 위대한 일체지자(롱첸빠)께서 말씀하셨습니다.

> 가족이나 사랑하는 사람과 이별 없이 늘 함께 지내고 싶지만
> 결국 헤어져야 하는 것이 확실합니다.
> 아름답고 멋진 집에서 항상 떠나지 않고 머물기를 바라지만
> 결국 떠나야 하는 것이 확실합니다.
> 평안과 기쁨과 재산을 영원히 놓치지 않고 즐기기 바라지만
> 결국 포기해야 하는 것이 확실합니다.
> 수행 기회와 조건을 갖춘 인간의 몸이 영원하기를 바라지만
> 결국 죽어야 한다는 것이 확실합니다.
> 훌륭한 스승과 영원히 헤어지지 않고 법문을 듣기 바라지만

결국 헤어져야 하는 것이 확실합니다.
좋은 친구들과 영원히 헤어지지 않고 친구로 지내고 싶지만
결국 헤어져야 하는 것이 확실합니다.
그러므로 바로 오늘부터 근면의 갑옷을 입고
헤어짐이 없는 커다란 기쁨의 땅으로 건너가야 할 때입니다.
윤회계에 대한 염리심厭離心을 마음속 깊이 일으킨 친구들에게
무법걸인無法乞人인 제가 이 같은 말로 간곡히 권합니다.

    그러므로 재산과 소유물과 기쁨과 평안과 명성 등을 얻는 원인, 즉 본인이 과거에 쌓아 놓은 선행의 열매가 있다면 원하지 않아도 저절로 생기며, 그것이 없다면 아무리 노력하고 분발해도 바라는 것을 성취하지 못하고 바라지 않는 것만 모여듭니다. 따라서 아무리 써도 바닥이 드러나지 않는 재산, 즉 어떤 일이 있어도 만족해하는 재산에 의지하여 순수하고 성스러운 법을 수행하세요. 그렇지 않고 법의 문에 들어선 후에 이번 생을 위한 세속적 야망을 이루는 것은, 스스로에게 고통스런 일이고 뜻있는 분들이 부끄럽게 생각합니다. 성자 밀라래빠께서 말씀하셨습니다.

본래 인간의 왕, 붓다 그분께서는 많은 법을
세속팔법世俗八法을 멀리하도록 하려고 설했습니다.
요즈음 많이 배웠다고 생각하는 분들이여!
세속팔법이 전보다 더 많아지지 않았는지요?

승리자께서는 지켜야 할 계율을
세속의 일을 멀리하도록 설했습니다.
요즈음 계율을 지키는 승려들이여!

세속의 일이 전보다 더 많아지지 않았는지요?

그분께서는 과거 성자들의 사는 방식을
가족과 친척에 대한 집착을 끊게 하려고 설했습니다.
요즈음 성자처럼 지내는 사람들이여!
체면 지킬 일이 전보다 더 많아지지 않았는지요?

요컨대 항상 죽음을 상기하지 않고서는,
어떤 수승한 법을 수행하든 의미가 없습니다.

이제 인간계 4대주의 모든 세상, 특히 남섬부주에서 태어난 사람들은 지금 말법의 시대에 행복한 순간은 조금도 없이 고통만 겪고 있습니다. 더구나 해마다, 달마다, 날마다, 식사 때마다, 오전마다, 오후마다 시간이 지남에 따라서 시대는 점점 더 쇠퇴해갑니다. 깔빠는 더 나빠집니다. 붓다의 가르침과 중생들의 모든 기쁨과 평안이 점차로 쇠퇴해 간다는 것을 생각하면서 염리심을 일으키세요. 더구나 남섬부주가 업이 강한 곳[120]이기 때문에 좋고 나쁨, 기쁨과 슬픔, 옳고 그름, 높고 낮음, 법과 법 아닌 것, 이 모든 것이 확실하지 않습니다. 그러므로 그것들의 모습을 직시直視함으로써 해야 할 것과 하지 말아야 할 것에 대해 본인이 분명히 해야 합니다.

일체지 스승(롱첸빠)께서 다음과 같이 말씀하신 대로 수행하세요.

때때로 본인 생각에 유리하고 도움이 되는 상황을 잘 보세요.
단지 본인의 인식임을 안다면 그 경험은 도움이 될 것입니다.[121]

---

120 업이 강한 곳(래기씨빠ལས་ཀྱི་ས་པ): 업과지業果地. 업이 쌓이는 힘이 강하고 그 업이 무르익는 것도 그처럼 강하게 경험하는 곳.

때때로 불리하고 해로운 조건으로 인식되는 것을 잘 보세요.
미혹*에 사로잡히지 않고 벗어나는 것이 매우 중요합니다.

때때로 친구들과 다른 사람들의 스승을 잘 살펴보세요.
좋고 나쁨을 알아차림으로써 수행에 동기부여가 됩니다.

가끔 하늘에 나타나는 사대의 환상적인 유희를 살펴보세요.
마음의 본성으로 애써 행함이 사라지는 것을 알게 됩니다.[122]

때때로 본인의 고향과 저택과 소유물들을 잘 살펴보세요.
허상임을 알아차려 환상[123]에 사로잡히지 말고 벗어나세요.

때때로 다른 사람들의 재산과 소유물들을 잘 살펴보세요.
얼마나 가련한지 알고서 윤회계에 대한 애착을 버리세요.

요컨대, 다양한 모습의 현상들에 대해 본성을 잘 살펴보면,
그것이 진실하다고 집착하는 잘못된 인식**이 무너집니다.

---

121 우리가 그런 유리한 조건에 속지 않고, 그 실상을 알아차려 거기에 집착하지 않는다면 그런 조건들이 수행의 진전에 도움이 될 것이다.
122 마치 외부 현상이 하늘에 나타났다 사라지는 것처럼 정신적인 현상도 마음의 본성에서 떠올랐다 다시 그 안으로 소멸된다. 그것들은 독립적인 실체나 자성을 가지고 있지 않다.
123 미혹*, 환상, 잘못된 인식**: 차례대로 티벳어 툴와འཁྲུལ་བ་, 툴낭འཁྲུལ་སྣང་, 툴와འཁྲུལ་བ་를 옮긴 것으로 세 가지 모두 '전도된 인식, 착란된 인식, 착각, 미혹된 인식'을 의미한다.

5. 아수라의 고통

아수라의 고통이란, 일반적으로 재산과 즐거움은 천신들에 견줄 만큼 가지고 있지만 전생에 불선과 질투와 싸움에 익숙하여 그러한 업으로 인해 그곳에 던져졌기 때문에, 그 몸을 갖게 되자마자 질투심이 아주 거칠어졌습니다. 그들의 영역 안에서조차도 영역과 지역 때문에 싸우고 서로 사이가 좋지 못해서 오직 싸움으로 세월을 보냅니다.

위로 천신들을 바라보고, 그곳에서는 재산과 즐거움이 넘쳐나며 필요하고 원하는 것들은 모두 '소원을 성취시켜 주는 나무(여의수)'에서 얻을 수 있다는 것을 알았습니다. 그렇지만 그 나무의 뿌리가 아수라계에 있다는 것을 확인하고, 참을 수 없는 질투심이 생겨 갑옷을 입고 무기를 들고 천신들과 싸우러 나갑니다. 그때 천신들은 '빽빽이 우거진 숲'[124]으로 가서 무장을 합니다. 천신들에게는 33개의 머리가 있는 코끼리 랍뗀('아주 튼튼한'의 의미)이 있는데 32개 각각의 머리에는 서른 두 명의 장군들이 올라타고 중앙의 머리에는 천신들의 왕 인드라(제석천帝釋天)가 타고 있습니다. 상상할 수 없는 천신의 군단이 그들을 에워싸고 결전의 함성을 지르며 사기가 하늘을 찌를 듯 장엄한 기세로 그들에게 다가옵니다.

싸울 때는 천신들의 도르제와 바퀴, 창, 커다란 화살 등이 비처럼 쏟아져 내리고 천신들은 신통력이 있어서 큰 산들도 무릎으로 들어 올려 던질 수 있습니다. 과거 업의 힘으로 천신들은 사람의 일곱 배만큼 키가 크지만 아수라들은 천신보다 훨씬 작습니다. 천신들은 머리가 잘리는 것 이외에는 몸에 상처가 아무리 많이 생겨도 그 즉시 천신의 감로수로 낫기 때문에 죽지 않습니다. 반면에 아수라들은 인간들처럼 중요한 부위는 어디를 맞아도 죽기 때문에 항상 전쟁에 패배하는 일이 많습니다. 술에

---

[124] 천신의 본성은 분노가 일지 않는다. 그래서 싸움을 하려면 '숲'으로 가서 악귀의 입에서 흘러나오는 물이 만들어낸 호수에서 '물'을 마셔야 한다.(『TPIN』, 81쪽)

취한 천신의 코끼리 꾼꿍('모두를 지켜주는 자'의 의미)의 코에 단도가 부착된 바퀴를 달아 내보내서 수십만의 아수라를 죽입니다.

그들의 시체가 수미산의 한쪽 기슭에서 굴러 내려 우주의 대양(유희해遊戲海) 속에 빠지니 대양이 핏빛으로 보이는 등 항상 싸우기만 합니다.

따라서 아수라계에서도 고통의 본성을 벗어나지 못하니 이러한 상황을 마음속 깊이 사유하세요.

6. 천신의 고통

천신계는 일반적으로 살아 있을 때는 완벽한 평안과 기쁨 그리고 풍족한 재산을 가지고 있어도 날마다 즐거움에 빠져 정신없이 시간을 보내기 때문에 진정한 법을 수행할 마음을 내지 못합니다. 수명은 여러 겁을 살지만, 단 한순간도 그러한 생각을 갖지 못하고 일탈의 길을 헤매다가 수명이 다 되어 갑자기 죽음과 마주칩니다. 4천왕천에서 타화자재천까지 욕계 여섯 천상계의 어느 천신이든 죽어 윤회하는 고통을 겪어야 합니다.

또한 천신들이 보통 때는 각자 내뿜는 빛으로 1유순由旬(요자나)이나 1문거聞距(크로사)까지 비추지만, 죽음에 가까워지면 몸의 광채가 빛을 잃어갑니다. 그리고 보통 때는 천신의 보좌에 아무리 앉아 있어도 전혀 싫증나지 않는데 죽음이 다가오면 보좌에 앉아 있는 것을 정말 원치 않으며 불편함을 느끼기 때문에 싫증을 냅니다. 천신의 목에 두르는 화환은 아무리 오래 지나도 시들지 않는데 화환이 시들게 됩니다. 천신의 옷은 아무리 입어도 더러워지지 않는 법인데 옷이 낡아 더러워집니다. 천신의 몸에서는 절대로 땀이 안 나는데 죽음이 가까워 오면 땀이 나기 시작합니다. 이와 같이 죽음의 다섯 가지 전조가 나타나서 본인 스스로도 곧 죽으리라는 것을 알고 고통스러워합니다. 천신의 배우자와 딸들 또한 그가 죽으리라는 것을 알고 나서는 가까이 다가갈 수가 없어 멀리서 꽃을 던집니다.

'당신은 이제 죽어 몸을 바꿔 인간 세계에 다시 태어나 선한 일을 행하여 다시 천신 세계에 태어나기를 바랍니다'라고 기원하면서 지나갑니다. 본인 혼자만 남아서 아주 고통스럽습니다. 그리고 다음에 어디에 태어날지 천신의 눈으로 보기 때문에 고통스런 땅에 태어날 것을 알면, 포와(의식이 이 몸을 떠나 다른 몸으로 들어가 다시 태어남)의 고통이 완전히 사라지기 전에 악도에 떨어지는 고통에 압도되어 고통이 두 배, 세 배로 되어 절망에 빠집니다. 그래서 비탄의 울음을 울면서 천신의 날짜로 7일을 지내야 합니다. 33천의 7일은 인간 세계의 700년입니다. 그 동안 과거의 평안과 기쁨을 회상하고 그리워해도 머무를 힘이 없어 포와의 고통을 겪습니다. 다음에 다시 태어날 곳을 보고 두려움에 사로잡혀 그곳에 떨어지는 고통을 겪습니다. 이 두 가지가 마음을 아프게 하는 고통은 지옥보다도 더 심합니다.

색계와 무색계의 두 영역에서는 죽어서 의식이 전이되는 고통은 분명하지 않습니다. 그렇지만 그들을 그곳에 태어나게 한 업의 영향력이 다할 때 마치 잠에서 깨어난 것처럼 낮은 세계에 떨어지는 고통을 당합니다. 보호주 나가르주나께서 다음과 같이 말씀하셨습니다.

> 브라흐마 자신도 욕망을 여의고 평안을 얻은 후에
> 다시 무간지옥에서 불타는 장작이 되어
> 끊임없는 고통 속에서 살 것이다.

그처럼 이들 여섯 가지 중생계(6도六道)는 어디에 태어나든지 고통의 본성, 고통이 다양하게 변하면서 계속 나타나는 현상, 고통의 악순환으로부터 절대로 벗어날 수 없습니다. 따라서 마치 불구덩이처럼, 나찰들이 사는 섬처럼, 큰 바다의 가운데처럼, 창의 끝처럼, 더러운 집처럼, 평안하고 즐거운 순간은 털끝만큼도 없습니다. 『정법념처경正法念處經』[125]에서 말했습니다.

> 지옥 중생들은 지옥 불을 겪어야 하고
> 아귀는 굶주림과 목마름을 겪어야 하며
> 축생들은 서로 잡아먹고 먹히는 고통을 겪어야 합니다.
> 인간들은 짧은 삶으로 고통을 겪어야 하며
> 아수라들은 다투고 싸우는 고통을 겪어야 하고
> 천신들은 나태함으로 고통을 겪어야 되니
> 윤회계에서는 바늘 끝만큼도 평안이 전혀 존재하지 않습니다.

보호주 마이뜨레야께서 말씀하셨습니다.

> 다섯 중생들(천신과 아수라를 하나로 묶어서)에게는 평안이 없다.
> 더러운 집에 좋은 냄새가 없는 것처럼.

우갠국의 대사께서 말씀하셨습니다.

---

[125] 『정법념처경(དུན་པ་ཉེ་བར་བཞག་པའི་མདོ་)』: 티벳어 원제 팍빠담빼최댄빠녜와르샥빼도(འཕགས་པ་དམ་པའི་ཆོས་དྲན་པ་ཉེ་བར་བཞག་པའི་མདོ་), ⓢsaddharma-nusmrityu-pastana, ⓔThe Supreme Dharma of the Application of Mindfulness. Sutra of Sublime Dharma of Clear Recollection)을 옮기면 '정법념처경' 또는 '정법념주경'으로, 이를 줄여서 티벳으로 댄빠네르샥དྲན་པ་ཉེར་བཞག་으로 표기하며 '염주경念住經(the Sutra of the Application of Mindfulness)'으로 옮겨진다. 인도의 대학자 아바야까라구바, 샤꺄 락시따, 수부띠쫀드라 등과 티벳의 역경승 출팀걜챈이 번역했다. 전3만6천 송이다.(『장한불학사전』, 804쪽)

이 윤회계에는 바늘 끝만큼도 행복이 전혀 없다.
아주 조그마한 행복조차도 변화의 고통이 있다.

이러한 가르침을 깊이 사유한 다음, 이 윤회계에는 위로 현상계의 정상으로부터 아래로 지옥의 바닥에 이르기까지 어디에 태어나든지 진정한 기쁨이나 평안의 순간은 조금도 없으며, 진정한 의미가 없다는 것을 명심해야 합니다. 윤회계에 대해 철저히 혐오하기를 마치 황달병을 가진 사람에게 기름기 많은 음식을 주는 경우처럼 정말 싫어해야 합니다.

따라서 이러한 윤회계의 고통들을 모두 이해했고, 이미 다 배웠다고 제쳐 놓지 말고 고통을 마음으로 받아들여 그에 대한 확신이 생기도록 수행하세요. 그와 같은 확신이 생기면 옳지 않은 일을 삼가고 선한 일을 즐겨하는 것이 애쓸 필요 없이 저절로 생기게 됩니다.

과거에 세존께서 사촌인 난다가 아내를 너무나 사랑하여 출가하고 싶어 하지 않자 방편으로 법을 알게 한 후에 출가하도록 했습니다. 그러나 계율戒律을 배우려고 하지 않고 도망가려고 할 때 세존께서 신통력으로 그를 설산으로 데려다 놓았습니다. 거기에 앉아 있는 한쪽 눈이 먼 암컷 원숭이 한 마리를 가리키면서,

"이 원숭이와 너의 아내 뿐다리가 둘 중 어느 쪽이 더 아름다운가?" 하고 물으니,

"이것은 제 아내의 100분의 1, 아니 1000분의 1에도 미치지 못합니다. 제 아내가 아름답습니다"라고 말했습니다. 세존께서,

"그렇다면 천상계로 가자"고 말하고 천상계로 데리고 가서 한 편에 앉으신 다음,

"그대는 가서 보라!"고 말씀하셨습니다. 가서 둘러보니, 모든 천신들이 각자의 궁전에서 수많은 젊은 여신들로 둘러싸여 헤아릴 수 없는 기쁨

과 평안과 즐거움을 누리고 있었습니다. 그런데 한 궁전에는 수많은 젊은 여신들만 있고 천신은 아무도 없었습니다. 그래서 그 이유를 물으니,

"인간계에 세존의 사촌인 난다라는 분은 계율을 잘 지켰기 때문에 그는 신으로 태어나게 되고, 이것은 그분의 궁전이 될 것입니다"라고 말했습니다.

기쁨에 차서 되돌아간 난다가 세존께 가까이 다가가니,

"너는 천상계를 보았느냐?"라고 물으셔서,

"네 보았습니다"라고 대답했습니다.

"젊은 여신들과 너의 아내 중에서 어느 쪽이 더 아름다운가?"라고 물으니,

"그건 여신들이 더 아름답습니다. 이전에 한쪽 눈이 먼 암컷 원숭이와 뿐다리까만큼 차이가 있습니다"라고 대답했습니다.

다시 인간계로 돌아와서 청정한 계율을 지키면서 있을 때 세존께서 비구들에게,

"난다는 선도에 다시 태어나기 위해 출가한 사람이고 여러분들은 고통으로부터 벗어나려는 생각으로 출가했으니 서로 다른 길로 들어선 것이다. 그러니 여러분들은 모두 난다와 말하지도, 그에게 가까이 오라고 하지도 말고 같은 자리에 앉아있지 말라"라고 등등 말씀하셨습니다.

그래서 모든 비구들이 그 말씀에 따라 행동을 하니 난다는 아주 괴로웠습니다. '다른 비구들은 나를 멀리해도 아난다는 내 동생이니까 그는 친절하게 대해 주지 않을까'라고 생각하면서 아난다에게 가까이 갔을 때 그 역시 자리에서 일어나 가버려 그 이유를 물어 보니 세존께서 말씀하신 내용을 말해 주었습니다. 그 말을 들은 난다는 괴로움에 어찌할 바를 몰랐습니다.

어느 날 세존께서 오셔서,

"난다야, 너 지옥을 한번 보겠느냐?"라고 말씀하셔서,

"네, 보겠습니다"라고 대답했습니다. 그래서 신통력으로 지옥으로 데리고 가서,

"자, 이제 보라"고 말씀하셔서, 난다는 지옥의 모든 곳을 둘러보았습니다. 그런데 한쪽에 빈 가마솥 안에서 불이 활활 타오르고, 많은 사자使者들이 그 가마솥을 둘러싸고 있었습니다. 그런데 그 안에 다른 중생들이 아무도 없어 이유를 물었더니,

"세존의 사촌인 난다는 천신의 행복을 추구하여 계율을 지키고 있으니 그는 천신계에 다시 태어나 행복을 누릴 것입니다. 그러나 선업의 영향력이 다하면 곧바로 여기에 다시 태어날 것입니다"라고 대답하여, 깜짝 놀라 되돌아 왔습니다.

그때부터 천신계에 태어나도 결국에는 악도에 다시 태어나므로 진정한 의미가 없다는 것을 생각하고 출리심出離心을 일으켰습니다. 지옥을 직접 보았기 때문에 계율에 조금도 어긋나지 않게 수행했으므로 세존께서는 감각의 문을 가장 잘 다스린 사람으로 그를 지목했습니다.

그처럼 지옥을 직접 보는 것은 말할 것도 없고, 지옥 그림만 보아도 두려운 마음이 생겨 윤회세계로부터 결단코 벗어나야겠다는 마음(출리심)을 되살려 줍니다. 그래서 세존께서도,

"승가의 사원 문에 '다섯 부분으로 된 윤회의 바퀴(생사윤회도五分輪廻圖)'를 그려 놓아라"고 말씀하셨습니다.

보호주 나가르주나께서도 말씀하셨습니다.

그려놓은 지옥을 보고 듣는 것만으로도 두려움이 생긴다면 과거의 업이 완전히 성숙된 끔찍한 결과를 그곳에서 경험하고 있는 사람들은 어떻게 하겠는가?

그처럼 여러 가지 측면으로 윤회계의 고통에 대해 깊이 사유하여, 이 세상 삶의 모든 일로부터 진정으로 등을 돌려야 합니다. 이번 생의 일들을 마음으로 포기하지 않으면 법을 수행하고 있노라고 당신이 아무리 주장해도 진정한 법으로 들어가지 못합니다.

아띠샤 존자께서 돌아가시려 할 때 한 요가 수행자가,

"존자께서 돌아가신 후에 수행을 해도 되겠습니까?" 여쭈었더니,

"수행을 한다고 하지만 진정한 법이 될까?"라고 대답하셨습니다.

"그러면 불법을 설할까요?"라고 여쭈었더니, 전과 같은 질문으로 대답하셨습니다.

"그러면 어떻게 해야 합니까?"하고 여쭈었더니,

"여러분 모두 돔뙨빠에게 의지하여 이번 삶을 진정으로 포기하라"고 말씀하셨습니다.

승려 한 분이 라뎅 사원의 바깥 꼬라를 돌다가 게쉐 돔뙨빠를 만났는데 돔뙨빠께서,

"스님, 꼬라를 도는 것도 아주 좋지만 그보다는 진실한 법을 수행한다면 더 좋지 않을까요?"라고 말씀하셨습니다. 그래서 승려는 '꼬라를 도는 것보다도 대승의 경전을 읽는 것이 더 중요할 거야'라고 생각하여 사원 마당이 내려다보이는 난간에서 경전을 읽고 있었습니다. 그런데 돔뙨빠께서,

"가르침을 읽는 것도 아주 좋지만 그보다도 진실한 법을 수행한다면 더 좋지 않을까?"라고 말씀하셨습니다. 그래서 다시 '경전을 읽는 것보다도 선정을 닦는 것이 더 중요하다는 의미일 거야'라고 생각하고, 경전 읽는 것을 뒤로 미루고 자리에 앉아 눈을 반쯤 감고 앉아 있었습니다.

돔뙨빠께서,

"참선하는 것도 좋지만 그보다도 진실한 법을 수행한다면 더 좋지 않

을까요?"라고 말씀하셨습니다. 더 이상 그는 달리 어떻게 할 수 있는 방법을 찾지 못하여,

"스님, 그러면 제가 어떤 법을 수행해야 합니까?"라고 여쭈었더니, 돔뙨빠께서,

"스님, 이생에 대해 잊어버리세요. 이생의 일들을 다 놓아버리세요"라고 목소리를 높였습니다. 그러므로 이 세상 삶에 대한 모든 관심사들은 지금도 그리고 앞으로도 영원히 고통의 세계인 윤회계를 벗어나지 못하게 합니다. 이번 생의 속박을 끊고 다음 생의 깨달음을 얻기 위해서 알아야 할 것을 제대로 가르쳐 줄 수 있는 사람은 품격을 갖춘 스승 외에는 아무도 없습니다. 따라서 이생의 부모, 친척, 친구, 사랑하는 사람, 그리고 음식, 재산, 소유물을 모두 가래침 속의 먼지처럼 버리세요. 음식이나 의복 등 무엇이 생기든 그것으로 만족하고 오로지 진실한 법을 수행해야 합니다.

인도의 성인 파담빠께서 말씀하셨습니다.

> 물질적인 것은 구름이나 안개와 같으니
> 그것에 대해 영원하다고 생각하지 말라.
> 명성은 모두 메아리와 같으니 명성을 얻으려 하지 말고
> 사물의 본성을 추구하라.
> 좋은 의복은 무지개와 같으니 소박한 옷을 입고 수행하라.
> 자신의 몸은 피, 고름 혹은 림프액이 담긴 가죽부대이니
> 애지중지하지 말라.
> 맛있는 음식도 더러움의 원인이 되니 음식에 대해 특별하게 보지 말라.
> 일체 현상이 적(수행의 장애)으로 생겨나니 외딴 수행처나 산에 머물러라.
> 미혹(현상에 대한 잘못된 인식: 환상)의 가시가 마음을 찌르니
> 그것들이 동일한 성질을 갖고 있음을 수습하라.[126]

필요한 것이나 원하는 모든 것은 자신에게서 나오니 마음의 본성을 돌보아라.

고귀한 보석은 자신에게 있으니 음식과 재산에 연연하지 말라.

많은 말은 싸움의 뿌리이니 벙어리처럼 머물러라.

생각은 업業으로 나타나니[127] 생각이 음식을 추구하지 않도록 하라.

가피는 마음으로부터 생기니 스승과 이담에게 간절히 기도하라.

한 장소에 오래 있으면 붓다에게조차도 결함을 보게 되므로

한 곳에 오래 머물지 말라.

겸손한 행동을 하고 스스로 대단하다는 자존심은 버려라.

이 삶에 오랫동안 머무를 수 없으니 지체하지 말고 곧바로 수행을 하라.

당신은 이생에서 여행자와 같으니 잠시 쉬는 곳에 성을 쌓지 마라.

앞으로 어떠한 유익함도 없을 것이니 수행을 몸으로 익혀라.

자신의 몸은 벌레들이 먹거나 언젠가 사라져 없어지므로

이 생에서 나타나는 현상들에 마음이 흔들리지 않도록 하라.

친구와 친척은 나뭇가지 위의 작은 새와 같으니 그들에게 집착하지 말라.

확신에 찬 믿음은 비옥한 흙과 같으니

번뇌가 쌓인 거친 황무지에 두지 말라.

소원을 성취시켜 주는 귀중한 보석과 같은 이 몸을

'분노'라는 적에게 내주지 말라.

---

126 궁극적으로 모든 인식은 공성이라는 동일한 본성을 가진다.
127 업으로 나타나니: 티벳어 래수차르와ལས་སུ་འཆར་བ་를 직역하면, '업으로 나타난다'가 된다. 짬뛸 린뽀체는 '마음은 옳은 방향으로 가게 되면 법을 향하게 되나, 그렇지 못하면 업이 된다 (become action-karma)'라는 의미라고 설명했다. 체링은 티벳어 셈니སེམས་ཉིད་를 '마음의 본성' 대신에 '생각하는 것(삼로བསམ་བློ་, ⓔthinking)', '마음의 동기'로 해석하고 있다. 중문본에서는 "마음의 본성은 각종 업으로 나타날 수 있으니(心性能現種種之業), 따라서 마땅히 음식을 쫓아 전전하지 말라"로 번역했다. 반면에, 영문본에서는 "마음은 고유의 능력(its own natural ability)을 가지고 있으니, 단순히 위장의 지시를 따르지 말라"로 했다. 이는 티벳어 래수차르와ལས་སུ་འཆར་བ་를 래수룽와ལས་སུ་རུང་བ་와 같은 의미로 해석한 딜고켄체 린뽀체의 해석에 따른 것이라고 영문본의 주에서 밝혔다. 티벳어 래수룽와ལས་སུ་རུང་བ་는 '적절한(suitable)' '일할 수 있는(workable)'으로 직역되며, 한역으로는 '감능堪能'이 된다. 그 의미는 '힘이 있어 일을 능히 마감할 수 있는 것'(『깨달음에 이르는 길』, 청전 옮김, 674쪽)을 말한다.

삼마야는 감시탑(망루)과 같으므로
이것이 잘못된 행동으로 오염되지 않게 하라.
금강승 성취자가 계실 때 수승한 법을 게으름 속에 방치하지 말라.

그러므로 진정한 법을 제대로 수행하기 위해서는 윤회계의 모든 일에는 진정한 의미가 없다는 것을 분명히 알아야 합니다. 그리고 그와 같이 마음에 일어나게 하는 원인은 오로지 윤회계의 결함을 수습하는 것뿐이므로 가슴속 깊이 마음에 그러한 생각이 생길 때까지 깊이 사유해야 합니다.

그와 같은 윤회계의 결함에 대한 수습을 얼마만큼 마음속에 일으킬 것인가는, 게쉐 랑리탕빠만큼 해야 합니다. 랑리탕빠께 한 제자가,

"스승에게 다른 사람들이 '근엄한 랑리탕빠'라고 말합니다"라고 말씀드렸더니,

"윤회계 3계의 고통을 생각하면 어찌 얼굴이 환해질 수 있겠는가?"라고 말씀하셨습니다. 한번은 그분의 만달라 위에 터키옥이 하나 있었는데 그것을 쥐 한 마리가 가져가지 못하여, "찍찍" 하고 다른 쥐를 불러서 한 마리는 밀고 한 마리는 끌고 가는 것을 보고 미소를 한번 떠올렸을 뿐 그 외에는 절대로 미소조차도 지은 적이 없다고 합니다.

그처럼 윤회계의 고통에 대한 이러한 수습은 진실한 가르침으로 마음이 향하게 하며, 인과법에 대한 확신이 생기게 하며, 이생의 야망을 진정으로 포기하게 하며, 중생들에 대한 사랑과 자비를 일깨워 주는 등 깨달음으로 향하는 길의 모든 훌륭한 특성들의 바탕이 됩니다. 세존께서도 가르침의 바퀴를 삼 단계로 말씀하셨는데, 삼 단계 법륜의 처음에 "비구들이여! 이것이 고통이다!"라고 말씀하시면서 "고통을 알아야 한다"는 것을 먼저 언급하고 법을 설하였습니다.[128] 그러므로 확실히 마음에 그러

한 생각이 일어날 때까지 수행하세요.

> 윤회의 고통을 인식하면서도 여전히 집착하고 있으며
> 악도의 절벽을 두려워하면서도 불선을 행하고 있으니
> 본인과 본인처럼 길을 잃고 헤매고 있는 중생들에게
> 이생의 일들을 진정으로 포기하도록 가피를 주소서.

이상이 윤회계가 고통임을 알아차리게 하는 가르침입니다.

---

128 영문본에는 "붓다께서 친히, 고통을 인식하는 것이 얼마나 중요한가를 지적하면서, 삼전법륜 각각의 가르침을 다음과 같은 말로 시작했다—'비구들이여! 이 삶은 고통이다'"로 되어 있으며, 중문본은 "세존께서 차례로 세 차례 법륜을 굴렸는데, 초전 법륜에서 비구들에게 먼저 다음과 같이 설했다—'이것이 고통이다. 마땅히 고통을 알아야 한다'"로 되어 있다. 티벳어 원문 꾼기톡 마르གུན་གྱི་ཐོག་མར་는 '모든 것의 처음에'로 직역되며, 안성두 교수·게쉐 땐진남카 스님께 내용을 확인하여 중문본에 따라 위와 같이 옮겼다.

4장
행위의 원인과 결과

선악의 취사선택을 인과법에 따라 행하셨고
수행은 삼승의 차제에 맞추어 하셨으며¹²⁹
바른 견해로 어떠한 것에도 집착이 없으신
비할 바 없는 스승의 발아래 정례올립니다.

중요한 것은 행위의 인과(因果)에 대한 가르침으로, 설명하고 듣는 방법은 일반적인 것과 같습니다. 설명해야 할 법으로는 멀리해야 할 불선행, 실천해야 할 선행 그리고 모든 것이 업의 본성이라는 가르침. 이렇게 세 가지입니다.

---

129 삼승의 차제에 맞추어 한다: 티벳어 매젝텍빼밥당뙨ཐེག་འཇུག་རིམ་པའི་བབས་དང་བསྟུན་을 직역하면, '올라가는 수레의 진행을 따른다'이며, 외적으로는 성문승의 계율을 따르며, 내적으로는 대승의 가르침을 수행하고, 내밀히 금강승을 수행하는 것을 뜻한다.(영문본, 주69 참조)

해서는 안 되는 옳지 못한 행위

먼저 그처럼 윤회계의 높거나 낮은 곳에 다시 태어나는 것은 우리들 각자가 쌓은 선한 행동과 선하지 못한 행동으로 인해 그렇게 되는 것입니다. 윤회계는 업 때문에 생겼고 업의 결과로 만들어지므로 선도나 악도에 태어나는 것에는 다른 행위자가 없습니다.

그렇지만 어느 곳에도 우연히 태어나는 것이 아니기 때문에 모든 면에서 선행과 불선행의 인과를 잘 살펴서 옳지 않은 일은 멀리하고 옳은 일을 실행하는데 힘써야 합니다.

거기에는 멀리해야 할 것으로 열 가지 불선행(옳지 못한 행동)이 있는데, 그 중에서 첫 번째 몸으로 하는 행동은 생명을 끊는 것(살생殺生)·주지 않은 것을 가져가는 것(투도偸盜)·욕망으로 부적절한 성행위를 하는 것(사음邪淫) 세 가지입니다. 말로 하는 네 가지 행동은 거짓말, 이간질하는 말, 거친 말, 쓸데없는 말이며, 마음으로 하는 세 가지 행동은 탐하는 마음(탐심貪心), 해를 주려는 마음(악의惡意), 잘못된 견해(사견邪見)입니다.

1. 생명을 끊는 것(살생)

생명을 끊는 것은 대상이 인간이나 동물 등 무엇이든 죽이고자 하는 의도를 가지고 생명의 기능을 멈추게 하는 것입니다.

용감한 사람이 전쟁에서 적을 살해하는 것과 같은 것은 증오심에서 생명을 죽이는 것이며, 야생동물 등의 고기가 먹고 싶어서 혹은 가죽을 입고 싶어서 죽인다면 욕망 때문에 생명을 죽이는 것입니다. 선행과 악행의 인과를 모르거나 외도처럼 옳은 일이라고 믿고 생명을 죽인다면 무지 때문에 죽이는 것입니다.

게다가 부모를 죽이거나 아라한을 죽이는 것 세 가지는 '즉각적인 과보를 받는 행동(무간업無間業)'이라고 하여, 이생과 다음 생 사이에 바르도 없이(중음단계를 거치지 않고) 무간지옥無間地獄에 태어나는 원인이 됩니다.

지금 우리들 중에는 실제로 본인이 손을 뻗어서 생명을 죽인 적이 없다는 것만 생각하면서, '나에게는 생명을 죽이는 나쁜 행동은 없었다'고 생각하겠지만 일반적으로 지위가 높건 낮건, 힘이 강하든 약하든 그 누구도 걸을 때 발밑에서 작은 생물들을 죽이는 헤아릴 수 없는 악행이 없는 사람은 아무도 없습니다.

게다가 특히 스승과 승려들께서 후원자의 집에 오셨을 때 그들이 동물을 죽여서 살코기와 피를 요리하여 가져올 때, 죽은 동물에 대해서 측은한 마음이나 자비심이 조금도 없이, 고기와 피의 맛을 탐하면서 즐겁게 드시는 경우 살생의 악업은 공양을 올린 사람과 공양을 받은 사람이 똑같이 받게 됩니다.

중요한 사람들과 정부 관리들이 어디를 다니든지 차 대접과 접대 등을 위해서 살생되는 생명이 헤아릴 수 없습니다. 부자들에게는 보통 소와 양이 많은데, 그 모두를 점차로 나이가 들어갈 때 한 마리씩 죽입니다. 그렇지 않고 자연적으로 죽는 일은 거의 없기 때문에 생명을 죽이는 일이 헤아릴 수 없습니다. 뿐만 아니라 그 가축들도 여름에는 곤충·개미·물고기·개구리까지 풀과 함께 먹으며 발굽으로 밟습니다. 말똥과 쇠똥 등의 안에는 죽은 생명들이 셀 수 없습니다. 그러한 것들의 악업도 그 가축뿐만 아니라 주인에게 추가로 옵니다. 특히 말·소 등 다른 가축들보다도 양은 무진장한 악업의 근원이 됩니다. 양은 뱀·개구리·작은 새 등 모든 작은 생물을 먹이로 합니다. 여름에 양털을 깎을 때 양의 등에도 수십만 마리의 생물이 있어서 모두 죽게 됩니다. 겨울에 새끼 낳을 때 어린 양은 태어나자마자 절반 정도가 살지 못하고 죽습니다. 암컷 양들도 나이가 들어서 힘이 소진될 때까지 우유를 짜고, 새끼 낳는 데 이용하고, 나이 들면 모두 죽여 고기와 가죽을 이용합니다. 숫양은 어린 양이든 다 자란 양이든 어디로 가든지 죽는 일밖에 없습니다. 양에 이가 생겼을 경우 양 한 마리 등에서 수억 마리 생물들이 또한 죽습니다. 따라서 백 마리 양을 가진 사람은 앞으로 최소한 한번은 지옥에 태어날 것이 분명합니다.

여자들의 경우 다른 사람과 결혼하여 결혼 지참금을 보낼 때, 신부를 떠나보낼 때, 신부를 맞이할 때 등 헤아릴 수 없는 양들이 도살됩니다. 그 후에 본인의 집에 언제든 다시 갈 때마다 동물 몇 마리가 죽을 것이 확실합니다. 또한 친구나 친척들이 불러서 간 경우에도 고기가 없는 다른 음식을 주면 마음에 안 드는 것처럼 행동하고, 위선으로 가득 찬 여자는 고기 없는 음식은 마치 씹는 방법을 모르는 것처럼 먹습니다. 그러나 살찐 양 한 마리를 잡아서 가슴살과 내장 등 충분히 큰 덩어리를 앞에 놓았을 때, 붉은 얼굴을 한 악귀가 대장장이의 자세를 하고 앉아서(바닥에 편한 자세로 주저앉아서) 작은 칼을 가지고 입술을 혀로 훔치며 소리를 내면서 게걸스럽게 먹습니다. 다음 날 몸통은 붉은 피가 뚝뚝 떨어지는 채로 마치 사냥꾼이 자신의 집으로 되돌아가는 것처럼 짊어지고 갑니다. 언제든 밖에 나갈 때마다 빈손으로 돌아오지 않는 것은 사냥꾼보다도 더 나쁩니다.

어린애들도 놀 때, 알고 혹은 모르고 죽인 것이 헤아릴 수 없습니다. 심지어 소몰이용 회초리나 긴 채찍 등을 들고 여름에 땅바닥을 치면서 가는 경우 살생은 셀 수 없습니다.

그러므로 우리 인간들은 오로지 생명을 죽이는 일로 시간을 보냅니다. 마치 악귀와 같습니다. 일생 동안 본인이 이용하고 우유를 짜 마시고 친절로 보살폈는데, 마치 부모와 같은 만디[130]조차 죽여서 살코기와 피를 즐긴다고 생각하면 우리는 악귀보다도 더 나쁩니다.

그처럼 살생은 악행의 네 요소에 의해서 완전하게 됩니다. 예를 들면, 사냥꾼이 야생동물을 죽이는 경우에 우선 사슴이나 사향사슴과 같은 야생동물을 실제로 보았을 때 '바로 그 야생동물이다' 생각하면서 실수 없이 알아보는 것으로, '행동의 기본'은 그것이 살아있는 생물임을 아는 것입니다. 다음은 그에 대해 죽이고 싶어 하는 의도가 생기는 것으로, '행동을 실행하려는 의도'는 죽이고자 하는 생각이 일어나는 것입니다. 그 다음 총이나 화살 등으로 급소를 쏘는 것으로, '행동의 실행'은 죽이는 방법을 실천하는 것입니다. 그 자리에서 바로 그 야생동물의 생명기능이 멈추어 몸과 마음의 결합이 해체되는 것으로, '행동의 마지막 완결'은 생명기능이 멈추게 하는 것입니다.

또한 본인이 식용으로 기른 양을 도살하는 경우를 예로 들면, 먼저 집주인이 하인이나 도살자에게 '양 한 마리 잡아야겠다'라고 말할 때 '행동의 기본'은 그것이 양이라는 살아있는 생명체라는 것을 아는 것이며, 그와 같은 양 한 마리를 잡아야 한다고 생각할 때 '의도'는 죽이고자 하

---

130 만디འབྲི་: 보통 암컷 약을 '디འབྲི'라고 하며, '디'는 티벳의 고산지역에서 유목민들이 살아가는데 필요한 거의 모든 것을 제공해주므로, 공경하는 마음을 더해 어머니를 뜻하는 '마མ'를 앞에 붙인다. 뒤에 '모མོ'를 붙여서 디모འབྲི་མོ་라고도 한다.

는 생각이 일어나는 것이고, 도살자가 올가미로 죽이고자 하는 양을 어느 것이든 붙잡아, 몸통을 쓰러뜨려 발을 가죽 끈으로 묶고 주둥이를 짧은 밧줄로 감아 묶는 것 등이 죽이는 행동을 '실행'하는 것입니다. 그때 그 동물은 생명이 끊어지는 심한 고통을 갖게 되어 호흡의 흐름이 끊어지고, 부릅뜨고 앞을 쳐다보는 눈이 푸르러지며, 눈물이 주르륵 흘러내립니다. 몸이 집으로 끌려올 때 '마지막 완결'은 생명의 기능이 멈추는 것을 말합니다. 곧바로 껍질을 칼로 벗길 때 살점들이 떨고 있는 것은 아직 '편재하는 에너지'가 떠나갈 시간을 얻지 못하고 있기 때문에 살아 있는 것과 같습니다. 그것을 곧바로 불에 굽거나 화덕에 요리하여 먹습니다. 그것은 동물을 산 채로 먹는 것이기 때문에 우리는 잔혹한 야수들과 다르지 않습니다.

따라서 오늘 유정물을 죽이려고 생각하는 의도가 일어나거나, '죽이려고 한다'고 말하고 실제로 살생하지 않았어도, '기본'으로 살아있는 생물임을 알았고 '의도'로서 죽일 생각을 일으켰기 때문에 악행의 두 가지 요소를 이미 충족시켰으므로, 죽이는 실질적인 행동을 완료한 것만큼 무겁지는 않겠지만 거울에 나타난 형상처럼 악행으로 이미 더럽혀진 것입니다. 그뿐만 아니라 실질적인 살생자 이외에 '죽이라!'고 말한 사람에게는 악행이 없다거나, 있다고 해도 아주 조금 있다고 생각할 것입니다. 그러나 살생하도록 한 사람은 말할 것도 없고 최종적으로 그것에 대해 기쁘게 생각하는 사람을 포함하여 모두에게 악행의 업이 똑같이 있게 됩니다. 더구나 각자 한 사람마다 한 생명체를 죽인 악업 전부를 받게 되는 것이지 살생한 악업 하나를 많은 사람이 나누어 갖는 경우는 없다는 것을 알아야 합니다.

2. 주지 않은 것을 가져가는 것(투도)

　주지 않은 것을 가져가는 것에는 세 가지가 있습니다. 힘으로 가져가는 것, 훔쳐가는 것, 속여서 가져가는 것입니다.

　상세히 설명하면, 왕 같은 힘 있는 사람이 권위 있는 문서 같은 것이 아닌 개인적인 출중한 힘을 행사하여 강탈해 가는 것, 그리고 군인 등 다수의 힘으로 공공연하게 빼앗으러 오는 것 등을 '힘으로 주지 않은 것을 가져가는 것' 혹은 '힘으로 가져가는 것'이라고 합니다.

　도적 등이 주인이 안보는 곳에서 몰래 재산을 가져가 자기 것으로 하는 것은 '훔쳐서 주지 않은 것을 가져가는 것'입니다.

　장사 등의 경우에 상대방을 속이는 거짓말을 합니다. 잘못된 부피나 틀린 무게를 임의로 설정하는 것 등으로 상대방의 물건을 가져가는 것은 '속여서 주지 않은 것을 가져가는 것'입니다.

　요즈음 우리들은 공공연하게 속이는 일 등을 하지 않는 한, 장사 등에서 속임수로 가져가는 것들이 모두 죄라고 생각하지 않습니다. 그러나 속인다면 이익을 아무리 많이 얻어도 그것은 실제 훔친 것과 같습니다.

　특히 요즈음의 경우 라마나 승려들도 장사하는 것에 대해 나쁜 일이나 흠으로 보지 않고, 평생 동안 그 일에 묶이면서 용감한 사람이라고 자부심을 가지지만 라마나 승려의 마음을 오염시키는 데는 장사보다 더 영향력 있는 것은 어떤 것도 없습니다. 항상 장사하는데 정신이 없어 공부나 장애를 닦는 수행을 할 마음이 없고 그럴 시간도 없습니다. 밤에 잠잘 때까지 장사 수지 타산에 대한 생각을 하기 때문에 믿음이나 출리심·자비심 등의 뿌리가 이미 잘렸습니다. 늘 미망(착란된 인식)이라는 다른 힘의 지배를 받고 있습니다.

　예전에 성자 밀라래빠께서 한 사원에 도착해서 밤에 승려들 숙소의 문 앞에서 주무시고 계셨습니다.

그 숙소에 있던 한 승려가 밤에 잠자려고 누워서 '내일 잡을 소 한 마리가 있는데, 그 고기를 모두 어떻게 팔까' 생각하고 있었습니다. '그 머리로는 이만큼 돈을 받겠지, 소 팔의 어깻죽지로 이만큼, 팔 윗부분으로 이만큼, 팔 아래 부분으로 이만큼……' 안과 밖의 모든 부분에 대해 값을 계산했습니다. 그래서 잠 한숨도 잘 시간이 없이 꼬리를 제외하고 모든 부분에 대해 계획을 다 세웠을 때 날이 밝았습니다. 그때 그는 곧바로 일어나 예불과 또르마 공양 등을 올렸습니다. 성자께서는 아직도 주무시고 계셨는데 그가 다가와서,

"당신은 수행자라고 하면서 예불이나 만뜨라 독송을 비롯해 아무것도 할 줄 모르고, 아직도 잠자고 있네요"라고 조롱하니, 성자께서,

"제가 항상 그렇게 잠자지는 않습니다만, 어젯밤 저에게 도살할 소가 한 마리 있어서 그것을 팔 방안을 생각하면서 앉아 있었기 때문에 잠잘 시간을 얻지 못하고 방금 깜빡 잠이 들었습니다"라고 말하니, 그 승려는 감춰진 약점이 드러나 가버렸습니다.

그 예처럼 지금도 장사만 하는 사람들은 밤낮으로 수지 계산에 대한 생각에만 사로잡혀 정신이 없습니다. 죽을 때도 바로 그런 상황에 사로잡혀 죽을 것입니다. 그뿐만 아니라 장사를 할 때에도 자신이 팔 물건이 안 좋더라도 그것에 대해 온갖 칭찬을 합니다.

"이전에 이러 저러한 사람에게 팔면 이만큼의 값을 주겠다고 말했지만, 그 돈과 바꾸지 않았다. 내가 살 때도 이만큼 높은 값을 주었다"고 말하는 등 거짓말만 합니다. 그와 마찬가지로 서로 두 사람이 거래를 하는데 물건을 자신이 사고 싶어서 두 사람이 합의가 안 되도록 하려고 이간질하고, 상대방의 물건에 대해 험담을 하고, 빚 때문에 싸우는 등 거친 말을 합니다. 쓸데없이 터무니없는 가격을 말하거나 살 생각이 없으면서도 가격을 깎는 등 쓸데없는 말을 합니다.

상대방이 가진 것들에 대해 부러워하여 본인이 갖고자 하는 탐내는 마음을 가지거나, 상대방이 실패하기를 바라면서 손해를 입히려는 마음을 일으키거나, 도살한 양을 사고파는 등 살생에 관여함으로써, 사견과 사음만 제외하고 열 가지 불선행 모두를 실질적으로 갖추고 있습니다. 만약에 장사가 실패하면 자신과 상대방 두 사람의 재산을 탕진하고 모두가 고통을 받게 합니다. 결국 본인이 손실을 보고 상대방도 손해를 보게 되어 본인 자신은 굶어 죽게 될지도 모릅니다. 약간 성공한다면 재산을 아무리 많이 얻어도 만족은 결코 없습니다. 그래서 남퇴새[131]의 재산만큼 가진 사람도 여전히 옳지 못한 행위의 장사를 즐겁게 합니다.

장사에 종사하게 되면 항상 거기에 사로잡혀 정신없이 인생을 다 보내고, 죽음에 임박하여 가슴을 치면서 후회하게 되며, 당신을 악도의 바닥으로 끌어내리는 바닥돌이 될 것입니다.

따라서 끊임없이 악행을 더하고, 마음의 흐름을 오염시키는 데는 장사보다 더 강력한 것은 없습니다. 늘 속임수로 상대방을 현혹시키려는 생각은 칼이나 송곳이나 바늘처럼 끝이 가장 날카로운 것을 찾으면서 항상 악한 생각으로 지내므로, 남을 이롭게 하려는 생각인 보리심에 등을 돌리고 불선不善을 한없이 더하게 됩니다.

이미 설명한 것처럼 주지 않은 것을 가져가는 것도 악행의 네 요소를 가지고 있습니다. 사냥꾼이나 강도 등에게 음식을 만들어 주는 운명이 주어지는 사소한 것에 이르기까지 생명을 죽이고, 주지 않은 것을 가져가는 것의 해악은 모두에게 똑같습니다.

---

131 남퇴새(ཟུམ་ཐོས་སྲས་, ⓢvaishravana): 꾸베라, '남퇴새'의 남퇴는 티벳어 남빠르퇴빠ཟུམ་པར་ཐོས་ད་의 줄임말로 '다양하게 혹은 철저히 듣다'를 뜻한다. 티벳어 새སྲས་는 '자녀, 자손'의 높임말이다. 따라서 그 의미대로 다문천왕多聞天王이다. 욕계의 천상계(4천왕천·33천·야마천·도솔천·화락천·타화자재천) 중 첫 번째인 4천왕천을 수호하는 사천왕 중 한 분으로 북방을 수호하며 원래 '부의 신(God of Wealth)'이었다. 재보천왕 꾸베라는 북방을 지키면서 불법을 많이 듣고 다문천왕이 되었다.

3. 옳지 못한 성적 행위(사음)

옳지 못한 성적 행위는 재가자의 계율입니다. 예전에 티벳에서 법왕 송짼감뽀 시대에 10선법+善法을 만들 때, 재가자측이 지켜야 할 것과 출가자측이 지켜야 할 것 등에서 재가자가 행동을 삼가야 할 경우입니다. 따라서 재가자라도 계율을 지녀야 합니다. 출가자들은 성적행위를 근본적으로 피해야 합니다.

부적절한 성행위의 가장 큰 해악은 상대방의 계율을 깨뜨리게 하는 것입니다.

그 외에도 스스로 정액을 방출하는 것(자위행위), 다른 사람에 의해 소유된 사람(기혼자), 다른 사람에 의해 대가가 이미 지불된 사람, 자유롭지만 대낮 시간에 하는 것, 일일 계율을 받아 지키는 사람, 병중에 있는 사람, 임신 중에 있는 사람, 가까운 사람이 죽어 슬픔에 잠겨 있는 사람, 월경 중인 사람, 출산 후 회복 중인 사람, 3보의 형상이 있는 곳에서 성적인 행위를 하는 것, 부모나 가족이 금한 사람, 성숙하지 않은 소녀, 입이나 항문에 성적인 행위를 하는 등 상대방, 시기, 상황의 관점에서 다양한 형태의 부적절한 성행위를 경험하는 것입니다.

4. 거짓말

거짓말에는 보통 거짓말, 큰 거짓말, 가짜 승려의 거짓말, 이렇게 세 가지가 있습니다.

첫 번째는 다른 사람을 속일 생각을 가지고 자연스럽게 거짓으로 말하는 모든 것입니다.

두 번째는 '선행에는 이로운 것이 없다.' '악행에는 해악이 없다.' '정토에는 평안이 없다.' '악도에는 고통이 없다.' '붓다에게는 훌륭한 특성(공덕)이 없다'라고 말하면, 그보다 더 악하고 놀라운 거짓말을 하는 방법은 없기 때문에 큰 거짓말이라고 말합니다.

세 번째는 보살의 경지[132]를 얻지 못하고 얻었다거나 신통력이 없으면서 있다고 말하는 것처럼, 본인에게 없는 공덕을 있는 것처럼 말하는 것은 모두 가짜 승려의 거짓말입니다.

사실은 요즈음 진정한 스승보다도 엉터리 승려가 더 잘 팔리는 시대가 되어 사람들도 모두 생각과 행동이 영향 받기 쉽습니다. 그래서 라마 혹은 성취자라고 스스로 주장하는 몇몇 사람들은 속임수로 다른 사람들을 현혹시키는데 열심입니다. '어떤 본존을 내가 직접 보고 공양을 올렸다. 어떤 악귀를 내가 보고 그 악귀를 징벌했다'고 말하는 것은 대부분 엉터리 승려의 거짓말일 뿐입니다. 그러므로 성급하게 사기꾼이나 그럴 듯한 말로 유혹하는 사람에게 마음을 주지 말고 당신이 잘 아는, 안의 마음과 밖의 행동이 한결 같은 겸손한 수행자에게, 이생과 내생을 위해서 믿음을 갖는 것이 아주 중요합니다.

일반적으로 말해서, 번뇌에 오염된 신통(유루신통有漏神通)이 세속의 길에 조금 있지만 그러나 그것은 드물어서 그런 현상이 잠깐은 일어날 수 있습니다. 번뇌에 오염되지 않은 신통(무루신통無漏神通)은 성인의 경지를 성취한 사람을 제외하고 다른 사람에게는 없기 때문에 그러한 것은 얻기가 매우 어렵습니다.[133]

---

132 보통 보살 10지菩薩十地라고 하며, 깨달음의 단계를 말한다. 붓다를 이루기 위해서는 먼저 아라한이 되기까지 1아승기겁一阿僧祇劫, 보살 1지에서 7지까지 1아승기겁, 8지에서 10지까지 1아승기겁이 걸리고, 그 다음 단계가 붓다의 경지가 된다. 티벳의 금강승에서는 붓다를 이루는데 특별한 수행법으로 한 생으로 가능하다고 하며, 밀라래빠가 밀교적 수행으로 한 생에 깨달음을 성취했다고 한다.
133 지혜와 무관한 신통과 보살 8지·9지·10지를 성취한 깨달은 분이 실질적으로 시공時空을 초

5. 이간질하는 말

이간질하는 말에는 '직접 대놓고 이간질'하는 것과 '뒤에서 몰래 이간질'하는 두 가지가 있습니다. 첫 번째는 힘을 가진 사람이 주로 하며 함께 있는 두 사람에게 그 둘을 직접 이간질하는 말로 갈라지게 하는 것입니다. '이 사람이 너에게 뒤에서 이러 이러한 나쁜 말을 했다.' '실제로 이러 이러한 손해도 끼쳤다.' '그런데 오늘 너희 둘은 왜 그렇지 않은 것처럼 행동하는가?'라고 대놓고 직접 서로 갈라놓는 말을 하는 것이 '대놓고 이간질'하는 것입니다. 두 번째는 서로 마음이 맞는 두 사람이 있는데 그 중 한 사람에게 가까이 다가가서 '너는 그 사람을 소중하게 생각하고 있지만, 그는 너에 대해 이러 이러하게 말하던데'라고 말하여 그 두 사람을 이간질하는 말로 갈라서게 하는 것을 '뒤에서 몰래 이간질'하는 것이라고 합니다. 이것들보다도 가장 나쁜 것은 상가를 서로 마음이 맞지 않게 하는 것입니다. 특히 비밀 만뜨라승의 법을 가르치는 스승과 제자 사이에 불화를 조성하는 것과 도반道伴들이 서로 내부적으로 다투게 하는 것은 아주 커다란 악행입니다.

6. 거친 말

거친 말은 외모가 보기 흉한 사람 등에 대해 그 결함을 대놓고 크게 말하는 것과 같습니다. 예를 들면 한쪽 눈이 먼 사람이나 귀가 안 들리는

월하는 신통으로 나눌 때, 전자를 오염된 신통력(삭쩨기왼쉐ཟག་བཅས་ཀྱི་མངོན་ཤེས: 유루신통), 후자를 오염되지 않은 신통력(삭메기왼쉐ཟག་མེད་ཀྱི་མངོན་ཤེས: 무루신통)이라고 하였다. 산스크리뜨어로 유루는 사스라바(sāsrava), 무루는 아나스라바(anāsrava)이다. 루漏(āsrava)는 '더러움', '번뇌'라는 뜻이며 따라서 유루란 번뇌에 오염된 것, 무루는 번뇌에 오염되지 않은 것을 뜻한다. (영문본, 주72 참조)

사람 등에게 '애꾸눈!' '귀머거리!'라고 대놓고 부르는 것입니다. 또한 상대방의 약점을 말하고 나쁘게 말하는 것 모두와 거칠지는 않지만 부드러운 말로 상대방을 기분 나쁘게 또는 불편하게 하는 것도 거친 말에 속합니다. 더구나 스승이나 정신적 친구 혹은 성스러운 분들 앞에서 이런 저런 듣기 좋지 않은 말들을 하는 것 역시 큰 악업을 짓는 일입니다.

7. 쓸데없는 말

쓸데없는 말은 브라만의 비밀주문 등 법이 아닌 것을 법으로 생각하거나 매춘부에 대한 얘기, 선정적인 갖가지 노래, 전쟁과 도둑 등 탐욕과 분노를 일으키는 많은 얘기들은 관련이 없는 말들입니다. 특히 다른 사람들이 기도하고 만뜨라 독송하는 것 등에 대해 그들의 마음을 흐트러지게 하는 관련 없는 많은 얘기들을 하는 것은 선한 공덕 쌓은 것을 무너지게 하기 때문에 무거운 악행이 됩니다.

잡다한 쓸데없는 말을 하는 것 또한 아무런 목적 없이 아주 자연스럽게 생각나는 대로 말하는 것처럼 보이지만, 자세히 살펴보면 탐욕과 증오심으로 유발되는 것이 대부분이므로 본인과 상대방의 마음에 탐욕과 증오심이 얼마만큼 일어났느냐에 따라 그만큼 악업도 커집니다.

더구나 기도와 만뜨라 등을 잡다한 말과 섞어서 독송한다면 아무리 많이 해도 결실을 맺지 못합니다. 특히 법문을 듣거나 기도의식 등을 하는 경우 승려들이 나란히 줄 맞춰 모여 앉아 있는 곳에서 여러 가지 잡담을 하는 것은, 승려들이 모여 앉아 있는 줄 전체가 쌓은 공덕을 한 사람이 무너뜨리고, 후원자가 쌓은 공덕을 헛되게 합니다.

성자의 나라 인도에서는 공덕을 모두 갖추었거나 흠결이 전혀 없는 사람 이외에는 상가에 주어진 후원금을 사용할 권한을 갖지 못합니다. 세존께서는 그 사람 외에는 누구에게도 허용하지 않았습니다. 그렇지만 요즈음 사람들은 딴뜨라 의식을 한두 가지 익혀서, 그것을 암송할 줄 알게 되자 곧바로 검은 보시물[134]을 어떤 것이 생기든 받고 있는 것 같습니다. 딴뜨라의 의식을 행함으로써 보시물을 받는 것은, 관정을 받고 삼마야를 지니고 생기차제와 원만차제를 수행하고 근접수행을 위해 필요한 모든 만뜨라 암송을 마치지 않으면, 제대로 살펴보지 않고 비밀 만뜨라를 뵌교 사제처럼 형식적으로 암송하게 되므로 아주 큰 악행을 범하는 것이 됩니다. 이 검은 보시물은 시뻘겋게 불이 타는 쇳물로 만든 환약과 같아서 생기차제와 원만차제를 하나로 결합한 강철 턱을 가지고 있지 않은 보통 사람이 먹으면 그 자신이 불에 타 파멸될 것입니다. 게송에서 말씀하셨습니다.

    검은 보시물은 생명의 면도칼입니다.
    많이 먹으면 해탈의 생명 줄(명근命根)을 잘라 버릴 것입니다.

그런데 생기차제와 원만차제를 수행하는 것은 고사하고 알고 있는 단어조차도 제대로 암송하지 못합니다.

특히 의식의 가장 중요한 핵심이 만뜨라 암송인데, 암송 시간에 이르러 잡담의 창고 문이 열립니다. 탐욕과 증오심으로 가득한 온갖 잡담으로 시간을 보내는 것은 본인과 다른 사람들을 파멸에 이르게 하기 때문에 라마와 승려들은 언제나 이러한 잡담을 멀리하고, 말을 끊고 만뜨라 독송에 열중하는 것이 매우 중요합니다.

---

134 검은 보시물(꼬르낙ཀོར་ནག་པོ་): 붓다・다르마・상가(불법승)는 매우 성스럽기 때문에 그에 대한 공양물을 잘못 사용하는 것은 특별히 무거운 업을 초래한다. 여기서 '검은 보시물'은 고인이나 환자를 위한 의식에 올려진, 믿음이 가득한 공양물을 특별히 가리킨다.

8. 탐하는 마음

탐심은 다른 사람의 멋진 물건에 대해서 그것이 내 것이라면 좋겠다고 생각하면서 자꾸자꾸 상상으로 내 것으로 하고, 그것을 내가 가질 수 있는 어떠한 방법이 있을까 생각하는 등 오로지 생각만으로 다른 사람의 소유물에 욕심을 내는 것을 모두 포함합니다.

9. 해롭게 하려는 마음

해롭게 하려는 마음은 다른 사람에 대한 미움과 분노의 마음으로 '내가 이것저것에 대해서 이렇게 해를 입혀야겠다'고 생각하거나 다른 사람이 성공하거나 재산을 가지고 있는 것에 대해 기분 나빠하거나 또는 '이 사람이 이만큼 평안하지 않다면, 이만큼 즐겁지 않다면, 이 사람에게 훌륭한 점이 이만큼 없다면, 얼마나 좋을까'하고 생각하거나 다른 사람에게 원하지 않는 일이 생기면 그것을 기분 좋게 생각하는 등 다른 사람에게 해가 되는 모든 생각을 말합니다.

10. 잘못된 견해

잘못된 견해라는 것은 행위에는 원인에 따른 결과가 없다고 하는 견해와 상견常見, 단견斷見입니다. 행위의 인과를 부정하는 견해는 선행을 해도 이로울 것이 없고 옳지 않은 행동을 해도 해로울 것이 없다고 생각하면서 행위에는 까르마적 과보가 없다고 보는 것입니다. 상견과 단견은 극단적인 견해로 그것에 대해서 일반적으로 삼백육십 가지의 잘못된 견해, 혹은 육십이 가지의 비뚤어진 견해 등으로 나눌 수 있지만 요약하면 상견과 단견 두 가지 견해로 요약됩니다. 여기서 상견은 자아가 영원하다는 견해와 이슈와라(자재천)나 비슈누(편입천) 등 세상의 창조주는 영원하다고 주장하는 것입니다.

단견은 모든 현상은 저절로 생긴다고 생각하기 때문에 전생과 내생, 행위의 인과법, 해탈과 자유[135] 등이 없다고 주장하는 것입니다. 『흑자재서黑自在書』에서는 다음과 같이 말합니다.

> 태양이 뜨고, 강물이 아래로 흐르고
> 완두콩은 둥글고, 가시는 뾰쪽하고 길고 날카롭고
> 공작 깃털의 문양이 아름답고 보기 좋은 것은
> 아무도 만들지 않았으며, 자연적으로 생긴 것이다.

'태양이 동쪽에서 뜨는 것은 누가 이끌어서 떠 오른 것이 아니다. 강물이 아래로 흐르는 것은 누가 뒤쫓아서 흘러가는 것이 아니다. 완두콩이 모두 둥근 것은 아무도 둥글게 만든 것이 아니다. 모든 가시가 뾰쪽하고 길고 날카로운 것은 누구도 만든 것이 아니다. 공작의 깃털에 있는 작은 동그란 문양이 다양한 색깔로 아름다운 것은 누구도 그린 것이 아니다. 그들의 본성으로 그와 같이 된 것이다. 마찬가지로 이 세상에 평안과 고통, 옳고 그름이 다양하게 나타나는 것도 자연적으로 그렇게 생긴 것이지 과거의 까르마나 전생이나 내생 따위는 없는 것이다!'라고 주장합니다.

---

135 해탈과 자유: 티벳어 타르빠ཐར་པ་와 될와གྲོལ་བ་의 번역으로, 대부분의 경우 둘 다 '해탈'로 번역되지만, 뻬마왕갤 린뽀체는 여기서 그 둘을 구분하여, 해탈(타르빠ཐར་པ་)은 윤회계에서(특히 3악도에서) 벗어남을 의미하며, 자유(될와གྲོལ་བ་)는 일체지나 깨달음에 대한 일체의 장애로부터 벗어남을 의미한다고 설명했다. 다른 경우에는 제6장에서와 같이 해탈은 두 가지 의미를 모두 포함할 수 있다.

그들의 교리를 진실하다고 생각하고 그 뒤를 따르거나 그렇게 하지 않더라도 '당연히 붓다의 말씀이나 스승의 가르침이나 현자의 말씀 어느 것도 진실하지 않다!'고 생각하면서 의심하고 비난하는 것도 모두 옳지 못한 견해입니다.

그처럼 열 가지 불선행不善行 중에서도 생명을 죽이는 것과 잘못된 견해, 이 두 가지가 가장 큰 악행입니다. 그래서 다음과 같이 말씀하셨습니다.

> 살생 위에 다른 악행은 없다.
> 10불선十不善 중에서 잘못된 견해가 가장 무겁다.

또한 지옥 중생을 제외하고 누구도 죽음을 두려워하지 않는 중생은 없으며 자신의 생명보다 더 소중한 것은 아무것도 없기 때문에 그러한 생명을 죽이는 것은 매우 큰 악행입니다. 『정법념처경』에서 "한 유정의 생명을 뺏는 것은 그 대가로 5백 번 자신의 목숨을 지불해야 하고 게다가 한 유정을 죽이는 것은 한 중간 깔빠 동안 지옥에 머물러야 한다"고 말했습니다.

그 중에서도 3보三寶의 상징물을 조성한다든가, 다른 선행을 핑계 삼아 살생 등 옳지 못한 일을 하는 것은 악행이 훨씬 더 무겁습니다. 빠담빠께서 말씀하셨습니다.

> 3보의 상징물을 악행과 고통으로 조성하는 것은
> 다음 생을 바람에 날려버리는 것이다.

마찬가지로 선행을 한다고 하면서 집에 초대한 라마들이나 승려들에게 동물을 잡아 고기와 피를 음식으로 내놓는 것은 공양을 올린 사람과 받은 사람 모두에게 살생의 악행이 나누어집니다. 보시자가 음식을 제공한 것도 보시자에게는 순수하지 못한 공양물이 되고, 공양을 받은 사람에게는 옳지 못한 음식이 되어, 선행보다도 악행이 더 큽니다. 죽이자마자 곧바로 살려낼 수 있는 경우를 제외하고 생명을 죽인 악업으로 오염되지 않는 경우는 없습니다. 그래서 스승들에게도 그분들의 수명과 행동에 해가 될 것이 확실하기 때문에 의식을 극락정토에 이르도록 할 수 없다면 살생하는 일은 최대한 피해야 합니다.[136]

잘못된 견해는 마음에 한순간만 일으켜도 모든 계율을 어기는 것이 되고 불제자의 사회에 들어가지 못합니다. 불법을 수행할 수 있는 여덟 가지 기회를 가진 몸도 되지 못할 것이며, 마음이 잘못된 견해로 오염된 후에는 선행을 해도 해탈의 길로 가지 못합니다. 악행을 해도 참회할 대상이 없게 됩니다.

---

136 정신적인 스승은 중생의 과거의 업에 따라 나타나기 때문에, 스승과 제자는 끊어질 수 없게 연결되어 있다. 그래서 만일 제자가 부적절하게 행동하게 되면 그 영향은 스승에게 되돌아가 스승의 환생기간을 단축시키고, 다른 사람들을 위한 스승의 이타행에 장애를 초래하게 된다.

열 가지 불선행의 과보

완전히 성숙한 과보果報[137] · 원인과 일치하는 과보 · 영향력을 미치는 과보 · 증식하는 과보 이렇게 네 가지가 있습니다.

1. 완전히 성숙한 과보

열 가지 불선행不善行 어느 것이든 '증오'라는 동기로 행하면 지옥 중생으로 태어납니다. 탐욕으로 인해 불선행을 행하면 아귀로 태어납니다. 무지로 인해 불선행을 행하면 축생으로 태어납니다. 그러한 악도에 태어나서 악도 각각의 고통을 겪어야 합니다. 또는 '강력한 동기'라는 아주 강한 탐욕, 분노 또는 무지로 인하여 오랜 기간 많은 업이 쌓이면 지옥 중생으로, '덜 강한 동기'로 업이 덜 오래 쌓이면 아귀로, '작은 동기'로 짧은 기간 업이 쌓이면 축생으로 다시 태어납니다.

---

137 완전히 성숙한 과보: 행위에 의해 생성된 업력이 최대의 영향력을 만들어내는 순간을 가리키며, 다른 행위의 영향에 의해 빨라지거나 지연될 수 있다.(영문본, 주80)

2. 원인과 일치하는 과보

원인과 일치하는 과보란 완전히 성숙된 과보로 던져진 악도에서 벗어나 인간의 몸을 얻었을 때 체험하는 것을 말합니다. 그렇지만 악도에서도 각각의 행동의 원인과 일치하는 여러 가지 양상의 고통이 있습니다. 원인과 일치하는 과보에는 '원인과 일치하는 행위'와 '원인과 일치하는 체험' 두 가지가 있습니다.

원인과 일치하는 행위

원인과 일치하는 행위는 과거의 행동과 똑같이 일어나는 행위입니다. 이전에 살생을 한 사람이었다면 지금도 살생을 좋아하고, 예전에 주지 않은 것을 가져갔다면 지금도 주지 않은 것을 가져가기 좋아하는 것입니다. 따라서 어떤 사람들이 어린 시절에 곤충이나 벌레 등을 보이는 대로 모두 죽이고, 지금도 죽이는 것을 좋아하는 사람들은 전생에 살생을 했던 원인과 일치하는 것입니다. 마찬가지로 어렸을 때부터 사람들은 각자 과거에 쌓은 까르마의 영향력으로 인해 서로 달라 어떤 사람들은 살생을 좋아하고 어떤 사람들은 훔치는 것을 좋아하고, 반면에 어떤 사람들은 그런 것들을 싫어하고 선행을 즐겨 열심히 하는데 이는 과거에 행한 업의 잔재 또는 원인과 일치하는 과보입니다. 그러므로,

전생에 무엇을 했는지는 지금의 삶을 보라.
다음 생에 무엇으로 태어날지는 지금 하고 있는 행동을 보라.

고 말하는 것입니다. 그 뿐만 아니라 축생들도 독수리와 늑대 등은 살생을 즐기고 쥐 등은 훔치는 것을 좋아하는 것도 각자가 전생에 행한 원인

과 일치하는 행위입니다.

원인과 일치하는 체험

원인과 일치하는 체험은 다음과 같습니다. 10불선+不善 각각에도 두 가지의 '원인과 일치하는 체험'이 있는데 전에 살생을 행한 과보로 겪는 원인과 일치하는 체험은 현재 수명이 짧을 뿐만 아니라 질병이 많습니다. 어떤 어린 아이들은 태어나자 곧 죽는 것은 그들이 전생에 생명을 죽인 원인과 일치하는 체험을 하는 것입니다. 그래서 그들은 여러 번 환생하는 동안 태어나자마자 계속해서 죽을지도 모릅니다.

그처럼 어떤 사람들은 어려서부터 수많은 여러 가지 질병으로 고생하고, 나이 들어 죽음에 이를 때까지 질병 때문에 쉴 틈이 없는 사람들도 전생에 살생하고 학대한 행위의 결과가 무르익은 것입니다. 그러므로 현재의 어려움에 대한 갖가지 해결책을 찾지 말고, 과거에 했던 행동을 고백하고 참회하면서 다시는 하지 않으리라 다짐하세요. 악업에 대한 해독제는 선행을 실천하고 악행을 멀리하는 일에 노력을 기울이는 것입니다.

주지 않은 것을 취함(투도)으로써 겪게 되는 원인과 일치하는 체험은 재물이 곤궁해지고, 만일에 재산이 조금 있다고 해도 약탈당하거나, 도둑 등 적이나 경쟁자들과 나누어 갖게 됩니다. 그러므로 재산이 없는 사람들이 지금이라도 노력을 산만큼 많이 하는 것보다 타다 남은 잿 속에 남아 있는 불씨만큼이라도 공덕을 쌓는 것이 훨씬 더 좋습니다. 자신에게 과거에 남에게 베푼 결과로 재물을 얻을 운이 없다면 이생에서 더욱 열심히 노력하는 것은 도움이 안 됩니다. 도둑이나 강도는 대부분의 경우 취득한 것들을 보면, 그처럼 많은 것들을 손에 넣어 땅바닥에 보관하기 어려울 정도로 많이 있어도 인생을 강도나 도둑으로 사는 사람들은 모두 결국에는 굶어 죽습니다. 마찬가지로 장사를 하는 사람들이나 공양물을 개인적으로 이용하는 사람들은 벌어들이는 것이 아무리 많아도 아무런 도움이 되지 않는다는 것을 알아야 합니다. 반면에 본인이 예전에 남에게 베푼 과보가 있다면 조금도 노력하지 않아도 평생 동안 재물이 줄어들지 않는 사람들이 많이 있습니다. 그러므로 재물이 혹시 들어오기를 희망한다면, 공양과 보시를 게을리 하지 말아야 합니다. 남섬부주南贍部洲라는 이 업과지業果地에서는 생의 전반기에 한 행동이 생의 후반에 무르익을 수 있으며, 특별한 조건과 만나면 곧바로 성숙하여 과보를 받기도 합니다. 그래서 부유하게 되기를 바라면서 속임수로 장사하거나 도둑질 등 훔치는 일에 열중하는 것은 마음속에 진정 원하는 것과 실제 행동이 서로 어긋나는 것이라고 말합니다. 수많은 깔빠 동안을 아귀로 태어나는 상황에서 벗어나지 못합니다. 이생에서도 마지막에 불명예스런 까르마의 영향력이 도달하여 더욱 가난해지고 더욱 불행해지게 되거나 재물이 조금 있어도 그것을 사용할 권한이 없어집니다.

본인의 인색함으로 인해서 아무리 많이 모은다고 해도 가난한 마음과 가진 게 없다는 생각이 점점 커지게 됩니다. 재물이 악행의 원인이 되는 등 재물이 있어도 이용하지 못하고 보물을 지키기만 하는 아귀처럼 됩니다. 그러므로 겉으로 보기에 부유하게 보이는 사람들도 주의깊게 살펴보면 그 재물들을 이생과 내생의 평안과 기쁨의 원인이 되는, 법이나 기본적인 음식과 옷을 구하는 데 자유롭게 사용하지 못한다면 실제로는 가난한 사람들 중에서도 가장 가난한 사람입니다. 바로 지금 아귀처럼 '원인과 일치하는 체험'을 한다면 과거의 순수하지 못한 베품[138]의 결과입니다.

---

138 순수하지 못한 베품(마닥빼진མ་དག་པའི་སྦྱིན་)은 자기 중심적인 마음가짐으로 남에게 보시하는 것으로서, 예를 들면 인색한 마음으로 혹은 마음을 반만 내어 보시하거나 주고 나서 나중에 후회하는 것이다. 그렇게 보시한 까르마의 영향력은 보시한 사람이 나중에 부유해지지만 그 부유함이

욕망으로 잘못된 성행위(사음)를 한 과보로 겪는 원인과 일치하는 체험은 아내나 남편이 못생기고 조심성 없이 행동하며 원수처럼 된다고 말합니다. 요즈음 부부들은 보통 끊임없이 말다툼하고 싸우면서도 상대편 남자나 여자가 성질이 못됐다고 분명히 생각합니다. 그러한 것들도 각자의 과거 부적절한 성행위로 야기된, 원인과 일치하는 결과를 경험하는 것입니다. 그러므로 서로 화내지 말고 자신이 과거에 했던 옳지 못한 행동이 무르익은 것임을 알고 인내심을 가져야 합니다. 공경하는 린뽀체 파담빠께서 말씀하셨습니다.

> 가족은 영원하지 않아서 시장에 모인 구경꾼과 같다.
> 그러니 말다툼하거나 싸우지 마세요. 딩리 사람들이여!

거짓으로 말한 것의 원인과 일치하는 체험으로는 자신이 비난을 받는 일이 많고 다른 사람에게 속임 당하는 일이 많습니다. 그래서 지금 본인에게 부당하게 비난받거나 욕먹는 일 등이 자신에게 일어난다면 그 또한 자신이 과거에 거짓말한 과보입니다. 따라서 그처럼 말하는 사람에게 화를 내거나 모욕을 주지 말고, 이것이 나의 수많은 악업을 소멸시키기 때문에 고마운 일이라고 생각하면서 기쁘게 생각해야 합니다. 릭진직메링빠께서 말씀하셨습니다.

> 은혜를 원수로 갚는 자도 수행을 강화시키는 것이며
> 부당한 비난은 당신의 선행을 독려하는 채찍질이라.
> 이 사람은 욕망과 집착을 없애는 스승이 되는 것이니
> 그 사람의 갚을 수 없는 은혜를 알아차리기 바랍니다.

아무런 이득이 안 된다.(영문본, 주82)

이간질한 과보로 겪는 원인과 일치하는 체험은 따르는 사람들이나 동료들이나 종업원들이나 하인들이 서로 마음이 안 맞아 불화하게 되고 자신에게 대드는 일 등이 생깁니다. 그래서 스승을 따르는 승려들이나 지도자를 따르는 수행원들이나 집안의 시종들이 대부분 안으로 화합하지 못하며 아무리 말을 해도 들으려 하지 않고 나중에는 항의를 합니다. 평범한 가정에 고용된 사람들이 쉬운 일을 맡겨도 두세 번까지 못들은 척하여 화를 내면서 거칠게 말하면 마지못해 천천히 가서 일합니다. 그렇지만 일을 하고 나서 다했다고 대답조차도 안하고 언제나 냉랭한 기분으로 지냅니다. 그러한 것들도 주인 자신이 과거에 이간질했던 행위의 결과가 무르익은 것입니다. 그러므로 자신의 잘못된 행동을 참회하고 본인과 다른 사람들 사이의 불화를 해소하도록 노력해야 합니다.

전생에 거친 말을 함으로써 겪는 원인과 일치하는 체험은 현생에 항상 듣기 싫은 말을 듣게 되며 자신이 말한 것도 분쟁을 일으키는 말이 됩니다. 또한 이러한 거친 말은 말로 하는 네 가지 불선들 중에서 가장 무거운 해악입니다. 세상의 속담에도,

> 말에는 화살도 창도 없지만 사람의 마음을 산산 조각낸다.

라고 한 것과 같습니다. 상대편의 마음에 증오심을 갑자기 일으키거나, 특히 성스러운 대상에게 한마디 나쁜 말을 한 것이 수많은 생을 악도에서 벗어나지 못하게 합니다. 옛날에 카필라라는 브라만이 까샤빠 붓다[139]의 비구들에게 말대가리·소대가리라는 등의 나쁜 말을 많이 했기 때문

---

139 까샤빠 붓다(상개외숭 སངས་རྒྱས་འོད་སྲུང་, ⓐbuddha kashyapa) : 샤까무니 붓다 바로 이전 붓다. 음역으로 가섭불迦葉佛. 의역으로 호광불護光佛·음광불飮光佛. 과거 7불 중 여섯 번째 붓다.

에 머리가 열여덟 개 달린 악어 모양의 물고기로 다시 태어나 거기에서 한 깔빠 동안을 벗어나지 못했습니다. 그로부터 몸을 바꾼 후에도 지옥에 다시 태어났다고 합니다.

그 외에도 한 비구니승려가 다른 비구니승려에게 '암캐'라고 말했기 때문에 암캐로 5백 번 환생하는 등 그와 같은 일이 많이 있으므로 언제나 부드럽게 말하는 것을 배워야 합니다. 특히 성인이나 보살이 어디에 있는지 모르기 때문에 모든 사람들에 대해서 청정심을 닦아야 합니다. 상대방의 훌륭한 점(공덕)을 말하고 찬탄의 말을 해야 합니다. 보살을 비난하거나 나쁜 말을 하면 3계(욕계·색계·무색계)의 중생을 모두 죽이는 것보다 악행이 더 무겁다고 했습니다.

> 3계의 모든 중생들을 죽이는 것보다 더 큰 죄는
> 보살을 비난하는 것이니
> 지금까지 제가 쌓아온 의미 없는 커다란 악행들을 고백합니다.

쓸데없는 말의 원인과 일치하는 체험은 본인의 말이 존중받지 못하고 말에 자신감이 없다고 했습니다. 따라서 정직하게 말해도 다른 사람들이 진실하다고 생각하지 않고, 많은 사람들 가운데서 말하는 경우에 스스로 자신감을 갖지 못하게 됩니다.

탐하는 마음의 과보로 겪는 원인과 일치하는 체험은 마음으로 원하는 것을 얻지 못하고 원하지 않는 일들을 만나게 됩니다.

해롭게 하려는 마음으로 인해 겪는 원인과 일치하는 체험은 현생에 두려움이 많고 수많은 해를 당합니다.

잘못된 견해로 인해 겪는 원인과 일치하는 체험은 이번 생에 옳지 못한 믿음으로 살게 되며, 잘못된 견해에 스스로 속아서 자신의 마음에 혼란이 생깁니다.

3. 영향력을 미치는 과보

　영향력을 미치는 과보는 태어난 지역의 환경에서 무르익습니다. 살생을 함으로써 다음 생에 기분이 오싹한 지역 혹은 협곡이나 절벽이 있는 등 생명에 위험이 있는 지역에 태어나게 됩니다. 주지 않은 것을 가져감으로써 농작물에 서리와 우박이 해를 입히거나, 과일나무에 열매가 생기지 않거나, 기근이 있는 곳에 태어납니다. 부적절한 성행위로 인해서 분뇨와 오물·진흙탕 등 혐오스러운 곳에서 살아야 합니다. 거짓말을 함으로써 모아 둔 재물이 불안정하고 항상 정신이 불안하고 두려운 대상이나 상황과 마주칩니다. 이간질함으로써 협곡과 절벽이 있는 등 건너가기 힘든 곳에서 살아야 합니다. 거친 말을 함으로써 작은 암석과 가시로 뒤덮여 있는 등 불편한 곳에 태어나게 됩니다. 쓸데없는 말을 함으로써 농사를 지어도 열매가 안 생기고 계절이 안 맞아 불안정하여 예측할 수 없는 곳에 태어나게 됩니다. 탐하는 마음으로 인해서 농작물의 수확이 나쁘고 사람이 살기 부적당한 장소나 부적당한 시기 등 많은 고통이 생깁니다. 남을 해롭게 하려는 마음으로 인해서 언제나 두렵고 재해가 많은 땅에 태어납니다. 잘못된 견해로 인해서 재산이 없고 귀의할 곳이나 보호받을 곳이 없는 곳에 태어납니다.

4. 증식하는 과보

개인이 행한 과보는 무슨 일을 했든 그 업은 수없이 증가되어 세세생생 한없는 고통으로 이어집니다. 게다가 악업은 점점 더 증가되어 윤회계를 끝없이 떠돌게 합니다.

실천해야 할 선한 행위

실천해야 할 열 가지 선한 행위(10선업+善業)는 다음과 같습니다. 일반적으로 10불선 각각의 해악을 인식하고 그것을 절대로 하지 않겠다고 다짐하는 청정한 맹세를 하는 것이 열 가지 선한 행위입니다. 생명을 죽이지 않는 것, 주지 않은 것을 취하지 않는 것 등 열 가지입니다.

사실은 라마나 선지식 같은 분들 앞에서 서약할 필요는 없지만, 자신이 언제나, 또는 이와 같은 장소와 이와 같은 시기에는, 또는 이러 저러한 유정물은 죽이지 않겠다고 마음먹는 것 등이 선한 행위입니다. 정신적 친구인 스승이나 3보의 형상 등이 있는 곳에서 그러한 서약을 하면 특별히 힘이 강합니다.

따라서 자연스럽게 생명을 죽이지 않거나 다른 악업을 짓지 않는 것으로는 충분하지 않으며 무슨 일이 있어도 불선을 행하지 않겠다는 맹세가 필요합니다. 그래서 재가자 등 살생하는 일을 완전히 피할 수 없는 사람들도 1년 중에서 티벳 음력 1월인 '기적의 달' 혹은 4월인 '싸가다와' 등에 생명을 죽이지 않기로 맹세하거나 혹은 매달 보름날 혹은 그믐날에는 생명을 죽이지 않거나 아니면 특정한 1년, 한 달 또는 하루 동안을 맹세해도 큰 공덕을 얻을 수 있습니다.

옛날에 성자 까따야나 앞에서 그 마을에 살고 있는 백정이 밤에는 살생하지 않겠다고 서약했습니다. 그는 나중에 '개별맞춤지옥'에 태어나서 낮에는 쇠가 벌겋게 달구어진 방에서 고통을 받고, 밤에는 궁전에서 네 명의 여신에 둘러싸여 평안과 기쁨을 누렸습니다. 그래서 열 가지 선업이라는 것은 열 가지 불선업을 멀리하고 그 대치법인 선한 측면을 수행하는 것입니다.

1. 행동으로 짓는 세 가지 선행

살생을 멀리하고 유정물의 생명을 보호해야 합니다. 그것이 몸으로 짓는 선업의 하나입니다. 주어지지 않은 것을 가져가는 일을 피하고 보시를 해야 합니다. 그것이 몸으로 짓는 두 번째 선업입니다. 부적절한 성행위를 피하고 계율을 지켜야 합니다. 그것이 몸으로 짓는 세 번째 선업입니다.

2. 말로 짓는 네 가지 선행

거짓말을 하지 않고 정직하게 말해야 합니다. 그것이 말로 짓는 첫 번째 선업입니다. 이간질하는 말을 멀리하고 대신에 싸움을 화해시켜야 합니다. 그것이 말로 짓는 두 번째 선업입니다. 거친 말을 하지 말고 즐겁게 말해야 합니다. 그것이 말로 짓는 세 번째 선업입니다. 쓸데없는 말을 삼가고 기도를 해야 합니다. 그것이 말로 짓는 네 번째 선업입니다.

3. 마음으로 짓는 세 가지 선행

탐하는 마음을 버리고 베푸는 마음을 지녀야 합니다. 그것이 마음으로 짓는 첫 번째 선업입니다. 남을 해롭게 하려는 마음을 버리고 이롭게 하려는 마음을 개발해야 합니다. 그것이 마음으로 짓는 두 번째 선업입니다. 잘못된 견해를 버리고 바른 견해를 마음속에 간직해야 합니다. 그것이 마음으로 짓는 세 번째 선업입니다.

그러한 것들이 완전히 성숙한 과보로 3선도三善道 중 어느 한 곳에 다시 태어나게 될 것입니다.
원인과 일치하는 행위는 앞으로 모든 생애에 걸쳐 선행하는 것을 좋아하여 선행의 공덕이 점점 커질 것입니다.
원인과 일치하는 체험은 다음과 같습니다. 살생을 멀리함으로써 수명이 길고 병이 없어집니다. 주어지지 않은 것을 가져가지 않음으로써 재물을 얻게 되고 적이나 도둑이 없어집니다. 부적절한 성행위를 멀리함으로써 배우자가 잘 생기고 경쟁자가 적어집니다. 거짓말을 하지 않음으로써 모든 사람들이 칭찬하고 친절하게 대합니다. 이간질하지 않음으로써 동료나 주변 사람들이 존경합니다. 거친 말을 삼가함으로써 기분 좋은 말을 듣게 됩니다. 쓸데없는 말을 하지 않음으로써 당신이 하는 말이 존중 받습니다. 탐하는 마음을 멀리함으로써 바라는 것이 이루어집니다. 해롭게 하려는 마음을 멀리함으로써 폭력 · 재난 · 손해 · 사고 등의 해를 입지 않습니다. 잘못된 견해를 멀리함으로써 올바른 견해가 마음속에 생깁니다.
영향력을 미치는 과보는 다시 태어나는 지역에 영향을 주는 것으로, 앞에서 말한 불선행의 결과와는 반대입니다. 완벽하고 훌륭한 특성들이 모두 갖추어지게 됩니다.

증식하는 과보는 어떠한 선행을 하더라도 그것이 현저히 증가되어 끊임없는 복덕福德[140]이 생깁니다.

---

140 복덕(쇠남བསོད་ནམས་): 선행으로 인한 '좋은 까르마'. 공덕功德.

모든 행위의 본성에 대한 가르침

모든 것을 까르마의 본성으로 설명할 수 있다는 것으로 다음과 같습니다. 위로 현상계의 정점으로부터 아래로 지옥의 밑바닥에 이르기까지, 헤아릴 수 없이 다양하게 개개인이 경험하는 각각의 행복과 고통의 모습들도 모두 전적으로 각자가 과거에 쌓은 선행과 악행에서 생깁니다. 『백업경百業經』에서 말씀하셨습니다.

'몸을 가진 존재들의 평안과 고통은 까르마(업業) 때문이다'라고 붓다께서 말씀하셨습니다.
까르마 또한 다양하여 그것이 다양한 중생을 만들었으며
윤회계에서 각양각색으로 떠돌게 하니
이러한 까르마의 그물은 정말 광대합니다.

현재 힘이나 권세 혹은 재산이나 재물이 아무리 많이 있어도 죽음의 순간에 도달하면 그것들 중에 하나도 우리를 뒤따르지 못하며, 본인이 이생에서 쌓은 선업과 악업만이 자신을 따라와 그 영향력으로 높거나 낮은 윤회계 중 한곳에 태어나게 됩니다. 『교왕경敎王經』에서 다음과 같이 말했습니다.

왕이시여! 떠날 때가 되면
재물이나 친구나 가족들은 함께 가지 못합니다.
사람들이 어디에서 와서 어디로 갈지라도
까르마는 그림자처럼 따라 다닙니다.

따라서 지금 선행이나 악행을 해도 곧바로 그 결과가 이렇게 혹은 저렇게 분명히 나타나지는 않습니다. 그렇지만 절대로 소멸되지 않고 인연들이 모여 때가 되면 각자 경험하게 됩니다. 『백업경』에서 말했습니다.

몸을 가진 유정의 까르마는
백 겁이 지나도 소멸되지 않습니다.
적절한 인연들이 서로 만나 때가 되면
결과가 완전히 성숙될 것입니다.

『공덕장』에서 말했습니다.

지상으로 높이 날아오른 독수리 그림자가
때때로 보기에 분명하지 않다고 해서
몸체와 합해졌다 분리되었다 하는 것이 아닌 것처럼
인연들이 서로 만나 때가 되면
그 결과가 완전히 드러납니다.

예를 들면, 새들이 공중으로 날아올라 하늘의 높은 공간으로 올라가면 그 새의 그림자가 없어진 것처럼 보이지만 그림자가 없어진 것이 아니라 결국 새가 어디로 내려오든지 그림자가 검고 분명하게 생깁니다. 그처럼 선행이나 악행은 행한 즉시 드러나지 않지만 결국에는 어떤 경우에도 자신에게 되돌아 올 수밖에 없습니다.

그뿐만 아니라 업과 번뇌의 모든 장애를 제거한 붓다와 아라한들도 업을 본인의 것으로 받아들여야 하는데, 우리 같은 보통 사람들이야 무슨 말이 필요하겠습니까?

옛날에 샤꺄족의 마을에 스라와스띠(사위국)의 왕인 비루다까의 군대가 와서 8만 명의 샤꺄족 사람들을 죽였습니다. 그때 세존께서도 머리가 아프셨는데 제자들이 그 이유를 여쭈니, 다음과 같이 말씀하셨습니다.

먼 과거에 샤꺄족 사람들이 어부였을 때, 많은 물고기를 잡아먹었다. 그런데 어느 날 큰 물고기 두 마리를 잡아 곧바로 죽이지 않고 기둥에 묶어 놓았다. 그 물고기들은 물에서 메마른 땅으로 끌어 올려지는 동안 고통으로 몸부림치면서, '이 사람들이 아무 잘못한 일 없는 우리를 죽였으니, 나중에 우리들도 잘못한 일 없는 이 사람들을 죽이게 되리라'라고 생각했기 때문에 그러한 행위의 결과로 큰 물고기 두 마리가 왕 비루다까와 그의 재상 마퇴빠까라로 다시 태어났으며, 그 외 잡힌 다른 물고기들은 두 사람의 군인으로 다시 태어나 오늘 날 샤꺄족 사람들을 쓸어버렸다. 나는 그때 어부의 어린 아이로 태어나, 큰 물고기 두 마리가 마른 땅으로 끌려 나오는 고통을 참지 못하고 몸부림치는 것을 보고 웃었기 때문에 그 업으로 오늘 머리가 아프다. 내가 지금 가지고 있는 이와 같은 공덕(32상과 80종호, 10력 등)의 요소들을 성취하지 않았더라면 비루다까의 군대에 의해 나도 오늘 죽임을 당했을 것이다.

또한 옛날에 세존께서 보살이었을 때 검은 창병槍兵을 죽인 업보로 발을 아카시아 나무 가시에 찔렸습니다.

세존의 성문제자이며 신통력을 가진 자들 중 최고인 목건련木犍連 존자도 까르마의 힘 때문에 빠리바라자까[141]들에 의해 죽임을 당했습니다. 사리자 존자와 위대한 목건련 존자는 때때로 지옥계나 아수라계 등에 와서 중생들을 이롭게 하는 행을 하고 있었습니다. 그런데 어느 날은 지옥계에 도착하여, 외도들의 스승인, 뿌라나까싸빠[142]가 죽어 지옥에 다시 태어나 그곳에서 여러 가지 많은 고통을 받고 있는 것을 보았습니다.

그가 말했습니다.

진실한 분들이여, 두 분께서 인간 세계에 되돌아가시면 저의 제자들에게, '여러분의 스승 뿌라나까싸빠는 지옥에 다시 태어났다. 그가 말하기를, 「빠리바라자까에는 덕을 닦는 길이 없다. 덕을 닦는 길은 샤꺄의 가르침 안에 있다. 우리의 가르침 체계는 잘못되었으니 여러분들은 자신의 종교를 버리고 샤꺄의 제자들을 따라 배우기를 바란다. 특히 나의 뼈(유골)를 위해 탑을 만들고 거기에 여러분들이 공양을 올리면 내 위에 불붙은 쇳물이 비처럼 쏟아질 것이니 그렇게 하지 말라」고 했다'고 말씀해 주세요.

그래서 붓다의 위대한 두 제자는 인간 세계로 돌아갔습니다. 사리자가 먼저 도착해서 외도들에게 뿌라나까싸빠의 말을 전했지만 까르마의 결과가 아직 성숙되지 않아서 외도들은 그의 말을 듣지 않았습니다. 목건련께서 나중에 와서 사리자에게,

"당신은 뿌라나까싸빠가 전해 달라는 말을 그들에게 전했습니까?"라고 물었더니,

"제가 말했지만 그들은 아무런 말도 하지 않았습니다"라고 대답했습니다. 목건련께서는,

"그들이 당신이 전해준 말을 전혀 듣지 않으니 제가 말하리다"라고

---

141 빠리바라자까(꾼뚜규와གུན་ཏུ་རྒྱུ་བ་, Ⓢparivrajaka) : 직역하면 '항상 떠돌아다니는 자'이다.
142 뿌라나까싸빠 (외승족제འོད་སྲུང་རྫོགས་བྱེད་, Ⓢpurnakasyapa) : 기원 전 6세기 무렵 인도의 육사외도(무떽빼뙨빠둑སྟོན་པ་དྲུག་སྟེགས་པའི་སྟོན་པ་དྲུག་) 중 한 사람으로 업과 그 과보를 부정하는 도덕부정론자이다.

말하고, 가서 뿌라나까싸빠가 부탁했던 말들을 그들에게 전했습니다. 그러나 외도들은 화를 내며,

"이 사람이 우리들을 모욕했을 뿐만 아니라 우리 스승도 비방하였으니, 이 자를 두들겨 패라!"고 말하면서 때리고 또 때려 고귀한 몸을 갈대처럼 때려 눕혀 놓았습니다. 예전 같으면 목건련 존자를 빠리바라자가들이 때릴 수 있기는커녕, 3계의 중생들이 다 모여도 그분의 털끝조차도 건드릴 수 없습니다. 그렇지만 그때는 과거에 행한 업[143]에 압도되어 목건련께서는,

"신통력을 사용할 생각조차 할 수 없었으니 신통을 보여주는 것은 말해 무엇하겠는가?"[144]라고 말하고 평범한 보통 사람과 다름없이 죽게 되었습니다. 거기서 사리자는 승복으로 그분을 감싸서 어깨에 메고 제따숲으로 돌아왔습니다. 사리자께서는,

"도반의 죽음을 듣는 것도 못할 일인데 하물며 직접 보는 것을 어찌하랴"[145]라고 말한 뒤, 많은 아라한들과 함께 열반에 들었습니다. 바로 다음에 목건련도 열반에 들었습니다.

또한 과거에 카쉬미르의 라와띠라는 승려는 신통력과 환술幻術을 얻어 제자들이 많이 있었는데, 어느 날 깊은 숲 속에서 승복을 노란색으로 물들이고 있었습니다. 그때 그 근처의 재가자 한 사람이 송아지를 잃어 찾

---

143 그처럼 위대한 분이 어찌하여 자객들의 손에 죽지 않으면 안 되었는지 의아하게 생각하는 비구들에게 붓다께서 말씀하셨다. "비구들이여, 목건련이 금생에 이룬 성자로서의 고귀한 생활을 생각해 본다면 그는 그 같은 죽음을 만나지 않았어야 당연한 것이니라. 그러나 그는 과거 전생에 아내의 사주를 받아 나이 많고 앞을 못 보는 아버지와 어머니를 숲 속에 유인하여 살해하였느니라. 그는 그런 엄청난 악행을 저질렀기 때문에 그 같은 죽음을 당한 것이니라." 목건련 존자가 전생에 범한 어리석은 악행의 업에 관한 자세한 이야기는 『법구경』 참조.
144 다시 옮기면, '신통을 보여주는 것은 말할 필요도 없고, 신통을 사용할 생각조차 할 수 없었습니다'가 된다.
145 영문해석은 "나의 벗이 죽었다는 말을 듣는 것조차 견딜 수 없으리! 어찌 그런 일을 내 눈으로 볼 수 있으리!"이며, 중문번역은, "나의 친구 목건련이 죽었다는 소식을 듣는 것조차도 듣고 싶지 않은데, 하물며 어찌 그가 죽는 것을 직접 볼 수 있겠는가?"이다.

으러 나갔습니다. 그런데 깊은 숲 속에서 약간의 연기가 피어오르고 있어서 그걸 확인하러 갔더니 한 승려가 불을 피우고 있었습니다.

"당신은 뭐하고 있나요?"하고 물으니,

"승복을 물들이고 있습니다"라고 말했습니다. 염료가 들어 있는 솥뚜껑을 열고 보고서,

"소금에 절인 쇠고기가 있네요"라고 말하니, 승려도 직접 쇠고기를 보았습니다. 그 자리에서 바로 승려를 데리고 가서 왕에게 넘겨주면서,

"이 사람이 제 송아지를 훔쳤으니 벌을 내려주십시오"라고 말씀드렸습니다. 그래서 왕은 그를 구덩이에 쳐 넣었습니다. 그 후 며칠이 지나서 그 재가자의 암소가 스스로 송아지를 찾았으므로,

"그 승려가 송아지를 훔친 것이 아니니 풀어주십시오"라고 요청을 드렸지만, 왕은 어찌할지 결정을 못하다가 6개월 동안 풀어주지 못했습니다. 거기에는 신통력을 얻은 그분의 제자들이 많이 있었는데 공중을 날아와 왕 앞에 도착하여,

"이 승려는 순수하고 결백한 사람이에요! 풀어주세요"라고 말씀드렸습니다. 왕이 승려를 풀어 주러 갔는데 기진맥진해 있는 승려를 보고 아주 후회하며,

"내가 이 일을 너무 오래 끌었습니다. 큰 죄를 지었습니다"라고 말했습니다. 그런데 승려는,

"당신은 저에게 아무런 해를 입히지 않았습니다. 제 자신이 과거에 행한 업을 갚은 것입니다"라고 말했습니다. 왕이,

"어떠한 업을 쌓았습니까?" 하고 물으니,

"전생에 도둑으로 태어났을 때 송아지를 한 마리 훔쳤습니다. 송아지 주인이 뒤쫓아 오고 있어서, 깊은 숲 속에서 독각승 한분이 선정삼매에 들어 있는 것을 보고 그 옆에 송아지를 놓아 주고 도망쳤습니다. 그 주인

은 독각승을 데리고 가서 6일 동안 구덩이에 넣고 가둬놓았습니다. 그 행위가 성숙한 과보로, 그 후 여러 생을 악도의 고통을 겪어 왔습니다. 이번 생에 또 이런 고통을 겪는 것은 업이 성숙한 과보의 마지막입니다"라고 말했습니다.

또한 인도에는 수라비바드라 왕의 아들에 대한 이야기가 있는데, 왕자에게 어머니가 이음새가 전혀 없는 능라 비단 옷을 주었습니다. 그런데 아들이,

"저는 이 옷을 지금 입지 않겠습니다. 제가 왕위를 물려받을 때 입겠습니다"라고 말씀드렸습니다. 어머니는,

"너는 왕권을 절대로 물려받지 못할 것이다. 왕이 서거하고 나서 왕자는 왕위를 물려받는 것이다. 그렇지만 너의 아버지는 정신적 스승인 나가르주나와 한 목숨이므로 나가르주나께서 돌아가시지 않고서는 저 세상으로 가지 않는다. 나가르주나께서는 수명을 자유자재로 할 수 있으니 네 아버지께서는 결코 저 세상으로 가는 일이 없을 것이다. 그래서 너의 수많은 형들도 왕위를 물려받지 못하고 저 세상으로 갔다"라고 말했습니다. 아들이,

"그에 대해 어떤 방법이 있습니까?"라고 물으니 어머니께서 말씀하시기를,

"정신적 스승 나가르주나는 보살이므로 머리를 요구하면 줄 것이다. 그 외에 다른 방법은 없다"고 하여 아들은 나가르주나가 계신 곳으로 가서 머리를 요청했더니,

"잘라서 가져가거라"라고 대답하셨습니다. 거기서 사냥용 칼을 치켜들고 목을 아무리 내리쳐도 허공에 휘두르는 것처럼 되어 잘라지지 않았습니다. 정신적 스승께서 말씀하시기를,

"내가 전에 무기를 사용했던 적이 있었는데, 그 업이 성숙한 과보를

500생 전에 이미 다 닦았으니 나를 칼로 자를 수 없을 것이다. 그렇지만 내가 과거에 꾸샤 풀을 뽑을 때 벌레를 한 마리 죽였는데 그 행위가 성숙한 과보를 아직 다 닦지 못했으니 꾸샤 풀 잎사귀로 내 목을 쳐서 자르라"고 하셨습니다. 그 아들이 꾸샤 풀잎을 뜯어서 목을 치니 목이 바닥에 떨어지면서 다음과 같이 말하고, 나가르주나는 니르바나로 들어가셨습니다.

　　나는 이제 평안이 가득한 극락정토로 갈 것이다.
　　다음에 이 몸으로 다시 들어오게 될 것이다.

　그처럼 성스러운 사람들도 그와 같이 과거의 행동이 성숙한 과보를 겪어야 한다면 우리들 각자는 시작이 없는 때로부터 이 윤회계에서 떠돌면서 옳지 못한 행위를 쌓아 온 것이 숫자로 헤아릴 수 없으며, 지금도 악업을 쌓고 있는데 그렇다면 윤회계로부터 벗어나는 시기에 대해서는 말할 것조차 없으며 악도의 세계에서도 벗어나기가 힘들기 때문에 언제 어떤 경우에나 아주 미세한 악행조차도 멀리해야 합니다. 선행은 아무리 작아도 무엇이든 행하려고 노력해야 합니다. 그처럼 노력하지 않으면 단 한순간의 악업 하나하나로 인해서 수많은 겁劫 동안 악도에서 머물러야 하기 때문에, '이 정도 사소한 악행으로 무슨 일이 일어날 수 있을까' 생각하면서 무시하지 마세요. 샨띠데와 보살께서 말씀하셨습니다.

　　단 한순간 행한 악행으로도
　　한 겁 동안 무간지옥에 머물게 된다.
　　그렇다면 무시이래로 윤회계에서 쌓은 악행으로
　　선도에 가지 못하는 것은 말해 무엇하겠는가?

『현우경賢愚經』에서 말했습니다.

아주 작은 악행들도
별로 해가 안 된다고 생각하여 무시하지 말라.
작은 불씨로도
산처럼 거대한 건초 더미를 태울 수 있다.

그와 마찬가지로 아주 작은 선행조차도 커다란 결과를 초래하기 때문에, '단지 이까짓 정도로 무엇을 할 수 있을까'라고 생각하면서 가볍게 생각해서는 안 됩니다.

만다타 왕[146]은 과거에 가난했을 때 콩을 한 움큼 손에 쥐고 신부를 만나러 가는데 도중에 마을로 다가오고 있는 샨띠사라나 붓다를 만났습니다. 강한 신심이 일어나 한 움큼의 콩을 붓다께 던졌더니 콩 네 알이 발우 속에 들어가고 콩 두 알은 가슴에 닿았습니다. 이 업이 나중에 성숙된 과보로 남섬부주에서 전륜성왕으로 다시 태어났습니다. 과거에 콩 네 알이 발우에 떨어진 과보로 4대 부주를 지배하는 왕권을 8만 년 동안 행사했습니다. 두 알이 가슴에 닿은 것 중 하나의 결과는 '4천왕천'의 주재자를 8만 년 동안 했습니다. 다른 한 알의 결과는 '33천'에서 37분의 제석천왕이 바뀌는 동안 제석천왕과 왕권을 반반 나누어 행사했습니다.

또한 붓다를 관상하여 심지어 꽃 한 송이를 공중에 던진 선행의 결과로 끝을 찾기 어려울 정도로 오랜 기간 동안 제석천왕과 전륜성왕의 지위를 누릴 것이라고 말합니다. 『현우경』에서도 다음과 같이 말했습니다.

조그만 선행들에 대해서도

---

146 만다타 왕: 91쪽 주87 참조.

도움이 안 될 거라고 생각하여 소홀히 하지 말라.
물방울이 한 방울 한 방울 쌓임으로써
큰 항아리를 점차로 채우게 된다.

『공덕장』에서도 말했습니다.

어떻게 씨앗이 겨자씨만큼 했는데
아쇼따 나무라는 결과가 되다니!
1년 만에 가지 하나하나도 1요자나만큼 자라지만
선행과 악행의 영향력이 커가는 것과는 감히 비교할 수 없구나.

아쇼따라는 나무의 씨앗은 겨자씨보다 작을 뿐인데도 그 나무가 성장할 때는 1년에 가지가 1요자나만큼 자랍니다. 그렇지만 그것도 선행이나 악행의 과보가 자라나는 것과는 감히 비교할 수 없다고 말씀하신 것입니다.

게다가 아주 사소한 계율을 위반해도 커다란 해악을 일으킵니다. 과거에 나가의 왕 엘라빠뜨라가 붓다 앞에 전륜성왕의 모습으로 나타났을 때 붓다께서,

"너는 까샤빠 붓다의 가르침에 상처를 낸 것으로 그치지 않고 나의 가르침에도 상처를 내려고 하는가? 너 자신의 본래 모습으로 법을 듣도록 하라!"라고 말씀하시니,

"저를 해치려고 하는 중생들이 많아서 본래의 모습으로 올 수가 없습니다"라고 대답했습니다. 그래서 붓다께서 그를 바즈라빠니의 보호아래 놓아두니 거대한 뱀으로 나타났습니다. 길이가 수 요자나에 이르고 머리에는 둥치가 큰 엘라빠뜨라 나무가 자라는데 그 무게 때문에 짓눌려 있으며, 나무뿌리에는 벌레들이 우글거려 엄청난 고통을 당하고 있었습

니다.

붓다께 그 이유를 여쭈니,

"그는 과거 까사빠 붓다의 가르침이 있던 시대에 비구였다. 그런데 어느 날, 길을 가다가 길가에 있던 둥치 큰 엘라빠뜨라 나무에 가사 자락이 걸렸다. 그는 아주 화가 나서 계율을 무시[147]하고 그 나무를 잘라 버렸기 때문에 지금 그 행동에 대한 벌을 받은 것이다"라고 말씀하셨습니다.

그처럼 모든 선한 행위와 악한 행위들이 나중에 하얀 업이 되느냐 검은 업이 되느냐, 또는 무거운 업이 되느냐 가벼운 업이 되느냐를 결정하는 그 모든 것들도 오로지 마음의 동기가 가장 중요합니다. 예를 들면 큰 나무의 뿌리가 약효가 있다면 그 줄기와 잎 또한 약효가 있을 것이며, 반면에 뿌리가 독성이 있다면 잎과 줄기도 독성이 있게 되어 독이 있는 뿌리에서 약효가 있는 잎이 자랄 수 없는 것처럼 마음의 동기가 집착이나 미움으로부터 생겨나 마음이 완전히 순수하지 못하면 선한 행위처럼 보이는 것을 행하여도 사실은 불선행이 될 것이며, 마음이 완전히 청정하다면 보기에는 불선행처럼 보이는 것을 행하여도 실제로는 선행이 될 것입니다. 『공덕장』에서 말했습니다.

> 뿌리에 약효가 있다면 새순도 약효가 있으며
> 뿌리에 독이 있다면 새순은 말할 필요도 없다.
> 의도가 선한가 악한가의 구분 외에
> 선행인가 악행인가 하는 것은
> 그 겉모습이나 크기에 따르지 않는다.

그러므로 이기적인 면이 전혀 없고 의도가 아주 순수하다면 승리자의

---

[147] 구족계를 받은 승려는 초목을 잘라서는 안 된다는 계율을 범한 것이다.

자녀인 보살들에게는 몸과 말로 짓는 일곱 가지 불선행이 실제로 허용되는 경우가 있습니다. 예를 들면, 대연민大憐愍 선장께서 '검은 창병槍兵'을 죽인 경우와 브라흐만의 아들인 까르말라가와(별을 사랑하는 자)가 브라흐만의 처녀와 순결의 계를 깨뜨린 경우와 같은 것입니다. 자세히 설명하자면, 과거에 우리들의 스승(붓다)께서 대연민이라는 이름의 선장으로 태어나셨을 때 5백 명의 대상隊商들과 함께 큰 바다로 가는 도중에 '검은 창병'이라 부르는 잔인무도한 해적이 5백 명의 대상들을 죽이려고 나타났습니다. 그분은 혼자 생각했습니다. '이들 5백 명의 상인들은 다시는 윤회계에 되돌아오지 않는 보살이기 때문에 이 모든 사람을 한 사람이 죽이면 그는 헤아릴 수 없는 겁劫 동안 지옥에 머물러야 할 것이다. 그러니 얼마나 불쌍한가!'

'그보다는 차라리 내가 이 사람을 죽이면 이 사람은 지옥에 가지 않을 것이다. 그 때문에 내가 지옥에 간다고 해도 다른 방법이 없다'라고 생각하면서 큰 용기로 마음을 먹고 그 해적을 죽였습니다. 그렇게 하여 7만 겁 동안 쌓아야 할 공덕을 성취했습니다. 그 또한 겉으로 보기에는 불선행인 것이 그분 보살이 실제로 한 사람을 죽인 것입니다. 그러나 사실은 선행인 것이 그분에게는 이기적인 측면이 전혀 없었습니다. 당장 5백 명의 대상의 목숨을 지켰으며 결국에는 검은 창병을 지옥의 고통으로부터 구했으니 어마어마한 선행이 되었습니다.

또한 까르말라가와라는 브라흐만 청년이 있었는데, 수년 동안 숲 속에서 순결의 계를 지키며 지내다가 어느 날 마을에 탁발하러 나왔습니다. 그때 한 브라흐만 처녀가 그를 사모하여 함께 살지 못할 바에는 죽으려고 했습니다. 그것에 대해 자비심이 일어나 남편이 되었기 때문에, 까르말라가와는 4만 겁 동안 쌓아야 할 공덕을 성취했습니다. 그러므로 생명을 죽이는 것이나 순결의 계를 어기는 것 또한 그와 같은 특별한 경우에는 허용이 됩니다. 그렇지만 이기심에서 탐욕이나 분노 혹은 무지로 인해 동기가 유발되어 행동하는 것은 누구에게도 허용되지 않습니다.

주지 않은 것을 가져가는 것 또한 인색한 부자의 재산을 훔치거나 해서 그 사람 자신을 위해서 3보에 공양을 올리거나 가난한 사람에게 보시금으로 주거나 하는, 마음이 넓고 개인적인 욕심이 전혀 없는 보살에게는 허용됩니다.

거짓으로 말하는 것 역시 살해당하려는 유정의 목숨을 보호하거나 3보에 바쳐진 물건들을 지키기 위해서는 허용됩니다. 그러나 개인적인 욕심에서 다른 사람을 속이기 위해서는 허용되지 않습니다.

이간질하는 말도 예를 들면 선행을 하는 사람과 악행을 좋아하는 사람 둘이 사이좋은 친구인데 악행을 하는 친구가 힘이나 영향력이 커서 선행을 하는 친구를 나쁜 길로 가도록 변화시킬 것으로 우려될 때 그 둘을 이간질하는 경우를 위해서는 허용이 됩니다. 그렇지만 본래 사이좋은 두 사람을 갈라놓는 것은 허용되지 않습니다.

거친 말을 하는 것 역시 부드럽게 말하여 마음을 길들이게 할 수 없는 유형의 사람을 강력한 방법으로 가르침에 들어가게 한다든가 비밀의 가르침을 말하여 숨겨진 약점을 공격하는 등 그와 같은 경우를 위해서는 허용됩니다. 아띠샤 존자께서 다음과 같이 말씀하신 경우입니다.

> 최고의 스승은 감춰진 잘못을 공격하는 사람이며
> 최상의 구전 가르침은 감춰진 약점을 똑바로 지적해 주는 것이다.

그러나 상대방을 무시하는 거친 말은 허용되지 않습니다.

쓸데없는 말도 말하기를 좋아하는 어떤 사람을 말을 중지시켜 법에 들어가도록 할 수 없는 사람에게 방편으로 속여서 법문에 들어가도록 하기 위하여 잡담이 허용되는 것이지 자신과 다른 사람들의 마음을 산란하게 하는 데는 허용되지 않습니다.

마음으로 짓는 불선 세 가지는 의도가 그 누구도 선하게 변화시키지 못하고, 나쁜 생각이 한번 일어난 후에는 불선이 되기 때문에 절대로 누구에게도 허용되지 않습니다.

그처럼 선행이나 불선행을 만들어내는 주체는 오직 마음이기 때문에 몸이나 말을 통해 나오지 않았어도, 마음속의 생각이 커다란 선한 결과 혹은 엄청난 불선의 결과를 가져오는 경우도 많이 있습니다.

그러므로 언제나 자신의 마음을 잘 살펴서 생각이 선한 것이 확실하면 기쁘게 생각하여 선행을 더욱 많이 행하고, 생각이 선하지 않다면 즉시 스스로 인정해야 합니다. '너, 이 나쁜 녀석! 가르침을 그 만큼 많이 들었음에도 불구하고 아직도 그와 같은 생각이 일어나다니 얼마나 부끄러운 일인가! 이제부터 그와 같은 분별심이 마음의 흐름에 나타나지 않도록 노력해야 한다'라고 마음에 되새기세요. 선행을 행할 때에도 먼저 자신의 마음동기를 제대로 살펴서 의도가 선하면 그 선행을 실천하세요. 의도가 다른 사람과 경쟁하려는 마음이든가, 단지 잘 보이려고 하는 것이든가, 명성을 바라는 것 등에 있다면 마음동기를 확실히 바로잡아 보리심으로 감싸야 합니다. 아무리 해도 마음동기를 바꿀 수가 없다면 선행하는 것을 뒤로 미루는 게 더 좋습니다.

전에 게쉐 밴궁걜에게는 그 분을 만나러 오는 많은 후원자들이 있었습니다. 그들을 위해 그날 아침 게쉐 밴은 삼보 앞에 공양물을 차리는 등 아주 훌륭하게 장엄해 놓았습니다. 그때 그분은 자신의 마음 동기를 살펴보았을 때 후원자들에게 잘 보이고 싶은, 마음의 동기가 순수하지 못한 것을 알아차렸습니다. 그래서 차려놓은 공양물에 흙먼지를 한 움큼

뿌리면서,

"승려들이여, 스스로를 속이지 말고 지내시게!"라고 말했습니다. 나중에 그 말을 파담빠께서 들으시고,

"티벳의 공양물로는 밴궁걜이 뿌린 한 움큼의 흙먼지가 가장 훌륭하다"고 말씀하셨다고 합니다. 그처럼 언제나 어떤 상황에서도 자신의 마음의 흐름을 주의 깊게 살펴보았을 때 악한 행동을 할 것 같으면 즉시 알아차려서 참회하고 다시는 그러한 생각을 하지 않겠다고 맹세함으로써 악한 마음과 함께 어울려 지내지 않는 것이지, 보통 사람의 수준에서는 좋지 않은 의도를 가진 생각이나 행동이 마음의 흐름 속에 생기지 않는 것은 불가능합니다.

또한 예전에 게쉐 밴궁걜이 한 후원자의 집에 머물 때 한번은 후원자들이 모두 밖으로 나갔습니다. 그분은 혼자 생각하기를, '내게는 차가 없으니 바로 지금 산속의 수행처로 돌아갔을 때 끓일 차를 조금 몰래 가져가야지'고 생각하면서 차 봉지에 손을 넣는 순간 자신의 생각과 행동을 마음에 떠올려 알아차렸습니다. 그리고 후원자를 불러서,

"내가 이처럼 행동하였으니 이 손을 팔목에서 자르세요"라고 말했습니다.

또한 아띠샤께서도,

"나는 별해탈문別解脫門에 들어선 후(별해탈계를 받은 후) 아주 사소한 악행으로도 오염된 적이 없다. 보리심의 학처學處[148]에 대해 한두 가지 잘못이

---

[148] 보리심의 학처: 티벳어 장셈ངང་སེམས་은 두 가지 의미 중 하나는 보리심(장춥셈ངང་ཆུབ་སེམས་, ⓢbodhicitta)으로 '모든 중생들을 위해 깨달음을 얻고자 하는 염원', '깨달음을 얻은 마음의 상태'를 의미한다. 또 하나는 보디사뜨와(장춥셈빠ངང་ཆུབ་སེམས་དཔའ་, ⓢbodhisattva)로 '보살菩薩'을 의미한다. 따라서 '보리심에 대해 배우고 익혀야 할 사항(보리심의 학처)'으로 해석한다면, 370쪽에 있는 원보리심의 학처와 행보리심의 학처를 말하게 된다. 만약 '보디사뜨와'로 해석하고 학처는 계율로 보면 '보살계'가 된다. 여기서는 문맥의 흐름으로 보아 '보살계'로도 해석할 수 있을 것이다.

있었으며, 비밀 만뜨라 금강승에 입문하고 가끔 사소한 잘못을 저질렀지만 옳지 못한 행동이나 계율을 범한 것을 그대로 지니고 단 하룻밤도 지낸 적이 없었다"고 말씀하셨습니다. 여행을 하는 동안에도 조금이라도 나쁜 생각이 일어날 때마다 가지고 있는 나무 만달라 판(만달라 공양시 사용하는 원판)을 붙잡고 바로바로 참회하고 다시는 그런 생각이 안 일어나도록 하겠다고 맹세를 하셨습니다.

또한 팬율갤에 많은 게쉐 승려들이 모여 있는 줄에 '쇼(발효된 요거트)'를 나누어 주는 사람이 나타났을 때, 게쉐 밴궁갤은 중간 정도의 줄에 앉아 있었습니다. 앞줄의 승려들에게 쇼를 많이 주는 것을 보고는, '쇼가 참 맛있어 보이는데 내 몫은 못 받을 것 같다'는 생각이 들었습니다. 그런데 바로 그때 본인이 무슨 생각을 하고 있는지 기억하여 알아차리고 '쇼 마시는데 정신이 팔려 있는 너 같은 녀석'이라는 생각이 들어 컵을 뒤집어 놓았습니다. 쇼를 따라 주는 승려가 와서 쇼를 드시겠는지 물었으나, "나쁜 마음, 그 녀석이 방금 전에 벌써 마셔 버렸네"라고 말하면서 먹고 싶어 하지 않았습니다. 그분은 단지 다른 청정한 비구들이 축제에서 나눠 주는 몫을 똑같이 나누기를 원했던 것뿐으로 옳지 못한 부분이 전혀 없었지만 결국 나중에 맛있는 쇼를 얻기 바라는 이기심뿐이었다는 것을 생각하고 먹지 않았습니다.

그처럼 어느 때나 그리고 어떤 경우에나 자신의 마음의 흐름을 살펴서 선행을 취하고 악행을 멀리하면 마침내 마음이 일을 할 수 있게 되어[149] 마음이 오로지 선한 쪽으로 향하게 됩니다.

---

149 마음이 일을 할 수 있게 되어: 티벳어 로래수룽와ཁློག་སུ་རུང་བ་의 번역으로, 한자로 심감능心 堪能이며 마음이 평온 적정하고 조복되어 있는 상태(셈규시싱뒬와སེམས་རྒྱུད་ཞི་ཞིང་དུལ་བ་)이다. 야생의 코끼리를 조련사가 마음대로 부리려고 할 때, 여러 가지 방법을 사용하여 길을 들이면 그 다음부터는 코끼리를 마음먹은 대로 자유자재로 부릴 수 있게 된다. 즉 코끼리에게 일을 시킬 수 있다. 코끼리는 마침내 '일할 수 있는' 만반의 준비가 되어 있다. 마찬가지로 우리의 마음도 길을 들여 놓으면(조복시켜 놓으면) 아주 쉽게 부릴 수 있게 된다.(짬뀔 린뽀체)

오래 전에 라비라는 브라흐만이 항상 자신의 마음을 살펴서 선하지 않은 생각이 하나 일어날 때마다 검은 조약돌을 한 개 놓고, 선한 생각이 하나 일어나면 하얀 조약돌을 하나 놓았습니다. 그랬더니 처음에는 검은 돌만 갖게 되었습니다. 대치법을 계발하여 노력하면서 옳지 않은 생각은 버리고 선한 생각을 취하니 도중에는 검은 돌과 하얀 돌을 반반 갖게 되었고 결국에는 하얀 돌만 갖게 되었습니다. 이와 같이 어느 때나 그리고 어떤 경우에나 억념과 정지를 지니고[150] 선행을 위한 대치법을 일으켜 아주 미세한 악행으로도 더럽혀지지 않도록 해야 합니다.

이생에서 지금까지 악행을 쌓은 것이 없다고 해도 윤회계에서 무시이래로 쌓아온 행이 어느 정도인지 알 수 없습니다. 그처럼 앞으로 받게 될 까르마도 상상할 수 없습니다. 따라서 지금은 오로지 선행만을 행하고 공성空性을 수행하고 있지만 다음 생에 악도에서 다시 태어나게 할 휴면상태에 있는 업을 대치법의 힘으로 드러나게 하니 이생에서 무르익어 고통을 겪는 사람들도 있습니다. 『능단금강경能斷金剛經』에서 말했습니다.

> 지혜 바라밀을 수행하는 보살들은 고통을 받게 될 것이다. 정말 엄청난 고통을 받게 될 것이다. 그것은 다음 생에 고통을 겪게 할 업業이 이생에서 무르익은 것이니라.

마찬가지로 오로지 악행만을 행하는 사람도 선행의 결과를 경험하게 되는 것이 조금 있는데 이것은 곧바로 전생의 선행이 무르익은 것입니다. 과거에 아파란타카 왕국에서 일어난 일인데, 처음에는 7일 동안 보석의 비가 쏟아졌습니다. 그 다음에는 차례로 옷과 곡식의 비가 쏟아지다가 마지막에는 흙의 비가 쏟아져 내려서 모든 사람들이 흙 밑에 깔려

---

150 억념과 정지를 지니고: 항상 마음속에 기억하면서 마음의 상태를 살펴 알아차리고.

죽어 지옥에 다시 태어났습니다. 따라서 선행을 하는 사람에게 고통이 생기고 악행을 하는 사람이 행복하게 되는 것은 항상 과거의 행위가 무르익은 것입니다. 지금 어떠한 선한 행동이나 악한 행동을 하든 다음 생 아니면 그 다음 어느 생에 무르익게 됩니다. 그러므로 지속적으로 이러한 인과의 이치에 대해 확신을 일으켜 선행을 취하고 불선행을 멀리하는 것이 가장 중요합니다. 가장 높은 견해의 법어法語[151]로 인과법을 경시해서는 안 됩니다. 우갠국의 대사께서 말씀하셨습니다.

> 위대한 왕이시여, 저의 이 비밀 만뜨라승은 견해가 가장 중요합니다. 그렇지만 견해에 있어서 행동이 길을 잃지 않도록 하십시오.[152] 그 길을 잃으면 선도 공하며 악도 공하다고 쓸데없이 지껄이면서[153] 마귀의 견해에 빠집니다. 또한 행동에 있어서 견해가 길을 잃지 않도록 하십시오.[154] 그 길을 잃으면 실체와 상相에 묶여[155] 자유롭게 되는 날이 결코 없을 것입니다.
> 따라서 나의 견해는 하늘보다도 높지만 행위와 그 결과에 대해 내가 살피는 것은 짬빠 가루보다도 더 세심합니다.

이와 같이 당신의 견해로 사물의 실상에 대한 핵심을 아무리 완전히

---

151 법어(최깨ཆོས་སྐད་) : 법의 용어. 일반적인 용어(팰깨ཕལ་སྐད་)가 아닌 법을 설한 경서經書 안의 용어.(『장한불학사전』, 446쪽)
152 예컨대 밀승의 깊은 의미를 나타내는 상징에 대한 올바른 이해 없이, 합환불이나 분노존을 보고 배척한다면, 또는 공성을 잘못 이해하면(즉 견해에 치우치면), 그 사람의 행동이나 말도 잘못을 범하게 된다.
153 공성에 대한 잘못된 인식으로 결국 선행도 무의미하고 악행을 해도 아무런 해가 없다고 하면서 행동하게 된다.
154 틸로빠가 물고기를 먹는 것을 나로빠가 보고, 그런 행동은 있을 수 없는 행동이라고 나름대로 판단분별하게 되면 그의 견해는 분별을 벗어나지 못하게 된다.
155 실체와 상에 묶여서(དངོས་པོ་དང་མཚན་མས་བཅིངས་ནས་) : 실집實執(응외진དངོས་འཛིན་)과 같은 것으로 보면, 그 풀이는 '실체나 상相에 집착하여 그것을 진실하다고 믿는 것(དངོས་པོ་མཚན་མར་འཛིན་པའས་བདེན་པར་འཛིན་པ་)'이다.(『장한불학사전』, 377쪽)

이해했을지라도 당신의 행위와 그 결과에 대해서 세심한 주의를 기울여야 합니다.[156]

어느 분이 파담빠 린뽀체에게,

"공성空性을 깨달으면 악행을 했을 때 해가 됩니까, 아니면 해가 되지 않습니까?"라고 여쭈니,

"공성을 깨달으면 악행을 행할 리가 없다. 공성을 깨닫는 것과 자비심은 동시에 생긴다"라고 말씀하셨습니다. 그러므로 청정한 법을 수행하기 원한다면 인과법에 따른, 해서는 안 될 일과 해야 할 일을 중점적으로 실천해야 하며 견해와 행위를 나란히 함께 수행해야 합니다.

그와 같은 행위의 인과 법칙에 대한 가르침을 마음속에 얼마만큼 확실히 새겨야 하는가는 밀라래빠 존자만큼 되어야 합니다. 어느 날 밀라래빠 존자에게 제자들이,

"존자님께서 하시는 행동은 어느 것을 보아도 보통 사람의 생각의 범위를 벗어나 있는 것이 확실합니다. 따라서 고귀한 존자님께서는 맨 처음부터 도르제창[157]이나 붓다 혹은 보살 중 한 분의 환생자임이 틀림없지요? 말씀해 주세요"라고 여쭈니, 존자님께서,

"그대들이 나에 대해 도르제창이나 붓다 혹은 보살 중 어느 한 분의 화신이라고 생각하는데 그것은 나에 대한 믿음을 갖고 있는 것이지만, 법에 대한 잘못된 견해보다 더 큰 것은 없다.

나는 처음에는 흑마술과 우박을 이용하여 엄청난 악행을 저질렀다. 그

---

156 따라서 인과법에 따라 선행을 취하고 불선행을 멀리함으로써 청정행을 지키기 위해서는 능숙한 방편을 이용해야 한다. 이를 위한 세 가지 방편은 ①억념憶念(댄빠དྲན་པ་) : 마치 각 성문의 문지기가 방문자를 일일이 확인하여 들여보낼지 판단하는 것처럼 해야 할 일과 해서는 안 될 일을 잊지 않고 기억하는 것, ②정지正知(쉐신ཤེས་བཞིན་) : 마치 망루 위의 감시자가 살피는 것처럼 자신의 행동과 말과 마음을 항상 살피는 것, ③불방일不放逸(박외빠བག་ཡོད་པ་) : 마치 갓 시집온 새댁이 매사에 언행을 조심하는 것처럼 옳은 일을 행하고 그른 일을 멀리하는 데 매우 세심하게 주의를 기울이는 것이다.(『닝틱왼도신디』, 71쪽)
157 도르제창རྡོ་རྗེ་འཆང་(⓼vajradhara) : 산스끄리뜨어로 '바즈라다라'로 지금강불이다.

렇지만 분명히 지옥에 태어날 수밖에 없으리라는 것을 곧바로 생각하고 정법을 성취하기 위해 불굴의 열정으로 수행했다. 그래서 방편이 심오한 비밀 만뜨라승 덕분에 마음의 흐름에 특별한 공덕(훌륭한 품성)이 생긴 것이다. 여러분들이 법을 열심히 수행할 수 없는 것은 행위의 인과법에 대한 확신이 생기지 않았기 때문이다.

인과법에 대해 진정으로 확신이 생기면 내가 가진 그 같은 불굴의 정신이, 용기를 가진 보통 사람들 누구에게나 생길 수 있다. 그렇게 되면 공덕 또한 마음의 흐름에 생겨서 도르제창이나 붓다 또는 보살의 화신이라는 생각도 일어나게 될 것이다"라고 말씀하셨습니다.

따라서 그분이 처음에 악행을 쌓았기 때문에 지옥에 태어날 것이 분명하다고 확신한 것은, 인과법에 대한 확고한 믿음으로부터 생긴 것입니다. 그러한 믿음을 바탕으로 정법을 불굴의 정신으로 수행했기 때문에 그분의 고행과 불굴의 삶에 대한 유사한 이야기는 인도나 티벳 어느 곳에서도 찾기 힘듭니다. 그러므로 행위의 인과법에 대한 이러한 핵심들에 대해 마음속 깊이 확신을 일으키세요. 항상 그리고 어떤 경우에나, 아주 작은 선행에 이르기까지 '수승한 세 가지 방법'[158]을 갖추어서 가능한 한 많은 선행을 실천하세요. 가장 작은 악행조차도 목숨을 내놓더라도 행하지 않겠다고 다짐하세요.

아침에 잠자리에서 일어날 때에도 소나 양이 우리에서 일어나는 것처럼 급히 일어나지 말고 잠자리 안에서 느긋한 마음으로 편하게 머물면서, 마음을 내면으로 돌려 자신의 마음의 흐름을 자세히 살펴보세요. 어젯밤 꿈속에서 옳지 못한 행동이 생긴 것에 대해서도 후회하고 참회해야 합니다. 선행이 있었다면 환희심으로 사유하고 중생을 위해서 선근을 회

---

[158] 수승한 세 가지 방법: 예비단계에서 보리심을 일으키고, 본수행에서는 소연所緣을 지니지 않으며, 마지막에는 공덕을 모든 중생에게 회향함.

향하세요. "오늘, 저는 한없는 중생들 모두가 완벽한 깨달음의 경지(불성)를 얻게 하기 위해서 하얀 선행에 최선을 다하겠습니다. 검은 악행은 최선을 다하여 하지 않도록 하겠습니다"라고 생각하면서 보리심을 일으키세요.

밤에 잠잘 때도 아무 생각 없이 드러누워 잠들지 말고 잠자리에서 느긋하게 머물면서 앞에서와 같이 자신을 살펴보세요. "대체 내가 오늘 무슨 의미 있는 것을 얻었는가? 어떤 선행을 실천했는가?" 하고 생각하면서 살피고 분명히 선행을 했다면 환희심을 내어 모든 중생들이 깨달음의 경지를 얻을 수 있도록 회향하세요. 악행을 한 것으로 생각되면 "내가 정말 못된 녀석이구나! 나는 오늘 스스로 본인을 망가뜨렸구나!"라고 생각하면서 부끄럽게 생각하세요. 마음속 깊이 참회하고, '앞으로는 그와 같이 하지 않으리라' 생각하면서 다짐하세요.

어느 때나 어떠한 경우에나 억념과 정지를 지님으로써 이 세상과 그 안의 유정들에 대한 모든 현상을 견고한 실질적 존재라고 집착하지 마세요. 모든 현상을 실제로 존재하지 않는 환영의 유희遊戲로 볼 수 있도록 마음을 닦으세요. 언제나 자신의 마음의 흐름이 선하고 바른 길로 가도록 함으로써 마음을 감능케 하는 것[159]이 지금까지 설명한, '마음을 윤회계에서 멀어지게 하는 네 가지 생각(사종염리심四種厭離心)[160]'을 수행하는 핵심적인 의미를 완벽하게 요약한 것입니다.

이와 같이 하면 어떤 선행을 하더라도 저절로 '수승한 세 가지 방법'과 연결됩니다. 다음과 같이 말씀하신 것과 같습니다.

---

[159] 마음을 감능케 하는 것: 마음을 자유자재로 쓸 수 있게 하는 것, 혹은 마음이 자유자재로 작용할 수 있게 하는 것. 티벳어 셈래수룽와སེམས་ལས་སུ་རུང་བ་'는 심감능心堪能으로 '마음의 흐름이 평온적정하고 조복된' 혹은 '평온하고 조복된 마음'을 뜻한다.(『장한불학사전』, 1666쪽) 이를 종합하면, '마음에 평안을 얻어 마음을 다스릴 수 있게 되는 것'이 된다.
[160] 마음을 윤회계로부터 멀어지게 하는 네 가지 생각: 가만난득暇滿難得 · 제행무상諸行無常 · 윤회개고輪回皆苦 · 인과응보因果應報.

*선을 행하는 사람은 약초와 같아서
그를 의지하는 사람들은 모두 승리합니다.
악을 행하는 사람은 독초와 같아서
그를 의지하는 사람들은 모두 파멸합니다.*

본인이 '마음에 평안을 얻어 마음을 다스릴 수 있는 힘(심감능력心堪能力)'을 바탕으로 당신과 관련을 맺고 있는 모든 사람들의 마음을 청정한 법으로 향하도록 할 수 있습니다. 그리고 본인과 다른 사람들을 위한 광대한 선업이 더욱더 커질 것입니다. 이생과 앞으로 모든 생애에 걸쳐 잘못하여 떨어져 태어나는 악도에는 다시 태어나지 않을 것입니다. 천신이나 인간의 특별한 몸을 얻게 됩니다. 심지어 그러한 법을 지닌 사람들이 어디에 살든 사는 곳조차도 공덕과 행운이 있을 것입니다. 그리고 항상 천신들이 보호하게 될 것입니다.

*인과법의 모든 면을 알고 있지만 믿음이 약하며
수승한 법을 많이 들었지만 수행한 것이 없으니
저와 저 같은 옳지 못한 행동을 하는 중생들에게
마음에 법이 스며들 수 있도록 가피를 내려주소서.*

지금까지 행위에 대한 인과의 특성을 설명하는 가르침이었습니다.

5장

해탈의 공덕

많은 훌륭한 현자와 성취자에게 보살핌을 받으셨고
스승의 가르침에 따라 실천하면서 수행하셨으며
수승한 해탈解脫의 길을 실수 없이 중생들에게 보여주시는
비할 바 없는 스승의 발아래 엎드려 절하옵니다.

해탈의 공덕에 대한 가르침으로, 듣는 방법 등은 앞의 설명과 같습니다. 실제로 설명할 주제로 먼저 해탈이라고 하는 것은 고통의 커다란 바다인 윤회계에서 벗어나 성문聲聞, 연각緣覺 혹은 완벽한 깨달음(원각圓覺, ❀sambodhi) 중 어느 경지를 얻어도 해탈입니다. 해탈에도 원인과 결과가 있습니다.

해탈의 경지를 얻는 원인

해탈의 경지를 얻는 원인은 다음과 같습니다. 먼저 수행의 기회와 유리한 조건은 얻기가 어렵다는 것으로부터 시작해서 윤회계로부터 마음을 돌리는 네 가지 생각으로 마음에 평안을 얻어 마음을 다스릴 수 있게 하고(마음을 감능케 하고), 다음으로 모든 길의 디딤돌인 귀의歸依로부터 시작하여 길의 본수행을 완벽하게 완성하는 것에 이르기까지 모든 수행의 실천 속에 해탈의 씨앗이 들어 있습니다.

각각의 해당 부분에 대한 각 수행의 이로움은 이미 설명했고 앞으로 또 설명하게 됩니다.

해탈의 결과

해탈의 결과는 성문·연각 혹은 완벽한 깨달음 중 어느 경지를 얻어도 평화롭고 시원하고 윤회계의 고통에 찬 위험한 길에서 벗어나 있으니, 얼마나 즐거운가요! 그 중에서도 지금 대승大乘을 만났으니 10선十善과 4무량심四無量心과 6바라밀과 4선정四禪定과 무색계 4선정과 지관止觀을 비롯해 모든 것들을 오로지 '완벽한 깨달음'만을 염원하면서 수행해야 합니다. 그러한 것들을 생각하면서 예비단계로 보리심을 일으키고, 본수행에서는 소연所緣을 지니지 않으며, 마지막에 회향기도로 봉인하는 '수승한 세 가지 방법'을 갖추어 수행하세요.

6장
스승을 따르는 방법

스승을 따르는 방법에 대한 가르침이란 다음과 같습니다. 정신적 스승에게 의지하지 않고 깨달음을 성취한 이야기는 현교 경전·밀교 경전·논서 어느 것에도 없습니다. 우리 모두가 직접 볼 수 있는 현상으로도 개인의 재주나 뛰어난 능력으로 10지+地와 5도五道에 대한 성취를 이룬 사람은 한사람도 없습니다. 이처럼 자신을 비롯한 모든 중생들은 잘못된 길로 가는 것을 알아차리는 데에는 아주 능숙하지만, 해탈과 일체지에 이르는 길에 대해서는 눈먼 사람이 안내자 없이 홀로 광야에서 길을 헤매는 것과 같습니다. 따라서 안내자에게 의존하지 않고 보물섬에서 보물을 가져온 예가 없습니다. 그러므로 덕 있는 정신적 스승과 도반은 해탈과 일체지의 실질적인 안내자이므로 공경심을 가지고 그를 따라야 합니다. 거기에도 먼저 스승을 살피고, 다음에 스승을 따르고, 마지막으로 스승의 깊은 생각과 행동을 익히는 것, 이렇게 세 가지가 있습니다.

스승을 살펴보는 것

일반적으로 보통 사람들은 친구 등 현재의 환경에 의해서 쉽게 영향을 받습니다. 그래서 언제 어떤 경우에나 덕 있는 스승이나 덕 있는 도반에 의지해야 합니다. 예를 들면, 말라야 산[161]의 전단향나무 숲에서 평범한 나무 한 그루가 쓰러져 여러 해가 지나면 전단향나무의 좋은 향이 거기에 스며들어 평범한 나무에도 그윽한 향내가 나는 것처럼, 공덕을 지닌 훌륭한 분을 의지하면서 지내면 그분 공덕의 좋은 향이 스며들어 모든 행동이 그분을 닮게 될 것입니다. 다음과 같이 말씀하셨습니다.

> 마치 말라야 산의 깊은 숲에서
> 이리 저리 굴러다니는 평범한 나무 등걸도
> 가지와 잎사귀들이 젖어서 전단향 내음이 나는 것처럼
> 누구를 의지하든 그분을 닮게 됩니다.

지금은 5탁 악세五濁惡世에 이르렀기 때문에 귀중한 딴뜨라 전승에 설명된, 모든 품격을 원만하게 갖춘 스승을 찾기가 어렵습니다. 그렇지만 의

---

161 말라야 산 혹은 말라야기리는 스리랑카에 있으며, 현재 아담의 봉우리로 알려진 성산 수마나 꾸따와 동일한 것으로 본다. 이곳은 붓다의 발자국이 있는 곳이며 구루 린뽀체께서 다녀간 곳이다.

지하려는 스승이 어느 분이든 다음과 같은 공덕들을 갖추는 것이 절대적으로 필요합니다.

외적인 별해탈계, 내적인 보살계, 만뜨라승 삼마야계의 지켜야 할 사항과 금지하는 사항들을 위반한 적이 없으며 마음의 흐름이 맑아야 합니다. 현교 경전·밀교 경전·논서에 대해 애매함이 없고 배움이 많아야 합니다. 한없는 중생들에 대해 자신의 외아들과 같은 애정 어린 자비심이 마음에 스며있어야 합니다. 밖으로는 경율론 3장三藏과 안으로는 비밀 만뜨라의 4부 딴뜨라(사부·행부·요가부·무상 요가부) 의식에 정통해야 합니다.

가르침의 의미를 수행함으로써 본인의 마음속에 끊음과 깨달음(단증斷證)¹⁶²의 특별한 공덕을 증득한 사람이어야 합니다. 물질을 베풀고(보시섭報施攝), 친절하게 법을 설명하고(애어섭愛語攝), 설한 법의 의미를 실천하게 하고(이행섭利行攝), 본인도 말과 행동이 일치해야(동사섭同事攝) 합니다. 이와 같은 제자들을 모으는 네 가지 방법(4섭법四攝法)¹⁶³으로 선연善緣이 있는 제자들이 모이도록 해야 합니다.

---

162 끊음과 깨달음: 일체 번뇌장과 소지장과 습기장을 끊고(단제斷除), 여소유如所有와 진소유盡所有에 대한 일체의 지혜를 증득함.(『장한불학사전』, 1032쪽) 여소유란 진리와 법성法性 및 절대적 진제를 일컬으며 실상實相을 말한다. 진소유란 일체와 소유 및 상대적 속제를 일컬으며 가상假相을 말한다.(『깨달음에 이르는 길』, 지영사, 청전 옮김, 289쪽)

163 제자들을 모으는 네 가지 방법(두왜응외쁘시བསྡུ་བའི་དངོས་པོ་བཞི་: 4섭법) : ①보시섭: 물질을 베푸는 것 ②애어섭: 친절한 말로 이야기하는 것으로, 환한 미소로 안부를 물으면서 중생을 기쁘게 하는 일반적인 애어섭과, 불법의 요의법을 바르게 설해서 그 뜻을 알게 하고 의심을 버리게 하는 애어섭이 있다. ③이행섭: 가르친 법의 의미를 실천하도록 하는 것인데, 성숙하지 않은 이를 성숙시키고 성숙한 이를 해탈케 하는 두 가지가 있다. 이번 생에 의미 있는 것을 성취하게 하는 것과 청정출가를 통해서 다음 생에 의미 있는 것을 성취하게 하는 것과 이번 생과 다음 생을 둘 다 성취하는 것으로, 재가자이든 출가자이든 세간과 출세간에 대한 집착을 버리고 이번 생에는 몸과 마음을 경안에 들게 하고 다음 생에는 열반에 들게 하는 것이 있다. ④동사섭: 다른 사람에게 가르친 내용을 본인도 실천하는 것으로 더 나아가 가르친 것 이상의 실천을 보여줌으로써 결코 수행에서 물러서지 않게 하는 것이다.(『깨달음의 길을 묻는다면』, 하늘호수, 초펠 편역, 465~467쪽, 『깨달음에 이르는 길』, 지영사, 청전 옮김, 605~608쪽)

수승한 법에 따라 모든 것을 완벽하게 갖춘 분은

5탁 악세의 힘으로 인해 찾기가 어렵지만

삼승의 계율을 청정히 지니는 바탕 위에

배움과 대자비가 마음에 스며들어 있으며

바다와 같은 현교와 밀교 의식에 통달하고

끊음과 깨달음을 통한 청정무구한 지혜의 열매가 풍성한 데다

4섭법을 지닌 꽃이 지극히 아름다우니

선연 있는 제자들이 벌처럼 모여들어 따르리라.

특히 비밀 만뜨라 금강승의 구전 가르침에 대한 심오한 핵심을 가르치는 스승은 『귀중한 밀교 경전(속부보전續部寶典)』[164]에서 설명된, 성숙시키는 관정[165]의 끊임없는 흐름[166]에 의해서 마음의 흐름이 성숙되어 있는 사람, 관정 받을 때 약속한 삼마야와 계율의 항목을 위반한 적이 없는 사람, 번뇌와 망상분별이 거의 없어 마음의 흐름이 평온 적정寂靜하고 조복調伏되어 있는 사람, 비밀 만뜨라 금강승의 바탕과 길과 결과[167]에 대한 딴뜨라적인 일체 의미에 정통한 사람, 이담 본존을 친견하는 등 수행의 접근단계와 성취단계[168]에서 성취의 징후를 모두 얻은 사람, 실상의 의미

---

164 밀교 경전: 현교 경전(경부經部)에 대응하는 것으로, 속부續部로 한역된다. 밀승 금강승의 관정과 도차제, 사다나(성취법), 행법 등 모든 것을 보여주는 경전이다.(『장한불학사전』, 309쪽)
165 성숙시키는 관정(민제기왕སྨིན་བྱེད་ཀྱི་དབང་): 4신을 증득할 수 있게 하는 능력으로 수행자를 성숙시키는 금강승의 관정이며, 수행자의 마음의 흐름을 성숙시켜 해탈에 이르게 한다.(『티영사전』)
166 끊임없는 관정의 흐름: 법맥이 끊이지 않고 지속되어 이어져 내려 옴.
167 바탕과 길과 결과: 소승 대승의 모든 승에 적용되는 것으로 바탕으로는 견해를 확고히 세우는 것, 길로는 수습하여 행함을 지니는 것, 결실로는 깨달음을 성취하는 것이다. 기도과삼위基道果三位로 한역되며, 기위基位는 결택정견決擇正見을 도위道位는 수습행지修習行持를 과위果位는 현증보리現證菩提를 가리킨다.(『장한불학사전』, 1389쪽)
168 수행의 접근단계와 성취단계: 마하요가에 따른 만뜨라 독송단계에서 사다나 수행의 두 가지 측면으로 처음에 수행자는 이담 본존에 대한 만뜨라를 독송하면서 관상하는 본존과 점차 친밀해지고, 다음으로 충분히 친밀해지면 자신을 본존으로 관상하게 된다. 본존의 만뜨라를 독송하고 명상수행을 함. 이를 염수念修 혹은 근수近修라고 한다.(『장한불학사전』, 605쪽)

를 증득하여 깨달아서 자신의 마음의 흐름이 자유로워진 사람, 마음의 흐름이 자비(연민)로 가득 차서 오로지 다른 사람들을 이롭게 하는 것(이타행利他行)만을 추구하는 사람, 이 세상 삶의 일들에 대한 집착을 끊었기에 해야 할 일이 거의 없는 사람, 다음 생을 위해 정진하면서 끊임없이 정법을 생각하는 사람, 윤회세계를 고통으로 보고 윤회계에 대한 염리심厭離心이 강해서 다른 사람들에게도 그것에 대해 일깨워 주는 사람, 제자마다 적절한 방편으로 조복하여 제자들을 돌보는데 능숙한 사람, 스승의 가르침대로 수행해서 전승의 가피를 지니고 있는 사람, 이와 같은 사람을 따라야 합니다.

> 특히 핵심 가르침을 가르치는 스승은
> 관정을 받고 삼마야를 지키며 아주 마음이 평온해야 합니다.
> 바탕과 길과 결과에 대한 딴뜨라적인 의미에 통달하고
> 수행의 근접단계와 성취단계의 징후를 모두 갖추었으며
> 깨달음으로 마음의 흐름이 자유로운 분
> 자비심이 한량없어 오직 이타행만을 추구하며
> 세간의 할 일이 거의 없으며 항상 법에 마음을 두고 있는 분
> 윤회계에 대한 강한 염리심으로 다른 사람들을 일깨워 주고
> 방편에 능숙해 있으며 전승의 가피를 지니고 있는 분
> 그러한 분을 의지하면 성취가 신속하리라.

이와는 달리 피해야 할 스승의 특성은 다음과 같은 것들입니다.

① 나무로 만든 맷돌과 같은 스승
자신에게는 문사수聞思修를 통해 생긴 성취(공덕)가 조금도 없으면서도, '나야말로 이러저러한 스승의 마음의 제자 혹은 수제자로 다른 사람보다

뛰어나며 지금 나의 전승자들 역시 그렇다'고 생각하면서 브라흐만처럼 자기 가문을 수호하는 사람들, 또는 문사수의 공덕이 조금은 있지만 다음 생의 의미를 추구하려는 순수한 동기로 성취한 것이 아니라 자신이 머무는 라마의 지위 등이 약해지지 않을까 걱정하는 등, 이 세상 삶을 위해 성취한 사람들을 '나무 맷돌과 같은 스승'이라고 합니다. 이러한 스승은 제자의 마음을 조복調伏할 수 없습니다.

② 우물 안의 개구리와 같은 스승

자신에게는 평범한 사람들과 다른 뛰어난 성취가 조금도 없는데도 어리석은 다른 사람들이 살피지도 않고 믿기 때문에 자리가 높아지고, 다른 사람들에게서 받은 재물과 공경으로 마음이 우쭐해지고 자만심으로 가득 차 성현들의 훌륭한 점을 알아보지 못하는 스승을 '우물 안의 개구리와 같은 스승'이라고 합니다.

예전에 한 우물에서만 계속해서 살아온 나이 많은 개구리가 있었는데, 그 우물쪽으로 큰 바다에서 온 개구리 한 마리가 다가왔습니다. 우물 안의 개구리가 그에게,

"넌 어디서 왔느냐?" 물으니,

"나는 커다란 바다에서 왔어요"라고 대답했습니다.

"너의 그 바다는 얼마나 크니?" 하고 물으니,

"그 바다는 아주 커요"라고 대답했습니다.

"그러면, 내 우물의 4분의 1 정도니?"

"어림없어요!"

"그럼 절반 정도 되니?"

"어림없지요"

"그럼 이 우물만큼 크니?"

"어림없다니까요"라고 말하니,

"그 정도 될 수는 없어. 그것을 내가 직접 봐야겠어"라고 말하고 나서, 둘이 함께 떠났습니다. 바다를 보자마자, 우물에 살던 개구리는 정신을 잃고 머리가 깨져 죽었다고 합니다.

③ 미친 안내자와 같은 스승

현명한 스승을 의지하여 현교와 밀교 수행에 대한 노력을 열심히 안 했기 때문에 배운 것이 거의 없는 사람, 마음의 흐름에는 번뇌가 거칠고 항상 기억하면서(억념憶念) 내면을 살펴 알아차리지(정지正知) 못하므로 계율과 삼마야를 완전히 무시하는 사람, 마음은 보통 사람보다 못하면서도, 성취자처럼 행동하므로 행동방식이 하늘에 도달한 사람,[169] 커다란 증오심과 비난으로 사랑(자애)과 자비(연민)의 생명줄이 잘려버린 사람, 그런 사람을 '미친 안내자 같은 스승'이라고 하며 잘못된 길로 안내합니다.

④ 눈먼 안내자와 같은 스승

특히 자신보다 더 나은 특성(공덕)이 조금도 없고, 보리심의 사랑(자애)과 자비(연민)가 없는 스승은 '눈 먼 안내자'와 같아서 해서는 안 될 일과 해야 할 일에 대해서 눈을 뜨게 해줄 수 없습니다.

---

169 행동방식이 하늘에 도달하다: 마치 그들의 행동이 진실한 무분별 지혜에 바탕을 둔 것처럼 행동방식에 있어서 인습에 얽매이지 않고 파격적으로 행동한다. 그러나 사실은 스스로를 속이고 있는 것이다. 『산중일지』(현칙 지음, 36쪽)에 스스로 속임이 들통 나는 대화가 나온다. "아 음주식육이 무방반야無妨般若(지혜에 방해가 되지 않는다)인데, 뭘 그렇게 소승률사같이 고집할 것 있습니까?" "내가 벌써 죽었다고 하면 곧이듣겠습니까?" "…무슨 말씀인지?" "음주식육이 무방반야라는 말은 어떤 무심도인無心道人이 술을 마시되, 술이라는 생각이 없고, 고기를 드시되, 고기라는 분별이 없음을 곁에 있는 사람이 보고 한 말일 겁니다. 술, 고기를 먹는 사람 자신이 그런 소리는 할 수 없을 것이니, 술을 술인 줄 알고 고기를 고기인 줄 알며, 또 무방반야까지 알았다면, 이것은 무심도인이 아님을 주장하는 것이니, 어찌 죽은 사람이 내가 벌써 죽었다고 말하는 것과 다르리오?"

어떤 이들은 브라흐만처럼 자기 가문을 수호하거나
자신의 영역을 잃을까 염려하며 두려움의 연못 속으로
부적절한 과보를 가져오는 공부와 사유를 하면서 몸을 씻으러 갑니다.[170]
그런 스승들은 '나무로 만든 맷돌과 같은 안내자'입니다.

어떤 이들은 평범한 사람들의 본성을 넘어서지 못하면서도
사람들의 어리석은 믿음으로 인해 생각 없이 자리에 붙어 있습니다.
재물과 공경과 공양물로 인해 자부심이 가득합니다.
그런 스승들은 '우물 안의 개구리와 같은 스승'입니다.

어떤 이들은 배운 것이 거의 없고 계율과 삼마야를 완전히 무시합니다.
남을 헤아리는 마음은 형편없지만 하는 행동은 하늘에 도달합니다.
사랑(자애)과 자비(연민)의 생명줄을 끊었으니
'미친 안내자'로부터 악행이 번성할 것입니다.

특히 우리들보다 훌륭한 공덕을 갖지 못한 사람을
보리심이 없는데도 명성 때문에 따른다면
'눈먼 안내자'가 큰 실수를 하게 되어
속아서 함께 어울리다 어둠 속을 헤매게 될 것입니다.

우갠국의 대사께서도 말씀하셨습니다.

---

170 둘째 줄과 셋째 줄의 영문해석은 "자신의 권세를 잃을까 염려하는 두려움에 빠져서, 거짓된 공부와 사색 안에서 몸을 씻습니다"로 되어 있으며, 중문본에서는 "자신의 지위를 잃을까 염려하며, 듣고 사유하는 것이 내세에 해탈의 과보가 되지 못합니다"로 되어 있다. 용수 스님은 "자신의 영역을 잃을까 염려하며, 두려움의 연못 속으로 잘못된 공부와 사유에 빠져 듭니다"로 해석했다. 중문본 #1, #3에는 "유여범지호문별猶如梵志護門閥 고려실훼자지위顧慮失毀自地位 문사비위래세과聞思非爲來世果 유여목마지도사猶如木磨之導師"로 옮겼고, 중문본 #2에는 "여바라문호세계如婆羅門怙世系 주처실괴협지중住處失壞狹池中 비문사과처입욕非聞思果處入浴 지시여목수마도指示如木水磨道"로 옮겼다.

스승을 따르는 방법 • 235

> 스승을 살피지 않는 것은 독약을 마시는 것과 같고
> 제자를 살피지 않는 것은 절벽을 뛰어 내리는 것과 같다.

스승이란 앞으로 모든 생에 걸쳐서 믿고 의지하는 사람이며 해야 할 일과 하지 말아야 할 일을 가르쳐 주는 사람이기 때문에 제대로 살피지 않고 잘못된 스승을 만나면 믿음을 가진 사람이 평생 쌓은 선자량善資量을 아무렇게나 써버리는 것이 되며, 이번에 얻은 수행의 기회와 유리한 조건을 갖춘 몸을 헛되게 사용하는 것이 됩니다. 예를 들면, 나무 옆에 독 있는 뱀이 똬리를 틀고 있는데, '오! 시원한 나무 그늘이구나!'라고 생각하고 가까이 다가갔다가 뱀에게 목숨을 잃는 것과 같습니다.

> 그렇기 때문에 스승을 주의깊게 살피지 않으면
> 믿음을 지닌 자는 쌓은 선자량을 낭비하게 되며
> 마치 독 있는 뱀을 나무 그늘로 착각하는 것처럼
> 모처럼 얻은 수행 기회를 속아서 놓치게 됩니다.

그러므로 주의 깊게 살피고 실수 없이 평가하여 앞에서 설명한 그러한 훌륭한 공덕을 모두 갖춘 스승을 찾은 다음에는 그분이 진정한 붓다라는 생각[171]을 놓치지 말아야 합니다. 그처럼 공덕을 모두 갖춘 스승이란 시방十方의 모든 붓다의 자비와 지혜가 현현顯現한 모습이며 가르쳐야

---

[171] 스승을 붓다로 보기 위해서는 다음 다섯 가지 사항을 알아야 한다. ①스승은 실제 붓다의 화신이며 궁극적 의미에서 사실상 스승은 법신임을 알아야 한다. ②스승의 모든 행동은 세간적인 네 가지 행(래시ལས་བཞི་: 4업四業)이든 깨달음에 이르게 하는 최상의 행동이든 모두 붓다의 행동임을 알아야 한다. ③과거 생의 모든 붓다들도 깨달음에 이르게 하지 못한 본인을 스승이 이끌어 주므로, 본인에 대한 스승의 친절이 모든 붓다들의 친절보다 더 크다는 것을 알아야 한다. ④스승은 모든 귀의처 중에서 가장 위대한 귀의처를 한 몸에 구현하신 분임을 알아야 한다. ⑤만일 이러한 네 가지 사항을 항상 마음속에 지니고 스승에게 헌신으로 기도한다면, 생기차제나 원만차제 등 다른 길에 의지하지 않고도, 본인의 마음속에 깨달음의 지혜가 생길 것임을 알아야 한다. (『닝틱왼도신디』, 232~236쪽 요약)

할 중생들을 위해 보통 사람의 모습으로 오신 것뿐입니다.

> 모든 공덕을 갖춘 스승은
> 일체 붓다의 자비와 지혜(본래지)를 본체로 하며
> 제자들을 위해 인간의 몸으로 오셨으니
> 모든 성취를 위한 더할 나위 없는 근원이다.

그와 같은 거룩한 스승은 제자들을 여러 가지 방편으로 이끌기 위해서 지금의 행동들이 보통 사람과 모두 같게 보이지만 궁극적으로 붓다의 깊은 마음(밀의) 속에 머물고 있기 때문에 보통 사람과 행동방식이 완전히 다릅니다. 스승의 어떤 행동도 제자의 마음의 흐름에 적합한, 오로지 깨달음의 마음(밀의)을 가진 사람의 행동이기 때문에 중생들보다 특히 성스러운 분입니다. 의심과 두려움을 없애는 데 능숙하며 제자의 배은망덕과 싫증을 내는 그 모든 것을 인내하므로, 외아들을 가진 어머니와 같습니다.

> 이끌기 위해서 중생들과 거의 똑같이 행동하지만
> 사실은 중생들의 범주를 넘어서 있습니다.
> 깊은 생각을 가지고 있기에 중생보다 월등히 성스러우며
> 의심을 끊게 하는데 능숙하며 제자들의 배은망덕과 싫증을 참아냅니다.

그와 같은 공덕을 모두 지니고 있는 스승은 윤회계의 큰 바다로부터 벗어나게 하는 거대한 배와 같습니다. 해탈과 일체지로 가는 길을 실수 없이 가르쳐 주는 선장과 같습니다. 업과 번뇌의 타오르는 불길을 잡는 감로甘露의 비와 같습니다. 무명無明의 짙은 어둠을 걷어내고 다르마의 빛을 비춰주는 해와 같으며 달과 같습니다. 제자들의 배은망덕과 싫증을

참아내며 견해와 행위¹⁷²의 도량度量 또한 광대하여 마치 대지大地와 같습니다. 현생에 이로움과 내생에 안락安樂을 가져다 주는 일체 공덕의 원천이므로 소원을 성취시켜 주는 나무(여의수如意樹)와 같습니다. 상상할 수 없이 다양한 수레(승乘)와 교리(종宗)가 간직된, 우리에게 필요한 모든 것이 있는 보물창고이니 마치 여의병(보병寶甁)과 같습니다. 각자 중생의 필요에 따른 네 가지 행¹⁷³의 바다와 같은 근원에 계시니 마치 소원을 성취시켜 주는 보석(여의보如意寶)과 같습니다. 한량없는 모든 중생들에 대해 가까운 사람만 사랑하는 것이 아니라 먼 사람도 미워하지 않고 똑같이 사랑하니 부모와 같습니다. 허공 끝과 같이 무량한 중생들을 생각하여 광대한 자비심을 지니고, 고통을 당하면서도 의지할 데 없는 중생들에 대해 특별히 신속한 자비심을 지니고 있으니 거대한 강과 같습니다. 질투심으로도 변할 수 없고, 실집實執¹⁷⁴의 바람에도 흔들림 없는 확고부동한 수희심을 지니고 있으니 마치 산 중의 왕(수미산)과 같습니다.

집착이나 증오에 의해 마음이 산란되지 않는 평등심을 지니고 있으니 마치 구름에서 쏟아지는 비와 같습니다.

존재¹⁷⁵의 바다에서 벗어나게 하는 커다란 배
최상의 길을 잘못 들지 않도록 하는 진실한 선장
업과 번뇌의 불길을 잠재우는 감로의 비

---

172 견해와 행위: 관점과 행위. 견행. 견수행見修行 중의 견과 행.
173 네 가지 행(래시ལས་བཞི་: 4업四業): 깨달음을 얻은 사람이 다른 사람들을 돕고 불리한 조건을 없애 주기 위한 네 가지 행동으로 ①평안하게 하는 행위(식업息業), ②증대시키는 행위(증업增業), ③조복시키는 행위(회업懷業), ④분노하는 행위(주업誅業)를 말한다.
174 실집(덴진བདེན་འཛིན་, ⓢsatyagrāha): 모든 법이 실제로 존재한다고 집착함 혹은 모든 법이 자성으로 존재한다고 집착함.(『장학불학사전』, 843쪽)
175 존재: 티벳어 시빠སྲིད་པ་의 본래 의미는 '가능한 것' 혹은 '존재할 수 있는 것'을 뜻한다. 그래서 우리가 인식하는 환幻과 같은 세상을 나타낸다. 따라서 '생성되는 것, 존재, 윤회계, 세상, 윤회적인 존재, 일시적 존재, 존재하는 현상, 현상계'로 번역된다.

무명의 어둠을 걷어내는 해와 달과 같습니다.
수레(승)가 지극히 크니 대지와 같습니다.
이로움과 평안의 원천이니 소원 들어주는 나무
법의 보물을 가지고 있는 훌륭한 항아리(보병)
모든 것들의 원천으로 여의주보다도 위대하며
모든 중생을 똑같이 사랑하니 부모입니다.
광대하고 신속한 자비심은 강물과 같고
변함없는 수희심은 산 중의 왕과 같으며
흔들림 없는 평등심은 구름에서 쏟아져 내리는 비와 같습니다.

그와 같은 스승은 자비와 가피의 면에서 모든 붓다와 동일합니다. 스승과 좋은 인연을 지은 사람은 한 생애에 깨달음을 얻게 될 것이며, 나쁜 인연을 지은 사람도 언젠가 윤회의 끝에 이르게 될 것입니다.

그와 같은 스승은 일체의 붓다와 똑같으니
해롭게 할지라도 안락의 길에 들어섰다면
진실한 믿음으로 스승을 따르는 사람에게는
선도나 해탈[176]의 공덕이 비처럼 내릴 것이다.

---

176 선도나 해탈: 티벳어 왼토མངོན་མཐོ་ 와 응에렉ངེས་ལེགས་의 번역으로, 전자는 증상생增上生 혹은 현고現高로 한역되며 '인간계와 천신계의 선취에서 누리는 원만복보(더할 나위없는 선덕善德)'을 뜻한다. 후자는 결정승決定勝 혹은 영구안락永久安樂으로 한역되며 '윤회계로부터 벗어난 해탈과 일체지의 궁극적 수승함'을 뜻한다.(『장한불학사전』, 368쪽, 381쪽)

스승을 따르는 것

스승을 따르는 방법 또한 『화엄경華嚴經』에서 다음과 같이 말한 것을 비롯해서 많은 비유를 통해 설명했습니다.

> 고귀한 자여, 그대는 자신이 환자라는 생각을 가져야 한다.

질병으로 고통을 받는 사람이 유능한 의사에게 의지하는 것처럼, 두려운 길을 가는 여행자가 용감한 안내자를 믿고 의지하는 것처럼, 적이나 강도나 맹수 등에 대한 두려움에 직면한 사람이 그로부터 보호해 줄 친구를 가까이하는 것처럼, 섬으로 가는 장사꾼들이 선장을 의지하는 것처럼, 강 건너편으로 가기 위해 배에 탄 사람들이 뱃사공을 의지하는 것처럼, 생과 사 그리고 번뇌의 두려움에 직면한 사람은 그로부터 보호해 줄 정신적 친구(선지식善知識)인 스승을 따라야 합니다.

> 환자는 의사를, 여행자는 안내자를,
> 두려워하는 사람은 친구를, 장사꾼들은 선장을,
> 배를 탄 사람은 사공을 의지하는 것처럼
> 삶과 죽음, 번뇌라는 적이 두려운 사람은
> 스승에게 의지해야 합니다.

라고 했습니다. 목숨을 걸고라도 정신적 친구인 스승의 마음을 저버려서는 안 된다고 생각하면서 강한 용기로 확고히 무장한 사람, 그때그때의 상황 때문에 생각이 바뀌지 않아 지혜가 매우 확고한 사람, 몸과 목숨이 사라져 없어져도 스승을 지성으로 모시는 사람, 어떤 것이든 스승의 말씀에 따르면서 자신을 돌보지 않는 사람, 그런 사람은 오직 스승에 대한 헌신만으로 해탈하게 될 것입니다.

> 정신 무장이 강하고 지혜가 아주 확고하여
> 몸과 목숨을 돌보지 않고 공경으로 모시며
> 어떤 말씀이든 지키면서 자신은 돌보지 않는
> 그런 사람은 헌신만으로 해탈하게 되리라.

스승을 진정한 붓다로 보는 강한 믿음, 방편에 능숙한 행동 속에 숨어 있는 깊은 생각을 알아차리고 설하는 법을 모두 이해할 수 있는 높은 지혜와 학식, 고통을 겪으면서도 의지처가 없는 사람에 대해 자애를 베푸는 커다란 자비심(대연민), 스승께서 말씀하신 계율과 삼마야를 지키는 공경심, 모든 행동과 말과 생각이 평온하고 부드럽게 조절(조복)되어 있음, 스승과 도반의 어떠한 행동도 마음에 품을 수 있어야 하므로 마음이 넓음, 가지고 있는 것은 무엇이든 스승을 위해 드릴 수 있어야 하므로 후한 인심, 순수하지 못한 생각으로 결함을 찾는 일이 많아서는 안 되므로 청정한 인식[177]을 지님, 옳지 못한 행동과 불선행을 하면 스승의 마음이 부끄러워진다고 생각하고 부끄러움[178]을 지니는 등 그렇게 함으로써

---

177 청정한 인식(닥낭དག་སྣང་): 있을 수 있는 모든 외부 현상과 내부 유정들에 대해 정토淨土로 인식하여, 4신四身과 5지혜五智慧의 현현(display) 혹은 유희遊戲(롤빠རོལ་པ་, display)로 인식하는 것. 청정심 또는 청정현분淸淨現分이라고도 한다.(『장한불학사전』, 743쪽) 금강승에서 외부 환경을 불국정토로 보고, 자신과 다른 사람들은 이담 본존으로 여기며, 모든 소리는 만뜨라로 보고, 모든 생각은 원초적 지혜의 현현으로 보는 것(『티영사전』)

스승을 따라야 합니다.

> 굳건한 믿음과 높은 지혜와 배움과 큰 자비심을 가지고
> 계율과 삼마야를 공경하고 행동과 말과 생각을 조복하여
> 너른 마음, 후한 베풂, 청정한 인식, 부끄러움을 지녀야 한다.

고 말했습니다.

어느 때 어떤 상황에서든 모든 행동을 스승의 마음에 맞게 행하고, 스승의 마음이 상하지 않도록 늘 현명하게 행동하고, 스승이 심하게 꾸짖어도 화를 내거나 원한을 갖는 일이 없어야 합니다, 마치 '최고의 말'[179]처럼.

스승의 심부름을 하거나 그 외 다른 일을 위해 왔다 갔다 하더라도 싫증을 내지 말아야 합니다, 마치 나룻배처럼.

마음에 드는 일이든 마음에 들지 않는 일이든 어떠한 일을 시키더라도 참지 못하는 일이 없어야 합니다, 마치 다리처럼.

온갖 어려움과 모든 더위와 추위를 견뎌내야 합니다, 마치 대장간의 모루처럼.

무슨 말을 하든 그분의 말씀을 모두 들어야 합니다, 마치 시종처럼.

절대로 자만심을 갖지 말고 가장 낮은 곳에 자리잡아야 합니다, 마치 청소부처럼.

절대로 잘난 체하지 말고 모든 사람들을 공경해야 합니다, 마치 뿔 잘린 황소처럼.

---

178 부끄러움(텔외빠ཁྲེལ་ཡོད་པ་, ⓔembarrassment: 괴愧) : 다른 사람들의 비난을 두려워하는 마음. 자신의 잘못된 행동에 대해 다른 사람이 창피를 줄까 두려워하여 남부끄럽게 여기는 마음으로 수치심·염치라고 한다.

179 '최고의 말(따촉둑་མཆོག་)'은 전륜왕 7보 중 하나로 감마보紺馬寶라고 하며, 주인이 말하기 전에 주인이 무엇을 바라는지를 알고 미리 행동하므로 꾸지람을 들을 필요가 없다. 현명한 제자는 스승의 생각을 미리 알아차리고 항상 스승의 마음에 들게 말하고 행동한다.

이와 같이 스승을 따라야 한다고 『화엄경』 등의 경전에서 말했습니다.

'스승이 절대로 기분 상하지 않도록 현명하게 처신해야 하며
꾸짖음에 대해 절대로 화내지 말라! 〈최고의 말〉처럼.
왔다 갔다 해야 하는 처지에 짜증을 내지 말라! 나룻배처럼.
좋거나 나쁜 그 모든 것을 견뎌라! 다리처럼.
뜨겁거나 차가운 그 어떤 것도 참아라! 모루처럼.
스승의 말씀대로 행동하라! 시종처럼.
자만심을 버려라! 청소부처럼.
잘난 체하지 말라! 뿔 잘린 황소처럼.
이처럼 스승을 따르라!'고 경론들에서 말했다.

세 가지 섬김을 통해 스승을 기쁘게 하는 일 또한 최상은 '수행공양'으로, 스승이 어떤 식으로 가르친 법이든 모든 어려움을 감내하면서 확고한 마음으로 수행하는 것입니다. 중간으로는 '몸과 말로 섬기는 것'인데 자신의 몸과 말과 마음이 스승의 손발이 되어 성심껏 정성을 다해 섬기는 것입니다. 마지막은 '물질공양'으로 재물이나 음식, 돈 등을 보시하여 스승을 기쁘게 하는 것입니다.

재물이 있을 때 4보四寶[180]께 올리는 공양과
몸과 말로 봉사하는 섬김과 공경하는 행위는
일체가 절대로 낭비되는 일이 없겠지만
스승을 기쁘게 하는 세 가지 중 수행이 최상이다.

---

180 4보: 금강승에서 스승을 3보의 화현으로 청정하게 인식하여 불법승 3보에 이어 네 번째 보물로 받들고 공경한다.

스승이 아무리 이해할 수 없는 행동을 해도, 방편에 능숙한 행동으로 알고 오로지 청정한 생각만 해야 합니다. 예전에 대학자 나로빠께서 학문과 성취를 크게 이룬 후 머물러 계실 때 그분의 이담 본존이, "그대의 전생부터 인연 있는 스승은 성자 띨로빠이니 인도 동쪽으로 가라"고 말씀하셨습니다. 나로빠는 그 즉시 출발하여 동쪽으로 갔지만 띨로빠가 어디 있는지 찾을 수가 없었습니다. 그 지방 사람들에게 물어 보았으나, 알지 못했습니다. 또 다른 사람에게,

"이 지방에 띨로빠라는 사람이 없습니까?"라고 물으니,

"천민 띨로빠인가 거지 띨로빠라고 하는 자가 있지요"라고 말했습니다. 성취자의 행동은 이해할 수가 없기 때문에 그 사람일 수도 있다고 생각하고, 그 거지 띨로빠가 어디에 있는지 물어보니,

"저기, 무너진 벽 쪽에서 연기가 나고 있는 바로 저기요"라고 대답했습니다. 그곳으로 가니 띨로빠가 죽은 물고기와 아직 살아 있는 물고기가 섞여 있는, 나무 물통 앞에 앉아 있었습니다. 물고기를 한 마리씩 꺼내서 불에 구운 다음 입에 넣는 것과 동시에 손가락을 한 번씩 퉁기면서[181] 앉아 있었습니다. 나로빠가 오체투지로 절을 올리고,

"제자로 받아 주십시오" 하고 청하니,

"무슨 말이요? 나는 거지에요"라고 말했습니다. 나로빠가 거듭 끈기 있게 청하니 결국 띨로빠는 그를 제자로 받아들였습니다. 그와 같은 행동도 띨로빠가 배가 고파 먹을 것을 얻지 못해서 물고기를 죽인 것이 아닙니다. 그렇지만 그 물고기는 해야 할 일과 하지 말아야 할 일에 대해 알지 못하는 악업을 지닌 유정입니다. 그분에게는 그 물고기를 다른 세상으로 안내할 수 있는 능력이 있기 때문에 그 살코기를 의식$_{意識}$과 연결

---

181 손가락을 퉁기면서: 다른 중생의 의식을 정토로 전이시키는 수행(포와)시 행하는 것의 일부이다. 3부 참조.

되도록 그분이 드심으로써 의식을 정토로 보냈습니다. 그와 같이 사라하(Sarahapa)는 활 만드는 사람의 모습을 그리고 샤와리빠(Shavaripa)[182]는 사냥꾼의 모습을 하고 있는 등 성자의 나라 인도의 대성취자들은 대부분 불가촉천민 등 아주 천한 차림새를 하고 있었습니다. 그러므로 스승의 어떠한 행동에 대해서도 잘못 보지 말고, 오로지 청정한 생각만 닦아야 합니다.

> 어떠한 행동도 오해하지 말라.
> 성자의 나라 대부분의 성취자들은
> 가장 낮은 불가촉천민이나
> 악행을 행하는 평범한 사람의 모습을 하고
> 망가진 사람들 중에서도 가장 망가져 있다.

고 했습니다.

이처럼 하지 않고 오해하고 결함을 살피게 되면, '오랫동안 함께 지내면 붓다의 결함도 보게 된다'고 말한 것처럼 붓다라 할지라도 결함을 보게 됩니다.

예전에 붓다의 이복형제인 쑤낙사뜨라[183]라는 비구는 24년 동안 붓다를 모셨습니다. 3장의 열두 가르침[184]을 모두 암기하여 가르칠 줄 알았지만 능인能仁(붓다)의 모든 행위를 속임수라고 보았습니다. '한 발(여섯 자)의 후광이 있고 없는 정도의 차이를 제외하고 우리 두 사람은 같다'고 생각하는 놀라운 잘못된 생각을 갖게 되었습니다.

---

182 샤와리빠: 나가르주나의 제자이며 사라하의 스승인 인도의 대성취자.
183 쑤낙사뜨라: 선성善星 '착한 별'의 의미임.
184 3장의 열두 가르침: 12부경十二部經 혹은 12분교十二分敎. 붓다의 교설 3장을 그 경문의 성질과 형식에 따라 열두 가지로 구분한 것.

인간의 햇수로 24년간 그대를 시봉했지만
한 발의 후광을 지니고 있는 몸을 제외하고는
참깨 씨만큼의 공덕도 나는 찾아볼 수 없었네.
법은 내가 아는 것과 같으니 더 이상 시봉하지 않으리라.

고 말하고 가버렸습니다. 그 뒤 붓다의 시봉자는 아난다가 하게 되었습니다. 아난다가 어느 날 붓다께,

"쑤낙사뜨라는 다음에 어디에 태어나겠습니까?"하고 여쭈니,

"쑤낙사뜨라는 지금부터 일주일이 지나면 삶의 시간이 다하여 꽃밭에서 아귀로 태어날 것이다"라고 말씀하셨습니다. 아난다는 쑤낙사뜨라에게 다가가서 붓다께서 이렇게 말씀하셨다고 말하니, 쑤낙사뜨라는 '때로는 그의 거짓말이 진실처럼 되기도 한다. 그러니 일주일 동안 조심스럽게 행동하여, 일주일이 지나면 곧바로 그가 당혹스럽고 부끄럽게 만들어야겠다'고 생각하고서 일주일 동안 금식을 하면서 지냈습니다. 일주일이 되는 날 저녁에 목이 말라서 물을 한 모금 마셨는데 물이 소화되지 않아 결국 죽게 되어, 꽃밭에서 아홉 가지 추한 특징을 지닌 아귀로 다시 태어났습니다. 그러므로 스승의 거룩한 행동을 결함으로 보게 될 때는 본인 스스로 부끄럽게 생각해야 합니다. 그리고 우리들 각자는 마음의 눈이 순수하지 못하니, 그분의 행동에 결함이나 실수가 조금도 없다고 생각하면서 보다 강한 믿음과 청정한 인식을 일으켜야 합니다.

자신의 인식을 지배하지 못하고
상대방의 잘못을 찾는 악행이 헤아릴 수 없구나.
3장의 열두 가지 가르침에 통달하였으나
비구 쑤낙사뜨라가 악행의 힘에 사로잡혀
붓다의 행동을 위선으로 보는 태도를

올바르게 사유하여 본인이 스스로를 고쳐야 한다네.

라고 했습니다. 그처럼 만일 거룩한 스승이 자신에게 크게 마음으로 분노하는 것처럼 보일지라도 화를 내지 말고, '다만 나의 잘못만 보시고 꾸중하는 것이며 꾸중을 통해 조복調伏시킬 때가 되어 나를 조복하는 것이다'라고 생각하면서 깊이 사유하세요. 스승의 마음이 평안할 때 가까이 다가가서 참회하고 다시는 그런 일을 하지 않겠다고 맹세해야 합니다.

> 만약에 스승께서 화가 난 것으로 보이면
> 스승께서 나의 잘못을 보고
> 꾸중으로 조복시킬 때가 되었다는 것을 아신 것이니
> 참회하고 맹세하세요.
> 현명한 사람은 마라의 힘에 굴복하지 않습니다.

스승이 계시는 곳에 있을 경우에도, 스승이 자리에서 일어나실 때는 자리에 앉아 있지 말고 본인도 곧바로 일어서야 합니다. 앉아 계실 때는 편찮으신지 어떤지 여쭈어 보고, 필요한 물건 등 이것이 필요할 것 같다고 생각되는 것은 기회를 살펴서 스승의 마음에 드는 것을 드리세요.

시자侍者로 스승을 따라갈 때도, 앞서서 가면 스승에게 등을 보여 주는 것이기 때문에 그렇게 가지 마세요. 뒤따라가면 스승의 발자국을 밟는 것이기 때문에 그렇게 가지 마세요. 오른 편에서 가면 상석上席을 차지하는 것이 되기 때문에 그렇게 가지 마세요. 따라서 스승의 왼편에서 약간 뒤를 따르는 모습으로 공경심을 품고 따라가세요. 만일 위험한 길인 것 같으면, 허락을 구하여 앞서 가도 잘못이 없습니다.

스승이 앉는 자리나 탈 것의 앉는 자리를 밟는다거나 스승의 말을 타고 가서는 안 됩니다. 방문도 거칠게 열거나 세게 닫지 말고 조용히 열고 닫아야 합니다.

   스승이 계신 곳에서는 몸으로는 경박한 몸짓을 보인다든가 언짢은 표정을 삼가하세요. 말로는 거짓으로 하는 말이나 생각 없이 하는 말, 농담이나 장난 등 우스갯소리, 쓸데없는 잡담, 관련 없는 이야기들을 삼가하세요. 마음으로는 존경심과 외경심을 지니고, 아무 생각 없는 우발적인 생각을 피해야 하는 등 공손한 태도를 익혀야 합니다.

> 스승께서 일어나실 때는 자리에 앉아 있어서는 안 되며
> 앉아 계실 때는 불편한 점을 여쭙고 필요한 것을 드려야 합니다.
> 걸어가실 때는 시자는 스승의 앞뒤와 오른편은 안 되며
> 스승의 자리를 밟거나 말을 타거나 하면 복덕이 줄어듭니다.
> 문을 세게 닫거나 경박한 몸놀림, 언짢은 표정을 하지 말고
> 거짓말, 쓸데없는 말, 우스갯소리, 관련 없는 말을 삼가며
> 지극히 평온한 행동과 말과 마음으로 스승을 모셔야 합니다.

   만일에 스승을 비난하거나 미워하는 사람이 있다면 그 사람은 친구로 대하지 마세요. 만약에 자신의 능력으로 스승을 믿지 않는 사람이나 비난하는 사람의 마음을 바꿀 수 있다면 그렇게 해야 합니다. 할 수 없다면 그 사람과 조심성 없이 마음을 터놓고 이야기하는 것을 삼가야 합니다. 다음과 같이 말씀하셨습니다.

> 스승을 비난하거나 싫어하는 사람은 친구로 삼지 말고
> 할 수 있다면 본인의 능력으로 그의 마음을 바꾸도록 하세요.
> 조심성 없이 터놓고 대화하면 상대방의 악행의 힘이 강하여
> 본인의 삼마야에 흠집을 갖게 할 것입니다.

그처럼 스승의 권속들이나 금강 형제자매들에게도 아무리 오랜 기간 동안 함께 지내더라도 싫증이나 짜증을 내지 말고 마음 편히 함께 지내세요, 마치 편안한 허리띠처럼. 당장 해야 할 어떤 일에도 본인이 중요하다는 생각을 접고 기꺼이 참여하세요, 마치 기꺼이 음식에 섞이는 소금처럼. 상대방이 욕하거나 싸움을 걸어오거나 감당할 수 없는 책임을 지워도 커다란 인내심으로 잘 참으세요, 마치 튼튼한 기둥처럼. 그와 같이 함께 지내면서 의지해야 합니다.

편안하게 함께 지내세요! 허리띠처럼.
기꺼이 어울려 들어가세요! 소금처럼.
강하게 끝까지 잘 참으세요! 기둥처럼.
이처럼 스승의 제자와 금강 도반을 가까이 하세요.

스승의 생각과 행동을 본받는 것

스승의 생각과 행동을 본받는 것[185]은 다음과 같습니다. 스승을 의지하는 모든 방식에 대해 확실히 한 다음에는, 예를 들면 깨끗한 연못에 사는 백조들이 연못의 물을 더럽히지 않고 자유롭게 놀며 즐기는 것처럼, 벌들이 꽃밭에서 이곳저곳 날아다닐 때 꽃의 색깔이나 향기에 해를 주지 않고 꽃의 꿀을 맛보면서 돌아다니는 것처럼, 싫증을 내거나 피곤해 하지 말고 스승께서 무슨 말씀을 하시든 그 말씀에 따라 행하여 스승의 마음을 붙잡으세요. 믿음과 불굴의 정진으로 열심히 추구하여,[186] 거룩한 스승의 마음의 흐름 속에 있는 문사수聞思修의 모든 공덕이 마치 품격을 갖춘 항아리에서 그 안의 내용물이 완벽한 다른 항아리로 부어지는 것처럼, 자신의 마음 흐름 속에 녹아 들어오는 것을 알아야 합니다.

    최상의 연못에 살고 있는 백조처럼
    꿀벌이 꽃밭에서 꿀맛을 즐기는 것처럼

---

185 스승의 생각과 행동을 본받는 것: 티벳어 공쬐랍ཀུན་དགོངས་སྤྱོད་བསླབས་པ་의 옮김으로 '생각'으로 옮긴 공빠དགོངས་པ་(☉abhiprāya)는 지혜로운 마음, 깨달은 마음, 깨달음(realization), 깊은 마음, 깊은 생각, 감춰진 의도를 뜻하며 밀의密意로 한역된다. 만일 스승의 '깊은 마음'을 먼저 성취하지 않는다면 스승의 행동을 본받는 것은 위선이 될 것이다.(『닝틱왼도신디』, 78쪽)

186 열심히 추구하여: 티벳어 네르렌ཉེར་ལེན་의 옮김으로 한문으로는 근취近取이다. '본인의 마음 흐름 속에 끊임없이 거듭 반복하여 일어나게 하여 지니는 것'이다.(『장한불학사전』, 569쪽)

항상 스승과 함께 지내는 놀라운 행동으로
싫증이나 피곤함 없이 스승의 마음을 붙잡아
믿음으로 열심히 추구함으로써 공덕을 경험할 것이다.

라고 말씀하셨습니다. 그와 마찬가지로 거룩한 스승이 보살의 행으로, 파도만큼 큰 복덕자량과 지혜자량을 쌓을 때 본인도 그것들 안에 최소한의 물질적 공양을 올리거나, 몸과 말로 힘써 행하는 공양을 올리거나, 하다못해 마음으로 수희찬탄隨喜讚嘆하는 공양 올리는 것으로도, 같은 목적으로 한다면 거룩한 스승의 더할 나위없는 의도에서 생긴 선업자량을 스승이 성취한 만큼 본인도 성취할 수 있습니다.[187]

예전에 티벳의 위짱으로 여행을 가는 두 사람이 있었는데, 그 중 한 사람에게는 자주색 콩가루 짬빠 약간 외에는 달리 가진 음식이 없었습니다. 반면에 다른 한 사람은 하얀색의 고운 짬빠를 많이 가지고 있었습니다. 그래서 짬빠를 조금 가진 여행자는 짬빠를 많이 가진 동료 여행자에게 합쳐서 섞으라고 자기 것을 주었습니다. 며칠이 지나자 짬빠를 많이 가진 여행자가 동료 여행자에게,

"이제 네 짬빠는 아마 다 먹고 없을 텐데……"라고 말하니,

"다 떨어졌는지 보자"고 말하고 나서 확인했는데 아직도 콩가루가 다 떨어지지 않고 남아 있었습니다. 여러 번 그처럼 확인했지만 콩가루 짬빠는 없어지지 않고 여전히 남아 있었기 때문에 짬빠를 모두 똑같이 먹어야 했습니다.

그러한 예처럼, 다른 사람이 하는 선행에 본인의 물질이나 행동이나

---

[187] 예를 들면 스승이 사원을 건립할 때 단돈 100루피라도 보시한다든가, 직접 그 일을 거들어 드린다든가, 하다못해 마음으로 함께 기뻐하고 다음에는 어떻게든 도와야겠다고 생각함으로써, 스승의 복덕자량과 지혜자량의 바다 안에 내 물방울 하나를 함께 섞는 것과 같아, 그렇게 하면 스승과 똑같이 선업자량을 쌓게 된다.(짬뙬 린뽀체)

말로 조금만 관련을 맺어도 그분과 똑같은 선근善根을 얻을 수 있습니다. 특히 정신적 친구(선지식善知識)인 스승이 그때그때 맡긴 일을 한다든가, 심부름을 간다든가, 심지어 거처하는 방을 청소해도 공덕을 쌓는 틀림없는 길이기 때문에 할 수 있는 만큼 최대한 그러한 일을 하려고 노력해야 합니다.

진정으로 보살의 행을 하시는
거룩한 스승이 쌓는 복덕자량과 지혜자량
어느 것이든 그 안에서 의도가 같은 모든 행위와
시봉하거나 심부름하거나 청소까지도
모든 노력은 열매를 맺을 것이니 자량을 쌓는 최상의 길이다.

귀의를 하거나 자량을 쌓는 모든 일의 더할 나위 없는 대상도 스승보다 더 뛰어난 것은 없으며, 특히 그 스승이 관정을 주거나 법을 설할 때에는 시방삼세 모든 붓다와 보살의 자비와 가피가 그 스승에게 들어가, 모든 붓다와 구분할 수 없이 한 몸이 되어 앉아 계시는 것입니다. 그러므로 다른 때에 백 번, 천 번 많은 공양을 올리는 것보다도 이런 때 음식을 조금이라도 올리는 것이 훨씬 큰 복덕입니다.

생기차제의 어떠한 본존 수행도 본존의 형상은 이런 저런 모습이 있지만, 본질은 본인의 근본 스승 외에 달리 없습니다. 그것을 안다면 가피를 신속하게 받을 것입니다.

원만차제의 지혜를 마음에 일으키는 것도 모두 다 전적으로 스승에 대한 헌신과 스승의 가피의 힘에서 나오며, 스승의 마음 흐름 속에 있는 깨달음에 대한 지혜가 자신의 마음 흐름 속에 생기게 하는 것입니다. 그러므로 생기차제와 원만차제 등 모든 수행에서 성취해야 할 핵심은 스승

자신에게 이미 구현具現되어 있습니다.

그 때문에 모든 현교와 밀교 경전에서 스승은 진정한 붓다라고 말씀하셨습니다.

> 무엇 때문에 근본 스승이 귀의처이고 자량전資糧田[188]인가?
> 스승을 성취하는 외부요가와 내부요가 두 가지 모두가
> 생기와 원만차제로 성취하려는 핵심을 포함하고 있으니
> 모든 현교와 밀교 경전에서 스승을 진정한 붓다로 설한다.

그러므로 깊은 생각(밀의)은 일체 붓다와 구분할 수 없지만 청정하지 않은 수행자인 우리들을 이끌기 위해서 보통 사람의 모습을 가진 몸으로 환생하여 실제로 머물러 계시는 이때에, 거룩한 스승께서 무엇을 말씀하시든 가르침에 따라 수행하고 세 가지의 섬김을 통해, 스승의 마음과 자신의 마음이 하나가 되도록 최선을 다해 노력해야 합니다. 그러나 실제 살아 계실 때는 섬기거나 공경하거나 가르침에 따른 수행 등을 하지 않고, 스승이 돌아가시고 이제 더 이상 계시지 않을 때 그분의 형상을 그려놓고 수행한다고 말하는 사람과, 사물의 본성에 대해 수행한다고 말하면서 심오한 것들을 다른 데서 찾고 스승의 마음속에 있는 끊음과 깨달음의 공덕(단증공덕斷證功德)[189]을 자신의 마음속으로 옮기고자 하는 헌신과 기도 등은 하지 않는 사람, 그러한 사람들을 '실제 수행하는 것과 수행하고자 하는 것이 서로 어긋난다'고 말합니다.

중음中陰에서 스승의 모습을 만나 길을 안내 받는 등 그런 일이 생기는

---

188 자량전(촉싱ཚོགས་ཞིང་) : 복전福田이라고도 한다. 오체투지로 절을 하거나 공양을 올리거나 기도 등을 함으로써 복덕과 지혜의 선자량을 쌓기 위한 대상이다.(『장한불학사전』, 1328쪽) 귀의경歸依境 또는 집회수集會樹라고도 한다.
189 끊음과 깨달음의 공덕: 상세 내용은 230쪽 주162 참조.

것도, 본인이 무량한 헌신(확고한 믿음과 공경심)을 지니고 스승의 자비(연민)와 기도의 힘이 최대로 축적됨으로써 그처럼 일어날 수 있습니다. 실제로 스승이 거기에 나타나는 것은 아니기 때문에 본인에게 헌신이 없다면 스승이 아무리 훌륭해도 중음 단계에서 길을 안내 받는 일은 일어나지 않을 것입니다.

> 우둔한 자들은 대부분 스승의 모습을 그려놓고 수행한다.
> 실제로 머물러 살아 계실 때는 공경하고 섬기지 않는다.
> 본성에 대해 수행한다고 말하나 스승의 마음은 알지 못한다.
> 수행하는 것과 수행해야 할 것이 상반되니 얼마나 괴로울까!
> 헌신은 없으면서 중음에서 스승을 만나는 것은 기적이다.

먼저 스승을 살필 때는 현명하게 살펴야 합니다. 그것도 관정이나 가르침의 관계를 청하기 전에 제대로 살핀 다음, 스승의 품격(법상法相)을 온전히 갖추고 있으면 따르고 다 갖추고 있지 않으면 따르지 말아야 합니다. 그렇지만 스승을 따르기 시작한 순간부터는 스승이 무엇을 행하시든 올바른 것으로 봄으로써 스승의 훌륭한 점(공덕)만을 생각하면서 믿음과 청정한 인식을 닦아야지, 결함을 찾는 등 그런 일을 하면 상상할 수 없는 해악이 생길 것입니다.

스승을 살피는 것은 또한 일반적으로, 현교와 밀교 경전에서 설명하는 모든 공덕을 다 갖추어야 하지만 특히 마음에 보리심을 반드시 지녀야 합니다. 그러므로 단 하나로 요약하면 보리심을 지녔는지 안 지녔는지를 살펴야 합니다. 스승이 마음의 흐름에 보리심을 지니고 있는 한 제자들에게도 이생과 내생에 가장 도움 되는 일은 어떤 것이든 할 것이므로, 제자에게 유익하지 않은 것은 생기지 않습니다. 그러한 스승이 가르치는 법 또한 대승의 길과 연결되어 있으므로, 어떠한 경우에도 올바른 길로 갈 수 있습니다. 보리심이 없으면 스승에게 이기적인 면이 있기 때문에 제자의 마음도 올바로 단련시킬 수 없고, 법을 가르치는 것이 아무리 심오하고 놀라워 보여도, 결국 이 세상 삶만을 추구하는 것이 됩니다. 따라서 스승을 살피는 모든 핵심은 여기에 포함되어 있기 때문에 스승의 마음이 보리심으로 가득 차 있다면, 겉모습이 어떻게 보이든 그분을 따라야 합니다. 마음에 보리심이 없는 사람은 처음에 출리심과 염리심, 부지런한 수행, 일상의 행동 등이 아무리 훌륭하게 보여도 따라서는 안 됩니다.

그렇지만 자신의 마음을 감추면서 지내는 성스러운 분들의 비범한 공덕을 우리 평범한 사람들은 아무리 살펴보아도 알 수 없습니다.

평범한 사기꾼도 위선적인 속임수에 능수능란하여, 성자처럼 보이는 사람도 있기 때문에 자신의 전생부터 관련이 있는 스승이 가장 중요합니다. 더구나 그 스승을 직접 뵙거나, 단지 목소리를 듣거나, 심지어 성함을 듣는 것만으로도, 온몸의 털이 일어서는 믿음이 흘러 넘쳐나게 하여 생각을 즉시 바꾸게 할 수 있는 그런 분은 자신의 전생으로부터의 스승이기 때문에 살펴볼 필요가 없습니다.

예전에 성자 밀라래빠에게 롱뙨라가께서, "너의 전생으로부터의 스승은 남쪽 '도오룽[190]의 암자'라는 곳에 가장 위대한 성자이며 번역의 왕인 마르빠로짜라는 분이 계시는데 바로 그분이니 거기로 가라"라고 말씀하셨을 때 마르빠라는 성함을 듣는 것만으로 성자 밀라래빠에게 특별한 믿음이 마음속 깊은 곳에서 생겨나, '목숨을 바쳐서라도 그 스승을 직접 뵙고 그분의 마음을 붙잡아야겠다'라는 생각이 일어났습니다. 스승을 만나러 갔을 때도, 마르빠는 쟁기질을 하는 것처럼 하고 밀라래빠를 마중하러 갔습니다. 밀라래빠가 가는 길에 마르빠를 만났을 때 그분이 스승

---

190 도오룽: 티벳 남부지역에 있는 마르빠가 태어난 로닥의 도오 계곡.

인지 알아보지 못했는데도 불구하고 이 세상 삶에 대한 쉴 새 없는 생각들이 한순간 딱 멈추면서 그 자리에 우뚝 멈춰 서 있었다고 말했습니다.

일반적으로 스승 또한 본인의 순수한 생각 혹은 순수하지 못한 생각과 본인의 과거 까르마의 힘(업력業力)으로 분별하는 것이기 때문에 본인이 법과 구전 가르침의 은혜를 입은 스승이 어떤 모습을 하고 있든, 스승에 대해 진정한 붓다라는 생각을 항상 지니고 있어야 합니다. 자신에게 남아 있는 선한 업이 없다면 훌륭한 스승과 만날 운(선연善緣)이 없으며, 자신의 생각이 청정하지 못하면 진정한 붓다를 만나도 공덕이 있는 것을 알아볼 수가 없기 때문에 자신의 과거 까르마의 힘으로 만나서 은혜를 입은 스승이 가장 중요합니다.

중간 단계에서 스승을 실제로 의지할 때도 더위와 추위, 배고픔과 목마름 등의 모든 어려움에 상관하지 말고, 스승께서 무슨 말씀을 하시든 그 가르침에 따라 실천하세요. 믿음과 헌신으로 그분에게 기도하세요. 처음에는 자신의 어떠한 행동도 스승께 여쭈어 보고, 그 스승께서 어떤 말씀을 하시든 그대로 행하세요. '제 마음은 오직 당신만이 안다'는 전적으로 신뢰하는 믿음을 가지고 의지해야 합니다.

마지막 단계에서 '스승의 깊은 생각(밀의密意)과 행동을 본받는 것'은 스승의 모든 행동을 자세히 살펴서, 본인 자신도 그와 똑같이 행하는 것입니다. 속담에도 "모든 행동은 모방이다. 가장 잘 따라 하는 사람이 가장 잘하는 사람이다"라고 말한 것과 같습니다. 일반적으로 법을 수행하는 것도 이전의 붓다와 보살들의 행동을 모방하는 것입니다. 제자가 스승을 의지하는 것도 그 스승을 따라 배우는 것이므로 그 스승의 깊은 생각과 행동 방식을 있는 그대로 자신이 받아들여야 합니다. 예를 들면, 제자가 스승을 따르는 것은 거푸집에서 주조되어 나온 짜차(흙으로 만들어진 조그만 불상이나 불탑)와 같습니다. 거푸집이 어떤 형상을 가지고 있든 그 모든 것이 짜차에 그대로 새겨져 있는 것과 같습니다. 스승이 마음의 흐름 속에 어떠한 공덕을 가지고 있든 그와 똑같은 만큼, 아니면 적어도 그와 거의 비슷한 정도는 확실히 얻어야 합니다.

그러므로 먼저 스승을 살피는데 능숙하고, 다음으로 스승을 따르는데 능숙하고, 끝으로 스승의 깊은 생각과 행동을 익히는데 능숙한 사람은 어떤 경우에도 바른 길로 가게 됩니다.

> 처음에 스승을 살피는데 능숙하고
> 중간에 스승을 따르는데 능숙하며
> 끝에 생각과 행동을 본받는데 능숙한
> 그와 같은 사람은 올바른 길로 간다.

따라서 모든 공덕을 갖춘 거룩한 정신적 친구(선지식)를 찾은 다음 그 스승을 따를 때는 몸과 목숨을 돌보지 말고 사다쁘라루디따 보살(상제보살)[191]이 다르모드가따 보살(법승논사)을 따른 것처럼, 대학자 나로빠가 스승 띨로빠를 따른 것처럼, 성자 밀라래빠가 로닥의 마르빠를 따른 것처럼 해야 합니다.

사다쁘라루디따 보살은 다르모드가따를 어떻게 따랐는가? 예전에 사다쁘라루디따 보살이 반야바라밀다를 찾아 황량한 외딴 곳에 갔을 때, 공중에서 다음과 같이 말하는 것을 듣고 동쪽으로 갔습니다.

---

191 사다쁘라루디따 보살: '항상 눈물이 가득한 보살(장춥쎔빠딱뚱우 བྱང་ཆུབ་སེམས་དཔའ་རྟག་ཏུ་)'의 의미를 가지며, 한역으로 '상제보살常啼菩薩'이라 한다. 스승에 대한 흔들림 없는 헌신과 끈기를 지닌 완벽한 제자의 전형을 보여준 분이다. 고대 인도의 다르모드가따 보살(장춥쎔빠최팍 བྱང་ཆུབ་སེམས་དཔའ་ཆོས་འཕགས་: 법승논사法勝論師)의 제자이다.

고귀한 집안의 자손이여, 동쪽으로 가라. 반야바라밀다를 듣게 될 것이니라. 그대의 몸이 피곤하거나 졸리거나, 덥거나 춥거나, 낮이든 밤이든 마음에 두지 말고 오른쪽도 왼쪽도 돌아보지 말고 곧장 가라. 그대는 머지않아 반야바라밀다가 경전에 들어 있다는 것을 듣게 되거나 반야바라밀다가 법을 설하는 비구의 몸에 있다는 것을 듣게 될 것이다.[192]

고귀한 집안의 자손이여! 그때 그대는 누군가에게서 반야바라밀다를 듣게 되는데 그 사람에 대해 그대의 스승이라는 생각을 일으키고 그분의 가르침에 대해 공경해야 하며 그분을 따라야 한다. 그분이 오감의 감각적 즐거움[193]에 빠져 있는 것을 보아도 모든 보살들의 능숙한 방편이라는 것을 알고 믿음을 버려서는 안 된다.

멀리 가지 못하고, 그는 '내가 그에게 얼마만큼 가야 하는지 물어보지 않았으니 나는 반야바라밀다를 가르쳐주는 사람에게 갈 수가 없구나' 생각하고서, 바로 그 자리에서 눈물을 흘리며 통곡하면서, '내가 아무리 오래 걸리더라도 반야바라밀다를 얻을 때까지 피곤해 지치거나 배고프거나 목마르거나 졸리거나 밤과 낮 등을 마음에 두지 말고 견뎌야 한다'라고 다짐을 하고, 외아들을 잃은 어머니처럼 오직 그 생각만 하면서, '반야바라밀다를 언제 들을 수 있을까' 하는 생각에 사로잡혀 있을 때 바로 그때 따타가따(여래如來)[194]의 형상이 앞에 나타나서서, 법을 구하는 것에

---

192 티벳어를 직역하면 "그대는 머지않아 경전에 들어 있는 반야바라밀다를 듣게 되거나 법을 설하는 비구의 몸에 지닌 반야바라밀다를 듣게 될 것이다"로도 해석되며, 영문본에서는 "그대는 머지않아 경전에 기록된 반야바라밀다를 얻게 되거나 다르마를 체득하고서 가르치는 수행승에게서 반야바라밀다를 얻게 될 것이다"로 번역되었으며, 중문본에서는 "그대는 머지않아 반야바라밀다의 경전을 얻게 되거나 반야바라밀다 법문을 지니고 설법하는 비구를 만나게 될 것이다"로 풀어 해석했다.

193 오감의 감각적 즐거움: 5욕락 혹은 5종묘락五種妙樂이라고도 하며, 형상·소리·냄새·맛·접촉의 감각을 즐기는 것이다.

194 따타가따(대신섹빠ད་བཞིན་གཤེགས་པ་, ⓢtathagata): '그렇게 가신 분'의 의미로 보통 여래라고 하며, '삼사라와 니르바나의 어느 쪽에도 머물지 않는 그러함의 길(여실도如實道)에 의지하여 큰 깨달음(마하보디)에 확실하게 이르신 분'을 뜻한다.(『장한불학사전』, 782쪽)

대해서 찬탄하시고,

> 여기에서 5백 유순由旬 가면 '향 내음이 풍기는 곳'이라는 도시가 있다. 그곳은 일곱 가지 보석으로 만들어졌고, 5백 개의 정원이 그 주위를 둘러싸고 있으며, 모든 공덕을 완벽하게 갖추고 있다. 그 한가운데 네 갈래 길이 만나는 곳에 다르모드가따 보살의 궁전이 있다. 궁전은 일곱 가지 보석으로 만들어졌고 둘레는 1유순 정도이다. 잘 가꾸어 놓은 정원을 포함해 놀라울 만큼 즐거운 곳에서 다르모드가따 보살과 그의 권속들이 8만 8천 명의 여자들과 함께 오감의 감각적 즐거움을 누리는데, 오감의 활용에 통달하여 더없이 즐거워하며 하고 싶은 것을 마음대로 즐기고 있다. 거기에 사는 사람들에게 과거·현재·미래 삼세에 걸쳐서 반야바라밀다를 가르치는 스승이 있으니, 그분에게 가라. 그러면 그분에게서 반야바라밀다를 듣게 될 것이니라.

라고 말씀하시는 것을 듣고, 다른 것은 전혀 생각하지 않고 오로지 그것만을 생각하고 있을 때, 바로 그 자리에서 다르모드가따 보살께서 반야바라밀다를 가르치는 것을 들을 수 있었습니다. 수많은 삼매의 상태도 실제로 경험했습니다. 시방세계에서 헤아릴 수 없는 붓다들이 반야바라밀다를 가르치는 것도 들을 수 있었습니다. 그분들은 법을 가르친 다음, 다르모드가따 보살에 대해 찬탄하면서 사라졌습니다. 그래서 사다쁘라루디따 보살은 다르모드가따 보살에게 기쁨과 믿음과 공경심이 생겨나, '나는 어떤 방법으로든 다르모드가따 보살이 있는 곳으로 가야 한다. 그런데 나는 가난하여 다르모드가따 보살에게 공양 올릴 옷이나 보석이나 향, 염주를 비롯해 정신적 친구를 섬기고 공경할 물건이 아무것도 없으니, 내 몸을 팔아서 그 값으로 다르모드가따 보살에게 공양을 올리리라. 무시이래 윤회하는 동안 헤아릴 수 없이 나의 몸을 팔았었고, 욕망으로 인해 수없이 많은 몸이 지옥에 다시 태어나 여러 조각으로 토막져 헛되이 버려졌지만 이와 같은 가르침을 위한 것도 아니었으며, 또한 이처럼 성스러운 분에게 공양을 올리기 위한 것도 아니었구나'라고 생각하고, 시장 한가운데로 가서,

"사람을 원하나요? 사람을 사려는 사람 어디 없습니까?"라고 소리쳐 불렀습니다. 그렇지만 악한 마라가 사다쁘라루디따 보살이 법을 위해 고행하는 것을 질투하였으므로 누구도 들으려 하지 않았습니다.

그래서 사다쁘라루디따 보살은 자신을 살 사람을 찾지 못하고 한쪽에서 울면서 눈물을 흘리고 있을 때 천신의 왕 제석천帝釋天이 사다쁘라루디따의 생각을 살피기 위해 브라흐만 아들의 몸으로 나타나서,

"나는 사실 사람은 필요하지 않지만, 희생제(뿌자)를 치르기 위해서 사람의 살과 기름 그리고 골수가 필요하니 당신이 판다면 값을 지불하겠다"고 말했습니다. 사다쁘라루디따는 기뻐하며 예리한 칼을 꺼내 오른팔을 찌르니 피가 흘러 내렸습니다. 그리고 오른쪽 허벅지 살을 남김없이 모두 발라낸 다음 뼈를 깨부숴 골수를 빼내기 위해 담벼락 가까이로 가고 있을 때 집 옥상에 있던 상인의 딸이 그 광경을 보고 급히 다가와,

"고귀한 집안의 자손이여, 자신에게 이 같은 고통을 무엇 때문에 주십니까?"라고 물었습니다. 다르모드가따 보살께 공양 올리기 위해 몸을 팔게 된 사연을 그 여자에게 말하니 상인의 딸이,

"그분에게 그 정도로 공양을 올려 무슨 이득을 얻게 됩니까?"라고 물었습니다.

"그분이 보살들의 능숙한 방편과 반야바라밀다를 가르쳐줄 것이며, 제가 그것을 배우면 일체지를 얻어서 붓다의 많은 공덕을 갖추게 되어 모든 중생들에게 귀중한 법을 나누어 줄 수 있게 될 것입니다"라고 대답했습니다. 그러자 상인의 딸이,

"그와 같은 공덕들은 그 공덕 하나하나를 위해 갠지스 강의 모래알만큼 많은 몸을 바쳐도 좋을 것입니다. 그렇지만 자신에게 그 같은 고통을 주지는 마세요. 다르모드가따 보살께 공양 올리기 위해 필요한 모든 물건들을 제가 드리겠습니다. 그리고 저도 다르모드가따 보살이 계시는 곳으로 함께 가겠습니다. 저도 그러한 공덕을 얻기 위해서 선업의 뿌리가 생겨나도록 하겠습니다"라고 말했습니다.

마침내, 천신의 왕 제석천은 자신의 몸을 보여 준 후 사다쁘라루디따 보살에게,

"나는 신들의 왕 제석천이다. 그대의 마음을 살펴보기 위해서 왔노라. 그대가 원하는 것은 무엇이든 줄 것이니 말하라"는 말에,

"저에게 붓다의 위없는 공덕을 주십시오"라고 청하니 제석천이,

"그것은 나의 영역이 아니니 줄 수가 없다"고 대답했습니다.

"그렇다면 저의 몸을 완전하게 되돌려 놓기 위해서 그대가 노력할 필요 없습니다. 제가 진리[195]의 가피를 불러들이겠습니다"라고 말한 뒤,

"어떤 진리에 의해서든, 모든 붓다께서 제가 윤회계에 다시는 되돌아가지 않는다고 하신 예언(수기授記)에 의해서든, 또는 저의 흔들리지 않는 고귀한 마음(이타적인 동기)의 진리에 의해서든, 혹은 진리의 말(진언眞言)에 의해서든, 저의 몸이 예전 그대로 되소서!"라고 사다쁘라루디따 보살이 말하자마자 몸이 이전과 똑같이 되었습니다. 제석천도 사라졌습니다.

그 후 사다쁘라루디따(상제보살) 보살은 상인의 딸과 함께 그녀의 부모가 살고 있는 집에 가서 사연을 말씀드리고, 공양 올리기 위한 많은 물건들을 모아 상인의 딸과 5백 명의 시종들과 함께 마차에 탔습니다. 딸과 그 부모를 비롯하여 많은 시종들과 함께 동쪽의 '향내음이 풍기는 도시

---

195 진리(덴빠བདེན་པ་, ⓢsatya) : 여기서는 오랜 명상수행이나 수많은 보시행 끝에 얻을 수 있는 선한 능력 혹은 공덕의 힘을 의미한다.(체링)

(향적성香積城)'에 도착했습니다. 거기서 다르모드가따 보살(법승논사)이 수십만 명의 대중들에게 법을 가르치는 것을 보았습니다. 그것을 보고 사다쁘라루디따 보살은 비구 스님이 선정에 들어 있는 것 같은 평온함을 얻었습니다. 그리고 상인의 딸과 시종들 5백 명과 함께 마차에서 내려 법승논사를 만나러 갔습니다.

그때 바로 그 자리에 법승논사는 반야바라밀다 법당을 건립했습니다. 그 법당은 일곱 가지 보석으로 만들어졌으며, 붉은 전단향나무로 장식되었고, 진주로 된 줄무늬 세공으로 덮여 있으며, 네 방향에 네 개의 여의보주가 설치된 등불이 있고, 네 개의 은향로에는 침향나무 향을 태우는 공양이 올려지고 있었습니다.

그 가운데에는 보석으로 장식된 네 개의 상자 안에 반야바라밀다가 들어 있었는데 그 책은 금으로 된 빼차에 청금석靑金石[196] 용액으로 기록된 것입니다. 그 빼차에 모든 천신과 인간들이 공양을 올리고 있어 그 이유를 여쭈어본 다음에 사다쁘라루디따 보살과 상인의 딸 그리고 상인과 5백 명의 시종들이 제대로 공양을 올렸습니다.

그리고 법승논사가 대중들에게 법을 가르치는 곳에 도착하여, 사다쁘라루디따 보살은 시종 5백 명과 함께 가지고 온 공양물로 법승논사에게 공양을 올리고 나서 상인의 딸과 시종들은 최상의 보리심에 대한 계를 받았습니다. 사다쁘라루디따 보살이,

"전에 만난 붓다들은 어디서 왔으며, 어디로 가셨나요?"라고 여쭈었더니, 법승논사는 '붓다들은 오고 감이 없다는 것을 설명한 장章(제불무래무거品諸佛無來無去品)'을 설하시고 자리에서 일어나 처소로 돌아가서 7년 동안 선정삼매에 들었습니다.

---

196 청금석: 터키석과 함께 금제품에 잘 어울린다. 황철석의 미세한 결정이 흩어져 있는 경우, 연마하면 군청색 바탕에 황백색 금속광택을 내는 황철석 결정을 뿌려놓은 듯하여 아름답고 가치도 높다. 유리瑠璃라고도 하며 황금빛 작은 점이 군데군데 있고 검푸른 빛이 나는 광물이다.

한편, 그 동안 사다쁘라루디따 보살과 상인의 딸과 5백 명의 시종들은 눕거나 앉아 있는 행동을 삼가고 서 있거나 걷는 두 가지 행동만으로 시간을 보내면서, 언제 법승논사가 삼매에서 일어나 법을 가르치게 될 것인지 그것만 생각하고 있었습니다.

그렇게 7년이 거의 다 되어갈 때,

"이제부터 7일이 지나면 법승논사가 삼매에서 일어나 법을 가르치게 될 것이다"라는 말을 사다쁘라루디따 보살이 천신들로부터 듣고, 5백 명의 시종들과 함께 법승논사가 법을 가르치게 될 장소를 사방으로 1유순에 이르기까지 바닥을 쓴 후, 먼지가 일어나지 않도록 물을 뿌리기 시작할 때, 악한 마라가 모든 물을 사라지게 했습니다.

그래서 사다쁘라루디따 보살은 자신의 모든 혈맥에 구멍을 뚫어 피를 길바닥에 뿌리니, 상인의 딸과 5백 명의 시종들도 각자 모든 혈맥에 구멍을 뚫어 피로 길바닥을 적실 때, 천신의 왕 제석천이 그 피를 전부 천신계의 자단향나무로 변화시켰습니다.

사다쁘라루디따 보살은 시종들과 함께 거기에 사자좌獅子座를 마련하고 훌륭하게 장엄하니, 법승논사가 오셔서 자리를 잡으시고, 반야바라밀다를 설하셨습니다. 그로 인해 사다쁘라루디따 보살은 6백 만의 다양한 삼매의 경지를 성취하였으며 헤아릴 수 없는 붓다의 모습을 친견하였습니다. 그때 이후로는 꿈에서도 붓다의 모습과 떨어진 적이 없었습니다. 지금도 사다쁘라루디따 보살은 '지칠 줄 모르는 아름다운 목소리로 사자후獅子吼를 토하는 분이라는 완벽한 붓다(무진묘음여래無盡妙音如來)'가 계시는 곳에 머물러 있다고 말합니다.

또한 대학자 나로빠(Naropa, 1016~1100)가 띨로빠를 따를 때도 헤아릴 수 없는 고난을 겪었습니다. 전에 설명한 대로, 나로빠는 거지 행색으로 지내고 있는 띨로빠를 만나 제자로 받아 달라고 요청해서, 띨로빠께서 좋다고 말씀하신 후 어디를 가든 뒤에 그분을 데리고 다녔습니다. 그렇지만 법은 전혀 설하지 않았습니다.

어느 날 9층으로 된 성의 꼭대기로 데리고 가서,

"스승의 말씀대로 실천하기 위해 이 성의 꼭대기에서 뛰어내릴 수 있는 자가 있겠는가?" 물으니, '여기에 다른 사람은 아무도 없다. 나 자신에게 말씀하신 것이다'라고 생각하고, 성의 꼭대기에서 뛰어내렸습니다. 그래서 온몸이 다 망가져 헤아릴 수 없는 통증과 고통이 일어났습니다. 스승이 나타나서,

"아픈가?"라고 묻는 말에,

"아픈 정도가 아니라 주검이나 다를 바 없습니다"라고 대답하니, 가피를 주시고 몸을 이전처럼 회복시켜 또 데리고 갔습니다. 어느 날 띨로빠께서,

"불을 피워라"라고 말씀하셨습니다. 불이 타오르자 그분은 긴 대나무 조각 여러 개에 기름을 칠하여 불에 그을린 뒤 나로빠를 불러,

"스승의 말을 따르기 위해서는 이와 같은 고난도 감수해야 한다"라고 말씀하시고, 쪼개진 대나무 조각들을 손톱과 발톱 사이에 찔러 넣으니 몸의 모든 관절이 뻣뻣해지고 참을 수 없는 통증으로 고통당하고 있는데, 스승은 어디론가 가버렸습니다. 며칠 후 스승이 나타나서 대나무 조각들을 빼내자, 그 자국에서 피와 고름 등이 엄청 흘러나왔습니다. 다시 가피를 행하시고 데리고 떠났습니다. 어느 날은,

"나로빠, 나 지금 배고프다. 먹을 것을 좀 얻어오너라"고 말씀하셨습니다. 농사일을 하는 많은 사람들이 음식을 먹는 곳으로 가서 요청하니 삶은 국수를 해골바가지에 가득 주었습니다. 돌아와 스승께 드리니, 아주 맛있게 드시고 매우 기분이 좋은 듯했기 때문에 나로빠 혼자 생각에,

'내가 전에 스승에 대한 시봉을 그만큼 오래했지만 이번처럼 마음에 흡족해 하신 적은 없었다. 지금이라도 가면 조금은 더 얻을 수 있겠지' 생각하고서 다시 해골바가지를 가지고 갔지만, 그 사람들은 일하러 가고 아무도 없었습니다. 마침 방금 전에 먹고 남은 음식이 그곳에 놓여 있어서 '지금 훔치는 것이 최선이다'라고 생각하고 음식을 가지고 도망가는데 그 사람들이 보고 뒤를 쫓아와 붙잡아서 죽도록 두들겨 팼습니다. 상상할 수 없는 통증으로 일어날 수가 없어 거기서 며칠 동안 꼼짝 못했습니다. 다시 스승이 나타나 가피를 주시고 데리고 떠났습니다. 어느 날,

"나로빠, 나에게 많은 물건들이 필요하니 훔쳐오라"고 말씀하셔서, 어느 부유한 사람에게 훔치러 갔으나 들켜서 붙잡혀 또 한 번 죽도록 맞았습니다. 며칠 후에 스승이 나타나,

"아픈가?" 하고 묻는 말에 예전과 똑같이 대답했더니 스승은 가피를 주시고 다시 데리고 갔습니다. 이 일을 포함해서 열두 번 그와 같은 큰 시련과 열두 번의 작은 시련을 합해서 스물네 번의 갖가지 시련을 한 몸으로 겪었습니다.

그처럼 모든 고행을 마치고 난 어느 날,

"나로빠, 가서 물을 길러 오너라. 나는 여기서 불을 피우고 있겠다"라고 말씀하셨습니다.

나로빠가 물을 길어 왔을 때 스승은 불을 피우고 있다가 일어나서 따라와, 왼손으로 나로빠의 멱살[197]을 잡았습니다.

"나로빠, 이마를 내밀어 보여!"라고 말씀하면서 오른손으로 샌들을 벗어 들고 이마를 후려치니 나로빠는 눈앞이 칠흑같이 캄캄해져 정신을

---

[197] 멱살: 티벳어 원문 퇴짜ཧྲད་ཅུང་는 '머리의 맥'을 뜻한다. 통짜ཧྲད་ཅུང་('목 부위의 맥'의 의미)의 잘못된 표기로 보며, 이에 따라 '멱살'로 번역한다. (체링) 영문본에서는 '머리'로, 중문본에서는 '목구멍'으로 번역되어 있다. 티벳어 통쩨ཧྲད་ཅུང་는 '두 개의 쇄골이 만나는 가슴의 윗부분'으로 이 단어가 멱살에 가장 적합한 것으로 생각된다.

잃었습니다. 다시 정신이 들었을 때 스승의 마음 흐름 속에 있는 모든 공덕이 나로빠의 마음 흐름 속에 생겨 스승과 제자의 '깊은 생각(깨달음의 지혜)'[198]이 구분할 수 없이 혼연일체가 되어 있었습니다.

그처럼 대학자 나로빠는 스물네 번의 시련을 겪었지만 그것들도 사실은 스승의 가르침이기 때문에 장애를 닦는 방편이 되었습니다. 그렇지만 겉모습 자체는 의미 없는 고행일 뿐 그렇지 않고 이것을 법이라고 생각하는 사람은 한사람도 없었으며 스승 역시 법은 한 마디도 가르치지 않았습니다. 제자 또한 단 한 번의 오체투지를 포함해서 법을 전혀 수행하지 않았지만 성취를 얻은 스승을 만나서 어려움에 상관하지 않고 무슨 말씀을 하시든 스승의 말씀에 따라 수행했기 때문에 장애가 닦아짐으로써 깨달음이 마음에 일어났습니다. 그러므로 스승의 말씀대로 행하는 것보다 더 훌륭한 법 수행은 세상에 아무것도 없으며 스승의 말씀을 실행하면 그만큼 이로움이 커집니다. 그와 마찬가지로 스승의 가르침을 조금만 어겨도 해악이 특히 무겁습니다.

또한 어느 날 띨로빠께서 나로빠에게,

"너는 비끄라마씰라의 문을 지키는 빤디따의 책임[199]을 맡지 말라"라고 말씀하셨습니다. 나중에 나로빠께서 마가다국에 갔을 때 비끄라마씰라의 문을 지키는 빤디따가 돌아가셨습니다. 모두가,

"외도들과 논쟁할 수 있는 다른 사람이 없으니 북문을 지키는 빤디따를 하셔야 합니다"라고 강력하게 청했습니다. 그래서 북문 지키는 일을

---

198 깊은 생각: 티벳어 གོངས་དགོངས་པ་는 의도(intention), 생각(thought), 깊은 경험(deep experience), 깨달음(realization), 지혜(wisdom)로 번역된다. 중문번역에서는 밀의密意로 되어 있다.
199 당시 인도에 있었던 세 개의 큰 불교대학(날란다 · 비끄라마씰라 · 오단따뿌리) 중 하나로, '문(어느 한 분야)을 지키는 빤디따의 자리'는 외도 사상가의 논쟁도전에 맞서서 불교철학의 입지를 방어하는데 가장 능력 있는 학자에게 주어진다. 서로 다른 사상을 가진 논사들 사이의 공식적인 격렬한 논쟁이 그 당시 북인도의 높은 문화를 지닌 시기의 특징이었다.(영문본, 주100 참조)

하고 있는데 한 외도가 논쟁을 하러 와서 여러 날 동안 논쟁을 했지만, 외도를 당해낼 수 없었습니다. 스승에게 간절히 기도를 하니, 어느 날 띨로빠가 눈을 부릅뜨고 뚫어져라 쳐다보면서 앞에 나타났습니다.

"자비심이 정말 없으시네요! 좀 더 일찍 오실 수 없었나요?" 하고 말하니,

"내가 너에게 문 지키는 빤디따를 하지 말라고 하지 않았더냐? 이제, 너는 나를 자신의 정수리 위에 있는 것으로 관상하면서 검지손가락으로 (위협하는 무드라를 하고) 외도를 가리키면서 논쟁을 하라"고 말씀하셨습니다. 그처럼 해서 나로빠가 이겼으며, 외도와 모든 논쟁을 완전히 물리쳤습니다.

또한 성자 밀라래빠는 로닥의 마르빠를 어떻게 따랐는가? 응아리 지역의 궁탕에 밀라쉐랍걜첸이라는 부자가 살았는데 그에게는 아들과 딸이 있었습니다. 그 아들이 밀라퇴빠가라고 하는 성자 밀라입니다. 그들 오누이는 어렸을 때 아버지가 돌아가셨기 때문에 재산을 비롯하여 가지고 있는 모든 것을 삼촌인 융둥걜첸이라는 사람이 빼앗아갔습니다. 그들 어머니와 아이들은 셋이서 먹을 것이나 재산이 아무것도 없어 많은 고난을 당했습니다.

그래서 짱 지방의 융뙨토걜과 하제눕충에게서 밀라래빠는 흑마술과 우박폭풍을 배워서 삼촌의 아들과 며느리를 비롯하여 35명을 집을 무너뜨려 죽였습니다. 그 일로 인해서 그 지방 사람들이 모두 적대시했기 때문에 우박이 흙벽돌 세 개 높이[200]만큼(3미터 정도) 쌓이도록 내리게 했습니다.

---

[200] 흙벽돌 세 개 높이(걍림슘 གྱང་རིམ་གསུམ་): 약 3미터. 티벳의 많은 지역에서 집을 지을 때 벽을 진흙벽돌로 만든다. 나무판을 벽의 선을 따라 평행하게 설치하고, 그 사이에 반죽한 흙을 다져 넣은 다음 마르도록 놓아둔다. 다 마르면 나무판을 제거하여 다음 단계에 설치한다. 거푸집으로 사용하는 나무판의 폭은 보통 1미터 정도 된다. 쌓인 눈의 깊이를 대충 말할 때 걍 གྱང་ 혹은 걍림 གྱང་རིམ་이라는 말을 흔히 사용한다.(영문본, 주101 참조)

나중에 그러한 잘못을 뉘우치고, 법을 성취하고자 하는 마음이 생겨 라마융뙨의 말씀에 따라 롱뙨라가라고 하는 족첸 수행자가 계시는 곳으로 가서 가르침을 청하니 다음과 같이 말씀하셨습니다.

나의 수승한 법은 족첸이다.
그 뿌리는 가장 수승한 것을 드러나게 하는 것이고
그 최상부는 가장 수승한 것을 증득하는 것이며
그 열매는 가장 수승한 것을 지니는 것이다.[201]
낮에 수행을 하면 낮에 깨달음을 얻게 되고
밤에 수행을 하면 밤에 깨달음을 얻게 된다.
과거에 쌓은 선업의 과보가 아직 남아 있는 선연 있는 사람은
수행할 필요 없이 들음으로써 해탈하게 되며
아주 뛰어난 근기를 갖춘 선연 있는 자를 위한 법이므로
이 법을 너에게 주겠다.

관정과 구전 가르침을 받고 나서 그분은 혼자 생각에, '내가 처음에 흑마술을 할 때 14일만에 성취를 이룬 큰 징후가 나타났다. 우박폭풍은 7일

---

201 티벳어 원문은 짜와중걜བ་བྱུང་རྒྱལ་ 쩨모톱걜མོ་ཐོབ་རྒྱལ་ 대부욕걜འབྲས་བུ་ཡོག་རྒྱལ་이다. 영문본에는 "그것의 뿌리는 시작을 정복하는 것이고(It's root is the conquest of the beginning), 그것의 정상은 성취를 정복하는 것이며(its summit the conquest of attainment), 그 열매는 요가를 정복하는 것이다(and its fruit the conquest of yoga)"로 번역하고, 주102에 위 세 문장을 다음과 같이 설명했다. 첫 문장은 '우리의 본성인 불성은 어떠한 원인이나 조건에 의해서도 영향을 받을 수 없다.' 두 번째 문장은 '우리는 그 이상 높은 결과를 얻을 수 없다.' 마지막 문장은 '어떠한 요가도 더 이상 좋은 결과를 줄 수 없다.' 중문본에서는 모두 "근위생기승根爲生起勝, 정위중득승頂爲證得勝, 과위획득승果爲獲得勝"으로 옮겼다. 용수 스님은 "족첸의 근본은 시작을 이루는 것이고, 족첸의 정상은 성취를 이루는 것이며, 족첸의 결과는 요가를 이루는 것이다"로 해석했다. 한편 옹악왕촉둡 린뽀체는 열매가 열린 나무를 그려 보여주면서 "족첸의 뿌리는 가장 수승한 것을 찾는 것(to find the best)이고, 족첸의 꼭대기는 가장 수승한 것을 성취하는 것(to obtain the best)이며, 족첸의 열매는 가장 수승한 것을 갖는 것(to have the best)이다"로 해석했다. 가장 수승한 것은 '각자 모든 중생에게 본래부터 있는 승의적 보리심(불성, 릭빠도 동의어임)'을 뜻하는 것으로 볼 수 있다. 이와 관련된 내용은 362쪽 주78과 366쪽 주82를 참조바람.

로 충분했다. 이제 흑마술이나 우박폭풍보다도 더 쉬운 법을, 낮에 수행하면 낮에 깨달음을 얻을 것이고, 밤에 수행하면 그날 밤에 깨달음을 얻을 것이며, 과거에 쌓은 선업이 남아 있는 결과를 지닌 선근 있는 사람은 수행할 필요가 없다니 이와 같은 가르침을 만나게 된 것으로 보아 나도 과거에 쌓은 선업을 가지고 있는 사람이 분명하다'고 생각하고, 수행은 하지 않고 누워 지냈기 때문에 가르침과 수행자가 서로 어긋나게 되었습니다. 그 후 며칠이 지났을 때 스승께서 말씀하셨습니다.

네가 악행이 크다고 말한 것이 사실이구나. 내가 가르침에 대해 자랑한 것도 조금 지나쳤어. 그러니 이제 내가 너를 데리고 있을 수가 없다. 이제 너는 로닥의 도오룽이라고 하는 암자에, 인도의 성취자 나로빠의 직제자로 가장 뛰어난 분이며 번역의 왕이신 마르빠로짜라고 하는 신밀교의 성취자로 천상, 지상, 지하세계에 상대할 자가 없는 분이 계시는데 그분과 너는 전생부터 업연業緣이 있으니 그분에게 가라.

그에게는 번역가 마르빠의 성함을 듣는 것만으로 마음에 말할 수 없는 환희심과 온몸의 털이 떨리는 지복감至福感과 눈물이 흘러넘치는 무량한 헌신의 마음(확고한 믿음과 공경심)이 일어났습니다. 스승을 직접 만날 날이 언제 올까 생각하면서 길을 나섰습니다.

한편 스승 부부는 특별한 꿈을 많이 꾸어서 성자 밀라래빠가 올 것이라고 생각하고, 마르빠도 쟁기질하는 척하면서 계곡 아래의 길에 마중나와 있었습니다. 거기서 그분은 처음에 소에게 풀을 뜯기고 있는 마르빠의 아들 다르마 도데를 만났고, 더 가다가 도중에 밭을 갈고 있는 스승 마르빠를 만났는데 뵙자마자 말로 형언할 수 없는 환희와 헤아릴 수 없는 행복감에 휩싸여 이생에 대한 생각이 끊기고 한순간 정신을 잃었습니다. 그렇지만 그분이 스승인 줄 알지 못했습니다. 마르빠를 만나러 온

이유를 말하니,

"내가 그대를 마르빠와 만나게 해줄 테니 그대는 나의 밭을 갈고 있게"라고 말하고, 창(티벳 전통술)을 한 병 주고 떠났습니다. 그 자리에서 창을 남김없이 마시고 밭을 완전히 다 갈았을 때 스승이 있는 곳에서 아들이 부르러 와서 함께 갔습니다.

스승을 만나서 스승의 발을 정수리에 갖다 대고,

"스승님! 저는 니마라뙤[202]에서 온 죄가 큰 사람입니다. 그러니 제 몸과 말과 마음까지도 바치겠습니다. 먹을 것과 입을 것과 가르침을 스승님께 청합니다. 이생에서 깨달음을 얻게 해 주십시오"라고 청했습니다. 마르빠께서,

"그대가 큰 악행을 저지른 자라고 잘난 체하는 것은 나와는 상관이 없다. 내가 특별히 악행을 쌓게 한 것은 아니다. 그대는 무슨 악행을 저질렀는가?"라고 물으니, 밀라래빠가 상황을 상세히 말씀드렸습니다.

"그래, 어떻든 몸과 말과 마음을 바치겠다는 것은 좋다. 그렇지만 먹을 것과 입을 것과 가르침 세 가지를 다 얻을 수는 없다. 먹을 것과 입을 것을 줄 테니 가르침은 다른 데서 찾아라. 아니면 가르침을 줄 테니 먹을 것과 입을 것은 다른 데서 구하라. 이 두 가지 중 선택하라. 나에게 가르침 받기를 선택한다면 한 생애에 깨달음을 성취하고 못하고는 네 자신의 불굴의 노력에 달려 있다"고 말씀하셨습니다.

"저는 스승이 계신 곳에 법을 구하러 왔으니, 먹을 것과 입을 것은 다른 데서 구하겠습니다"라고 말씀드리고, 며칠 동안 거기서 지내면서 로닥 계곡의 위아래 모든 곳에서 탁발하여 보리 스물한 말[203]을 얻었습니다. 그

---

[202] 니마라뙤ཉི་མ་ལ་སྟོད་: 중부 짱의 서부지역으로, 현재 네팔의 수도 카트만두 북쪽의 딩리(흔히 '팅그리'로 표기되는 지역임)가 속하는 라뙤 지방을 말하는 것으로 보인다.
[203] 말: 티벳어 캘ཁལ་의 본래 의미는 '짐(load)', '(약의 등에) 짐을 싣다'라는 뜻이며, 티벳에서 부피를 측정하는 단위로 13~15kg에 해당한다. 한 캘은 20데ཟྲེ་에 해당하고, 데는 약 1리터로 정

중 열네 말로 사방에 손잡이가 달린 구리 항아리를 하나 사고 여섯 말은 포대 속에 넣어서 항아리와 함께 스승께 드리러 갔습니다. 보릿자루를 방바닥에 내려놓으니 집이 흔들렸습니다. 스승께서 일어나시더니,

"신참내기가 힘이 좋구나! 네가 맨손으로 집을 무너뜨려 우리들을 그 아래 깔려 죽게 하려고 하느냐? 보릿자루를 밖으로 꺼내라"라고 말씀하시면서 발로 툭툭 차니, 밀라래빠는 보릿자루를 밖으로 꺼내야 했습니다. 그리고 나중에 그 항아리는 빈 채로 드렸습니다.

어느 날 스승께서,

"나에게 위짱에서 신심이 있는 제자들이 많이 오기로 했는데, 얌독딱룽빠와 링빠지역 사람들이 두들겨 패고 음식과 마실 것과 공양물을 빼앗아 갔으니, 그 두 지역에 우박이 쏟아져 내리게 하라. 그 또한 법 수행이니 나중에 구전 가르침을 주겠다"라고 말씀하셨습니다. 그 두 지방에 큰 우박을 내리게 한 다음 가르침을 청했더니, 다음과 같이 말씀하셨습니다.

너는 고작 우박 서너 개 내리게 해놓고 내가 인도에서 고난을 겪으면서 구해온 법을 얻겠다고? 정말로 법을 필요로 한다면 로닥의 고산지대 사람들이 녈로로(로닥의 한 지역)에서 온 내 제자들을 구타했고, 나에게도 아주 큰 모욕을 주었으니 그들에게 흑마술을 보여주어라. 흑마술의 효과를 보여주는 징표가 나타나면 대학자 나로빠의 '한생에 한 몸으로 깨달음을 얻는 구전 가르침'을 주겠다.

방형의 부피를 재는 용기를 나타내기도 한다. 한 데는 6풀ཕུལ이며, 풀ཕུལ은 곡물 부피를 재는 최소 단위로 '손을 오므려서 손 안에 가득 담을 수 있는 양'이다. 이 책의 영역본에는 21measures of barley로 표기되어 있다. 『티벳의 위대한 요기 밀라래빠』(정신세계사, 라마카지 다와삼둡 영역, 에반츠 웬츠 편집, 유기천 옮김) 159쪽에서 '보리 42되'로 번역하고 "영역본에는 420measures로 되어 있는데 여기서 measure의 실제 용적을 확인할 수 없어 그것을 '홉'으로 계산했다(역주)"라고 하단에 명기했다. 그러나 21캘은 420데가 되며, 이는 420리터에 해당되므로 되(2리터에 해당)로 환산하면 210되, 즉 21말이 된다. 따라서 420measure에서 'measure'는 5홉을 한 되로 환산하는 '작은 되' 즉 티벳의 데에 해당하는 것으로 보아야 한다.

거기서도 흑마술의 효과를 보여주는 징표가 나타났으므로, 밀라래빠가 가르침을 요청하니,

"허허, 네가 악행을 쌓은 대가로, 내가 목숨을 돌보지 않고 얻은 구전 가르침에 다끼니들의 따스한 입김이 아직도 서려 있는데, 그걸 원한다고 말하는 것은 농담이라고 해도 좀 심해 웃지 않을 수 없구나. 내가 아닌 다른 사람이라면 널 죽이려고 했을 것이다. 이제는 네 자신이 암독 사람들의 추수에 대해 배상하라. 그리고 로닥의 고산지대 모든 사람들을 되살려 와라. 그런 일이 일어난다면 구전 가르침을 주겠다. 그렇지 않으면 나에게 얼씬도 하지 마라"고 나무라시니, 너무 마음이 상해 많이 울었습니다. 다음날 아침 스승께서 직접 오셔서,

"어제는 내가 좀 심했지만, 너무 섭섭하게 생각하지 말고 차차 구전 가르침을 줄 것이니 조급해하지 마라. 너는 맡은 일을 끝까지 지극히 열심히 하는 사람이니, 내가 다르마 도데에게 줄 집을 한 채 지어주었으면 좋겠다. 그것이 끝나면 구전 가르침도 주고 먹을 것과 입을 것도 내가 마련해 주겠다"고 말씀하셨습니다.

"그 사이에 제가 법을 얻지 못하고 죽으면 어떻게 합니까?" 하고 여쭈니,

"그 때까지 죽지 않게 할 책임도 내가 질 것이며, 빈말로 자랑삼아 가르치는 법은 나에게 없다. 너는 인내와 끈기가 아주 강하니 나의 구전 가르침을 수행할 수 있다면 어쩌면 이생에 깨달음을 성취할 수도 있을 것이다."

그 외에도 좋은 가르침을 주고 나서 하나씩 차례로 동쪽 산마루에 원형 건물, 서쪽에 반달형, 북쪽에는 삼각형 건물을 세우게 하고, 각각 절반쯤 지었을 때 꾸지람과 함께 부수게 하여 흙과 돌을 원래 있던 자리로 갖다 놓게 했습니다.

그래서 밀라래빠의 등은 온통 까져 염증이 생겼습니다. '이것을 스승께 보여드린다고 해도 꾸지람만 돌아올 것이다. 부인께 보여 드려도 내가 하는 일을 과시하는 꼴이 될 것이다'[204]라고 생각하면서 보여드리지 못하고, 혼자 눈물을 삼키면서 법을 청하는 것을 도와 달라고 사모님께 애원했습니다.

사모님께서도 법을 줄 것을 마르빠에게 간청했습니다. 그러자 마르빠께서,

"당신은 좋은 음식을 마련하고[205] 밀라래빠를 이곳으로 데려 와요"라고 말씀하셨습니다. 밀라래빠가 오자 귀의에 대한 구전과 계를 주시고,

"이것들은 모두 '일반적인 법'이라고 한다. 특별한 비밀 만뜨라승의 구전 가르침을 원한다면 다음과 같은 것을 해야 한다"라고 말씀하시면서, 나로빠의 모범적인 삶에 대한 이야기와 고행을 겪은 상황들을 간략하게 설명해 주고,

"네가 거기에 도달하기는 어려울 게야!"라고 말씀하시니 밀라래빠는 눈물이 흘러넘치도록 강한 믿음이 일어나고, '스승께서 말씀하시는 것은 무엇이든 하리라'고 확고한 다짐을 했습니다.

그 후 며칠이 지나, 마르빠가 산책할 때 밀라래빠를 시자로 데리고 동남쪽의 협소하고 경사진 곳에 이르러서,

"여기에 네가 회색의 사각 9층 건물에 채광 지붕이 있는 꼭대기 층까지 합해서 10층 건물을 지어라. 그것은 절대로 부수게 하지 않을 것이

---

204 티벳어 래위수도와르둑ལས་ཡུལ་སུ་འབར་འདུག 을 영문본에서는 "(부인에게) 다만 곤혹스러운 일이 될 것이다"라고 다르게 의역했다. 『티벳의 위대한 요기 밀라래빠』(에반츠 웬츠 편집, 유기천 옮김) 164쪽에서, "사모님에게도 내가 그들을 위해 열심히 일하고 있음을 애써 알리려는 것 같아 역시 말할 수 없었다"고 번역되어 있다.
205 좋은 음식을 마련하고: 티벳어 사마샹뽀식길라ཟས་མ་བཟང་པོ་ཞིག་གྱིས་ལ 를, 중문본에서는 "당신은 가서 좋은 음식을 준비하고"로, 위의 책 밀라래빠의 전기에서도, "저녁을 잘 차려 놓고, 그 친구를 내게 데려와요"로 번역했으나, 영문본에서는 "좋은 음식을 주고"로 번역했다.

다.²⁰⁶ 완성되면 구전 가르침을 주겠다. 그리고 외딴 수행처로 수행을 가게 되면 필요한 것을 마련해 주겠다"고 말씀하셨습니다. 그래서 밀라래빠가 건물의 바닥돌을 깔고 짓기 시작하자, 스승이 아끼는 상급 제자 세 사람이 재미삼아 커다란 돌 하나를 굴려 올라왔습니다. 그래서 그 돌을 바닥에 넣고 2층 정도 완성했을 때, 스승 마르빠께서 앞의 돌을 보시고,

"이것은 어디서 났느냐?" 물으셔서 사실대로 말씀드렸더니,

"밀승의 두 단계(생기차제와 원만차제)에 대한 요가 수행을 하는 내 제자들은 너의 일꾼이 될 수 없다. 이 돌을 꺼내 본래의 자리로 갖다 놓아라"라고 말씀하셨습니다.

다시 건물 위쪽부터 허물어서 그 돌을 빼내 원래 있던 자리에 가져다 놓았더니,

"다시 네 손으로 갖다 놓아라"라고 말씀하셨습니다. 그 돌을 가지고 와서 이전처럼 놓고 계속 쌓아 올려서 건물이 7층까지 완성되었을 때 밀라래빠의 허리가 까져 염증이 생겼습니다.

"이제 너는 그 건물을 세우는 나머지 일은 그만두고 바닥에 열두 개의 기둥이 있는 회랑 형식에 법당이 딸린 건물을 지어라"라고 스승께서 말씀하셨습니다.

건물을 짓기 시작하여 회랑이 거의 만들어졌을 때, 다시 엉덩이가 벗겨져 염증이 생겼습니다. 그러는 동안 쨩롱의 메뙨첸뽀가 마르빠에게 삼바라²⁰⁷ 관정과 될의 출뙨왕에가 구하삼마자²⁰⁸ 관정을 청했습니다. 두 관

---

206 티벳어 데식꺙미식དེ་བཤིགས་ཀྱང་མི་བཤིག을 직역하면, "그것을 무너뜨려도 무너지지 않을 것이다"이며, 영문본에서는 "너는 이것을 무너뜨릴 필요가 없을 것이다"로, 중문본에서는 "잘 지은 후에는 다시 부수지 않을 것이다"로 번역했다. 따라서 문맥의 흐름에 적절하게 "그것은 절대로 무너뜨리게 하지 않을 것이다"로 옮겼다.

207 삼바라(뎀촉བདེ་མཆོག་, ⓢsamvara) : 짜끄라삼바라(콜로뎀촉འཁོར་ལོ་བདེ་མཆོག, ⓢchakrasamvara)와 같은 의미이며, 승락勝樂 · 상락上樂으로 한역된다. 대락大樂의 지혜를 성취하는 도과道果의 차제를 보여주는 무상 요가 모계 딴뜨라의 기본서와 그 본존(이담)을 말한다. 티벳어로 칸도왕 · 콜로돔빠 · 퇴빠쩬 · 도르제콜로 · 빠오 도르제 · 다와쬐뺀 · 리퇴빠 등도 짜끄라삼바

정 때 밀라래빠는 건물을 짓는 노역을 했으므로 관정을 받을 수 있으리라 기대를 하고 관정 받는 줄에 서있었습니다. 그러나 마르빠에게 꾸지람과 구타만 당하고 줄에서 쫓겨났습니다. 그 당시 밀라래빠 등은 모두 상처투성이가 되었고, 그 중 세 군데 상처에서는 피고름이 흘러내리는 고통이 일었습니다. 그렇지만 흙소쿠리를 앞으로 안고 나르면서 건물 짓는 일을 계속했습니다.

그러던 어느 날 슝의 응옥뙨최도르가 헤바즈라[209] 관정을 청하러 왔을 때, 마르빠의 부인이 개인적으로 물려받은 보석 중 커다란 터키석 하나를 밀라래빠에게 주었습니다. 밀라래빠는 그것을 관정을 받기 위한 공양물로 생각하면서 관정 받는 줄에 있었지만, 예전처럼 구타와 꾸지람을 받고 관정은 못 받았습니다.

'이제는 정말로 더 이상 법을 얻지 못하게 되겠구나'라고 생각하면서 정처 없이 방황하며 떠돌아다니는데 로닥콕빠의 어느 가정에서 『반야바라밀다 8천송』을 읽어 달라고 했습니다. 거기서 사다쁘라루디따 보살의 이야기를 읽게 되고 그것으로 인해 '법을 위해서 고난을 견디고 스승이 말하는 것은 무엇이든 실행하여 스승의 마음을 기쁘게 해야겠다'고 생각하면서 되돌아 왔습니다. 그때도 스승께서는 꾸지람과 구타만 하셨습니다. 그래서 밀라래빠가 심하게 절망하고 있을 때 마르빠의 부인께서 라마응옥빠[210]가 있는 곳으로 보내주셨습니다. 거기서 구전 가르침을 받아

라를 나타내는 다른 명칭이다. 헤루까라고도 한다.(『장한불학사전』, 836쪽)
208 구햐삼마자(གསང་བ་འདུས་པ་, ⓢguhyasamāja) : 무상 요가 부계 딴뜨라의 도과에 대한 모든 핵심 비밀을 모아 놓은 딴뜨라와 그 본존. 밀집密集(Assemblage of Secrets) 혹은 비밀집회로 한역된다. 나가르주나께서 저술한 『구햐삼마자의 바탕과 길(Path and Grounds of Guhyasamaja)』이 영문번역되었는데 1부 준비단계, 2부 생기차제, 3부 원만차제, 4부 10지와 5도를 포함하고 있다.
209 헤바즈라(꼐도르제ཀྱེ་རྡོ་རྗེ་, ⓢhevajra) : 희금강喜金剛 혹은 호금강好金剛으로 한역된다. 밀승무상 요가의 본존 중 한 분으로, 다른 명칭으로 계빠 도르제དགྱེས་པ་རྡོ་རྗེ་(Vajra of Joy)・도르제디국རྡོ་རྗེ་གྲི་གུག(금강만도金剛滿刀)・뺄댄탁퉁དཔལ་ལྡན་ཁྲག་འཐུང་(the glorious blood drinker)・롤빠 도르제རོལ་པ་རྡོ་རྗེ་(유희금강遊戲金剛) 등이 있다.(『장한불학사전』)
210 라마응옥빠བླ་མ་རྔོག་པ་ : 1036~1106. 응옥뙨최기도르제རྔོག་སྟོན་ཆོས་ཀྱི་རྡོ་རྗེ་, 즉 응옥뙨최도르རྔོག་

수행했지만 스승의 허락을 받지 않았기 때문에 성취를 조금도 얻지 못한 것으로 생각되었습니다. 그래서 스승의 지시에 따라 다시 라마응옥빠를 시봉한 다음 마르빠가 있는 곳으로 돌아왔습니다. 어느 날 마르빠는 공양의식 중에 라마응옥빠와 함께 있는 사람들을 크게 야단치고 구타하기 시작했습니다.[211] 밀라래빠는 생각하기를, '내 과거의 악업으로 인한 큰 죄와 두터운 장애 때문에 고통 받고 있을 뿐만 아니라 라마응옥빠와 스승의 부인에게도 이처럼 많은 고통스러운 일이 생겼다. 이제는 법은 얻지 못하고 악행만 쌓고 있으니 스스로 목숨을 끊어 죽는 게 좋겠다'라고 생각했습니다.

스스로 목숨을 끊으려고 준비를 하고 있는데, 라마응옥빠가 제지하려고 했습니다. 그때 스승 마르빠도 분노를 가라앉히고 그들 두 사람을 앞으로 불렀습니다. 그리고 밀라래빠를 제자로 받아들이고 좋은 말씀을 많이 해주시면서, 이름을 밀라도르제걜챈('밀라 집안의 확고부동한 승리의 깃발'을 의미)이라고 말씀해 주셨습니다. 삼바라 관정을 줄 때 예순두 분의 본존이 있는 만달라를 분명하게 보여주고 섀빠 도르제(소금강笑金剛)라는 비밀 이름을 주셨습니다.

마르빠는 모든 관정과 구전 가르침을 한 항아리에서 다른 항아리로 옮겨 붓는 것처럼 밀라래빠에게 전수해 주셨습니다. 밀라래빠는 더욱 어려운 고행으로 단련하면서 수행하여, 마침내 최상의 성취와 보통의 성취[212]를 얻었습니다.

རྔོག་ཆོས་རྡོ་의 줄임 말로 마르빠의 제자이다. 밀라래빠의 고통스런 일을 옆에서 보면서 안타깝게 여긴 마르빠의 부인은 어느 날 마르빠에게 창을 많이 드시게 하여 취해 잠든 틈을 타서 나로빠가 준 목걸이와 홍옥염주 등을 챙기고, 마르빠 이름으로 편지를 써서 밀라래빠에게 주어 라마응옥빠에게 보내 가르침을 받도록 한다.

211 어느 날 멀리서 온 제자 몇 명과 식구들이 참석한 잔치에서 마르빠는 긴 몽둥이를 옆에 두고 앉아 그 옆에 앉은 라마응옥빠를 노려보면서, '응옥뙨추도르, 이런 나쁜 녀석을 입문시킨 이유가 무엇인가?'라는 질문으로, 결국 거짓 편지가 들통 나서 응옥빠는 마르빠에게 나로빠의 목걸이와 염주를 되돌려 주게 되고 부인은 곤경에 처한다.

따라서 과거에 오셨던 인도와 티벳의 모든 현자와 성취자와 위드야다라(금강승의 지혜성취자)들도 모두 정신적 친구인 청정한 스승을 의지하여, 스승이 무슨 말을 하든 그 말씀대로 실행하여, 마침내 스승의 깊은 생각(밀의)과 구분할 수 없이 하나가 되었던 것입니다. 그러므로 스승의 어떤 행동도 잘못보지 않아야 하며, 속임수나 거짓이 없이 정직한 마음으로 따르지 않으면 작은 거짓말도 아주 무거운 악행이 됩니다.

전에 대성취자의 제자가 많은 대중들을 모아놓고 법을 설하고 있었습니다. 그때, 스승께서 거지차림으로 오셨는데 많은 사람들 가운데서 큰절을 올리는 것을 창피하게 생각해서 못 본 것처럼 행동했습니다. 저녁 때 모인 사람들이 흩어지자 스승을 만나서, 큰절을 올렸더니,
"조금 전에는 절을 왜 안 했느냐?"하고 물으셨습니다.
"보지 못했습니다"하고 대답하니, 그 즉시 두 눈알이 땅바닥에 떨어졌습니다. 결국 용서를 청하면서 정직하게 말씀드리니, 스승께서 가피를 주셔서 눈이 원래대로 회복되었습니다.

또한 인도의 위대한 성취자 크리슈나짜리야도 많은 제자들과 함께 바다에서 배를 타고 다니고 있었습니다. 그러던 어느 날, '나의 스승은 진정한 성취자지만 세간의 측면에서 보면 제자나 재물 등은 내가 훨씬 많다'는 생각이 일어났습니다. 그러자 곧바로 배가 바다에 가라앉았습니다. 물속에서 안간힘을 쓰며 허우적거리면서 스승에게 기도를 하니, 스승께

---

212 최상의 성취(촉기웅외둡མཆོག་གི་དངོས་གྲུབ་)는 깨달음을 얻는 것이며, 보통의 성취는 다음 여덟 가지 중 적어도 하나를 성취하는 것이다. 밀승에서 여덟 가지는 보검·환약·안약·신행神行(빠른 보행)·금단金丹(건강과 수명을 연장시키는 추출물)·비행飛行(공중을 날아다님)·은신隱身(모습을 감추어 사라짐)·토행土行(땅 속으로 다님)이다.(『둥까르 칙죄첸모』)

서 실제로 나타나 바닷물에 빠질 뻔한 위험에서 구해주었습니다.

"너는 큰 자만심이 일어났기 때문에 되돌려 받은 것이다. 나도 제자들과 재물을 단지 얻지 못했을 뿐, 그것들을 얻기 위해 노력을 했다면 너만큼 얻었을 것이다"라고 말씀하셨습니다.

그처럼 과거의 붓다들께서 셀 수 없을 정도로 많이 오셨지만, 그분들의 대자비로도 다 구제할 수가 없어서 우리들은 윤회계라는 고통의 큰 바다에 지금까지 남아 있습니다. 과거에 오셨던 헤아릴 수 없는 위대한 성취자들 또한 자비로 돌보아야 할 대상이 많아서 단지 그 모습을 만나는 행운(선연善緣)도 얻지 못했습니다. 이제는 붓다의 가르침이 막바지에 이르러 5탁 악세가 점점 분명해지고 있습니다. 이러한 시기에 우리들은 인간의 몸을 얻었으면서도, 오로지 불선을 행하는 데 사로잡혀 있습니다.

취해야 할 것과 버려야 할 것에 대해 알지 못합니다. 마치 눈먼 사람이 안내자 없이 황량한 벌판에서 헤매는 것과 같은 이 시기에, 정신적 친구인 훌륭한 스승들께서는 한없는 자비로 우리를 끔찍이 생각하며 우리들 개개인의 근기(선연善緣)에 따라 평범한 인간의 모습으로 오셨기 때문에 비록 마음은 붓다의 깊은 생각(밀의)에 안주하고 있지만 행동은 우리들의 마음에 맞추고 있습니다. 능숙한 방편으로 우리를 제자로 받아주셨고 수승한 정법의 문에 들어가게 해주셨습니다. 해야 할 일과 해서는 안 될 일에 대해 눈을 뜨게 해주셨으며 해탈과 일체지에 이르는 최상의 길을 실수도 망설임도 없이 보여주셨습니다. 따라서 사실은 진정한 붓다와 다름이 없으며, 우리에게는 붓다보다도 훨씬 더 큰 은혜로 돌보아 주기 때문에 언제 어떤 경우에나 세 가지 믿음을 가지고 올바로 스승을 따르도록 노력해야 합니다.

훌륭한 스승을 만났으나 미숙한 행동으로 스스로를 속이며
최상의 갈 길을 찾았으나 길이 아닌 절벽에서 헤매고 있는
저와 저처럼 올바르지 못한 성향을 가지고 있는 중생들에게
자신의 마음을 법으로 다스릴 수 있도록 가피를 내려주소서.

이상은 선지식인 스승을 따르는 가르침으로, 일반 예비수행을 마칩니다.

2부

내적인 특별한 예비수행

외적인 귀의로 3보三寶를 왕관처럼 받들고
내적인 귀의로 3근三根[1]을 성취하셨으며
승의적 귀의로 3신三身을 확실히 증득하신
비할 바 없는 스승의 발아래 정례올립니다.

두 번째 주제는 특별한 내부의 예비수행으로
모든 길의 디딤돌— 귀의
대승의 길로 들어서는 문 — 수승한 보리심 일으키기
불리한 조건인 악업과 장애를 닦아내는 — 금강살타 관상과 만뜨라 독송
유리한 조건인 자량을 쌓는 — 만달라 공양
네 가지 마라를 단번에 끊어내는 — 꾸살리 자량 쌓기
깨달음의 지혜를 마음에 일으키는 궁극적 방법 — 구루요가
이렇게 여섯 가지입니다.

---

[1] 3근: 가피의 근원으로 스승(བྱིན་རླབས་ཀྱི་རྩ་བ་བླ་མ)과 성취의 근원으로 이담 본존(དངོས་གྲུབ་ཀྱི་རྩ་བ་ཡི་དམ་ལྷ)과 장애제거와 보호의 근원으로 호법 다끼니(བར་གཅོད་སྲུང་བའི་རྩ་བ་མཁའ་འགྲོ་ཆོས་སྐྱོང)를 삼근본이라고 한다.

1장

귀의
(모든 길의 디딤돌)

귀의에 대한 가르침에는 귀의의 구분, 귀의하는 방법, 귀의의 계율과 공덕에 대한 가르침이 있습니다.

귀의의 구분

1. 믿음

 일반적으로 모든 법의 문을 열어주는 것이 귀의이며, 귀의의 문을 여는 것은 믿음입니다. 따라서 귀의의 첫 단계로 마음에 확고한 믿음을 일으키는 것이 가장 중요합니다. 그 믿음을 세분하면 순수한 믿음, 간절한 믿음, 확신에 찬 믿음, 이렇게 세 가지가 있습니다.

순수한 믿음

 먼저 순수한 믿음(청정신淸淨信)이란 붓다의 몸과 말씀과 마음을 상징하는 많은 것들이 있는 사원 같은 곳에 간다든가, 정신적 친구인 스승이나 훌륭한 분들이 계신 곳을 찾아 직접 뵙는다든가, 그러한 분들의 훌륭한 점(공덕)과 모범적인 삶에 대한 이야기를 듣는 등 그러한 것들로 인해 곧바로 그분들의 광대한 자비심을 생각하면서 마음이 고취되어 믿음이 일어나는 것을 순수한 믿음이라고 합니다.

간절한 믿음

간절한 믿음(욕락신欲樂信)이란 윤회계 악도의 고통 등에 대해 듣고 그로부터 벗어나고자 하는 간절한 마음을 일으키고, 상도上道와 해탈의 기쁨에 대해 듣고 그것을 얻고자 하는 강한 마음을 일으키는 것입니다. 선행의 이로움에 대해 듣고 그것을 행하고자 하는 염원과 악행의 해로움을 보고 그것을 멀리하고자 하는 간절한 마음을 일으키는 것들입니다.

확신에 찬 믿음

확신에 찬 믿음(승해신勝解信)이란 3보의 특별히 훌륭한 점(공덕)과 특별한 가피를 이해하고, 가슴 깊은 곳에서 믿음이 일어나 언제 어떤 경우에도 속임이 없는 귀중하고 가장 얻기 힘든 피난처라는 것을 알고 기쁘거나, 슬프거나, 병이 나든, 고통을 당하든, 죽게 되든[2], 살아 있든, 무슨 일이 일어나더라도, 속임 없는 확실한 피난처는 오로지 3보를 전적으로 믿는 것 외에는 믿을 곳과 기대할 곳이 달리 없어 전적으로 확신하는 믿음을 지니는 것을 확신에 찬 믿음이라고 합니다. 우갠국의 빠드마삼바와께서 다음과 같이 말씀하셨습니다.

> 전적으로 확신하는 믿음을 통해 가피를 받게 되며
> 생각이 의심에서 벗어나면 바라는 모든 것을 성취하게 될 것이다.

따라서 믿음이란 모든 선법善法(백법白法)의 공덕이 생겨나는 씨앗과 같기 때문에 믿음이 없다면 씨앗이 불에 타버린 것과 같습니다. 경전에서

---

2 귀의처로 3보에 대한 확고한 믿음은 중음 상태에서도 방황하지 않도록 해줄 것이다.(영문본, 각주 참조)

다음과 같이 말했습니다.

> 믿음이 없는 사람들에게 선법은 생기지 않으니
> 불에 탄 씨앗에서 어떻게 푸른 새싹이 나오겠는가?

마찬가지로 믿음은 일곱 가지 성스러운 보물[3] 중 가장 중요하다고 말했습니다.

> 믿음의 보배로운 바퀴(보륜寶輪)는 밤낮으로 선행의 길을 따라 굴러가네.

따라서 믿음은 모든 재물 중에서 최고가 됩니다. 그처럼 믿음은 고갈되지 않는 덕행(공덕)의 원천이기 때문에 보물창고와 같고, 해탈의 길로 갈 수 있게 하는 두 발과 같으며, 일체 선법善法을 우리에게 모아 주는 손과 같다고 말씀하셨습니다.

> 믿음은 최상의 재물이고, 최고의 보고寶庫이며, 가장 훌륭한 발이다.
> 두 손처럼 선행을 모으는 뿌리이다.

따라서 3보에는 상상할 수 없는 자비심과 가피가 있지만, 그것을 자신의 마음속에 스며들도록 하는 것은 오로지 자신의 믿음과 헌신에 달려 있습니다. 그래서 자신에게 최상의 믿음과 헌신[4]이 있다면 스승과 삼보

---

[3] 일곱 가지 성스러운 보물: 믿음의 보물, 계율의 보물, 배움의 보물, 보시의 보물, 스스로 부끄러움을 아는 보물(양심), 남부끄러운 마음을 지닌 보물(수치), 지혜의 보물.(『장한불학사전』, 1097쪽)

[4] 헌신: 티벳어 뫼귀མོས་གུས་를 편의상 '헌신'으로 옮겼다. 영문번역은 '헌신(devotion)'으로, 중문번역은 '공경심'으로 되어 있으나, 티벳어 뫼빠མོས་པ་는 군건한 믿음(승해勝解, 신해信解, resolute faith)이나 염원(aspiration), 그리움(longing for)을 의미하며, 귀빠གུས་པ་는 공경·헌신·사랑을 의미한다. 박범신의 소설 『나마스테』에 나오는 다음 글이 뫼귀의 의미를 이해하는데 도움이

의 자비와 가피도 최상으로 받을 것입니다. 그와 같이 보통의 믿음과 공경심이 있다면 가피와 자비 또한 보통으로 받게 됩니다. 믿음과 공경심이 조금밖에 없다면 가피와 자비도 조금밖에는 받을 수 없습니다. 믿음과 공경심이 전혀 없다면 가피와 자비를 결코 받지 못합니다. 자신에게 믿음이 없으면 실제 붓다를 만나서 그분의 제자로 받아들여진다고 해도 도움이 안 됩니다. 앞에서 설명한 비구 쑤낙사뜨라와 붓다의 사촌 데와닷따 등의 경우와 같습니다.

가슴속 깊이 믿음과 공경심이 있다면 지금이라도 누가 기도를 하든 그 자리에 붓다께서 함께 하셔서 가피를 주시게 되므로 붓다의 자비에는 멀고 가까움이 없다고 말했습니다.

> 누구든 굳건한 믿음으로 마음을 내는 자는
> 그들 앞에 능인能仁(붓다)께서 앉아 계시며
> 관정을 수여하고 가피를 주실 것이다.

우갠국의 대사께서도 말씀하셨습니다.

> 믿음을 가진 선남선녀에게 나 연화생은
> 어디로도 떠난 적이 없으며 문에 앉아 있다.
> 나의 생명에 죽음과 같은 것은 있을 수 없다.
> 믿음을 지닌 사람마다 앞에 연화생이 있다.

될 것이다. "어머니가 자주 쓰던 티벳말인데요, 모귀는 간절한 그리움, 존경, 그런 뜻 갖고 있어요. 카르마를 받아들이는 것은 모귀를 갖는 것이구요. 모귀를 가지면 헌신으로 스승을 섬겨요.…나는 헌신으로써 모귀, 실천해야 해요." 또한 작가가 후기에 쓴 다음 글을 음미할 필요가 있다. "…문명은 본래 서열과 층하가 없다. 필요한 것은 티벳말로 모귀, 갈망과 염원을 가지고 우리의 마음속에서 계속, 끈질기게, 상주불멸의 본성과 같은 카일라스를 품는 일이다. 우리가 사랑이라고 부르는, 그것.…"

자신에게 확신에 찬 믿음이 있다면 붓다의 자비가 어떤 것에든 스며들게 됩니다. 믿음이 있으면, '노파조차도 개 이빨로 깨달음을 얻는다'고 말합니다.

예전에 연세 많은 어머니와 아들이 둘이서 살고 있었습니다. 아들은 자주 인도에 장사하러 다니는데 연세 드신 어머니께서 어느 날,

"인도에 있는 보드가야 말이다. 완벽한 깨달음을 성취하신 분(붓다)이 오신 곳이라는데, 네가 인도에서 예경 올릴 만한 특별히 성스러운 물건을 하나 내게 가져다 다오"라고 여러 번 말했으나, 아들은 매번 잊어버리고 성물聖物을 구해 오지 않았습니다. 한번은 또 아들이 인도에 가려고 할 때,

"이번에도 나를 위해 예경 올릴 만한 성물을 하나 구해 오지 않으면, 나는 네 앞에서 목숨을 끊어 죽어버리겠다"고 말했으나, 아들은 인도에 가서 장사를 하고 되돌아오는 사이에 잊어버렸습니다. 집에 도착하기 바로 전에 어머니께서 하신 말씀이 떠올라, '이제 어떻게 하지? 내가, 우리 어머니, 연세가 많이 드신 어머니에게, 어머니께서 예경을 올리고 싶어 하시는 성물을 아무것도 구해 오지 못했구나! 성물 없이 집에 가면, 연로하신 어머니께서는 스스로 목숨을 끊어 돌아가실 것이다!'라고 생각하고 주위를 둘러보니 한쪽 구석에 개의 머리뼈가 하나 있었습니다. 그 개 이빨을 하나 뽑아 비단으로 싸와서, 어머니께 드렸습니다.

"이것은 붓다의 유물인 송곳니이니 어머니께서 기도 올리는 대상으로 하세요" 하고 말씀드렸습니다.

연세 드신 어머니께서는 그 개 이빨을 실제 붓다의 유물로 생각하시고 신심을 내어 항상 절하고 공양 올렸습니다. 그랬더니 개 이빨에서 많은 사리舍利가 생겨났습니다. 연세 많은 어머니께서 돌아가셨을 때 어머니 주위로 무지개가 나타나는 등 그 외에도 상서로운 현상들이 일어났습

니다.

그 당시 개 이빨에 가피는 없었지만 연세 드신 어머니의 강한 믿음은 정말로 붓다의 치아라고 생각했기 때문에, 붓다의 가피가 개 이빨에 스며들어 붓다의 치아와 다름이 없어졌습니다.

이외에도 꽁뽀에 조오벤이라는 순진한 사람이 있었는데, 위 지방으로 조오 린뽀체[5]를 친견하러 갔습니다. 조오 상 앞에 사원을 지키는 사람이나 다른 사람이 아무도 없을 때 가까이 가서 공양 올린 음식과 버터 등잔들을 보면서, '공양올린 음식의 이 짬빠 조각들을 버터 불에 녹은 버터에 적셔서, 조오 린뽀체께서 드시는 것이로구나! 녹은 버터가 굳지 않도록 불을 붙여 놓았구나. 조오 그분께서 드시는 것과 똑같이 나도 먹어야겠다'라고 생각하고서 공양음식인 짬빠를 버터 불에 녹아 있는 버터에 적셔서 먹었습니다. 조오의 얼굴을 보면서,

"본존에게 올린 공양음식을 개가 물어가도 단지 미소로만 말할 것 같아 보이네요. 버터 등불이 바람에 흔들려 깜박거려도 오로지 미소만 짓고 있네요. 정말 좋은 라마네요. 내 신발을 당신에게 맡길 테니 보관해주세요. 제가 꼬라를 돌고 당신에게 다시 올게요"라고 말하고, 신발을 벗어 조오 상 앞에 놓았습니다. 그가 중간꼬라를 도는 동안에 사원을 지키는 사람이 그 신발을 밖에 내다 버리려고 하는데, 조오 린뽀체께서 말씀하시는 것이 들렸습니다.

"그것은 꽁뽀의 벤이 나에게 맡겨 둔 것이니 버리지 말라"고 말씀하셨습니다. 마침내 그가 와서 신발을 찾아 들고,

"훌륭한 스승이라는 분이 바로 당신이군요! 내년에 우리가 사는 곳으로 와주세요. 그러면 제가 잘 자란 돼지를 잡아 고기를 삶고, 묵은 보리를 쪄서 술을 담가 기다릴게요"라고 말하니 조오께서,

---

5 조오 린뽀체: 라싸의 조캉 사원에 있는 조오샤꺄무니 불상.

"그래 갈께"라고 말씀하셨습니다. 그는 집으로 돌아가서 아내에게,

"내가 조오 린뽀체를 우리 집에 손님으로 초대해 놓았어. 그분께서 언제 오실지 모르니 당신은 항상 그분께서 오시는지 살피는 것을 잊지 말아요"라고 말했습니다. 그리고 다음 해 어느 날 아내가 물을 길으러 갔는데 물속에 조오의 몸 영상이 분명하게 나타났습니다. 아내는 곧바로 집으로 달려가서,

"저기 물속에 누군가가 있어요. 그 사람이 당신이 초대한 손님이 아닐까요?"라고 말하자, 그는 즉시 달려가 물속에 조오 린뽀체가 나타난 것을 보았습니다. 그는 조오가 물속에 빠진 것으로 생각하여, 물속으로 몸을 던져 조오의 몸을 붙잡았는데 정말로 붙잡아 모시고 나왔습니다. 집에 모시고 오는 길에 커다란 바위 앞에 이르렀을 때,

"나는 재가자의 집에는 가지 않는다"라고 말씀하시면서 더 이상 가려 하지 않고 바위 속으로 사라져 버렸습니다. 그후 조오가 스스로 나타난 것으로 보이는 곳을 조오돌렙(조오 평바위) 그리고 물속에 조오 상이 나타난 곳을 추조오(조오 강)라고 하는데, 지금도 가피력이 라싸의 조오 상과 같다고 말하면서 모든 사람들이 오체투지로 예경하고 공양을 올립니다.

그것도 자신에게 확고한 믿음이 있었기 때문에 붓다의 자비가 거기에 스며들어 간 것이지, 그렇지 않았다면 버터 등불의 버터와 공양음식을 먹고 신발을 조오 상 앞에 놓아 둔 행위에는 악행 말고 무엇이 있겠습니까. 그렇지만 믿음의 힘으로 그러한 공덕이 생긴 것입니다.

그 뿐만 아니라 궁극적 진리인 실상(본성)에 대한 직접적인 깨달음도 오로지 믿음에 달려 있다고 경전에서도 말했습니다.

사리자여! 궁극적 진리(승의제勝義諦)란
오직 믿음을 통해서 깨달아야 하느니라.

보통의 상식을 뛰어넘는 특별한 믿음을 일으켜 그 믿음의 힘으로, 스승과 3보의 가피가 본인의 마음 흐름에 스며들어와 진정한 깨달음이 마음에 생기고, 실상의 진정한 의미를 알아차리게 될 때 스승과 3보에 대한 확신과 불요불굴의 특별한 믿음이 일어납니다. 따라서 실상에 대한 깨달음과 확신에 찬 믿음, 이 두 가지는 상호 상승작용을 합니다.

예전에 닥뽀 린뽀체가 떠나기 직전에 밀라래빠 존자에게,

"언제 제가 대중을 돌볼 수 있습니까?" 하고 여쭈니,

"어느 날인가, 지금과는 달리 마음의 본성을 아주 분명하게 보는 깨달음이 네 마음속에 생겨날 것이다. 그때 늙은 애비인 나에 대해서도 진정한 붓다로 보는 확고한 믿음이 생길 것이니, 그때 대중(제자들)을 돌보아라"[6]라고 말씀하셨습니다. 그러므로 스승과 3보의 자비와 가피가 본인의 마음 흐름 속에 스며드는 것은 오로지 공경심과 믿음에 달려 있습니다.

예전에 조오 아띠샤에게 한 제자가 존함을 부르며

"조오, 가피를 좀 주세요"라고 요청하니

"게으른 녀석아, 먼저 공경심을 좀 보여 다오"라고 말씀하셨습니다. 그처럼 특별한 믿음과 공경심으로, 전적으로 믿는 확고부동한 마음은 귀의의 문을 여는 것과 같기 때문에 없어서는 안 됩니다.

2. 분류

그와 같은 믿음을 가진 귀의에도 동기에 따라 구분하면 다음과 같은

---

6 대중을 돌보다(촉라꽁와ཚོགས་ལ་སྐྱོང་བ་) : 중문본에서는 '섭수권속攝受眷屬'으로 번역했으며, 섭수는 '거두어 받아들인다'의 뜻으로, '중생의 선을 받아들이고 거두어 중생을 가르쳐 이끌다'의 의미이다.(『깨달음에 이르는 길』, 지영사, 쫑카파 지음, 청전 옮김, 257쪽 참조)

세 가지가 있습니다.

소중생의 귀의

지옥 중생·아귀·축생의 세계인 3악도의 고통이 두렵고 무서워 천신계와 인간계인 상도上道(선취善趣)의 평안과 즐거움(안락安樂)만을 추구하여 귀의하면, '소중생(하근기 중생)의 귀의'라고 합니다.

중중생의 귀의

이 윤회계에서 높고 낮은 어느 곳에 태어나든 고통의 본성에서 벗어날 수 없다는 것을 알고, 본인 자신이 윤회계의 모든 고통으로부터 벗어나 평온한 니르바나(열반적정)의 경지만을 추구하여 3보에 귀의하면, '중중생(중근기 중생)의 귀의'라고 합니다.

대중생의 귀의

한없는 윤회계인 고통의 큰 바다에서 살고 있는 모든 중생들이 헤아릴 수 없는 다양한 고통으로 힘들어하는 것을 보고, 일체 중생들을 모든 것을 아는(일체종지一切種智)[7] 위 없는 올바르고 완전한 깨달음(무상정등각無上正等覺)[8]의 경지에 올려놓기 위해서 귀의하면, '대중생(상근기 중생)의 귀의'라

---

[7] 모든 것을 아는(남켄죰쎄아쩨드, ⓢsarvākāra-jñāna): 일체종지. 티벳어 남빠탐째켄빠죰쎄아쩨드빠의 줄임말이다. 붓다에게만 있는 일체의 모든 상황을 아시는 지혜로, 여소유와 진소유의 모든 현상(제법諸法)을 남김없이 한순간에 확실히 알아차리는 궁극적 지혜다.(『장한불학사전』, 968쪽)

[8] 위 없는 올바르고 완전한 깨달음: 무상정등각. 있는 그대로의 실상을 실수 없이 바르게 알며,

고 합니다.

　그와 같은 세 가지 종류의 동기 중에서, 이번의 경우에 한량없는 일체 중생들을 완전한 깨달음의 경지에 올려놓기를 바라는 '대중생의 마음'을 가지고 귀의해야 합니다. 단지 천신과 인간의 평안과 행복(안락安樂)이란 우선은 평안과 행복인 것처럼 보이지만, 사실은 고통에서 벗어나지 못한 것이며 상계의 안락을 가져다 준 선행의 과보果報가 소진된 다음 다시 악도에 떨어지게 되기 때문에 단지 한순간뿐인 상계의 안락을 추구할 필요가 없습니다. 본인 혼자서만 평안하고 행복한 열반, 즉 성문이나 연각의 과위만을 얻는 것 또한 무시이래로 자신의 부모였던 한없는 중생들인, 윤회계라는 고통의 바다에 빠져 있는 사람들을 위한 도움이 되지 못한다면 옳지 않을 것입니다. 그러므로 모든 중생들이 깨달음의 경지(불과佛果)를 얻도록 염원하면서 3보에 귀의하는 것은 '대중생의 길'이며, 무량한 복덕으로 들어가는 항구이기 때문에 그러한 것에 의지해야 합니다. 나가르주나께서 『보만론寶鬘論』[9]에서 말씀하셨습니다.

　　중생계는 헤아릴 수 없으니
　　이롭게 하려는 염원 또한 그와 같도다.

　이변二邊(상견과 단견)에 머물지 않는 대열반을 성취함. 두 가지 장애(번뇌장과 소지장)의 어둠을 깨끗이 닦아내고, 일체지의 연꽃을 활짝 펼침.(『장한불학사전』, 1445쪽)
9 『보만론』(린첸텡와 རིན་ཆེན་ཕྲེང་བ་, ⓢratnavali, ⓔPrecious Garland) : 『보행왕정론寶行王正論』이라고도 하며 티벳어 의미는 '보석염주(보주寶珠)'다.

귀의하는 방법

공통 승[10]의 체계에서는 붓다를 스승으로, 다르마를 길로, 상가를 길을 수행하는 도반으로 생각하면서 귀의합니다.

특별한 비밀 만뜨라승의 일반적인 방법으로 삼문을 스승에게 공양 올리고, 이담을 의지하며, 다끼니를 도반으로 삼아 귀의합니다.

특별하고 수승한 방편을 가진 금강승의 핵심 체계에서는 기맥氣脈을 화신으로 이용하고, 풍기風氣를 보신으로 수행하며, 명점明点을 법신으로 정화하는, 신속한 길에 귀의합니다.

궁극적이고 속임 없는 실상(본성)인 금강의 귀의란 그러한 귀의 대상들의 마음에 머물러 있는 '본래의 지혜'가 본성은 공성이고, 특성은 광명이며, 대자비는 모든 곳에 스며 있어 이 세 가지 특성은 구분할 수 없음을, 자신의 마음속에 수행할 대상으로 삼고 확고한 결심으로 귀의하는 것입니다.

그와 같은 귀의의 모든 방법[11]을 확실히 한 다음 실제 귀의를 하는

---

10 공통 승: 성문·연각·보살이 수행하는 공통의 길.
11 금강승에서는 귀의하는 보다 미세한 차원이 있다. 첫 번째 차원은 딴뜨라 수행의 첫 단계인 생기차제와 관련되며, 삼문(몸과 말과 마음)을 붓다에 대한 귀의로서 스승에게 공양올리고, 길로서 개인적인 이담에게 헌신하고, 다까와 다끼니를 길에 대한 정신적 도반으로 보아야 한다. 이보다 미세한 차원의 귀의는 최상의 요가딴뜨라인 원만차제와 관련되며, 여기서는 깨달은 마음 즉 보리심이라는 본성에 귀의한다. 이 경우에 상가에 대한 귀의는 기맥(짜)을 화신으로 인식하고 수행하는 것이다. 다르마에 대한 귀의는 풍기(룽)의 정화를 보신으로 이해하는 것이며, 붓다에 대한

경우에 귀의의 자량전資糧田을 관상하는 것은 다음과 같이 마음에 떠올립니다.

 '자신이 있는 이 장소는 모두 온갖 종류의 귀중한 물질로 만들어진 정토淨土입니다. 이 정토는 아름답고 즐거우며 거울의 표면처럼 평평하여 고개나 계곡, 급경사나 구불구불한 길, 깊은 계곡 같은 것이 없습니다. 정토 가운데 있는 자신 앞에는 다섯 개의 가지로 된 '소원을 성취시켜주는 나무(여의수如意樹)'가 자라는데 잎이 무성하고 열매가 풍성하여 더할 나위 없이 아름답게 모든 방향으로 뻗어, 동남서북방의 모든 허공계를 가득 채우고 있습니다. 모든 가지와 잎사귀에는 보석으로 된 작은 종들이 매달려 있어 온갖 종류의 미술로 장엄되어 있습니다.

 가운데 있는 가지 위에는 여덟 마리의 큰 사자가 떠받치고 있는 보석으로 장식된 법좌가 있고, 그 보좌 위에 다양한 색깔의 연꽃방석(연화좌蓮花座)과 해와 달 모양의 방석(일월좌日月座)이 놓여 있습니다. 그 위에 본질은 과거·현재·미래의 모든 붓다를 한몸에 구현한 실체이며, 비할 바 없는 자비의 보고寶庫인 성스러운 근본 스승께서 앉아 계십니다. 형상은 우갠국의 위대한 도제르창(빠드마삼바와)으로 얼굴색은 장밋빛이 감도는 하얀색입니다. 얼굴은 하나고, 팔이 둘, 다리가 둘이며 왕이 한껏 즐기는 자세[12]로 앉아 계십니다. 오른손은 황금색 오고五高 금강저를 위협하는 모습으로 쥐고 있습니다. 왼손은 명상하는 자세로 무릎에 올려놓고 그 손 위에는 해골 잔이 있습니다. 그 안에는 불사不死의 지혜를 가져다주는 감

 귀의는 명점(틱레)의 정화를 법신으로 이해하는 것이다. 가장 수승하고 가장 미세한 차원의 귀의는 '금강본성(གནས་ལུགས་རྡོ་རྗེ་)'에 대한 귀의'로 알려져 있다. 이것은 귀의 대상의 마음속에 존재하는 '본래의 지혜(예쉐ཡེ་ཤེས་)'의 세 가지 분리할 수 없는 모습을 확고히 알아차리는 것이다. 붓다에 대한 귀의로 그 본성이 공성임을 법신으로 알아차리는 것이며, 다르마에 대한 귀의로 그 특성이 광명임을 보신으로 알아차리고, 상가에 대한 귀의로 그 편재하는 자비를 화신으로 알아차리는 것이다. 귀의에 대한 이러한 딴뜨라적인 방법들이 얼마나 중요한지는 오로지 수행과정에서 직접 경험을 성취하면서 제대로 이해할 수 있을 것이다.(『IEPP』, 37~38쪽)
12 왕이 한껏 즐기는 자세: 오른발을 반쯤 뻗어내리고 왼발은 완전히 구부리고 앉아 있는 자세다.

로수가 가득 채워진 보병이 있으며 그 보병은 소원성취나무로 장식된 병마개를 가지고 있습니다. 몸에는 맨 위에 비단망토를, 그 안은 법복(가사)을, 그 안에는 소매가 긴 푸른색 장삼을 입었으며, 머리에는 연꽃 모자를 쓰고 있습니다. 불모佛母인 다끼니 예쉐 초걀과 한몸이 되어 앉아 있는데, 그녀는 몸이 하얀색으로 반달 금강도[13]와 해골잔을 들고 있습니다.

그처럼 자신 앞의 허공에 그분 얼굴이 자신을 향해 앉아 계시는 것으로 관상하세요. 그분의 정수리에 모든 전승 라마들이 층층으로 앉아 있는 모습을 관상해야 합니다. 일반적인 딴뜨라 전승법맥의 스승들은 헤아릴 수 없지만 특히 족첸닝틱[14]의 근본 전승조사인 법신 싸만따바드라,[15] 보신 도르제셈빠,[16] 화신 가랍 도르제,[17] 성취자 만주스리미뜨라,[18] 구루 스리싱하, 현자 즈냐나수뜨라, 대학자 비말라미뜨라,[19] 우갠국 빠드마삼

---

13 반달 금강도: 티벳으로 디국གྲི་གུག་이라고 하며, 반달형으로 휘어진 칼로 휘어진 안쪽의 칼등에 금강저 모양의 손잡이가 있다. 다끼니 징표 중 하나로 아집我執을 잘라내는 지혜를 상징한다.
14 족첸닝틱རྫོགས་ཆེན་སྙིང་ཐིག་: 인도의 스리싱하(ShriSingha)로부터 전승되어 비말라미뜨라와 빠드마삼바와가 이 가르침을 티벳에 전했으며, 14세기에 3대 까르마빠인 랑중 도르제와 도반인 롱첸랍잠(1308~1363)을 통해 두 법맥이 계승되었다. 롱첸빠가 그의 위대한 저술을 통해서 이 가르침들을 체계화했다. 비말라미뜨라와 빠드마삼바와는 이 심오한 가르침을 미래에 발견되도록 감추었으며, 후에 각각 발굴되어 『비마팅틱』과 『칸도닝틱』으로 알려졌다. 롱첸빠는 그 각각에 대한 주석을 하여 『라마양틱』과 『칸도양틱』이라 했으며, 나중에 이 네 가지 가르침에 자신의 가르침인 『삽모양틱』을 추가하여 그의 모음집에 포함시켰다.(『티영사전』)
15 싸만따바드라: 23쪽 주13 참조.
16 도르제셈빠རྡོ་རྗེ་སེམས་པ་: 금강살타. 다섯 붓다 가족을 모두 구현한 보신. 정화 수행의 의지처다.
17 가랍 도르제དགའ་རབ་རྡོ་རྗེ་(⊕prahevajra)는 바즈라사뜨바와 바즈라빠니로부터 족첸에 관한 모든 딴뜨라와 경전과 구전 가르침을 받아 족첸전승에서 최초의 인간 위드야다라가 되었다. 만주스리미뜨라(잠뻴쉐녠)와 빠드마삼바와가 가랍 도르제로부터 족첸의 전승을 받았다. 붓다 입멸 후 540년에 돌아가셨다. 그의 어머니는 우갠국의 국왕 우빠라자의 공주였으나 출가하여 비구니가 되어, 오로지 청정한 생각만으로 가랍 도르제를 잉태했다.(『티영사전』)
18 만주스리미뜨라: 티벳으로 잠뻴쉐녠འཇམ་དཔལ་བཤེས་གཉེན་(⊕manjushrimitra)이며, 족첸을 전승한 인도의 대학자로 가랍 도르제의 제자이다. 스리싱하와 빠드마삼바와의 스승이다. 붓다 입멸 후 830년에 돌아가셨다.(『티영사전』)
19 비말라미뜨라: 티송데짼 왕이 티벳에 초청한 족첸의 대성취자이다. 그는 스리싱하와 즈냐나수뜨라로부터 족첸의 전승을 받았으며, 족첸의 가르침을 확립한 세 명의 조사 중 한 분이다. 5백 현자들의 왕관 장식이며 무지개 금강신을 성취했다. 족첸의 심오한 가르침을 번역하여 미래 세대를 위해서 삼애침푸에 보장으로 숨겼다. 중국의 오대산으로 떠나면서, 그는 상와닝틱의 가르침을 널

바와와 그의 마음의 제자 '제방독(왕·신하·도반)' 세 분으로 법왕 티송데 쨴·대역경사 바이로짜나·다끼니 예쉐 초걀과, 일체지자 롱첸랍잠[20] 그리고 릭진직메링빠[21]로, 이분들은 각자의 고유한 장신구와 차림새를 온전히 갖추고 있습니다. 위쪽 분의 방석에 아래쪽 분의 머리가 닿지 않을 정도로 층층으로 앉아 계신다고 관상하세요. 그 주위에 이담으로 4부 딴뜨라[22]의 헤아릴 수 없는 본존들과 다까(공행부)와 다끼니(공행모)들이 둘러싸고 있습니다.

앞쪽의 가지 위에는 세존 붓다 샤꺄무니께서 좋은 깔빠(현겁賢劫)에 완벽한 깨달음(정등각)을 성취한 1천2분의 붓다를 비롯하여 시방삼세의 모든 붓다들에게 둘러싸여 있습니다. 모두가 최상의 화신化身으로 청정행(범행梵行)의 복장을 하고 있으며 머리에 돌출부(불정佛頂·육계肉髻)와 발바닥에 동그라미(복륜福輪) 등 32상과 80종호로 장엄되어 있고, 두 발은 금강 가부좌를 하고 앉아 계십니다. 모든 몸의 빛깔은 하얀색·노란색·붉은색·녹색·남색이고 몸에서 상상할 수 없는 빛과 빛줄기가 발산되어 환하게 비춥니다.

오른편 가지 위에는 만주스리(문수보살)·바즈라빠니(금강수보살)[23]·짼래식(관음보살) 세 가문의 보호주인 보살들을 위주로 가까운 여덟 분의 위대한

리 펴기 위해 백 년마다 돌아오겠다고 약속했다. 그의 구전 가르침은 냥의 팅진상뽀에게 이어졌으며 그는 경서 한질을 보장으로 숨겼다. 비말라미뜨라가 티벳으로 떠난 지 155년 후 그의 환생자인 당마룬걜이 보장을 찾아냈으며 지금의 『비마닝틱』에 포함되어 있다.(『티영사전』)

20 롱첸랍잠: 1308~1363. 닝마 전승의 위대한 성취자이며 저술가로 롱첸빠, 롱첸랍잠빠로도 불린다.
21 직메링빠: 1729~1798. 롱첸닝틱을 발굴한 떼르뙨이며, 마음의 본성에서 쉬고 있는 진정한 아왈로키테쉬와라이다.(『티영사전』)
22 4부 딴뜨라: 사부事部(자규ྱ་རྒྱུད་, ⓔkriya tantra)·행부行部(쬐규སྤྱོད་རྒྱུད་, ⓔcarya tantra)·요가부(낼조르규རྣལ་འབྱོར་རྒྱུད་, ⓔyoga tantra)·무상 요가부(라메낼조르규བླ་མེད་རྣལ་འབྱོར་རྒྱུད་, ⓔanuttara yoga tantra).
23 바즈라빠니(착나도르제ཕྱག་ན་རྡོ་རྗེ་, ⓔvajrapani): 도르제창의 제자이며 붓다의 8대 제자 중 한 명. '비밀의 주(상왜걜གསང་བའི་བདག་)'로 알려져 있으며 금강승 가르침의 주요 편찬자이다. 세 명의 주요 보살 중 한 명이다.

제자들²⁴을, 보살로 이루어진 성스러운 상가가 둘러싸고 있습니다. 몸 빛깔이 모두 하얀색·노란색·붉은색·녹색·남색이며 원만 보신報身의 열세 가지 장식물²⁵로 아름답게 장엄하였고, 두 발은 함께 모으고 서 계십니다.

왼편의 가지 위에는 사리자와 목건련이라는 두 분의 위대한 성문이, 성문과 연각으로 이루어진 성스러운 상가로 둘러싸여 있습니다. 모두 몸의 빛깔은 하얀색이며, 몸에 세 가지 법복²⁶을 입고 있습니다. 손에는 석장錫杖과 발우鉢盂 등을 들고, 발은 모두 서 계시는 자세로 관상합니다.

뒤쪽의 가지 위에는 법보法寶인 경전을 쌓아 올려놓은 모습을 하고 있습니다. 빛줄기 격자 속에 640만 권의 족첸 딴뜨라 경전이 위쪽을 차지하고, 모두 각각의 이름표²⁷가 자신을 향해 반짝이고 있습니다. 모음과 자음의 소리가 저절로 울려 퍼지고 있습니다.

그 가지들 사이의 모든 공간에는 지혜의 성스러운 호법신과 과거의 업으로 성취한 성스러운 호법신²⁸이 있는데, 남성 호법신들은 모두 얼굴을 밖으로 향하여 본인이 정법과 보리²⁹를 성취하는데 불리한 조건(역연逆

---

24 가까운 여덟 분의 위대한 제자들: 붓다의 8대 제자, 8대 보살. 문수보살(잠양འཇམ་དབྱངས་)·금강수보살(착나도르제ཕྱག་ན་རྡོ་)·관세음보살(쩬래식སྤྱན་རས་གཟིགས་)·지장보살(사이닝뽀ས་ཡི་སྙིང་པོ་)·제개장보살(딥빠남셀སྒྲིབ་པ་རྣམ་སེལ་)·허공장보살(남캐닝뽀ནམ་མཁའི་སྙིང་པོ་)·미륵보살(잠빠བྱམས་པ་)·보현보살(꾼두상뽀ཀུན་ཏུ་བཟང་པོ་).
25 보신報身의 열세 가지 장식물: 다섯 가지 비단 의복과 여덟 가지 보석 장신구.
26 세 가지 법복: 많은 의복을 갖고자 하는 마음에 대한 대치법으로 비구는 세 가지 의복인 조의祖衣·7의七衣 상의·5의五衣 하의 이외 더 지니지 않는다.
27 이름표: 직사각형의 헝겊에 이름을 적어 티벳식 경전(뻬차)을 보관할 때 앞면에 붙여 쉽게 찾을 수 있도록 한다. 티벳어로 '동타གདོང་ཁ་' 혹은 '동다르གདོང་དར་'라고 한다.
28 호법신: 법을 호호하는 호법신에는 두 부류가 있다. 한 부류는 붓다나 보살의 화신으로 까르마(업)로부터 자유로우며 자비심으로 행한다. 다른 부류는 천신이나 마라·악귀들이 위대한 성취자에게 제도되어 법을 보호하기로 맹세한 호법신들이다. 이들은 업연業緣으로 인해서 호법신이 된 것이다. 호법존·호법신장이라고도 한다.
29 보리: 티벳어로 장춥བྱང་ཆུབ་이며 산스끄리뜨어 보디(bodhi)를 한역하여 '보리菩提'라고 한다. 버려야 할 모든 오염을 닦아내고(장བྱང་) 알아차려야 할 일체 공덕을 증득한(춥ཆུབ་) 것으로, 무학도를 보리라고 한다.(『장한불학사전』)

緣)과 장애물로부터 보호하고 밖의 장애물이 안으로 들어가지 않게 하는 일을 합니다. 여성 호법신들은 모두 얼굴을 안으로 향하여 내부의 성취[30]가 밖으로 나가지 않게 하는 일을 합니다. 그들은 또한 모두 지혜[31]와 사랑과 능력의 세 가지 무량한 공덕으로, 본인을 사랑으로 보살피고 이끌어 주는 유일하고 위대한 안내인으로 그곳에 계신다고 생각하세요.

자신의 오른쪽에 현생의 아버지가, 왼쪽에 어머니가, 앞에는 자신을 화나게 하는 모든 적들과 자신에게 해를 입히는 모든 방해자들이 맨 앞줄을 이루면서, 3계와 6도의 모든 중생들이 지상을 모두 덮을 만큼의 커다란 시장처럼 많이 모여 서서 두 손을 모아 합장하고 있습니다.

몸으로 공경하며 엎드려 절하세요. 말로 공경하며 귀의문(귀의게)을 독송하세요. 마음으로 공경하며 다음과 같이 생각하세요.

'유리한 상황에 놓이거나 불리한 상황에 처하게 되거나, 기쁜 일이든 슬픈 일이든, 좋거나 나쁘거나, 병이 나거나 고통스런 일을 당하거나, 어떠한 일이 생기더라도 스승과 3보 당신 외에는 피할 곳도 구호해 줄 곳도, 도와줄 사람도 기댈 사람도, 희망을 줄 사람도 귀의처도 따로 없습니다. 따라서 바로 오늘부터 시작하여 아무리 오래 걸리더라도, 보리의 핵심(불성)[32]을 얻을 때까지 당신을 믿고 모든 것을 당신에게 맡깁니다. 지혜를 아버지에게 청하지 않겠습니다. 조언을 어머니에게 구하지 않겠습니다. 결정을 본인 스스로 내리지 않겠습니다. 스승과 3보! 당신을 의지하

---

[30] 성취(응외둡 དངོས་གྲུབ་, ⓢsiddhi): '최상의 성취'는 출세간적 성취로 법을 수행한 결과로서 얻는 완벽한 깨달음을 말한다. '보통의 성취'는 여덟 가지 세간적 성취를 말한다. 그렇지만 길에 대한 가장 뛰어난 성취는 출리심, 자비심, 굳건한 믿음, 정견이다.(『티영사전』)

[31] 지혜: 티벳어 켄빠 མཁྱེན་པ་(ⓙjñāna)'를 옮긴 것으로, 티벳어 쉐랍ཤེས་རབ་(ⓢprajñāna: 반야)과 같은 의미로 사용된다. 예컨대, 2지二智는 여소유지(지따와켄빠ཇི་ལྟ་བ་མཁྱེན་པ་)와 진소유지(지네빠켄빠ཇི་སྙེད་པ་མཁྱེན་པ་), 3지三智는 기지基智(시쉐གཞི་ཤེས་)・도지道智(람쉐ལམ་ཤེས་)・일체종지(남켄쿄남མཁྱེན་ཀུན་མཁྱེན་)를 나타낸다.(『장한불학사전』, 161쪽)

[32] 보리의 핵심: 불성을 성취한 경지로 여래과위如來果位 혹은 보리장으로 한역된다.(『장한불학사전』, 1137쪽)

겠습니다. 당신께 공양을 올리겠습니다. 당신만을 수행하겠습니다. 당신 외에 다른 귀의처나 희망이 없습니다'라고 생각하면서 강한 염원을 품고,

진정한 3보인 3근본의 수가타에[33]
기맥・풍기・명점의 본성인 보리심에[34]
본성과 특성과 자비의 만달라에[35]
보리의 핵심 얻을 때까지 귀의합니다.[36]

라고 수행 시간마다 가능한 한 많이 독송하고, 적어도 10만 번 귀의문을 독송할 때까지 수행 시간을 확실히 정해서 수행해야 합니다. 또한 항상 귀의를 매일 수행해야 합니다.

---

[33] 수가타(데섹ར྅ངིགཤ, ⓢsugata) : 티벳어 데와르섹빠ར྅ངར་གཤེགས་པ의 줄임말로 안락安樂(데와ར྅ངང : 평안과 대락大樂)으로 향하는 길인 보살승에 의지하여, 안락의 과실인 완전한 깨달음(정등각)의 경지에 이르는 것(섹빠གཤེགས་པ)이므로 선서善逝(데섹ར྅ངིགཤ)라고 한다.(『장한불학사전』, 839쪽). 산스끄리뜨어로 수가타라고 하며 '지복의 상태에 도달한 분'이라는 의미이다.(『티영사전』) 귀의의 궁극적 대상은 '평안과 대락을 가져다주는 정등각의 경지에 이르는 것(선서)'이며, 이것이 실질적인 3보이다. 붓다와 다르마와 상가는 정등각의 경지에 이르기 위한 방편일 뿐이다. 그리고 이러한 정등각의 경지에 이르게 하는 세 가지 근원은 가피를 얻게 하는 스승과 성취를 이루게 하는 이담과 보살행을 할 수 있게 도와주는 다까・다끼니이다.(『TPIN』, 120쪽 참조)

[34] 기맥・풍기・명점으로 구성된 금강몸에 바탕을 둔 것이 보리심이며, 각각의 청정한 측면과 관련하여 기맥의 청정함이 화신이며 승보이고, 풍기의 청정함이 보신이며 법보이고, 명점의 청정함이 법신이며 불보이다.(『닝틱왼도신디』, 89쪽)

[35] 본성과 특성과 자비(웅오랑신툭제ངོ་བོ་རང་བཞིན་ཐུགས་རྗེ) : 족첸은 티벳어 족빠첸뽀རྫོགས་པ་ཆེན་པོ의 줄임말로 산스끄리뜨어로 마하싼디mahasandhi, 한역으로 대원만大圓滿이며 아띠요가의 다른 명칭이다. 마음의 본성은 공성을 본질로 하는 법신과, 광명을 특성으로 하는 보신과, 편재하는 자비를 지닌 화신까지, 3신의 모든 덕성을 갖추고 있으므로 '원만하다(족빠རྫོགས་པ : 싼다)'고 하며, 게다가 이러한 덕성이 본래부터 저절로 갖추어져 있어 원만한 것이 일체법의 실상이기 때문에 '위대하다(첸뽀ཆེན་པོ : 마하)'고 한다.(『장한불학사전』, 1360쪽)

[36] 따라서 이 귀의기도문은 본수행의 생기차제・원만차제・족첸 수행의 순서에 맞추어서 귀의를 말하고 있다. 위 티벳어 기도문에 대한 약간씩 다른 번역으로 『IEPP』(8쪽), 『TPIN』(119~120쪽), 『A Guide to WMPT』(304쪽, 주124), 『중문본』(47쪽)을 참조할 것.

그처럼 귀의를 할 때 자신의 부모를 오른편과 왼편에 계신 것으로 관상하고, 적들과 장애가 되는 사람들을 앞에 관상해야 합니다. 부모보다도 적과 장애가 되는 사람들을 더 중요하게 관상해야 하는 이유가 무엇인지 생각해 보면 우리들 각자 대승의 문에 들어선 사람들은, 한없는 일체 중생을 위해 보리심의 사랑(자애)과 자비(연민)를 차별 없이 해야 합니다. 특히 광대한 복덕자량을 쌓는 것을 완료하고, 쌓아놓은 모든 선행의 뿌리(선근)가 헛되이 낭비되지 않도록 하기 위해서는 인욕수행에 중점을 두어야 하는데 그 인욕 또한,

화를 낼 대상이 없다면, 인욕을 누구에 대해 수행할 것인가?

라고 말한 것처럼 적과 장애가 되는 사람들이 해를 입히기 때문에 인욕이라는 고난을 견디는 능력이 생기는 것입니다.

자세히 살펴보면 법의 관점에서 부모보다도 적이나 장애를 일으키는 자가 은혜가 더 큽니다. 부모는 이 세상 삶을 성취하도록 하는 모든 교묘한 수단을 가르쳐서 다음 생에 악도의 바닥에서 벗어나지 못하게 하기 때문에 그 만큼 은혜가 크지 않습니다. 반면에, 적과 장애를 일으키는 자는 적이 자신에게 배은망덕한 행동을 함으로써 인욕을 수행하는 대상이 됩니다. 자신을 절대로 윤회세계에서 벗어나지 못하게 하는 속박(束縛)이자 모든 고통의 원천인, 재산과 소유물을 내 뜻과 상관없이 멀어지게 하기 때문에 은혜가 큽니다. 장애를 일으키는 자(마장)도 인욕을 수행하는 대상이 됩니다. 그들이 질병과 고통을 가져다 준 것을 이용하여 본인이 과거에 했던 많은 잘못을 씻어야 합니다. 특히 성자 밀라래빠도 삼촌과 숙모가 모든 재산과 소유물을 빼앗아 갔기 때문에 정법을 만났습니다. 비구니 뺄모는 나가의 악한 영혼이 들어와서 짼래식 수행으로 수승

한 성취를 얻는 등 정법을 만나는 원인이 되었기 때문에 은혜 또한 큽니다. 일체지의 법왕(롱첸빠)께서 다음과 같이 말씀하셨습니다.

> 해를 당하여, 법을 만나 자유의 길을 찾게 되니
> 해를 입히는 자여, 은혜가 크도다.
> 고통이 마음속에 일어나, 법을 만나 한없는 평안을 찾게 되니
> 고통이여, 은혜가 크도다.
> 마라에게 해를 당해, 법을 만나 두려움이 사라짐을 알게 되니
> 마라여, 은혜가 크구나.
> 사람들의 증오 때문에, 법을 만나 이로움과 평안을 찾게 되니
> 나를 싫어하는 자여, 은혜가 크구나.
> 극심한 역경으로, 법을 만나 변함없는 길을 찾게 되니
> 나쁜 조건이여, 은혜가 크도다.
> 다른 사람이 권유하여, 법을 만나 진정한 의미를 찾게 되니
> 나를 일깨운 사람들이여, 은혜가 크도다.
> 똑같이 그분들의 은혜에 보답하기 위해
> 저의 공덕을 그분들 모두에게 회향합니다.

따라서 이러한 적(본인이 싫어하는 사람들)과 마장(장애나 재난을 가져온 자)은 이생에 은혜가 크고 또한 수많은 전생에 한때 부모였기 때문에 아주 귀중합니다.

마지막에 수행을 마무리할 때는 본인이 너무나도 간절한 헌신(공경심과 확고한 믿음)을 했기 때문에 귀의의 대상인 모든 본존의 몸에서 헤아릴 수 없이 많은 빛이 발산됩니다. 자신과 다른 모든 중생들에게 빛줄기가 닿아서 마치 새떼가 돌팔매에 놀라 흩어져 날아오르는 것처럼, 자신과 모든 중생들이 '푸드득' 큰 소리를 내면서 날아올라 귀의 대상인 모든 본존

에게 흡수되어 사라집니다. 귀의 대상인 모든 본존들도 바깥쪽 끝에서부터 차례로 빛 속으로 흡수되어 마침내 삼귀의를 모두 한몸에 구현하신 가운데 있는 스승에게 흡수됩니다. 스승의 정수리 위에 층을 이루어 앉아계신 본존들도 모두 아래로 스승에게 흡수되며, 스승 또한 빛에 흡수되어 빛 속으로 사라집니다. 마지막으로 법신, 즉 일체 희론분별이 없는[37] 본래의 상태에 생각의 일어남이나 사라짐 없이 머무를 수 있는 만큼 오랫동안 머무르세요. 이 수행에서 일어날 때는 선행의 공덕을 한없는 중생들을 위해 회향하세요.

> *이 선행으로 속히 제가*
> *3보를 성취하여*
> *한 중생도 남김없이*
> *그 경지에 이르게 하리라!*

라고 독송하세요.

어느 때나 어떤 경우에나 마음에 억념과 정지를 여의지 말고 귀의 대상인 그들 권속 본존들을, 걸어갈 때는 오른편 어깨 위 공중에 있는 것으로 관상하세요. 그분은 꼬라의 성지입니다. 앉아 있을 때는 정수리 위의 공중에 있는 것으로 관상하세요. 그분은 기도의 대상입니다. 먹고 마실 때는 목의 중앙에 계신다고 관상하세요. 그분은 무엇을 먹든 무엇을 마시든 맨처음의 것을 공양하는 자리입니다. 잠을 잘 때는 가슴의 중앙에 계신다고 관상하세요. 이것은 꿈의 착란을 정광명 속으로 은멸시키는 핵심입니다.[38] 이처럼 무슨 행동을 하든 귀의의 대상인 권속 본존들의 분명

---

37 희론분별이 없는 (뙤빠당델와 སྤྲོས་པ་དང་བྲལ་བ་): 희론에서 벗어난, 분별을 떠난, 상相에 집착하지 않는 것(불착미집不着迷執)이며, 궁극적인 의미는 공성空性 또는 법성法性을 뜻한다. (『장한불학사전』, 1051쪽)

한 모습과 항상 함께하면서, 전적으로 확신하는 믿음으로 3보에 의지하고 오로지 귀의수행에 정진해야 합니다.

---

38 티벳어 데튈빠외샐두바왜내인དེ་འཁྲུལ་པ་འོད་གསལ་དུ་བསྟབའི་གནད་ཡིན་의 옮김이다. 영문본에서는 "이 수행은 미혹을 정광명 속에 분해시키는 핵심이다(this practice is essential to dissolve delusions into clear light)"로 옮겼고, 중문본은 "작위미란적몽경은입광명경계적요결作爲迷亂的夢境隱入光明境界的要決"로 번역했다. 쫌뛸 린뽀체는 "모든 미혹을 밝은 빛으로 비추어 사라지게 하는 핵심이다"로 옮겼다.

귀의한 다음에 지켜야 할 계율과 귀의의 공덕

1. 귀의한 다음에 지켜야 할 계율

귀의한 다음 지켜야 할 것으로는 해서는 안 되는 것 세 가지와 반드시 실행해야 하는 것 세 가지와 공통적인 것 세 가지가 있습니다.

해서는 안 되는 것 세 가지

붓다께 귀의한 다음에 윤회계에서 윤회하는 신에게 예경하지 말라고 하였으므로 외도의 신 이슈와라(대자재천大自在天)나 비슈누(편입천遍入天) 등 자신이 윤회계의 고통에서 벗어나지 못한 자들과 또는 지방신이나 토지신 등 강력한 세간의 신들과 야차들을 내생의 귀의처로 여기고 예경하거나 공양을 올려서는 안 됩니다.

법에 귀의한 후 중생에게 해를 입히는 것을 피하라고 했으므로 다른 유정물에게 해를 입히거나 위험을 초래하는 행위는 꿈속에서조차도 하지 않도록 강한 노력을 기울여 최선을 다해 지키세요.

상가에 귀의한 후 외도 친구와 사귀지 말라고 했으니 승리자의 가르침과 스승인 완벽한 깨달음을 성취한 붓다를 믿지 않는 외도들이나 그런 부류들과 어울려서 함께 지내지 마세요. 진정한 외도가 티벳에는 없다고 할지 모르지만 자신의 스승과 법을 비방하고 모욕하는 사람이나 심오한 밀승의 법을 무시하는 사람을 비롯해 외도와 다름없는 사람들과 어울리지 마세요.

반드시 실행해야 할 세 가지

붓다에 귀의한 후에는 귀중한 붓다의 상은 깨어진 조각조차도 공경심을 가지고 예경하고, 정수리 위로 들어 올려 깨끗한 장소에 모셔야 합니다. 진정한 불보佛寶라는 생각을 일으켜 믿음과 청정한 인식(청정심)[39]으로 대하세요.

다르마에 귀의한 후에는 경전의 글자가 있는 천조각 하나까지도 공경심을 내어 정수리로 모시면서 진정한 법보法寶라는 생각을 지니세요.

상가에 귀의한 후에는 승보僧寶의 상징인 붉은색이나 노란색의 승복 한 조각에 이르기까지도 진정한 상가라는 생각을 지니고 공경심으로 예경하고 정수리 위로 들어 올려 청결한 장소에 놓고 믿음과 청정한 인식으로 대하세요.

공통적인 세 가지

지금 자신에게 해야 할 것과 하지 말아야 할 것을 가르쳐 주는 정신적 친구(선지식)인 스승에 대해서 진정한 불보라는 생각을 지니고, 심지어 스승의 그림자조차도 밟지 말고 열심히 섬기고 공경하세요.

---

39 청정한 인식(དག་སྣང་) : 241쪽 주177 참조.

훌륭한 스승께서 무슨 말씀을 하시든 모든 말씀에 대해서 진정한 법보라는 생각을 간직하고, 모든 말씀을 기꺼이 받아들여 조금도 어기지 마세요.

스승의 권속들과 제자들과 자신과 똑같이 청정행을 지키는 자신의 도반들에 대해 진정한 승보라는 생각을 지니고, 몸과 말과 마음의 삼문으로 공경하여 따르고 스승이 기뻐하지 않는 일은 단 한순간도 해서는 안 됩니다.

특별히 비밀 만뜨라 금강승에서 귀의의 주 대상은 스승이기 때문에 스승의 몸은 상가이며, 스승의 말씀은 다르마이고, 스승의 마음은 붓다입니다. 따라서 스승에 대해 3보를 모두 구현한 실체로 인식하여 그분이 행하는 것은 무엇이든 올바른 것으로 보고, 절대적인 믿음으로 따르고, 항상 열심히 기도하세요. 만일 본인의 몸과 말과 마음의 행위로 스승의 마음을 상하게 하면 귀의의 모든 대상을 버리는 것이 되므로 불굴의 노력과 확고한 결심으로 스승을 기쁘게 하려고 항상 노력해야 합니다.

요약해서 말하면 기쁘거나 슬프거나, 좋거나 나쁘거나, 병이 나거나 고통을 겪고 있거나, 어떤 일이 일어나든 오로지 스승과 3보를 전적으로 믿고 의지하세요. 즐거우면 3보의 자비로 알아야 하며 이 세상의 모든 평안하고 즐거운 것과 좋은 일은, 하다못해 더울 때 신선한 산들바람의 미세한 향기가 일어나는 것조차도 붓다의 자비와 가피라고 말씀하셨으며, 마찬가지로 마음에 선한 생각이 단 한순간 일어나는 것도 오직 붓다의 헤아릴 수 없는 가피의 힘입니다. 『입행론入行論』에서 다음과 같이 말했습니다.

마치 어두운 밤 구름 속에서 번개의 움직임이

한순간 완전히 환하게 비추어 모든 것^{40}을 보여주는 것처럼
그와 같이 붓다의 힘으로 아주 드물게
이 세상에 선한 생각은 잠깐 일어나는 것이다.

그러므로 우리에게 도움이 되는 것과 평안하고 즐거운 일이 무엇이 있든 그 실체는 붓다의 자비라는 것을 알아야 하며, 질병과 고통, 장애를 일으키는 자(마장)의 방해 등 어떠한 일이 일어나든지 3보에 기도하는 것 외에, 질병과 마장을 물리치는 다른 방법에 의지하지 마세요. 만일 진료를 받아야 한다거나 치유의식 등을 해야 할 때라도, 그것들도 3보의 고귀한 행이라는 것을 알고 하세요.

나타난 현상은 모두가 3보의 다양한 현현顯現임을 알고 믿음과 청정한 인식으로 바라보세요.

자신이 다른 곳으로 일하러 또는 다른 목적으로 갈 때에도 어디로 가든 먼저 가는 방향의 붓다 혹은 3보에 절을 올리고 가세요. 언제 어느 경우에나 앞에서 인용한 기본서 '롱첸닝틱'의 귀의문,

진정한 3보인 3근본의 수가타에
기맥・풍기・명점의 본성인 보리심에
본성과 특성과 자비의 만달라에
보리의 핵심을 얻을 때까지 귀의합니다.

혹은 모든 승에 공통인 귀의문,

---

40 완전히 환하게 비추어 모든 것: 티벳어 랍낭 རབ་སྣང་의 번역이며, 티벳어 본 『입보리행론』 제1장의 계송 4에는 티벳어가 바르낭བར་སྣང་으로 되어 있어, 이것을 옮기면 '하늘과 땅 사이의 모든 현상'이 된다.

> 거룩한 스승님께 귀의합니다.
> 거룩한 부처님께 귀의합니다.
> 거룩한 가르침에 귀의합니다.
> 거룩한 승가님께 귀의합니다.

라는 4귀의문[41]으로 널리 알려진 이러한 것들을 매일하는 수행으로 삼으세요.

다른 사람들에게도 귀의에 대해 찬탄을 하고 귀의를 하도록 하세요. 자신과 다른 사람들 모두의 이생에 대한 의지처와 다음 생에 대한 의지처를 3보에 두고 귀의수행을 열심히 하세요.

잠잘 때도 앞에서 설명한 것처럼 자량전(집회수集會樹)의 권속 본존들이 가슴의 중앙에 있는 것으로 관상하세요. 그것에 마음을 집중하면서 잠에 들어가거나 그처럼 할 수 없다면 스승과 3보가 나에 대한 자비와 사랑으로 가득 차 있다고 생각하고, 나의 베개 옆에 실제로 머물러 있다고 생각하세요. 그리고 믿음과 청정한 인식을 가지고 3보에 대한 생각을 놓치지 말고 잠드세요.

먹거나 마실 때도 3보가 목의 중앙에 있다고 관상하면서 음식과 음료수의 맛으로 공양하고 그렇게 할 수 없다면 무엇을 먹든 무엇을 마시든 모두 맨 처음의 한입이나 한 모금으로, '3보께 공양올립니다'라고 생각하면서 헌신의 마음을 내세요. 본인에게 새 옷과 같은 입을 것이 생겼을 때도 먼저 자신이 입기 전에 3보에 공양한다고 생각하면서 공중에 잠시 들어 올리세요. 그리고 나서 3보가 자신에게 보내준 것이라 생각하고 입으세요.

외부의 다양한 모습을 가진 대상들에도, 예를 들면 꽃이 활짝 핀 정원

---

41 4귀의문: 티벳의 모든 승은 겔룩·까규·닝마·사꺄할 것 없이 4귀의문을 독송한다. 그래서 '모든 승에 공통인 귀의문'이라고 한 것이다.(체링)

이나, 깨끗한 시냇물이나, 멋진 집이나, 기분 좋은 숲이나, 엄청난 재산과 소유물, 멋있게 생기고 장신구로 잘 차려 입은 남성이나 여성 등 자신의 마음을 즐겁게 하는 것이나 갖고 싶은 어떤 것들을 보아도, '3보께 공양올립니다'라고 생각하면서 헌신의 마음과 청정한 생각을 지니세요.

물을 길을 때도 먼저 3보에게 드시라고 맨 처음 길은 물을 조금 공중에 뿌리고 나서 자신의 물통에 담으세요. 자신에게 이생의 평안, 기쁨, 명성, 이익 등 바라는 것이나 마음을 사로잡는 것들이 어떤 것이 생기든 3보의 자비입니다.

3보 자체에 공양을 올린다고 생각하면서 헌신의 마음과 청정한 생각을 지니세요. 자신이 예경과 공양, 본존수행, 만뜨라독송 등 어떤 선근善根을 행하든 모든 것을 3보에 공양으로 올리고 중생들을 위해 회향해야 합니다. 보름날, 그믐날, 하루에 여섯 번(낮에 세 차례, 밤에 세 차례) 등 3보에 대한 공양을 가능한 한 많이 해야 합니다. 항상 3보에 예불하는 시간을 어기지 마세요.

언제 어떤 경우에나, 기쁠 때나 슬플 때나 무슨 일이 생기든 3보에 대한 귀의만은 잊지 마세요. 그렇게 하여 꿈속에서 두려움이 생길 때도 귀의하는 일이 일어난다면, 바르도에서도 그와 같은 일이 생길 것이므로 그 같은 일이 생기도록 노력하세요. 요약하면, 믿음을 오직 3보에만 두고 목숨을 버리는 한이 있더라도 귀의를 포기해서는 안 됩니다.

예전에 인도에서 한 불교 재가 수행자를 외도들이 붙잡아,

"그대가 3보에 귀의하는 것을 포기하면 죽이지 않겠다. 그렇지만 그것을 포기하지 않으면 너를 죽이겠다"고 말했지만,

"나는 다만 말로는 3보에 대한 귀의를 포기할 수 있다. 그러나 마음 깊은 곳에서는 절대 포기할 수 없다"라고 말했습니다. 그래서 그 재가 수행자를 외도들이 죽었습니다.

우리는 어떠한 경우에도 그처럼 해야 합니다. 3보에 귀의하는 것을 저버리면 아무리 심오한 법을 수행해도 불교도에 속하지 못합니다.

그래서 '외도와 내도는 귀의의 차이'라고 합니다.

불선행을 삼가는 일과, 본존수행이나 기맥(짜)·풍기(룽) 등의 수행을 하여 '보통의 성취'를 얻는 것은 외도들에게도 있지만 3보에 대해 귀의할 줄 모르기 때문에 해탈의 길과는 멀리 있으며 결코 윤회계에서 벗어나지 못하는 것입니다.

조오제 아띠샤께서도 현교와 밀교의 바다와 같은 가르침에 대해 모르거나 읽어보지 않은 것이 하나도 없었지만, 그 중에서 특히 맨 처음에 하는 귀의가 가장 중요하다고 생각하시고 모이는 모든 사람들에게 오로지 귀의만을 말씀하셨기 때문에 '귀의의 대학자(깜도빤디따)'로 알려졌습니다.

따라서 해탈의 길로 들어서서 불교도가 된 다음부터는 목숨이 위험한 상황에 처하더라도 귀의와 귀의의 계율(학처學處)을 포기하지 말고 수행해야 합니다. 경전에서 다음과 같이 말씀하신 것과 같습니다.

누구든 붓다에 귀의한 사람은
그는 진정한 재가 수행자입니다.
절대로 다른 신에게 귀의해서는 안 됩니다.
수승한 법에 귀의한 사람은
다른 중생에게 해를 입히려는 마음이 없어야 합니다.
성스러운 상가에 귀의한 사람은
외도와 어울려 지내서는 안 됩니다.

요즘에 3보를 따르는 제자라고 자칭하는 사람들도 3보의 상징인 불상이나 불경과 불탑 등에 대해 공경심이 조금도 없어서, 붓다의 상이나 그분의 가르침이 있는 경전 등을 재물로 생각하여 팔거나 저당을 잡히는 것 등의 행위는 '3보의 몸값으로 먹고 사는 것'으로 악행이 아주 무겁습니다. 또한 붓다의 상을 그린 것(탕카)과 주조하거나 조각한 것(불상) 등을 대칭이나 비례 등의 조화를 검토하여 제대로 만들려고 하는 경우가 아니라 그 외의 다른 경우에 아름답지 않다는 관점에서 말하면서 결함을 찾는다면 악행이 매우 무겁기 때문에 그렇게 해서는 안 됩니다. 불경佛經을 글로 새긴 뻬차 등을 맨바닥에 놓는다든가, 걸어 넘어간다든가, 한장 한 장 넘길 때 엄지손가락에 침을 묻혀서 만지는 등 불경스러운 행동을 하는 것은 모두 악행이 매우 무겁습니다. 세존께서 말씀하셨습니다.

> 5백 년의 마지막이 되면
> 나는 글자의 형상으로 머무를 것이다.
> 그 경전이 나라고 생각하면서 거기에 마음을 두어라.
> 그리고 그때는 그것을 공경하라.

세간의 말에도, "불경 위에 불상을 놓지 말라"고 한 것처럼 붓다의 몸과 말과 마음을 나타내는 모든 상징물 중에서 말씀의 상징(불경)은 해야 할 일과 하지 말아야 할 일을 가르쳐 주고 가르침의 지속성을 유지함으로써 진정한 붓다와 차이가 조금도 없으며, 특히 성스럽다고 말씀하신 것입니다.

그 뿐만 아니라 요즈음 대부분의 사람들은 금강저와 금강령을 일상으로 사용하는 물건처럼 생각할 뿐, 그 외에 3보의 상징물이라는 생각을 안 합니다. 그렇지만 금강저는 붓다의 마음, 즉 다섯 가지 지혜(5지五智)[42]

---

[42] 다섯 가지 지혜 (예쉐응아ཡེ་ཤེས་ལྔ་) : ①대원경지大圓鏡智 (멜롱예쉐མེ་ལོང་ཡེ་ཤེས་) : 각성覺性 (릭빠རིག་པ་, ⓥvidya)이 둥근 광명으로 밝게 빛나고 맑음. ②평등성지平等性智 (남니예쉐མཉམ་ཉིད་ཡེ་ཤེས་) : 각성이 좋고 나쁨을 떠나 분별의 경계에서 벗어남. ③묘관찰지妙觀察智 (소르똑예쉐སོར་རྟོག་ཡེ་ཤེས་) : 각성이 제법 각각의 차별성을 깨달음. ④성소작지成所作智 (자돕예쉐བྱ་གྲུབ་ཡེ་ཤེས་) : 각성이 애씀 없이 무생의 법계에 완결됨. ⑤법계체성지法界體性智 (최잉예쉐ཆོས་དབྱིངས་ཡེ་ཤེས་) : 각

를 상징하며, 금강령 또한 본존의 얼굴 형상을 가지고 있는 것으로 하부 딴뜨라(사부, 행부)에서 바이로짜나(남빠낭제)⁴³를 그리고 상부 딴뜨라(요가부, 무상 요가부)에서 바즈라다뚜이쉬와리(도르제잉기왕축마)⁴⁴를 말하기 때문에 붓다의 몸의 형상입니다. 그리고 거기에 새겨진 글자는 여덟 분의 여성 본존(불모佛母)의 실질적인 종자 글자의 형상이며 또한 거기서 나는 소리는 붓다의 말씀인 법의 아름답고 오묘한 음성을 나타내는 것입니다. 그러므로 금강저와 금강령은 붓다의 몸과 말씀과 마음을 상징하는 세 가지 특성을 갖추고 있습니다.

특히 이들은 비밀 만뜨라 금강승의 모든 만달라를 완벽하게 갖추고 있으며, 삼마야의 특별한 대상이기 때문에 함부로 취급하면 악행이 무거우며 언제나 공경심으로 모셔야 합니다.

2. 귀의의 공덕

귀의함으로써 얻는 공덕은 다음과 같습니다. 3보에 귀의하는 것은 모든 수행의 디딤돌입니다. 누구든지 귀의하는 것만으로 해탈의 씨앗을 심는 것이며, 이미 쌓은 불선업으로부터 멀어지게 하고, 선업을 점차 증가시키며, 모든 계율의 바탕이 됩니다. 따라서 모든 공덕의 원천이 됩니다. 또한 당장 선한 본존들이 보호해 주고, 염원하는 것을 원하는 대로 성취시켜 주며, 항상 3보에 대한 생각과 멀어지지 않게 되고, 세세생생 삼보

성이 내심과 외경의 경계를 벗어나 불변함.(『티베트 사자의 서』, 중암 역주, 64~70쪽)
43 바이로짜나: 남빠낭제རྣམ་པར་སྣང་མཛད་ (Ⓢvairochana)로 줄여서 남낭རྣམ་སྣང་이라 한다. 비로자나불, 대일여래大日如來, 명조불明照佛로 한역되며 '밝게 비추어 환히 드러나게 함'을 뜻한다.
44 바즈라다뚜이쉬와리: 도르제잉기왕축미རྡོ་རྗེ་དབྱིངས་ཀྱི་དབང་ཕྱུག་མ་ (Ⓢvajradhatvishvari): 금강계자재모金剛界自在母로 한역되며 바이로짜나의 불모이다.

를 기억하게 되고, 이생과 내생에서 평안하고 즐거우며, 마지막에는 붓다의 경지를 얻는 등 공덕이 헤아릴 수 없다고 말씀하셨습니다.

찬드라끼르띠(월칭)의 『귀의칠십송歸依七十頌』에서 다음과 같이 말했습니다.

> 계율은 모든 사람이 받을 수 있지만
> 귀의하지 않은 사람은 받을 수 없다.

개인적인 해탈(별해탈別解脫)을 위한 비구계·사미계·거사계 등 모든 계의 바탕으로도 귀의가 없어서는 안 됩니다. 게다가 최상의 보리심을 일으키는 것과 비밀 만뜨라 금강승의 관정수여 등 모든 수행에 앞서 귀의라는 자격을 갖추어야 합니다. 심지어 단 하루의 포살계[45]를 받기 전에도 귀의는 반드시 필요하기 때문에 모든 계율과 공덕의 바탕이 됩니다.

3보의 공덕을 알고, 믿음으로 귀의하는 것은 말할 것도 없고 심지어 '붓다'라고 하는 말만 귀로 듣는다거나 붓다의 몸과 말씀과 마음을 나타내는 어떤 종류의 상징이든 조금만 관련되어도 마음의 흐름에 해탈의 씨앗을 심어 마침내 고통을 넘어선 경지(열반涅槃)를 얻게 될 것입니다. "예전에 돼지 한 마리가 개에게 쫓기다가 탑이 있는 곳을 돌았기 때문에, 그 마음속에 해탈의 씨앗이 심어졌다"고 「율장」에서 설했습니다.

또한 하나의 짜차(흙으로 만들어진 조그만 불상이나 불탑)로 세 사람이 깨달음(불성佛性)을 얻었다고 합니다. 예전에 길가에 짜차 하나가 있었는데 어떤 사람이 보고, '이 짜차를 이렇게 놓아두면 비 때문에 금방 망가질 것이니 망가지지 않게 해야지' 생각하고 그 근처에 버려진 신발 바닥으로 덮어

---

45 포살布薩(소종གསོ་སྦྱོང་, ⓢposhadha) : 한 달에 두 번 음력 15일과 30일에 동일지역의 승려가 모여 계경戒經을 읊는 것을 듣고, 자기반성을 하며 죄과를 고백하고 참회하는 의식. 목적은 계에 정주淨住하여 선법을 기르기 위한 것이다. 정주淨住·장양長養·재齋·설계設戒라고도 한다.

놓았습니다. 또 다른 어떤 사람이, '신발 바닥이 너무 더러우니, 이것을 짜차 위에 덮는 것은 좋지 않다'고 생각하고 치워버렸습니다. 그래서 신발 바닥으로 덮은 사람과 치워버린 사람 둘 다 마음씨가 선한 행동의 과보로 다음 생에 왕위를 얻었습니다.

> 선한 마음으로 신발을
> 붓다의 머리에 올려놓았네.
> 다른 사람이 그것을 치웠으나
> 둘 다 왕위를 얻게 되었다네.

그러므로 처음에 짜차를 만든 사람과 중간에 신발 바닥으로 덮은 사람과 마지막에 그것을 치운 사람, 세 사람 모두 잠시 동안 왕권을 누리는 등 상도의 행복한 과보를 얻었으며 마침내 해탈의 씨앗을 심어 깨달음(불성)을 성취하게 되었습니다.

이미 쌓은 불선업으로부터 멀어지기도 합니다. 진정으로 강한 믿음과 공경으로 3보에 귀의하면 과거에 행한 불선행(악업)도 줄어들어 없어지고, 앞으로도 3보의 자비로 마음의 흐름에 가피가 스며들고 생각이 선하게 되어 불선행을 더 이상 하지 않게 됩니다.

국왕 아자따사뜨루가 부친을 살해한 것[46] 또한 3보에 귀의를 했기 때문에 다음 생에 지옥에서 단지 7일 동안 고통을 겪고 벗어났다고 경전에서 말했습니다.

데와닷따는 세 가지 무간업無間業을 저질러 산 채로 지옥 불에 태워질

---

46 마게다ས་སྐྱེས་དགྲ (ajatasatru, 미생원未生怨) 국왕의 이야기로 마가다 왕국의 수도인 라자가하를 다스리던 빔비사라 왕의 아들 아자따사뜨루가 왕위를 차지하려고 부왕을 해치고, 붓다의 사촌 데와닷따가 교단을 장악하기 위해 붓다를 해하려고 공모했다가 발각되어 처벌받은 이야기다.(『붓다의 길 위빠사나의 길』, 593~597쪽, 603~605쪽 참조)

때 붓다의 말씀에 확실한 믿음이 생겨, '나는 지금 뼛속 깊이 붓다에 귀의 합니다'라고 외쳤기 때문에 붓다께서 '너는 나중에 〈확고한 결심〉이라는 연각불이 되리라'고 말씀하셨습니다.

따라서 이제 우리들은 각자 정신적 친구인 스승의 은혜로 수승한 정법을 배워 선행을 실천하려는 마음과 불선행을 하지 않겠다는 마음을 조금 품었으니, 이때 진정으로 3보에 대한 귀의수행에 힘쓴다면 마음의 흐름에 가피를 받게 되어 믿음과 청정한 인식, 출리심과 염리심, 인과에 대한 믿음 등 길의 모든 공덕이 점점 더 많아질 것입니다.

그와 같이 하지 않고 스승과 3보에 대한 귀의와 기도에 무관심으로 일관하면 지금 아무리 훌륭한 출리심과 염리심을 가지고 있어도 우리는 현상에 이끌리기 쉽고, 마음은 어리석고, 생각이 쉽게 바뀌기 때문에 지금 선한 일을 하는 동안에도 불선행으로 변화되기가 아주 쉬우므로 앞으로 불선행의 흐름을 끊는 것 또한 귀의보다 더 수승한 것은 없다는 것을 알아야 합니다.

> 수행을 열심히 하는 사람들을 마라들이 특히 미워한다.
> 법의 수행이 깊어지면 검은 마라의 생각도 더욱 깊어진다.

라고 말씀하신 것처럼, 지금은 5탁 악세에 이르렀기 때문에 심오한 의미(심심법의甚深法義)[47]를 수행하는 사람들이나 커다란 선행(광대선법廣大善法)을 행하는 사람들에게 이 세상 삶에 대한 유혹이나, 가족과 친구들이 말리거나, 질병과 역경의 어려운 상황(역연逆緣)이나, 자신의 마음속에 의혹과 망상분별 등, 법 수행의 장애는 다양한 방법으로 가장을 하고 지금까지 쌓

---

47 심오한 의미: '바닥을 헤아리기 어려운 의미'로 '심오한 공성'을 뜻한다. 심심의甚深義, 심심법甚深法.(『장한불학사전』, 1408쪽)

은 공덕(선업자량)을 무너뜨립니다. 따라서 그러한 것들에 대한 대치법으로 3보에 대한 귀의수행을 진정으로 열심히 하면, 정법 수행에 대한 모든 장애물이 유리한 조건(순연順緣)으로 나타나며 선행이 점점 더 커질 것입니다.

그 뿐만 아니라 요즈음 일반 가정에서도 한 해 동안 질병과 가축의 손실 등이 생기지 않도록 보호하려는 것이라고 말하면서 관정이나 구전 가르침을 받은 적이 없고 기본 독송[48]을 수행해 본 적이 없는 라마와 제자들 몇 사람을 불러서, 분노존 수행의 만달라를 펼치게 합니다. 그런데 그들은 생기차제와 원만차제 중 어느 수행도 해본 적이 없어, 눈을 사발만큼 크게 뜨고 보릿가루 반죽 덩어리 위에 참을 수 없는 분노를 일으키면서, "끌어내! 끌어내! 죽여! 죽여! 야! 야! 때려! 때려!"라고 외치고, 사람들이 그 소리를 들을 때 거친 감정을 유발시키면서, 고기와 뼈로 오로지 희생제만 행하고 있습니다. 그와 같은 의식을 올바르게 살펴보면, 성자 밀라래빠께서,

지혜의 본존을 이 세상 사람들을 보호하기 위해 초대하는 것은,
왕을 왕좌 위에서 내려오게 하여 청소하는 일을 맡기는 것과 같다.

고 말씀하신 것과 파담빠상개[49]께서,

---

[48] 기본 독송(시녠གནི་བསྙེན་) : 사다나는 근접수행과 성취 수행의 두 단계로 구성되며 이는 전자에 해당한다. 다른 사람을 위한 의식을 시작하기 전에 먼저 자신의 마음을 정화하기 위해 반드시 기본 독송을 백 번 등 정해진 횟수만큼 해야 한다. 사다나는 그 목적에 따라 수개월 혹은 수년이 걸릴 수도 있다. (체링)

[49] 파담빠상개: 1098년을 마지막으로 티벳을 다섯 차례 방문한 인도의 성취자. 티벳에서 시제빠ཞི་བྱེད་의 가르침을 펼쳤으며, 티벳의 요기니 마찍랍된이 그분의 제자이다. 시제빠는 12세기 초에 이분이 확립했으며, 반야바라밀을 딴뜨라와 만뜨라를 통해서 수행함으로써 윤회와 열반의 일체 고통을 적정시킨다(시와르제빠ཞི་བར་བྱེད་པ་, ⓔpacify)는 면에서 이름 붙여진 종파다. (『장한불학사전』, 1375쪽)

비밀 만뜨라 만달라를 동네 염소 우리 안에 조성해 놓고 치료법이라고 말한다.

고 말씀하신 것처럼, 밀교수행이 뵌교로 빠지는 잘못에 오염된 것입니다.[50] '해탈'의 의식을 행하는 사람들 또한 이기심의 속박에서 벗어난 사람이 가르침과 중생들을 위한 아주 큰 뜻을 이루기 위해서, 10악+惡[51]을 모두 갖춘 가르침의 적과 방해자들을 자유롭게 하기 위해 허용되는 것인데, 자타에 대한 편견[52]과 함께 실질적 분노[53]를 띠고 '해탈'의 의식을 행하면, 다른 사람을 자유롭게 할 수 없으며 자신이 지옥에 태어나는 원인이 됩니다.

생기차제와 원만차제 그리고 삼마야계 없이 단지 고기와 피로 희생제를 행하는 것으로, 지혜의 본존과 정법을 보호하는 호법신을 성취하지 못합니다. 부정적 신과 영혼들이 모두 모여 그 공양물과 또르마를 먹고

---

50 티벳어 게르와 གྱེར་བ་ 에는 '(길을) 헤매다, 혹은 (잘못된 길로) 빠지다'라는 의미와 '독송하다, 염송하다, 노래하다'라는 두 가지 의미가 있다. 전자로 해석하면, '비밀 만뜨라가 뵌교로 빠지는 잘못에 물들게 될 것이다'(중문본 #2, 영문본)로 옮겨지며, 후자로 옮기면, 밀교 수행이 뵌교로 독송하는 잘못에 물들 것이다'(중문본 #1, #3)로 옮겨진다. 뵌교의 수행에도 불교와 아주 가까운 지혜로운 가르침이 있지만, 여기서 말하는 뵌교는 원시적이고 주술적인 뵌 전통을 가리킨다.
51 10악(싱쭈ཞིང་བཅུ་): 티벳어 델왜싱쭈བསྒྲལ་བའི་ཞིང་བཅུ་ 의 줄임말로 밀승에서 가르치는 '해탈'의 대상이 되는 '가르침의 적'. ①가르침을 파괴하는 자 ②3보를 비방하는 자 ③상가의 보시물을 훔치는 자 ④대승을 비방하는 자 ⑤스승의 몸에 해를 입히는 자 ⑥금강 형제들을 비방하는 자 ⑦수행을 방해하는 자 ⑧사랑과 자비가 전혀 없는 자 ⑨삼마야(밀계)를 저버린 자 ⑩업과에 대한 잘못된 견해를 지닌 자 적과 방해자는 자신과 다른 사람들의 무지이다. 이러한 '해탈공양'을 통해서 무지에서 자유로워져 깨달음으로 바꾼다.(『장한불학사전』1376쪽과 『티영사전』)
52 자타에 대한 편견: 본인과 가까운 사람은 아주 집착하고 다른 사람들에 대해서는 적대시 함.
53 실질적 분노: 티벳어 세당랑첸빠ཞེ་སྡང་རང་མཚན་པ་ 를 옮긴 것으로 직역하면 자상적自相的 분노이다. 티벳어 랑첸빠རང་མཚན་པ་ 는 '자상으로, 즉 독립적으로 존재하는(independently existing)'을 뜻하며, 그 반대는 '자상으로 존재하지 않는, 즉 상호 의존하여 존재하는'을 의미한다. 자상적 분노란 분노를 일으킨 자와 분노의 대상이 독립적으로 존재한다고 생각함으로써 일어나는 분노로, 요컨대 자타에 대해 편애하여 집착함으로써 일어나는 분노이다. 이러한 분노는 자타에 편견을 갖지 않고 일체 중생을 위한 자비심에 바탕을 두고 행동하는 사람이 일으키는 분노와 구별해야 한다.(영문본, 주128 참조)

마시며 즐김으로써 당장은 그들이 도움이 될 것 같지만, 결국에는 원치 않는 수많은 결과를 초래할 것입니다.

그보다는 온 마음을 3보에 맡겨야 합니다. 마음의 흐름이 평온하고 잘 다스려진(조복調伏된) 라마나 승려를 모셔와 10만 번 귀의게歸依偈를 독송하면 보호를 받는 데에도 그보다 더 훌륭한 것은 없으며 3보의 보호 아래로 들어갈 수 있습니다. 이생에서 바라지 않는 것은 어떤 것도 생기지 않으며 원하는 모든 것들이 저절로 이루어집니다. 이로운 신들이 보호해 주며 해로운 마장(장애를 일으키는 자)들은 가까이 올 수 없습니다.

전에 어떤 사람이 도둑을 붙잡아, '붓다에게 귀의합니다'로 시작하는 귀의게 한 구절이 끝날 때마다 매를 때렸습니다. 그렇게 귀의게를 마음속에 확실하게 심어 준 다음에 놓아 주었습니다. 그날 밤, 도둑은 어느 다리 아래 한 구석에 누워 있었는데 귀의게가 확실하게 각인되어 귀의문 구절들이 고통의 쓰라림과 구분할 수 없이 하나가 되어 마음속에 생생하게 떠올랐습니다. 그런데 그때 다리 위 가까이로 많은 마귀들이 몰려왔다가,

"이곳에 3보에 귀의한 사람이 있다"고 외치고 비명을 지르면서 도망가 버렸습니다. 그러므로 마음속 깊은 곳으로부터 3보에 귀의하면 이생의 해로움이 사라지게 하는 데 그보다 뛰어난 것이 없으며 내생에도 해탈과 일체지의 경지를 이루는 등 귀의의 이로움은 헤아릴 수 없습니다. 『무구칭경無垢稱經』[54]에서 다음과 같이 말했습니다.

> 귀의한 공덕은 어떤 것이든
> 만일 그것에 형상이 있다면

---

54 『무구칭경』: 티벳어 디마메빼도ད་མ་མེད་པའི་མདོ་는 디마메빠르닥빼땐빼도ད་མ་མེད་པར་གགས་པ་ས་བསྟན་པའི་མདོ་의 줄임말로 『무구칭경』이다. 다른 명칭으로 『유마힐소설경維摩詰所說經』이 있으며 '비말라끼르띠가 설한 경(The Sutra Taught by Vimalakirti)'이라는 의미이다.

허공계를 모두 채우고도
그것은 그보다도 클 것이다.

『섭바라밀다론攝波羅密多論』⁵⁵에서 다음과 같이 말했습니다.

귀의한 복덕에 형상이 있다면
3계도 그릇으로 작을 것이니
대양의 물처럼 엄청난 보물을
됫박으로 재는 것이 어찌 가능할까?

또한 『일장경日藏經』에서도 다음과 같이 말했습니다.

붓다에 귀의하는 중생은 누구든지
천만의 마라들이라도 죽일 수 없으며
계율을 위반하거나 마음이 산란하게 되어도
그는 분명히 윤회로부터 해탈할 것이다.

이처럼 헤아릴 수 없는 공덕이 함께 하므로 모든 법 수행의 근본인 귀의수행을 열심으로 수습해야 합니다.

삼귀의에 의지했으나 마음속 깊이 믿음이 작았으며
3학을 배웠으나 지켜야 할 계가 약해져 포기했으니
저와 저처럼 마음이 강하지 못한 모든 유정들에게
믿음이 후퇴하지 않고 군건해지도록 가피를 주소서!

---

55 『섭바라밀다론』(파르친뒤빠 པར་ཕྱིན་བསྡུས་པ་) : 『람림첸모』 영문본에는 Aryasura's 『Compendiun of the Perfections』(ⓢpāramitā-samāsa)로 옮겨져 있다.

귀의(모든 길의 디딤돌) • 321

여기까지 모든 길의 디딤돌인 귀의에 대한 가르침입니다.

2장

발보리심
(대승의 뿌리)

마하반야로 니르바나를 증득하셨지만
대자비로 삼사라를 기꺼이 품어 안았으며
선교방편으로 둘이 차별 없음을 깨달으신
비할 바 없는 스승의 발아래 정례올립니다.

대승의 뿌리인 보리심을 일으키는 가르침에는 세 가지가 있는데 헤아릴 수 없는 네 가지 마음(4무량심)을 닦는 것, 최상의 깨달음을 향한 마음(수승한 보리심)을 일으키는 것, 원보리심과 행보리심의 계율(학체)을 지키는 것입니다.

4무량심 닦기

4무량심四無量心을 닦는 것에는 일반적으로 사랑(慈: 자애慈愛)·자비(悲: 연민憐憫)·즐거워함(喜: 동락)·평등심(舍: 평정) 네 가지가 있습니다. 그 중에서 일반적으로 처음에 사랑부터 말합니다. 그렇지만 수행하면서 차례대로 마음을 닦을 때 먼저 평등심부터 닦지 않으면 자애나 연민 등이 한쪽으로 치우치게 되어 올바르지 못하게 됩니다. 그래서 먼저 평등심부터 마음을 닦아야 합니다.

1. 평등심의 수습

평등심이라고 하는 것은 '적(미워하는 사람 또는 마음에 들지 않는 사람)'에 대해 미워함을 그만두고, '친구(좋아하는 사람 혹은 마음에 드는 사람)'에 대해 애착을 그만두고, 모든 중생들에 대해 가까운 사람은 좋아하고 먼 사람은 싫어하는 일 없이 똑같은 마음으로 대하는 것을 평등심[56]이라고 합니다.

요즘은 부모와 친구 등 자신의 편이라고 생각하는 사람들에게는 아주

---

[56] 평등심: 티벳어로 'ཏང་ཉོམས་བདག་སྙོམས་'이며, 애착이나 미워함을 '그만두다' 또는 '버리다'는 의미를 갖는 'ཏང་བདག་'과 '똑같은 마음으로 대하다'를 의미하는 'ཉོམས་སྙོམས་'이 합해진 단어이다.

집착하고, 적이나 다른 편 사람들에게는 참을 수 없는 증오심을 품고 있습니다. 이것도 제대로 살펴보지 않은 실수입니다.

수많은 전생에 지금의 이러한 적들 또한 우리의 친척이나 친구들처럼 가까운 사람들이었기 때문에 사랑으로 함께 어울려 가까이 지냈으며, 호의를 가지고 우리를 돌보아 주었고, 우리에게 도움을 준 것도 헤아릴 수 없습니다. 반면에 지금은 친구로 생각하는 사람들도 수많은 전생에 자신의 적이 되어 손해를 입힌 일도 많습니다. 앞에서 설명한 것처럼 성자 까따야나께서 말한 것과 같습니다.

> 아버지의 살을 먹고 어머니를 때리면서
> 악행을 저지른 원수를 무릎에 안고서
> 아내가 남편의 뼈를 씹고 있으니
> 윤회계의 현상들이 정말 우습구나.

그뿐만 아니라 예전에 법왕 티송데짼의 딸로 빼마샐이라는 공주가 있었는데 나이 열일곱이 되어 죽었을 때 법왕께서 구루 린뽀체에게,

"내 딸아이인 이 공주는 청정한 업을 가진 아이인 것 같은데, 나의 딸로 태어나서 진정한 붓다와 다름없는 이처럼 많은 역경사와 석학 여러분들을 만나 뵈었습니다. 그렇지만 이처럼 짧은 생을 갖게 된 것은 어떻게 된 것인가요?"하고 물었습니다. 대사께서는,

"당신의 딸인 이 공주는 청정한 과거의 업 때문에 당신의 딸로 태어난 것이 결코 아닙니다. 예전에 본인 빠드마와 법왕 전하와 위대한 보디싸뜨와가 미천한 계급의 세 아들로 태어나서 자룽카숄[57] 대탑을 세울 때

---

[57] 자룽카숄བྱ་རུང་ཁ་ཤོར : 네팔 카트만두에 있는 보우다나트 대탑. '자룽카숄'의 문자적인 의미는 '해도 좋다고 말해 버림' · '일단 주어진 철회할 수 없는 허락' 혹은 '생각없이 말해버린 부적절한 말'을 뜻한다. 대탑의 건립에 관한 전설이 있다. 닭을 키우며 사는 한 여인에게 세 아들이 있었는

이 공주가 떼마[58]라는 야생벌의 몸을 가지고 있었습니다. 그 벌이 전하의 목을 쏘았을 때 법왕께서 무심코 손으로 쓸었는데 그 벌이 죽게 되었습니다. 그때 생명을 취한 업의 대가로 전하의 딸로 태어난 것입니다"라고 말했습니다.

법왕 티송데짼은 진정한 문수보살이신데 그런 분에게 그와 같은 업보로 탄생한 자식이 있다면, 다른 중생들에 대해서는 무슨 말을 할 수 있겠습니까?

지금 우리는 각자 부모와 자식 간의 혈연으로 연결되어 있습니다. 헤아릴 수 없는 자애로운 사랑을 베풀고 한없는 희망을 품고 있습니다. 그들에게 고통과 원하지 않는 일이 생기면, 자신에게 생긴 것보다도 더 심한 고통이 일어나는 것도 모두, 예전에 서로 해를 입힌 행위의 대가를 되돌려 받는 것뿐입니다.

지금 자신과 적이 된 사람들도 모두 수많은 전생에 걸쳐 부모가 아니었던 사람은 아무도 없습니다.

지금도 적에 대해 적으로 집착할지 모르지만 그가 자신에게 해를 입힌다는 확신도 없습니다. 자신은 적으로 생각해도 그는 나에 대해서 적으로 생각하지 않을 수도 있으며, 적으로 생각해도 해를 입히지 못할 수도 있습니다. 더구나 당장 해를 입힌다고 해도 그로 인해서 현생에서 자신의 명성이 높아지거나 올바른 법과 만나게 되는 등 궁극적으로 이로움이나 축복이 되는 경우도 있습니다. 자신의 방법으로, 그 사람의 마음에 맞게 부드러운 말로 자신의 잘못을 말하고 화해를 하면, 친구가 되는 것도 어렵지 않습니다.

데, 그 당시 소원에 따라 세 아들은 나중에 환생을 하게 되어 각각 빠드마삼바와와 티송데짼 왕과 산따락시따로 태어났다. 그들은 티벳에 법을 건고히 확립시키는 책임을 맡았다. 이 대탑은 티벳 사람들에게 헌신의 대상이며 이 탑의 이름을 자룽카숄로 알고 있다. 본문의 '위대한 보디사뜨와'는 산따락시따를 가리킨다.
58 떼마ཏེ་མ་ : 세 개의 독침을 가진 야생벌의 이름.

그처럼 지금은 가족이나 친구나 친척 등 가까이 지내는 사람들도, 예를 들면 아이들이 부모를 속이거나 살해하는 일도 있습니다. 아들이나 딸이 본인과 적대적인 상대편 사람들과 어울리고 그쪽 편이 되어 재산을 빼앗아 가거나 논쟁을 하는 등의 일이 많이 있습니다. 설령, 그 사람들과 마음이 잘 맞고 사이좋게 지내고 있는 것처럼 보이는 경우에도 아이에게 고통과 원하지 않는 일이 일어나면, 자신에게 일어난 것보다도 더욱 심한 고통을 겪게 됩니다. 가족이나 친구, 아이들을 위해서 커다란 악행을 쌓고 나서 다음 생에는 지옥에 던져지게 됩니다. 자신은 청정한 법을 수행하고 싶지만 그들이 발목을 잡습니다. 부모나 아이들, 가족에 대한 생각(집착)을 떨치지 못하고 법을 뒤로 미루어 두고, 수행할 시간을 갖지 못하는 등 적보다도 더 심한 해를 끼칩니다.

그처럼 다음 생부터라도 지금 자신이 적이라고 생각하는 사람들이 자신의 자손으로 태어나거나, 가까운 사람들이 자신의 적으로 태어날 수도 있어 확실한 것이 없습니다. 따라서 '적'과 '친구'라는 이러한 한순간의 인식(현현顯現)을 진실한 것으로 생각하기 때문에 집착과 분노로 악행을 쌓는 것입니다. 본인 스스로 악도의 바닥돌이 되는 일을 할 필요가 무엇이 있겠습니까?

따라서 우리는 한량없는 모든 중생에 대해 부모나 자식이라는 생각을 확실히 지녀야 하며, 과거 성현들의 귀감이 되는 삶의 이야기처럼 '적'과 '친구'가 똑같음을 알아야 합니다.

먼저 자신의 마음속으로 아주 싫어하여 분노와 미움이 일어나는 대상들에 대해서 여러 가지 방편으로 분노와 미움이 생겨나지 않게 함으로써 마음을 수련하여, 나에게 어떠한 이익도 손해도 없는 보통의 중립적인 사람들과 똑같이 대하세요. 그 다음 중립적인 사람들에 대해서도 무시이래 수많은 전생에 걸쳐 자신의 부모였던 적이 헤아릴 수 없다는 것 등을 생각하고, 지금 현생의 실제 부모와 똑같이 자애로운 사랑의 마음이 생길 때까지 마음을 닦고 수습修習하세요. 마지막으로 적이나 친구나 중립적인 사람 중 어느 쪽으로 인식하든 모든 중생들에 대해 본인의 이생의 부모와 다름없이 연민의 마음이 일어날 때까지 거듭 반복하여 수습하세요.[59]

그와 같은 마음이 일어나지 않으면 저절로 적과 친구 누구에게도 연민이나 증오의 마음이 일어나지 않고 단지 평등하게 대하는 마음만 생길 수도 있지만, 그것은 이로움도 없고 해로움도 없는 '어리석은 평등심'으로 무량한 평등심(사무량舍無量)의 역할을 하지 못합니다. 그래서 무량한 평등심을 선인仙人이 베푸는 연회와 같다고 말합니다. 예를 들면, 선인들이 연회나 축제를 베풀 때 신분이 높거나 낮거나, 힘이 강하거나 약하거나, 선한 사람이거나 악한 사람이거나, 뛰어나거나 보통이거나, 모든 사람들에게 차별 없이 베푸는 것과 마찬가지로 허공 어디에나 가득한 모든 유정을 대연민의 대상으로 똑같이 평등하게 대해야 합니다. 따라서 그러한 무량한 평등심을 얻을 때까지 마음을 닦아야 합니다.

2. 자애심의 수습

자애심에 대한 수습은 다음과 같습니다. 무량한 평등심을 수습하여 3계의 모든 중생을 커다란 사랑(대자애심)의 대상으로 똑같이 대하게 되었습니다. 그러한 모든 중생을 생각하면서, 예를 들면 어린아이를 부모가 돌보는 경우 아이가 자신에게 은혜를 저버렸다고 하더라도, 자신의 모든

---

[59] 평등심을 닦는 순서에 대해서 여기서는 맨 처음에 '적'에 대해서, 그 다음에 중립적인 사람에 대해서 닦는다고 되어 있으나, 쫌뺄 린뽀체는 처음에 중립적인 대상으로 닦아야 한다고 했다. 『깨달음에 이르는 길』이나 『티베트 밀교의 명상법』에서도 먼저 중립적인 대상, 다음에 '친구', 그 다음에 '적', 마지막으로 모든 유정들의 순서로 닦아야 한다고 말한다.

어려움은 상관하지 않고 다만 그 아이를 편안하게 하고, 기쁘게 하고, 기분 좋게 하려고 몸으로 말로 마음으로 애쓰는 것과 같이, 그들 모든 중생들이 이생과 다음 생에 평안하고 행복하도록 자신의 몸으로 말로 마음으로 다양한 방편을 찾아서 힘껏 노력하세요.

그러한 일체 중생들도 자신이 편안했으면, 즐거웠으면 하고 생각하면서 오로지 자신의 행복과 즐거움만을 추구합니다. 그렇지 않고 불행과 고통을 원하는 중생은 아무도 없습니다. 그렇지만 행복의 씨앗인 선행을 할 줄 모르고 열 가지 불선행을 즐기고 있기 때문에, 바라는 것과 행하는 것이 서로 길이 어긋나, 바라는 것은 행복을 바라면서도 얻는 것은 오로지 고통만 얻는 것이 이러한 중생들입니다.

'중생들이 각자 자신의 소원대로 오직 행복과 즐거움만 생긴다면 얼마나 좋을까' 생각하면서 거듭 반복하여 수습하세요. 마지막으로, 자신이 행복을 바라는 만큼 일체 중생들도 오로지 행복을 바라는 것은 자신과 다름이 없다는 생각이 들 때까지 수습하세요.

또한 여러 경전에서, "자애심慈愛心을 지닌 몸의 행동(慈身業), 자애심이 깃든 말의 행동(慈口業), 자애심이 스며있는 마음의 행동(慈意業)"이라고 말한 것처럼, 입으로 무슨 말을 해도, 손으로 무슨 행동을 해도, 다른 중생들에게 해를 입히지 말고, 오로지 솔직함과 사랑(자애심)으로만 해야 합니다.『입보리행론』에서 다음과 같이 말했습니다.

> 눈으로 중생을 볼 때에도
> 진실과 사랑(자애심)으로 보세요.

심지어 눈으로 다른 중생을 볼 때에도 미소를 띠고 즐거운 표정으로 보는 대신, 성난 눈으로 보거나 화난 표정으로 보아서는 안 됩니다. 예전에 다른 사람들을 항상 화난 눈으로 쳐다보는 막강한 지방관이 한 사람 있었습니다. 나중에 어느 집의 부뚜막 밑에서 남은 음식을 먹는 아귀로 태어났으며, 특별한 성인을 화난 눈으로 쳐다보았기 때문에 지옥에 다시 태어났다는 말이 있습니다.

따라서 몸으로 하는 모든 행동을 부드럽고 기분 좋게 하여 다른 중생들을 해롭게 하지 말고 도움이 되도록 노력하세요. 말로 한 마디를 해도, 그것으로 상대방을 무시하거나 화를 돋우거나 비난하거나 하지 말고 진실하게 그리고 듣기 좋게 말하세요. 마음으로도, 상대방에게 도움을 준 경우 그에 대한 좋은 보상을 받을 것을 기대하거나 부드러운 행동과 말 등으로 다른 사람이 본인을 보살로 보도록 온갖 방편을 강구할 것이 아니라, 마음속 깊은 곳으로부터 다른 사람에게 도움이 되기만을 바라고 오직 평안하기만을 염원해야 합니다.

"제가 세세생생 모든 생을 통해서 다른 중생들의, 심지어 털구멍 하나조차도 해를 입히지 않게 되기를! 오직 도움이 되기를!"라고 생각하면서 거듭 반복하여 기원하세요.

특히 본인에게 의지하는 동물과 시종, 심지어 문 지키는 개에 이르기까지 때리거나 강제로 일을 시켜 아주 고통스럽게 하는 등 그렇게 하지 말고 언제 어떤 경우에나 몸과 말과 마음으로 사랑스럽게 대하세요. 지금 시종이나 문 지키는 개 등으로 태어나서 모든 사람들이 욕하고 화를 내는 등 그런 행위를 당하는 이들도 전생에 힘을 가진 자로 각자 태어났을 때 다른 이들을 무시하고 욕하는 등 그렇게 행한 업의 결과가 성숙하여 업보가 되돌아온 것입니다. 지금 자신에게 지위와 재물이 있다는 이유로 해서 다른 중생을 무시하면 다음 생에 그 업보가 되돌아와서 자신도 다른 사람의 시종이 될 것이기 때문에 자신보다 낮은 사람에게도 특별히 사랑(자애심)으로 대해야 합니다.

특히 자신의 부모나 그 외의 오래된 환자 등에 대해서 몸과 말과 마음으로 도움을 주는 것은 어떤 것이든 공덕이 헤아릴 수가 없습니다. 아띠샤 존자께서 말씀하셨습니다.

멀리서 온 손님, 오랜 환자,
연세가 많이 드신 부모 등에 대해 사랑(자애심)으로 대하면
'자비(연민)라는 핵심을 지닌 공성'을 수습하는 것과 같다.

특히 부모는 자식을 지극히 사랑하며 은혜가 크기 때문에 연세 들었을 때 부모의 마음을 상하게 하는 것은 악행이 특별히 무겁습니다. 세존께서도 어머님의 은혜를 갚기 위해서 33천에 오셔서 법을 설하셨습니다. 자식이 오른쪽과 왼쪽 두 어깨에 부모 두 분을 모시고 전 세계를 한 바퀴 돌 정도의 봉양을 할지라도 부모의 은혜를 갚지 못하며, 부모를 법으로 안내하면 은혜를 갚을 수 있다고 붓다께서 말씀하셨습니다. 따라서 항상 행동과 말과 마음으로 부모를 보살펴드리세요. 마음을 법으로 향하게 할 수 있는 방법을 찾도록 노력하세요. 더구나 우갠국의 대사께서 다음과 같이 말씀하셨습니다.

연세 드신 분을 언짢게 하지 말고
공경심을 가지고 보살펴 드리세요.

자신보다 나이가 많은 모든 분들에게 행동과 말로 친절을 베풀고, 마음을 기쁘게 하는 것은 무엇이든 해서 보살피세요.
일반적으로 요즈음 우리들은 "윤회계에서 살아가는데 필요한 것들을 얻기 위해서는 중생들을 해치지 않을 방법이 없다"고 말하지만 방법이

있습니다.

예전에 코탄[60]에서 두 사미승이 성자 문수보살을 수행하던 어느 날 문수보살을 직접 뵈었는데,

"나와 너희 둘 사이에는 까르마의 연결(업연業緣)이 없다. 너희 두 사람의 수많은 전생을 통해 인연이 있는 본존은 성자 쩬래식(관세음보살)이다. 그분은 현재 티벳에 왕이 되어 머물러 계시니 그곳으로 가도록 하라"고 말씀하셨습니다.

두 사람은 티벳에 도착하여 라싸의 성곽 뒤에서 많은 사람들이 살해 당하고 감옥에 붙잡혀 있는 것을 보고,

"도대체 무슨 일입니까?"라고 사람들에게 물으니,

"왕이 벌을 내렸습니다"라고 말했습니다.

'이 왕은 관세음보살이 틀림없이 아니구나. 우리 두 사람에게도 벌을 내릴 가능성이 많으니 도망가는 것이 좋겠다'고 생각하고 있는데, 두 사람이 도망가려는 것을 왕이 알고 불러오라고 사람을 보냈습니다. 왕 앞에 불려갔더니,

"너희 두 사람은 두려워할 필요 없다. 티벳 사람들은 야만적이고 마음을 순화시키기가 어렵다. 내가 벌을 내린 사람들이 죽임을 당하거나 잘려진 것은 내가 신통력으로 허상을 만들어낸 것이지, 실제로 나는 한 중생의 털구멍조차도 해를 입힌 일이 없다"고 말씀하셨습니다.

그분(송짼감뽀)은 눈의 나라 티벳의 왕권을 유지하고 네 방향의 왕들을 세력아래 포함시켰으며, 변방의 모든 군대를 제압하고 각 방향을 감시했습니다. 적군을 제압하고 아군을 보호하는 그와 같은 큰일들을 했지만 중생의 털구멍 하나도 해를 입히지 않았습니다. 그렇다면 지금 우리가

---

60 코탄: 현재 신장 우루무치자치구의 호탄. 티벳 북부 곤륜 산맥 북쪽의 타클라마칸사막 남서부 오아시스 도시.

곤충 집과 같은 이런 보잘것없는 집을 지키기 위해서 중생을 해치지 않을 수 없다는 것이 말이 되겠습니까?

중생들을 해롭게 함으로써 해를 입힌 것에 대한 대가가 자신에게 되돌아와 이생과 다음 생에 한없는 고통을 겪게 되는 원인이 될 뿐 그 외에는 이생에서조차도 이득을 얻지 못하며, 사람을 죽인 것에 대해서는 모든 것을 잃고 빈손이 되고, 도둑질한 것에 대해서 그에 대한 대가를 지불하는 등 자신의 재산과 소유물을 낭비하는 일 외에는 그런 것들에 의존해서 재산을 이룬 사람은 아무도 없기 때문입니다.

그러므로 '헤아릴 수 없는 사랑은 엄마 새가 어린 새를 돌보는 것처럼' 이라고 말합니다. 엄마 새가 어린 새를 키울 때 먼저 부드럽고 편안한 집을 만들고, 그 다음에도 날개로 감싸 보호하고, 따뜻하게 바짝 다가가 품어주며, 모든 행동을 부드럽게 하여 그 어린 새가 날아갈 수 있을 때까지 보호하는 것처럼 3계의 일체 중생들에 대해 몸과 말과 마음으로 사랑을 베푸는 것을 익혀야 합니다.

3. 연민심의 수습

연민을 수습하는 것은 극심한 고통으로 힘들어하는 중생을 생각하면서, 그가 고통의 상황에서 벗어나기를 바라는 것입니다. 경전에서 다음과 같이 말했습니다.

어떤 죄인이 지하동굴 감옥에 수감되었는데 그 사람의 사형집행이 임박하거나, 도축업자의 앞마당에서 동물이 죽어가는 순간처럼 한 중생이 극심한 고통으로 힘들어하는 것을 마음의 대상으로 생각하면서 거기서 안타까운 대상이 본인의 어머니 혹은 자식이라는 생각을 일으키세요.

예를 들어 범죄를 저지른 수감자를 왕이 사형장으로 끌고 간다든가, 도살할 양을 도축업자가 붙잡아 묶고 있는 것 등을 보고 그와 나는 다른 중생이라고 생각하는 마음을 버리고, 그가 나 자신이라면 어떻게 될까 생각하면서 저쪽에서 고통을 당하고 있는 중생에 대해서 나 자신이라는 생각을 지니세요. 이제 무엇을 할 것인가? 도망갈 곳도, 숨을 곳도, 피난처도, 보호해줄 사람도 없습니다. 도망가는 것은? 할 수 없습니다. 날아가는 것은? 할 줄 모릅니다. 힘이나 군대로 대항하는 것은? 불가능합니다. 지금 이 순간까지의 이생의 모든 경험들과 결별해야 합니다. 심지어 소중하게 지켜온 몸도 뒤에 남겨두고 다음 생의 큰 길로 가야 하다니, 이는 얼마나 불쌍한가!라고 생각하는 등 그들의 고통을 자신의 상황으로 받아들여서 마음을 정화하세요.

아니면 도살될 양이 도살장으로 끌려가는 것을 보고, '이 양이 나의 연로하신 어머니라면 어떻게 할 것인가' 생각하면서 그에 대해 양이라는 생각을 버리고 마음속 깊이 '자신의 연로하신 어머니'라고 관상하세요. 나의 연로하신 어머니께서 잘못이 조금도 없는데 다른 사람이 이처럼 죽인다면 나는 어떻게 할 것인가? 나의 연로하신 어머니가 어떠한 고통을 갖게 될지 생각하면서 가슴속 깊이 자신의 마음으로 경험하세요. 그 자리에서 연로하신 어머니를 도축업자가 당장 죽이려 하니 그 고통으로부터 벗어나게 하고 싶은 가슴이 터질 듯한 안타까운 마음이 일어날 때 다음과 같이 생각하세요.

지금 고통을 받고 있는 이는 자신의 현재 부모는 아니지만 수많은 전생의 어느 한때 부모였음이 확실하다. 그때 나의 부모가 되어 지금의 부모처럼 큰 은혜로 오로지 보살펴 주셨으니 지금의 부모와 다름이 없다. 이처럼 극심한 고통으로 힘들어하는 부모님, 아! 얼마나 가슴 아픈가! 이분이 지금 당장 그야말로 한순간에 이 고통에서 재빨리 벗어난다면 얼마나 좋을까!

라고 생각하면서 참을 수 없는 강렬한 자비심(연민)을 눈물이 흘러넘칠 때까지 일으키세요. 그에 대한 자비심(연민)이 확실히 일어났을 때,

이러한 고통을 겪는 것은 전생에 불선행한 업의 과보다. 지금 불선행을 하는 사람들도, 다음 생에 이와 같은 고통을 당할 것이 확실하니 얼마나 가슴 아픈가!

라고 생각하면서 살생을 하는 등 고통의 원인을 만들어내고 있는 사람들에 대해 관상하면서 자비심(연민)을 일으키세요.

그 다음 지옥계와 아귀계 등에 태어난 중생들의 고통에 대해 관상하면서 그들이 나 자신이거나 자신의 부모라고 생각하세요. 그러면서 자비심(연민)을 일으키세요.

마지막으로 3계의 모든 중생들입니다. 허공이 감싸고 있는 곳은 어디에나 중생들이 두루 퍼져있으며, 중생들이 있는 곳은 어디든 악한 행동과 그에 따른 고통이 편재해 있습니다. 따라서 다음과 같이 생각하면서 자비심을 마음속 깊이 수습하세요.

오로지 악행만을 하고 고통만을 겪는 이 중생들은 얼마나 불쌍한가! 이들 모든 중생들이, 6도 각각의 모든 업상業相과 고통과 습기習氣에서 벗어나 영원한 평안과 즐거움 그리고 완벽한 깨달음의 경지를 얻는다면, 얼마나 좋을까!

그처럼 자비(연민)를 수습하는 것 또한 처음에는 고통으로 지쳐있는 어느 중생이든 각각을 관상의 대상으로 하여 오로지 그것만 수습하세요. 그 다음에 점차로 범위를 확대하여 마음을 정화하여 마지막에는 모든 중생에 대해서 전반적으로 수습해야 합니다. 그렇게 하지 않으면 연민을 수습하는 것도 막연히 머리로만 이해하는 대상처럼 되어버리므로 실질적인 것이 못됩니다.

특히 자신에게 의지하는 가축이나 양 그리고 짐 싣는 말 등의 고통과 고난을 보고 연민심을 일으키세요. 지금 우리들 각자부터 자신의 집에서 기르는 가축들에 대해 코를 뚫거나, 거세를 하거나, 털을 뽑거나, 산 채로 피를 뽑는 등 지옥과 같은 많은 고통을 줍니다. 그러면서도 그들에게 고통이 있다는 인식조차도 하지 않고 있습니다. 이것을 주의깊게 살펴보면 연민을 수습하지 않은 잘못입니다. 자세히 살펴보면, 지금 자신의 털을 하나 잡아당겨 뽑으면 '아 따거워!' 소리지르며 참을 수 없을 것 같은 통증을 느낍니다.

그와 마찬가지로 약[61]들 몸에 있는 복부의 긴 털을 있는 대로 모두 꼬아서 강제로 뽑아 맨살에 빨간 자국을 남기면서, 털 한올한올 뽑힌 자리마다 핏방울이 방울방울 떨어지기 시작하여 통증과 고통을 참을 수 없어 울부짖어도 그에게 고통이 있다고 생각하지 않고, 자신의 손바닥에 생긴 물집에 대해서는 참지 못합니다.

마찬가지로 말이나 그 외 짐 싣는 동물을 타고 갈 경우에도 자신의 엉덩이가 아파서 안장 위에 똑바로 앉을 수 없어 한쪽으로 비켜 앉아야 할 때에도, 그 말에 대해서는 힘들거나 고통이 있다고는 조금도 생각하

---

61 약의 배에 있는 보다 부드러운 털은 양모로 사용하는데, 자르는 것이 아니라 뽑는다. 살아 있는 약에서 뽑은 피는 소시지를 만드는데 사용한다. 티벳어 '약གཡག'은 흔히 우리가 '야크'라고 하지만, 이는 영어식 표기(yak)에서 와전된 것이며 '약'으로 발음해야 한다. 더구나 '약'에서 ㄱ받침도 탈락하면서 약간 강하게 끊어서 '야'로도 발음한다(ㄱ받침은 성문폐쇄음으로 연구개에 약간 힘을 준다). 마치 '따시델렉'이 '따시델레'로도 발음되는 것과 같다.

지 않습니다. 그 말이 도저히 갈 수 없어서 어쩔 수 없이 걸음을 떼어 놓을 때, '지금 또 이놈이 고약한 성질을 부리면서 가지 않으려고 한다' 고 생각하면서 화를 내고 때리기만 할 뿐 그 외에는 그 말에 대해 한순간의 동정심도 일으키지 않습니다.

특히 도살할 양 등을 잡는 경우, 먼저 많은 양떼 중에서 붙잡을 때 붙잡히는 양은 상상할 수 없는 두려운 생각에 사로잡혀 있어서 처음에 어디를 붙잡든 그곳 살갗에 피멍이 생깁니다. 그 다음 몸을 뒤집어 놓고 사지를 가죽 끈으로 묶고, 주둥이를 삼끈으로 돌려 묶어 호흡의 흐름이 끊겨 생명이 끊어지는 너무나 힘든 고통을 당합니다. 그 순간에도 아직도 죽는 데 시간이 좀 걸리면 악업을 가진 도살자는 대부분 성질을 내면서, '이놈이 죽고 싶지 않은가 봐!'라고 말하면서 타격을 가합니다.

죽자마자 가죽을 벗기고 내장을 끄집어냅니다. 그리고 곧바로 다른 가축의 몸속 피를 뽑으니 그 가축도 걸을 수 없어 비틀거리며 가야 합니다. 죽은 피와 생피를 혼합하여 전에 도살한 양의 내장에 넣어 익혀서 용감하게 먹습니다. 그러한 것을 먹을 수 있는 사람은 악업의 나찰임이 틀림없습니다. 지금 주의깊게 생각해 볼 때 그러한 축생들의 고통을 보고 고통을 당하는 축생이 만일 자신이라고 관상한다면 어떻게 될까요?

자신의 입을 손으로 막고 숨을 멈추고 조금 머무르면서 거기에 어떠한 고통과 두려움이 있는지 그러한 것을 제대로 살펴서, 다음과 같이 생각하면서 거듭 반복해서 연민을 수습하세요.

그러한 극심한 고통을 끊임없이 겪고 있는 중생들은 모두 얼마나 불쌍한가! 그 모든 중생들을 그런 온갖 고통들로부터 보호할 능력이 나에게 있다면 얼마나 좋을까!

특히 사랑(자애)과 자비(연민)의 주인은 라마와 승려들이어야 하는데 라마와 승려들에게 자애심과 연민심은 털끝만큼도 없이 중생들에게 고통을 주는 것이 재가자들보다도 더 악합니다. 이것은 붓다의 가르침이 마지막에 이르고, 육식 나찰이나 악귀가 공양의 대상이 되는 시기에 도달한 것입니다.

예전에 우리들의 스승인 샤꺄무니께서도 전륜성왕의 자리를 가래침 속의 먼지처럼 버리고 출가하셨습니다. 제자인 아라한 권속들과 함께 발우와 석장錫杖[62]을 가지고 걸어서 탁발하러 나가셨습니다. 그렇지만 짐 싣는 말과 노새 등은 말할 것도 없고 세존 당신이 타고 다닐 말 한 마리도 없었던 것은 중생에게 고통을 주는 것은 불교 가르침의 사상이 아니라고 생각하시고 타지 않으신 것이지 세존께서 방법이 없어서 탈만한 나이든 말을 구하지 못하셨겠습니까?

지금 우리의 승려들은 마을의 종교의식 등에 오실 때 먼저 나이든 '약'의 콧구멍을 뚫어 거기에 말총으로 된 거친 밧줄을 확실하게 밀어 넣습니다. 승려가 약 등에 올라타면서 양손으로 힘껏 힘을 주어 밧줄을 끌어당깁니다. 그러면 밧줄이 다시 코 안으로 파고들어 나이든 약은 코의 고통을 참지 못하고, 뒤로 돌면서 날뛰면 승려가 힘껏 채찍으로 엉덩이를 때립니다. 그러면 약은 엉덩이에 맞은 채찍의 고통을 참지 못하고 갑자기 달리기 시작합니다. 그 순간 다시 승려는 약 코의 밧줄부터 당깁니다. 다시 코의 통증을 참을 수 없어 멈추는 순간 채찍이 가해집니다. 같은 식으로 두 가지가 번갈아 계속 반복되어 결국 약은 온몸에 힘이 다 빠지고 고통이 극에 달합니다.

온몸의 털 한올한올마다 땀방울이 흘러내리고 혀는 방수포처럼 축 늘

---

[62] 석장(카르실འཁར་གསིལ) : 승려가 두타행을 하거나 먼 길을 다닐 때 가지고 다니는 지팡이로, 길이는 눈높이 정도이며 세 부분으로 되어 있는데 맨 아래는 동물의 엄니나 뿔이며 중간은 나무고 머리 부분은 탑 모양으로 6개 내지 12개의 소리나는 고리가 달려 있다.

어져 더 이상 갈 수가 없어 숨이 헉헉거리는 소리를 낼 때, '아직도 이놈이 잘 안 가려고 하는 것은 어찌 된 것인가?' 생각하고 화를 내면서 회초리로 엉덩이를 후려칩니다. 또다시 증오심으로 더욱 힘을 가하니 회초리가 두 동강으로 부러집니다. 부러지고 남은 것을 허리춤에 찔러 넣고 날카로운 돌을 집어 들고 안장 위에서 몸을 뒤로 돌려 나이든 야크의 엉덩이를 돌로 치면서 갑니다. 이것은 자비심(연민)이 조금도 마음의 흐름 속에 생기지 않았기 때문입니다.

자, 이제 그 순간에 그 나이든 야크가 자신이라고 생각하세요. 자신의 등에 감당할 수 없는 커다란 짐이 실려져 코에 묶은 밧줄에 의해 끌려갑니다. 엉덩이를 채찍으로 칩니다. 갈비뼈는 커다란 박차로 인해 망가져 앞뒤좌우 온통 찌르는 듯한 아픔의 고통을 안고 한순간조차도 쉬는 시간 없이 높은 오르막길을 기어 올라가고, 가파른 내리막길을 내려가야 합니다. 큰 강을 건너고 광대한 평원을 지나가야 합니다. 한입도 먹을 시간이 없이 아침 동이 틀 때부터 저녁 해가 질 때까지, 원하지 않아도 가야한다면 거기에는 어떠한 고난과 피로가 있겠습니까? 어떤 종류의 아픔과 굶주림과 목마름을 겪게 될 것인지 생각하면서 그 고통을 바로 내 상황으로 받아들인다면 참을 수 없는 강렬한 자비심이 생기지 않을 수 없습니다.

그와 같이 일반적으로 라마와 승려는 한쪽으로 치우치지 않은 일체 중생들의 귀의처이며, 구호자이며, 돕는 자이며, 의지처임에도 불구하고 실제로는 자신에게 먹을 것과 마실 것과 공양물을 바치는 후원자를 자신의 편으로 여기고 "그 사람을 보호해 주기를! 그리고 구호해 주기를!"라고 기도하며 관정과 가피를 줍니다. 과거의 나쁜 행동으로 인해 악도에 던져져 흉측한 몸을 얻은 아귀와 마귀, 해를 입히는 야차 등은 상대편으로 간주합니다. 그들에게 화를 내고, "죽여라! 죽여!" "두들겨 패라!

두들겨 패!"라고 말하면서 마치 때릴 것 같은 태세를 취합니다.

해를 입히는 악한 신들을 죽여야 할 대상이나 두들겨 패야 할 대상으로 인식하는 것도 자신의 마음이 집착과 분노에 사로잡혀서 똑같이 대하는 큰 자비심(연민)이 생기지 않았기 때문입니다. 지금 제대로 살펴보면 후원자보다도 해를 입히는 자가 불쌍합니다. 그 이유는 해를 입히는 악한 신들은 과거의 악업으로 인해 악도에 떨어져, 흉한 몸을 가진 아귀로 태어나서 고통과 두려움에 대한 인식이 헤아릴 수 없으며 언제나 배고픔과 목마름과 고난만을 겪습니다. 모든 현상이 두려운 것으로 나타납니다. 마음은 분노로 가득하고 아주 잔인하여 죽자마자 지옥으로 가는 자가 많으니 그보다 더 불쌍한 중생이 누가 있겠습니까? 후원자에게 병의 고통이나 쓰라린 고통이 생긴다고 해도 그것은 과거의 악업을 소멸시킬 뿐 그 이외에 악업을 쌓게 하지는 않습니다. 반면에 해를 입히는 자는 나쁜 생각을 품고 남에게 해롭게 함으로써 나쁜 행동으로 인해 악도의 바닥에 던져지게 됩니다.

그러므로 방편에 뛰어나며 자비심이 크신 붓다께서, '강력한 직접적 행동'[63]으로 악한 신들을 몰아내거나 조복시키는 법을 말씀하신 것도 그 악한 신들 그 자체를 불쌍하게 여긴 것입니다. 예를 들면 말을 듣지 않으려고 하는 어린아이를 어머니가 때리는 것과 같으며 오직 악한 일과 불선만을 일삼는 중생들의 악한 행위의 흐름을 끊어서 그들의 의식을 정토에 신속히 이르게 할 수 있다면, '해탈시키는 종교의식'[64]을 행하는 것이

---

63 강력한 직접적 행동(དྲག་ཤུལ་དང་མངོན་སྤྱོད་ཀྱི་ལས་): 티벳어 དྲག་པོ་མངོན་སྤྱོད་ཀྱི་ལས་와 같은 의미로, '직접 행동에 의한 조복시키는 행위'로 옮길 수 있다. 직접 행동(완쬐མངོན་སྤྱོད་, Ⓢabhicāra)은 '주업誅業(닥쩨래དྲག་པོའི་ལས་)으로 만뜨라의 힘으로 적이나 악령을 해탈시키는 행위(དྲག་པོའི་ལས་ཏེ་སྔགས་མཐུས་དགྲ་བོ་དང་གདོན་བགེགས་རྣམས་བསྒྲལ་བའི་ལས་)'이다. 주법誅法, 위맹법威猛法으로도 한역된다.

64 해탈시키는 종교의식(델래བསྒྲལ་ལས་): '직접 행동으로 조복시키는 행위'를 이용하여, 적 등을 살해하는 행위(དྲག་པོ་མངོན་སྤྱོད་ཀྱི་ལས་ལ་བརྟེན་ནས་དགྲ་བོ་གསོད་པར་བྱེད་པའི་བྱ་བ་). 이는 4업四業 중의 마지막인 '주업'을 말하며, '불에 태우거나 땅에 묻거나, 던져버리는 방법으로 10악을 저지른 악한

허용되는 것이지 후원자와 승려와 권속들을 자기편으로 생각하여 그들에 집착하고, 악한 신과 해를 입히는 자들을 상대편으로 생각하여 그들을 미워하면서, 집착과 분노로 자기편은 감싸고 상대편을 때리는 방법이 어찌 붓다께서 하신 말씀이 될 수 있겠습니까? 그러한 집착과 분노의 마음을 가지고 있는 한 마음의 형상을 가진 악한 신들을 쫓아내고 두들겨 패도 말을 들으려고 하지 않고 또다시 자신을 해롭게 할 것입니다. 집착과 분노의 마음을 갖는 것은 말할 것도 없고, 악한 신들을 자신의 마음속에 지니고 있으면서 가버리면 좋겠다는 생각만 지니고 있어도 악한 신들을 조복할 수 없습니다.

예전에 성자 밀라래빠가 총 계곡의 가루다 요새동굴에 머물러 계실 때, 장애를 일으키는 마왕 비나야까가 마술을 부려서 사발만한 눈을 부릅뜬 다섯 명의 아짜라가 수행동굴에 나타났습니다. 그래서 밀라래빠는 스승과 이담에게 기도를 했지만 사라지지 않았습니다. 이담에 대한 생기차제 수행을 하고 분노존 만뜨라를 독송했지만 가려고 하지 않았습니다. 바로 그때,

"나에게 로닥의 마르빠께서 '존재하는 모든 현상은 마음'이라는 것을 직접 보게 해주셨고, '마음의 본성은 환하게 비추는 것(광명)[65]과 비어 있는 것(공성)'임을 직접 대면케 해주셨으므로 장애를 일으키는 자(마장)를 외부의 것으로 생각하여 가버렸으면 좋겠다고 이렇게 바라는 것은 의미가 없다"고 생각하고, 악한 신들은 다만 자신의 인식이라는 것을 아는 견해에 확신이 생겨 동굴 안으로 밀고 들어가니 아짜라들은 두려워서 눈을 위아래로 굴리면서 사라졌습니다. 그와 마찬가지로 「바위 나찰녀羅刹

적이나 악한 마라를 해탈시키는 종교의식'이다.
[65] 광명(외셀 འོད་གསལ་): 마음은 마치 맑은 하늘처럼 비어 있는 것과 환하게 비추는 두 가지 측면을 가지고 있다. 광명은 대승의 공성에 대한 지나친 강조가 단견에 빠지는 것을 방지토록 한다. 미팜 린뽀체에 따르면, 광명은 금강승의 주요 용어로 '무지의 어둠으로부터 벗어나 제대로 인식할 수 있는 능력을 지니는 것'을 뜻한다.(『티영사전』)

女의 노래」에서 다음과 같이 말했습니다.

> 일반적으로 습기習氣라는 마라는 마음에서 생긴다.
> 마음의 본성을 모른다면 단지 '너 이놈! 썩 물러가라!'고 해서
> 나는 가지 않을 것이다. 자신의 마음이 공함을 알지 못한다면
> 악령은 나로 그치지 않고 다른 것들도 많이 있다.
> 자신의 마음을 자신이 안다면
> 불리한 조건들도 친구로 변하여 나타날 것이며
> 내가 바위 나찰녀이지만 당신의 시종이 될 것이다.

악한 신들이 자신의 마음이라는 것을 알아차리는 견해에 믿음을 갖지 않으면 어떻게 화를 냄으로써 악한 신들을 조복시키는 것이 가능하겠습니까?

또한 성직자가 후원자의 가정에 갈 때도 그 후원자가 양을 아무리 많이 잡아 올려도 마음에 망설임이 조금도 없이 즐겁게 먹습니다. 특히 보호와 기원의 공양 의식 등을 할 때 재료로 청정한 고기가 필요하다고 말하면서, 바로 잡아 피가 뚝뚝 흐르고 김이 모락모락 피어오르는 살코기를 깨끗한 것으로 인식하고, 그것들로 또르마와 모든 공양물을 장식하여 두렵게 하고 거친 말을 쓰는 그런 것들은 뵌 혹은 외도 등의 종교의식이지 불교도의 종교의식은 아닙니다.

불교도라면 법에 귀의한 다음에는 중생을 해롭게 하는 것을 피해야 하며 어디에 가더라도 거기서 중생의 생명에 해를 가하고 죽여 고기와 피를 즐긴다면 귀의에 어떻게 위배되지 않을 수 있겠습니까? 특히 대승의 보살의 전통에 따라 우리는 한량없는 일체 중생의 귀의처와 구호자救護者가 되어야 하는데 구호해야 할 악업을 지닌 모든 중생에 대해서, 자비심은 털끝만큼도 없이 구호해야 할 그 중생을 죽여서 고기와 피를 삶아

서 구호자 보살인 우리들 앞에 차려 놓았을 때 즐거워하면서 입맛을 쩍쩍 다시는 소리를 내며 먹는다면 이보다 잔인하고 악독한 것이 무엇이 있겠습니까?
　비밀 만뜨라 금강승의 여러 경전에서 다음과 같이 말했습니다.

　　고기와 피 공양물을 경전에 따라 쌓지 않아서
　　싱하와 타멘(만달라의 수호존)의 마음을 거스른 것은 무엇이든
　　성스러운 지역의 다끼니에게 용서를 구합니다.

'고기와 피 공양을 경전에 따라 쌓는다'고 하는 것은 비밀 만뜨라의 딴뜨라 경전에서 설명한 대로 쌓아야 하는 것을 말합니다. 비밀 만뜨라 경전에서 다음과 같이 설명했습니다.

　　다섯 가지 고기와 다섯 가지 감로는
　　먹을 것과 마실 것으로 외적인 공양물을 쌓는 것이다.

비밀 만뜨라의 신성한 재료로 합당한 다섯 가지 고기는 인간고기·말고기·개고기·코끼리고기·소고기입니다. 음식을 위해서 살생된 것이 아닌, 악행으로 오염되지 않은 다섯 가지 고기를 공양재료로 차리는 것이, 고기와 피 공양을 경전에 따라 쌓는 것입니다. 그렇게 하지 않고 깨끗함과 더러움의 두 가지 분별심에 사로잡혀, 인간고기와 개고기 등에 대해 더럽다거나 혐오스럽다고 생각하고 음식을 위해 방금 살생한 맛있어 보이고 살찐 고기는 깨끗하다고 생각한다면,

　　기꺼이 받은 다섯 가지 삼마야의 물질을 깨끗한 것과
　　더러운 것으로 보거나 조심성 없이 즐긴다.

라고 말하는 '깨끗함과 더러움을 보는 것'이기 때문에 기꺼이 받은 삼마야를 위반하는 것입니다. 합당한 오종육이라도 음식을 감로로 변화시킬 수 있는 능력을 가진 사람이나 외딴 수행처에서 성취를 이루고자 수행하는 사람의 경우가 아니고는 고기 맛을 너무 좋아하여 마을에서 거리낌 없이 먹는다면, '기꺼이 받은 삼마야를 조심성 없이 즐긴다'고 말하는 것으로, 그것 또한 삼마야를 위반하는 것입니다.

그러므로 물질로서 '청정한 고기'라도 음식을 위해 살생된 것이 아니라, '자신의 업으로 인해 죽은 자의 살'을 말하는 것으로, 예컨대 중생이 자신의 과거의 업 때문에 나이가 들어 수명이 다했거나 병으로 죽은 자 등의 살을 말합니다.

그렇지 않고 "방금 도살한 따끈따끈한 고기와 피를 만달라 앞에 차려 놓으면 모든 지혜의 본존들이 의식을 잃게 된다"고 견줄 바 없는 닥뽀린뽀체(감뽀빠)께서 말씀하셨습니다. 게다가 "지혜의 본존을 초대하여 도살한 고기와 피로 공양을 올린다면 어머니 앞에서 아이를 죽이는 것과 같다"고 말씀하셨습니다. 예를 들면, 어머니를 잔치에 초대하여 그 앞에 죽임을 당한 아이의 살을 차려 놓으면 어머니는 그것을 좋아할까요? 아니면 싫어할까요? 그와 마찬가지로 모든 붓다와 보살들은 3계의 일체 중생들에 대해서 마치 외아들을 가진 어머니와 똑같이 사랑으로 생각하고 계십니다. 그런데 과거의 악업이라는 어쩔 수 없는 영향력으로 인해 태어난 어리석은 동물을 죽여 살과 피의 공양을 올리는 것은 승리자를 기쁘게 하는 방법이 전혀 아닙니다. 샨띠데와 보살께서 말씀하셨습니다.

> 온몸에 불이 붙어 고통을 당하고 있는 사람은
> 어떤 욕망으로도 마음이 즐겁지 못한 것처럼
> 마찬가지로 중생들에게 해를 입히는 경우에도

대자대비하신 분들을 기쁘게 해드릴 길이 없다.[66]

　따라서 만일에 한편으로 오로지 살생한 고기와 피를 즐기면서 또 한편으로 고기공양과 피공양을 하여 호법신에게 기도공양 등을 한다면, 지혜본존들과 붓다의 가르침을 보호하는 호법신들 또한 오직 보살이기 때문에 마치 그 공양물들이 도살자의 앞자리에 차려진 것처럼, 중생을 살생한 공양물을 받을 수 없는 것은 말할 것도 없고 심지어 그쪽으로 가까이 가지도 못합니다. 강력한 악한 신은 도살한 따뜻한 살코기와 따끈한 피를 좋아하고 중생에게 해를 입히는 일을 항상 열심히 하는데 그러한 자들이 거기에 모여들어 살과 피로 공양한 것을 즐깁니다.

　잠깐 동안 동물 희생제를 행하는 사람을 따라다니면서 사람들이 유리한 것(순연順緣)을 조금 얻을지 모르지만 관련된 악한 신이 항상 중생들에게 해만 입히기 때문에 질병이나 예기치 못한 일을 갑자기 일으킵니다. 그러면 그곳에 다시 희생제를 행하는 사람이 나타나 고기공양과 피공양을 함으로써 당장은 사람들에게 겉으로 보기에 도움이 되게 합니다. 그 둘은 서로 상부상조하며 항상 헤어지는 일이 없이 마치 육식동물이 먹잇감을 찾아 여기저기 살피면서 돌아다니는 것처럼 오로지 고기를 먹고 싶은 욕망과 뼈를 씹고 싶은 갈망과 먹잇감을 찾으려는 욕심에 사로잡혀 돌아다닙니다. 희생제 의식을 행하는 사람도 그러한 악한 신들에 마음이 사로잡혀서 전에는 윤회계에 대한 염리심과 출리심, 그리고 믿음과 청정한 인식(청정심)과 법에 대한 인식이 있었는데, 그 모든 것이 희미해져서 붓다께서 공중을 날아다녀도 믿음이 없으며 중생이 내장이 터져도 자비심(연민)이 없습니다. 악업의 나찰이 전쟁에 나서는 것처럼 얼굴이 벌겋게 달아올라 있고 생각은 분노로 떨고 있으며 마음은 거칠어 항상 적대

---

66 『입보리행론』 제6장 인욕품 123번 게송이다.

감으로 잔뜩 화가 나있습니다. 악한 신의 친구가 되어 자신의 말에 힘과 가피가 있다는 자만심을 가지고 있습니다. 죽자마자 돌이 던져지듯 지옥에 떨어지거나 또는 과거의 악업이 지옥에 가기에는 약간 모자라게 쌓여 악한 신의 권속으로 태어나 중생들의 목숨을 지배하거나 독수리나 늑대 등의 축생으로 태어나게 됩니다.

예전에 법왕 티송데짼 시대에 왕의 옥체를 위한 무병장수 의식으로 뵌뽀들이 고기공양과 피공양 의식을 할 때 우갠국의 두 번째 붓다(연화생대사), 대학자 비말라미뜨라, 대승정[67] 보디사뜨와(산따락시따) 등 모든 역경사와 학자들이 뵌뽀의 공양의식을 보고 마음이 아주 불쾌하여 다음과 같이 말씀하셨습니다.

> 하나의 가르침에 두 스승은 안 됩니다.
> 하나의 법에 두 가지 수행법은 있을 수 없습니다.
> 법의 계율에 어긋나는 뵌의 수행법은
> 보통의 악행과 특별히 다른 것이므로
> 이와 같은 의식을 허락한다면
> 우리들은 본국으로 돌아가겠습니다.

그리고 모든 학자들이 의논할 것도 없이 한마음이 되었습니다. 왕께서 법을 설할 것을 청하셨으나 그들은 법을 설하지 않았으며 음식을 올렸지만 아무도 들지 않았습니다.

지금 우리들은 예전의 학자, 성취자, 보살, 그분들을 따르는 사람이라

---

67 대승정 보디사뜨와(산따락시따) : 티벳어 켄첸མཁན་ཆེན་을 영문본의 the great Abbot를 번역하여 '대승정'으로 옮겼으나, 중문본에서는 '대켄뽀(대감포)'로 『수습차제 연구』(중암 지음) 41쪽에서는 '대아사리', '친교사'로 옮겼다. 『장한불학사전』 154쪽에 켄뽀མཁན་པོ་는 '친교사'로, 켄첸은 '대감포'로 한역되어 있으며 그 설명은 '큰 사원을 맡고 있는 높은 지위를 지닌 수장'으로 되어 있다. 따라서 '위대한 켄뽀' 혹은 '승원장'으로 옮기는 것도 좋겠다.

고 주장하면서 깊은 뜻이 있는 모든 비밀 만뜨라의 의식을 뵌식으로 행하여 유정들을 해롭게 한다면 가르침의 혼을 팔아먹는 것이며, 3보에 수치스러운 짓이며, 자신과 다른 사람들을 지옥에 던지는 것입니다.

따라서 언제나 낮은 자리를 차지하고 소박한 옷을 입으며, 일체 유정들에게 도움이 되는 것은 무엇이든 해야 합니다. 오로지 사랑(자애심)과 자비(연민심)가 마음의 흐름 속에 확실히 생길 때까지 그 둘을 하나로 합하려고 노력한다면 기도문 독송이나 선한 행위나 중생을 위해 도움이 되는 일 등 널리 알려진 법을 하나도 이루지 못해도 됩니다.『섭정법경攝正法經』[68]에서 말했습니다.

> 깨달음을 얻고자 하는 사람은
> 많은 법을 익히려고 하지 말고
> 하나의 법을 익혀야 한다.
> 그것이 무엇인가 묻는다면
> 바로 대자비심(위대한 연민)이다.
> 누구든지 대자비심을 지닌 사람은
> 붓다의 모든 법이 마치
> 손바닥 안에 있는 것처럼 될 것이다.

---

68 『섭정법경』:『불설법집경』(최 양닥빠르 뒤빼도 ཆོས་ཡང་དག་པར་སྡུད་པའི་མདོ་, ⓐDharmasamgiti Sutra)으로 7권 12품이며, 인도의 학자 만주스리가르바와 티벳 역경승 예쉐데가 번역했다.(『장한불학사전』, 475쪽) 중문본에는 『섭정법경』으로 번역했다. 이외에도 『정섭법경』(『깨달음에 이르는 길』, 청전 옮김, 394쪽 등),『법집경』(『수습차제연구』, 중암 지음, 286쪽),『불설법집경佛說法集經』(연화계명蓮花戒名 저,『수습차제론 연구』, 중국 중앙민족대학),『정법집경』(『수차중편』, 객각 옮김),『일체법정집경』(『달라이라마의 수행의 단계』, 이종복 옮김, 184쪽)으로도 번역되고 있다.『장한불학사전』 475쪽에는 티벳어 최양닥빠르뒤빼도 ཆོས་ཡང་དག་པར་སྡུད་པའི་མདོ་ 는 티벳어 팍빠 최탐째 양닥빠르 뒤빠 쉐자왜도འཕགས་པ་ཆོས་ཐམས་ཅད་ཡང་དག་པར་སྡུད་པ་ཞེས་བྱ་བའི་མདོ་ 와 같은 것으로 설명되므로 같은 명칭을 사용해야 할 것이다. 티벳어의 의미를 살려 옮긴다면 전자는 '법을 바르게 요약한 경' 후자는 '일체법을 바르게 요약한 경'이 된다.

전에 게쉐 된빠⁶⁹의 앞에 삼형제와 캄룽빠⁷⁰ 제자인 승려 한 사람이 만나러 왔는데 된빠께서,

"뽀또와는 무엇을 하고 있는가?" 하고 물으니,

"그분은 수백 명의 승려들에게 법을 가르치고 있습니다"라고 답했습니다.

"놀랍구나! 그것도 정법 중의 하나다."

"게쉐 푸충와는 무엇을 하고 있는가?" 물으니,

"자신과 다른 사람들의 많은 물건으로 오직 3보의 상징물을 조성하고 있습니다"라고 말씀드리니 조금 전과 같이,

"놀랍구나! 그것도 정법 중의 하나다"라고 말씀하셨습니다.

"괸빠와는 무엇을 하고 있는가?" 물으니,

"그분은 오로지 명상만 하고 있습니다"라고 말씀드리니 전처럼 똑같이 말씀하셨습니다.

"캄빠룽빠는 무엇을 하고 있는가?" 물으니,

"그분은 한 협곡동굴에 앉아서, 머리를 감싸고 다만 울기만 하고 있습니다"라고 말씀드리니 된빠께서 모자를 벗고 가슴에 두 손을 모아 합장하고 많은 눈물을 흘리면서,

"정말 놀랍구나! 법다운 수행은 그가 하고 있구나. 그에 대해 말할 수 있는 공덕이 많이 있지만 지금 말하면 그가 좋아하지 않을 것이다"라고 말씀하셨습니다.

캄빠룽빠가 머리를 감싸고 울기만 하고 있을 때, 윤회계에서 고통을 당하고 있는 중생들을 생각하고 오직 자비심(연민)만을 수습하면서 울었

---

69 게쉐 된빠: 아띠샤의 수제자 돔된빠འབྲོམ་སྟོན་པ་(1005~1064)로 까담빠 스승 중 한 명이며, 라싸 북부의 라뎅རྭ་སྒྲེང་ 사원을 창건했다. 삼형제: 돔된빠의 제자 삼형제로 뽀또와·쩬응아와·푸충와를 말한다.
70 캄룽빠: 캄빠룽빠라고도 하며 돔된빠의 제자다.

던 것입니다.

또한 사랑과 자비가 둘 다 아주 중요한 많은 이유를 쩬응아와가 설명하고 있을 때 랑탕빠[71]가 엎드려 절을 하고서,

"저는 이제부터 오로지 사랑(자심慈心: 자애)과 자비(비심悲心: 연민)만 수습하겠습니다"라고 말씀드리니 스승께서 모자를 벗으시고,

"정말로 훌륭하구나!"라고 세 번 말씀하셨습니다. 자신의 마음의 흐름 속에 있는 악행과 장애를 씻어내기 위해서도 자비(연민)보다 위대한 것은 없습니다.

옛날에 인도에서 수승한 아비달마에 대해 세 번의 공격이 일어나 거의 사라져 갈 때 쁘라까사실라[72]라는 브라만 계급의 비구니가, '나는 여성으로 태어나 출생신분이 낮아서 붓다의 가르침을 청정하게 수행할 수 없으니, 남성과 함께 지내면서 아들을 낳아 수승한 아비달마가 전파되도록 해야겠다'고 생각했습니다.

그래서 끄샤뜨리아의 한 남성과 함께 하여 성자 아상가(무착無着)를, 브라만의 한 남성과 함께 하여 와수반두(세친世親)를 낳았습니다. 두 아들이 성장하여 어느 날 아버지가 하는 일을 여쭈었더니 어머니께서,

"너희 둘은 아버지의 일을 위해 태어난 것이 아니라 붓다의 가르침을 전파하는 일을 위해 태어난 것이니, 법을 배워 수승한 아비달마의 가르침을 펼치는 일을 하라"고 말씀하셨습니다.

그래서 와수반두는 카쉬미르의 상가바드라(집현集賢: 인도 설일체유부논사)에게 아비달마를 배우기 위해 떠났습니다. 아상가는 꾸꾸따빠다(앵족鸚足)산으로 가서 붓다 마이뜨레야(미륵불)를 친견하여 구전 가르침을 받을 수

---

71 랑탕빠: 랑리탕빠གླང་རི་ཐང་པ(1054~1123). 까담빠의 성취자이며 뽀또와의 제자로 수심팔훈修心八訓(로종칙개마བློ་སྦྱོང་ཚིག་བརྒྱད་མ)의 저자이다.
72 쁘라까사실라(샐왜출팀གསལ་བའི་ཚུལ་ཁྲིམས, ⓢprakasasila) : '맑고 분명한 계율'의 뜻을 갖고 있다. 명계明戒로 한역된다.

있을 것이라고 생각하면서 마이뜨레야 수행을 했습니다. 아상가는 6년 동안 고행을 하며 수행을 했지만 상서로운 꿈조차도 얻지 못했습니다.

그래서 그는 '이제는 성취하지 못할 것 같다'고 생각하면서 절망하여 길을 떠났습니다. 길을 가다가 어떤 사람이 쇠로 된 커다란 막대를 부드러운 헝겊으로 문지르고 있는 것을 보았습니다.

"그대는 이것을 문질러서 무엇을 하려는 건가요?" 하고 물어 보니,

"저에게는 바늘이 없기 때문에 제가 이것을 문질러 바늘을 하나 만들려고 합니다"라고 말했습니다. 그는 혼자 생각으로, '이처럼 큰 쇠막대를 부드러운 헝겊으로 문질러 닳게 하여 바늘이 되는 날은 결코 오지 않을 것이다. 100년 후에 그런 날이 온다고 해도 그때 저 사람은 어떻게 되어 있을까? 세상 사람들이 별 의미 없는 일에 이토록 노력하는 것을 보면, 내가 정법을 수행하기 위해 최선의 노력을 기울이지 않았던 것이 틀림없다'라고 생각하고 되돌아갔습니다.

다시 3년 동안 수행했지만 깨달음의 징후조차도 얻지 못했습니다. '이제는 정말로 이루지 못할 것 같다'고 생각하고 그곳을 떠났습니다. 그런데 또 길을 가다가, 하늘에 닿을 듯 높은 거대한 바위산 아래에서 한 사람이 깃털을 물에 적셔서 그 바위를 쓸고 있었습니다.

"그대는 무엇을 하고 있나요?" 물었더니,

"이 바위가 너무 높아 이 바위 서쪽에 있는 우리 집 위로는 햇빛이 안 들어서 이 바위를 문질러 없애려고 합니다"라고 말했습니다.

그분의 마음에 다시 이전과 같은 생각이 들어 다시 되돌아가 3년을 수행했지만 상서로운 꿈조차도 얻지 못하여 아상가는 절망에 빠졌습니다. '이제는 아무리 해도 성취를 이루지 못할 것 같다'고 생각한 끝에 길을 떠나오는데 길에서 두 다리를 절뚝거리는 암캐 한 마리를 만났습니다. 하체는 온통 벌레가 들끓고 있었지만 아직도 다른 사람들에게 분노

가 치밀어 올라 상체는 아상가를 향해 짖어대고 하체는 질질 끌면서 아상가를 물어뜯을 것 같았습니다. 그 모습에 아상가는 참을 수 없는 강한 자비심(대연민)이 일어나 자신의 살을 잘라 주고 나서, 하체의 벌레들을 치우고 싶었으나 손으로 치우면 벌레들을 죽이게 될까 걱정되었습니다. 벌레들을 혀로 받아서 치워야겠다고 생각했지만 개의 몸이 온통 썩어 고름으로 가득 차 있어 눈으로 보면서 혀를 갖다 댈 수가 없었습니다. 그래서 눈을 감고 혀를 내밀었는데 혀가 개의 몸에 닿지 않고 땅에 닿았습니다.

그 순간 눈을 뜨고 보니 개의 몸은 사라지고 성자 마이뜨레야가 동그란 빛을 발하면서 서 계셨습니다.

"자비심(연민)이 정말 작으시네요! 그토록 오랫동안 모습을 안 보여주시다니요!"라고 아상가가 소리쳤습니다. 그랬더니,

"나는 그대에게 모습을 안 보여준 것이 아니다. 나와 그대는 헤어진 적이 한 번도 없었지만, 그대는 악행과 장애가 너무 많아서 보지 못한 것이다. 그대가 12년 동안 수행을 했기 때문에 악행과 장애가 조금 줄어들어 개를 볼 수 있었고, 이제 큰 자비심(대연민)이 일어나 장애를 남김없이 닦았기에, 나를 실제로 볼 수 있게 된 것이다. 자 이제 내 말을 믿지 않으면 나를 어깨에 메고 모든 사람들에게 보여 주어라"라고 말씀하셨습니다.

아상가는 마이뜨레야를 오른쪽 어깨에 메고 시장으로 가서 모든 사람들에게, "내 어깨에 무엇이 있나요?" 하고 물으니, 모두가 "아무것도 없네요"라고 말했습니다. 약간 습기習氣가 얇은 노파 한 명이,

"그대의 어깨에 썩어가는 암캐 시체가 있네요"라고 말했습니다.

그때 아상가를 보호주 마이뜨레야께서 도솔천으로 데려가, 「미륵오부논서」[73] 등을 가르쳐 주고, 그 후 아상가는 다시 인간 세계로 내려와서

대승의 가르침을 전파했습니다.

그러므로 과거의 악업을 닦기 위해서도 자비심(연민)보다 더 위대한 수행법은 없으며, 특별한 보리심이 생기게 하는 틀림없는 인(因)이기 때문에 여러 가지 방법으로 자비심을 수습하는데 힘써야 합니다.

그처럼 자비심을 닦는 것도 '팔이 없는 어머니의 아이가 강물에 휩쓸려 가는 것'과 같다고 하는 것으로, 팔이 없는 어머니의 아이가 강물에 떠내려가면 아이에 대해 애절한 사랑의, 참을 수 없이 강렬한 고통이 일어납니다. 그렇지만 자신에게 손이 없기 때문에 물속에서 건져낼 수가 없습니다. '이제 어떻게 해야 좋은가?' 생각하면서 오로지 방법만을 생각하다 가슴속 깊이 더 이상 참을 수가 없어 울부짖으며 내달립니다.

그와 마찬가지로 3계의 일체 중생이 고통의 강물에 떠내려가 윤회계의 큰 바다에 빠졌습니다. 그들에 대해 아무리 참을 수 없는 연민이 일어나도 자신에게는 그들을 고통으로부터 구호할 힘이 없습니다. '이제 도대체 무슨 일을 해야 하는가?' 생각하면서, 가슴 깊은 곳으로부터 스승과 3보에 기도를 올리면서 자비심(연민)을 수습해야 합니다.

---

73 미륵 5부 논서(བྱམས་ཆོས་སྡེ་ལྔ་) : ①현관장엄론(왼똑갠머도ན་རྟོགས་རྒྱན་), ⓢābhisamaya-lamkara, ⓔOrnament for Clear Realization). 반야바라밀에 대한 논서로 티벳의 4대 종파에서 모두 공부한다. ②보성론(규라마རྒྱུད་བླ་མ་, ⓢuttaratantra, ⓔUnexcelled Continuity). 주제는 대승의 불성(여래장)과 번뇌를 닦아 모든 현상의 본성을 깨닫는 것이다. ③대승장엄경론(텍빠첸뽀도갠ཐེག་པ་ཆེན་པོ་མདོ་སྡེ་རྒྱན་, ⓢmahayana-sutra-lamkara, ⓔOrnament for the Mahayana Sutras). 3보에 대한 귀의, 대승의 길, 공성, 불성에 대한 논서다. ④법법성분별론(최당최니남빠르제빼ཆོས་དང་ཆོས་ཉིད་རྣམ་པར་འབྱེད་པ་). 여래장과 유식학에 대한 논서다. ⑤중변분별론(위타남제དབུས་མཐའ་རྣམ་འབྱེད་, ⓢmadhyānta-vibhāga, ⓔDiscrimination of the Middle Way and the Extremes). 유식학, 특히 귀류논증을 드러내는 논서다.(『법법성분별론에 대한 탕구린뽀체의 주석서』, 10쪽 요약)

4. 수희심의 수습

그 다음 즐거워하는 것(수희심隨喜心)을 수습하는 것은 다음과 같습니다. 누구든 고귀한 태생, 권세, 재산, 지위를 가진 사람 등 상계에서 평안, 기쁨, 긴 수명, 많은 시종, 소유물을 가진 사람을 관상의 대상으로 생각하세요. 그런 다음 그것에 대해 경쟁심과 질투심을 갖지 말고, '이보다도 훨씬 더 상계의 영광을 누리며 해를 당하지 않고, 대지혜[74] 등 많은 놀라운 공덕을 이보다도 훨씬 더 성취하게 되기를! 다른 중생들도 이와 같은 경지에 머문다면 내가 얼마나 좋을까' 하고 생각하면서 거듭 관상하여 수습하세요.

또한 우선 쉽게 일으킬 수 있는 대상인 자신의 친척이나 가까운 친구 등에게 훌륭한 점이나 행복 혹은 기쁜 일이 있는 것을 관상의 대상으로 하여 즐거워하는 마음(수희심)을 수습하세요. 그러한 것을 마음에 일으킨 다음에 중립적인 사람들에 대해 수희심을 일으키세요. 그 다음에 자신에게 해를 입힌 모든 적대적인 사람들과 특히 질투의 대상이 되는 모든 사람들에 대해 수희심을 수습하세요. 다른 사람의 부유한 재산에 대해 참지 못하는 나쁜 마음의 뿌리를 완전히 뽑아버리고, 행복을 가진 모든 부분의 하나하나에 대해 특별한 수희심을 일으키세요. 마지막으로 마음에 아무런 대상을 지니지 않은(무연無緣의) 상태로 머무르세요.

또한 즐거워하는 것(수희심)이란 질투심이 없는 마음이기 때문에 여러 가지 방편으로 마음을 정화하여, 질투라는 나쁜 마음이 마음의 흐름에 생기지 않도록 노력해야 합니다. 특히 승리자의 제자인 보살들은 일체 중생들의 이로움을 위해 보리심을 일으켜, 그들 모든 중생들을 영원한

---

74 대지혜(쉐랍체와ཤེས་རབ་ཆེ་བ་, ⓢmahā-prajñā) 상계에 태어난 일곱 가지 공덕(토리기은땐된མཐོ་རིས་ཀྱི་ཡོན་ཏན་བདུན་): 인천칠덕人天七德)은 장수(체링와ཚེ་རིང་བ་), 무병(내메빠ནད་མེད་པ་), 훌륭한 몸(숙상와གཟུགས་བཟང་བ་), 좋은 인연(깰빠상와སྐལ་པ་བཟང་བ་), 좋은 태생(릭토와རིགས་མཐོ་བ་), 부유함(노르망와ནོར་མང་བ་), 커다란 지혜(쉐랍체와ཤེས་རབ་ཆེ་བ་)이다.(『장한불학사전』, 733쪽)

평안과 즐거움인 완벽한 깨달음(원만정등각)의 경지와 일시적 평안과 즐거움인 상계의 천신과 인간의 경지에 이르도록 해야 합니다. 그런데 그렇게 하지 않고 중생이 각자 과거의 업의 힘으로 훌륭한 덕성(공덕)이나 재산을 조금 얻는 것에 대해 보살이 싫어하는 마음을 일으키는 경우가 어떻게 있을 수 있겠습니까?

자신의 마음의 흐름이 질투심으로 오염되어 있는 한 다른 사람의 좋은 점(공덕)을 보지 못하게 되고 자신에게 강력한 악업만 쌓이게 됩니다.

예전에 성자 밀라래빠께서 복덕과 거룩한 행이 점점 증가할 때 논리학의 스승 '달로'라고 하는 분이 질투심이 생겨 그를 공격하러 나타났는데, 성자께서 신통神通과 도력道力을 아무리 보여주어도 믿지 않고 잘못된 견해를 가지고 오직 비난만 하였기 때문에 다음 생에 마왕으로 태어났습니다.

또한 게쉐 짝푸와라고 하는 논사가 성자에게 독이 든 음식을 올린 것도 단지 질투심 때문이었습니다.

그러므로 질투심을 가진 사람에게는 실제 붓다가 나타나도 이끌어 줄 수가 없으며, 마음이 질투로 오염된 사람은 다른 사람의 훌륭한 점을 볼 수가 없습니다. 상대방의 장점을 볼 수 없기 때문에 믿음이 털끝만큼도 생기지 않습니다. 믿음이 생기지 않은 사람은 자비와 가피를 받을 그릇(법그릇)이 될 수 없습니다. 데와닷따와 수낙싸뜨라 두 사람도 세존의 사촌형제였지만 질투로 마음이 산란하여 세존에 대한 믿음을 조금도 내려고 하지 않았기 때문에 평생을 스승 곁에 머물렀지만, 세존께서도 그들의 마음을 다스릴 수 없었습니다.

게다가 다른 사람에 대해 오직 나쁜 생각만 품고 있는 사람은 그를 조금도 해롭게 하지 않아도 자신에게 엄청난 악업이 쌓이게 됩니다.

전에 두 사람의 아주 높은 게쉐가 서로 경쟁자로 있었는데 어느 날

그중 한 게쉐가 상대방에게 여자가 있다고 하는 말을 듣고서 시자에게,

"맛있는 차를 한잔 끓여라. 재미있는 얘기를 들었다"고 말했습니다. 시종이 차를 끓여 드리면서,

"무슨 재미있는 얘기를 들으셨습니까?" 하고 여쭈니,

"우리의 경쟁자에게 여자가 생겼다고 한다." 그 말을 꾼빵닥걜께서 들으시고 얼굴이 흙빛이 되어,

"그 두 사람 중에 누가 더 악행이 큰가?"라고 물으셨다고 합니다.

그처럼 질투심이나 경쟁심 등을 항상 지니는 것은 자신에게 이익이 되지 않고 상대방에게 해를 입히지 못합니다. 의미없이 자신의 악행을 쌓는 것이기 때문에 그러한 나쁜 생각은 버려야 합니다. 언제나 다른 사람이 가문이나 용모·재산·학식 등 훌륭한 점과 유리한 조건을 아무리 많이 갖추고 있든 그것에 대해 진정으로 기뻐하는 마음(수희심)을 수습하세요. '이분에게 이와 같은 훌륭한 점과 재산이 있으니 나는 정말 기쁘다. 이분에게 이것들보다 훨씬 뛰어난 권세와 재산·학식, 훌륭한 특성(공덕) 등의 행운이 갖추어져 모든 것이 원만하여 완벽하게 된다면 얼마나 좋을까!'라고 생각하면서, 마음속 깊이 관상하여 수습하세요.

한량없이 기뻐하는 마음(희무량喜無量)은 어미 낙타가 아기 낙타를 잃었다가 찾은 것과 같다고 합니다. 낙타는 다른 유정보다도 새끼를 훨씬 더 사랑하기 때문에 새끼를 잃으면 그만큼 고통이 더 크고, 만일 찾으면 헤아릴 수 없는 기쁨이 일어나는 것으로, 그처럼 배워 익혀야 합니다.

그와 같이 4무량심四無量心은 진정한 보리심을 마음에 일으키는 틀림없는 인因이기 때문에 확실하게 마음에 생길 때까지 관상하여 수습해야 합니다.

그와 같은 4무량심도 의미를 요약하여 이해하기 쉽게 한다면, '선한

마음'이라는 한마디로 요약되므로 언제나 그리고 어떤 경우에나 오로지 '선한 마음'을 배워 익혀야 합니다.

예전에 조오제 아띠샤께서 손이 아파서 돔뙨빠의 무릎에 올려놓고, "여기에 그대가 가피를 내려다오. 그대는 선량한 마음을 지니고 있으니" 라고 말씀하셨습니다.

오로지 '선한 마음'만을 중요하게 여기시고, '건강한가요?'에 대해서도, '선한 마음이 생겼나요?'라고 말씀하셨습니다. 가르침을 주시는 것도 언제나 '선한 마음을 내세요'라고 말씀하셨습니다.

마음이 선한가 혹은 선하지 않은가에 따라 행위의 선하고 악함, 그리고 업의 영향력의 크기도 모두 변하게 됩니다. 전에 흙으로 만든 짜차(불상) 위에 신발 밑창을 덮어 놓은 이야기처럼 의도가 좋으면 몸과 말로 하는 모든 행위가 선한 것이 됩니다. 의도가 나쁘면 모습이 선한 것처럼 보이는 것들도 사실은 선하지 않게 됩니다. 그러므로 언제 어떤 경우에나 '선한 마음'을 배워 익혀야 합니다. 쫑카빠 대사께서 다음과 같이 말씀하셨습니다.

> 마음이 선하면 경지와 길[75]도 훌륭하나
> 마음이 선하지 못하면 경지와 길 역시 그렇다.
> 모든 것은 마음에 달려있으니
> 언제나 마음을 선하게 갖도록 노력하세요.

마음이 선하면 도달하는 경지와 가는 길이 어떻게 좋은가요?

옛날에 연세 많은 노파가 있었는데, 어머니와 딸 둘이서 손을 잡고 큰

---

[75] 경지와 길(싸당람ས་དང་ལམ)은 보통 보살의 10지와 5도를 말하지만, 여기서는 6도와 3계의 아홉 가지 경지 등 향후 도달하는 경지와 앞으로 가게 될 길을 말하는 것으로 생각된다.(영문본, 주133 참조)

강을 건너다가, 모녀가 둘 다 강물에 휩쓸려가고 있었습니다. 어머니께서 생각하기를 '내 딸이 강물에 떠내려가지만 않는다면, 나는 강물에 떠내려가도 기꺼이 떠내려가리라' 생각했으며, 한편 딸은 생각하기를, '어머니께서 강물에 떠내려가지만 않는다면, 나는 떠내려가도 기꺼이 떠내려가리라' 생각했습니다. 둘 다 서로에게 선한 마음을 내면서 강물에 빠져 죽었으므로, 둘 다 '브라흐마의 천상계'[76]에 다시 태어났습니다.

또한 옛날에 자싸꼬 강을 출발하려는 배 안에 여섯 명의 승려와 한 명의 심부름꾼을 합해 일곱 명이 타고 가는데, 배가 출발하여 강의 4분의 1쯤 지나자 뱃사공이 말하기를,

"배가 무거우니, 헤엄칠 줄 아는 사람이 한 사람 있다면 뛰어내리세요. 아니면 제가 물속으로 뛰어 내릴 것이니, 여러분들 중 한 사람이 노를 잡아요"라고 말했습니다. 그런데 모두가 물에서 헤엄치는 것이나 노를 잡는 것이나 둘 다 할 줄 몰랐습니다. 그래서 심부름꾼이,

"모두 죽는 것보다 저 혼자 죽는 것이 좋겠습니다"라고 말하고, 물에 뛰어드니 홀연히 무지개가 서고 꽃비가 내렸습니다.

헤엄을 칠 줄 몰랐지만 겨우 강의 건너편에 도달해 죽지 않았습니다. 그는 전에 법을 수행한 사람은 아니지만, 별안간 선한 마음 한 번 낸 것에 대해서도 그와 같은 이로움이 있는 것입니다.

마음이 선하지 않으면, 도달하는 경지와 가는 길이 어떻게 나쁜가요?

예전에 한 거지가 왕궁의 정문으로 가는 길목에 드러누워, '이곳 왕이 머리가 잘려 죽고 내가 왕이 된다면 얼마나 좋을까!' 하는 생각이 계속하여 자꾸 마음속에 떠올랐습니다. 다음날 아침까지 잠에 빠져서 누워있

---

[76] 브라흐마의 천상계(창빼직뗀ཚངས་པའི་འཇིག་རྟེན་): 색계의 첫 번째 선정의 세계(초선지初禪地)로 '범천세계'이다. 이 안에는 범중천·범보천·대범천이 있다. 욕계의 천상계, 색계에 네 경지, 무색계에 네 경지를 합해서, 3계에는 모두 아홉 가지 경지(캄숨싸구ཁམས་གསུམ་ས་དགུ་ : 3계9지三界九地)가 있다.

는데 그때 왕이 수레를 타고 지나가면서 수레의 바퀴가 그의 목을 덮쳐서 머리가 잘렸습니다.

본래 자신이 법을 구하는 진정한 의미를 언제 어느 경우에나 억념憶念과 정지正知로 마음속에 품고 자신의 마음의 흐름을 살피지 않으면 의미 없이 강한 집착과 분노로 극심한 악업을 쌓게 되기 쉽습니다. 그 늙은 거지도 이룰 수도 없는 그와 같은 생각을 일으켰기 때문에 그 결과가 곧바로 무르익은 것입니다. 왕이 궁전의 중앙에서 보석으로 장식된 침대에서 평안하고 기분 좋게 주무시고 계신데 머리가 잘릴 이유가 없습니다. 설령 머리가 잘려 왕께서 돌아가신다고 해도 왕자가 왕위를 계승하지 않고, 호랑이나 표범이나 곰 같은 대신들이 있는데 그들이 왕의 자리를 차지하지 않고, 그 미천한 늙은 거지가 왕의 자리에 앉을 이유가 어디에 있겠습니까? 그러므로 자신의 마음의 흐름을 주의깊게 살피지 않으면 쓸데없이 그 같은 나쁜 마음도 생길 수 있습니다. 그래서 게쉐 샤오빠께서 말씀하셨습니다.

> 마음속으로 수많은 가능성을 끊임없이 펼치면서
> 자신의 왕국을 돌보지 말라.

또한 예전에 세존께서 상가의 비구들과 함께 어느 후원자의 공양에 초대받아 그 집으로 가셨습니다. 그때 거지 둘이 구걸하러 왔는데 하나는 끄샤뜨리아의 아이였고 하나는 브라흐만의 아이였습니다.

브라흐만의 아이는 붓다와 제자들이 공양을 받기 전에 구걸을 청했으므로 아무것도 얻지 못했습니다. 끄샤뜨리아의 아이는 공양을 다 받은 다음에 구걸을 청했기 때문에 발우에 남아 있던[77] 맛있는 음식을 많이 얻었

---

[77] 초기에 불교 승려들은 날마다 탁발로 얻은 맨 처음 음식은 3보에 공양하고, 중간 부분은 구분

습니다. 그날 오후 두 사람은 길을 가는 도중에 서로 이야기를 했는데 끄샤뜨리아의 아이가 말하기를,

"만일 나에게 재산이나 소유물이 있다면 나는 세존과 제자들에게 내가 살아 있는 한 의복과 공양물로 공양을 올리고, 모든 필요한 물건을 올려 섬기고 공경할 거야"라고 말했습니다. 브라흐만의 아이는 말하기를,

"만일 나에게 힘이 있어서 나라의 왕이 된다면 나는 까까머리 승려들과 그 제자들의 머리를 모조리 잘라버릴 거야"라고 말했습니다.

그 후 끄샤뜨리아의 아이는 다른 나라로 가서 어느 날 커다란 나무의 그늘에 앉아 있었는데 다른 나무의 그늘은 지나가도, 그 아이가 앉아 있는 그늘은 지나가지 않고 그 자리에 그대로 있었습니다. 그때 마침 그 나라의 왕이 죽고 왕자가 없었기 때문에 덕이 가장 많고 가장 힘센 사람이 왕이 되어야 한다고 선포했습니다. 모두들 찾으러 다니다가 한 아이가 나무 아래 잠들어 있는 것을 보았습니다. 이미 정오가 한참 지났는데도 나무그늘이 움직이지 않은 것을 보고, 그 아이를 깨워서 왕으로 모셨습니다. 나중에 그는 자신의 소원대로 붓다와 제자들에게도 공양을 올렸습니다.

브라흐만의 아이는 사거리에 누워 있었는데 마차가 지나가면서 바퀴에 목이 치어 머리가 잘렸다는 이야기가 있습니다.

따라서 언제나 오직 선한 마음만 닦는다면 이생에서도 바라는 것들이 모두 소원대로 이루어질 것입니다. 이로운 본존들이 지켜주고 모든 붓다와 보살께서 가피를 내려줄 것입니다. 무엇을 하든 선한 것이 되며 죽음에 임하여 심한 고통이 생기지 않을 것입니다. 다음 생에 천신이나 인간의 지위를 얻고, 마지막에 이르러 완벽한 깨달음(원만정등각)의 경지를

하지 않고 공양 드시고, 마지막은 곤궁한 사람에게 주는 것이 관습이었다.(영문본, 주134)

중득하게 될 것입니다. 자신의 마음을 살피지 않고 서둘러 오체투지·꼬라·기도·독경·만뜨라 독송 등 큰 선행을 하는 척하지 말고, 항상 자신의 마음의 흐름을 관찰하면서 '선한 마음'을 닦는 것이 가장 중요합니다.

실제 보리심 일으키기

1. 용기의 차이에 의한 구분

실제 보리심을 일으키는 것(발보리심)[78]으로 용기의 차이로 구분하면 세 가지가 있습니다.

왕과 같은 용기

모든 왕은 먼저 본인이 모든 상대 세력을 제압하고, 자기를 지지하는 세력의 사기를 북돋아 우선 자신이 왕이 되고, 그 다음에 따르는 무리들을 보호하려고 합니다. 그와 같이 처음에 자신이 깨달음의 경지를 얻고, 그 다음에 일체 중생들도 깨달음의 자리에 올려놓으려고 하는 것이 왕과 같은 보리심을 일으키는 것입니다.

---

[78] '보리심을 일으키는 것'은 티벳어 쎔꼐སེམས་བསྐྱེད་의 옮김이다. 티벳어 쎔སེམས་은 장춥기쎔བྱང་ ཆུབ་ཀྱི་སེམས་(❋bodhicitta)의 줄임이다. 이는 보리심으로 '모든 중생들을 이롭게 하기 위해 완전한 깨달음을 이루고자하는 마음'를 뜻한다. 보리심의 또 다른 의미는 '일체의 장애를 닦아내고 완전한 깨달음을 이룬 마음'으로 '불성佛性(❋tathagatagarbha: 여래장)' 혹은 '본래의 깨달음(릭빠རིག་པ་, ❋vidya: 각성覺性)', '본래 청정함과 저절로 원만함을 구분할 수 없는 상태(까닥휜둡예르메꼐དཀའ་དག་ལྷུན་གྲུབ་དབྱེར་མེད་)'를 뜻하기도 한다. 이 경우 마치 거울의 먼지를 닦으면 본래의 깨끗한 모습이 드러나듯이, 본래부터 각자 모든 사람에게 내재되어 있는 것을 찾아서 드러나게만 하면 된다.(『티영사전』과 영문본, 주135 참조)

뱃사공 같은 용기

모든 뱃사공은 자신과 배에 탄 사람들 모두가 함께 강 건너편으로 가기를 원합니다. 그처럼 자신과 일체 중생들이 함께 완벽한 깨달음의 경지를 얻기를 바라는 것은 뱃사공 같은 보리심을 일으키는 것입니다.

목동 같은 용기

모든 목동들은 먼저 가축들이 풀과 물을 찾을 수 있게 하고 들개나 늑대 등이 해치지 못하도록 하면서, 앞쪽으로 몰고 자신은 그 뒤를 따라갑니다. 그와 같이 먼저 3계의 모든 중생들을 완벽한 깨달음의 경지에 올려놓은 다음에 자신이 깨달음을 얻으려고 하는 것입니다.

이 세 가지 중에서 첫째, 왕과 같은 용기는 '대야망을 가진 보리심 일으키기'라고 하며 가장 적은 용기입니다. 둘째, 뱃사공과 같은 용기는 '성스러운 지혜를 지닌 보리심 일으키기'라고 하며 중간의 용기입니다. 예를 들면 성자 마이뜨레야와 같은 보리심을 일으키는 것이라고 말합니다. 목동과 같은 용기는 '비교할 수 없는 보리심 일으키기'라고 하며 매우 커다란 용기를 지니는 것입니다. 예를 들면 성자 만주스리 같은 보리심을 일으키는 것이라고 말합니다.

2. 깨달음의 단계에 따른 구분

단계에 따라 분류하면 자량도와 가행도에 대해 '확고한 믿음으로 행하는 보리심을 일으키는 것,'[79] 보살의 경지 초지부터 7지까지에 대해 '청정하고 수승한 마음의 보리심을 일으키는 것',[80] 순수한 세 경지[81]에 대해 '완전히 성숙한 보리심을 일으키는 것', 붓다의 경지에 대해 '모든 장애에서 벗어난 보리심을 일으키는 것' 네 가지가 있습니다.

3. 보리심의 본성에 따른 구분

보리심 일으키는 것을 본성에 따라 분류하면 세속(속제) 보리심과 승의(진제) 보리심 두 가지가 있습니다.

세속 보리심

세속 보리심에도 내부적인 분류가 두 가지인데 원보리심願菩提心(염원하는 보리심)과 행보리심行菩提心(실행하는 보리심) 입니다.

① 원보리심(의도)
『입보리행론』에서 말했습니다.

　　가고 싶어 하는 것과 가는 것의

---

79 확고한 믿음으로 행하는 보리심을 일으키는 것(뫼빠죄빼셈께མོས་པ་སྤྱོད་པའི་སེམས་བསྐྱེད་) : 공성을 확실히 깨닫지 못했기에 오직 헌신(뫼빠མོས་པ་)만으로, 이타행을 대상으로(གཞན་དོན་ལ་དམིགས་པ་) 보리심을 일으키는 것을 말하며, 승해행발심勝解行, 신해행발심信解行發心으로 한역된다.
80 청정하고 수승한 마음의 보리심을 일으키는 것(학삼닥빼셈께ལྷག་བསམ་དག་པའི་སེམས་བསྐྱེད་) : 보살 1지에서 7지까지의 7부정지七不淨地에 대해서 보리심을 일으키는 것을 말하며, 청정의요발심 清淨意樂發心으로 한역된다.
81 순수한 세 경지: 보살 8지(부동지) · 9지(선혜지) · 10지(법운지)로 이 경지에서는 아만(응아 ང་རྒྱལ་)이 완전히 닦여 전혀 없기 때문에 3정지三淨地라고 한다. 이 단계의 발심은 이숙발심異 熟發心으로 한역된다.

차이가 어떤 것인지 아는 것처럼
그와 마찬가지로 현명한 사람들은
이 둘의 차이를 순서대로 알아야 한다.

예를 들면, 일요일에 라싸 같은 곳에 가기 위해서는 먼저 '나는 라싸에 한 번 가야지'라고 생각하는 것처럼, 먼저 '나는 일체 중생들이 완벽한 깨달음의 경지를 얻도록 하겠다'고 생각을 하는 것은 '가고 싶어 하는 것'과 같은 '염원하는 보리심을 일으키는 것'입니다.

② 행보리심(실행)

라싸에 실제로 가기 위한 여행에 필요한 것들과 싣고 갈 말 등을 준비하여 실제로 길에 들어서서 가는 것처럼, 일체 중생들이 완벽한 깨달음의 경지를 얻게 하기 위해서 보시를 하고, 계율을 지키고, 인내를 수행하고, 노력을 기울이며, 선정에 평등하게 머물고, 지혜에 대한 마음을 닦기로 마음먹고, 저편으로 가는 여섯 가지(6바라밀)의 길을 실제로 수행하는 것은, '실제로 가는 것'과 같은 '실행하는 보리심'입니다. 그와 같은 염원하는 보리심과 실행하는 보리심을 일으키는 것은 둘 다 세속적 보리심(상대적 보리심)입니다.

승의 보리심

자량도와 가행도에서 그와 같은 보리심으로 오랜 기간 동안 마음을 수련하여 마침내 견도에서 모든 현상의 본성과 여여함(진여眞如) 그리고 모든 희론을 벗어난 지혜와 공성의 의미를 직접 깨닫는 것이 승의적 보리심(절대적 보리심)[82]입니다.

4. 보리심의 계를 받는 것

진정한 승의 보리심은 수행의 힘으로 얻어야 하는 것이므로 의식에 의존하지 않습니다. 여기에서는 초심자가 세속적 보리심을 일으키는 것은 의식에 의존하는 것이기 때문에, 스승으로부터 받는 절차는 보리심의 계를 수여하는 의식에 따라 해야 합니다. 그처럼 받은 보리심이 쇠퇴하지 않고 증가되도록 하기 위해서 언제나 이와 같이 거듭 반복하여 보리심의 계를 받아야 합니다.

또한 앞의 허공에 모든 붓다와 보살과 그 외 본존들을 보리심을 일으키는 증인으로서, 귀의수행의 자량전과 똑같이 선명하게 떠올리세요.

이와 같이 허공의 끝까지 가득한 모든 유정들이 시작이 없는 생이 이어져 오는 동안, 자신의 부모가 아니었던 유정은 하나도 없습니다. 자신의 부모였을 때 지금의 부모처럼 온갖 사랑으로 보살폈습니다. 음식으로는 가장 좋은 것을 주셨으며, 제일 좋은 옷으로 입혀 주셨고, 지극한 사랑으로 키워주신 것은 오직 자애로움이라는 것이 확실합니다. 그처럼 자애로운 부모들이 모두 윤회계라는 고통의 큰 바다물결에 빠졌습니다. 미망의 짙은 어둠에 감싸여 있습니다. 올바른 길을 택하거나 길이 아닌 길을 피할 줄 모릅니다. 올바른 길을 보여주는 스승과 멀리 떨어져 있습니다. 귀의처, 보호주, 도와줄 사람, 친구, 희망을 주는 사람, 피난처, 아무것도 없이 마치 눈먼 사람이 친구도 없이 황량한 벌판을 헤매는 것과 같은, 모든 연로하신 어머니들(일체중생)을 윤회의 땅 이곳에 놓아두고 나만 혼자 자유로움을 원하는 것이 도대체 있을 수 있는 일입니까? 그러니 나는 모든 유정들을 위해서 최상의 보리심을 일으키고 이전의 모든 보살의 수많은 행동을 배워서, 삼사라에 한 유정도 남아 있지 않게 되는 그 날까지 모든 노력을 기울이리라.

---

82 세속적 보리심은 우리의 분별심과 함께 생겨났다 소멸되는 것이며, 승의적 보리심은 분별적 생각의 움직임이 법계속으로 사라진 원초적 지혜의 상태다.(『닝틱왼도신디』, 135쪽)

라고 마음먹고, 다음과 같이 가능한 한 많이 독송하세요.

> 호! 물에 비친 달의 허상과 같은 온갖 현상에 사로잡혀[83]
> 윤회계의 끊임없는 속박 속에서 헤매는 중생들이
> 스스로 깨달음을 얻는 광명법계에서 편히 쉴 수 있도록
> 4무량심으로 보리심을 일으키리라!

마지막에는, 자량전의 모든 본존들에게 간절한 헌신을 함으로써, 모든 본존들이 가장자리로부터 차례로 빛 속으로 사라져, 중앙에 있는 삼귀의가 모두 구현된 스승에게 흡수됩니다. 스승 또한 빛 속으로 스며들어 자신에게 흡수되기 때문에, 귀의의 대상인 그 본존들의 마음에 있는 승의보리심이 자신의 마음속에 분명하게 일어난다고 생각하면서 다음과 같이 기도하세요.

> 보배와 같은 수승한 보리심
> 생겨나지 않은 것들은 생겨나게 하고
> 이미 생긴 것들은 줄어들지 말고
> 더욱더 커지기를 기원합니다.

그리고 다음과 같이 회향하세요.

> 용맹스런 문수보살께서 그처럼 아셨으며

---

83 물에 반사된 달의 영상은 실체로서 존재하지 않지만 분명하게 나타난다. 마찬가지로 우리가 인식하는 모든 현상들도 자성으로 존재하는 것처럼 보이지만, 실제로는 자성이 공하여 실체로서 존재하지 않는데도 그러한 현상들이 진실로 존재한다고 믿고 그것에 사로잡힌다. 이와 같은 '전도된 인식(ཕྱིན་ཅི་ལོག་ཤེས།)'으로 인해 중생들은 번뇌를 일으키고 윤회 속에서 끊임없이 고통을 겪는 것이다. (영문본, 주141 참조)

보현보살 그분께서도 역시 그와 같으시니
그분들 모두를 따라 저도 그대로 본받아서
이러한 모든 선행을 온전하게 회향합니다.

그와 같은 보리심을 일으키는 것은 붓다께서 말씀하신 법에 이르는 8만 4천 가지 방편들의 모든 핵심을 요약한 것입니다. 방편에 보리심이 있다면 그것으로 충분합니다. 보리심이 없다면 방편에 집착하는 가르침일 뿐입니다. 백 가지 병을 치료하는 약인 만병통치약과 같습니다. 게다가 자량을 쌓는 것, 장애를 닦는 것, 본존 관상, 만뜨라 독송 등 법을 수행하는 것들 모두 오로지 보리심, 즉 소원을 성취시켜 주는 보물(여의주)이 마음속에 생기도록 하는 방법을 수행하는 것입니다. 보리심에 의지하지 않고 각각의 길을 통해서는 완벽한 깨달음의 경지를 얻을 수 없습니다.[84] 이러한 보리심을 마음에 일으키면 어떤 법을 수행하든 모두 완벽한 붓다의 경지를 얻을 수 있는 인(因)이 될 것입니다. 따라서 언제나 어떤 상황에서나 자신의 마음속에 보리심을 단지 깨알만큼 생기게 하기 위해서도 갖가지 방법을 통해 그 방편을 익히세요.

자신에게 보리심의 핵심 가르침을 주신 스승이고 대승의 길로 들어서게 해주신 분이기 때문에 다른 가르침을 주신 스승보다 은혜가 훨씬 더 큽니다. 아띠샤 존자께서 다른 스승들의 성함을 말씀하실 때 두 손을 가슴에 합장하시는데, 셀링빠 존자의 성함을 말씀하실 때는 두 손을 합장하여 이마에 대고 눈에 눈물을 가득 머금고 말씀하시곤 했습니다. 이에 대해 제자들이,

---

[84] 보리심이 완벽한 깨달음을 얻기 위한 원인, 즉 씨앗이라고 할 때의 씨앗은 두 가지 의미를 지닌다. 하나는 '자연적으로 존재하는 잠재적인 능력'으로, 각자 모든 중생에게 본래 있는 불성(여래장)의 원초적 지혜를 말하며, 깨달음을 성취하는 인(因)이 된다. 또 하나는 '개발 가능한 잠재적인 능력'으로 세속 보리심이며 깨달음을 성취하는 연(緣)이 된다.(『닝틱왼도신디』, 139쪽)

"존자께서는 스승들의 성함을 말씀하실 때 서로 다르게 하시는데 그 스승들의 마음의 훌륭한 점에 크고 작음이 있습니까? 은혜에 크고 작은 차이가 있는 것은 무엇입니까?" 여쭈니 아띠샤께서,

"나의 스승들은 모두 성취를 하신 분들이기 때문에 훌륭한 점에 있어서 차이가 없다. 은혜에는 차이가 있는데, 내 마음에 아주 조금 있는 보리심은 셀링빠 존자님의 은혜로 얻은 것이기 때문에 그분이 가장 은혜가 크다"라고 말씀하셨습니다.

그처럼 보리심을 일으키는 것도, 수승한 보리심을 일으키는 것이 중요한 것이 아니라 실제로 일어난 것이 중요하다고 말합니다. 그래서 보리심의 사랑과 자비가 자신의 마음에 확실히 생겨난 것이 필요하지, 그 의미를 마음으로 받아들이지 않고 보리심 만뜨라를 수십만 번 독송한다고 해도 핵심은 겨자씨만큼도 없습니다. 붓다와 보살이 계신 곳에서 보리심의 계를 받고 그처럼 하지 않으면 모든 붓다와 보살을 속이는 것이기 때문에 무거운 악업 외에는 없습니다. 그러므로 항상 모든 유정에 대해 속이지 말고 보리심이 마음의 흐름 속에 확실히 생기도록 노력하세요.

원보리심과 행보리심을 위해
배워 익혀야 할 사항(학처學處)

보리심을 일으키기 위해 배워야 할 사항을 가르치는 것으로, 보리심을 염원하는 것에 대해 배워 익혀야 할 사항은 자신과 다른 사람을 똑같이 생각하는 것, 자신과 다른 사람을 바꾸어 생각하는 것, 자신보다 다른 사람이 더 소중함을 숙고하는 것 이렇게 세 가지이며, 보리심을 실천하는 것에 대해 배워 익혀야 할 사항은 6바라밀을 수행하는 것입니다.

1. 보리심을 염원하는 것에 대해 배워야 할 사항(원보리심의 학처)

자신과 다른 사람을 똑같이 생각하기

그중에서 먼저 자신과 남을 똑같이 생각하는 보리심(자타평등보리심) 수행은 이와 같습니다. 무시이래로 고통의 큰 바다인 윤회계에서 헤매고 있는 원인은 '나'라는 것이 없는 데도 '나'에 집착하고, '자아'가 없는 데도 '자아'에 집착한 나머지 오로지 '자아'만을 소중히 생각하는 것으로 이는 잘못된 것입니다. 그러므로 다음과 같이 살펴야 합니다.

지금 저는 언제 어떤 경우에도 오로지 저에 대해 행복하기만 바라고 온 갖 수많은 고통은 하나도 원하지 않습니다. 심지어 몸에 가시가 찔리거나 불꽃만 떨어져도, 즉시 참을 수 없는 고통이 일어나서 '아차차' 소리 지르면서 참지 못합니다. 이가 등을 물면 그 즉시 그것에 대해 강한 짜증이 갑자기 일어나 손으로 그 이를 잡아 한 손톱 위에 놓고 다른 손톱으로 힘껏 누릅니다. 이를 완전히 죽였는데도 여전히 화가 가라앉지 않아 손톱을 자꾸 서로 문지릅니다. 더구나 요즈음 대부분 사람들은 이를 죽이는 것쯤은 죄가 없다고 생각하겠지만, 이를 죽이는 것은 전적으로 증오라는 동기로 일어나기 때문에 중합지옥衆合地獄에 태어나는 확실한 원인이 됩니다. 그러므로 본인에 대해 그 정도 작은 고통도 참지 못하고, 그 대가로 다른 유정에게 해를 입히고 큰 고통을 주는 것은 얼마나 부끄러운 일인가!

  3계의 모든 유정들도 자신이 언제나 행복하기를 바라며, 단 한 가지 고통도 바라지 않는 것은 본인과 전적으로 똑같습니다. 그와 같이 행복은 원하고 고통은 원하지 않지만 행복의 씨앗인 10선법을 행할 줄 모르고, 고통의 씨앗인 불선만 오로지 추구하니, 진정으로 바라는 것과 실제 행하는 것이 서로 어긋납니다. 그래서 오로지 고통만 당하고 있는 이 모든 중생들은 무시이래로 나의 부모가 아니었던 중생은 하나도 없습니다. 저는 이제 자격을 갖춘 훌륭한 스승께서 제자로 받아주셨고, 정법의 문에 들어갔으며, 무엇이 이로운 것이고 무엇이 해로운 것인지를 구별할 수 있기 때문에, 나의 연로하신 어머님과 같은 미망에 사로잡힌 일체 중생들을 나와 다름없이 사랑으로 보살피겠습니다. 배은망덕과 편견을 견디면서 적과 친구가 평등함을 수습하겠습니다.

이러한 것들을 생각하면서 거듭 반복하여 관상하고 수행하세요.
  언제 어떤 상황에서도 자신에게 이로운 것과 행복한 것을 원하는 것처럼 그것을 다른 사람들도 그처럼 원하기 때문에, 자신의 행복을 성취하기 위해 노력하고 정진하는 것처럼 다른 사람의 행복을 이루기 위해서도 그처럼 노력하세요. 자신에게 고통이 되는 것은 아주 작은 것조차도 피하려고 노력하는 것처럼, 다른 사람에게도 고통이 되는 것은 아주 작은 것까지 없애도록 노력하세요. 자신에게 평안과 기쁨과 재산 등이 있으면 즐거운 것처럼, 다른 사람에게 평안과 기쁨과 재산 등이 있는 것에 대해 진정으로 기뻐할 수 있도록 수행하세요. 요약하면, 3계의 모든 유정들을 자신과 다름이 없는 것으로 보고, 오로지 지금 당장의 안락(평안과 즐거움)과 앞으로의 영원한 안락을 성취하는 방법을 강구하는 데 기꺼이 온갖 노력을 기울여야 합니다.

파담빠상개[85]에게 둥빠시나쩬이 '한 구절로 충분한 가르침'을 여쭈었더니,

"그대가 무엇을 바라든지 다른 사람들도 그와 같이 바라는 것이니, 그것에 따라 행동하라"고 말씀하셨습니다.

따라서 자신에 대해 소중하다고 생각하고 다른 사람에 대해 싫다고 생각하는 애착과 증오의 나쁜 마음을 뿌리 뽑아버리고, 자신과 다른 사람이 똑같다는 것을 알아야 합니다.

자신과 다른 사람을 바꾸어 생각하기

자신과 다른 사람을 바꾸어 생각하는 보리심(자타교환보리심)이란, 실제로 질병과 굶주림, 목마름 등 고통을 겪고 있는 중생을 실제로 보거나 그럴 수 없다면 고통을 겪고 있는 중생을 눈앞에 떠올리면서, 자신이 숨을 내쉴 때, 본인의 행복과 가장 좋은 것들과 몸과 재물을 선업의 원천과 함께 마치 옷을 벗어 입혀주는 것처럼 그에게 주고, 그의 고통이 어떤 것이든 그것들을 전부 자신이 기꺼이 받는다고 생각하는 것과 동시에 숨

---

85 파담빠상개ཕ་དམ་པ་སངས་རྒྱས : 318쪽 주49 참조.

을 들여 마심으로써, 그 사람이 행복하게 되고 고통으로부터 벗어나게 된다고 생각하세요. 이러한 똥렌 수행[86]을, 한 중생에서부터 시작하여 모든 중생에 이르기까지 단계적으로 수습하세요.

실제로 자신에게 원하지 않는 일이나 고통스러운 일 등이 생길 때도 '윤회 3계에 이러한 고통을 겪는 중생들이 많으니, 그들 모두가 또한 참으로 불쌍하구나! 그들의 모든 고통의 몫이 나에게서 무르익어 그들 모두가 고통에서 벗어나고, 행복을 갖게 되기를!'이라고 생각하면서 가슴 깊이 수습하세요. 자신에게 평화로움과 기쁨 등이 생기면, '나의 이 평화로움으로 모든 유정이 평화롭게 되기를!'이라고 생각하면서 수습하세요.

그와 같이 자신과 다른 사람을 바꾸어 생각하는 이와 같은 보리심 수행은 대승의 가르침의 길에 들어선 모든 사람이 수습해야 할 것으로, 그중에서 이것이 궁극적이고 틀림없는 핵심 수행법입니다.

이것이 한 번 마음에 일어나는 것으로도(교환이 일어나는 것을 실제로 한 번이라도 경험한다면) 수많은 겁劫 동안의 악행과 장애가 정화되고, 엄청난 복덕자량과 지혜자량이 쌓입니다. 악도에서 벗어나게 되거나 악도에 떨어져 태어나게 되는 상황에서 벗어나게 됩니다.

전생에 우리들의 스승 붓다께서 수레를 끌어야 하는 지옥에 태어났을 때, 까마루빠라는 친구와 붓다 두 분이 지옥의 수레를 끌어야 했는데 두 분 다 힘이 약하여 수레를 끌 수가 없었습니다. 그래서 지옥을 지키는 자들이 시뻘겋게 달궈진 창으로 찌르고 두들겨 패니 아주 고통이 심했습니다. 그때 그분은 혼자 생각하기를, '우리 둘이서 끌어도 움직일 수 없고 고통을 당하는 것은 똑같다. 그러니 나 혼자서 고통을 당하면서 끌고, 그 동안 친구는 쉬게 해야겠다'고 생각하고 지옥을 지키는 자들에

---

[86] 똥렌གཏོང་ལེན་ 수행: 샨띠데와가 강조한 보리심을 계발하는 관상수행이다. 숨을 들여 마시면서 상대방의 고통과 불행은 내가 받고 (렌ལེན་), 숨을 내쉬면서 상대방에게 자신의 공덕과 행복을 보내주는(똥གཏོང་) 관상수행법이다.

게,

"이 밧줄도 내 목에 묶어다오. 나 혼자 수레를 끌겠다"고 말했더니 지옥을 지키는 자가 화를 내면서,

"중생은 각자 자신의 업業에 따라 행동하는 것인데 누가 무엇을 하겠다는 것인가?"라고 말하면서, 그분의 머리를 곤봉으로 쳤습니다. 그렇지만 '선한 생각' 때문에 지옥의 생을 마치고 천상계에 다시 태어났으니, 이것이 붓다의 이타행의 시작이라고 말합니다.

또한 예전에 세존께서 선장 자오의 딸로 태어났을 때도 자신과 다른 사람을 바꾸는 것(닥샌제와 བདག་གཞན་བརྗེ་བ༎ 자타교환)이 마음에 일어나자마자(자타교환을 실제로 경험하자 곧바로), 악도의 고통에서 벗어났습니다. 옛날에 자오라는 재가자가 있었는데, 그 사람의 아들로 태어난 아이는 모두 죽었습니다. 한 번은 사내아이가 태어났는데, 살려 보려는 기대를 갖고 이름을 '딸'이라고 붙였습니다. 어느 날, 자오가 바다로 보석을 찾으러 갔는데 배가 파선되어 죽었습니다.

아들이 자라서 어머니에게 아버지의 카스트가 무엇이었는지 물었으나, 솔직하게 대답하면 아들도 바다에 갈 것으로 걱정이 되어 곡물을 사고파는 카스트라고 말했습니다. 그래서 아들도 곡물상인이 되어 날마다 4까르샤씩 벌어서 어머니를 모셨습니다. 그러던 중 다른 곡물상인들이,

"당신은 곡물 장사하는 카스트가 아니니 곡물 장사를 하는 것은 옳지 않다"고 말하면서 방해를 했습니다.

그래서 그는 돌아 와서 다시 어머니께 카스트가 무엇인지 여쭈니, 향을 파는 카스트라고 말했습니다. 그래서 다시 향을 팔아 매일같이 8까르샤씩 벌어서 어머니를 모셨습니다.

다시 향을 파는 상인들이 방해를 했으므로 또다시 어머니께 여쭈니, 옷을 파는 카스트라고 말했기 때문에 옷을 팔아서 날마다 16까르샤를

벌어서 어머니께 드렸습니다.

다시 옷장사들이 방해하므로 다시 어머니께 여쭈니, 보석을 파는 카스트라고 말하여, 보석을 사고파는 일로 매일 32까르샤씩 벌어 어머니께 드렸습니다. 그런데 다른 장사꾼들이,

"당신은 바다에서 보석을 찾는 카스트이니 자신의 카스트 일을 하세요"라는 말을 듣고, 그는 집에 와서 어머니께,

"제가 보석을 찾는 카스트인 것을 이제 알았으니, 큰 바다로 보석을 찾으러 가겠습니다"라고 말씀드렸습니다. 어머니께서 말씀하시기를,

"너는 보석을 찾는 카스트지만 너의 아버지와 할아버지 등 모두가 바다로 보석을 찾으러 갔다가 돌아가셨기 때문에, 너도 가면 죽게 될 것이다. 그러니 가지 말고 여기에 머물러서 장사를 해라"고 말했지만, 그는 어머니 말을 들을 수가 없었습니다. 바다로 가는데 필요한 모든 물품을 준비하여 '딸'이 떠나려 할 때 어머니는 차마 보낼 수가 없어 아들의 옷자락 끝을 붙잡고 울며 애원했지만, 아들은 화를 내면서,

"제가 바다에 가려 하는데 당신이 재앙을 주려고 우세요!"라고 말하면서 어머니의 머리를 발로 걷어차고 떠났습니다.

바다를 향해 도중 배가 난파되어 모두가 물에 빠져 대부분 죽었는데, 딸은 나무판자를 붙잡고 떠밀려 어느 섬에 닿았습니다. 거기서 가와(དགའ་བ་ː즐거움)라는 마을에 있는 보석으로 장식한 아름다운 집으로 가게 되었는데, 어여쁜 네 여신이 나타나 고급 비단으로 만든 방석을 쌓아 올려 자리를 펼쳐 놓고 세 가지 하얀 음식(쇼·우유·버터)과 세 가지 달콤한 음식(설탕·물엿·꿀)을 대접했습니다.

딸이 떠나려고 준비할 때,

"남쪽으로 가지 마세요! 커다란 불행이 생길 위험이 있어요"라고 말했지만 듣지 않고 가서 가와짼(དགའ་བ་ཅན་ː'즐거움이 있는'을 의미함)이라는 전

보다 더욱 아름다운 마을에 도착했습니다. 여덟 명의 어여쁜 여자들이 이전처럼 시중을 들었습니다. 그녀들 또한,

"남쪽으로 가지 마세요! 불운한 일이 생길 거예요"라고 말했으나 '딸'은 듣지 않고 라로(ㅈ주: '도취'를 의미함)라는 이전보다 더 완벽한 마을에 도착하니 열여섯 명의 어여쁜 여신들이 반기며 맞이했습니다. 그녀들은 시중을 들면서,

"남쪽으로 가지 마세요! 커다란 불운이 생길 거예요"라고 말했으나, 그는 다시 그곳을 떠났습니다. 꼭대기가 하늘에 닿을 듯 높은 하얀 '구루 브라흐마의 성'이 눈앞에 나타나, 안으로 들어갔더니 서른두 명의 어여쁜 여신들이 반겨 맞이했습니다. 고급 비단으로 만든 방석을 쌓아 올려 자리를 마련해 놓고 세 가지의 하얀 음식과 달콤한 음식을 대접하면서,

"여기서 머무르세요"라고 말했습니다. 그렇지만 그는 떠나고 싶은 생각이 생겼습니다. 그가 떠날 준비를 할 때,

"어디로 가든 남쪽으로는 가지 마세요! 불행이 생길 거예요"라고 말했습니다.

그렇지만 남쪽으로 가고 싶은 욕심이 생겨 그 쪽으로 갔더니, 하늘에 닿을 듯 높은 철로 된 성 문 앞에 아주 무섭고 눈이 붉은 검은 사람이 손에 긴 쇠막대를 치켜들고 서 있었습니다. 그에게,

"이 성 안에 무엇이 있습니까?" 하고 물었으나, 아무 말도 하지 않고 서 있었습니다. 가까이 가서 안을 들여다보니 그와 똑같은 사람들이 많이 있었습니다. 그들을 본 순간 무서운 느낌이 온몸을 감싸고 머리털을 곤두서게 하여, '불운이라…… 불운! 불운이 생길 거라고 말한 것이 바로 이것이구나!' 생각하면서 그 성 안으로 들어갔습니다. 어떤 사람의 머리에 쇠로 된 바퀴가 회전하니 연한 회색의 골수가 흩어져 나오고 있었습니다.

"당신은 무슨 일을 저질렀나요?" 하고 '딸'이 물어보니, 그가 대답했습니다.

"저는 어머니의 머리를 발로 차서 그 행위가 완전히 성숙한 과보를 겪고 있습니다. 그대는 '구루 브라흐마의 성'의 평안과 즐거움을 누리면서 지내지 않고 여기에 왜 사서 고생하러 왔나요?" 딸은 그 말을 듣자, '그렇다면 나도 여기에 업 때문에 이끌려온 것 같다'라는 생각이 들었습니다. 바로 그때 하늘에서,

"묶여있는 자들은 모두 자유로워지기를! 자유로운 자들은 모두 묶여지기를!"이라는 소리가 들리면서, 바퀴가 그의 머리에 닿아 회전하니 종전처럼 옅은 잿빛의 골수가 흩어져 나오고 참기 어려운 심한 통증과 고통이 일어났습니다.

그로 인해 그는 자신과 같은 중생들에 대해 강한 자비심(연민)을 일으켜, '이 윤회계에 나처럼 어머니의 머리를 발로 차서 고통을 당하는 중생이 많다. 그들 모두의 고통이 나에게 무르익어 오로지 나만 겪게 되기를! 다른 모든 중생들이 이와 같은 고통을 앞으로 모든 생을 통해 겪지 않게 되기를!'이라는 생각을 가졌습니다.

그러자마자 곧바로 바퀴가 하늘로 올라가고, 그는 고통으로부터 벗어나서 일곱 야자수 높이로 솟아올라 적정의 안락에 들었습니다. 그처럼 자신과 다른 사람을 바꾸어 생각하는 보리심이야말로 깨달음을 성취하는데 없어서는 안 될 궁극적인 가르침이므로 예전에 까담의 스승들도 수행[87]의 핵심으로 삼았습니다.

예전에 게쉐 체카와(1101~1175)는 신역과 구역의 가르침들과 논리학에 관한 많은 서적에 정통한 분으로, 한 번은 게쉐 짝쇙와를 뵈러 갔는데

---

87 수행: 티벳어 툭담ཐུགས་དམ་을 옮긴 것으로 ①개인적인 매일의 수행(냠쉐ཉམས་བཞེས་), ②서원 誓願・서언誓言를・삼마야의 존칭어, ③개인적으로 밀교 수행을 집중하는 각자의 이담ཡི་དམ་의 존칭어라는 세 가지 의미가 있다.(『티영사전』)

그분의 베개 위에 작은 뻬차 한 권이 있었습니다. 그 분은 표지를 열어보시고 그 안에,

    이익과 승리는 상대방에게 주고
    손해와 패배는 자신이 가져라.

라는 구절이 '정말 놀라운 가르침이 틀림없구나!'라고 생각하고,
  "이 가르침은 무엇이라 합니까?" 여쭈니,
  "이것은 랑리탕빠(1054~1123)의 「수심팔훈修心八訓」이라고 한다"고 말했습니다.
  "이 가르침은 누가 지니고 있습니까?" 여쭈니,
  "게쉐 랑리탕빠가 가지고 있다"고 말했습니다. 그후 그는 그 가르침을 받으러 라싸로 떠났습니다. 며칠 동안 꼬라를 돌면서 머물고 있는데, 어느 날 저녁 랑탕에서 온 한 나병환자가 랑리탕빠가 돌아가셨다고 말했습니다. 그에게
  "어떤 계승자가 있나요?" 물으니,
  "상승빠와 도데빠 두 사람이 있는데, 그 두 사람은 자리에 오르는 것에 대해 의견이 일치하지 않습니다"라고 말했습니다. 그 두 사람은 '그 자리를 내가 하겠다'는 자리다툼으로 의견이 다른 것이 아니었습니다. 상승빠는,
  "당신이 나이가 가장 많으니 그 자리에 오르기 바라오. 나도 당신을 랑리탕빠와 다름없이 공경하리다"라고 말하고, 도데빠는
  "그대 공덕이 더 크니 그 자리에 오르기 바라오"라고 말했습니다. 그 두 분은 서로 상대방에 대해 순수한 인식을 지녔지만, 체까와는 두 사람이 스승의 자리에 의견이 일치하지 않다는 결함을 가진 것으로 생각하고,

"두 사람의 의견이 안 맞는 상황으로 보아 그 법을 가지고 있지 않습니다. 이제 그 가르침을 가지고 있는 사람으로 누가 가장 훌륭한가요?"라고 여기저기 물어보니 모두가,

"샤라와(1070~1141, 뽀또와의 제자)가 가장 훌륭합니다"라고 말했습니다.

샤라와께서는 수천 명의 승려들에게 많은 논서를 가르치고 있었습니다. 그래서 며칠 동안 들었지만 그는 원하는 법문을 조금도 얻지 못했습니다. 이분에게도 그 법이 있을지 알 수가 없었습니다. 있는지 없는지 물어 보고, 있으면 머물고 없으면 가야겠다고 생각했습니다.

샤라와가 탑을 돌고 있을 때, 체까와가 그 앞으로 가서 옷을 바닥에 펼쳐놓고,

"여기에 잠시 앉으시기를 청합니다. 여쭤볼 게 있습니다"라고 말씀드리니,

"여보게, 그대에게 해결되지 않은 무엇이 있는가? 나는 바라는 모든 것을 앉은 자리에서 해결했네"라고 말씀하셨습니다. 거기서 그는,

"제가 본 가르침 중 '이익과 승리는 상대방에게 주고, 손해와 패배는 자신이 가져라'라는 글귀 하나가 있었습니다. 그것은 제 마음에 들었습니다. 그 가르침은 심오한 것입니까, 그렇지 않습니까? 어떻습니까?"라고 여쭈니,

"여보게, 그것이 그대 마음에 들든 안 들든 깨달음을 얻기를 원하지 않는다면 모를까 깨달음을 얻고 싶다면, 그 법은 없어서는 안 되는 것이네"라고 말씀하셨습니다.

"그 가르침을 라마께서 가지고 계십니까?" 여쭈니,

"그렇네. 나의 모든 수행의 핵심이 그것이네"라고 말씀하셨습니다.

"그렇다면 그 가르침을 저에게 주시기를 청합니다"라고 청하니,

"그대는 오랫동안 내 곁에 머무를 수 있는가? 머무를 수 있다면 주겠

네"라고 말씀하셨습니다.

거기서 체까와는 그분으로부터 6년 동안 마음 수행법(수심팔훈)을 일련의 과정으로 '경험에 의한 가르침'[88]에 따라 실천하고 수습하여, 자신을 소중한 것으로 여기는 집착을 완전히 제거할 수 있었습니다.

그러므로 자신과 타인을 바꾸는 보리심을 수습하는 것은 이생에서도 질병과 고통 등을 잠재워 평안케 하며, 악한 신과 질병의 악령과 장애를 일으키는 마라를 조복시키는 데에도 이보다 훌륭한 가르침은 없습니다. 따라서 언제나 어떤 경우에나 자신에 대해 소중하다고 여기는 좋지 않은 생각을 독처럼 멀리하면서, 자타교환의 보리심을 끊임없이 수습하세요.

자신보다 다른 사람을 더 소중하게 생각하기

자신보다 다른 사람을 소중히 여기는 것을 수습하는 것은 다음과 같습니다.

'제가 윤회계에 살든, 지옥에 다시 태어나든, 몸이 아프든, 뜨거운 고통을 당하든, 어떤 좋지 않은 일이 생기더라도 그 모든 것을 견뎌낼 것입니다. 다른 중생들의 고통이 저에게서 무르익게 되기를! 저의 평안과 선행의 열매는 그에게서 다 이루어지기를!'이라고 생각하면서 가슴깊이 사유하고, 실제로도 그처럼 실행하세요.

예를 들면, 아띠샤 존자의 스승인 마이뜨리요기・다르마락시따, 그리고 우리들의 스승(샤꺄무니 붓다)께서 왕 빠드마로 환생하셨을 때, 거북이로 환생하셨을 때, 왕 쭉나노르부(마니추다(Manicuda): 보석육계)로 환생하셨을

---

[88] 경험에 따른 가르침(ཉམས་ཁྲིད་) : 스승이 처음에 아주 조금 가르침을 주면, 제자는 이를 수행하고서 수행의 경험을 스승에게 말씀드린다. 그러면 상황에 따라 스승이 조언을 주거나 그것을 바탕으로 다른 가르침을 준다.(영문본, 주144 참조)

때와 같습니다.

아띠샤 존자의 스승인 마이뜨리요기께서 법을 설하고 계시는데, 바로 가까이에서 한 사람이 개에게 돌을 던졌습니다. 그러자, 스승이 '아야야'라고 소리 지르면서 자리에서 굴러 떨어졌습니다. 다른 사람들은 개에 대해 아무것도 보지 못했으므로, '과장된 행동치고는 대단하구나'라고 생각했습니다. 스승께서 그것을 아시고 등을 보여주니, 개에게 던진 돌에 맞은 듯한 자리가 불룩 부은 것을 보고 모두 믿게 되었습니다. 돌에 맞은 개의 고통을 실제로 받았던 것입니다.

또한 스승인 다르마락시따는 처음에 설일체유부의 성문聲聞[89]의 대학자였습니다. 이분은 생애 초반에 대승의 법을 듣지 못했지만, 대승의 전통에 따라 살았기 때문에 대자비심(큰 연민심)을 애써 노력하지 않고도 지니게 되었습니다.

그분 근처에 살고 있는 한 사람이 심한 병에 걸렸는데 의사가 말하기를,

"이 환자에게는 산 사람의 살코기가 있다면 도움이 되겠지만 구할 수가 없습니다. 다른 방법은 없습니다"라고 했습니다.

"그것으로 도움이 된다면 내가 주겠습니다"라고 다르마락시따께서 말씀하시고 나서, 본인의 허벅지 살을 잘라 주었습니다. 환자는 그 살을 먹고 좋아졌습니다.

그분은 공성을 깨닫지 못해서 커다란 고통이 일었지만 연민심이 더 커서 후회의 감정은 생기지 않았습니다. 환자에게,

"좀 괜찮습니까?"라고 물으니,

"저의 병은 나았습니다. 선생님! 그런데 당신을 너무나 고통스럽게

---

[89] 성문(ཉན་ཐོས་, śrāvaka) : 예류과(Stream Enterer at the Path of Seeing) · 일래과(Once-Returner who will be reborn only one more time) · 불환과(Non-returner who will no longer be reborn into samsara)를 거쳐 아라한 성취를 목표로 한다.

했네요"라고 말했습니다.

"당신이 건강할 수 있다면, 나는 죽는 것도 참을 수 있습니다"라고 다르마락시따께서 말씀하셨습니다. 그렇지만 고통이 심하여 잠을 한숨도 못 주무셨습니다. 새벽에 잠이 잠깐 들었는데 꿈에 하얀 사람이 나타나,

"깨달음을 얻고자 하는 사람은 그대의 이와 같은 고난을 견뎌야 한다. 잘했다! 잘했어!"라고 말하고, 상처에 침을 뱉고 손으로 쓸어내니 상처 자국도 없어졌습니다. 꿈에서 깨어났을 때 실제로 그렇게 다 나아 있었습니다. 그 사람은 마하까루나(관세음보살)였던 것입니다. 그 후 실상에 대한 여실한 깨달음이 마음속에 일어나 성자 나가르주나의 중관이취오론中觀理聚五論[90]의 문장들을 입으로 끊임없이 독송할 수 있게 되었습니다.

또한 전생에 능인能仁(샤캬무니 붓다)께서 빠드마라는 왕으로 태어나셨을 때 한때 그분의 신하들에게 심한 전염병이 발생하여 많은 사람이 죽었습니다. 그래서 왕은 의사들을 불러서,

"이 병에 무엇이 도움이 되는가?" 물으니,

"이 병에는 로히따 물고기의 살코기가 도움이 됩니다. 다른 어떤 치료법도 병의 장애가 우리의 마음을 너무 미혹에 빠지게 하여 알 수가 없습니다"라고 말했습니다.

왕은 길일이 되는 어느 날, 이른 아침에 목욕을 하고 새 옷으로 갈아 입은 뒤 포살계(소종གསོ་སྦྱོང་ ⓤposhadha)를 받았습니다. 3보에 큰 공양을 올리고 나서 간절한 기도로,

"제가 죽거든 즉시 니브리따 강물에 로히따 물고기로 다시 태어나게 되기를!"라고 염원하면서, 천 완척[91] 높이의 궁전에서 뛰어 내렸습니다.

---

90 중관이취오론(우마릭촉응아དབུ་མ་རིགས་ཚོགས་ལྔ་): 나가르주나의 중관이론에 대한 다섯 가지 저술. 『중론』(우마짜와쉐랍དབུ་མ་རྩ་བ་ཤེས་རབ་) · 『회쟁론』(쬐독རྩོད་བཟློག) · 『칠십공성론』(똥니 둔쭈빠སྟོང་ཉིད་བདུན་ཅུ་) · 『육십정리론』(릭빠둑쭈རིགས་པ་དྲུག་ཅུ་) · 『세연마론細研磨論』(십모남탁ཞིབ་མོ་རྣམ་འཐག་: 광파론廣破論).

그러자 곧바로 그 강물에 그 물고기로 변신하여 태어났습니다. 거기에서 사람의 목소리로, "나는 로히따 물고기이니 나의 살을 뜯어 먹으세요!"라고 말했으므로 모두가 살을 뜯었습니다. 한쪽의 살이 없어지자마자 다른 쪽이 뒤집어져 뜯겨졌지만, 한쪽이 없어지자마자 곧바로 다른 쪽의 살이 생겨났습니다. 그처럼 번갈아 뒤집어 먹어 모든 환자들이 나았을 때 물고기가 모든 사람들에게,

"나는 여러분의 왕 빠드마이다. 내가 여러분들을 전염병으로부터 구하기 위해서 나의 목숨을 버리고 로히따 물고기로 다시 태어났던 것이니, 여러분들은 나에게 은혜를 갚기 위해, 악행을 하지 말고 가능한 한 많은 선행을 행하라"고 말씀하셨습니다. 그래서 그 사람들도 그 말씀에 따라 실천했기 때문에, 그 이후로 그들은 악도에 떨어지지 않았습니다.

또한 바로 이분 능인께서 큰 거북이로 환생하셨을 때, 5백 명의 상인이 바다로 나갔는데 배가 파선되어 죽기 직전에 이르렀습니다. 거북이가 인간의 목소리로, "모두 나를 타시오! 내가 구해주겠소"라고 말하고, 모든 상인들을 등에 태워 구했습니다. 그 때문에 힘이 다하고 지쳐 바닷가에서 잠이 들었습니다. 께따까라는 8천 마리의 벌레들이 그의 피를 빨고 있었는데 잠에서 깨어나 보고, 수많은 벌레들이 있는 것을 알았습니다. 물로 들어가거나 몸을 뒹굴면 벌레들이 죽게 될 것이기 때문에 거북이는 바로 그대로 가만히 머물러서 벌레들의 목숨을 살려 주었습니다.

그래서 나중에 거북이가 붓다가 되었을 때 벌레들은 8천의 천신이 되어, 법을 듣고서 그들은 진리를 보았습니다.

또한 이분 능인께서는 샤께따라는 나라에서 세르기쭉또르(황금육계)라는 왕과 제댄가제마(아름답고 즐거운 여인)라는 왕비의 아들로 태어나셨습니

---

91 천 완척: 티벳어 투ག는 팔꿈치에서 손가락 끝까지의 길이로 완척으로 번역했다. 1완척이 약 40센티미터에 해당하므로 천 완척은 약 4백 미터가 된다.

다. 이분의 머리에는 귀중한 보석으로 된 육계(肉髻)가 있어서, 거기서 흘러나온 감로수가 쇠에 닿으면 모든 쇠를 금으로 변화시키는 능력이 본래 있었기 때문에 이름을 쭉나노르부(마니추다: 보석육계)라고 붙였습니다. 이분께서 탄생하셨을 때 온갖 종류의 보석 비가 내렸습니다. 이분에게는 상뽀리(훌륭한 산)라는 최상의 코끼리도 있었습니다. 그 왕은 세상일을 불법에 따라 돌보고, 항상 큰 보시를 하여 가난과 구걸이 더 이상 계속되지 않게 했습니다.

현자 디쿠라는 사람에게는 연꽃에서 태어난, 품성을 모두 갖춘 딸이 있었는데 왕께 왕비로 드렸습니다. 그리고 두 사람 사이에서 뻬마쭉또르(연꽃육계)라는 왕 자신과 똑같은 아들이 태어났습니다.

얼마 후 왕은 큰 공양의식을 베풀고 싶어서 현자 디쿠와 쇠까두스얀따(Dusyanta: 참기 어려운) 왕 등 많은 사람들을 불러 모았습니다. 그때 제석천이 왕의 생각을 알아보기 위해서 야차로 몸을 바꿔 공양물을 태우는[92] 불 속에 나타났습니다. 왕이 계신 곳으로 다가가 음식과 마실 것을 청했습니다. 왕이 온갖 음식과 마실 것을 주었으나 먹으려 하지 않고 약간 미소를 지은 후,

"나에게는 방금 잡은 따뜻한 살코기와 피가 필요합니다"라고 말하니, 왕은 조금 언짢아하면서, '해치지 않고 그런 것을 얻을 수 없다. 그러나 그가 나의 목숨을 끊는다 해도 생명을 해칠 수는 없다. 그렇지만 주지 않을 경우 이것이 또한 그의 희망을 잘라버린다면 어떻게 해야 할 것인가?' 생각을 집중한 다음, 이제야말로 본인의 살과 피를 보시할 때가 되었다고 생각하여,

"나의 살과 피를 주겠노라"고 말씀하셨습니다. 주위에 있는 모든 사

---

92 공양물을 태우는 것(진섹ষ্বিন্'ষ্মেগ', ⓢhoma): 호마 의식, 화공火供. 공양한 음식물을 태워 연기로 공양 올리는 의식.

람들이 놀라고 당황하여 모두가 막아보려고 했지만 막지 못했습니다. 왕은 자신의 인후부 정맥을 끊어 피를 내서 피를 마시게 했습니다. 야차는 목에 찰 때까지 마셨습니다. 또한 자신의 살을 잘라주니 야차는 또 뼈가 드러날 때까지 발라 먹었습니다. 시종들이 모두 슬픔에 휩싸였으며, 왕비는 정신을 잃고 바닥에 쓰러졌지만, 아직도 왕은 기억이 완전히 손상되지 않았기 때문에 제석천은 아주 기뻐하면서,

"나는 제석천이다! 살과 피를 원하지 않으니 이제 보시행을 그만두기 바란다"고 말하고, 천신의 감로수를 가져와 왕의 상처에 바르니 왕 또한 이전과 똑같이 되었습니다.

그 후 왕은 상뽀리라는 코끼리를 창빠싱따('브라흐만의 마차'라는 의미임)라는 장관에게 주었습니다. 그때 선인仙人[93] 마루쩨의 한 제자가 선정을 성취한 것에 대하여 커다란 공경을 표하고,

"당신은 무엇을 원하는가요?" 하고 물으니,

"나에게 베다를 가르쳐 준 스승에게 보답으로, 스승께서 연로하시고 시자가 없으니 시자를 공양올리고 싶어서, 당신의 왕비와 왕자를 요청하러 왔습니다"라고 말했으므로, 왕은 또 허락했습니다.

그 제자는 왕비와 왕자를 데리고 가서 스승에게 바쳤습니다.

한편 쇠까 왕은 코끼리가 갖고 싶어서 자신의 나라로 돌아가, '코끼리를 나에게 주어야 한다'고 통지문을 보내왔습니다. 코끼리는 브라흐만에게 이미 주었다고 말했지만, 코끼리를 보내주지 않으면 전쟁을 하겠다고 선언하고 군대를 데리고 나타났습니다. 쭉나노르부 왕은 마음이 아주 편치 않아서,

'오 이런! 욕심 때문에 고귀한 친구도 한순간에 최고의 적으로 변하게 되는구나. 내가 전쟁을 준비한다면 손쉽게 해결할 수 있지만 많은 중생

---

[93] 선인: 82쪽 주78 참조.

에게 해를 입히게 될 것이니 내가 스스로 피해야 한다'고 생각하자마자, 네 분의 연각불이 앞에 나타나 "위대한 왕이여! 숲으로 들어가실 때가 되었습니다"라고 말씀하셔서, '다른 마술의 숲'으로 가셨습니다.

그 당시 장관들은 마루쩨에게 함께 있는 왕자를 보내달라고 요청하러 갔더니, 그(마루쩨)는 왕자를 다시 보내주었습니다. 그 후 왕자는 총사령관이 되어 전쟁을 하니 쇠까 왕은 패배하여 자기 나라로 도망갔습니다. 그리고 쇠까 왕의 나쁜 마음과 행동으로 인해 나라에 질병과 큰 기근이 일어났습니다. 그 일에 대해 쇠까 왕이 장관인 브라흐만들에게,

"무엇이 도움이 되겠는가?" 하고 물으니,

"쭉나노르부 왕의 육계에 있는 보석이 있다면 도움이 될 것이니 청하러 가는 것이 좋겠습니다"라고 말했습니다.

"그렇지만 아마도 안 줄 것이다"라고 쇠까 왕이 말하니,

"'그에게 요청한 것에 대해 안주는 일은 없다'고 알려져 있습니다. 그러니 분명히 줄 것입니다"라고 브라흐만들이 주장하여 브라흐만 한 사람을 보내 요청하게 했습니다.

그때 쭉나노르부 왕은 숲 속의 이곳저곳을 구경하면서 계속 가다가 마루쩨의 거처 가까운 곳에 이르렀습니다. 그때 왕비는 풀뿌리와 먹을 만한 풀잎사귀들을 찾아 숲 속을 헤매다가 만난 한 사냥꾼에게 해를 당하게 되었습니다.

위험에 빠진 왕비는,

"쭉나 왕이여! 저를 구해 주세요!"라고 울부짖으니, 왕이 멀리서 듣고 무슨 일인지 걱정하면서 확인하러 갔습니다. 사냥꾼은 멀리서 오는 사람을 선인으로 알고 저주가 두려워 도망쳤습니다. 왕은 왕국의 커다란 평안과 즐거움을 누리던 왕비가 그처럼 엄청난 고통을 겪고 있는 것을 보고 마음이 너무나 아파,

"오, 이럴 수가! 수많은 원인과 조건이 모여 일어난 현상들은 어떤 것도 믿을 수가 없구나"라고 생각했습니다.

그 무렵 쇠까 왕이 보낸 브라흐만은 쭉나노르부 왕을 뵈러 가서 사연을 말씀드리고 육계를 요청하니,

"그대가 직접 잘라서 가져가라!" 말씀하셔서, 브라흐만은 육계를 잘라 갔습니다. 그래서 쇠까 왕국의 모든 질병과 기근이 더 이상 계속되지 않았습니다. 쭉나노르부 왕은 육계가 잘린 고통 때문에 열지옥의 모든 중생들에 대해 자비심을 일으킨 후 정신을 잃고 바닥에 쓰러졌습니다. 그러한 상서로운 징조에 자극 받은 많은 본존들과 왕의 시종들이 거기에 모여들었습니다.

"왕이여! 무슨 일이 잘못되었습니까?" 여쭈니, 왕께서 갑자기 벌떡 일어나신 후 얼굴의 피를 손으로 조금 닦고 나서,

"쇠까 왕이 육계를 달라고 해서 주었다"고 말씀하셨습니다.

"그것을 주면서 마음속으로 바라는 어떤 것이 있었습니까?"라고 여쭈니,

"쇠까 왕국의 질병과 기근에 도움이 되기를 바라는 것 말고 본인이 원하는 것은 하나도 없었다. 그렇지만 큰 소원 하나를 항상 가지고 있다"고 말씀하셨습니다.

"그것이 무엇입니까?"라고 여쭈니,

"모든 중생을 보호하고자 하는 바람이다"라고 대답하셨습니다.

"그렇지만 후회되지 않습니까?"라고 여쭈니,

"전혀 후회는 없다"고 대답하셨습니다.

"힘들어 하시는 모습을 보면 믿을 수가 없습니다"라고 말씀드리니,

"내가 육계를 쇠까 왕과 그의 수행원들에게 준 것을 후회하는 마음이 생기지 않았다면 내 몸이 이전처럼 똑같이 되기를!"이라고 말씀하셨습

니다. 그런데 말한 그대로 되었습니다. 그때 그를 따르는 모든 사람들이 궁전으로 돌아가기를 청했지만 허락하지 않다가, 네 분의 연각불이 다시 나타나,

"상대편 사람들도 도와주면서 자기편 사람들은 어찌 버려두는가요? 이제는 왕궁으로 돌아가시는 것이 합당합니다"라고 말씀하셨습니다.

그 후 쭉나노르부 왕은 왕궁으로 되돌아가서 따르는 사람들을 번영과 평안에 이르게 했습니다.

2. 보리심을 실천하는 것에 대해 배워야 할 사항(행보리심의 학처)

보리심을 실천하는 가르침은 6바라밀이며, 보시·지계·인욕·정진·선정은 방편을 실행하는 측면의 다섯 가지 바라밀이고, 근본적인 지혜[94]를 쌓는 것까지 해서 여섯이 됩니다.

보시 바라밀

보시 바라밀에는 물질의 보시, 가르침의 보시, 두려움이 없도록 보호하는 보시 세 가지가 있습니다. 물질의 보시에는 일반적인 베풂, 커다란 베풂, 지극한 베풂 세 가지가 있습니다.

---

94 지혜 바라밀: 앞의 다섯 바라밀은 공덕을 쌓는 것과 관련되지만 항상 지혜가 스며들어 있어야 한다. 보시·지계·인욕·정진·선정을 '바라밀'로 만드는 것은 '지혜'이기 때문이다. 바라밀(파롤무친빠, ⓢpāramitā: 도피안)이란 공성의 견해에 대한 지혜로 윤회존재의 극단을 넘어서고, 자비행의 방편으로 열반적정의 극단을 넘어서서, 윤회와 열반의 두 가지 극단에 머물지 않고 그 건너편에 도달하는 것이기 때문이다.(『닝틱왼도신디』, 160쪽)

① 물질의 보시

일반적 베풂은 심지어 엄지손가락만큼의 찻잎이나 보리 한 사발에 이르기까지 물질을 다른 사람에게 주는 것입니다. 그것에 대해 자신의 의도가 아주 순수하다면 물건에 크고 작음은 없습니다. 『삼취경三聚經』[95]에서도, 심지어 축생계에 태어난 자에게 음식 한 입만을 주는 것도 선업의 뿌리라고 말했습니다. '승리자들'은 능숙한 방편과 대자비심을 지닌 분이기에 다라니나 만뜨라 등의 힘으로, 물 한 방울이나 보리 한 알 만큼의 보시로도 강가 강의 모래알만큼 많은 아귀들을 도울 수 있다고 말합니다.

백색음식을 태우는 공양(까르수르དཀར་གསུར་: 소연素烟)이나 적색음식을 태우는 공양(마르수르དམར་གསུར་: 훈연薰烟) 등 이러한 것들도 공중을 떠도는 아귀들에게 아주 큰 도움이 됩니다. 그 때문에 다른 중생들을 먹고 사는 악령들은 일시적으로 음식 태우는 공양 냄새[96]로 만족하며, 가르침의 보시로 마음이 자유로워지기 때문에 중생들의 생명을 해치지 않게 되어, 많은 중생들이 죽음에 대한 두려움으로부터 보호를 받게 됩니다. 그래서 두려움이 없도록 보호하는 보시도 되어, 사실은 세 가지 보시를 다 갖추고 있습니다.

그러므로 물 공양과 음식을 태워 바치는 공양 등은 행하기 쉬운 데다 효력이 큰 수행법이므로 해마다 물 공양[97]을 10만 번씩 올리고, 계속해서

---

95 『삼취경』(풍보숨ཕུང་པོ་གསུམ་པ་, ⓢtriskandha-sutra, ⓔsutra in three parts) : 티벳어 똥샥ལྟུང་བཤགས་은 '참회'를 뜻하며, 우빠리청문경(녜와코르기쉬빠데이ཉེ་བར་འཁོར་གྱིས་ཞུས་པའི་མདོ་)에 나오는 참회문(똥샥ལྟུང་བཤགས་)으로 35불에 대한 예경의 쌓음, 참회의 쌓음, 회향의 쌓음 3부로 되어 있어 삼취경이라고 한다. 『35불 참회경』(중문본), 『우바리소문경의 35불 참회문』(『보드가야 대기원법회 독송집』), 『대참회문』으로도 옮겨진다.

96 음식 태우는 공양 냄새(수르གསུར་: 초연焦烟) : 바르도 상태의 사람에게 회향하는, 짬빠 가루와 세 가지 하얀 음식(우유·치즈·쇼)을 혼합한 것, 혹은 세 가지 붉은 신성한 재료(살·피·지방)를 혼합한 것을 불에 태워 나오는 연기공양으로, 자비의 화신인 관세음보살 수행 중에 하는 이 연기공양은 바르도 의식(중음신)뿐만 아니라 배고픈 아귀들에게도 공양이 된다.(『장한불학사전』과 『티영사전』)

음식 태우는 공양과 물 공양을 끊임없이 행하는 것이 중요합니다.

또한 자신이 재산이나 즐길 수 있는 것을 조금만 얻어도 그것을 죽을 때 움켜쥐듯 붙들고 있으며, 이생을 위해서도 다음 생을 위해서도 사용하는데 인색합니다. 게다가 아무리 많이 가지고 있어도 가진 게 없다고 생각하고 배고프다고 아우성치는 것은, 바로 지금부터 원인과 일치하는 행위를 함으로써 아귀세계와 똑같은 경험을 하는 것입니다.

그러므로 그와 같이 하지 말고 위로는 3보에 공양을 올리고, 아래로는 필요한 사람에게 보시를 하는 등 공양하고 보시하는 측면으로 노력을 기울여야 합니다. 성자 밀라래빠께서도 말씀하셨습니다.

음식을 입에서 꺼내서 보시물로 주어라!

그렇게 하지 않고 이기적 욕망의 노예가 된다면 이 세상의 모든 재물을 한 사람이 다 가져도 만족하지 못합니다. 자신이 가지고 있는 것을 입에서 아까워 꺼내지 못하고, 위로 공양 올리고 아래로 베푸는데 필요한 것들을 지금부터 다른 데서 찾아야 하지 않을까 하는 생각들이 떠오를 것입니다.

일반적으로 물질의 보시 등 물질적인 것으로 법을 수행하는 것은 붓다께서 재가자인 보살에게 주로 말씀하신 것이기 때문에 출가자들은 오로지 욕망을 줄이는 것과 가진 것에 대한 만족을 배워야 합니다. 산속 외딴 수행동굴이나 한적한 곳에 머물면서 기꺼이 고행을 감내하면서 확고한 의지로 고귀한 세 가지 배움(3학)[98]의 길을 수행하는 것이 중요합니다.

---

[97] 물 공양(추또르ཆུ་གཏོར་): 청동 그릇에 물과 우유 그리고 반죽을 새알처럼 둥글게 만든 것이나, 곡식 튀긴 것을 넣어 그것을 공양 올리면서 회향하는 의식. 아띠샤 존자께서 처음 만든 공양의식으로 아귀에게 공양한다.(『장한불학사전』, 426쪽)

[98] 고귀한 세 가지 배움(학빼랍빠སློབ་པའི་བསླབ་པ་གསུམ་): 범부들이나 외도들보다 특별히 성스러운 길로 고귀한 보물과 같은 3학을 말하며 증상삼학增上三學으로 한역된다. ①증상계학(학빼출팀기

자신의 종교적 수행을 그만두고 장사나 농사 등 속임수나 악행으로 재물을 쌓아 그것으로 위로 공양을 올리고 아래로 베푸는 등 법을 수행한다고 하는 사람들을,

> 법을 법대로 행하지 않으면
> 법이 다음에 악도에 태어나게 하는 원인이 된다.

고 말하는 것이 바로 그들입니다. 거기에는 아무런 의미도 없습니다. 그러므로 언제 어떤 경우에나 오로지 만족할 줄 아는 것이 중요합니다.

커다란 베풂은 말이나 코끼리, 아들이나 딸 등 자신에게 특별히 귀중한 것이나 구하기 힘든 것을 다른 사람에게 주는 것입니다.

지극한 베풂은 자신의 몸이나 목숨, 손발 등을 보시로 내주는 것입니다. 예를 들면, '큰 용기를 가진 왕자'가 굶주린 암호랑이에게 몸을 내준 것이나, 스승 나가르주나께서 수라비바드라 왕의 아들에게 머리를 보시로 내준 것이나, 만다바드리 공주가 암호랑이에게 몸을 내준 것 등과 같은 경우입니다. 이러한 것들은 어떤 경지를 얻은 보살들[99] 외에는 보통의 개인이 실행할 수 없기 때문에 지금은 마음으로 몸과 목숨과 모든 재산에

랍빠ཤྲུལ་ལ་ཚུལ་ཁྲིམས་ཀྱི་བསླབ་པ), ②증상정학(학빠-띵에진기랍빠ཤྲུལ་ལ་ཏིང་ངེ་འཛིན་གྱི་བསླབ་པ), ③증상혜학(학빠-쉐랍기랍빠ཤྲུལ་ལ་ཤེས་རབ་ཀྱི་བསླབ་པ)이 있다.(『장한불학사전』, 1773쪽)

99 일반적 베풂은 인색의 해독제로서 작용하며, 보상이 되돌아올 것을 기대하거나 미래의 어떤 업보도 기대하지 않고 실행하는 것으로 자량도에 속한다. 커다란 베풂은 가행도에 속하며 지극한 베풂은 견도에 속한다. 초심자는 마음으로 몸을 보시해야 하며 실제로는 몸을 돌보아야 한다. 그들은 공성에 대해 어느 정도 이해하는 것 외에는 공성에 대한 직접적 인식이 없기 때문이다. 그래서 단지 간절한 염원만을 가지고 보시·지계·인욕·정진·선정·지혜를 수행하므로 '단지 이름만 바라밀'이라고 한다. 견도에서 지혜로서 실상을 직접 인식하는 혹은 법성의 진리를 보는 혹은 진여를 증득하는 그 순간부터 보살 10지에 이를 때까지 선정 중에는 분별에서 벗어나고, 후득위에서는 초지에서 보시 바라밀을 닦는 등 10지까지 10바라밀을 완성해야 한다. 이 단계에서 그는 진정으로 머리나 팔다리를 보시할 수 있다. 근본정根本定(ⓢsamāhita)에서는 모든 측면에서 최상을 지닌 공성만이 나타나므로, 세속제의 현현(냥외སྣང་བ)이 없으며, 후득위에서 그는 모든 현상을 여덟 가지 환영처럼 경험하게 된다. 따라서 보살 초지부터 10지까지의 모든 바라밀이 '진정한 바라밀'이 된다.(『닝틱왼도신디』, 160쪽, 161쪽, 164쪽)

집착하지 말고 중생을 위해 회향하고, 나중에 정말로 보시할 수 있기를 기도해야 합니다.

②가르침의 보시

가르침의 보시는 다른 사람들에게 관정을 수여하고, 법을 설하고, 구전 가르침(룽)[100]을 주는 등 다른 사람들이 선행을 하도록 하는 것입니다. 그렇지만 이기심이 완전히 없어지기 전까지는 다른 사람을 위해 행한다고 해도 겉모습일 뿐 그 외에는 의미가 없습니다.

아띠샤 존자에게 제자들이,

대중을 돌볼 수 있는 때는 언제입니까?
다른 사람들의 이익을 위해 행할 수 있는 때는 언제입니까?
죽은 사람을 위해 포와를 행할 수 있는 때는 언제입니까?

라고 여쭈니,

대중을 돌볼 수 있는 시기는
공성을 알아차리고 신통이 생긴 때이다.
다른 사람들의 이익을 위해 행할 수 있는 시기는
자신의 이익[101]을 위해 할 일이 아무것도 없어진 때이다.

---

100 룽(ལུང་, āgama): 경교전승經敎傳承. 스승이 제자에게 경을 읽어 주는 것을 들음으로써 제자가 그 경을 공부할 수 있는 권한을 부여받는 것이다.(『티영사전』)
101 자신의 이익: 티벳어 랑된རང་དོན་은 직역하면 '자신의 목적 혹은 자신에게 진정으로 의미 있는 것'으로 자리自利로 한역된다. 자신에게 진정으로 의미 있는 것은 궁극적으로 자기 자신의 깨달음이며, 요컨대 번뇌장과 소지장을 완전히 제거하고 공성에 대한 완전한 깨달음을 증득하는 것으로, 법신의 성취를 의미한다. 그 다음에 다른 사람들의 이익(섄된གཞན་དོན་: 이타利他), 즉 다른 사람들에게 진정으로 의미 있는 것을 이루어 주겠다는 열망(기꺼이 모든 중생들을 윤회의 고통에서에서 벗어나게 하겠다는 의지)에서, 색신인 보신과 화신으로 현현하게 된다.(『달라이 라마의 하버드대 강의』, 252~253쪽과 영문본, 주149 참조)

죽은 사람을 위해 포와를 행할 수 있는 시기는
견도見道를 성취한 다음이다.

라고 말씀하셨습니다. 또한 아띠샤 존자께서 말씀하셨습니다.

요즈음 법이 쇠퇴한 시기에
자랑할 때가 아닙니다. 결단의 마음을 내야 할 때입니다.
높은 자리를 차지할 때가 아닙니다. 낮은 자리를 차지할 때입니다.
시종들에 의지할 때가 아닙니다. 외딴 곳에 머무를 때입니다.
제자들을 돌볼 때가 아닙니다. 자신을 돌볼 때입니다.
말을 분석할 때가 아닙니다. 그 의미를 숙고할 때입니다.
여기저기 돌아다닐 때가 아닙니다. 한 곳에 머무를 때입니다.

또한 게쉐 뙨빠에게 삼형제가 "외딴 곳에서 수행하는 것과 중생들에게 가르침으로 도움을 주는 것 중 어느 것이 더 중요합니까?" 여쭈니, 게쉐 뙨빠께서 다음과 같이 말씀하셨습니다.

자신에게 경험과 깨달음이 아무것도 없는 초심자가
중생들에게 가르침으로 도움을 주어도 도움이 안 된다.
가피를 텅 빈 그릇에서 따르는 것과 같아서 가피를 얻을 수 없다.
그의 가르침은 술 찌게를 짜지 않고 거른 술과 같아서
가르침에 맛과 영양가가 없다.

가행도加行道의 선정에서 '따뜻한 기운'[102]을 얻었지만

---

102 따뜻한 기운 (되དྲོད་, ⓣusman) : 가행도에서 확실히 구분되는 네 부분(조르람 웅에제 차시སྣང་ ལམ་རེས་འབྱེད་ཆ་བཞི་: 가행도 사결택분四決擇分) 혹은 가행도 4위四位(난위・정위・인위・세제일법위) 중 첫 번째 단계로, 분별지와 함께하는 삼매를 지님으로써 공성을 직접 깨닫는 견도의 불

그에 대한 확고한 안정은 얻지 못하고, 헌신으로 수행하는 사람[103]은
중생들에게 도움이 되는 일을 할 수 없다.
그의 가피는 가득 찬 항아리에서 따르는 것과 같아서
다른 항아리를 가득 채우게 되면 자신은 비워지게 된다.
그의 구전 가르침은 횃불을 손에서 손으로 건네주는 것과 같아서
다른 사람을 밝게 하면 자신은 어두지게 된다.

보살의 경지를 얻었다면
아래로 중생들에게 도움이 되는 것은 무엇이든 해야 한다.
그분의 가피는 여의보병如意寶甁의 놀라운 힘과 같아
다른 사람을 모두 성숙시켜도 자신의 것이 완전히 비워지는 일이 없다.
그분의 구전 가르침은 중앙의 버터 불과 같아
다른 것들을 불 붙여 밝게 해주지만 자신이 어두워지는 일은 없다.

그러므로 지금 법이 쇠퇴한 시기에
우리들 보통 사람은
외딴 수행처에서 보리심의 자애와 연민에 대해 마음 닦지 않고
중생들을 실제로 도와 줄 때가 아니다.
자신의 마음에 있는 번뇌를 살펴야 할 때다.
예를 들면 약효가 큰 나무(보리심을 의미)의 새싹을 자를 때가 아니라
그것을 보호해야 할 때다.

꽃 같은 지혜의 전조가 처음으로 생기는 것이다. 두 번째 단계는 절정(쩨모ཚེ་མོ་)으로 선근이 쉽게 파괴되는 경향이 이제는 끝났다는 것을 의미한다. 세 번째 단계는 인내(쇠빠བཟོད་པ་)로 심오한 공성의 법에 대해 두려움을 극복하고 능히 참아낼 수 있는 능력을 증득하는 것이다. 네 번째 단계는 최상의 법(최촉ཆོས་མཆོག་)으로 세간의 존재로 남아 있는 동안에 최고의 선법을 증득하는 것이다.(『장한불학사전』 1219쪽과 『달라이 라마의 하버드대 강의』 239~240쪽)

103 헌신으로 수행하는 사람(뫼빼쬐빠མོས་པས་སྤྱོད་པ་, adhimukti-caryā) : 자량도와 가행도에서 공성을 직접 깨닫지 못하여, 단지 확고한 믿음이나 일반적인 명칭과 일반적인 개념만으로 법을 수행하는 사람이다. 승해행勝解行, 신해행信解行으로 한역된다.(『장한불학사전』, 1259쪽)

따라서 정말로 중생들에게 가르침의 보시를 하는 것은 상당히 어렵습니다. 자신이 수행하지 않고 법을 다른 사람에게 설명하는 것은 다른 사람에게 어떠한 도움도 되지 않습니다.

법을 가르침으로써 공양물과 재물을 모으는 것에 대해 인도의 파담빠께서, "부를 얻기 위한 상품을 법으로 만든다"고 말씀하셨습니다.

그러므로 이기심이 완전히 없어질 때까지 이타행을 하는 것에 대해 서둘지 말고 자신이 기도를 하거나 만뜨라를 독송하거나 승리자의 가르침인 경전을 읽는 것을, 선한 귀신들이 듣고 그들의 마음이 해탈을 얻도록 기원을 하세요. 물 공양과 몸 공양(뤼진ལུས་སྦྱིན་: 죄 수행법, 2부 제5장 참조) 등 의식의 마지막에,

악행은 어떤 것도 행하지 말고
선행의 부를 축적하도록 하라.
자신의 마음을 온전히 다스려라.
이것이 바로 붓다의 가르침이다.[104]

등 법보시를 위한 기도문이 있으니 그것을 독송하는 것만으로 충분하다고 생각하세요.

이기심이 완전히 없어졌을 때 평화로움과 안락과 여유로움에 한순간도 사로잡히지 않고 오로지 이타행만을 최우선으로 하는 때가 올 것이니, 그와 같이 하세요.

③ 두려움이 없도록 보호하는 보시

---

104 티벳어 전문이 영문번역과 함께 북인도 다람살라의 남걜 사원 법당 안에 액자로 모셔져 있으며, 다르질링의 달라곰빠(둑툽땐샹악최링འབྲུག་ཐུབ་བསྟན་གསང་སྔགས་ཆོས་གླིང་: 둑빠 까규의 본사本寺)에도 일렬로 장엄하게 조성된 최뗀(불탑)의 뒷면에 새겨져 있다.

두려움이 없도록 보호하는 보시는 구호자가 없는 중생에게는 구호자가 되어 주고, 보호받을 곳이 없는 중생에게 보호자가 되고, 마지막 기댈 곳이 없는 자에게 친구가 되어 주는 것이 모두 해당됩니다. 그리고 특히 세존께서 여러 원인과 조건이 화합하여 행해지는(유위有爲) 모든 선행 중에서 중생의 생명을 구호하는 것이 가장 큰 공덕이라고 말씀하셨습니다. 따라서 영향력을 가진 사람들은 사냥이나 고기잡이를 금하는 법을 만들고, 그외 다른 사람들도 도살장으로 끌려가는 희생양을 되사거나, 죽어가는 물고기나 곤충·벌레·벌을 구호해 주는 등 실제로 여러 가지 방법으로 유정들에게 도움을 주기 위해 할 수 있는 모든 일을 기꺼이 하는 것입니다.

그처럼 보시의 이러한 종류들은 비밀 만뜨라 삼마야의 가장 핵심적인 것입니다. 『다섯 부족[105]의 계율지키기』(수지오부율의속受持五部律儀續)에서 다음과 같이 말한 것과 같습니다.

> 보생 부족(Ratnakula)의 삼마야로
> 네 가지 보시[106]를 항상 행하라.

---

[105] 다섯 부족(릭응아རིགས་ལྔ་) : 깨달음을 성취한 여래부족(Tathagata)·금강부족(Vajrakula)·보생부족(Ratnakula)·연화부족(Padmakula)·갈마부족(Karmakula)을 말하며 그들은 차례로 깨달음의 본질인 다섯 가지 원초적 지혜, 즉 법계체성지·대원경지·평등성지·묘관찰지·성소작지를 나타낸다.
[106] 네 가지 보시: 물질(財施), 가르침(法施), 두려움 없앰(無畏施), 자애(慈施)이다.(『장한불학사전』, 1212쪽)

지계 바라밀

지계 바라밀에는 옳지 않은 행동을 삼가는 계율, 선법을 모으는 계율, 중생을 이롭게 하는 계율 세 가지가 있습니다.

① 옳지 않는 행동을 삼가는 계율

먼저 옳지 않은 행동을 삼가는 계율(섭율의계攝律儀戒)은 몸과 말과 마음으로 다른 사람들에게 도움이 안 되는 열 가지 불선행을 전부 독약처럼 멀리하는 것입니다.

② 선법을 모으는 계율

선법을 모으는 계율(섭선법계攝善法戒)이란 선행의 뿌리(선근)를 아주 작은 것조차도 언제나 어떤 경우에나 행할 수 있는 것은 어떤 것이든 최대한 많이 행하는 것입니다. 더구나 세간의 평범한 말에도, "선행은 말로만 하고 어쩌다 우연히 행하며, 악행은 걸어가는 도중이나 앉아있는 동안에도 생긴다"라고 한 것과 같습니다. 언제나 어떤 상황에서도 스스로 항상 기억하고 내면을 살피고 주의를 기울여(억념과 정지와 불방일로) 자신의 삼문을 관찰하여, 해서는 안 될 일을 피하고 해야 할 일을 행하는데 노력하지 않으면 심지어 단지 놀고 있는 도중에도 엄청난 악행이 수없이 쌓이게 됩니다. 그래서 다음과 같이 말했습니다.

> 옳지 않은 행동은 아주 작은 것이라도
> 해가 되지 않을 거라고 생각하여 가볍게 여기지 말라.
> 아주 작은 불씨 하나로도
> 산만한 건초더미를 태우게 된다.

그와 같이 언제나 그리고 어떤 상황에서도 항상 기억하고 마음을 살펴(억념과 정지를 지니고) 이 말씀을 실천에 옮긴다면 헤아릴 수 없는 선업의 자량 축적도 매일 행동하는 과정에서 부수적으로 이루게 됩니다. 하다못해 길가는 도중에 마니 돌탑이 있어도 거기에 모자를 벗고 예경을 하세요. 그것을 오른편에 두고 돌면서 가세요. 그 또한 '수승한 세 가지 방법'을 갖추어 행하면 완벽한 깨달음의 틀림없는 씨앗(인因)이 될 것입니다. 그래서 이르기를,

> 선한 행동은 아주 사소한 것이라도
> 도움이 안된다 생각하여 무시하지 말라.
> 물방울이 한 방울 한 방울 쌓여서
> 커다란 항아리를 점점 가득 채우게 된다.

라고 말한 것과 같습니다. 옛날에 돼지 한 마리가 개에게 쫓겨 불탑을 돌게 된 것이나 일곱 마리의 벌레가 나뭇잎 위에서 물에 떨어져 물이 도는 방향으로 물속에 있는 탑을 일곱 바퀴를 돌게 된 것도 나중에 해탈의 씨앗이 되었다는 이야기가 있습니다.

따라서 어느 때나 그리고 어떤 경우에도 악행은 사소한 것조차도 행하지 말고 선행은 아주 작은 것까지도 당신이 할 수 있는 어떤 것이든 실천하세요. 그러한 공덕들을 중생을 위해 회향하세요. 이와 같은 선법을 모으는 계율은 보살이 배워야 할 사항(학처)과 계율(율의)을 모두 포함합니다.

③ 중생을 이롭게 하는 계율

중생을 이롭게 하는 계율(섭중생계攝衆生戒)은 전에 설명한 것처럼 자신의

욕심이 완전히 없어졌을 때 4섭법四攝法[107]에 의지하여, 중생들을 이롭게 하기 위해서 실제로 열심히 실천하는 것입니다. 그렇지만 초심자의 경우에는 선행을 행하고 악행을 피하라는 가르침을 실천한 것을 어떤 것이든 '수승한 세 가지 방법'을 갖추어 모든 중생들을 위해서 회향하는 것으로 요약됩니다.

인욕 바라밀

인욕 바라밀에는 다른 사람의 오해를 참는 인욕, 법을 위해서 힘든 일을 견디는 인욕, 심오한 의미에 대해 두려움을 갖지 않는 인욕, 이렇게 세 가지가 있습니다.

① 다른 사람의 오해를 참는 인욕

먼저 다른 사람의 오해를 참는 인욕이란 다른 사람이 자신을 실제로 때리거나, 강탈해 가거나 욕설을 하거나, 뒤에서 기분 나쁘게 말하는 것에 대해서 증오하거나 화를 내지 않고 오히려 사랑(자애)과 자비(연민)를 일으켜 그들에 대해 도움을 주는 것입니다. 그처럼 하지 않고 '분노의 힘에 굴복하면 천 겁劫 동안 쌓은 공덕이 한 번의 성냄으로 무너질 수 있다'고 말한 것과 같습니다. 『입보리행론』에서,

천 겁에 걸쳐 쌓아온

---

[107] 4섭법(두왜웅외뽀시བསྡུ་བའི་དངོས་པོ་བཞི་) : ①보시섭布施攝(진빠르ྱིན་པ་) : 중생이 재물이나 진리를 구할 때 힘닿는 대로 법으로 혹은 물질로 베풀어 주는 것, ②애어섭愛語攝(낸빠르마와སྙན་པར་སྨྲ་བ་) : 중생을 불교의 진리로 이끌기 위하여 부드럽고 좋은 말로 이야기 해주는 것, ③이행섭利行攝(된죄빠རྡོན་སྤྱོད་པ་) : 현생과 내생에 중생에게 진정 의미 있도록 행하는 것, ④동사섭同事攝(된튄빠དོན་མཐུན་པ་) : 말과 행동이 일치하도록 하거나 중생의 행동에 맞추어 행하는 것(『장한불학사전』, 929쪽)

보시나 선서善逝에 대한 공양 등
어떠한 선한 행위도 그 모든 것이
한 번의 화냄으로 무너지게 된다.[108]

고 말했습니다. 따라서,

증오만한 악행 없고
인내만한 고행 없다.[109]
그러므로 인욕에 대해 끈기 있게
온갖 다양한 방법으로 수습하세요.

라고 말한 것과 같습니다. 분노의 결함을 잊지 말고 언제 어떤 경우에도 인욕수행을 열심히 해야 합니다. 인도의 현자 파담빠께서,

적에게 화를 내는 것은 까르마(업業)의 환영幻影이니
증오의 악한 마음을 버리세요, 딩리 사람들이여!

라고 하셨으며 아띠샤 존자께서도,

해를 입힌 사람에 대해 화를 내지 말라.

---

108 "분노에 의해 파괴될 수 있는 것은 복덕자량을 위한 선근(བསོད་ནམས་ཚོགས་མཐུན་གྱི་དགེ་རྩ)이다. 즉, 수승한 세 가지 방법을 갖추어 쌓은 선근은 파괴되지 않는다"고 말한다.(『닝틱왼도신디』, 169쪽)
109 인욕을 하지 못하고 화를 낸다면 백 년 동안 쌓은 보시의 공덕과 지계의 공덕을 모조리 파괴시킨다. 하루 동안 계율을 지키는 것은 백 년간 보시를 베푸는 것보다 더 가치가 있다. 하루 동안 인내심을 닦는 것은 백 년간 계율을 지키는 것보다 더 소중하다. 마치 한 용기에 불과 물을 동시에 담을 수 없는 것처럼 당신이 증오의 마음을 품고 있다면 보리심을 지닐 수 없으며 보리심을 품고 있다면 증오의 마음을 지닐 수 없다.(『닝틱왼도신디』, 169쪽)

> 해를 입힌 사람에게 화를 내면
> 인욕은 어느 때에 닦을 것인가?

라고 말씀하셨습니다. 그러므로 자신을 욕하거나 해를 입히거나 부당하게 비난하는 등의 일이 생길 때 그 사람에 대해 분노나 앙심을 품지 않으면 그것으로 과거의 많은 악업과 장애가 소멸되고, 인욕함으로써 엄청난 자량을 쌓을 수 있습니다. 그러므로 해를 입히는 사람을 스승처럼 보아야 합니다.

> 화낼 대상이 없다면 인욕을 누구에게 닦을 것인가?

라고 말하는 것이 바로 그것입니다. 더구나 요즈음에 '그분은 훌륭한 라마 혹은 훌륭한 비구승인데 화를 크게 낸다'고들 말합니다. 세상에 하나의 결점으로 화내는 것보다 더 나쁜 것이 없다면 크게 화를 내면서도 훌륭하다는 것은 어떤 것일까요? 인도의 현자 파담빠께서도,

> 탐욕에서 행한 백 가지 행동보다
> 분노로 인한 한순간의 행동이
> 악업이 훨씬 무거운 것인데도
> 그것을 이해하지 못하고 있다.

고 말씀하셨습니다. 가르침이 마음속에 제대로 자리를 잡은 사람은 행동과 말과 마음이 목화솜을 밟는 것처럼 부드럽고 짬빠 죽에 약간의 버터를 친 것처럼 온화해야 합니다. 그렇지 않고 선법 수행(게조르དགེ་སྦྱོར་)을 조금 했거나 지켜야 할 계를 단지 조금 닦은 것에 대해, '나는 이러 저러한 사람이다'라고 생각하면서 항상 자만심으로 가득차서 상대편의 옳고 그

른 한마디 말투에도 "나를 무시했다, 나를 비난했다"고 말하면서 화를 내고 흥분하는 것은, 법과 본인의 마음이 따로 떨어져 법이 마음에 조금도 도움이 되지 못하고 있다는 표시입니다. 게쉐 쨍아와께서,

> 우리들은 듣고 숙고하고 수행하고 있다고 하지만
> 아집我執이 더욱더 커져서 참을성이 새살보다 약하고
> 질투가 마라 짱짼빠보다 더 강하고 쉽게 화를 내니
> 이것은 듣고 숙고하고 수행하는 것이 잘못되었다는 증거다.

라고 말씀하셨습니다. 따라서 언제나 그리고 어떤 상황에서도 낮은 자리를 차지하고, 소박한 옷을 입고, 지위가 훌륭하든 낮든 중간이든 모두 위로 대하면서 보리심의 사랑과 자비를 바탕으로 삼아, 자신의 마음을 법으로 다스리는 것은 모든 수행의 틀림없는 핵심입니다. 따라서 이것은 마음에 도움이 안 되는 천 가지 높은 견해나 심오한 수행보다도 더 낫습니다.

② 법을 위해 고행을 견디는 인욕

법을 위해 고행을 견디는 인욕이란 정법을 성취하기 위해 모든 고난과 더위와 추위를 무시하고 수행해야 합니다. 『딴뜨라』(속부續部)에서도,

> 화염이나 면도날의 호수도 통과하여
> 육신이 마지막에 도달할 때까지 정법을 구하라.

고 말했습니다. 예전의 까담빠 존자들이 말하는 '네 가지 의지처'는,

> 가장 깊은 마음은 법에 의지하라.

가장 깊은 법은 검소한 삶에 의지하라.
가장 검소한 삶은 죽음에 의지하라.
죽음에 대한 가장 깊은 생각은 황량한 협곡에 의지하라.

고 했습니다. 지금 우리들은 법을 위해 힘든 일과 결단을 조금도 할 필요 없이 이 세상 삶에서 바라는 일들을 성취하면서, 동시에 평안과 즐거움과 명성을 누리는 가운데 법을 성취하기를 바라고 있습니다. '다른 사람들도 그처럼 하고 있다'고 주장하면서, '그런 사람이 훌륭한 스승이다. 법과 세간 둘을 합쳤다'고 말합니다.

그렇지만 법과 세간 둘을 합치는 방법이 어떻게 있을 수 있습니까? 법과 세간을 합쳤다고 주장하는 사람은 훌륭한 세속적 부나 명성을 모을 가능성은 있습니다만, 그 외에 올바른 법은 지니고 있지 못한 것이 확실합니다. 법과 세간을 둘 다 함께 성취할 수 있다고 주장하는 것은 마치 바늘 끝이 두 개 있는 바늘로 바느질을 할 수 있다거나, 물과 불 두 가지를 한 그릇에 담을 수 있다거나, 두 마리의 말을 하나는 위쪽 길로 하나는 아래쪽 길로 말머리를 돌려놓고 두 마리 말을 함께 타고 갈 수 있다고 주장하는 것과 같아서 성취할 방법이 전혀 없습니다.

보통 사람으로 우리들의 스승, 붓다 샤꺄무니보다 뛰어난 분이 있을 수 없습니다. 그분께서도 법과 세속의 일을 둘 다 함께 성취할 방법을 생각해 내지 못하고 전륜성왕의 자리도 먼지 묻은 가래침처럼 버리고 니란자나 강가에서 6년 동안 해마다 물 한 방울과 보리 한 알을 드시면서 불굴의 의지로 고행을 하셨습니다.

성자 밀라래빠 같은 분도 수행을 할 때 먹지 않고 입지 않고 하셨습니다. 오로지 쐐기풀만 드시면서 수행하셨기 때문에 온몸이 해골처럼 되어 몸에 온통 초록색 털이 자라고, 다른 사람들이 볼 때 사람인지 야차인지 알아보지 못하게 될 때까지 불굴의 의지로 고난을 감내하면서 법을 수행하셨습니다. 그것은 법과 세속을 함께 성취할 방법이 없다는 의미이지, 밀라래빠께서 방법을 찾지 못해서 법과 세속을 함께 성취하지 못한다는 것이 어찌 있을 수 있겠습니까?

또한 그와 마찬가지로, 대성취자 멜롱 도르제[110]께서도 라케나무의 껍질만 먹으면서 9년 동안 수행을 해서 성취를 얻었습니다. 일체지 법왕 롱첸랍잠빠[111]께서도 스물한 개의 수은환[112]으로 수개월 동안 생활하셨으며 눈이 올 때는 자루 안에 들어가 옷과 잠자리를 대신하면서 법을 위해 기꺼이 고행하셨습니다.

이처럼 예전의 모든 성취자들은 이 덧없는 세상 삶의 일들을 모두 뒤에 던져놓고 고행과 확고한 결단으로 오로지 수행하여 성취를 얻은 것이지 이 세상 삶의 일을 성취하면서 동시에 평안과 기쁨과 명성을 누리는 가운데 법을 수행하여 성취한 사람은 아무도 없습니다. 릭진직메링빠[113]께서도,

　　풍부한 음식, 따뜻한 옷, 편안하게 머무를 곳

---

110 멜롱 도르제མེ་ལོང་རྡོ་རྗེ་: 1243~1303. 닝마의 위대한 성취자.
111 롱첸랍잠빠ཀློང་ཆེན་རབ་འབྱམས་པ་: 1308~1363. 닝마의 비범한 성취자이며 학자이다. 족첸에 이르기까지 거의 모든 불교 논리와 수행법을 망라하는 250편 이상의 논서를 저술했다. 현존하는 것들 중에서 7보장, 닝틱얍시སྙིང་ཐིག་ཡ་བཞི(Four Branches of Heart Essence: 비마닝틱・비마양틱・칸도닝틱・칸도양틱), 안식 3부작, 자연해탈 3부작(རང་གྲོལ་སྐོར་གསུམ: 심성자탈・법성자탈・평등성자탈), 어둠제거 3부작(མུན་སེལ་སྐོར་གསུམ, ⓔTriology of Dispelling Darkness)이 널리 알려져 있다.
112 수은은 핵심성분을 취하는 수행(연단술)에 이용된다. 독성을 중화시켜 그 성분을 포함한 환약으로 만든 것을 복용하면서, 어느 경지에 도달한 명상수행자는 보통의 음식을 먹지 않고 지낼 수 있다. 연단술(쮤렌བཅུད་ལེན་, ⓔrasayana)은 여덟 가지 보통의 성취(퇸몽기응외둡개ཐུན་མོང་གི་དངོས་གྲུབ་བརྒྱད་) 중 하나로 건강과 수명을 증진시키기 위해서 흙에서 영양의 핵심성분인 미네랄 성분을 취한다. 옛날 중국에서 이 방법으로 불로장생약을 만들려 했던 비술이기도 하다.(『티영사전』)
113 릭진직메링빠རིག་འཛིན་འཇིགས་མེད་གླིང་པ་: 1729~1798. 비말라미뜨라와 티송데짼 왕과 갤새하제의 환생자로 간주된다. 뺄뛸 린뽀체는 이분의 말씀의 화신이다.

그리고 좋은 후원자가 갖추어지게 되면
법을 성취하기 전에 이미 마라를 성취한 것이다.

고 말했습니다. 게쉐 샤오빠께서도,

진심으로 법을 수행한다면 삶의 목표를 청빈에 두어야 한다.
청빈한 삶의 끝에 죽음을 맞이할 수 있어야 한다.
이와 같은 태도를 지닌다면 천신과 야차와 인간들이
어떠한 곤경에도 빠뜨리지 않을 것이 확실하다.

고 말씀하셨습니다. 성자 밀라래빠께서도,

내가 아플 때 묻는 사람 없고
내가 죽을 때 울어 줄 사람 없으니
이 외딴 곳에서 홀로 죽을 수 있다면
수행자[114]가 원하는 것 모두 이루어지리라.

문 앞에 사람 발자국 없고
동굴 안에 핏자국 없으니
이 외딴 곳에서 홀로 죽을 수 있다면
수행자가 바라는 것 모두 이루어지리라.

어디로 갔는지 묻는 사람 없고
이곳에 온 것도 정해진 바 없었으니[115]

---

114 수행자: 티벳어 낼조르 རྣལ་འབྱོར་의 번역으로 '요기(Yogi)' 또는 '요가 수행자'로 번역해야 하나, 여기서는 밀승의 수행자를 의미하는 것으로 보고 '수행자'로 옮겼다.
115 이곳에 온 것도 정해진 바 없었으니(디르송때소메빠루འདིར་སོང་གཏད་སོ་མེད་པ་རུ་): 티벳어 디르

이 외딴 곳에서 홀로 죽을 수 있다면
수행자의 모든 소원 이루어지리라.

이 몸 썩어 벌레가 먹을 것이고
힘줄과 연골은 파리가 빨아먹을 것이니
이 외딴 수행처에서 홀로 죽을 수 있다면
수행자의 모든 소원 이루어지리라.

라고 말씀하셨습니다. 그러므로 이 덧없는 세상의 삶에 대한 모든 집착을 바람에 날려 보내고, 일체의 고난이나 더위, 추위에 상관하지 말고 법을 수행하는 것이 반드시 필요합니다.

③ 심오한 의미에 대해 두려움을 갖지 않는 인욕

심오한 공성에 대한 실상, 특히 애써 행함이 필요 없는 '자성대원만'의 실상에 대한 핵심, 선행과 악행의 인과因果를 벗어난 '열두 가지 금강 웃음'과 '놀라운 여덟 가지의 큰 말씀' 등을 듣는다면, 그것들에 대해 잘못된 견해를 일으키지 말고 진정한 의미를 파악하려고 노력해야 할 것입니다. 그렇게 하지 않고 그것들에 대해 잘못된 견해를 일으키거나 비방을 한다면 '법을 버리는 행위'라고 하여 헤아릴 수 없는 겁 동안 지옥의 바닥에서 벗어나지 못하는 원인이 됩니다. 어느 고백서에서 말하기를,

5무간행五無間行보다 더욱 심한 나쁜 행위인
'법을 버리는 악행'을 저지른 것들을 참회합니다.

འདིར를 '이곳에'로 해석하여 이렇게 해석했다. 중문본 해석 "차거무정처此去無定處"도 같은 의미다. 이를 '특별히(in a particular)'로 해석한다면 영문본 해석처럼 "특별히 갈 곳도 없으니"로 된다.

라고 말했습니다. 어느 날 아띠샤 존자 앞에 수행자의 열두 가지 공덕(12두타행頭陀行)[116]을 지닌 두 명의 비구가 나타났습니다. 존자께서 인무아를 말씀하시니 두 비구는 기뻐했습니다. 그러나 법무아를 말씀하실 때,[117] "정말 놀랍고 두렵습니다. 그런 말씀 하지 마세요"라고 말했습니다. 심오한 경전(반야심경)을 독송하는 것을 들을 때 귀를 막았기 때문에 존자께서는 마음이 언짢아서,

보리심의 자애와 연민으로 마음을 닦은 후
심오한 법에 대한 믿음이 없다면
청정한 계율을 지키는 것만으로는
어느 곳에도 도달하지 못할 것이다.

라고 말씀하셨습니다.

예전에 붓다께서 살아 계실 때에도 심오한 공성의 의미에 대한 가르침을 듣고, 자존심이 강한 많은 비구들이 입에서 뜨거운 피를 토하고 죽어 지옥에 다시 태어났다고 하는 등 여러 가지 이야기가 있는 것과 같습니다. 따라서 심오한 법과 그것을 가르치는 사람에게 진심으로 공경하고 찬탄해야 할 것입니다. 만일 자신이 아는 바가 적은 탓으로 관심을 갖지 못하더라도, 비방을 삼가는 것은 어떤 경우에도 매우 중요합니다.

---

116 수행자의 열두 가지 공덕(སྦྱངས་པའི་ཡོན་ཏན་བཅུ་གཉིས་) : 12두타행, 12두타공덕, 12수습공덕이라고 하며 다음과 같다. ①분소의를 걸침(ཕྱག་དར་སྟོད་པ་) ②세 가지의 법복만 지님(ཆོས་གོས་གསུམ་པ་) ③색이 바랜 옷을 입음(ཕྱིད་པ་ཅན་) ④음식을 탁발함(བསོད་སྙོམས་པ་) ⑤하루 한 번만 식사 공양을 함(སྟན་གཅིག་པ་) ⑥늦은 공양을 하지 않음(ཟས་ཕྱིས་མི་ལེན་པ་) ⑦한적한 적정처에 머무름(དགོན་པ་པ་) ⑧나무 아래 앉음(ཤིང་དྲུང་པ་) ⑨위를 가리지 않는 곳에 머무름(བླ་གབ་མེད་པ་) ⑩공동묘지에 머무름(དུར་ཁྲོད་པ་) ⑪잠자지 않고 앉아 있음(ཙོག་བུ་པ་) ⑫안락한 자리를 탐하지 않고 발길 닿는 곳에 머물음(གཞི་ཇི་བཞིན་པ་).

117 성문승에서는 인무아는 인정하지만 일체 현상의 법무아는 인정하지 않는다.

정진 바라밀

정진[118] 바라밀에도 갑옷과 같은 정진, 가행의 정진, 만족하지 못하는 정진 세 가지가 있습니다.

①갑옷과 같은 정진

갑옷과 같은 정진이란 다음과 같습니다. 과거의 훌륭한 스승들과 붓다와 보살들의 모범적인 삶에 대한 이야기와 행하신 일, 그리고 법을 위해 고난을 겪은 이야기 등이 어떠했는지를 듣고도, '그분들은 붓다나 보살이기 때문에 그처럼 하신 것이다. 우리가 그와 같은 일을 어떻게 할 수 있겠는가?'라고 생각하면서 용기를 잃지 말고, 그 대신에 '그분들은 그와 같은 일을 하셨기 때문에 성취를 얻은 것이 분명하다! 나도 그분들의 제자이므로 그보다 훌륭한 성과를 이루지는 못하겠지만, 그분들처럼 수행하지 않고는 방법이 없다'고 생각하세요.

그분들도 그와 같은 고행과 정진이 필요했다면 우리는 나쁜 업의 무게에 눌려 있고 무시이래로 법에 대한 지속적인 수행이 없었으니 고행과 정진이 어찌 필요하지 않겠는가?

따라서 이번에 수행 기회와 유리한 조건을 가진 인간의 몸을 얻었으며 자격을 모두 갖춘 스승을 만나 심오한 가르침을 받고 있으니 올바른 법을 제대로 수행할 수 있는 행운을 가진 이때 고난을 기꺼이 받아들여, 무거운 짐을 등에 짊어지고, 목숨을 걸고, 살과 피를 벌레의 먹이로 내던져주면서, 가슴속 깊이 그렇게 수행해야 하겠다고 다짐하면서 맹세하는

---

118 정진(쫀둬བརྩོན་འགྲུས་)의 핵심은 선한 행동을 하는데 있어서 즐거워하는 것(『닝틱왼도신디』, 170쪽)이다. 지산 스님께서 『티베트 불교문화』에서 옮긴 대로 '즐거운 노력'이 되어야 한다. 정진이란 선행을 기뻐하는 것(བརྩོན་གང་དགེ་བ་ལ་སྤྲོ་བའོ།, ⓐenthusiasm is to delight in virtue)이며 (『입보리행론』 제7장 정진품), 선행이 되는 것에 대해 아주 즐겁게 마음을 쏟아 붓는 것(དགེ་བའི་གཉིས་ལ་སེམས་མངོན་པར་སྤྲོ་བས་འཇུག་པ་, ⓑto joyfully engage oneself in what is virtuous)이다.(『티영사전』)

것이 '갑옷과 같은 정진'입니다.

② 가행의 정진

가행加行의 정진이란 법을 공부하려는 마음과 수행하려는 마음이 있어도 '내일 하지' '모레 하지' 하는 동안에 인생의 하루하루가 없어지므로, 법을 수행하려는 생각만 지니고 인생을 다 써버리는 일은 피해야 합니다. 둑빠 까규의 빼마까르뽀(1527~1592)께서,

> 인간의 목숨은 도살장의 축생과 같다.
> 단 한순간이 지나가도 죽음에 가까워진다.
> 오늘도 그리고 내일도 이처럼 뒤로 미루다가는
> 죽음이 임박한 침상에서 정신없이 울부짖게 되리니. 오, 안타깝도다!

라고 말씀하셨습니다. 그러므로 가르침을 뒤로 미루면서 한순간도 머물지 말고 겁 많은 사람의 무릎 위로 뱀이 기어 들어온 것처럼, 혹은 춤추는 여자의 머리에 불이 붙은 것처럼, 이 덧없는 세상 삶의 모든 일들을 즉시 내려놓아 완전히 포기하고, 지금 곧바로 법을 수행하는 데 매진해야 합니다. 그처럼 하지 않으면 세상일은 끝나는 날이 없고 한 가지 일 다음에 다른 일이 겹쳐 오는 것이 파도 같기 때문에 법을 수행할 시간이 생기지 않습니다. 자신이 결단을 내려 세상일을 언제 포기 하든 그때 이 세상의 일이 끝날 것입니다. 대일체지자(롱첸빠)께서 말씀하셨습니다.

> 이 세상 할 일은 죽을 때까지 끝날 날이 없다.
> 언제든 내려놓을 때 끝난다. 그것이 본성이다.
> 우리들이 하는 일은 어린애의 놀이와 같다.
> 계속하면 끝나지 않고 내려놓으면 끝난다.

따라서 진실한 법을 수행하고 싶은 생각이 났을 때 무상에 대한 사유로 동기를 부여받아, 게으름과 뒤로 미루는 습성에 한순간도 사로잡히지 말고, 지금 즉시 법에 대한 수행을 시작하는 것이 '가행의 정진'입니다.

③ 만족하지 못하는 정진

만족하지 못하는 정진이란 자신이 외딴 곳에서 홀로 수행(무문관 수행)을 조금 했거나, 근접수행과 성취수행을 약간 했거나, 기도를 조금 했거나, 선법 수행(게조르དགེ་སྦྱོར་)을 약간 했을 때 그 정도로 만족하지 말고 삶과 수행을 하나로 할 것을(살아 있는 한 끊임없이 수행할 것을) 맹세하고, 아무리 오래 걸려도 완벽한 깨달음의 경지를 얻을 때까지 도도한 강물의 흐름과 같은 지속적이고 강력한 노력을 기울여야 합니다.

과거 위대한 스승들의 말씀에서, '법을 수행할 때는 배고픈 야크 풀을 뜯어 먹는 것처럼 해야 한다'고 말했습니다. 배고픈 야크 풀을 뜯어 먹을 때 눈앞의 한 움큼을 입으로 잡아당길 때부터 다음 것을 눈으로 보면서 먹는 것과 같이 지금 법을 수행할 때부터 이 다음에 이것을 수행할지 저것을 수행할지 생각하면서 다음에 수행할 법을 마음속에 간직해야 합니다.

몸과 말과 마음이 게으름이나 법이 없는 상태에 한순간도 빠지지 않도록 하면서 날마다 법을 더욱더 열심히 수행하도록 노력해야 합니다. 릭진직메링빠께서도 말씀하셨습니다.

죽음에 점점 가까이 다가감에 따라 선법 수행[119]에 대한 확고한 의지가

---

[119] 선법 수행(게조르དགེ་སྦྱོར་): 티벳어 게왜쭬람དགེ་བའི་སྦྱོར་ལམ་의 줄임말로 '매일의 종교적 수행'을 의미한다. '선한 행위(善行)', '뜻 깊은 행위(妙行)', '좋은 일(好事)'로도 번역된다. 이와 관련하여 선행의 뿌리(게짜དགེ་རྩ་: 선근)는 성스러운 행동으로 평안과 기쁨과 행복을 즉시 가져다주는 인因이며, 공양을 올리는 것, 보시를 하는 것, 예경을 하는 것 등이다.

더욱더 강해지는 것은 수행자가 가꾸는 농작물이 된서리의 피해를 입지 않았다는 표시이다.

요즈음 위대한 수행자나 훌륭한 라마로 알려진 분들에게 다른 사람들이, "이제 여러분들께서는 오체투지나 기도문 독송, 자량을 쌓는 수행, 장애를 닦는 수행 등을 해야 할 걱정이 없으시겠습니다"라고 말하면서 찬탄을 하니, 그에 대해 각자 또한 '나는 이러이러한 사람이므로 어떤 것도 필요 없다'고 생각하고 있습니다. 그렇지만 견줄 바 없는 닥뽀 린뽀체(감뽀빠)께서 말씀하셨습니다.

그러한 것들이 필요 없다고 생각하는 것은
해야 할 필요가 더욱 많아졌다는 것을 나타낸다.

인도의 디빰까라 존자(아띠샤)께서도 날마다 손에 흙이 범벅이 되어 열심히 흙으로 짜차를 만드셨습니다. 제자들이, "당신처럼 높은 라마께서 흙일을 하신다고 사람들이 수근대기도 하고, 힘든 일이니 저희들이 하도록 해주세요"라고 말씀드리니,
"무슨 말을 하느냐? 그렇다면 내 음식도 너희들이 먹겠다는 것이냐?"라고 말씀하셨습니다. 따라서 완벽한 깨달음을 얻을 때까지 닦아야 할 업業과 습習이 있고 성취해야 할 더욱 많은 공덕이 있습니다. 그러므로 한가한 수행이나 산발적인 수행이 되지 않도록 마음속 깊이 절대로 만족하지 말고 법을 열심히 수행해야 합니다.
일반적으로 깨달음의 경지를 성취하고 못하고는 오로지 이러한 정진에 달려 있기 때문에 세 가지의 정진을 수습하는데 최선의 노력을 기울여야 합니다. 최상의 지식을 가지고 있어도 최소한의 정진밖에 없다면

보잘것없는 수행자밖에 안됩니다. 보잘것없는 지식밖에 없어도 최상의 정진이 있다면 최고의 수행자가 될 것입니다. 정진이 없다면 다른 공덕이 있어도 소용이 없습니다. 일체지자 직메링빠께서도 말씀하셨습니다.

> 정진이 없는 사람에게는
> 지식이나 권세·재산·힘
> 어느 것도 도움이 될 수 없다.
> 배를 가진 사공이
> 노젓기를 싫어하는 것과 똑같다.

그러므로 언제나 어떤 상황에서나 음식의 양을 적절히 하고, 잠자는 시간을 조절하며, 마음은 마치 활을 당기면서 너무 팽팽하거나 너무 느슨하지 않게 활을 쏘는 것처럼 꾸준하고 변함없는 정진이 없다면, 한가할 때 가끔 하는 수행으로는 어디에도 도달할 수가 없습니다.

선정 바라밀

① 마음의 산란을 멀리하기

선정 바라밀이란 먼저 세상의 번잡한 일과 마음을 산란하게 하는 것을 모두 멀리하고 한적하고 외진 곳에 의존하지 않으면, 선정을 실제로 경험할 수 없기 때문에 우선 마음을 산란케 하는 것을 멀리 하는 것이 중요합니다.

모인 것은 흩어지는 법입니다. 부모·형제·배우자·친구 심지어 동시에 생겨난 몸의 살과 뼈도 따로따로 분리되는 것이 그 본성입니다. 그렇다면 영원함이 없는 사랑하는 사람이나 친구에 집착하는 것이 '무슨 소용일까?' 생각하면서 언제나 홀로 머물러야 합니다. 무명옷을 입은 수행자 래빠시와외(밀라래빠의 주요 제자 중 한 분)께서 말씀하셨습니다.

스스로 홀로 있는 것이 깨달음의 본질이다.
도반은 선법 수행의 버팀목이지만
서너 명 이상은 애착과 증오의 원인이 된다.
그러니 나도 홀로 머물러 있으리라.

욕망은 모든 옳지 못한 행위의 근원입니다. 가지고 있어도 만족할 줄 모릅니다. 재산이 많이 있으면 있을수록 인색한 마음이 더욱 커집니다. 누군가 말하기를 "누구든 재산을 가진 자에게는 인색함이 있다"고 했으며, "가지고 있으면서도 더욱 많이 원한다, 부자처럼"이라고 말했습니다. "재산이 없어지자마자 적들이 없어진다"고 말한 것과 같습니다.

자신에게 음식물과 돈과 재산 등이 많을수록 그만큼 더 적이나 도둑에게 손해를 입을 위험이 많아집니다. 그 때문에 언제 어떤 상황에서도 그런 것들을 모으고 지키고 늘리는 것으로 인생을 다 보냅니다. 따라서 오로지 고통과 악행밖에 없습니다. 그래서 성자 나가르주나께서도 말씀하셨습니다.

모으고 지키고 늘리는 것으로 몸과 마음이 피곤할 것이니
재산은 끝없는 파멸임을 알아야 한다.

남쪽 잠부링(이 세상)의 모든 재물과 보물을 한 사람이 다 가져도 사실은 한 사람이 먹는 것과 입는 것 외에는 다른 할 일이 없습니다. 그렇지만 아무리 많이 모아도 자신 혼자 입에만 먹지 못하고, 혼자 몸에만 입는 것으로 만족하지 못하며 악행이나 고통, 비난의 말을 무시하면서 내

생은 돌보지 않고 이생에만 목숨을 걸고 있습니다. 아주 사소한 재물을 얻기 위해서 염치(텔찌: 남부끄러움)도 양심(응오차རྒྱོད་: 낯 뜨거움)도 정직한 마음(승까(ད)도 오랜 인간관계(치탁훙·དག)도 정법도 삼마야도 모두 무시합니다. 먹는 것에 집착하고, 이익만을 추구하며 오로지 사회적 지위를 성취하는 것만 뒤쫓으면서 세월을 보내는 것은 아귀계의 악귀가 또르마를 찾아 헤매는 것처럼 단 하루의 여유나 평안이나 기쁨도 누리지 못하면서 인생을 소모하는 것입니다. 결국 재산을 모으고 모으다가 자신의 목숨을 내놓게 됩니다. 단지 그것을 위해 칼끝이나 창끝에 죽기도 합니다. 한평생 모은 재산을 적이나 다른 사람들이 사용하게 되니 그것은 완전히 낭비입니다. 그것을 얻기 위해 수미산만큼 많이 쌓은 악업은 전적으로 자신의 몫으로 남아서 결국 참기 힘든 악도의 밑바닥에서 절대로 벗어나지 못하고 그곳에서 헤매게 됩니다. 그와 같은 것이니 재산이 조금이라도 있으면 지금 선택의 자유가 있는 이생에, 다음 생을 위한 좋은 양식을 마련하면서 소박한 음식과 바람 막을 옷 정도로 만족하세요.

그처럼 오로지 이생의 의미만 추구하는 사람들을 '철없는 친구(지빼독뽀 ཉིས་པའི་གྲོགས་པོ་: 어린애 같은 친구)'라고 말합니다. 그들은 도움을 주어도 오히려 이쪽에 해를 입히고 해준 것에 대해 갚을 줄 모릅니다. 그들을 위해서 어떤 일을 해도 절대로 마음에 들어 하지 않기 때문에 만족시키기 어렵습니다. 그들보다 본인이 잘하면 질투를 합니다. 본인보다 그들이 더 잘하면 무시를 합니다. 함께 오래 지내면 지낼수록 그만큼 더 불선행이 늘어나고 선행이 줄어들기 때문에 그런 사람들을 멀리 피하세요.

상업이나 농업·공업·학문 등으로 인해 많은 것들과 관련을 맺게 되고 수많은 일로 마음을 산란케 하는 것이 세상의 번잡스런 일들입니다. 더구나 항상 바쁘지만 의미는 거의 없습니다. 아무리 열심히 노력해도 진정한 의미가 없습니다. 상대편을 이긴다고 해도 끝이 없습니다. 우리편을 돕는 것도 한이 없습니다.

  결코 끝나는 날이 없는 일들과 마음을 산란하게 하는 것들을 모두 먼지 묻은 가래침처럼 버리고, 고향을 뒤로 하며 다른 곳을 기꺼이 택하세요. 장소로는 바위 절벽의 기슭에 머물고, 친구로는 야생동물과 함께 지내며, 몸과 마음을 편안한 상태로 내려놓고, 음식과 옷과 다른 사람들의 말에 상관하지 말고[120] 오로지 인적 없는 황량한 곳에서 인생을 보내세요. 성자 밀라래빠께서,

> 인적 없는 계곡 바위동굴에서
> 세상에 대한 염리심 가실 날 없으니
> 삼세의 붓다, 스승을 향한
> 간절한 마음 떨칠 수가 없노라.

라고 말씀하신 것에 따라 행한다면, '외로운 장소에서 선정이 생길 것이다'고 말했으니 염리심과 출리심, 믿음과 청정한 인식, 선정과 삼매 등 길의 모든 공덕이 저절로 생길 것입니다. 따라서 그와 같은 것을 얻기 위해 어떤 경우에도 최선의 노력을 기울이세요.

  결론적으로 외딴 숲은 과거 모든 붓다와 보살들께서도 적정寂靜을 찾은 곳으로, 세상의 번잡한 일과 마음을 산란하게 하는 것이 없으며 장사일과 농사일이 없고 철없는 친구가 없습니다. 새들이나 야생동물과 함께 지내면 평온합니다. 옹달샘 물과 산나물은 고행의 음식으로 어울립니다. 깨우침(릭빠རིག་པ: 각성)이 저절로 청정해지고 선정삼매가 자연적으로 깊어지는 곳입니다. 거기에는 상대편이 없고 내편이 없으며, 집착과 분노

---

120 너무 피곤하거나 지치게 하는 극단적인 수행을 피하고, 건강이나 생명에 장애가 될 수도 있는 과도한 고행을 피하라. 또한 걸식 등으로 쉽게 구할 수 있는 음식이나 옷 혹은 다른 사람이 버린 옷을 입는 등 단순하고 소박한 의식주로 만족하라.(『닝틱왼도신디』, 174쪽)

의 올가미에서 벗어나 있으며 많은 공덕이 있는 곳입니다. 그처럼 한적한 장소에 실제로 가서 머무는 것은 말할 것도 없고, 심지어 한적한 장소에 갈 생각을 하면서 그 방향으로 일곱 걸음 내딛는 것조차도, 강가 강의 모래알만큼 수많은 겁劫 동안 시방의 모든 붓다에게 공양을 올리는 것보다 이로움이 크다고 붓다 세존께서 『월등경月燈經』 등에서 말씀하셨습니다. 그런 장소에 대해서 다음과 같이 말한 것과 같습니다.

> 외딴 산골 은둔처인 성지에서
> 행하는 모든 것은 선행이 된다.

특별히 노력을 기울여 선행을 수행하지 않아도, 윤회계에 대한 염리심과 윤회계에서 벗어나고자 하는 출리심, 사랑(자애)과 자비(연민) 등 길의 모든 공덕(훌륭한 특성)이 저절로 생깁니다. 따라서 모든 생활 방식이 자연스럽게 오로지 선행이 됩니다. 세상의 일로 번잡한 곳에서 애써서 끊으려 해도 끊지 못한 모든 집착과 분노와 번뇌들도 은둔처에 도착하는 것만으로 저절로 줄어듭니다. 모든 길의 훌륭한 특성(공덕)을 마음의 흐름 속에 쉽게 일으킬 수 있습니다. 이러한 것들은 선정의 예비수행이기 때문에 지극히 중요하므로 반드시 필요합니다.

② 실제 선정
실제 선정은 보통 사람이 즐기는 선정, 진정한 의미를 분별하는 선정, 여래의 선한 선정, 이렇게 세 가지입니다.
지복과 광명과 무분별의 경험에 집착하면서 그것들을 일부러 추구하거나 선정의 경험에 대한 집착의 색깔을 띠고 수습할 때 무지한 보통 사람이 즐기는 선정[121]이라고 합니다.

선정의 경험에 대한 집착에서 벗어나 선정의 맛은 아직 경험하지 못하지만,[122] 대치법인 공집空執의 측면에 집착하여 수습할 때, 진정한 의미를 분별하는 선정[123]이라고 합니다.

대치법인 공성에 대한 집착의 마음에서 벗어나 법성을 대상으로 하는 무분별 삼매에 머무는 것을 여래의 선한 선정[124]이라고 합니다.

그와 같이 선정을 수행하는 모든 경우에 몸의 자세의 핵심으로 비로자나 칠법을 따르고, 시선의 핵심으로 수행자의 보는 자세를 취하는 것

---

121 보통 사람이 즐기는 선정(지빼 네르쬐기삼땐བསམ་གཏན་གྱི་ཞེན་སྟོང་གྱི་བསམ་གཏན་): 범부행凡夫行 선정. 성숙하지 못한 사람이 가까이하여 즐기는 선정. 여기서 보통 사람들은 선정의 경험에 점점 더 집착하게 된다. 이러한 선정의 경험은 세 가지로 아무런 이유가 없는데도 지복을 느끼는 평온함(데와བདེ་བ་)의 경험, 온갖 상념으로 인해 떠오른 흙탕물이 가라앉아 맑아지고 투명한 건물처럼 느끼는 명료함(샐와གསལ་བ་)의 경험, 어떤 생각이 일어나는지 어떤지 살필 때 일어나는 것이 아무것도 없다는 느낌을 갖게 되는 무분별(미똑빼མི་རྟོག་པ་)의 경험이다. 평온함과 명료함과 무분별에 대한 집착 때문에 이러한 선정으로는 해탈을 얻을 수 없다. 이것은 해탈의 씨앗이 되는, 무자성의 공성을 깨닫는 것과 배치되기 때문이다. 이는 아직도 마음속에 '나'에 대한 믿음(나의 지복의 경험, 나의 명료함의 경험, 나의 무분별의 경험을 추구함)을 가지고 있어, '나라는 실체(인아人我)에 매달려 있는 것이다. 또한 붙잡아야 할 실질적인 경험이 있다고 생각하는 것으로 '대상'에 대한 실체(법아法我)에 집착하고 있는 것이다.(『닝틱왼도신디』, 178쪽)
122 선정의 맛은 아직 경험하지 못하지만(བསམ་གཏན་གྱི་རོ་མྱོང་མེད་ཀྱང་): 영문본에서는 "더 이상 선정에 사로잡히지 않지만(no longer fascinated by concentration, but)"으로 해석했으나, 중문본에서도 "선정의 참된 맛을 느끼지 못하지만(雖未受禪定之味)"으로 티벳어본과 동일한 의미로 해석하고 있다.
123 진정한 의미를 분별하는 선정(된랍 제빼삼땐དོན་རབ་འབྱེད་པའི་བསམ་གཏན་): 의분별義分別 선정. 색온을 포말과 같이, 수온(느낌)을 물거품과 같이, 상온을 신기루와 같이, 행온을 바나나 나무와 같이, 식온을 마술의 환상과 같이 파악하여 수습하는 것(『장한불학사전』, 796쪽) '공집의 측면에 집착하여 수습한다'는 것은 '모든 현상은 환상으로 실체가 없다'라는 것을 중점적으로 닦는 수습을 말한다.(쫌뗄 린뽀체) '보통 사람이 행하는 선정'에서 시작하여 더욱더 선정을 닦으면 논리를 사용하여 인아와 법아를 살피게 되고 공성과 사마타를 결합하여 수행하게 된다. 이전처럼 평온함과 명료함과 무분별에 대한 집착이 더 이상 일어나지 않지만 그 대치법인 공성에 대한 집착을 놓을 수 없다. 앞서의 선정이 자량도에 속하지만 이러한 선정은 가행도의 주요 수행법이다.(『닝틱왼도신디』, 178쪽)
124 여래의 선한 선정(데신섹빼 게와삼땐དེ་བཞིན་གཤེགས་པའི་དགེ་བ་བསམ་གཏན་): 여래선법如來善法 선정. 알아야 할 모든 것을 남김없이 깨닫고, 번뇌장과 소지장을 완전히 제거하여, 어떤 것에도 분별을 일으키지 않고 저절로 성취하여, 자신과 타인에게 의미 있는 모든 것을 파악하는 것,(『장한불학사전』, 784쪽) 싸마타와 위빠싸나가 한 맛으로 되어 구분할 수 없게 되며 실집實執과 공집에서 벗어나 사물의 본성을 여실히 볼 수 있는 궁극의 상태에 도달하게 되고 일체 희론에서 벗어나게 된다. 이는 견도에서 얻는 선정이다.(『닝틱왼도신디』, 179쪽)

등이 중요합니다.

> 몸이 똑바르면 기맥氣脈이 곧으며
> 기맥이 똑바르면 풍기가 곧으며
> 풍기가 똑바르면 마음이 바르다.[125]

라고 말하기 때문에 눕거나 기대거나 하지 말고, 몸을 곧게 펴고, 마음은 어떤 것도 분별하지 않고 아무것도 집착하지 않으면서 평정심으로 머무는 것이 선정 바라밀의 핵심입니다.

지혜 바라밀

지혜 바라밀로는 들음의 지혜(문혜聞慧), 숙고의 지혜(사혜思慧), 수습의 지혜(수혜修慧) 세 가지가 있습니다.

① 들음의 지혜

들음의 지혜는 스승께서 말씀하신 법에 관한 모든 말과 의미를 자신이 듣고, 말씀하신대로 이해하는 것입니다.

---

125 등을 곧게 펴는 것은 생명의 바람(룽རླུང་, ⓢpurana: 풍기風氣)이 기맥(짜རྩ་, ⓢnadi) 속을 자유롭게 흐를 수 있게 한다. 이 생명의 바람은 유동하는 성품으로 명점의 운반을 담당한다. 명점은 몸 안의 기맥 속에 거친 형태와 미세한 형태 등 다양한 형태로 존재한다. 명점은 거친 차원에서는 남녀의 물질적인 정액과 정혈을 의미하는 하얀 보리심과 붉은 보리심을, 미세한 차원에서는 순수한 보리심, 가장 미세한 차원에서는 법신을 의미하는 불괴명점을 뜻하기도 한다. 시초와 종말이 없으며, 아래로는 6도의 유정에서부터 위로는 붓다에 이르기까지 차별 없이 동등한 마음이 바로 불괴명점이다. 『희금강속』(헤바즈라딴뜨라)에서 "일체 유정들은 그대로 붓다이다. 다만 객진번뇌에 덮여 있을 뿐이다. 그것을 제거하면 붓다를 이룬다"고 함과 같이, 이 객진번뇌에 덮여 있는 기본의 여래장을 가리켜서 밀교에서는 불괴명점이라 부른다. 마치 말을 타고 다니는 사람처럼 마음의 본성은 이 생명의 바람을 타고 다닌다고 한다.(『밀교의 성불원리』, 중암 편저, 84~85쪽 발췌요약)

②숙고의 지혜

숙고의 지혜는 스승께서 말씀하신 것들의 모든 의미를 단지 듣고 이해한 것에 머물지 않고, 자신의 마음속에 반복하여 익히고, 관찰하고 사유함으로써 의미를 확고하게 하고 모르는 것은 다른 사람에게 묻는 것입니다. 단지 표면적으로 알고 이해하는 정도로 만족하지 않고, 실제로 외딴 산골 은둔처를 차지하고 혼자 수행할 때 수행의 핵심을 다른 사람에게 물을 필요 없이, 수행을 본인 혼자 확실히 할 수 있도록 철저하고 자세하게 살피는 것입니다.

③수습의 지혜

수습의 지혜는 알고 실제 경험하여 수습함으로써 실상의 의미에 대한 틀림없는 깨달음을 마음의 흐름 속에 일으키는 것입니다. 확신은 안으로부터 생깁니다. 옳다 그르다, 그렇다 그렇지 않다의 올가미에서 벗어나 실상의 참모습을 보는 것입니다. 먼저 듣고 사유함으로써 증익增益을 제거한 다음, 수습을 통해 실제로 경험했을 때 모든 것이 실체가 없는 공한 모습임을 허상에 대한 여덟 가지 비유로써 알게 됩니다.

> 이처럼 다섯 가지 감각기관이 인식하는 모든 외부 대상은,
> 실제로 존재하지 않지만 허상의 모습으로 나타난다, 마치 꿈길에서처럼.
> 모든 것은 여러 원인과 조건의 상호의존과 결합에서 홀연히 나타난다,
> 마치 마술처럼.
> 없으면서도 있는 것으로 보인다, 착시처럼.
> 보이지만 진실로 존재하지 않는다, 신기루처럼.
> 외부 내부 어디에도 없지만 인식된다, 메아리처럼.
> 의지처(소의所依)와 의지하는 자(능의能依)가 없다,
> 간다르바의 성[126]처럼.

나타나지만 자신의 실체(자성自性)가 없다, 반사된 모습처럼.
존재하지 않으면서도 어떠한 모습으로도 나타난다,
마치 요술의 성처럼.

이와 같이 대상의 나타남(외경外境의 현현顯現)이 거짓된 본성임을 이해하고서 그처럼 대상을 지니는 인식의 주체, 즉 마음의 본성을 살펴볼 때 대상의 나타남은 멈추지 않지만 대상에 집착하는 분별심은 진정됩니다.[127] 하늘처럼 비어 있으나 청명한 법성(법성명공法性明空)을 깨달은 상태에 머무는 것이 지혜 바라밀입니다.

그와 같은 6바라밀도 더욱 자세하게 설명한다면 각각의 바라밀을 세 가지로 나누어 열여덟이 되며, 그 중에서도 물질의 보시에 대해 세 가지로 구분할 때 스물이 됩니다. 거기다 방편(ཐབས་) 바라밀과 합해서 스물하나, 힘(སྟོབས་) 바라밀을 합해서 스물둘, 염원(སྨོན་ལམ་) 바라밀을 합해서 스물셋, 원시지原始智(ཡེ་ཤེས་)[128] 바라밀을 합해서[129] 스물넷이 됩니다. 그보다도

---

[126] 간다르바의 성(디새동케르དྲི་ཟའི་གྲོང་ཁྱེར་): 심향성. 간다르바는 향기를 먹고 살면서 천신에게 음악을 들려주는 음악가이다. 이들이 사는 성은 공중에 있다고 한다. 이 성은 마치 사막의 신기루처럼 가까운 평원에 반사되어 어떤 사람에게 나타났다가 순식간에 흔적도 없이 사라진다.
[127] 대상에 집착하는 분별심은 진정된다: '주체와 객체에 대한 이원적 생각에서 벗어난다'는 의미이며 반야심경에서 말하는 '색즉시공'과 일맥상통하나 보다 높은 '족첸'의 개념이다.(짬뻴 린뽀체)
[128] 원시지(예쉐ཡེ་ཤེས་: 본래지本來智): 시간에 무관하게 본래부터 머물러 있는 의식으로 모든 유정의 마음 흐름에 자연적으로 존재하는 공하면서도 명료한 지혜(똥샐기릭빠སྟོང་གསལ་གྱི་རིག་པ་: 명공요별적明空了別的 의식). 본래의 깨달음(self-born awareness), 원초적 지혜, 본래의 지혜이다.(『장한불학사전』, 1463쪽)
[129] 방편 바라밀은 중생을 제도하기 위해 방법을 강구하는 것으로, 보시·지계·인욕 바라밀을 돕는 짝이 된다. 원 바라밀은 번뇌를 줄이기 위해 마음에 바른 서원誓願을 일으켜 정진 바라밀을 돕는 짝이 된다. 역 바라밀은 선지식을 가까이하여 바른 법을 들음으로써 수행에 장애가 되는 것을 다스리는 힘으로 선정 바라밀을 돕는 짝이 된다. 지 바라밀은 일체 법의 특성이 공함을 마음에 새기는 것으로 반야 바라밀을 돕는 짝이 된다.(『해심밀경』의 지地 바라밀다품-보살의 수행 단계 참조)

더 상세하게 구분하면 각각의 바라밀을 다시 여섯으로 구분하여 서른여섯이 됩니다.

예를 들면 보시 바라밀로서 위로 법보시를 예로 들면, 가르치는 사람인 스승, 가르칠 법, 가르치는 대상인 제자를 더해 셋이 합해져 법을 가르치는 것이 보시 바라밀입니다.

그와 같이 가르칠 때 이득과 공경 등을 바라지 않으며 자신의 영향력 확대를 도모한다든가 다른 사람을 비난하는 등 번뇌의 오염과 섞이지 않게 가르치는 것이 지계 바라밀입니다.

한 구절의 의미도 여러 번에 이르기까지 거듭 설명하면서 모든 어려움과 피곤에 상관하지 않고 가르치는 것이 인욕 바라밀입니다.

게으름과 뒤로 미루는 습성에 사로잡히지 않고 가르칠 시간에 늦지 않게 가르치는 것이 정진 바라밀입니다.

설명해야 할 단어와 의미로부터 마음이 다른 데로 흩어지지 않고 실수하거나 덧붙이거나 빠뜨리지 않고 가르치는 것이 선정 바라밀입니다.

그와 같이 가르칠 때 3륜三輪을 분별하지 않는[130] 지혜가 스며있는 것이 지혜 바라밀로, 이렇게 해서 6바라밀을 모두 갖추게 됩니다.

또한 물질의 보시는 아래로 거지에게 음식이나 음료수를 주는 것과 같은 경우를 예로 들면 보시하는 것, 보시하는 자, 보시의 대상 세 가지가 합해져 보시하는 것이 '보시'입니다. 그것도 안 좋은 것이나 흠이 있는 것 등을 주지 않고 자신이 먹을 음식이나 음료수에서 주는 것이 '지계'입니다. 자꾸 요구해도 화를 내지 않는 것이 '인욕'입니다. 어려움과 피곤함을 생각하지 않고, 항상 망설이지 않고 보시하는 것이 '정진'입니

---

130 3륜을 분별하지 않는(코르숨 남빠르 미똑빠འཁོར་གསུམ་རྣམ་པར་མི་རྟོག་པ་) : 3륜 무분별三輪無分別. 일체 법에 대해서 행하는 일(자왜래བྱ་བའི་ལས་)과 행위자(제빠བྱེད་པ་པོ་), 행위의 대상(자왜율བྱ་བའི་ཡུལ་)에 대해 집착하는 분별에서 벗어나는 것으로 3륜의 실체가 공함을 인식하는 것이다. 예를 들면, 보시를 하는 자와 주어지는 물건과 보시의 대상인 받는 자, 삼자가 모두 자성으로 확립되어 있지 않다고 인식하는 지혜이다.(『장한불학사전』, 173쪽)

다. 그것에서 마음이 다른 곳으로 흩어지지 않게 하는 것이 '선정'입니다. 3륜(주체와 객체와 행위)에 진실한 존재가 없다는 것을 아는 것이 '지혜' 바라밀로, 6바라밀이 모두 갖추어집니다. 마찬가지로 지계 등 다른 것에 대해서도 그런 식으로 같은 논리가 적용됩니다.

이들 바라밀을 여기에 다시 요약하면, 성자 밀라래빠께서 말씀하셨습니다.

> 아집을 제거한 그 건너편에, 보시라고 할 것이 따로 없다.
> 속임수를 제거한 그 건너편에, 지계라고 할 것이 따로 없다.
> 진정한 의미를 두려워하지 않는 그 건너편에,
> 인욕이라고 할 것이 따로 없다.
> 수행과 항상 떨어지지 않고 있는 그 건너편에,
> 정진이라고 할 것이 따로 없다.
> 자연스런 흐름에 머물고(본성에 안주하고) 있는 건너편에,
> 선정이라 할 것이 따로 없다.
> 실상을 알아차리고 있는 건너편에, 지혜라고 할 것이 따로 없다.
> 행하는 모든 것으로 법을 수행하는 그 건너편에,
> 방편이라 할 것이 따로 없다.
> 네 가지 마라를 정복한 그 건너편에, 힘이라 할 것이 따로 없다.
> 두 가지 의미(본인과 타인에게 의미 있는 것)를 성취한 건너편에,
> 염원할 일이 따로 없다.
> 번뇌가 자신의 감춰진 약점임을 안다면,
> 원시지(예쉐)라 할 것이 따로 없다.

또한 쿠·응옥·돔 세 사람[131]이 아띠샤 존자께 길에 대한 모든 법 중

---

131 아띠샤 존자의 수승한 제자로 쿠쬔뒤용둥ཁུ་བརྩོན་འགྲུས་གཡུང་དྲུང་ · 응옥렉빼쉐랍རྔོག་ལེགས་པའི་

최고의 법은 무엇인지 여쭈자, 존자께서 말씀하셨습니다.

최고로 학식 있는 자는 무아의 의미를 깨우친 사람이다.
최고의 성자는 자신의 마음을 다스린(조복시킨) 사람이다.
최고의 공덕은 중생을 이롭게 하려는 광대한 마음이다.
최상의 구전 가르침은 항상 자신의 마음을 살피는 것이다.
최상의 대치법은 어떤 것에도 자성이 없음을 아는 것이다.
최상의 행동은 세상과 어울리지 않는 것이다.
최상의 성취는 번뇌가 점차로 약해지는 것이다.
최상의 성취의 표시는 욕망이 점차 줄어드는 것이다.
최상의 보시는 무집착이다.
최상의 지계는 마음이 적정寂靜한 것이다.
최상의 인욕은 낮은 자리를 차지하는 것이다.
최상의 정진은 활동을 포기하는 것[132]이다.
최고의 선정은 마음을 조작하지 않고 그대로 두는 것이다.[133]
최고의 지혜는 어떤 것도 진실로 존재한다고 생각하지 않는 것이다.

또한 릭진직메링빠께서도 말씀하셨습니다.

만족을 아는 마음에 보시 바라밀이 머물며

ཤེས་རབ་ · 돔뙨갤왜중내འགྲོ་སྟོན་རྒྱལ་བའི་འབྱུང་གནས་를 말한다.
132 활동을 포기하는 것: 세간의 쓸 데 없이 바쁘고 진정한 의미가 없는 여러 가지 활동을 포기하는 것
133 마음을 조작하지 않고 그대로 두는 것(로마쬐빠སློ་མ་བཅོས་པ་): 티벳어 로쬐་སློ་에는 릭빠རིག་པ་ 즉, 본래적 깨달음(primal awareness)의 의미도 있으며, 본래적 깨달음의 상태를 변함없이 유지하는 것으로 설명할 수 있다. 영문본에서는 '마음을 바꾸지 않는 것(not to alter the mind)'으로, 중문본에는 '자심불변自心不變'으로 번역되었다. 선정에 들어 생각들을 억누르거나, 생각들을 따라가거나, 마음의 상태를 일부러 바꾸려고 하지 않는 것이다. 또한 선정에 대한 어떤 특정한 상태를 성취하려고 하지 않는 것이다.(영문본, 주164)

그것의 핵심은 베푸는 마음이다.

3보에 부끄럽지 않다면 지계 바라밀을 지니고 있는 것이다.

억념과 각성(릭빠)이 줄어들지 않는 것이 최상의 인욕이다.

다른 모든 바라밀의 도우미로 정진이 필요하다.

집착하는 현상들을 본존으로 관상하는 것[134]이 선정 바라밀이다.

견해에 대한 집착에서 스스로 자유로운 것이 지혜 바라밀이다.

거기에는 사유의 대상(소사所思)도 사유하는 자(능사能思)도 없다.

그것은 평범하지 않으며, 절대적 확신[135]에서 벗어나 있다.

고통을 넘어선 최상의 평화로움(열반적정)이다.

이것은 모든 사람에게 말해서는 안 되니

자신의 마음속에 성스럽게 간직하시기를!

그와 같은 6바라밀을 포함하여, 보살의 가르침에 대한 모든 광대한 길을 간결하고 완벽하게 요약한다면, '자비(연민)라는 핵심을 지닌 공성' 안에 온전히 포함됩니다.

성자 사라하빠의 도하[136]에서도,

---

134 집착하는 현상들을 본존으로 관상하는 것: 선정이란 마음에 산란 없이 대상에 한결같이 머무는 것이다. 마음이 산란되는 근원은 미혹된 인식으로 '모든 현상이 진실로 존재하는 것이라고 생각하는 것'이다. 일체의 현상에 대해 청정한 인식으로 '확고한 실체가 없는 청정한 지혜의 현현'인 금강의 몸과 금강의 말과 금강의 마음을 지닌 이담본존으로 관상하여 수습하는 것이 선정이다. (영문본, 주166 참조) 예컨대, 예쁜 여자를 볼 때 세간의 모습으로 보는 것이 아니라, '따라보살로 본다든가 '보디사뜨와'로 보거나 '쩬래식'으로 보는 것이다. (체링)

135 절대적 확신(응에쉐ངེས་ཤེས): 견해에 사로잡혀 어떤 것에 대해 '좋다, 싫다 혹은 깨끗하다, 더럽다 혹은 존재한다, 존재하지 않는다'고 확고하게 믿는 것으로, 예컨대 상견과 단견과 같은 극단적 견해를 뜻한다. (영문본, 주167 참조)

136 사라하빠: 사라하 혹은 라훌라다라(다젠진སྒྲ་གཅན་འཛིན་)라고도 한다. 논사 나가르주나의 근본 스승으로, 브라만인 부모의 뜻을 저버릴 수 없어 낮에는 브라만의 종교를 따르고 밤에는 붓다의 법을 수행하다 일부러 술을 마시고 집에서 쫓겨나 날란다 사원에 들어갔다. 많은 스승들에게 의지하여 소승과 대승 그리고 주로 밀교의 법을 공부했다. (둥까르칙죄첸모』, 2026쪽)

도하(닐라괴빠གཉིས་ལ་ཀོད་པ་, ⓢdoha): 산스끄리뜨어 본래의 의미는 티벳어로 미새빠 མི་ཟད་པ་, 즉 '다함이 없는, 무진장 많은, 탁월한, 통찰력이 예리한'이지만, 티벳 사람들은 이를 닐라괴빠གཉིས་ལ་ཀོད་པ་, 즉 '이원성에 대해 웃음을 터뜨리다'로 받아들였다. 여기서의 의미는 인도 밀교의 대성취자

> 자비가 없는 공성의 견해
> 그것으로는 최상의 길을 찾지 못한다.
> 그러나 만일 오직 자비(연민)만 수습한다면
> 다시 이 윤회계에 머무를 것이다.
> 어떻게 자유(해탈)를 얻겠는가?
> 누구든 두 가지를 다 지니게 되는 사람은
> 윤회에 머물지 않고 열반에도 머물지 않을 것이다.

라고 말씀하셨습니다. 윤회에도 열반에도 머물지 않는 것은 완벽한 깨달음의 경지인 '머물지 않는 열반(무주열반無住涅槃)'입니다.

또한 보호주 나가르주나께서 말씀하셨습니다.

> 자비(연민)라는 핵심을 지닌 공성은
> 깨달음을 얻으려는 사람을 위한 것이다.

아띠샤 존자께 돔뙨빠가,

"모든 법의 마지막은 무엇입니까?"라고 여쭈니,

"모든 법의 궁극은 '자비라는 핵심을 가진 공성'이다"라고 말씀하셨습니다.

"예를 들면, 세상에는 '만병통치약'이라는 모든 병의 치료제가 되는 것이 있다. 그 비유처럼 만병통치약과 마찬가지로 공성인, 법성(dharmata)의 의미를 깨우치면 모든 번뇌의 치료제가 될 수 있다"라고 말씀하셨습니다.

"그렇다면 공성을 깨달았다고 말하는 모든 사람들의 집착과 분노가 조금도 줄어들지 않고 있는 것은 무엇 때문입니까?"라고 물으니,

---

들이 선정수행으로 자연적 깨달음을 증득한 경지에 대해 표현한 게송이다.

"그것은 모두 빈말인 것이다. 공성의 의미를 정말로 깨달았다면 행동과 말과 생각이 마치 목화솜을 발로 밟는 것처럼 혹은 짬빠 죽에 약간의 버터를 친 것처럼 부드럽게 될 것이다. 논사 아리야데와께서, '모든 현상들의 실상이 공한 것인가 아닌가 생각하면서 의심을 품는 것만으로도 세상의 존재들[137]이 갈기갈기 찢겨질 수 있다'고 말씀하셨다. 따라서 공성의 의미를 진정으로 깨닫는다면 마치 만병통치약처럼 길에 대한 모든 법이 그 안에 있다"라고 말씀하셨습니다.

"공성에 대한 깨달음 안에 어떻게 길에 대한 모든 법이 들어있습니까?"라고 돔뙨빠가 여쭈었더니 존자께서,

"길에 대한 모든 법은 6바라밀에 포함되어 있다. 공성의 의미를 올바로 깨닫는다면 안팎의 모든 사물에 대한 간절한 욕구나 집착하는 마음, 탐하는 마음이 없기에 보시 바라밀을 끊임없이 지니게 된다. 집착하는 것과 탐하는 것이 없어져 옳지 못한 행동으로 오염되지 않기 때문에 지계 바라밀을 끊임없이 지니게 된다. '나'와 '나의 것'에 대해 집착이 없어져 분노가 일어나지 않기 때문에 인욕 바라밀을 끊임없이 지니게 된다. 공성을 깨달은 것에 대해 마음이 확실한 기쁨[138]을 가지게 되어 정진 바라밀을 끊임없이 지니게 된다. 그것을 실체로 집착하는 마음의 산란이 없어져 선정 바라밀을 끊임없이 지니게 된다. 어떤 것에 대해서도 3륜으로 분별하는 마음이 없어져 지혜 바라밀을 끊임없이 지니게 된다"라고 말씀하셨습니다.

"그러면 진실한 의미를 알아차린 사람은 오직 공성에 대한 견해와 수습만으로 완벽한 깨달음을 얻을 수 있습니까?"라고 돔뙨빠가 여쭈니,

---

137 세상의 존재들(시빠སྲིད་པ་): 존재한다고 생각하는 현상들. 여기서 시빠는 '우리가 진실이라고 믿는 것들', 즉 '윤회적인 존재들'이다.(영문본, 주168 참조)
138 확실한 기쁨(왼빠르또와མངོན་པར་སྒྲོ་བ་)은 진정한 기쁨(truly joyful)과 열정(enthusiasm, zeal)을 의미한다.

"이와 같이 보이거나 들리는 모든 것들 중에서 자신의 마음에서 생기지 않은 것은 없다. 마음이 각성覺性(릭빠 རིག་པ་)과 공성空性(똥빠 སྟོང་པ་)이 둘이 아닌 하나로 결합된 것[139]임을 깨닫는 것이 '견해'이다. 그러한 견해에 대해 마음이 다른 곳에 산란되지 않고 지속적으로 마음속에 기억하면서(억념 속에) 머무는 것이 '수습'이다. 그 상태에서 환영幻影(규마 སྒྱུ་མ་, ⓢmaya)과 같은 두 가지 자량(복덕자량과 지혜자량)을 쌓는 것이 '행동'이다. 이와 같은 수행을 여실한 경험으로 만든다면 꿈에서도 나타날 것이다. 꿈에서 나타난다면 죽는 순간에도 나타날 수 있다. 죽는 순간에 나타난다면 바르도에서도 나타날 수 있다. 바르도에서 나타난다면 최상의 성취를 분명히 얻게 될 것이다"라고 말씀하셨습니다.

따라서 승리자(붓다)께서 8만 4천 법의 문을 설하신 것도 모두 보리심, 즉 "자비라는 핵심을 가진 공성"을 마음에 일으키기 위한 방편으로 설하신 것입니다.

이 귀중한 보리심이 없다면 견해와 수습에 대한 법이 아무리 심오한 것 같아도 완벽한 깨달음의 경지(붓다의 경지)를 얻는데 아무것도 도움이 되지 않습니다. 생기차제와 원만차제 등 딴뜨라 수행들도 보리심을 지니고 있으면 이생에 완벽한 깨달음의 경지를 얻을 수 있는 인因이 되지만, 보리심이 없으면 외도의 길과 다름이 없습니다.

외도들에게도 본존관상과 만뜨라 독송·기맥 수행(짜룽곰빠 རྩ་རླུང་སྒོམ་པ་)과 인과법에 따라 행동을 취사선택하는 등 많은 수행법이 있지만 귀의와 보리심, 이 두 가지가 없기 때문에 윤회계에서 벗어날 수가 없습니다.

---

139 각성과 공성이 둘이 아닌 하나로 결합된 것(릭빠당똥빠니메 རིག་པ་དང་སྟོང་པ་གཉིས་མེད་): 티벳어 릭똥예르메 རིག་སྟོང་དབྱེར་མེད་와 같은 표현으로 '각성과 공성을 구분할 수 없음(inseparability of awareness and emptiness: 명공무별明空無別)'의 뜻이며, 이것은 '마음과 공성이 하나로 합해진 것(སེམས་དང་སྟོང་པ་ཉིད་ཅིག་ཏུ་འདྲེས་པ་: 심여공성융합일미心與空性融合一味)'이다. 이는 닝마빠족첸의 견해로 본성청정으로 법신을 이룬다.(『장한불학사전』, 1509쪽)

그래서 게쉐 카락곰충께서도 말씀하셨습니다.

> 귀의로부터 시작해서 딴뜨라까지 모든 계를 받아도
> 세상의 일들(세간법)에 대해 마음을 돌리지 않는다면 소용이 없다.
> 항상 다른 사람들에게 법을 가르쳐도
> 자신의 자만심을 잠재우지 못하면 도움되는 것이 없다.
> 수행에 진전과 향상이 이루어져도
> 귀의수행을 곧장 끝까지 마치지 못하면 소용이 없다.
> 밤낮없이 선법 수행을 열심히 해도
> 보리심을 갖추고 있지 않으면 소용이 없다.

귀의와 보리심, 이 두 가지 기초를 제대로 완성하지 않고 법에 대해 듣고 숙고하고 닦는 세 가지를 외견상 아무리 많이 한다고 해도, 예를 들면 겨울에 호수의 얼음 위에 9층짜리 성을 세우고, 거기다 미장공사를 하고 벽화를 그리는 등 외관을 꾸미는 것과 같아서 궁극적으로 아무런 의미도 없습니다.

그러므로 귀의와 보리심, 이 두 가지를 낮은 수행 또는 초심자의 수행이라고 생각하면서 소홀히 하지 말고 모든 길에 적용되는 준비단계, 본수행, 회향의 '세 가지 수승한 방법' 안에서 완벽하게 해야 합니다. 따라서 현명하든 열등하든 지위가 높든 낮든 모든 사람들은 오로지 이 수행을 힘써 닦는 것이 가장 중요합니다.

특히, 라마나 승려처럼 믿음으로 올린 공양물(신재信財)이나 돌아가신 분을 위해 상가에 보시한 재물(망재亡財)을 취하는 사람들과 사자死者를 위로 인도하기 위한 의식을 행하는 사람들에게는 마음에 순수한 보리심이 없어서는 안 됩니다. 보리심이 없으면 의식과 장애 정화 등 어떤 것을 해도 살아 있는 자와 고인 누구에게도 도움이 안 됩니다.

다른 사람에게 도움이 되는 것처럼 보이는 것도 결국에는 언제나 자신을 위한 욕심과 섞이기 때문에 자신에게도 재물을 받음으로써 엄청난 장애가 쌓이고, 끊임없는 불운이 생겨 다음 생에 악도에 태어날 수밖에 없습니다.

따라서 보통 사람도 하늘을 새처럼 날고 땅 속을 쥐처럼 드나들며, 바위산을 관통하여 통과하거나 신통을 부리는데 아무런 장애가 없거나, 바위에 손자국과 발자국을 남기는 등 어떤 종류의 놀라운 능력을 가지고 있어도 마음에 보리심이 없으면, 외도나 혹은 마왕(된첸པོ་གདོན་ཆེན་པོ་)에 사로잡힌 사람이 될 수밖에 없습니다. 그처럼 그 사람에게 처음에는 순진한 믿음으로 따르면서 공경하고 공양을 올릴지 모르지만, 결국 자신과 상대방 둘 다 파멸하는 일밖에 없습니다. 진정한 보리심을 마음에 지니고 있으면 다른 공덕이 아무것도 없어도 그와 관련된 사람은 누구나 도움을 얻게 됩니다.

그렇지만 보살이 어디에 있는지 알지 못합니다. 도축업자나 창녀들 가운데에도 방편에 능숙한 보살이 많이 있다고 말합니다. 따라서 다른 사람의 마음에 보리심이 있는지 없는지 알기 어렵습니다. 그래서 세존께서도 말씀하셨습니다.

> 나와 나하고 같은 사람들 외에는
> 보통 사람에 대한 판단을 보통 사람이 하지 못한다.

그러므로 자신의 마음에 보리심을 일깨워 준 본존이나 스승이나 도반 등 누구든 그분이 진정한 붓다라는 생각을 지니세요.

자신의 마음에 실상의 의미를 깨달았다고 생각하거나, 신통력이나 삼매를 얻거나, 이담 본존을 친견하는 등 수행의 진전을 나타내는 훌륭한 특성(공덕)처럼 보이는 어떤 것이 생기더라도, 그로 인해서 변함없는 보리심의 사랑(자애)과 자비(연민)가 증가된다면 바로 그것이 공덕임이 틀림없습니다.

만일 그것들로 인해서 보리심의 사랑(자애)과 자비(연민)가 줄어든다면 수행의 진전을 나타내는 징표처럼 보이는 그러한 것들도 마라의 방해나 올바르지 않은 길임이 분명합니다.

특히 실상에 대한 진실한 깨달음이 마음에 일어나면 보다 훌륭한 대상에 대한 믿음과 청정한 인식, 그리고 보다 못한 대상에 대한 특별한 자애와 연민이 생기지 않을 수 없습니다.

비할 바 없는 닥뽀 린뽀체(감뽀빠)께서 성자 밀라래빠께,

"대중을 보살필 시기는 언제입니까?"라고 여쭈니,

"언젠가 지금의 이 마음이 아닌 모든 의심이 사라진, 그대 마음의 본성을 분명하게 보게 될 것이다. 그때 늙은 아비인 나에 대해서도 진정한 붓다라는 특별한 생각이 일어날 것이며 중생들에 대해 순수한 자애와 연민 또한 분명히 생길 것이니, 그때 대중들을 돌보아라(섭수攝受하라)"라고 말씀하셨습니다.

따라서 보리심의 자애와 연민을 바탕으로 삼고, 법에 대해 듣고 사유하고 닦는 것 세 가지를 어느 하나라도 떼어 놓지 말고 함께 수행해야 합니다. 먼저 들음으로써 증익增益을 제거하지 않으면 수행할 수 없습니다. 그래서 다음과 같이 말했습니다.

    들음이 없는 수행은
    팔 없는 사람이 바위를 기어 올라가는 것과 같다.

들음으로써 증익을 제거한다고 하는 것은 또한 알아야 할 광대하고

수많은 법을 모두 알아야 하는 것은 아니며, 그 모든 것을 5탁 악세의 시기에 짧은 한 생애에 다 알 수도 없습니다. 따라서 자신이 수행하고자 하는 법에 대해 어떤 것이든 처음부터 끝까지 수행하는 모든 방법을 틀림없이 알고, 그것에 대해 숙고함으로써 모든 증익을 제거해야 합니다. 예전에 아띠샤 존자께서 녜탕(중부 티벳의 아띠샤 존자께서 열반한 곳)에 계실 때, 샹의 나충뙨빠와 궁뙨빠와 랑창뙨빠 세 사람이 논리학의 학파에 대해 여쭈었더니 존자께서 말씀하셨습니다.

"외도와 내도 불교에는 수많은 학파가 있다. 그것들은 모두 분별망상의 끊임없는 연속이다. 헤아릴 수 없는 분별망상은 필요가 없다. 인생에는 시간이 충분하지 않아서 이제 핵심적인 의미를 요약할 때다."

샹의 나충뙨빠가,

"핵심적인 의미는 어떻게 요약됩니까?" 하고 여쭈니, 존자께서 말씀하셨습니다.

"허공과 같은 일체 중생들에 대해 자애와 연민으로 보리심을 닦아라. 그들을 위해 복덕자량과 지혜자량을 열심히 쌓아야 한다. 그로부터 생긴 다음 생에 선업이 될 모든 근원(선근)을 일체 중생과 함께 완벽한 깨달음을 얻기 위해 회향해라. 그 모든 것들의 자성은 공空하여 그 특성이 꿈이나 환상과 같다는 것을 알아야 한다."

그와 같이 어느 수행이든 핵심을 요약할 줄 모른다면 외견상 알고 있는 것, 이해하고 있는 것, 깨달은 것이 아무리 많아도 그것들이 아무런 쓸모도 없습니다.

예전에 아띠샤 존자께서 티벳에 오셨을 때 위대한 역경사 린첸상뽀(958~1055)께서 초대를 했습니다. 존자께서 역경사에게,

"이런 저런 법을 아시는가요?"라고 차례대로 하나하나 물어보고, 모르는 것이 없다는 것을 알게 되었습니다. 그래서 존자께서는 아주 기뻐

하시며,

"놀랍습니다! 당신과 같은 박식한 분께서 티벳에 계시니 제가 티벳에 올 필요가 없었네요"라고 말씀하셨습니다.

"그런데 그 모든 것을 한자리에서 수행할 때 어떻게 합니까?" 여쭈니,

"각 전승의 기본서에서 설명된 그대로 수행합니다"라고 말씀하셨습니다. 존자께서는 실망하여, "형편없는 역경사로군요! 내가 티벳에 올 필요가 있었군요!"라고 말씀하셨습니다.

"그렇다면 어떻게 해야 합니까?" 여쭈니,

"모든 법을 하나의 핵심으로 요약하여 수행해야 합니다"라고 말씀하셨습니다.

그러므로 스승의 구전 가르침을 바탕으로, 수행의 핵심을 요약하는 방법을 몰라서는 안 됩니다. 그러한 것을 알고 수행하지 않으면 아무것도 도움이 안 됩니다. 성자 밀라래빠께서도 말씀하셨습니다.

> 배 고픈 사람은 음식에 대해 듣는 것으로 충분하지 않고 먹어야 하는 것처럼 법을 아는 것만으로는 쓸모가 없으므로 수행을 해야 한다.

그처럼 수행을 하는 핵심적인 의미는 그 수행이 자신의 마음의 흐름에 있는 번뇌와 아집에 대한 대치법이 될 수 있어야 합니다. 성자 밀라래빠께서 말씀하셨습니다.

> 방금 먹었는지 안 먹었는지는 약간 붉은 얼굴로 알 수 있다고 한 것처럼 법을 아는지 모르는지 수행을 했는지 안 했는지는 그것이 아집과 번뇌의 대치법이 되었는지 안 되었는지로 알 수 있다.

또한 게쉐 뙨빠(돔뙨빠, 1005~1064)께 뽀또와(1031~1105)가,

"법과 법이 아닌 것의 경계선은 무엇입니까?" 여쭈니, 게쉐 뙨빠께서 말씀하셨습니다.

번뇌의 대치법이 된다면 법이고 되지 않는다면 법이 아니다. 세상의 일과 어울리지 않으면 법이고 어울리면 법이 아니다. 경론[140]에 맞으면 법이고 맞지 않으면 법이 아니다. 좋은 흔적을 남기면 법이고 나쁜 흔적을 남기면 법이 아니다.

또한 논사 쩨곰께서도 말씀하셨습니다.

행위에 대한 인과법을 믿는 것은 최소한의 근기를 지닌 사람의 바른 견해다. 내외의 일체 법들이 '나타남과 공성의 결합(현공쌍운現空双運)'[141]이며 각성覺性(릭빠རི྇ག་པ)과 공성의 결합(각공쌍운)'임을 깨닫는 것은 보통 근기를 가진 사람의 바른 견해이다. 보는 대상, 보는 사람, 깨달음의 세 가지가 분리될 수 없다는 것[142]을 증득하는 것은 뛰어난 근기를 가진 사람의 바른 견해이다.

---

140 경론(까룽བཀའ་ལུང་) : 티벳어 까룽བཀའ་ལུང་에 대해 『장한불학사전』 66쪽에 설명된 '붓다 말씀에 관한 경전의 가르침(སངས་རྒྱས་ཀྱི་གསུང་གི་ལུང་བསྟན་)'을 중문본에 따라 '경론'으로 번역했다.
141 나타남과 공성의 결합(냥똥숭죽སྣང་སྟོང་ཟུང་འཇུག) : 모든 현상은 분명히 나타나 눈으로 볼 수 있지만 그 본성은 공하다는 두 가지 특성은 분리될 수 없으며 결합되어 있음. 현공무별現空無別(냥똥예르메སྣང་སྟོང་དབྱེར་མེད་)과 같은 의미이다.(『장한불학사전』과 『티영사전』) '색즉시공色卽是空'은 어떤 사물이든 단지 개념과 명칭으로만 존재하며, 영원하고 단일하며 독립적으로, 즉 자성으로 존재하지 않음을 말한다. 이로써 '현현하기 때문에 존재한다'는 극단에서 벗어나게 된다. '공즉시색空卽是色'은, 공성은 상호 의존하여 생기게 하는 잠재력을 가지고 있으므로 즉 상호 의존적인 현상은 어떤 것으로 특정될 수 없는 공성으로부터 끊임없이 생기는 것을 말한다. 이로써 '공하기 때문에 존재하지 않는다'는 극단에서 벗어나게 된다. '공불이색空不異色'과 '색불이공色不異空'에 의해서, 공성과 연기는 나눠질 수 없고 구분할 수 없으며 서로 포함하는 것으로 확립된다. 이와 같이 네 가지 공성을 결합하는 논리로써 '현공쌍운'에 대한 확신에 이르게 될 것이다.(『닝틱왼도신디』, 186~187쪽)
142 견해는 공성에 대한 알아차림이기 때문에, 알아차림의 대상과 알아차림의 주체와 알아차림은 전혀 본래의 고유한 실체, 즉 자성이 없는 것으로 본다. 따라서 그것들은 각자 단독적으로 존재

마음을 완전히 대상에만 집중하여 오로지 그 대상에 머무는 것은 최소한의 근기를 가진 사람의 바른 수습이다. 네 가지 결합(사종쌍운四種雙運)[143]의 삼매에 머무는 것은 보통 근기를 가진 사람의 바른 수습이다. 수습의 대상도 수습하는 주체도 선정을 경험하는 것도 없는, 아무런 생각의 대상을 지니지 않는 것(무소연無所緣)은 뛰어난 근기를 가진 사람의 바른 수습이다.

행위의 인과법을 눈동자처럼 세심하게 지키는 것은 최소한의 근기를 가진 사람의 바른 행동이다. 모든 현상을 꿈이나 환상과 같이 여기면서 행동하는 것은 보통 근기를 가진 사람의 바른 행동이다. 어떤 것도 행하지 않는 것[144]은 뛰어난 근기를 가진 사람의 바른 행동이다.

아집과 번뇌와 분별 등이 점점 줄어드는 것은 근기가 최소한이든, 보통이든, 뛰어나든 모든 사람의 올바른 따스한 징후(되딱ད་ཏགས་: 난상暖相)다.

냠메닥뽀(감뽀빠)의 『귀중하고 성스러운 길』(성도여의보聖道如意寶)에서도 이와 같은 의미로 말씀하셨습니다.

따라서 법을 공부할 때 핵심적인 요점을 요약할 줄 알아야 합니다. 위대한 일체지자(롱첸빠)께서 말씀하셨습니다.

알아야 할 것은 하늘의 별과 같고
배워야 할 대상에는 다함이 없다.
따라서 이번에[145] 법신의 핵심적 의미인

할 수 없으며 상호 의존에 의해서, 즉 연기에 의해서만 존재할 수 있다. 그것들은 공하면서 저절로 빛을 발산하는 '릭빠(རིག་པ་, ⓣvidya)'의 허상적 유희로서만 현현한다.(영문본, 주169 참조)
143 네 가지 결합(숭죽시བཞུང་འདུག་བཞི་): ①나타남(낭와སྣང་བ་: 현상)과 공성의 결합인 현공쌍운 ②각성(릭빠རིག་པ་, ⓣawareness)과 공성의 결합인 각공쌍운覺空雙運 ③지복(데와བདེ་བ་, ⓣbliss)과 공성의 결합인 낙공쌍운樂空雙運 ④명료함(샐와གསལ་བ་, ⓣclarity)과 공성의 결합인 명공쌍운明空雙運.(『장한불학사전』, 1414쪽)
144 어떤 것도 행하지 않는 것: 행위자도 행위의 대상도 행위도 본래 실체가 없어 자성이 공하다는 것을 깨달아, 마음에 아무런 대상을 지니지 않고 3륜을 분별하지 않으면서(무소연으로) 행하는 것을 뜻한다.(영문본, 주171 참조)

변함없는 요새¹⁴⁶를 차지한다면 가장 좋을 것이다.

사유할 때는 증익을 제거해야 합니다.
인도의 성인 파담빠상개께서 말씀하셨습니다.

> 스승의 구전 가르침을 구하기 위해서는,
> 새끼를 낳은 어미 독수리가 먹잇감을 구하는 것처럼 해야 한다.
> 법을 들을 때는, 사슴이 소리에 귀를 기울이는 것처럼 해야 한다.
> 수행을 할 때는, 바보가 음식 맛을 탐하는 것처럼 해야 한다.
> 숙고를 할 때는, 장빠(북쪽에 사는 사람)가 양털을 깎는 것처럼 해야 한다.
> 결과를 얻을 때는, 해와 달이 구름에서 벗어나는 것처럼 해야 한다.

그러므로 법에 대해 문사수 중 어느 하나라도 떼어 놓지 말고 겸해서 수행해야 합니다. 비할 바 없는 닥뽀 린뽀체(감뽀빠)께서 말씀하셨습니다.

> 법에 대해 문사수 세 가지를 잘 섞어서 수행하는 것이 실수하지 않는 요점이다.

그와 같이 문사수를 행한 결과 보리심의 자애와 연민이 더욱더 증가하고, 아집과 번뇌가 점차로 줄어드는 것이 확실해야 합니다.

그처럼 보리심을 일으키는 이 가르침은 모든 법의 정수이며 모든 길의 핵심이며, 있으면 그것으로 확실히 충분하고 없으면 능숙한 방편들을 오염시킬 것이 분명한 가르침이기 때문에 듣고 이해한 것으로 그만두지 말고 가슴속 깊이 수행하는 것이 가장 중요합니다.

---

145 이번에: 여덟 가지 수행 기회와 열 가지 유리한 조건을 갖춘 이 기회에.(짬뙬 린뽀체)
146 변함없는 요새: 안전한 곳, 즉 '붓다의 경지'를 의미한다.(체링)

보리심을 일으켰다고 생각했지만 생긴 것이 없고
6바라밀의 길을 닦았지만 이기심과 함께 있으니
나와 그리고 나처럼 마음이 나약한 중생들에게
수승한 보리심을 닦을 수 있도록 가피를 주소서.

여기까지 모든 길의 근본인, 대승의 수승한 보리심을 일으키는 가르침입니다.

3장
장애를 닦는 도르제셈빠 수행

두 가지 장애의 오염을 제거했지만
여전히 닦는 모습을 보여주시고
수승한 길의 끝에 확실히 도달하셨으나
배우는 모습을 지금도 보여주시며
윤회와 열반의 극단에서 벗어나셨으면서도
윤회계에 나타나신 견줄 바 없는
스승의 발아래에 엎드려 절하옵니다.

세 번째 주제는 장애를 닦는 것으로 스승인 도르제셈빠(금강살타金剛薩陀) 만뜨라 독송입니다. 가르침을 듣는 태도 등은 전과 같습니다.

---

*도르제셈빠 수행을 하기 위해서는 전승 법맥을 지닌 자격 있는 스승으로부터 먼저 관정을 받아야 한다. 이후의 모든 수행은 자격을 갖춘 스승의 안내를 받아야 한다.

참회를 통한 정화방법

본론으로 들어야 할 가르침으로서 심오한 길에 대한 특별한 '경험과 깨달음(증오證悟)'[147]이 생기는 것을 방해하는 핵심은 악행과 장애障碍와 습기習氣[148]입니다. 그것도 '모든 것의 바탕'[149]인 거울에 깨달음의 영상이 나타나도록 하기 위해서는 장애를 닦아내는 것이 중요합니다. 예를 들면, 거울에 영상이 나타나게 하기 위해서 깨끗이 닦는 것이 중요한 것과 같습니

---

147 경험과 깨달음(남뚝ཉམས་རྟོགས་) : 수행의 길에 대한 통찰과 진전에 사용되는 용어로, 경험은 '선정에 대한 일시적인 경험'을 말하며 깨달음은 '사물의 본성에 대한 변함없는 이해'를 말한다. (『티영사전』)

148 악행과 장애와 습기: 닦아야 할 장애는 일반적으로 네 가지를 말하는데 업장과 번뇌장과 소지장과 습기장이다. 초심자는 악행으로 인한 업장을 닦는데 중점을 두는 것이 중요하다. 악행에는 10불선·오무간죄 등 본래 옳지 못한 행동과 별해탈계·보살계·삼마야계 등의 계율의 위반으로 나눌 수 있으며, 같은 위반도 계율에 따라 더욱 무거운 위반이 된다. 예를 들어, 이를 죽이는 경우 보통 사람이 죽이면 살생의 죄가 되며, 보살계를 받은 사람이 죽이면 살생의 죄에 더하여 본인의 어머니를 살상하는 죄가 된다. 금강승 수행자가 이를 죽이면 앞의 두 가지에 더하여 성스러운 도르제셈빠와 마흔두 분의 적정존을 살상하는 악업을 쌓게 된다. 그러므로 모든 옳지 못한 행동은 업장이 되며 이 업장은 선도에 태어나는데 장애가 된다. 번뇌는 위와 같은 옳지 못한 행동을 유발시키는 생각이며, 8만 4천의 번뇌가 있다. 이 모든 번뇌를 요약하면, 5독 혹은 3독이 되며 한마디로 '옳지 못한 생각'이다. 이 번뇌장은 성문이나 연각의 해탈을 얻는데 장애가 된다. 소지장은 주체, 객체, 행위가 실재한다고 집착하는 분별이다. 습기장은 현교에 따르면 아주 미세한 형태의 소지장이다. 밀교에서 습기장은 세 가지 인식의 변화에 관련된다. 거친 몸을 생기게 하는 씨앗으로서 백색의 습기, 거친 말을 생기게 하는 씨앗으로서 적색의 습기, 마음이 생기게 하는 씨앗으로서 백색인 것과 적색인 것의 결합인 풍기의 미세한 움직임을 가진 습기, 즉 흑색의 습기가 있다. 소지장과 습기장은 일체지의 원초적 지혜를 얻는데 장애가 된다.(『닝틱왼도신디』, 195~197쪽)

149 모든 것의 바탕(꾼시ཀུན་གཞི་, ⓢalaya) : 습기가 들러붙는 바탕이며 업의 영향력과 업의 씨앗이 의지하는 바탕이다. 8식 가운데 하나인 알라야식이다.(『장한불학사전』, 24쪽)

다. 그 때문에 장애를 닦는 수많은 방편을 승리자께서 가르쳤습니다. 그 중에서, 그 모든 것들 중 최고가 되는 것은 스승인 도르제셈빠[150]에 대한 관상과 만뜨라 독송입니다. 또한 옳지 못한 어떤 행위도 참회하여 닦아지지 않는 것은 없습니다. 예전의 위대한 스승들께서 말씀하셨습니다.

> 본래 옳지 못한 행위에는 좋은 특성(공덕)이 없지만
> 참회하여 씻어낼 수 있다는 것은 악행의 좋은 특성이다.

그러므로 외부적으로 별해탈계를 위반하고, 내부적으로 보리심의 익혀야 할 사항(학처學處)을 저버리고, 은밀한 것으로 금강승의 삼마야(서언誓言)를 더럽히는 등 악행이 아무리 심해도 참회하여 닦지 못하는 것은 없습니다.

브라흐만의 아들 아타파스는 앙굴리말라[151]로 알려진 사람으로, 그는 사람을 9백99명을 죽였지만 참회함으로써 이전 상태로 되돌아갔으며, 그 생애에 아라한의 경지를 얻었습니다. 아자따사뜨루 왕[152]은 자신의 아

---

150 도르제셈빠(རྡོ་རྗེ་སེམས་དཔའ་, ⓢvajrasattva) : 금강살타로 다섯 붓다 가족의 모든 공덕을 구현한 삼보가까야 붓다이다. 금강승의 수행에서 수행자는 관상하는 본존을 과거 현재 미래의 모든 붓다를 한몸에 구현하고 있는 자신의 근본 스승으로 생각한다. 도르제셈빠는 보디사뜨와로서, 그분의 만뜨라를 독송한 사람은 누구나 모든 악행과 장애가 닦아질 것이라고 서언한 특별한 붓다이다. 그분의 이름이 의미하는 것은 '파괴될 수 없는 마음의 본성'이다(영문본, 주173).

151 아타파스(미둥와མི་གདུང་བ་, ⓢatapas) : '번뇌나 슬픔이나 고통이 없는'을 뜻한다. 앙굴리말라(소르모텡와སོར་མོ་ཕྲེང་བ་, ⓢaṅguli mala) : '손가락으로 만든 화환'을 뜻한다. 브라만의 아들로 상당히 어리석어, 천 명의 사람을 죽여 그 손가락으로 화환을 만들면 진정한 법을 성취한다는 잘못된 가르침을 준 스승의 말을 그대로 믿었다. 이미 9백99명을 죽이고 천 명을 채우기 위해 어머니를 죽이러 가는 중에 붓다를 만나, 어머니 대신 붓다를 죽이려고 했으나 붓다의 위신력 때문에 해칠 수가 없었다. 그때 붓다의 가르침을 받고 나중에 아라한의 경지를 성취했다.(『Nagarjuna's Letter』, 42쪽)

152 아자따사뜨루: 마가다국의 빔비사라 왕의 아들로, 티벳어 이름 통댄འཐོབ་ལྡན་에 해당하는 산스끄리뜨어(영문본에는 Darsaka로 옮겨짐)는 확실치 않으며, 티벳어 게송에서 운율상의 이유로 이 명칭을 택한 것으로 생각된다. 통댄은 널리 알려진 이름인 마께다མ་སྐྱེས་དགྲ་의 별칭으로 모든 주석에서 확인되었으며 별로 알려지지 않은 이름이다. 아자따사뜨루 왕자는 극단적인 분노의 본보기로, 데와닷따와 공모하여 자신의 부친인 빔비사라 왕을 살해해서 왕위를 빼앗았다. 나중에

버지를 죽였지만 나중에 참회하고 이전 상태로 되돌아가, 마치 공이 땅에 맞고 튀어 오르는 순간만큼 아주 잠시 지옥을 경험하고 해탈하는 등 많은 이야기들을 붓다께서 여러 경전에서 말씀하셨습니다. 그래서 보호주 나가르주나께서도 말씀하셨습니다.

> 누구든지 전에는 방일放逸했으나[153]
> 이후에 불방일不放逸하게 된 사람은[154]
> 구름에서 벗어난 달처럼 매우 아름답습니다.
> 난다처럼, 앙굴리말라처럼, 아자따사뜨루처럼, 상까라처럼.[155]

그것도 네 가지 강력한 대치법을 모두 갖추어서, 가슴속 깊은 곳에서부터 제대로 참회해야 닦아지는 것이지, 입으로는 의미 없는 일에 계속 참견하고, 눈으로는 이것저것 다 둘러보고, 마음은 다른 망상을 따라가면서 말로 '고백합니다, 참회합니다' 하는 등 참회를 말로만 되풀이하거나 혹은 나중에 참회해도 되기 때문에, 앞으로 악행을 해도 해가 안 될 것이라고 생각하면서 참회를 하면 죄업이 닦아지지 않습니다. 성자 밀라

붓다의 감화를 입어 자신의 죄업을 참회하고 3보에 귀의했다. 붓다께서 열반하신 후 일차 결집의 후원자가 되었다.(『Nagarjuna's Letter』, 42쪽 주18)

[153] 방일(박메빠་བག་མེད་པ་): 조심성 없음. 게으름 혹은 선행과 불선행에 대해 아무것도 생각하지 않는 마음작용 중 하나로, 스무 가지 이차 번뇌 중 하나이다.(『장학불학사전』, 1107쪽)

[154] 불방일(박외빠་བག་ཡོད་པ་): 조심성 있음. 확고한 각성을 지니고 있음. 해야 할 일과 해서는 안 될 일에 대해 최대한의 주의를 기울이는 것으로 세간과 출세간의 선업을 쌓게 되는 업을 얻게 된다. 열한 가지 선한 마음작용 중 하나이다.(『장학불학사전』, 1108쪽)

[155] 161쪽에 나오는 붓다의 사촌 난다에 대한 이야기는 극단적 탐욕의 본보기로, 참회함으로써 결국 해탈을 성취하여 아라한이 되었다. 상까라(데제འད་བྱེད་, ⓢudayana)는 다른 남자의 아내와 함께 자고 싶어 했는데 그것을 어머니가 못하게 했다고 자신의 모친을 살해했다. 그는 비구계를 받은 사람이었는데, 5무간죄 중 하나를 범한 것이 알려져 승가에서 추방되었다. 그러나 그는 유배지에 정착하여 살면서 수많은 승려가 거주할 수 있는 사원을 건설하였다. 죽은 후 그는 무간행의 과보로 지옥에 태어났으나, 승가를 모범적으로 후원했기 때문에, 거기서 아주 짧은 기간만 머물고 곧바로 빠져나왔다. 천신으로 다시 태어나 마침내 예류과를 성취했다. 상까라는 극단적인 탐욕과 분노의 본보기다.(『Nagarjuna's Letter』 42쪽과 영문본, 주175 참조)

라빠께서 말씀하셨습니다.

악행을 고백하여 닦아질까 의문을 갖는 경우
선행을 마음에 항상 품고 있으면 닦아집니다.

따라서 어떠한 참회도 네 가지 강력한 대치법을 갖추는 것이 절대적으로 중요합니다.

네 가지 대치법

네 가지 힘은 의지처의 힘, 옳지 못한 행동을 후회하는 힘, 맹세하는 힘, 대치법을 습관화하는 힘, 이렇게 네 가지입니다.

1. 의지처의 힘

먼저 의지처의 힘의 경우에는 도르제셈빠를 의지처로 삼아 원보리심과 행보리심을 지니는 것입니다. 다른 경우에도 악행을 참회하는 대상 그 자체가 의지처입니다. 예를 들면 『삼취경』의 경우, 서른다섯 분의 붓다가 의지처가 됩니다. 또한 정신적 스승이나 붓다의 몸・말씀・마음을 상징하는 것들(불상・불경・불탑)이 의지처가 됩니다. 이처럼 어느 것 앞에서 참회해도 바로 그것이 의지처의 힘입니다.[156]

또한 원보리심과 행보리심을 일으키는 것은 모든 옳지 못한 행위를

---

[156] 의지처의 힘: 도르제셈빠나 다른 정신적 스승 혹은 불상・불경・불탑 등을 '외적인 의지처'라고 하고, 귀의하는 것과 보리심을 일으키는 것 특히 대연민심을 일으키는 것을 '내적인 의지처'라고 한다. 스승에 대해 '당신은 무엇이 최선인지에 대해 모든 것을 알고 있다'는 전적으로 신뢰하는 믿음을 지니는 것과 수승한 보리심을 일으키는 것 두 가지가 가장 중요하다. 따라서 외적인 의지처의 힘보다 내적인 의지처의 힘인 믿음과 귀의와 보리심을 개발하는 것이 중요하다.(『닝턱 왼도신디』, 200~201쪽에서 요약)

참회하는데 없어서는 안 되는 것입니다. 보리심을 일으키지 않으면 네 가지 강력한 대치법을 갖추어서 악행과 위반을 참회해도 조금 줄어들 뿐 완전히 씻겨진다고 말씀하시지 않았습니다. 진정한 보리심을 마음에 일으키면, 전에 아무리 악한 행위를 했더라도 모두 저절로 악업이 닦아진다고 말씀하셨습니다. 『입보리행론』에서 샨띠데와께서 보리심에 대해 아래와 같이 말씀하셨습니다.

> 아주 끔찍한 악행을 저질렀을지라도
> 마치 용감한 사람에 의지하여 큰 위험에서 벗어나는 것처럼
> 어떤 것에 의지하여 순식간에 자유로워진다면
> 조심성 있는 자들이 그것에 어찌하여 의지하지 않을 것인가?
> 그것은 마치 마지막 겁劫의 불처럼[157]
> 커다란 악업들을 한순간에 확실히 태워버린다.

2. 옳지 못한 행동을 뉘우치는 힘

옳지 못한 행동을 뉘우치는 힘은 전에 행한 모든 악행과 불선행에 대해 후회하는 마음을 갖는 것입니다. 그처럼 악행을 옳지 않은 것으로 보고 그것에 대해 강한 후회의 마음으로 숨김없이 참회하지 않는다면 악업이 닦아지지 않습니다.[158] 『삼취경』에서도 말했습니다.

---

157 마지막 겁의 불: 티벳어 뒤태메དུས་མཐའི་མེ의 번역으로 겁화劫火 또는 말겁화末劫火로 한역된다. 겁을 파괴시키는 불을 말하며 일곱 개 태양의 뜨거움과 접촉하는 것이다.(『장한불학사전』, 772쪽)

158 참회 수행을 위해 숙고해야 할 여섯 가지의 문: ①시기: 무시이래로 지금까지 행한 모든 올바르지 못한 행위를 후회한다. 이생 동안에 특정한 달, 특정한 날, 특정한 순간에 행한 악행을 후회한다. 본인이 직접 행한 악행과 다른 사람이 악행을 하도록 부추긴 것과 다른 사람이 악행을 하는 것을 기뻐한 것을 후회한다. ②동기: 탐욕으로 증오로 미망으로 저지른 모든 행위를 후회한

저는 고백하고 참회합니다! 숨김없이! 모두 드러내어!

또한 대성취자 까르마착메께서도 말씀하셨습니다.

후회가 없다면 고백만으로 닦아지지 않는다.
과거에 저지른 악행은 마치 몸 안에 들어간 독과 같기 때문이다.
따라서 부끄러움과 두려움과 강한 뉘우침으로 참회하라.

3. 맹세하는 힘

맹세하는 힘은 자신이 과거에 행한 옳지 못한 행동 그 자체를 기억하여, '바로 오늘부터 아끼는 이 목숨을 내놓더라도 그러한 옳지 못한 행동을 하지 않겠다!'고 다짐하는 것입니다. 『삼취경』에서도 설했습니다.

앞으로 다시는 결단코 하지 않을 것을 맹세합니다!

또한 그처럼 '극락세계 발원문'에서도 설했습니다.

앞으로 지키려는 마음이 없으면 정화되지 않으므로
앞으로 목숨을 내놓더라도 옳지 않은 행동은
지금부터 하지 않을 것을 굳게 맹세합니다.

다. ③쌓음: 행동으로 말로 마음으로 쌓은 모든 옳지 못한 행위를 후회한다. ④행위의 본성: 10불선·5무간행과 같은 악행과 별해탈계·보살계·삼마야계 등 모든 계율의 위반을 후회한다. ⑤대상: 윤회와 관련된 것이든 열반에 관련된 것이든 모든 잘못된 행위를 후회한다. ⑥업의 역할: 이생에서 수명단축, 잦은 질병, 가난, 적에 대한 두려움을 가져오는 행동과 내생에서 3악도나 윤회계에서 한없는 방황을 초래하는 모든 악행과 위반을 후회한다.(『닝틱왼도신디』, 201쪽)

4. 대치법을 습관화하는 힘

대치법을 습관화하는 힘은 과거에 행한 악행의 대치법으로 선행을 행할 수 있는 한 많이 행하는 것입니다. 그리고 특히 붓다와 보살에게 오체투지로 예경하는 것입니다. 다른 사람의 복덕에 대해 수희찬탄하며, 일체 선행(선근善根)을 '깨달음(보리)'에 회향하고, 원보리심과 행보리심을 일으키며, 조작 없는 실상의 핵심[159]을 마음속에 지키는 것 등입니다.

예전에 견줄 바 없는 닥뽀 린뽀체의 제자인 한 수행자가, 전에 경전을 팔아서 생계를 유지했던 것을 기억하고 후회하면서 말씀드리니,

"바로 그 경전을 출판하시오"라고 말씀하셨습니다. 마침내 그 경전의 출판에 착수했으나 출판하는 과정에 번거로운 일이 많이 생겼습니다. 그 때문에 아주 피곤하여 스승 앞에 가서,

"경전을 출판하는 데에도 너무 많은 번거로운 일이 생깁니다. 악행을 참회하는 데에 있어서도 본성 그 자체를 지키는 것보다 심오한 것이 있을까요?"라고 여쭈니, 닥뽀 린뽀체께서 기뻐하시면서,

"사실은 바로 그거다! 과거에 행한 악행이 수미산만큼 쌓여있어도 본성을 보는 순간[160]에 닦아진다"라고 말씀하셨습니다.

따라서 악행을 정화하기 위해서 보리심을 수습하는 것과 조작 없는

---

159 티벳어 내룩 마쬐빼웅오 꽁와གནས་ལུགས་མ་བཅོས་པའི་ངོ་བོ་སྐྱོང་བ་ 의 옮김으로, 영문본에서 "변하지 않은 본성의 핵심에 머무는 것(staying in the essence of the unaltered natural state)"으로, 중문본에서는 "호지무위실상지본체護持无爲實相之本體"로 번역했다. 람림첸모를 번역한 『깨달음에 이르는 길』(청전 옮김, 267쪽)에서 사력의 두 번째 힘(대치법)을 여섯 가지로 나누어 설명하면서 "공성을 이해한다고 함은, 무아와 광명의 법성에 들어가 본래청정을 믿는 것이다"라고 한 부분이 이 뜻을 설명한 것으로 보이며, 『완역 티베트 사자의 서』(중암 역주, 24쪽)에서, 무조작의 천생의 자연지(랑중예쉐마쬐རང་བྱུང་ཡེ་ཤེས་མ་བཅོས་)에 대해 "어떤 인위적 조작에서 비롯됨이 없이 본래 천연적으로 모든 유정들의 마음에 성취된 공지무별空智無別의 완전한 지혜를 말한다"고 설명한 것도 이 뜻을 이해하는데 도움이 될 것이다.

160 본성을 보는 순간(응오통왜깨ངོ་བོ་མཐོང་བའི་སྐད་ཅིག་ལ་) : 마음의 본성 혹은 마음의 실체, 즉 공성을 직시하는 순간.(짬뙬 린뽀체)

실상의 흐름을 지키는 것보다 더 심오한 것은 없습니다. 그러므로 여기서도 그 두 가지를 마음에 항상 지니고 도르제셈빠를 관상수행해야 합니다. 관상수행은 감로가 흘러내려 정화시키는 것과 백자진언을 독송하는 것 등입니다.

도르제셈빠 수행방법

그와 같은 네 가지 강력한 대치법의 청정함을 항상 기억하면서 도르제셈빠를 실제로 수행할 때는 다음과 같이 하세요. 자신이 평범한 모습으로[161] 앉아 있으며, 정수리에서 화살 하나 정도 위쪽의 허공에 천 개의 꽃잎이 펼쳐진 하얀 연꽃을 관상하세요.

그 위에 보름달의 월륜을 관상하세요. '보름달'이라고 하는 것은 크고 작은 정도가 아니라 달의 모든 부분이 가득 찬 보름날의 달처럼 모든 방향이 일그러짐 없이 둥글게 있는 것을 의미합니다. 그 위에 빛이 눈부시게 빛나는 하얀 '훔'자를 관상하세요.

다른 전승에서는 '훔' 글자에서 빛이 발산되고 흡수되는 것 등이 있지만 우리 전승에는 없습니다. 그 다음 한순간에 그 '훔' 글자가 형상을 바꾸어 그 본질이 과거와 현재와 미래의 모든 붓다가 구현된 실체이며, 견줄 바 없는 대자비(대연민)의 보고寶庫인 성스러운 근본 스승이 됩니다. 모습은 삼보가까야(보신報身) 붓다인 '도르제셈빠'이며, 몸이 하얗게 빛나 마치 설산의 정상에 만 개의 태양이 비추며 감싸고 있는 것과 같습니다.

얼굴은 하나에 팔이 둘이며, 오른손에는 '각성(རིག་པ)과 공성(각공覺空)'

---

161 본수행에서는 가끔 자신을 본존의 형상으로 관상한다. 여기서는 우리가 처음에는 평범하고 청정하지 않은 몸이지만 수행을 통해서 청정해진다고 생각한다. 따라서 시작단계에서는 우리의 몸을 평상시의 일상적인 모습으로 있다고 생각하는 것이다. (영문본, 주181 참조)

을 의미하는 다섯 꼭지(5고五高) 금강저를 가슴을 향하여 쥐고 있습니다. 왼손에는 '현상과 공성(현공現空)'을 의미하는 금강령[162]을 허리에 대고 있습니다. 두 발은 금강 가부좌를 하고 앉아 계시며, 몸에는 삼보가까야의 열세 가지 장식물로 장엄되어 있습니다.

다섯 가지 비단 의복과 여덟 가지 보석 장신구 중에서 먼저 다섯 가지 비단 의복은 머리 묶는 리본이 하나요, 상체를 감싸는 옷이 둘이요, 긴 비단 숄이 셋이요, 허리띠가 넷이요, 아래를 감싸는 옷이 다섯입니다. 여덟 가지 보석 장신구는 보관이 하나요, 오른쪽과 왼쪽의 귀걸이 둘을 하나로 간주하여 둘이요, 목걸이가 셋이요, 두 팔의 장식을 하나로 쳐서 넷이요, 긴 목걸이(배꼽까지 내려오는)와 짧은 목걸이(가슴까지 내려오는) 둘을 하나로 셈하여 다섯이요, 팔찌 둘을 하나로 간주하여 여섯이요, 가락지들을 하나로 쳐서 일곱이요, 발찌 둘을 하나로 간주하여 여덟입니다.

배우자인 하얀색의 도르제냄마와 하나가 되어[163] 감싸 안고 있습니다. 몸은 모습이 있지만 자성을 갖지 못하여, 공한 모습이 물에 비친 달처럼 또는 거울에 나타난 영상처럼 선명하고 생생합니다. 도르제셈빠가 당신의 정수리 위에 당신처럼 정면을 향하여 앉아계십니다. 이처럼 관상하는 것이 '의지처의 힘'입니다.

그 다음 그처럼 관상하는 것은 탕카나 벽화 같은 평면적인 것이 아닙니다. 흙이나 금으로 만든 불상처럼 단단한 물질의 특성이나 무생물의 모습 같은 것도 아닙니다. 모습의 측면에서 눈동자의 흰색과 검은 색까지 명확히 구별할 수 있을 정도로 모든 세세한 부분까지도 분명하고 생

---

162 금강저와 금강령: 금강저는 능숙한 방편을 금강령은 지혜를 나타낸다.
163 하나가 되어: 여성은 지혜를 남성은 능숙한 방편을 의미하며, 다른 차원에서 여성은 공성을 남성은 현상을 상징한다. 또 다른 차원에서 절대적 공간과 본래의 지혜를 상징한다. 성적인 결합은 깨달음의 상태에서는 이 모든 것들이 분리할 수 없는 하나로 경험된다는 것을 상징한다.(영문본, 주185 참조)

생하며, 공성의 측면에서 견고한 형상의 사물이나 살갗, 피, 내장 등의 모습을 이루고 있는 것이 추호도 없습니다. 하늘에 나타난 무지개나 먼지 하나 없는 유리 화병과 같습니다.

은혜가 크신 근본 스승과 보호주 도르제셈빠는 본성이 같으며, 원초적 지혜를 함께 갖추고 있어서 그분의 마음은 나와 모든 중생에 대해 커다란 사랑(대자大慈)으로 항상 생각하고 계십니다. 그 앞에서, 자신의 모든 전생에 걸쳐서 무시이래 윤회로부터 시작하여 지금에 이르기까지 행동과 말과 생각으로 지은 열 가지 악행(10불선업)과 다섯 가지 즉각적인 결과를 초래하는 악행(5무간죄), 네 가지 무거운 죄(4중죄), 여덟 가지 잘못, 밖으로 별해탈계를 위반한 것, 안으로 보살의 학처(보살계)를 저버린 것, 금강승 수행자가 삼마야를 어긴 것, 세간의 맹세를 저버린 것, 거짓을 말한 것, 남부끄러운 일과 스스로 부끄러운 일을 저지른 것 등 악행을 쌓아온 모든 것을 실제로 기억하고 모조리 마음에 떠올려, 스승인 도르제셈빠 눈앞에서 부끄러움과 두려움과 후회와 함께 몸서리치면서 솔직하게 고백하고 참회하세요. 또한 자신의 마음에 생각나지 않는 것들도 무시이래 윤회하는 동안 세세생생 쌓아 온 죄업이 무수히 많이 있는 것이 확실하니 그것들도 모두 다,

"숨김없이 다 드러내어 참회합니다. 용서를 구합니다. 그 모든 악행과 장애가 바로 지금 신속히, 앉아 있는 이 자리에서 조금도 남김없이 씻겨 정화되기를! 자비가 줄어들지 않기를!"이라고 생각하는 것이 '뉘우치는 힘'입니다.

"이전에는 제가 무지하고 어리석은 탓으로 그러한 악행과 불선행을 쌓았지만, 이제는 은혜가 크신 스승의 자비(연민)에 의지하여 옳고 그름의 본성을 알게 되었으니 이제부터는 목숨을 걸고라도 그러한 악행을 행하지 않겠습니다"라고 다짐하는 것이 '맹세의 힘'입니다.

그와 같은 청정함을 항상 기억하면서 다음과 같이 독송하세요.

〈관상〉
'뻿아' 평범한 모습을 한 저의 정수리 위
하얀 연꽃과 달 방석이 놓인 가운데
'훔'에서 스승께서 도르제셈빠로 나타나
하얗고 투명한 원만수용 보신으로
금강저와 금강령을 쥐고 도르제넴마를 안고 계시네.

〈청원〉
본존께 귀의를 청하오니 악행을 닦아 주소서.
강렬히 후회하는 마음으로 고백하고 참회합니다.
앞으로 목숨을 내놓을지언정 계를 지키겠습니다.

〈정화〉
본존의 심장에 있는 보름달 월륜좌 위에
'훔'자 주위로 만뜨라가 빙 둘러 있습니다.
만뜨라 독송으로 연민심을 불러일으켜
두 본존께서 안락을 누리는 쌍운처에서
보리심의 구름과 같은 감로수가
얼음에서 녹은 물방울처럼 흘러내립니다.

〈기원〉
이로 인해서 저와 3계의 유정들이 지닌
고통의 원인인 업과 번뇌뿐만 아니라
질병과 악령, 악행과 장애, 계를 어긴 오염도
남김없이 닦아지기를 기원합니다.[164]

백자 만뜨라 독송

그 다음 도르제셈빠 합존불의 가슴에 납작한 겨자씨만한 월륜이 있는 것으로 관상하세요. 그 위에 하얀색의 '훙훔'자가 털 한 올로 그려진 것처럼 선명하게 관상하세요.

옴! 바즈라 싸뜨와 싸마야
마누 빨라야
바즈라 싸뜨와 떼노빠
띳타 디도 메바와
쑤또쇼 메바와
쑤뽀쇼 메바와
아누락또 메바와
싸르와 씯디 메쁘라 얏차
싸르와 까르마 쑤짜메
찌땀 스리얌 꾸루훔
하 하 하 하 호
바가완 싸르와 따타가따 바즈라 마메 문짜
바즈리 바와 마하싸마야 싸뜨와 아

---

164 티벳어 전문은 『IEPP』 88-89쪽, 영문번역은 9쪽, 중문번역은 중문본 193쪽에 있다.

백자 만뜨라를 한 번 독송하면서, '훙훔'자의 둘레에 백 개의 글자가 마치 수많은 약들이 나란히 함께 밀착하여 서 있을 때 약 뿌리처럼 서로 닿지 않을 정도의 간격으로 빙 둘러있는 것으로 관상하세요. 그 다음 자신의 목소리로 백자 만뜨라를 기도하는 식으로 독송할 때 각 음절에서 자비(연민)와 지혜의 감로수가, 불에 녹는 얼음에서 물방울이 떨어지듯 방울방울 반짝이며 떨어집니다. 그 감로수가 몸의 형상을 통과하여 합존불이 결합된 곳에서 흘러나와, 자신과 다른 모든 중생들의 정수리로 흘러 들어갑니다.

몸 안의 모든 질병은 시커먼 피나 고름의 형상으로, 모든 마장은 벌레나 거미·전갈·두꺼비·물고기·뱀·올챙이 등의 형상으로, 모든 악행과 장애는 시커먼 연기 같은 액체나 숯처럼 검은 액체·먼지·연기·구름·수증기의 형상으로, 마치 거침없이 흐르는 강물에 흙먼지들이 휩쓸려가는 것처럼, 감로수의 흐름에 거침없이 휩쓸려 내려와 발바닥이나 항문이나 모든 털구멍에서 거무스름한 액체로 밖으로 흘러나옵니다.

자신의 아래쪽 땅이 갈라져 밑바닥에 죽음의 주재자인 염라대왕(예전에 지은 업의 구체적 형상)이 나타나는데 그 주위에 당신의 과거 악행에 되갚아야 할 빚이 있거나 과거의 살생에 대한 원한이 있는 모든 남자와 여자들이 둘러싸고 있습니다. 그들은 입과 두 팔과 두 손바닥을 벌려 내밀고 있는데 그 안으로 거무스름한 액체가 흘러 들어가는 것을 관상하면서 백자 만뜨라를 독송하세요.

그것도 모든 대상(소연경所緣境)을 한꺼번에 관상할 수 있다면 그렇게 하세요. 그렇게 할 수 없다면 때로는 도르제셈빠의 신체나 얼굴, 손 등을 집중적으로 관상하면서 독송하고, 때로는 장신구나 의복에 집중 관상하면서 독송하고, 때로는 감로수의 흐름에 질병이나 마장·악업·장애가 씻겨지는 것을 집중 관상하면서 독송하세요. 때로는 과거의 죄업을 참회하는 마음과 향후 다시는 악행을 하지 않겠다고 맹세하는 마음을 떠올리면서 독송하세요.

그리고 마지막으로 지하에 있는 죽음의 주재자인 염라대왕 등 과거의 악행에 되갚아야 할 빚이 있거나 당신의 과거 살생에 대한 원한이 있는 모든 사람들도 만족해하고 흡족해 하는 것으로 관상하세요. 업보가 깊어지고 빚진 것이 해결되었으며, 원한이 씻어지고 악행과 장애가 닦아졌습니다. 염라대왕의 입과 두 팔과 두 손바닥도 오므라졌습니다. 땅이 갈라진 것도 원상으로 회복되었습니다.

자신의 몸도 외부와 내부가 투명한 것으로 관상하세요. 빛의 본성을 가진 몸의 중심에 중맥中脈(중심 나디)이 있으며, 그 중맥을 따라 네 개의 짜끄라가 우산의 살처럼 방사형으로 펼쳐져 있습니다. 배꼽에 변화의 짜끄라(변화륜)가 있어 방사형으로 배열된 가는 기맥 64개가 위로 향해 뻗어 있습니다. 가슴에 법의 짜끄라(법륜)가 있으며, 방사상의 가는 기맥 8개가 아래로 향해 뻗어 있습니다. 목에 즐거움의 짜끄라(수용륜)가 있으며, 방사상의 가는 기맥 16개가 위로 향하고 있습니다. 정수리에 대락大樂[165]의 짜끄라(대락륜)가 있으며, 방사상의 가는 기맥 32개가 아래로 향하고 있습니다. 이와 같이 관상하세요.

다시 감로수의 흐름이 이전처럼 흘러내립니다. 자신의 몸을, 정수리에 있는 대락의 짜끄라에서 시작하여, 중맥과 네 개의 짜끄라와 그리고 그로부터 펼쳐져 있는 몸 내부 전체와 손가락 발가락 끝에 이르기까지, 마치 유리병이 우유로 가득 채워지는 것처럼 감로수의 흐름으로 뽀얗게 가득 채워집니다.

이에 따라 보병관정·비밀관정·지혜관정·귀중한 말씀관정의 네 가

---

165 대락: 커다란 평안과 즐거움, 본래 저절로 생긴 지혜의 즐거움(구생적 지혜안락俱生的 智慧安樂)을 말한다.(『장한불학사전』)

지 관정을 받습니다. 업에 의한 장애(업장), 번뇌에 의한 장애(번뇌장), 알아야 할 것에 대한 장애(소지장), 습관화된 기질에 의한 장애(습기장) 네 가지가 닦아집니다.

기쁨(희喜)·최상의 기쁨(승희勝喜)·특별한 기쁨(수희殊喜)·본연의 기쁨(구생희俱生喜)이라는 네 가지 기쁨(사희四喜)의 원시지(예쎼ཡེ་ཤེས)가 마음속에 일어납니다. 화신·보신·법신·자성신의 4신 경지가 마음속에 자리잡았다고 관상하세요.

그 다음,

〈관상의 분해〉
보호주여, 제가 무지하고 어리석어
삼마야를 위반하여 더럽혔습니다.
보호주이신 스승께서 구호해주소서!
주존이며 바즈라다라이며[166]
대자비의 본성을 지니신 분이여!
모든 중생들의 주이신 당신께 제가 귀의합니다.

몸과 말과 마음으로 위반한 근본 삼마야와
그 외 모든 삼마야를 고백하고 참회합니다.
악행과 장애와 계를 위반하여 쌓인
모든 더러움을 닦고 씻어 주시기를 기원합니다.[167]

---

166 바즈라다라: 티벳어 도르제진빠རྡོ་རྗེ་འཛིན་པ는 도르제창རྡོ་རྗེ་འཆང과 같은 의미로 바즈라다라, 즉 지금강持金剛과 동의어이다. 티벳어 도르제진빠는 이외에도 바즈라빠니, 즉 금강수 보살이나 밀승의 스승 혹은 제석천을 뜻하는 경우도 있다. 도르제창(바즈라다라)은 지금강 혹은 금강지로 한역되며 샤꺄무니께서 밀승의 법을 설하실 때 지금강불의 모습으로 현현하여 무상 요가 딴뜨라를 설하셨다.(『장한불학사전』, 900쪽)
167 티벳어 전문은 『IEPP』 89~90쪽, 중문번역은 중문본 195쪽에 있다.

라고 부끄럽게 생각하며 이 구절을 독송하자마자 스승 도르제셈빠께서 기뻐하시면서 미소를 지으시고,

고귀한 집안의 자손이여!
그대의 악업과 장애와 계를 어긴 것들이 모두 닦여졌노라.

라고 기원을 받아 주시고 빛으로 변하여 자신에게 흡수됩니다. 따라서 이전에 관상한 것과 같이 이제 자기 자신이 도르제셈빠로 형상이 바뀝니다.

그분의 가슴에 납작한 겨자씨만한 월륜을 관상하세요. 그 월륜 위의 중앙에 청색의 '훔' 그 앞에 백색의 '옴' 오른쪽에 황색의 '바즈라' 뒤쪽에 적색의 '싸' 왼쪽에 녹색의 '뜨와'를 관상하세요. "옴 바즈라 싸 뜨와 훔"이라고 독송하는 것과 동시에 각각의 다섯 음절에서 백·황·적·녹·청색의 오색 빛줄기가 위로 발산됩니다. 그 빛줄기의 끝에 '애교의 여신' 등 즐거움을 공양하는 여신(천녀天女)들이 있는데, 그들의 손에 8길상八吉相[168]과 일곱 가지 전륜왕의 보물(전륜왕 7보),[169] 일산日傘, 승리의 깃발, 닫집(천개天蓋), 천 개의 바퀴살을 가진 황금바퀴, 오른쪽으로 감아 도는 하얀 소라고둥 등 헤아릴 수 없는 공양물들이 장엄되어 있습니다. 시방의 상상할 수 없이 무한한 정토에 머물러 계시는 모든 붓다와 보살을 기쁘게 하기 위해 이러한 공양물을 올리니, 자량 쌓는 것이 원만하게 되

---

168 8길상(따시딱개བཀྲ་ཤིས་རྟགས་བརྒྱད་): 일산·황금물고기·보병·연꽃·하얀 소라고둥·영원의 매듭·승리의 깃발·황금법륜.

169 전륜왕 7보(걜시나뒨རྒྱལ་སྲིད་སྣ་བདུན་): 천 개의 바퀴살을 가진 황금바퀴(금륜보), 8면을 가진 여의보주(신주보), 완전한 여성의 32상을 지닌 아름다운 왕비(옥녀보), 땅속에 있는 보석도 찾을 수 있는 대신(주장신보), 전륜성왕을 어디든 모시고 갈 수 있는 흰색 코끼리(백상보), 찰나에 4대주를 돌 수 있는 훌륭한 말(감마보), 예순여섯 가지 특별한 재주를 가진 장군(장군보). 『마하무드라 예비수행』(잠곤 꽁툴 린뽀체 지음, 까르마 왼땐 옮김)에서 발췌하였으며, 155쪽에 상징하는 문양이 있다.

고 장애가 닦여집니다. 모든 붓다의 자비(연민)와 가피가 여러 가지 색을 가진 빛줄기의 모습으로 나타나 자신에게 흡수됩니다.

보통의 성취와 최상의 성취, 그리고 학도學道와 관련된 위드야다라의 네 단계,[170] 그리고 궁극적 결과인 무학도無學道 쌍운雙運의 경지[171]를 증득한다고 생각하세요. 이 관상은 자신을 이롭게 하는 법신 성취의 인연을 마련하는 것입니다.

또한 다섯 개 각각의 음절로부터 수십만 가지의 다양한 색을 가진 헤아릴 수 없이 많은 빛줄기가 아래로 발산되어, 6도 3계의 모든 중생들에게 닿습니다. 모든 중생들의 마음의 흐름 속에 있는 모든 악행과 장애와 고통과 습기習氣를 마치 어둠 속에 태양이 솟아오르는 것처럼 아주 깨끗이 씻어냅니다. 밖을 감싸고 있는 모든 세상이 '진정한 기쁨의 정토'[172]가 되고, 안에 사는 모든 중생들이 백·황·적·녹·청색[173] 도르제셈빠의 본성으로 변화됩니다. 그 다음 모든 중생들이 "옴 바즈라 싸 뜨와 훔"을 웅장한 울림소리로 염송하고 있다고 생각하면서 만뜨라를 독송하세요. 이 관상은 다른 사람들을 이롭게 하는 색신 성취의 인연을 마련하는 것입니다.

---

170 위드야다라의 네 단계(릭진남시རིག་འཛིན་རྣམ་བཞི་) : 4종지명四種持明. 닝마빠의 수행법으로 마하 요가 수행에서 나오는, 학도에서 무학도에 이르는 사이의 깨달음을 얻는 단계. ①완전한 성숙의 깨달음을 지니는 단계(남빠르민빼릭진རྣམ་པར་སྨིན་པའི་རིག་འཛིན་ : 성숙지명) ②수명을 관장하는 깨달음을 지니는 단계(첼라왕왜릭진ཚེ་ལ་དབང་བའི་རིག་འཛིན་ : 수명자재지명) ③마하무드라의 깨달음을 지니는 단계(착갸첸뻬릭진ཕྱག་རྒྱ་ཆེན་པོའི་རིག་འཛིན་ : 대수인지명) ④저절로 성취하는 깨달음을 지니는 단계(휜기둡빼릭진ལྷུན་གྱིས་གྲུབ་པའི་རིག་འཛིན་ : 임운지명)
171 무학도 쌍운의 경지(밀롭숭죽기고팡མི་སློབ་ཟུང་འཇུག་གི་གོ་འཕང་) : 쌍운(숭죽ཟུང་འཇུག་)은 쌍입과 병행의 뜻으로 '둘이 분리됨이 없이 하나로 합일함'을 의미하며, 수행을 통해서 얻는 최종의 결실인 색신과 법신의 합일의 경지를 가리킨다.(『밀교의 성불원리』, 중암 편저, 36쪽에서 발췌)
172 진정한 기쁨의 정토(왼빠르가왜싱མངོན་པར་དགའ་བའི་ཞིང་) : 묘희妙喜 세계, 동방부동불의 정토.
173 5색은 다섯 붓다 가족을 나타내며 각각은 지혜의 특성을 나타낸다. ①백색: 금강부족(금강부동불: 동)-대원경지 ②황색: 보생부족(보생불: 남)-평등성지 ③적색: 연화부족(아미타불: 서)-묘관찰지 ④녹색: 갈마부족(불공성취불: 북)-성소작지 ⑤청색: 여래부족(비로자나불: 중앙)-법계체성지

그처럼 또한 『습기에서 저절로 벗어나게 하는 법 수행(법행습기지해탈속法行習氣自解脫續)』에서,

빛의 발산과 흡수는 자신과 다른 사람들을 이롭게 하여[174] 분별장分別障을 정화시킨다.

라고 말한 것도 이와 같은 관상의 핵심을 말하는 것입니다. 이와 같은 관상의 핵심에 의지하여, 방편에 능한 비밀 만뜨라 금강승의 핵심적 수행법으로 헤아릴 수 없는 복덕자량과 지혜자량도 한순간에 완성하고, 허공 어디나 가득한 중생들의 이익도 동시에 성취할 수 있습니다.

그와 같이 만뜨라를 가능한 한 많이 독송하세요. 그 다음 수행을 마무리 할 때 '진정한 기쁨의 정토'로 인식했던 외부의 모든 세상이, 안에 거주하는 다섯 가족의 도르제셈빠 본존들 속으로 흡수되는 것을 관상하세요. 그 본존들도 점차로 빛으로 변화되어 자신에게 흡수됩니다. 자신도 바깥쪽으로부터 점차 빛으로 변화되어, 가슴에 있는 'ཨོཾ옴'으로 흡수됩니다. ཨོཾ옴은 'བཛྲ바즈라'에, བཛྲ바즈라는 'ས싸'에, ས싸는 'ཏྭ뜨와'에, ཏྭ뜨와는 'ཧཱུྃ훔'의 ' ྵ 샵큐'에, 샵큐는 '작은 아'에, 작은 아는 'ཧ하'의 몸체에, 몸체는 머리에, 머리는 초승달에, 초승달은 빈두에, 빈두는 나다에 차례차례 흡수됩니다.

나다 또한 마치 허공으로 무지개가 사라지는 것처럼 분별과 희론에서 벗어난 단순함 속으로 사라집니다. 그 상태에 잠시 동안 마음을 편안하게 하여 평등하게 머무르세요.

그 다음에도 한 생각이 떠오르기 시작하면 다시 한 번 모든 세상과 그 안의 존재들이 도르제셈빠의 정토임을 선명하게 관상하면서,

---

[174] 위로 발산되었다 다시 흡수되는 것은 자신을 이롭게 하여 법신의 인연을 짓게 하고, 아래로 6도 중생에게 발산되었다 흡수되는 것은 다른 사람들을 이롭게 하므로 본인에게 색신성취의 인연을 짓게 한다. (짬뻘 린뽀체)

이와 같은 선행으로 신속히
내가 도르제셈빠를 성취하여
한 중생도 남김없이
그 경지에 이르게 하리라.

라고 회향하고 발원하세요.

그처럼 도르제셈빠를 관상하고 만뜨라를 독송하는 등 무슨 만뜨라를 독송을 할 때든, 마음이 대상에서 다른 곳으로 흩어지지 않게 하고(전주소연專注所緣), 만뜨라 독송이 다른 사람의 말로 인해 중단되지 않게 하는 것이 절대적으로 중요합니다. 딴뜨라 경전에서도 다음과 같이 말씀하셨습니다.

만약에 이러한 정신집중(삼매)이 없다면
깊은 바닷속에 있는 커다란 바위처럼
수겁 동안 독송해도 결과를 얻지 못하리라.

청정함과 청정하지 않음은 천 배 차이이며
삼매가 있고 없음은 10만 배 차이다.

만뜨라 독송이나 근접수행의 독송을 할 때 일상의 오염된 무의미한 이야기들과 섞어서 독송하는 것이 청정하지 않은 독송입니다. 예를 들면, 금이나 은에 황동이나 구리 등을 조금만 섞어도 '금이 아니다'라거나 '가짜 은이다'라고 말하며, 그것은 금이나 은으로서 기능을 할 수 없는 것과 같습니다. 그래서 우갠국의 대사께서도 다음과 같이 말씀하셨습니다.

1년 동안 오염된 독송을 하는 것보다
한 달 동안 묵언을 하는 것이 더 좋다.

그러므로 지금 시대에 마을의 예불을 행하기 위해 자리에 모여 앉은 사람들도 경전을 염송하거나 만뜨라를 독송할 때 잡담을 하지 않는 것이 아주 중요합니다. 일상적인 잡담과 섞어 경전을 염송하거나 만뜨라를 독송하는 것은 의미가 조금도 없습니다. 특히 예불의식이 돌아가신 분을 위한 것이라면, 중음에 있는 중생은 두려움과 고통에 사로잡히는 경우에 도움을 얻을 것으로 기대하고, 자량전이 되는 덕을 갖춘 라마나 공양 받을 만한 라마가 계신 곳으로 달려갑니다.

그때 그분들의 정신집중(삼매)이 분명하지 않거나, 계율과 삼마야가 청정하지 못하거나, 집착이나 분노가 들어있는 말을 하고 있거나, 집착과 분노가 섞인 생각 등이 일어나고 있다면, 중음에 있는 중생은 신통력을 지니고 있으므로 그러한 것들을 알고 승려들에게 잘못된 견해나 분노를 일으켜, 그 때문에 악도에 떨어진다고 말합니다. 그러므로 그와 같은 승려들은 있는 것보다 없는 편이 더 좋습니다.

특히 비밀 만뜨라 금강승의 의식들은 '생기차제 관상법[175]'을 독송하는 것은 말로 하는 방법'이라고 말합니다. 생기차제의 그러한 핵심들을 마음에 떠오르게 하는 것은 오로지 말뿐이어서, 관상해야 할 생기차제와 원만차제의 의미에 대해서 생각이 조금도 향하지 않고, 생각 없이 입으로만 '관상'하고 '수습'하고 '집중'하는 등 의식의 여러 가지 다양한 목소리가 합해져 오르락내리락하며 여러 가지 악기소리와 어우러져 소리를 냅

---

175 생기차제를 관상하는 법(བསྐྱེད་རིམ་གསལ་འདེབས): 관상해야 할 모습과 수습의 과정에 대한 설명을 만뜨라 독송에 들어가기 전에 독송한다. 어느 이담 본존이든 본존 성취방법, 즉 '사다나(둡탑སྒྲུབ་ཐབས, ⓢsadhana)'에 사용되는 의식집의 기본구조는 귀의와 발보리심 등을 포함하는 예비 부문과 본존관상과 만뜨라 독송을 포함하는 본수행과 공덕을 모든 중생에게 회향하는 마무리 부분으로 되어 있다.(『티영사전』)

니다. 가장 핵심이 되는 만뜨라를 독송하는 실제 근접수행 만뜨라 독송에 이르렀을 때는 긴장이 풀어져 심지어 몸의 자세를 똑바로 취하는 것조차도 금방 무너지고, 수백 가지 '불선不善의 근원'인 담배 등을 들이 마십니다. 골짜기 위에서 아래까지 산마루에서 계곡바닥까지 돌아다니는 온갖 이야기들과, 만뜨라 독송과 관련 없는 수많은 쓸 데 없는 말의 창고 문을 열어 놓습니다. 마치 기다란 내장을 씻을 때 생각을 집중하지 않고 그저 내장의 오물을 손가락으로 계속 밀어내는 것처럼, 아무런 생각 없이 염주를 돌리면서 시간을 보냅니다. 오후가 되면, 하늘을 한 번 쳐다보고, "바즈라뿌뻬 두흐뻬……[176]"라고 염송하면서 커다란 뢰모(바라와 같은 의식용 악기)로 웅장한 소리를 내는 것은 제대로 된 밀교 의식의 반영이라기보다는 가장 저급한 의식의 재반영입니다. 따라서 그렇게 하는 것보다 아주 깨끗한 마음으로 『삼취경三聚經』이나 『보현행원품普賢行願品』[177]을 단 한 번 독송해도 그것이 훨씬 더 좋을 것으로 확신합니다.

그처럼 순수하지 못한 만뜨라 독송과 겉치레의 허울 좋은 의식으로 돌아가신 분을 악도에 떨어지게 하는 그런 승려들은, 살아 있는 사람을 위한 종교의식을 해도 도움보다 해가 더 큰 것이 그와 마찬가지입니다. 게다가 그러한 사람이 공양물을 유용하는 것은 벌겋게 불붙은 쇳덩어리를 삼키는 것과 꼭 같습니다.

그러므로 믿음에 의한 공양물이나 돌아가신 분을 위해 바친 공양물을 받는 사람들은 라마든 승려든 누구라도 고기의 크기나 치즈의 두께나 공양물의 좋고 나쁨만을 수행의 핵심으로 삼지 말고, 환자나 돌아가신 분

---

176 사다나의 공양하는 부분의 문구로 만뜨라 독송 후 회향 전에 반복한다.(영문본, 주193)
177 『보현행원품』(상쩨བཟང་སྤྱོད་) : 『보현보살행원왕경』(འཕགས་པ་བཟང་པོ་སྤྱོད་པའི་སྨོན་ལམ་གྱི་རྒྱལ་པོ་)의 줄임말. 화엄경에 속하는 일부분으로, 선재동자에게 보현보살이 설한 서원과 같이 자신과 다른 사람들이 삼세에 걸쳐 쌓은 일체 선업을 보현행을 위해 회향하고 서원하는 특별한 방편을 보여주는 경이다.(『장한불학사전』, 1432쪽)

누구든지 만일 장애물을 만나 고통에 직면한 중생이 의지처가 없다면 그에게 도움을 주고자 하는 보리심의 사랑(자애)과 자비(연민)로 감싸고 보살펴 주어야 하며, 생기차제와 원만차제에 대해 본인이 알고 있는 모든 것을 마음이 다른 곳으로 산란되지 않게 하여 가슴속 깊은 곳으로부터 모든 노력을 기울여 수행해야 합니다. 그와 같은 것을 알지 못하는 사람들도 말에 따르는 의미를 단지 떠올리거나 적어도 고통을 받는 중생들에 대해 사랑과 자비를 일으키고, 3보의 진리가 지닌 틀림없는 능력에 대해 믿음과 확신을 일으킬 수 있도록 몸과 말과 마음까지 하나로 모아 독송하는데 노력을 기울여야 합니다. 만뜨라 독송을 분명하게 하고 의식을 청정하게 행하고 있다는 것을 확신한다면 귀의의 대상인 3보의 자비와 틀림없는 인과의 힘과 보리심의 한없는 공덕으로 인해 환자나 돌아가신 분 누구에게도 확실한 도움을 줄 수 있습니다. '다른 사람의 자리 위에서 자신의 장애를 닦는다'고 말한 것처럼, 자신과 다른 사람들을 위한 두 가지 자량을 동시에 완성할 수 있습니다. 당신이 만나는 사람 누구나 해탈의 길로 확실히 들어서게 하는 것이기 때문에 그러한 각각의 수행법에 대해 어떤 경우에도 열심히 수습해야 합니다.

또한 요즈음 라마나 승려는 다른 사람들보다 조금 더 훌륭할 것으로 기대하고, 인과를 아는 사람들인데, 오로지 공양물로 인한 부정적 영향들만 두려워하여 환자나 고인 등 고통에 직면한 중생에 대해 가피를 주거나 회향기도조차도 하지 않고 보리심의 사랑(자애)과 자비(연민)를 뿌리째 끊어 버립니다.

대부분은 아주 이기심이 커서 보시자의 요청에 의한 법회의 자리에 가지만, 그 가정에 필요한 기도문을 독송하지 않고, 까맣게 손때 묻은 본인의 독송집을 꺼내 본인의 수행을 중단하면 안 된다는 부담을 가지고 다른 사람들이 기도하는 동안 그것을 독송합니다. 그들이 누구이든 똑같아서 자신에게만 도움이 되는 기도문과 만뜨라 독송을 조금이라도 할 때마다 매우 조심하면서, 그것이 자신의 장애에 대한 정화 혹은 공양물을 유용한 것에 대한 정화인 척합니다.

보시자를 위한 기도문을 대중들이 모여 있는 자리에서 독송할 때는 주변에 쓸데없이 말참견하고 이곳저곳을 두리번거리면서 마지못해 어쩔 수 없이 합니다. 돌보아야 할 중생이 고인이나 살아 있는 사람 누구든 그 사람을 위한다는 생각이 마음에 떠오르지 않습니다. 그러한 것들은 모두 보리심의 사랑과 자비가 뿌리째 잘려버린 것이므로, 나중에 고인을 위한 공양물을 유용한 것에 대해 정화를 하려고 해도 이기적인 나쁜 생각으로는 공양물을 유용한 장애를 닦기가 어렵습니다.

바로 처음부터 보리심의 사랑(자애)과 자비(연민)를 바탕으로 삼으세요. 생기차제와 원만차제에 대해 알고 있는 만큼 최선을 다하여 성심성의로 노력을 기울여 수행하도록 하세요. 중생들을 이롭게 하려는 마음동기를 항상 지니고 있다면 본인의 집에서 생기차제와 원만차제를 수습하고 만뜨라를 독송하는 것과 다른 사람의 집에서 생기차제와 원만차제를 수습하고 만뜨라를 독송하는 것에는 차이가 조금도 없습니다. 어떤 경우든 자기중심의 생각에서 벗어나 다른 사람의 이로움을 생각해야 하는 것은 똑같으므로 이러한 두 가지 태도가 꼭 필요합니다.

그처럼 마음이 대상에서 다른 데로 흩어지지 않고 일상적인 말과 섞이지 않게, 한 번에 백자 만뜨라를 108번 독송한다면 과거에 지은 모든 악행과 장애, 계율이나 삼마야를 어긴 것들이 확실히 정화됩니다. 이는 스승인 도르제셈빠께서 약속하신 것입니다. 『흠없는 참회 딴뜨라경』(무구참회속無垢懺悔續)에서도 다음과 같이 말씀하셨습니다.

모든 선서善逝들의 마음의 궁극적 핵심(지혜의 정수)이며, 모든 계를 위반한 것과 모든 분별의 장애(분별장)를 닦아내는 것이 '백자 만뜨라'라고 하는 것으로 모든 참회의 왕이다. 이것을 한 번에 108번 독송한다면 모든 위반한 것들이 온전하게 되며, 3악도에 떨어지는 것에서 벗어나게 될 것이다.[178] 어떤 요가 수행자든 매일의 수행법으로 삼아 독송한다면 그 사람은 이생에서도 삼세의 일체 붓다께서 수승한 아이로 여겨 보살피고 보호해 주실 것이며, 죽은 후에도 선서들의 수제자가 되리라는 것은 의심할 바 없다.

또한 비밀 만뜨라 금강승에 입문하여 근본 삼마야든 사소한 삼마야든 어떤 것을 위반하더라도 날마다 도르제셈빠를 관상하면서 백자 만뜨라를 스물한 번씩 독송하면, 그것으로 "넘어진 것(범계犯戒: 삼마야를 어긴 것 등)에 대해 가피를 받는다"[179]고 하며, 이미 발생한 넘어진 것의 '성숙된 과보'가 더 이상 커지지 않게 합니다. 백자 만뜨라를 10만 번 독송하면 모든 위반행위를 완전히 씻어버린다고 『장엄장속莊嚴藏續』에서 다음과 같이 말씀하셨습니다.

> 하얀 연꽃과 달방석 위에 앉아 계시는
> 도르제셈빠를 제대로 관상하면서
> 백자 만뜨라를 의식처럼
> 스물한 번씩 독송하게 되면
> 넘어진 것에 대한 가피가 되기 때문에
> 성숙된 과보가 더 이상 증가하지 않게 된다.
> 이처럼 위대한 성취자들께서 말씀하셨으니

---

178 티벳어 དན་སོང་གསུམ་དུ་ལྟུང་བ་ལས་ཐར་བར་འགྱུར་རོ། 를 옮긴 것으로, 영문본 해석(will save one from tumbling into the three lower realms)에 따라 번역했다. 중문본에서는 "장종삼악취중획득해탈將從三惡趣中獲得解脫"로 『티베트밀교의 명상법』(148쪽)에서도 "삼악취에 떨어진 상태에서도 해탈을 얻게 한다"로 옮겼다.

179 범계가지犯戒加持(뚱와진랍ལྟུང་བ་བྱིན་རླབས།): '범계한 것에 가피를 준다'는 것은 범계의 과보가 더 늘어나는 일이 없게 하고, 더욱이 다시 범계하는 경우를 없애 준다는 뜻이다.

항상 끊임없이 수행하라.
10만 번 독송하게 되면
완벽한 청정함 그 자체가 되리라.

그러한 이유로 요즈음 여기 티벳에서 라마·승려·남녀 재가자에 이르기까지 관정을 받지 않은 사람은 아무도 없습니다. 그러므로 밀승에 입문하지 않은 사람은 아무도 없습니다. 그러나 밀승에 입문한 이후에 삼마야를 지키지 않으면 지옥에 가고, 삼마야를 지키면 완벽한 붓다의 경지를 얻는 두 가지 외에 다른 갈 곳이 없습니다. 예를 들면, 뱀이 대나무 통 안에 들어간 것과 같다고 말합니다. 뱀이 대나무 통 안에 들어가면 뱀은 위쪽 꼭대기나 아래쪽 밑바닥 외에는 다른 갈 곳이 없는 것과 같습니다. 『공덕장功德藏』에서도 말했습니다.

밀승에 들어간 사람은 악도의 길과 붓다의 길
두 가지 외에 세 번째 길은 없다.

그래서 밀승의 삼마야는 미세하고 숫자가 많은 데다 지키기가 어렵습니다. 그러므로 아띠샤 존자께서도 밀승에 막 입문했을 때 악행이 연달아 일어났다고 말씀하셨습니다. 그렇다면 지금 우리는 대치법이 거의 없습니다. 언제나 잊지 않고 기억하는 것(억념憶念)이 약하며, 마음을 항상 살피는 일(정지正知)이 없습니다. 넘어지는 것들의 종류를 제대로 알지 못하는 사람들에게는 그러한 넘어지는 일들이 비처럼 쏟아져 내릴 것이 확실하기 때문에 그것들에 대한 대치법으로 언제나 어떤 경우에나 도르제 셈빠 관상과 독송을 매일의 수행으로 삼아, 적어도 백자 만뜨라를 날마다 스물한 번씩 어김없이 독송하는 것이 가장 중요합니다.

설령, 자신은 생기차제와 원만차제의 핵심에 통달하고, 분명한 억념과 정지로 삼마야계를 어긴 결함이 생기지 않았어도, 근본 삼마야[180]를 어긴 다른 사람들과 말을 섞고 행동으로 관련을 맺는 것은, 심지어 같은 골짜기의 물을 마셔도, '함께한 위반' 혹은 '우연한 위반'의 잘못을 일으키기 때문에, 참회하고 정화하는 일에 끊임없는 노력을 기울여야 합니다. 『딴뜨라』(속부續部)에서도 말씀하셨습니다.

> 계를 어긴 사람과 함께 지내거나, 계를 어긴 사람을 보호해 주거나,
> 계를 어긴 사람이나 법을 받을 그릇이 아닌 사람들에게 법을 가르치거나,
> 계를 어긴 사람들을 멀리하지 않음으로써,
> 그러한 위반장애로 우리도 이미 오염되었음을 알고 있습니다.
> 이러한 모든 잘못들은 이생의 역연逆緣과 다음 생의 장애가 되는 것들이니
> 스스로 후회하는 마음으로 다 드러내어 참회합니다.

모여 앉아 있는 한 줄에서 삼마야를 어긴 사람이 한 사람만 있어도, 그의 위반 장애로 영향을 받아 삼마야를 지닌 사람이 백 명, 천 명이 있어도, 수행의 결과는 조금도 생기지 않습니다. 상한 우유 한 방울이 상하지 않은 우유로 가득한 항아리를 상하게 하고, 염증 있는 개구리 한 마리가 모든 개구리들을 감염시키는 것과 같습니다.

> 상한 우유 한 방울이
> 모든 우유를 상하게 하는 것처럼
> 삼마야를 어긴 요가 수행자 한 사람이
> 모든 요가 수행자를 오염시킨다.

---

180 근본 삼마야: 족첸에는 27종의 근본 삼마야와 25종의 지엽적인 삼마야가 있다. 삼마야의 핵심은 스승의 모든 행동과 말과 마음을 청정하게 인식하는 것이다.(『닝틱왼도신디』, 204쪽)

라고 말했습니다. 게다가 훌륭한 라마나 성취자라도 이러한 삼마야 위반 장애로 오염되지 않은 사람은 아무도 없습니다.

중생의 보호주 링제래빠 같은 분도 '짜리'라는 성스러운 곳에 계실 때 성지의 다끼니 싱꽁이 방해를 하기 시작했습니다. 그래서 한낮에 별들이 선명하고 생생하게 나타날 정도로 짙은 어두움이 드리워졌습니다. 그렇지만 그분은 아무런 방해도 받지 않고 '검붉은 피의 호숫가'로 가서 금강 노래를 부르면서 춤(금강무金剛舞)을 추었습니다. 그때 그분이 바위에 남긴 발자국을 지금도 만날 수 있습니다. 그와 같은 성취자였지만 나중에 삼마야계를 위반한 한 제자가 앞에 나타났기 때문에 위반 장애로 정신이 돌아 말을 할 줄 모르게 되었다는 이야기가 있습니다.

또한 성취자 우갠빠[181]의 게송에서도 말씀하셨습니다.

　　눈의 나라에서 온 거지인 나, 린첸뺄은
　　삼마야 위반 장애 외에는
　　어떤 적도 나를 이긴 적이 없으며
　　스승 말고 다른 어떤 친구도
　　나를 구호한 적이 없다.

그러므로 비밀 만뜨라 금강승의 이 삼마야는 더럽히면 해악이 크고 지키기도 매우 어려워서, 자신의 마음을 제대로 살피지 않고, '나는 삼마야를 잘 지키고 있다'고 생각하면서 자만하는 것은 절대로 옳지 않습니다.

딴뜨라 경전들에서, '삼문(몸과 말과 마음)이 세 가지 만달라[182] 수행 방식

181　우갠빠: 1230~1309. 둑빠까규의 대성취자로 괴창빠(1189~1258)의 제자이다.
182　세 가지 만달라: 스승의 몸·말·마음을 차례대로 관상하고 만뜨라를 독송하여 보통의 인식에서 벗어나는 것을 말한다.(『티영사전』)

과 한순간만 떨어져 있어도 비밀 만뜨라의 삼마야에서 벗어난 것'이라고 설명하는 것도 있으므로, 지키는 것이 어려우며 자세하게 구분하면 10만 가지의 삼마야라고 말하기 때문에, 종류가 많아서 어겼을 경우 해악이 아주 크고 무겁습니다. 『딴뜨라』에서 다음과 같이 말한 것과 같습니다.

> 피에 목마른 바즈라야차가 심장의 피를 마실 것이다.[183]
> 수명이 짧아지고, 질병이 많아지며, 재산을 잃게 되고
> 적에게 두려움을 당한다.
> 극도로 무서운 무간지옥에서
> 참을 수 없는 고통을 오래오래 겪을 것이다.

따라서 자신의 마음속에 확실한 것이든 확실하지 않은 것이든 삼마야를 위반한 것과 도덕적 모든 위반에 대한 대치법으로, 언제나 어떤 경우에나 도르제셈빠 관상과 백자 만뜨라 독송으로 참회하는 데 최선의 노력을 기울이세요. 예전의 위대한 스승들께서도 말씀하셨습니다.

> 처음부터 악행에 오염되지 말라.
> 만일 오염되었다면 참회하는 것이 가장 중요하다.

참회한다면 비밀 만뜨라의 삼마야를 위반한 것도 쉽게 정화할 수 있습니다. 성문승의 전통에서는 근본 계율을 한 번 어기게 되면 진흙 항아리가 깨진 것과 같아서 되돌릴 방법이 없다고 말합니다. 보살의 계율은

---

[183] '심장의 피를 마신다'는 것은 생명력을 파괴하는 것이다. 비밀 만뜨라승은 우리를 각자의 진정한 본성과 가장 근본적인 생명의 바람과 직접 만나게 한다. 만일 삼마야를 계속 지킨다면 이러한 수행이 빠르게 진전될 수 있으나, 만일 지키지 못한다면 강한 자기 파괴적인 힘을 발생시키는데 이것을 '바즈라야차'라고 한다. 바즈라야차는 '피에 목마른 금강 이담'으로, '지혜본존'과 반대되는 역할을 한다. (영문본, 주197)

귀중한 물건을 깨뜨린 것과 같아서 예를 들면, 귀중한 물건을 깨뜨리면 솜씨 좋은 대장장이의 도움을 받아 수리할 수 있는 것처럼 다른 조력자인 선지식의 도움을 받아 회복시킬 수 있다고 말합니다. 밀교의 계율은 귀중한 물건이 조금 깨진 것과 같아서 본인 스스로도 본존이나 만뜨라, 삼매에 의지하여 참회해도 남김없이 닦아질 수 있다고 말합니다. 또한 즉시 참회하면 닦기가 쉽습니다. 그러나 시간이 지나서는 해악이 점점 더 커지기 때문에 참회하기가 아주 어려워집니다. 3년이 지난 이후에는 참회의 대상에서 벗어나서 참회해도 닦아지지 않는다고 말합니다.

게다가 말의 힘과 가피를 통해서 다른 사람들을 보살피고 구호하거나 서리·우박, 피부병을 막거나 환자나 갓난아이를 회복하게 하는 등 자신에게 이로운 일과 다른 사람들에게 이로운 일을 함께 추구하는 사람들도 말의 힘과 가피를 얻기 위해서는 말의 장애를 닦아야 하며, 말의 장애를 닦기 위해서는 핵심인 백자 만뜨라보다 더 수승한 것은 어떤 것도 없기 때문에 언제나 어떤 경우에나 백자 만뜨라 독송을 열심히 하는 것이 아주 중요합니다.

저의 스승께서도 농담 식으로 "다른 사람들을 보살피고 구호하여 공양물을 얻는 사람들은 먼저 자신의 말의 장애를 정화하기 위해 백자 만뜨라를 천만 번씩 독송하지 않으면 안 된다"고 말씀하셨습니다. 그분의 직제자가 된 사람들은 백자 만뜨라를 2천만 번씩 혹은 천만 번씩 해낸 사람들이 많이 있으며, 심지어 모든 제자들도 백자 만뜨라를 20만 번 또는 30만 번씩 하지 않은 사람은 아무도 없습니다.

그래서 스승 도르제셈빠는 백 분의 본존이 한 분의 본존에 구현된 모습이며, '커다란 비밀의 유일한 본존, 도르제셈빠'라고 말합니다. 상상할 수 없이 수많은 적정 본존과 분노 본존들도 도르제셈빠에 포함되지 않은 본존은 한 분도 없습니다. 도르제셈빠를 관상할 때 본성이 근본 스승[184]

과 구분할 수 없는 것으로 관상합니다. 따라서 이것은 구루요가 수행이기도 합니다. 이것은 '모든 것을 포함하는 보석의 방식으로 관상하기'라고 하는 매우 심오하고 궁극적인 수행입니다.

만뜨라도 핵심인 백자 만뜨라보다 더 뛰어난 것은 없다는 점에 대해서는 전에 설명한 것과 같습니다. 따라서 이보다 더 심오한 법은 어디에도 없다는 것을 알아야 합니다.

> 도움이 되는 구전 가르침을 들었지만 말의 흔적만 남았으며
> 약간 수행을 하였지만 마음이 산란하여 혼란에 빠졌습니다.
> 본인과 그리고 본인과 같은 환영幻影의 몸을 가진 중생들이
> 생기와 원만차제의 핵심을 얻을 수 있도록 가피하여 주소서.

이상이 장애를 닦아내는 도르제셈빠의 관상과 만뜨라 독송에 대한 가르침입니다.

---

184 근본 스승(짜왜라마 ཙ་བའི་བླ་མ) : 금강승 수행자는 여러 가지 분야의 근본 스승이 있을 수 있다. 관정을 수여하는 금강 성취자, 룽을 수여하는 분, 딴뜨라의 의미를 구체적으로 설명해 주시는 분 등 궁극적인 근본 스승은 수행자로 하여금 마음의 본성을 깨닫도록 하기 위해 핵심을 지적해 주는 스승이다.(『티영사전』)

4장
자량을 쌓기 위한 만달라 공양

세속제는 허상임을 알고도 두 가지 자량을 여전히 쌓으시며
승의제는 수습할 것이 없음을 깨닫고도 지금도 선정에 드시고
둘의 쌍운을 증득[185] 하셨지만 여전히 수행 정진하시는
견줄 바 없는 스승의 발아래 엎드려 절하옵니다.

---

185 둘의 쌍운을 증득하다(숭죽왼두규르ཟུང་འཇུག་མངོན་དུ་གྱུར་): 세속제와 승의제가 분리할 수 없이 결합된 것, 즉 하나임을 깨닫다.

두 가지 자량 쌓기의 필요성

자량을 쌓는 만달라에 대한 가르침으로 복덕자량과 지혜자량을 완성하지 못하면, 두 가지 청정함을 지닌[186] 붓다의 경지를 얻을 방법이 없습니다. 또한 두 가지 자량을 완전하게 갖추지 않고서는 공성에 대한 틀림없는 의미도 마음의 흐름 속에 생길 수 없습니다.

경전에서도 말했습니다.

> 수승한 두 가지 자량을 완성할 때까지는
> 수승한 공성을 깨닫지 못할 것이다.

---

186 두 가지 청정함을 지닌다(닥빠니댄དག་པ་གཉིས་ལྡན་)는 것은 처음에 불성(the Buddha nature)의 청정함(랑신예닥རང་བཞིན་ཡེ་དག་: 본래 청정함)을 지니는 것과 그 다음 그것을 증득하여 깨달음을 성취한 청정함(로부르탤닥གློ་བུར་བྲལ་དག་: 일시적인 오염에서 완전히 벗어난 청정함)을 지니는 것이다. 닝마의 가르침에 따르면, 본래 청정한 본성인 불성과 승리자의 3신의 모든 훌륭한 특성(공덕)은 다른 곳에서 찾을 필요 없이, 본래부터 우리들 각자 안에 온전하게 갖추어져 있다. 그러나 길의 두 가지 자량이라는 조건에 의지하지 않는다면, 불성과 훌륭한 특성이 드러나지 않을 것이다. 예컨대, 그것은 마치 하늘에 있는 태양과 그 빛처럼, 둥근 태양에는 태양의 빛이 태양 자체의 일부로서 본래 존재하지만, 태양이 구름에 가려지면 그 빛을 더 이상 볼 수 없다. 태양을 가리고 있는 구름을 몰아내기 위해서는 바람이 필요한 것과 같다. 마찬가지로 두 가지 자량을 쌓지 않고서는 궁극적으로 그 결과인 색신과 법신을 성취할 수 없다. 그러나 두 자량의 축적이 색신과 법신을 일으키는 '실질적 원인'이 아니라 보조적 여건인 조건에 원인이라는 이름을 붙인 것이다.(『닝틱윈도신디』, 208쪽) 그렇지만 일반적으로 보살승에서 두 가지 청정함을 지닌다(닥빠니댄དག་པ་གཉིས་ལྡན་)는 것은 번뇌장과 소지장을 깨끗이 닦는 것으로 붓다의 경지를 가리킨다. 구족이정具足二淨으로 한역된다.(『장한불학사전』, 743쪽)

타고난 승의적 본래지(승의구생지勝義俱生智)는
자량을 쌓고 장애를 닦은 흔적이며
오로지 깨달음을 지닌 스승의 가피일 뿐
그외 다른 방법에 의지하는 것은 어리석은 것임을 알아야 한다.

공성을 확실히 깨달은 후에도 여전히 완벽한 붓다의 경지를 얻을 때까지 아무리 오래 걸려도 길을 따라 점점 더 높이 올라가야 하므로, 복덕자량과 지혜자량을 쌓는데 최선의 노력을 기울여야 합니다. 요기의 왕 띨로빠께서 말씀하셨습니다.

아들아, 의존하고 관련하여 생겨나는 이 모든 현상은
사실은 생겨남이 없다[187]는 것을 깨달을 때까지
수레의 두 바퀴와 같은 두 가지 자량 쌓는 것을
절대로 멀리하지 말라, 나로빠여.

요기의 왕 비루빠의 도하에서도 말씀하셨습니다.

세속적 깨달음에 더 이상 바랄 것 없는
커다란 확신[188]을 지니고 있을지라도
커다란 복덕자량 쌓는 일을 그만두지 말고
할 수 있는 한 최선의 노력을 기울여라.

---

187 생겨남이 없다(꼐와메빠ཀྱེ་བ་མེད་པ) : 궁극적 진리의 측면에서, 모든 현상은 독립적인 확고한 실체가 없다. 그러므로 '생겨나고(coming into being), 머물고(remaining in time and place), 사라지는(ceasing to exist) 것'과 같은 그런 특성의 바탕이 존재하지 않는다.(『티영사전』)

188 세속적 깨달음(꾼좁상개གུན་རྫོབ་བྱང་ཆུབ) 은 '세속적 붓다의 경지(世俗佛果)'를 말하며, '세속적 깨달음을 더 이상 바랄 것 없는 커다란 확신'은 이미 자신의 마음속에 존재하고 있는 불성(the Buddha nature)에 대해 확고부동한 믿음을 가지고 있는 깨달음(realization)의 상태를 가리킨다.(영문본, 각주 참조)

비할 바 없는 닥뽀 린뽀체께서도 말씀하셨습니다.

> 자량 쌓는 일과 장애를 닦는 일이 자신의 경지에서 청정하다고 해도 작은 자량부터 쌓아라.[189]

그러므로 자량을 쌓는 헤아릴 수 없는 방편에 대해 방편에 능하시고 대자비를 지니신 붓다께서 말씀하셨지만, 그 중에서 가장 훌륭한 방편은 만달라 공양입니다.『딴뜨라』(속부)에서 다음과 같이 말한 것과 같습니다.

> 모든 정토의 붓다께
> 3천 대천세계를 남김없이
> 바람직한 훌륭한 것(공덕)으로 장엄하여
> 공양 올린다면, 붓다의 원초적 지혜(에쉐ཡེ་ཤེས)를
> 전부 갖추게 될 것이다.[190]

만달라를 공양할 때 자체의 전승에 따른 수행법에 성취하는 만달라와 공양하는 만달라 두 가지가 있습니다.

만달라 공양반(供養盤)의 재료는 자신이 가지고 있는 것에 맞게, 최상으로는 금·은 등 귀중한 재료를 만달라 판으로 하고, 중간으로는 황동이나 다른 깔끔한 재료로 하고, 최하로는 납작한 돌이나 나무판 등 거칠지 않은 판도 괜찮습니다.

---

189 이미 공덕자량을 다 쌓았고 모든 장애를 다 닦았다고 생각하고 있는 사람일지라도 작은 공덕부터 쌓으세요.(짬뗄 린뽀체)
190 이 글은 '이 수행을 통해 복덕자량을 쌓는다면 자신의 불성에 대한 완벽한 지혜가 현현하게 될 것이다'라는 의미이다.(영문본, 각주 참조)

거기에 올려놓는 공양물은, 최상으로 터키석·산호·사파이어·진주 등 보석들이고, 보통으로 아루라·규루라 등 약초의 열매이며, 작게는 보리·쌀·밀·콩 등의 곡식 종류이지만, 최종적으로 돌이나 조약돌, 모래 같은 것도 다만 관상의 대상으로 괜찮습니다. 어떤 경우에도 만달라 공양반은 청결에 주의해야 합니다.

성취하는 만달라

먼저 성취하는 만달라[191]에 다섯 가지 공양물을 쌓는 것으로 중앙에 쌓는 것은 바이로짜나 붓다(비로자나불: 남빠낭재)를 붓다 가족의 본존들이 둘러싸고 있는 것이고, 앞(동쪽)에 쌓는 것은 바즈라악쇼바 붓다(금강부동불: 도르제 미툭빠)를 금강 가족의 본존들이 에워싸고 있는 것이며, 남쪽에 쌓는 것은 라뜨나삼바와 붓다(보생불: 린첸중댄)를 라뜨나 가족의 본존들이 둘러싸고 있는 것이며, 서쪽에 쌓는 것은 아미타바 붓다(아미타불: 낭와타애)가 빠드마 가족의 본존들에 둘러싸여 있는 것이고, 북쪽에 쌓는 것은 아모가싯디 붓다(불공성취불: 된외둡빼)가 까르마 가족의 본존들에 둘러싸여 있는 것이라고 관상하세요.[192]

혹은 가운데 쌓는 것은 근본 스승과 우갠국의 대사가 하나가 되어 있는데, 그분 위로 족첸의 모든 전승조사들이 층층으로 앉아계신 것이며,

---

191 성취 만달라는 다섯 가지 지혜를 나타내는 다섯 붓다 가족의 완전한 불국토를 상징한다. 우리가 성취하려는 것은 다섯 가지 지혜이기 때문에 이것을 '성취 만달라'라고 말한다.(영문본, 주203 참조)

192 중앙: 비로자나불(남빠낭재རྣམ་པར་སྣང་མཛད་, ⓢvairocana, ⓔDistinct Manifestation), 동쪽: 아촉불(도르제미꾀빠རྡོ་རྗེ་མི་བསྐྱོད་པ་, ⓢākṣobhya, ⓔThe Unshakable), 남쪽: 보생불(린첸중댄རིན་ཆེན་འབྱུང་ལྡན་, ⓢratnasambhāva, ⓔThe Jewel-born), 서쪽: 아미타불(낭와타애སྣང་བ་མཐའ་ཡས་, ⓢāmitabha, ⓔLimitless Illumination), 북쪽: 불공성취불(된외둡빼དོན་ཡོད་གྲུབ་པ་, ⓢāmoghasiddhi, ⓔAccomplishing what is meaningful).

앞에 쌓는 것은 샤꺄무니 붓다께서 현겁의 1천2분의 붓다에 의해 둘러싸여 있는 것이고, 오른편에 쌓는 것은 붓다의 가까운 8대 제자[193]를 성스러운 보살의 상가가 둘러싸고 있는 것이며, 왼편에 쌓는 것은 두 분의 훌륭한 성문승[194]을 성스러운 성문승과 연각승의 상가가 둘러싸고 있는 것이고, 뒤편에 쌓는 것은 빛의 격자 안에 법보인 경전을 층층이 쌓아놓은 모습으로 넣어둔 것으로, 귀의의 자량전資糧田처럼 관상하세요.

어떤 경우에도 성취하는 만달라를 공양단이나 그 외 적절한 단 위에 올려놓으세요. 그러한 것들을 구할 수 있다면 다섯 가지 공양물(꽃·향·등불·향수·음식)을 주위에 빙 둘러 놓고, 그분의 몸과 말씀과 마음의 상징물 앞에서 공양 올리세요. 구할 수 없다면 성취하는 만달라가 없어도 됩니다. 자량전을 마음으로 관상하세요.

---

193 붓다의 가까운 8대 제자(ཉེ་བའི་སྲས་ཆེན་བརྒྱད་) : 여덟 분의 주요 보디사뜨와로 문수(잠양འཇམ་དབྱངས་)·금강수(착나도르제ཕྱག་ན་རྡོ་རྗེ་)·관세음(쩬래식སྤྱན་རས་གཟིགས་)·지장(싸이닝뽀ས་ཡི་སྙིང་པོ་)·제개장除蓋障(딥빠남셀སྒྲིབ་པ་རྣམ་སེལ་)·허공장(남캐닝뽀ནམ་མཁའི་སྙིང་པོ་)·미륵(잠빠བྱམས་པ་)·보현(꾼두상뽀ཀུན་ཏུ་བཟང་པོ་) 보살이다.
194 두 분의 훌륭한 성문승(ཉན་ཐོས་མཆོག་གཉིས་) : 사리자(사리뿌뜨라)와 목건련(목갈라나).

공양하는 만달라

공양하는 만달라 판을 왼손으로 잡고, 오른손의 손목으로 오랜 시간 동안 닦으면서 마음이 관상의 대상에서 흩어지지 않도록 하면서, 7지 공양七支供養 기도문[195] 등을 독송하세요. 이것은 만달라 판에 있는 더러운 것을 단지 닦기 위해서가 아닙니다.

자신의 마음에 있는 두 가지 장애의 오염을 닦기 위해서, 고행을 통해서 만달라 판을 닦는 것입니다. 그래서 예전의 위대한 까담빠들은 손목의 앞쪽으로 만달라 판을 닦아 살갗이 벗겨지고 상처가 생기면 옆쪽으로 닦고, 그곳도 살갗이 벗겨지면 뒤쪽으로 닦았다는 이야기가 있습니다. 따라서 닦을 때도 양모나 면 헝겊 등 다른 것으로 닦지 않고 오직 손목으로만 닦는 것은 예전에 위대한 까담빠들의 수행전통이기 때문에, 그와 같이 해야 합니다.

그 다음 만달라 판 위에 공양물을 쌓을 때 이 '37요소 만달라 공양법'은 사꺄빠의 법왕, 중생의 보호주 도괸최걜팍빠[196]께서 지으신 것으로, 행하기 쉬워서 신파, 구파 구분 없이 널리 행해지고 있습니다. 따라서

---

195 7지 공양 기도문(앤락뒨빠འཡན་ལག་བདུན་པ་) : 일곱 단계 공양법.
196 도괸최걜팍빠འགྲོ་མགོན་ཆོས་རྒྱལ་འཕགས་པ་ : 1235~1280, 사꺄빠의 다섯 분의 대학자 중 한 분이며, 사꺄빤디따(1182~1251)의 조카로 원나라 황실을 무대로 신통력도 보여주고 몽골문자도 만들어 주어 마침내 몽골의 황제 쿠빌라이 칸(1260~1294)의 신임을 얻어 티벳 불교를 원 제국의 국교로 정하게 하고 '관정국사'의 칭호를 받았다.(『티베트 역사 산책』, 241~243쪽 참조)

우리 수행전승에도 처음에 그와 같이 공양하는 전통이 있으므로 이 방식으로 하겠습니다. 한편 신파, 구파 어느 쪽에도 각자 개별적으로 전승되는 만달라 공양법이 많이 있으며, 특히 닝마의 경우 보장寶藏마다 각각의 만달라 공양법이 있습니다.

우리의 전승에도 3신의 만달라에 대해 상세하게 공양하는 의식이 대일체지자(롱첸빠)께서 직접 가르치신 닝틱精粹[197] 안에 많이 있습니다. 그렇기 때문에 어떤 식으로 만달라 공양을 해도 좋습니다.

1. 37요소 만달라 공양

'37요소 만달라 공양법'에 따라 공양할 때 먼저,

옴 바즈라 부미 아 훔

으로 시작할 때 만달라 판을 왼손으로 들고, 오른손으로 바중[198]을 포함한 향이 있는 물을 뿌립니다. 그 다음 오른손의 엄지손가락과 약지로 꽃잎을 조금 집어,

옴 바즈라 레케 아 훔

등의 진언과 함께, 만달라 판 위로 오른쪽으로 한 바퀴 돌리고 마지막에

---

197 닝틱སྙིང་ཐིག་ལེ་(⑨Essence of the Heart: 마음의 정수精粹): 닝틱은 족첸의 가장 심오한 가르침을 증득하기 위한 다양한 방법을 설명한 것이다.
198 바중བ་བྱུང་: 암소에서 나온 청정한 정수인 우유・쇼・치즈・오줌・소똥으로 만든 신성한 공양물이다.

가운데에 놓으세요. 이미 만들어 놓은 설치할 철위산 테두리[199]가 있다면 이것도 이때 만달라 판 위에 설치하세요. 그 다음,

산 중의 왕, 수미산

이라고 말할 때 중앙에 좀 더 큰 만달라 공양물을 쌓으세요. 그 다음 푸르바비데하(동승신주) 등 4대주四大洲[200]의 공양물을 쌓을 때 남쪽이 자신이 있는 방향이거나, 공양 대상의 방향이거나 둘 중 어떻게 해도 같습니다.

어떤 경우에나 남쪽부터 차례로 오른쪽으로 돌면서 쌓으세요. 데하(신주)·비데하(승신주) 등 8중주八中洲[201]를 쌓을 때 대주 각각의 서쪽과 동쪽에 두 개의 중주를 각각 차례대로 쌓으세요.

그 다음 보석산(대보산왕)을 동쪽에, 소원성취 나무(여의수)를 남쪽에, '바라는 것을 모두 제공해주는 소(여의우)'를 서쪽에, '경작할 필요 없는 곡식(자연도)'을 북쪽에 쌓으세요.

그 다음 전륜왕轉輪王 7보七寶[202]와 보병[203]을 합해 여덟 가지를 차례대로

---

199 철위산 테두리: 보통 금속판으로 만든 둥근 테두리이며, 만달라 공양의 첫 번째 층을 여기에 담는다. 이것은 세계를 둘러싸고 있는 철위산을 상징하며, 두 번째 테두리에는 여덟 여신의 공양물을 담으며, 세 번째 테두리에는 해와 달 등을 담는다.(영문본, 주206 참조)

200 4대주(링시 གླིང་བཞི་): 동승신주東勝身洲(샤르기뤼팍링ཤར་གྱི་ལུས་འཕགས་གླིང་, ❶purva-videha, ❷land of superior bodies), 남섬부주南瞻部洲(로잠부링འཛམ་བུ་གླིང་, ❸jambudvIpa, ❹Jambu-tree land), 서우화주西牛貨洲(눕기발랑쬐링ནུབ་ཀྱི་བ་ལང་སྤྱོད་གླིང་, ❺godaniya, ❻land of using cattle), 북구로주北俱盧洲(장기다미냰링བྱང་གི་སྒྲ་མི་སྙན་གླིང་, ❼kuru, ❽land of unpleasant sound).

201 8중주(링땐개གླིང་ཕྲན་བརྒྱད་): 신주身洲(뤼ལུས་, ❶deha), 승신주勝身洲(뤼팍ལུས་འཕགས་, ❷videha), 불주拂洲(옹야얍ང་ཡབ་, ❸chamara, ❹yak tail whisk), 별불주別拂洲(옹아얍섄ང་ཡབ་གཞན་, ❺upachamara), 구요주具搖洲(요댄གཡོ་ལྡན་, ❻shatha ❼deceitful), 승도행주勝道行洲(람촉도ལམ་མཆོག་འགྲོ་, ❽uttara mantrina), 악음주惡音洲(다미냰སྒྲ་མི་སྙན་, ❾kurava), 악음대주惡音對洲(다미냰기다སྒྲ་མི་སྙན་གྱི་ཟླ་, ❿kaurava)이다.(『단주불학분류사전』, 154쪽)

202 전륜왕 7보(겔시뒨བརྒྱལ་སྲིད་བདུན་): 금륜보(콜로འཁོར་ལོ་), 여의보(이신노르ཡིད་བཞིན་ནོར་), 왕비보(췬모བཙུན་མོ་: 현비賢妃), 대신보大臣寶(뢴뽀བློན་པོ་), 백상보(큐촉랑གླང་མཆོག་གླང་: 코끼리), 준마보(따촉ཏ་མཆོག་: 명마), 장군보(막뻰དམག་དཔོན་).

203 보병(떼르첸뽐빠གཏེར་ཆེན་པོའི་བུམ་པ་): 8길상 중 하나로 안에 청정한 공덕과 지혜를 담고 있

네 방향과 네 중간 방향에 배치하세요.

그 다음 애교 있는 여신 등 '외적인 네 여신'[204]을 네 방향에, 꽃의 여신 등 '내적인 네 여신'[205]을 네 중간 방향에 배치하세요.

그 다음 해는 동쪽에 달은 서쪽에, '보석으로 장식된 일산(日傘)'을 남쪽에, '모든 방향에서 완벽하게 승리한 승리의 깃발'을 북쪽에 배치하고 그 다음,

> 천신과 인간의 재물을 하나도 빠짐없이……

라고 독송할 때 그것들 위에 계속해서 마저 쌓고, 꼭대기 장식물 등이 있다면 올려놓으세요.

> 이 만달라를 거룩하고 수승한 근본 스승과 법맥의 전승조사들에게, 그리고 모든 붓다와 보살들에게 공양 올립니다.

라고 독송하세요.

이때 어떤 사람이 '부족함이 없이 완전하고 마음에 든다' 이런 말을 하는 경우가 있어도, '그것은 기본서에 없으므로 덧붙인 말이다'라고 존경하는 스승께서 말씀하셨습니다.

이러한 것들에 대한 관상 차제들은 저의 존경하는 스승께서 가르침을 주실 때 이 정도 이외에는 말씀하시는 법이 없기 때문에 여기서도 더 이상 쓰지 않았습니다. 그렇지만 '기본 수행의 설명서'[206]에서 『공뒤남섀』[207]

으며 바라는 것의 성취를 상징함. 대보장병.
204 외적인 네 여신: 내부 만달라에 대한 외적인 공양을 올리는 네 여신으로 애교 있는 여신(객모 སྒེག་མོ), 화환의 여신(텡와마ཕྲེང་བ་མ), 노래의 여신(루마གླུ་མ), 춤의 여신(가르마གར་མ).
205 내적인 네 여신: 꽃의 여신(香花天女), 향의 여신(薰香天女), 등불의 여신, 향수의 여신.
206 기본 수행의 설명서(티익짜와ཁྲིད་ཡིག་རྩ་བ): 직메링빠께서 저술한 『The Explanation of the

를 언급한 것처럼, 상세하게 알고 싶은 사람들은 그것을 보아야 합니다.

2.3신 만달라 공양

그 다음, 3신三身의 만달라를 우리의 기본서(닝마빠의 의식집)에 따라 공양하는 것에 대해 설명합니다.

평범한 화신 만달라 공양

먼저 화신에 대한 보통의 만달라는 다음과 같습니다. 이전에 공양물을 배치하는 경우에 설명한 것과 같이, 4대주와 수미산을 범천梵天과 함께 하나로 간주하여 그와 같은 것이 천 개가 되면 '제1천 소천세계'라고 합니다. '제1천 소천세계'에는 4대주로 된 세상이 천 개가 있는데, 그것을 하나로 간주하여 그와 같은 소천세계가 천 개가 되면 '제2천 중천세계'라고 합니다. '제2천 중천세계'를 하나로 계산하여 그와 같은 것이 천 개가 되면 '제3천 대천세계'라고 합니다. 그러므로 4대주로 된 세상 10억 개가 있는 것이 붓다 화신 한 분이 다스릴 수 있는 영역으로, 예컨대 붓다 샤꺄무니의 영역을 '사하세계'[208]라고 하는 것과 같습니다.

Preliminary Practice of the Heart-essence of the Vast Expanse』이다. 만달라의 각 요소들은 수행의 단계에 따라 다양한 수준의 의미를 갖는다.(영문본, 주208 참조)
207『꽁뒤남섀དགོངས་འདུས་རྣམ་བཤད་』: 요약된 의미에 대한 상세한 주석(집밀의속석集密意續釋, Detailed Commentary on the Condensed Meaning)으로, 상개링빠(1340~1396)가 발굴한 『라마꽁뒤བླ་མ་དགོངས་འདུས་』(요약된 스승의 깨달음, Summary of the Guru's Realization)라는 수행서에 직메링빠가 상세한 설명을 덧붙인 주석서이다.
208 사하세계(미제직멘기캄쐬མི་མཇེད་འཇིག་རྟེན་གྱི་ཁམས་, ⓢsahaloka): 사바세계娑婆世界. 사하는 '견뎌내는'을 의미한다. 여기에 있는 중생들은 참을 수 없는 고통을 참기 때문이다. 3천 대천세계 그 자체이며, 이 세계에 태어난 중생들은 번뇌와 고통을 두려워하지 않는다. 또는 그러한 것들과

헤아릴 수 없고 상상할 수 없는 그와 같은 모든 세계에, 천신과 인간 세계의 최상의 물건들과 전륜왕 7보 등 주인이 있는 것이든 없는 것이든 존재하는 모든 것들을 관상한 다음에, 그 위에 자신의 몸과 재물, 생명, 복덕, 권세, 힘, 삼세에 걸쳐 쌓는 선행의 근원(선근)들을, 행복과 평안을 가져다주는 모든 것들과 함께, 소중하게 여기는 모든 것과 필요로 하는 모든 것을 남김없이 전부 쌓아서, 욕심이나 집착이 깨알만큼도 없이 스승과 화신의 본존들에게 공양하는 것이 평범한 화신 만달라 공양입니다.

비범한 보신 만달라 공양

그 위로 다섯 개의 대장엄 불국토[209]에 상상할 수 없는 천상계와 천상의 궁전(무량궁)들로 장엄되어 있는데, 모든 천상의 궁전은 '애교 있는 여신' 등 감각적 즐거움(욕락欲樂)을 공양하는 수많은 천녀들로 장엄되어 있습니다. 그것을 관상으로 한없이 배가 시켜 스승과 보신의 본존들께 공양하는 것이 비범한 보신 만달라 공양입니다.

특별한 법신 만달라 공양

생겨남이 없는 법계를 만달라 판의 형상으로 놓고 그 위에 현현하는 네 가지 모습(4상四相)[210] 등 떠오르는 모든 생각을 공양물 쌓는 식으로 올

항상 함께 있다. 이 세계의 보살들은 또한 중생을 자유롭게 하기 위한 정신적 힘이 특히 강하며, 인내하는 것과 용맹이 출중하여 그렇게 말하는 것으로 알려져 있다.(『장한불학사전』, 1240쪽)
209 다섯 개의 대장엄 불국토(꾀빠첸뽀응애싱캄ཀོང་པ་ཆེན་པོ་ལྔའི་ཞིང་ཁམས) : 다섯 붓다 가족의 불국토.(영문본, 주211 참조)
210 현현하는 네 가지 모습(낭시སྣང་བཞི) : 밀승 족첸 수행에서 성취하는 학도에서 무학도에 이르는 길에 대한 경험으로, ①다르마타(⑧dharmatha: 법성)가 실제로 나타나 직접 인식하는 경험(최

려놓아 스승과 법신의 본존들께 공양하는 것이 특별한 법신 만달라 공양입니다.

따라서 그러한 관상수행의 핵심을 확실히 이해한 상태에서, 공경과 헌신의 간절한 마음을 지니고 다음과 같이 독송하세요.

옴 아 훔, 10억 세상 3천 대천세계를
일곱 가지 보석과 천신 세계와 인간 세계의 재물로 가득 채워
저의 몸과 가지고 있는 모든 것을 함께 온전히 공양 올리오니
법륜을 굴릴 수 있는 왕위를 성취할 수 있게 하소서.

다섯 가지 확실함[211]을 갖춘 다섯 붓다 가족이 모여 있는

니원숨기냥와ཆོས་ཉིད་མངོན་སུམ་གྱི་སྣང་བ་, ⓔthe direct perception of reality)은 법성현전상法性現前相으로 "자성의 본질인 법성의 빛을 실제로 보게 되는 단계"이다. ②법성에 대한 선정의 경험과 깨달음이 증장되는 경험(냠공펠왜낭와ཉམས་གོང་འཕེལ་བའི་སྣང་བ་, ⓔever-increasing contemplative experience)은 증오증대상證悟增大相으로 "바깥의 경계를 반영해서 지혜가 일어나고, 미혹한 분별망상을 벗어나 청정한 지혜가 증장되는 단계"이다. ③법성에 대한 각성의 정상에 도달하는 경험(릭빠채펩기냥와རིག་པ་ཚད་ཕེབས་ཀྱི་སྣང་བ་, ⓔreaching the limit of awareness)은 명지여량상明智如量相으로, "모든 청정하지 못한 현상들이 사라지면서 오색 빛을 띤 현상들이 세간에 가득 차고, 오방불을 비롯한 자비존과 분노존들의 만달라가 세간에 가득 차게 된다. 부처님들의 가슴에서 발현되는 미세한 빛줄기가 자신의 가슴으로 연결되는 현상이 일어나면서, 번뇌에서 해탈하여 모든 습기가 끊어지고 모든 환의 현상들이 사라지며 지혜가 늘어 각종 신통의 경계가 열리게 된다. 이때에는 실제의 현상들이 법성으로 정화되어 법신·보신·화신과 정토를 증득하게 된다." ④모든 현상이 하나의 대명점 만달라 속에서 정화되어, 마음으로 지은 일체 법이 법성(다르마타)의 세계 속에서 사라진다. 법성에 대한 집착조차도 없으므로, 사라짐의 한계에 이르러 법신의 현현을 보게 되는 경험(최새로대기냥와ཆོས་ཟད་བློ་འདས་ཀྱི་སྣང་བ་, ⓔthe cessation of clinging to reality)은 법성편진상法性遍盡相으로, "모든 번뇌와 미혹한 현상들이 스스로 정화되어 원초적 불이의 법계에서 보리를 증득하게 되는데, 이때 법력의 불가사의한 힘이 법계에 가득함을 체득함과 동시에 온전히 위신력을 나툴 수 있게 된다. 마치 하나의 달이 천 강에 그림자를 나투듯 온 법계에 화신을 나투어 중생들을 위한 불사를 지을 수 있게 된다."(『장한불학사전』, 461쪽, 474쪽, 510쪽, 553쪽, " " 안은 『티베트 불교체험기』, 석설오 지음, 155쪽)

211 다섯 가지 확실함(응에빠응아ངེས་པ་ལྔ་) : 보신의 다섯 가지 확실한 특성으로 5결정五決定으로 한역된다. ①처결정: 색계의 마지막인 색구경천의 밀엄정토에 머문다. ②신결정: 원만한 보신불의 32상과 80종호를 갖춘다. ③권속결정: 성문과 연각을 제외한 보살성자들로 권속을 삼는다. ④법결정: 소승의 법을 설하지 않고 오직 대승의 법을 설한다. ⑤시결정: 윤회계가 다할 때까지

대락의 밀엄정토 색구경천과
감각을 즐겁게 하는 헤아릴 수 없는 공양 구름무리를
공양 올리오니 수용보신의 정토를 향수할 수 있게 하소서.

영원한 젊음을 지닌 보병의 몸, 청정한 삼라만상을
끊임없는 자비와 법성의 유희로 장엄하여
완벽한 몸과 명점에 대한 청정한 이해와 함께
공양 올리오니 법신의 정토를 향수할 수 있게 하소서.[212]

    숫자를 헤아릴 때, 처음에 만달라 공양을 올려놓은 그대로 왼손으로 만달라 판을 잡고, 만달라 독송을 마칠 때마다 오른손으로 공양물을 한 번 쌓아올리고 숫자를 올리세요. 그렇게 해서 왼손이 아주 아파서 만달라 판을 전혀 지탱할 수 없을 정도로 될 때까지 끈기를 발휘하여 만달라 판을 손으로 지탱하면서 붙잡고 있으세요. 더구나 '법을 위해서는 고행을 견디고 끈기를 지녀라'라고 하는 것은 단지 먹을 음식이 없는 것만을 말하는 것이 아닙니다. 언제나 그리고 어떤 상황에서도 성취하기 어려운 어떤 것에 대해도 끈기를 발휘하여 수행하는 것입니다. 따라서 단지 이것만으로도 인내와 노력을 통해서 광대한 자량을 쌓는 것이 완성되는 것이므로 이와 같이 수행하세요.

    아무리 해도 지탱할 수 없다면 앞의 공양대 위에 내려놓고, 공양물 쌓는 공양을 하면서 숫자를 쌓으세요. 차를 마시는 등 휴식을 취할 때는 언제나 이전에 공양 올린 장엄물들을 한데 모은 다음, 다시 시작할 때는 '37요소 만달라 공양물'을 전처럼 올리고 숫자를 헤아리세요.

    이와 같은 식으로 10만 번의 만달라 공양을 확실히 해야 하며, 때때로

세간에 머문다.(『밀교의 성불원리』, 중암 편저, 39쪽, 『장한불학사전』, 362쪽)
212 티벳어 전문은 『IEPP』 90-91쪽, 영문번역은 11쪽, 중문번역은 중문본 207쪽에 있다.

3신의 만달라 공양을 상세하게 올릴 수 없는 사람들은,

> 대지를 향수로 적시고 그 위에 꽃을 뿌려
> 수미산과 4대주, 해와 달로 장엄한 것을
> 붓다의 정토로 생각하여 공양함으로써
> 모든 중생들이 청정정토를 누릴 수 있게 되기를!

이라고 독송하면서 7요소 만달라[213] 공양만 올려도 됩니다.

어떤 경우에도 먼저 준비단계는 보리심으로 감싸고, 중간에 본수행은 마음에 아무런 대상을 지니지 않고(무연無緣으로) 수행하며, 마지막에 공덕을 회향하여 완벽하게 봉인함으로써 세 가지 수승한 방법을 갖추는 것이 아주 중요한 것은 모든 수행에 똑같습니다.

그처럼 만달라 공양을 할 때 보리나 밀 등 곡식으로 만달라 공양을 하는 경우, 자신에게 가진 것이 있다면 만달라 공양에 이미 사용한 곡식을 다시 반복하여 사용하는 것은 절대로 피해야 합니다. 새것으로만 공양하세요. 그처럼 공양한 것은 크고 작은 새들이나 눈먼 사람, 걸인에게 보시하거나, 3보의 상징물 앞에 쌓아 놓는 등 적절한 것으로 하세요. 자신이 본인의 것으로 지니면서 사용하거나 하는 일은 하지 마세요. 충분히 구할 수 없다면 얼마가 되든 구할 수 있는 양에 따라 공양할 곡물을 새것으로 바꾸세요. 가난하다면 한 번 공양 올려졌던 곡물만을 거듭 반복하여 공양 올려도 괜찮습니다.

어떤 경우에도 먼지나 껍질·지푸라기·새똥 등 모든 이물질을 제거하여 아주 깨끗하게 해야 합니다. 샤프론 등 향내 나는 물에 적셔서 공양 올리세요.

---

213 7요소 만달라 공양: 간편한 만달라 공양에서는 수미산과 4대주 그리고 해와 달을 상징하는 일곱 무더기의 곡물을 사용한다.

극도로 가진 것이 없는 가난한 사람의 부류나, 하나의 먼지 위에 이 세상에 있는 모든 먼지만큼 많은 정토를 직접 마음으로 만들어 공양 올릴 수 있는 최고의 능력을 가진 사람들을 생각하여, 흙이나 조약돌 등으로 공양해도 좋다고 경전에서 말씀하셨습니다. 그렇지만 자신에게 있으면서도 공양하고 보시하는 쪽으로 내놓을 수 없어서, 만뜨라 독송과 관상을 비롯해 그럴듯한 여러 가지 이유를 늘어놓으면서, 진실한 공양을 올리지 않으면서도 제대로 공양 올리고 있다고 혼자 생각하는 것은 본인이 스스로를 속이는 것입니다.

그뿐만 아니라 모든 밀교와 핵심 구전 가르침에서, '청정한 공양물이나 청정하게 준비한 공양물'이라고 하거나, '이러한 청정하게 준비한 공양물'이라는 등으로 말씀하신 것이지, '청결하지 않은 공양물이나 청결하지 않게 준비한 것' 등으로 말씀하시지 않았습니다. 때문에 자신이 먹고 남은 것이나 오염된 것 등을 공양물로 하거나, 가장 좋은 보리는 자기가 먹을 것으로 하고, 오래되어 변한 것은 공양 곡물이나 또르마 만들기 위한 짬빠가루로 하는 것에 대해서, 예전의 까담빠들께서 말씀하셨습니다.

> 가장 좋은 것은 자기 것으로 하고 곰팡이 생긴 치즈나
> 시들은 채소로 3보에 공양하는 것은 안 된다.

그처럼 치즈 등 악취 나고 변질된 것으로 또르마나 버터 불을 공양하고, 좋은 것을 자신이 먹는 것은 복덕을 소멸시키는 원인이 되므로 피해야 합니다.

샐새[214]와 또르마 등을 만들 때도 반죽의 진하고 묽은 정도를 자신이 먹기에 알맞은 정도로 해야지, 만들기 쉽다고 생각하여 또르마의 반죽을

---

214 샐새(ཞལ་ཟས་): 본존께 공양 올리는 음식으로 특별한 형태의 또르마이다.

묽게 하는 것은 옳지 않습니다.
 아띠샤 존자께서도 말씀하셨습니다.

> 티벳 사람들은 부자가 되지 못할 것이다.
> 또르마의 반죽을 너무 묽게 만들고 있다.

또한 아띠샤 존자께서 말씀하셨습니다.

> 티벳에서는 복덕을 쌓는 데 오직 물만으로도 충분하다.
> 인도는 날씨가 뜨거워 티벳의 이 물처럼 깨끗하지 않다.

 자신이 부지런히 할 수 있다면 자량을 쌓기 위해 깨끗한 물로 공양수를 올리는 것도 이로운 공덕이 헤아릴 수 없습니다. 공양수도 일곱 개의 공양 물잔 등 공양하는 용기도 청결하게 하고, 줄을 맞추어 놓을 때도 사이가 너무 벌어지거나 너무 좁지 않게 적절하게 하세요. 줄이 구부러지거나 튀어나오지 않게 똑바로 하세요. 물속에 곡식 알갱이나 머리카락·먼지·벌레 등이 섞이지 않게 하세요. 가득 채우지 않거나 너무 가득 채우지 말고 공양단 위에 물 한 방울도 떨어지지 않게 깔끔하고 마음에 쏙 들게 하세요.
 마찬가지로 『보현행원품』에서도, "차리는 것은 특별히 성스럽고 수승한 것들로"라고 말씀하신 것처럼, 어떠한 형태의 공양이라도 심지어 준비하는 방식이나 배열하는 방식에 이르기까지 아름답고 기분 좋게 한다면, 붓다와 보살들에 대한 공경심으로 자신이 엄청난 복덕자량을 쌓기 때문에 모든 정성을 기울여야 합니다.
 또한 자신에게 가진 것이 없거나 능력이 없는 사람은 아주 청정한 마음으로 오염되거나 하찮은 것 등을 공양해도 잘못된 것이 아닙니다. 붓다와 보살들에게는 깨끗함이나 더러움에 집착하는 분별심이 없기 때문에 예전에 둥육마('거리 청소부'라는 의미)라는 가난한 여자가 세존께 버터 불을 공양한 이야기가 있습니다. 또한 한 여성 나병환자가 구걸을 해서 쌀죽을 조금 얻어 성문승 마하까사빠(가섭존자)께 올릴 때 쌀죽 안에 파리 한 마리가 떨어졌습니다. 그것을 꺼내려고 할 때 여성 나병환자의 검지 손가락도 쌀죽 안에 떨어졌지만, 마하까사빠께서는 그녀의 고귀한 염원이 이루어지도록 하기 위해서 그 쌀죽을 드셨습니다. 그것으로 하루의 음식공양이 충분하기 때문에 그 여성도 더 없이 기뻐했으며, 이 인연으로 다음 생에 33천에 태어났습니다.

그러므로 만달라 공양을 할 때에도 지극히 청정한 의도로, 자신이 무엇을 가지고 있든 그것을 깨끗하고 마음에 들게 하여 공양 올리는 것이 궁극적 핵심입니다. 그러한 만달라 공양 등 공덕을 쌓으려고 노력하는 것은 어떤 길의 단계에서도 그만두어서는 안 되는 수행입니다. 『딴뜨라』에서도 말했습니다.

> 자량을 쌓지 않고는 성취할 수 없다.
> 모래를 짜서 기름을 얻지 못한다.

자량을 쌓지 않고 성취를 얻기 바라는 것은 강변의 모래를 짜서 기름을 얻으려는 것과 같아, 수억 개의 모래알을 짜도 그 안에서 기름은 털끝만큼도 얻을 수 없을 것입니다. 자량을 쌓아서 성취를 바라는 것은 참깨를 짜서 기름을 얻으려는 것과 같습니다. 참깨를 많이 짜면 많이 짤수록 그만큼 많은 참기름을 얻을 수 있으며, 심지어 참깨 한 알을 손톱 위에 올려놓고 눌러도, 그것으로 손톱 윗면 전체에 기름기가 묻을 것입니다.

마찬가지로 말씀하셨습니다.

> 자량을 쌓지 않고 성취하기를 원하는 것은
> 물을 휘저어 버터를 얻으려는 것과 같고
> 자량을 쌓아서 성취하기를 원하는 것은
> 우유를 휘저어 버터를 얻기 바라는 것과 같다.

여기서 궁극적인 최상의 성취를 얻는 것은 두 가지 자량을 완성한 틀림없는 결과이기 때문에, 복덕자량과 지혜자량을 완성하지 않고 두 가지 청정함을 지닌 깨달음의 경지(불성)를 얻을 수 없다는 것을 앞에서도 설명했습니다. 그래서 보호주 나가르주나께서 말씀하셨습니다.

> 이러한 선행으로 모든 중생이
> 복덕자량과 지혜자량을 다 쌓아서
> 복덕과 지혜로부터 생긴
> 두 가지 수승한 몸을 얻게 되기를!

소연所緣을 갖는 복덕자량을 완성하여 수승한 색신과 소연을 갖지 않는 지혜자량을 완성하여 수승한 법신을 얻는 것입니다.[215]

---

215 공덕자량을 다 쌓아서 모든 중생들을 위한(섄된གཞན་དོན་ : 이타利他) 색신을 성취하게 되고, 지혜자량을 다 쌓아서 자신을 위한(랑된རང་དོན་ : 자리自利) 법신을 성취하게 된다. 그렇지만 공덕자량과 지혜자량을 함께 쌓아야 색신과 법신을 성취할 수 있다.(쨤뻴 린뽀체) 이를 구체적으로 『닝틱왼도신디』 208쪽에서 "두 가지 자량으로 결과인 두 가지 불신을 성취하는 방법에 대해 신빠에 따르면, 소연을 지닌(낭쩨슝당བཅས་) 복덕자량이 '실질적 원인(네르렌기규ཉེར་ལེན་གྱི་རྒྱུ་: 근취인近取因)'을 만들고, 무소연의(낭메슝메ད་) 지혜자량이 '외부적 조건(핸쩍제빼졘ལྷན་ཅིག་བྱེད་པའི་རྐྱེན་)을 만들어, 붓다의 색신을 성취하며, 무소연의 지혜자량이 실질적 원인을 만들고, 소연을 지닌 복덕자량이 외부적 조건을 만들어, 궁극적 붓다의 법신을 성취한다"고 설명했다. 티벳어 믹빠དམིགས་པ་는 영어로 perception 혹은 conception으로 '행위의 주체와 행위의 대상 그리고 행위가 우리의 생각으로(conceptionally) 존재한다고 생각하는 것'이다. 예를 들어, 행보리심에서 6바라밀의 첫 번째 보시 바라밀의 경우, 보시하는 자와 보시를 받는 자 그리고 보시하는

마찬가지로 일시적으로 이 세상에서 성취한 것들도 모두다 자량 축적을 완성함으로써 생기는 것이지, 자신이 자량을 쌓지 않고 아무리 커다란 노력을 해도 도움이 안 됩니다. 예컨대, 현재의 소유물이나 음식, 재산조차도 과거에 쌓은 자량에 힘입어 부유하게 된 일부 사람들은 노력을 조금도 하지 않아도, 재물이 결코 줄어들지 않습니다.

또한 어떤 사람들은 평생에 걸쳐 장사나 농사 등 온갖 방법으로, 재물을 쌓으려고 온 힘을 기울여도 조금도 도움 되는 것 없이 결국 굶어 죽는 등 우리가 주위에서 직접 볼 수 있는 현상으로도 알 수 있습니다. 그처럼 재물의 신이나 호법신 등을 수행하여 성취를 얻기 바라는 사람도 자신이 전에 쌓은 보시의 결과가 없다면, 그러한 신들이 성취를 줄 수 없습니다.

예전에 한 은둔 수행자가 있었는데 생활이 아주 곤궁하여 담짼[216]을 수행하기 시작했습니다. 그는 수행에 아주 통달하여 마치 다른 사람과 말하는 것처럼 호법신과 대화할 수 있었습니다. 그렇지만 어떤 성취도 얻지 못했습니다.

그래서 담짼이, "그대에게는 과거에 보시한 결과가 조금도 없어서, 내가 성취를 줄 수 없다"고 말했습니다.

어느 날, 그 수행자가 많은 거지들과 함께 줄을 서서, 국수를 한 그릇 가득 얻어서 돌아오니, "오늘 내가 너에게 성취를 주었는데, 아는가?"라고 담짼이 물었습니다.

"국수를 한 그릇 얻었는데 그것은 나 말고도, 모든 거지들이 다 받았다.

행위가 실제로 존재한다고 생각하는 것이다. 티벳어 믹쩨དམིགས་བཅས་에서 མིགས་은 믹율དམིགས་ཡུལ་, 즉 '생각의 대상'을 뜻한다.(짬뛸 린뽀체) 따라서 티벳어 믹쩨དམིགས་བཅས་는 '생각의 대상을 지니는(소연을 갖는)'이 되고, 믹메དམིགས་མེད་는 '소연을 갖지 않는(무소연 혹은 무분별)'을 말한다.

216 담짼དམ་ཅན་: 담짼도르제렉빠དམ་ཅན་རྡོ་རྗེ་ལེགས་པ་(⓪vajrasadhu). 삼마야계를 받은 호법신의 하나.

당신의 성취라고요? 그것은 모릅니다"라고 대답하니,

"국수를 부어줄 때 네 그릇 안에 커다란 고기 한 점이 떨어졌다. 그것이 나에 대한 성취이다"라고 담쩬이 말했습니다.

그러므로 자신에게 전생에 쌓아 놓은 공덕이 없다면 재물 성취를 위한 수행 따위를 해도 가난을 물리칠 수 없습니다. 이 세상의 재물의 신 따위가 재물에 대한 성취를 줄 수 있다면, 모든 붓다와 보살들은 그들보다 힘과 신통력이 백 배, 천 배 크고 요청받지 않아도 모든 중생들을 오직 이롭게 하시기 때문에, 그분들이 이 세상에 재물을 비처럼 내리게 하여 모든 가난을 한꺼번에 물리쳤을 것이 분명합니다. 그렇지만 그처럼 하지 않았던 것입니다. 따라서 소유물이나 재산 등 어느 것도 오로지 공덕을 쌓은 결과에서 생기는 것이기 때문에, 산만큼 노력하는 것보다 불씨만한 복덕을 쌓는 것이 더 낫습니다.

요즈음 우리 변방 지역(뺄뙬 린뽀체의 고향)을 보면 아주 작은 재물이나 권세가 생긴 것에 대해 모두가 "스승님, 이게 어떻게 된 거지요?"라고 말하면서 깜짝 놀라지만, 그 정도를 위해 아주 큰 복덕을 쌓을 필요는 없습니다. 만일 보시의 대상과 보시하는 사람의 의도가 청정하다면 큰 복덕자량을 쌓을 필요가 없습니다. 그 예로 전륜성왕 만다타께서 콩 일곱 개를 보시한 결과로 33천까지 지배했다는 이야기가 있으며, 빠세나디 왕[217]과 같은 권세도 소금기 없는 따뜻한 음식 한 접시를 보시한 결과라고 경전에서 설했습니다.

예전에 티벳이 지금보다 훨씬 잘 살고 땅이 넓었던 시기에 아띠샤 존자께서 티벳에 오셔서, "티벳은 아귀의 왕국이 분명하다. 티벳에서 청정한 대상에게 보리 한 되 보시하여, 보시의 과보를 누리는 사람을 본 적이

---

217 빠세나디 왕(གྱལ་པོ་གསལ་རྒྱལ་) : 붓다 당시 꼬살라국의 왕으로 바사익 왕 혹은 쁘라세나지뜨 왕(the king Prasenajit)으로도 번역된다.

없다"라고 말씀하셨습니다. 따라서 잠시 가진 작은 재물이나 조그만 지위에 대해 놀라며 대단하다고 생각하는 것은, 첫째로 자신의 마음이 작은 것이고, 둘째로 이 덧없는 세상에서 현상에 대한 집착이 큰 것이며, 셋째로 전에 설명한 아쇼까 나무 열매가 보여주는 행위의 과보가 증가하는 모습의 핵심을 제대로 이해하지 못했거나, 이해했어도 믿고 있지 않다는 징표를 보여주는 것입니다.

그러므로 가슴속 깊이 출리심에 대한 진실한 생각을 마음속에 일으킨 사람이라면 이 세상에 나타나는 놀라운 일들, 예컨대 재물이 용왕만큼 풍부하든, 지위가 하늘처럼 높든, 힘이 번개만큼 강하든, 용모가 무지개처럼 아름답든, 어떠한 것을 보더라도 거기에 영원함이나 확고함이나 진정한 의미가 참깨 껍질만큼도 없다는 것을 알고, 마치 황달이 있는 사람에게 기름기 많은 음식을 준 것[218]처럼 혐오감을 일으켜야 합니다. 그뿐만 아니라 이 생의 재물 등을 바라면서 자량을 쌓는데 노력을 기울여도 평범한 세상 사람들에게는 괜찮지만, 출리심이라는 청정한 법과는 방향이 동떨어진 것입니다.

해탈의 경지를 얻는 바른 법을 원한다면 전에 거듭 반복하여 설명한 것처럼, 이 덧없는 세상 삶에 대한 모든 애착을 가래침 속의 먼지처럼 버리고, 고향에 등을 돌리고, 다른 낯선 지역을 기꺼이 택하여, 오로지 외딴 수행처에 의지하여, 병이 생겨도 즐거운 마음으로, 죽음이 닥쳐도 기쁜 마음으로 수행해야 합니다.

비할 바 없는 닥뽀 린뽀체께 한 제자가,

"지금 이러한 말법의 시기에 바른 법을 수행하기 위해서 음식과 의복과 필요한 것들을 구하기 어려우니 재물 성취를 위한 공양의식을 조금

---

218 황달과 기름진 음식: 황달은 간이 제 기능을 하지 못하는 것이며, 담즙은 기름기를 소화분해하는 역할을 하므로 담즙이 제대로 분비되지 않으면 기름기 있는 음식을 소화시키지 못한다.

행해야 하는가요? 훌륭한 연단술[219]을 배워야 하는가요? 아니면 확실하게 죽음에 들어갈 수 있어야 하는가요? 무엇을 해야 합니까?"라고 여쭈니, 닥뽀 린뽀체께서 말씀하셨습니다.

"재물 성취를 위한 공양의식을 해도 자신이 과거에 보시한 과보가 없으면 얻기가 어려우며, 더구나 진심으로 법에 따라 수행하는 것과 이생을 위해 재물을 얻는 것은 서로 어긋난다. 연단술 수행을 해도 과거 '상승하는 깔빠'[220]에 흙이나 돌·물·나무 등의 주요 영양분이 빠져나가지 않았던 시기처럼 요즘 시기에는 안 된다. 따라서 요즈음에는 도움이 안 된다. 확실하게 죽음에 들어가는 것도 안 된다. 수행 기회와 유리한 조건을 모두 갖춘 지금의 이와 같은 인간의 몸을 앞으로 얻기가 어렵다. 그렇지만 죽든 살든 상관없이 기필코 수행할 수 있다는 생각이 가슴속 깊이 일어난다면 먹을 것과 입을 것이 결코 부족하지 않게 될 것이다. 법을 수행하는 사람이 굶주림으로 죽은 예가 없다."

세존께서도,

"밀가루 한 되에 진주 한 되로 값을 치르는 기근이 생겨도, 붓다를 따르는 사람은 먹을 것과 입을 것이 떨어지지 않는다"고 말씀하셨다고 경전에 설해져 있습니다.

그러므로 승리자의 아들인 보살들은 자량을 쌓거나 장애를 닦거나, 무엇을 해도 오로지 허공 끝까지 채우고 있는 모든 유정들을 위해서 행할 뿐입니다.

---

219 연단술(쵤렌བཅུད་ལེན་, ⓢ rasāyana) : 보통의 음식 대신 특정의 물질을 최소한의 양만 섭취하면서 살 수 있도록 하는 수행법으로, 몸을 청정하게 하고 마음을 정화시키는 미세한 수행의 기본이다. 여덟 가지 보통 성취 중의 하나이다. 지난 '좋은 깔빠'의 시기에는 오로지 명상을 통해서 꽃이나 나무, 돌 등으로부터 몸에 필요한 핵심 성분들을 섭취하여 수행할 수 있었다고 한다. 그러나 지금은 '쇠퇴의 시기'이므로 불가능하다.(짬뙬 린뽀체)

220 상승하는 깔빠 : 여러 깔빠의 특성을 나타내는 것으로 상승하는 깔빠와 하강하는 깔빠 중에서 지금은 붓다 샤꺄무니 시대에 비해서 쇠퇴하는 시기이다.(영문본, 주217 참조)

자신의 이생을 위해 수행하는 것은 말할 것도 없고 자신을 위해 완벽한 붓다의 경지를 얻기 바라는 것 또한 대승의 길이 전혀 아닙니다. 따라서 자량을 쌓거나 장애를 닦거나 무엇을 해도, 한량없는 모든 유정들을 위한 목표 이외에 이기심과 전혀 섞이지 않게 하는 것이 절대적으로 중요합니다. 그와 같이 한다면, 자신에게 이로운 것과 이생의 평안과 기쁨은 바라지 않아도 부수적으로 저절로 생길 것입니다. 불을 피울 때 연기가 저절로 생기는 것이나 보리를 심어서 보릿대가 부수적으로 아주 자연스럽게 생기는 것과 같습니다. 그러므로 그러한 것들을 일부러 추구하는 마음은 독초를 버리는 것처럼 버려야 합니다.

5장

꾸살라 자량 쌓기
(죄 수행법)

여기서는 '꾸살리 자량 쌓기'라는 자신의 몸에 대한 작은 보시가 이루어집니다. 일반적으로 『심성안식론心性安息論』에서 구루요가와 연결하여 이루어지므로, 구루요가의 일부로 해도 좋습니다. 그렇지만 만달라 공양의 일부로 수행해도 어긋나지 않습니다. 그러므로 이 경우에 저의 스승께서 만달라 공양과 연결하여 설명하신 가르침의 전통에 따라 여기서도 설명합니다.

---

*티벳어 རྩ་མཆོད་ 는 '자르다'의 의미로 관상으로 자신의 몸을 '잘라서' 보시하므로 '쬐' 수행이라고 한다. 혹은 네 마라를 단칼에 '자르는' 것이므로 '쬐' 수행이라고 한다.

몸 공양

꾸살리라고 하는 것은 '거지'라는 뜻입니다. 그래서 이생의 관심사를 포기한 요기나, 산속의 은둔 수행자처럼 자량을 쌓기 위한 다른 물질을 못 구하는 사람들이 관상에 의지하여 자신의 몸을 공양 올리는 것입니다. 사실상 다른 모든 물건들 또한 자신의 몸을 돌보기 위해 노력하고 분투하여 모아놓고 애지중지하는 것들이니, 다른 어떤 소유물보다도 자신의 몸이 훨씬 소중하다고 여기는 것이 확실합니다. 따라서 몸에 대한 애집愛執을 끊고 그것을 공양을 올리는 행위는 다른 어떤 물건을 공양 올리는 행위보다 훨씬 더 공덕이 큽니다.

혼히 다음과 같이 말합니다.

> 말이나 코끼리를 공양 올리는 것은
> 다른 공양보다 백 배의 가치가 있고
> 자식이나 부인을 공양 올리는 것은 천 배이며
> 몸을 공양 올리는 것은 10만 배다.

마찍랍된께서 다음과 같이 말씀하셨습니다.

> 집착 없이 몸을 내주는 것이

두 가지 자량 쌓는 것임을 알지 못하고

지금껏 5온五蘊을 소중한 것으로 여겨온 것을[221]

어머니[222] 화신께 모두 드러내어 참회합니다.

---

221 5온을 소중한 것으로 여겨 온 것(ཕུང་པོ་གཅེས་འཛིན་བྱས་པ་): 직역하면 '온을 소중한 것으로 집착하는 것'이다. 온(풍뽀ཕུང་པོ་, ⓢskandha)에는 색色(숙གཟུགས་), 수受(초르와ཚོར་བ་), 상想(두쉐འདུ་ཤེས་), 행行(두제འདུ་བྱེད་), 식識(남빠르쉐빠རྣམ་པར་ཤེས་པ་)이 있어 이들이 상호 의존하여 이루어진 것을 우리는 '자신'이라고 생각한다. 따라서 여기서 온은 자신의 '몸'을 뜻한다.

222 어머니: 지혜 혹은 공성을 나타낸다. 공성을 깨달을 때 붓다가 되기 때문에 지혜 혹은 공성이 모든 붓다의 어머니로 묘사된다.(영문본, 주219 참조)

몸 공양의 수행

먼저 자신이 관상하는데 익숙하다면 의식을 허공으로 쏘아 올려, 거기에 순간적으로 '검은 금강요기니'[223]가 생기게 하는 것도 가능합니다. 그렇게 안 된다면 자신의 가슴 중앙에, '마음을 인식하는 본성'을 검은 금강요기니로 관상하세요. 그녀는 춤추는 자세로 몸을 흔들며 움직이고 있으며 오른손에는 휘어진 금강도[224]를 하늘 높이 치켜들고 있고, 왼손에는 피가 가득 찬 해골 잔을 가슴께에 쥐고 있습니다. 오른쪽 귀 뒤에서 검은 돼지가 꽥꽥 소리를 지르면서 얼굴을 내보이고, 그녀는 여성 분노존의 옷차림을 하고 있습니다. 이와 같은 모습을 관상으로 만들어 거기다 대고, "팻!"이라고 소리칠 때 '검은 금강 요기니'가 중맥의 길을 통과하여, 정수리의 정문(頂門)으로부터 밖으로 멀리 튕겨나갑니다. 바로 그 순간, 자신의 몸이 시체로 변하여 푹 쓰러집니다. 더구나 지금의 몸과 같은 것이 아니고 크고 뚱뚱하고 기름지며 3천 대천세계의 크기와 같은 것으로 관상하세요.

그 다음 자신을 '검은 금강 요기니'로 관상하여 오른손의 휘어진 금강도로 자신의 의식 없는 몸의 눈썹 근처를 겨누어 두개골(해골 잔)을 단칼

---

223 검은 금강요기니(마쩍퇴마낙모 མ་གཅིག་ཁྲོས་མ་ནག་མོ་, ⓔkrodhakali) : 여성 분노존, 분노 불모.
224 휘어진 금강도(디국གྲི་གུག) : 금강곡도, 초승달 모양의 휘어진 칼로, 칼 등쪽에 금강저 형상의 손잡이가 있다. 아집을 잘라내는 지혜를 상징하며 다끼니를 나타내는 장엄구다.

에 잘라냅니다. 그 두개골도 지금과 같지 않고 3천 대천세계의 크기와 같은 것으로 관상하세요. 그 다음 '검은 금강요기니'가 왼손으로 두개골을 집어 들어, 수미산만큼 거대한 사람의 머리로 된 세 개의 고임돌[225] 위에 이마가 자신을 향하게 하여 올려놓습니다. 또 '검은 금강 요기니'가 오른손에 든 휘어진 금강도로 그 시신(두개골이 잘려나간 나머지)을 완전히 들어 올려 해골 잔 안에 넣습니다.

그 다음 해골 잔 위의 허공에 감로수의 본성인 하얀색의 '훔ཧཱུྃ'자를 관상하세요.

해골 잔 아래에 불의 본성인 적색 글자 '아ཨ'의 수직선 ' ㅣ '를 관상하세요.[226] 그 다음, "옴 아 훔"을 독송할 때 '아ཨ'의 수직선으로부터 불이 타오르고, 해골 잔을 가열시켜 그 안의 시신이 스르르 녹아 감로수가 되어 끓으면서 해골 잔을 가득 채웁니다. 모든 오염물과 불순물이 거품이나 찌꺼기의 모습으로 밖으로 흘러넘칩니다. 증기가 '훔ཧཱུྃ' 글자에 닿아서 '훔ཧཱུྃ' 글자도 가열시켜, 그 글자에서 하얀 감로수와 검은 감로수가 흘러내리고 그 흐름도 해골 잔 속에서 하나로 섞입니다. 결국 '훔ཧཱུྃ' 글자도 빛으로 완전히 변하여 해골 안의 감로수와 하나가 되어 녹는다고 관상하면서 다음과 같이 독송하세요.

팻! 소중하게 여기는 이 몸을 던져 신의 마라가 정복되고
의식이 정수리의 황금문을 통해서 청정세계로 올라갑니다.
죽음의 마라를 정복하고 검은 금강 요기니가 되어
오른손에 금강도를 치켜들어 번뇌의 마라를 자르고

---

225 세 개의 고임돌(계부숨ཀྱེད་བུ་གསུམ) : 법신・보신・화신을 상징한다.(『TPIN』, 163쪽)
226 '아'의 수직선: 아퉁ཨ་ཐུང은 일반적으로 새ཤད라고 하며, 티벳어 문장 마지막에 위 아래로 긋는 수직선이다. 위쪽 끝은 뭉툭하고 아래 끝은 가늘고 뾰족하다. 이 수행법에서는 이것을 거꾸로 뒤집어 불꽃의 모양이 되도록 한다.(영문본, 주222 참조)

본인의 두개골을 절단하여 5온의 마라를 섬멸합니다.
왼손으로 힘껏 머리를 비틀어 떼어내서
3신을 상징하는 3인두三人頭의 삼발이 위에 올려놓고
그 안에 3천 대천세계를 가득 채우는 이 몸을 넣습니다.
그 몸을 ཨ아의 수직선과 ཧཱུྃ자로 가열하니 감로로 용해됩니다.
'ཨོཾ옴 ཨཱཿ아 ཧཱུྃ훔' 세 글자의 힘으로 감로가 정화되고 증가되어 원하는 것으로 변합니다.[227]
'옴 아 훔'

자신이 "옴 아 훔"이라고 독송할 때 'ཨོཾ옴'이 감로의 색, 냄새, 맛 등의 모든 결함을 정화시키고, 'ཨཱཿ아'가 감로를 많은 양으로 늘어나게 하며, 'ཧཱུྃ훔'이 감로를 무엇이든 원하는 사물로 변화시킵니다. 오염되지 않은 원초적 지혜의 감로[228]가 바라는 모든 것을 소원대로 성취시켜 주는 변화무쌍한 구름의 유희와 자성으로 될 것입니다. 이와 같이 관상하세요.

그 다음 자신 앞에 있는 허공에 보좌가 있는 것으로 관상하세요. 보좌의 다리는 보석으로 장식되어 있고 보좌 위에 고급 비단 방석이 놓여 있는데, 그 위에 은혜로운 근본 스승께서 직접 앉아 계십니다. 그 위쪽에 근본 전승조사들이, 중간 부분에 이담 본존들이, 해골 잔의 입구 쪽 허공에 '75분의 성스러운 보호주' 등 지혜의 호법신들과 업력으로 성취한 호법신들과 지방신과 토지신 등이 앉아계십니다.

그 아래의 땅 위에는 8만 종류의 장애를 가져오는 자들과 어린애를 공격하는 열다섯 종류의 큰 악귀 등 장애를 가져오는 자들과 업의 빚을

---

227 티벳어 전문은 『IEPP』 91~92쪽, 중문번역은 중문본 214쪽에 있다.
228 감로(뒤찌བདུད་རྩི་. ⓢamrita) : 산스끄리뜨어 amrita는 '불사의, 불멸의, 영원한'이라는 뜻으로 티벳어 뒤찌བདུད་རྩི་로 번역되었다. 죽음의 신 마라(뒤བདུད་)를 정복하는 농축액(찌རྩི་)으로 이는 지혜의 상징이다. 오염되지 않은(삭메ཟག་མེད་ : 무루無漏)은 '번뇌에 물들지 않은'을 뜻한다. (영문본, 주223 참조)

받아야 할 사람들이 주요 손님이 되어, 3계와 6도의 모든 중생들이 햇살 속에 모여 있는 먼지처럼 일어나고 있습니다.

1. 위의 손님들을 위한 하얀 보시물

그 다음 위의 근본 스승과 전승조사들과 모여 있는 모든 붓다와 보살들께서, 금강저의 빨대 형상[229]을 가진 혀로 감로의 정수를 빨아 마시고 있습니다. 그 결과 자신의 자량 쌓기가 완성되고, 장애가 씻겨지며, 삼마야를 어긴 것이 정화되고, 최상의 성취와 보통의 성취를 얻은 것으로 관상하세요.

중간에는 스승을 둘러싸고 있는 4부, 6부 딴뜨라[230]의 이담과 본존들이 빨대 같은 혀로 감로수의 정수를 빨아들여 마십니다. 그들의 혀는 각자의 상징인 금강저·법륜·보석·연꽃·십자 금강저 등의 모양을 가지고 있습니다. 그 결과 자신의 자량 쌓기가 완성되고, 장애가 씻겨지며, 삼마야를 어긴 것이 정화되고, 최상의 성취와 보통의 성취를 얻은 것으로 관상하세요.

다까와 다끼니들과 호법신들과 75분의 성스러운 보호주들이 햇살의 대롱을 가진 혀로 감로수의 정수를 빨아들여 마십니다. 자신의 자량 쌓기가 완성되고, 장애가 씻겨지며, 정법과 깨달음을 성취하는데 불리한 조건과 장애물이 모두 없어집니다. 유리한 조건과 원하는 선자량들이 모두

---

229 금강저의 빨대 형상: 여기서 붓다와 보디사뜨와들의 혀는 우리들 것과 같은 형상이 아니라 금강저를 반쪽으로 납작하게 쪼갠 형상이다. 이 경우 그분들은 공양물을 섭취하기 위해 빛줄기를 빨대로 사용한다.(『TPIN』, 164쪽)

230 4부 딴뜨라(규데시ཀྲུད་སྡེ་བཞི་): 끄리야·우빠·요가·무상 요가. 6부 딴뜨라: 세 가지 외부 딴뜨라인 끄리야·우빠·요가와 세 가지 내부 딴뜨라인 마하요가·아누요가·아띠요가.

증가된다고 관상하세요. 그것이 위의 손님을 위한 하얀 보시물입니다.

2. 아래의 손님들을 위한 하얀 보시물

그 다음 자신이 관상에 친숙하다면 자신을 '검은 금강 요기니'로 관상하여, 그 가슴에서 백색·황색·적색·녹색·청색의 행동하는 다끼니[231]들이, 햇살 속에 떠도는 먼지처럼 수백 수천으로 헤아릴 수 없이 무수히 퍼져 나오는 것을 관상하세요. 그들이 6도 3계의 모든 중생들에게 지혜의 해골 잔 그릇에 오염되지 않은 감로의 정수를 가득 채워 각각 주니, 아주 흡족해하는 것으로 관상하세요.

자신이 관상에 친숙하지 않다면 자신을 '검은 금강 요기니'로 관상하여, 왼손의 해골 잔으로 커다란 해골 잔의 감로수를 떠서 흩뿌려 6도 3계의 세상에 감로의 비가 내리게 하니, 모두가 그것을 마시고 아주 만족해한다고 관상하세요. 그것은 아래의 손님을 위한 하얀 보시물입니다.

3. 위의 손님들을 위한 다채로운 보시물

또한 끓는 감로수의 수증기로부터 위쪽의 공양 대상들에게 마시는 물과, 발 씻는 물과, 꽃과, 향, 버터 불, 향내 나는 물, 공양 음식, 악기, 8길상, 전륜왕 7보, 일산, 승리의 깃발, 닫집, 천 개의 바퀴살이 있는 황금

---

[231] 행동하는 다끼니(래제기칸도마ལས་བྱེད་ཀྱི་མཁའ་འགྲོ་མ) : 사업공행모事業空行母(activity-performing dakini).

법륜, 오른쪽으로 감아 도는 하얀 소라고둥 등 헤아릴 수 없는 공양 구름이 만들어져 공양 올려집니다.

자신과 다른 모든 중생들의 자량 쌓기가 완성되고 장애가 정화된다고 관상하세요. 그것이 위의 손님들을 위한 다채로운 보시물입니다.

4. 아래의 손님들을 위한 다채로운 보시물

또한 아래의 손님들, 즉 6도의 모든 중생들에게 각자가 무엇을 바라든 무엇을 원하든 그 모든 물건들이 비처럼 내리니 모두가 기뻐하고 만족하여 즐거워합니다.

특히 시작을 알 수 없는 윤회로부터 시작하여 마침내 지금에 이르기까지 자신의 모든 삶을 통하여, 자신이 갚아야 할 빚이 있는 사람들에 대해 생각해 봅시다. 살생하여 남의 수명을 단축시킨 업보業報,[232] 남의 것을 강탈하여 재물이 곤궁하게 한 업보, 구타를 해서 많은 병을 얻게 한 업보, 윗분들이 보호해준 업보, 아랫사람들에게 공경 받은 업보, 동료들의 우정에 대한 업보, 위로 성城의 업보, 아래로 농토의 업보,[233] 친구나 평생 동반자나 친척에 대한 업보, 아이나 가축에 대한 업보, 지금까지 먹은 음식에 대한 업보, 지금까지 입은 의복에 대한 업보, 돈을 빌려 쓴 것에 대한 업보, 우유를 짠 것에 대한 업보, 다른 중생에게 짐을 지운 것에 대한 업보, 쟁기질한 농토에 대한 업보, 그 외에 활용하거나 이용한 업보 등 갚아야 할 수많은 묵은 빚이 있습니다.

---

232 업보(랜착འབད་ཆགས་) : 과거의 행위로 인한 까르마의 빚
233 성의 업보(카르기랜착མཁར་གྱི་འབད་ཆགས་) : 소작인이었을 때 주인이 보호해 준 것에 대해 우리가 주인에게 진 빚. 농토의 업보(싸싱기랜착ས་ཞིང་གི་འབད་ཆགས་)는 우리가 주인이었을 때 농부들이 농사지어 준 것에 대해 진 빚이다.(영문본, 주226 참조)

이것들에 대해 본인이 수명으로 되갚거나, 생명으로 되갚거나, 살로 되갚거나, 뼈로 되갚아야 할 업보의 원한을 가진 남성이나 여성 모두가 바구니를 들고 빚을 받으러 쫓아온 것처럼 모여듭니다. 그런데 그들 모두에게 각자 원하는 것은 무엇이든, 음식을 원하는 자에게는 음식을, 의복을 원하는 자에게는 의복을, 재산을 원하는 자에게는 재산을, 정원을 원하는 자에게는 정원을, 말을 원하는 자에게는 말을, 집을 원하는 자에게는 집을, 친구나 사랑하는 사람을 바라는 자에게는 친구나 사랑하는 사람을 비롯하여 원하는 모든 것(수용受用)들이 무진장한 보물이 되어 비처럼 내립니다.

그것을 각자가 즐기며 누리니 업보가 갚아집니다. 빚이 갚아지고, 원한이 소멸되고 악행과 장애가 없어지며, 모두가 아주 만족하여 즐거워하는 것으로 관상하세요.

또한 그 외 나머지 사람들, 즉 말에 장애가 있는 사람·허약한 사람·절름발이·눈먼 사람·귀머거리·벙어리 등 고통으로 힘들어하고 지친 6도의 모든 중생들을 위해 공양물이 중생들 각자가 원하는 것이 되어, 즉 피난처가 없는 자에게는 피난처가 되고, 구호자가 없는 자에게는 구호자가 되고, 의지할 곳이 없는 자에게는 의지할 곳이 되고, 친구가 없는 자에게는 친구가 되고, 친척이 없는 자에게는 친척이 되고, 환자에게는 낫게 하는 약이 되고, 죽어가는 자를 일어나게 하는 감로수가 되고, 절름발이에게는 신통한 다리가 되고, 눈먼 자에게는 지혜의 눈이 되고, 귀머거리에게는 완벽한 귀가 되고, 벙어리에게는 지혜의 혀가 되어, 필요로 하는 중생들이 각자 즐겨 이용하고 모두가 만족해하며, 6도 각각의 일체 업상業相과 고통과 습기習氣에서 벗어납니다. 모든 남성은 성스러운 짼래식(관세음보살)의 경지를, 모든 여성은 성스러운 돌마(따라보살)의 경지를 얻어 윤회 3계가 완전히 뒤집혀 비워진다고 생각하세요. 그것이 아래의 손님들을 위한 다채로운 보시물입니다.
그와 같이 관상을 완전히 마칠 때까지 오로지 '옴 아 훔' 만을 독송하세요. 그 다음 아래의 게송을 독송하세요.

'팻', 위로 공양의 대상인 손님들의 소원이 충족됩니다.
자량 쌓기가 완성되어 최상의 성취와 보통의 성취를 얻습니다.
아래로 윤회계의 손님들이 기뻐하며 업보가 닦여집니다.
특히 해를 입히고 장애를 일으키는 악령들이 만족스러워합니다.
질병과 악귀와 장애물들이 법계 속으로 적멸됩니다.
해로운 조건(악연)과 아집이 미립자로 산산이 부서집니다.
마지막으로 공양하는 행위와 공양하는 자와 공양의 대상이 모두
궁극적 본성인 조작 없는 대원만(족첸) 속으로 은멸됩니다. '아'.[234]

공양하는 행위, 공양하는 자, 공양의 대상을 일체 분별하지 않는(반연攀緣하지 않는) 상태로 평정심 속에 머무르세요.
보통 쬐 수행법의 논서들에서 백색 보시물, 적색 보시물, 다채로운 색의 보시물, 흑색 보시물의 네 가지 큰 보시물을 설명하고 있지만 여기에는 백색 보시물과 다채로운 색의 보시물 두 가지 외에 적색 보시물과 흑색 보시물은 없습니다.
더구나 요즈음에 '쬐 수행자'라고 스스로 생각하는 사람들은 '쬐'라는 것을 해로운 악귀의 신들을 죽이거나 자르거나 잘게 쪼개거나 때리거나 쫓아내서 파괴하는 분노에 찬 행동이라고 생각하고 있습니다. 그러므로 '쬐'라는 것이 언제나 어떤 경우에나 분노하여 흥분하고 화내고 있는 것

---

[234] 팻! 위로 공양의 대상인~대원만 속으로 은멸됩니다. '아': 티벳어 전문은 『IEPP』(롱첸닝틱왼도) 92쪽, 중문번역은 중문본 216쪽 참조. 마지막 구절 "궁극적 본성인 조작 없는 대원만(족첸) 속으로 은멸됩니다"는 시족빼첸뽀르마쬐가뙤빠쫑옌마쵤의 옮김으로, 영문번역은 'dissolve into unmodified Dzog-pa Chen-po'로, 중문본에는 '大圓本性中淨無改'로 되어 있다.

이며, 오직 미움과 자만심에서 생긴 허세만 가지고 있습니다. 죽음의 신의 심부름꾼(저승사자)처럼 행동해야 한다고 생각하고 병자 등에게 '죄'를 행할 때도 화가 나 흥분하여 분노에 찬 허세를 부리며, 화난 눈을 사발만큼 크게 뜨고 쳐다보면서, 주먹을 불끈 쥐고 아랫입술을 앙당물고 동시에 후려치고 손아귀로 움켜잡아서, 병자의 등에 입은 누더기 옷까지 갈기갈기 찢어버립니다. 그것으로 악령의 신을 제압했다고 혼자 생각하겠지만 그와 같은 가르침의 전통은 잘못된 것입니다. 마찍랍된께서도 말씀하셨습니다.

> 무시이래로 악한 행동으로 인해 악연惡緣의 바람에 쫓겨 오로지 미혹된 인식(착각) 속에서 고통만을 끊임없이 겪게 되어, 죽자마자 악도의 바닥돌 외에 갈 곳이 없는 해로운 악귀의 신들, 그들을 내가 자비의 갈고리[235]로 붙잡아 본인의 따뜻한 살과 뜨끈뜨끈한 피를 음식으로 보시하여, 보리심의 사랑(자애)과 자비(연민)로 그들의 인식을 바꿀 것이다! 그래서 본인의 주위로 모이게 할 것이다. 그렇지만 미래의 '위대한 죄 수행자'라는 그러한 사람들은 내가 자비의 갈고리로 섭수攝受한 보물인 해로운 악귀의 신들을 죽이거나, 쫓아내거나 때리는 것을 자랑스럽게 생각할 것이다. 이것은 옳지 못한 '죄', 즉 마라의 가르침이 퍼지는 징조가 될 것이다.

이 외에 '아홉 가지 흑색 죄' 등 온갖 종류의 옳지 못한 '죄'가 나타날 것이라고 마찍랍된께서 말씀하신 것들도 모두 보리심의 사랑과 자비가 없이 오로지 분노로 악귀의 신들을 조복시킬 수 있다고 생각하고 있기 때문입니다.

그런 사람은 힘이 약한 작은 악귀 한 둘은 조복시킬 수 있을지 모르지

---

235 갈고리(ཅགས་ཀྱུ་) : 본래의 의미는 '코끼리를 조련하기 위한 쇠갈고리'이다.

만 정말로 악한 악귀의 신들과 만나면 되돌아서 자신의 목숨을 공격하는 일도 있으며, 이는 많은 경우에 우리 주변에서 실제로 일어나는 현상을 통해서 알 수 있습니다.

게다가 특히 청정한 법을 수행하는 사람에게 악귀 제압이나 가피 등의 생기는 현상들이 수행과정의 진전을 나타내는 좋은 특성인지, 마라의 방해인지 알기가 어렵습니다.

해로운 악귀의 신들에 마음이 사로잡힌 사람들은 겉으로는 대부분 신통과 특별한 능력 등을 가진 것처럼 보이지만, 안으로는 올바른 법과 점점 더 반대로 가서 결국에는 선한 마음이 깨알만큼도 없게 됩니다. 보시를 받은 공양물은 그 업이 성숙하면 미래에 갚아야 할 부채가 되는데, 그 공양물이 산처럼 큰 짐으로 쌓인다고 해도 얻은 것은 이생에 조차도 도움이 안 되고, 결국 사는 데 필요한 음식이나 옷조차도 얻을 수 없거나, 혹은 조금 가지고 있는 것조차 다 쓰지도 못하고 죽게 됩니다. 그런 사람들은 전에 말한 것처럼 '개별맞춤지옥' 등에 다시 태어날 것이 확실합니다.

쬐의 의미

따라서 쬐로 조복해야 할 악귀의 신은 밖에는 아무도 없고 안에 있습니다. 악귀의 형상으로 인식하는 외부의 모든 환상幻想(미혹된 인식)들도 내부의 '나'와 '아我'에 대해 집착하는 아만我慢[236]의 뿌리를 자르지 못하는 것에서 생깁니다. 마찍랍된께서도 말씀하셨습니다.

> 형상이 있는 마라와 형상이 없는 마라,
> 기쁨의 마라와 아만의 마라,[237]

---

236 아만: 아집我執에서 생기는 미혹된 인식.
237 마라: 인승因乘(상좌부와 대승)에 따르면, 네 가지 마라는 ①온의 마라: 색수상행식의 5온은 인간을 구성하는 물질적·정신적 다섯 가지 요소로, 5온이 없으면 윤회계의 고통에 대한 바탕이 없어지게 되기 때문에 온의 마라는 '죽음의 주체'를 가리킨다. ②번뇌의 마라: 8만 4천 번뇌는 탐·진·치·만의 5독이나 탐·진·치 3독으로 요약될 수 있으며, 이들의 뿌리는 '나'에 대한 집착(아집)이다. 아집에서 번뇌가 생기고, 번뇌로 업을 쌓게 되고, 태어나거나 죽는 것은 업에 기인하기 때문에 번뇌의 마라는 '죽음의 원인'이 되는 것이다. ③죽음의 주재자 마라는 '죽음 자체'이다. 태어남에 필연적으로 뒤따르는 것이 죽음의 고통과 불안이다. 매 순간은 변화하므로 무상하여 본래 고통스럽다. ④신의 아들의 마라는 '죽음 너머 평화로운 상태로 우리가 가지 못하도록 방해하는 것'이다. 수행에서 이것은 해탈과 일체지로 향하는 길에 방해가 되는 마음의 산란, 즉 외부 대상에 집착하는 마음을 가리킨다.(『붓다의 길 위빠싸나의 길』 131쪽, 『닝틱왼도신디』 218~219쪽)
과승果乘(금강만뜨라승)에 따르면, 네 가지 마라는 ①형상을 가진 마라(ཐོགས་བཅས་བདུད་): 화재, 홍수, 번개, 강도, 육식나찰 등 우리의 몸과 마음에 해를 입히는 외적인 두려움의 대상이다. ②형상이 없는 마라(ཐོགས་མེད་བདུད་): 집착과 분노와 무지 등 윤회계의 모든 고통을 일으키는 8만 4천 번뇌로, 내적인 두려움의 대상이다. ③기쁨의 마라(དགའ་བྲོད་བདུད་): 거친 장소나 산속 외딴 곳에서 머물 때 자신의 스승은 다른 스승과 다르며, 자신의 수행은 다른 수행과 다르고, 자 그것들도 모두 뿌리는 아만의 마라와 만나게 된다.

'악귀'라고 하는 것은 '아'에 집착하는 미혹된 인식의 마라입니다. 마찍랍된께서 또한 다음과 같이 말씀하셨습니다.

> 수많은 악귀라고 하는 것은 '인식'이고
> 힘센 악귀라는 것은 '나에 대한 집착'이며
> 사나운 야생의 악귀라고 하는 것은 '분별'이니
> 이러한 악귀들을 잘라 낸다면 '죄 수행자'라고 말한다.

성자 밀라래빠께서 바위 나찰녀에게 하신 말씀에서도 다음과 같이 말씀하셨습니다.

> 악귀여, 그대보다 더 힘이 센 것은 '나에 대한 집착'이고
> 악귀여, 그대보다 더 숫자가 많은 것은 '인식'이며
> 악귀여, 그대보다 더 버릇없는 자는 '분별'이다.

또한 죄의 구분에 대해서도 다음과 같이 말씀하셨습니다.

> 황량한 지역과 외딴 산골을 돌아다니는 것은 '외부 죄'이고
> 몸을 동물의 먹이로 던져주는 것은 '내부 죄'이며
> 단 한 번에 뿌리까지 자르는 것이 '궁극적 죄'이다.

신의 금강 도반과 금강 형제자매는 다른 사람보다 특히 수승하다고 생각하면서 즐거워하고 자랑스럽게 여기는 감정이다. 요컨대 선정삼매에 대한 약간의 따뜻한 징후나 아주 작은 능력을 성취할 때 가지는 집착과 자기만족의 느낌이다. ④아만의 마라(སྙེམས་བྱེད་བདུད་) : 이것은 다른 세 가지 마라의 뿌리가 된다. '나'와 '나의 것'에 대한 집착이며, 이러한 아만은 5온을 '나' 혹은 '나의 것'으로 생각하게 한다. 만일 이 마라를 물리친다면 모든 외부의 마라들은 스스로 무너지게 된다.(『닝틱왼도신디』, 219~220쪽)

나는 그 세 가지 죄를 지닌 요기(요가 수행자)다.

따라서 모든 죄 수행자가 일체 무명과 미혹된 인식의 뿌리인 '아집'을 뿌리째 잘라내는 것을, "단 한 번에 뿌리까지 자르는 것이 '궁극적 죄'이다"라고 말하는 것입니다. 그러므로 그것을 잘라내지 않고서는 외부의 미혹된 인식의 악귀를 죽이려고 해도 되지 않습니다. 때리는 것으로 굴복시킬 수 없습니다. 짓밟아 눌러도 누를 수 없습니다. 뒤쫓아도 도망가게 할 수 없습니다. 예를 들면, 불을 끄지 않고는 연기를 없앨 수 없는 것처럼 내부의 아만(아집에서 생긴 미혹된 인식)의 뿌리를 잘라내지 않고는 그 힘에서 생긴 외부의 미혹된 모습인 악귀의 신을 없앨 수 없습니다. 바위 나찰녀가 성자 밀라래빠에게,

> 악귀가 마음의 뿌리라는 것을 알지 못한다면
> 악귀는 나뿐만 아니라 다른 악귀들도 있을 것이다.
> 그대가 가라고 해서 내가 가지 않는다.

라고 말한 것과 같습니다. 성자 밀라래빠께서도,

> 악귀를 악귀로 파악하면 해로움이 있을 것이다.
> 악귀가 마음이라는 것을 알면 벗어날 것이다.
> 악귀가 공하다는 것을 알아차린다면 끊을 수 있다.

라고 말씀하셨으며 또한,

> 남성이나 여성의 해로운 악령과 야차의 모습을
> 알아차리지 못할 때는 마라가 되어

> 해를 입히고 방해꾼이 되지만,
> 알아차리면 마라도 천신이 되어
> 모든 성취가 거기서 생길 것이다.

라고 말씀하신 것과 같습니다.

안으로 악귀에 붙잡힌 생각을 완전히 잘라내는 것을 '쬐'라고 말하는 것이지 악귀를 죽이는 것이 아닙니다. 악귀를 두들겨 패는 것이 아닙니다. 악귀를 쫓아내는 것이 아닙니다. 악귀를 짓밟는 것이 아닙니다. 악귀를 파괴하는 것이 아닙니다. 그러므로 잘라내야 할 것이 외부에 있지 않고 내부에 있다는 것을 알아야 합니다.

일반적으로 대부분의 다른 종교체계에서는 '성스러운 행위'의 날카로운 칼날, 잔혹한 힘, 화살끝, 창끝 등 모든 것들이 외부를 빙 둘러싸고, 외부의 적대적 세력과 장애를 일으키는 자에 대한 '성스러운 행위'를 가르칩니다. 그러나 우리 가르침의 전통에서는 성자 밀라래빠께서도,

> 나의 이 가르침의 체계는 '아我'에 대한 집착을 뿌리째 잘라,
> 세간팔법世間八法[238]을 바람에 날려버리고, 네 마라를 당혹케 하는 수행법이다.

라고 말씀하신 것처럼, 모든 수행의 방향을 안으로 돌려서 안에 있는 '아집'을 제거하는 데에 모든 힘과 수완과 능력을 있는 대로 활용하는 것입니다. 그러므로 '지켜주세요! 보호해 주세요!'라고 백 번 말하는 것보다도 '저를 잡수세요! 저를 가져가세요!' 한마디가 더 좋습니다. 백 명의 수호본존들에게 도와달라고 부르는 것보다도 백 명의 악귀의 신에게 자

---

238 세간팔법: 57쪽 주60 참조.

신의 몸을 음식으로 대접하는 것이 더 좋습니다.

> 우리는 환자를 악귀에게 맡기고
> 호위를 적에게 의지한다.
> '지켜주세요! 보호해 주세요!' 백 마디보다도
> '저를 잡수세요! 가져가세요!' 한마디 말이 더 낫다.
> 이것이 공경하는 어머니(마찍랍된)의 가르침이다.

그러므로 안에서 악귀에 대한 집착의 뿌리를 잘라내면 모든 인식이 청정하게 되어, '마라의 종성은 호법신으로 형상이 바뀌고, 호법신은 화신으로 얼굴이 바뀌는 일'이 생길 것입니다. 그렇지만 그처럼 알지 못하고 요즈음 '쬐 수행자'라고 스스로 생각하는 사람들이 악귀의 신을 외부에 있는 것으로 생각하여, 항상 악귀에 집착하는 인식에서 벗어나지 못하고 머물러 있기 때문에 모든 현상이 악귀나 마귀로 나타나, 본인 자신도 마음이 여유롭지 못합니다. 그래서 다른 사람들에게도,

"저 위쪽에 악귀다! 저 아래 악귀가 있다! 저게 악귀야! 저건 마라야! 저게 요괴다! 나는 지금 볼 수 있어! 내가 방금 한 녀석을 붙잡았어! 내가 방금 죽여 버렸어! 다른 녀석이 너를 노리고 숨어서 기다리고 있어! 내가 방금 쫓아 버렸어! 그 녀석이 도망가다가 뒤를 한 번 쳐다봤어!"라고 하는 등 오로지 거짓말로 속이기만 하고, 내가 이렇게 했지, 내가 저렇게 했지 등 허세에 찬 말들을 뱉어냅니다.

그때 악귀의 신과 아귀들도 그 말에 친숙하여, 그들이 가는 곳이면 어디나 따라갑니다. 생각이 가벼운 여성의 마음을 사로잡아, "내가 본존이다! 내가 악귀다! 내가 죽은 사람이다! 내가 너의 연세 많은 부친이다! 내가 너의 연세 많은 모친이다!"라고 하는 등 수많은 그럴듯한 말들을

합니다. 어떤 때는, "나는 본존이다! 나는 호법신이다! 나는 담쩬(불법을 수호하기로 맹세한 호법신)이다!"라는 말 따위를 하고 많은 거짓 예언과 신통력을 주장합니다.

악귀는 라마를 속이고 라마는 후원자를 속이는 것은 세간의 말에, "아버지를 아들이 속이고, 아들을 적이 속인다"라고 말한 것과 같습니다. 이는 말법시대(5탁 악세五濁惡世)의 확실한 징표가 되는 것이며 나라 전체를 마라의 힘이 지배하고 있는 것입니다. 우갠국의 대사 빠드마삼바와의 예언에서 다음과 같이 말씀하신 것과 같습니다.

> 5탁 악세에는 남성들의 가슴에 남성 악귀가 들어가고
> 여성들의 가슴에 여성 악귀가 들어간다.
> 아이들의 가슴에 '작은 도깨비'가 들어가고
> 승려들의 가슴속에 '삼마야 위반 악귀'가 들어간다.
> 티벳 사람 각자의 가슴마다 악귀가 들어간다.

또한,

> '작은 도깨비'를 본존으로 보게 될 때에, 티벳에는 고통의 시기가 닥칠 것이다.

라고 말씀하신 예언이 딱 맞아 떨어졌습니다.
그러므로 외부의 미혹된 인식이 악귀와 방해꾼의 모습처럼 나타나는 것에 대해 그럴 듯하다고 믿지 말고, 모든 것을 꿈이나 환상과 같은 유희로 보는 마음의 능력을 닦으세요. 일시적으로 해를 입은 자와 해를 가하는 자처럼 보이는 환자와 악귀는, 둘 다 역시 과거의 악행과 미혹된 인식을 원인으로 하여 생겨나 해를 입은 자와 해를 가하는 자로 연결되었습니

다. 그러므로 가까운 쪽은 좋아하고 먼 쪽은 싫어하는 차별을 두지 말고, 양쪽 모두에게 보리심의 사랑(자애)과 자비(연민)를 수습하세요. 자신을 소중히 여기는 것과 '아'에 대한 집착(아집)을 뿌리째 잘라내고, 몸과 목숨을 아까워하지 말고 악귀의 먹이로 주세요. 마음속의 증오와 잔혹성을 잠재워서 마음이 수승한 법으로 작용하도록 하는 그런 법을 가르치고, 그런 염원의 기도를 가슴 깊은 곳으로부터 하세요.

결국 해를 입은 자와 해를 가하는 자, 본존으로 인식하는 것과 악귀로 인식하는 것, 본인과 다른 사람 등을 둘(서로 다른 것)로 집착하여 이로 인해 생기는 기대와 두려움, 탐착과 증오, 좋은 것과 나쁜 것, 즐거움과 고통 등의 일체 분별심을 뿌리째 완전히 잘라내야 합니다. 그렇게 하면,

> 본존도 없고 악귀도 없으니, 이는 견해에 대한 확신이요
> 산란도 없고 집착도 없으니, 이것은 수행의 핵심이며
> 취할 것도 없고 버릴 것도 없으니, 이는 행동의 핵심이고
> 기대할 것도 없고 두려워할 것도 없으니, 이는 결실의 핵심이다.

라고 말한 것처럼, 잘라낼 대상과 잘라내는 자에 대한 모든 분별이 일체가 한맛인 다르마타[239]의 거대한 공간으로 녹아 들어갈 때 내부의 '아집에서 생긴 미혹된 인식(아만)'인 악귀의 뿌리가 잘려나가, 궁극적 의미의 쬐[240]를 증득하게 될 것입니다.

---

239 일체가 한맛인 다르마타(최니남빠ཆོས་ཉིད་མཉམ་པ, ⓔthe equality of dharmata): 다르마타(최니ཆོས་ཉིད, ⓔdharmata)는 현상의 궁극적 본성으로 자성이 없이 공함이다. 법성法性.
240 쬐 수행법: 이 수행법에 대한 기본서는 따라보살로부터 온 것이며, 그 근원은 나가르주나께서 나가에서 가져온 『반야경』 안의 공성에 대한 가르침이다. 이 수행법은 인도의 아리야데와(성천)에게서 전승을 받은 '파담빠상게(Bodhidharma)'께서 티벳에 처음 정착시켰다. 이 가르침은 현재 '부계 쬐'라고 한다. 그는 티벳에 다섯 번 갔는데 마지막에 갔을 때 티벳 여성 '마찍랍된'에게 가르쳤으며, 그녀는 그 후에 대성취자가 되어 '모계 쬐'를 확립했다. 일반적으로 티벳 사람이 인도에 가서 수행법을 배웠으나, 이 경우는 예외적으로 많은 인도 사람들이 그녀로부터 '모계 쬐'를

'아'가 없음을 이해는 했지만 '아'에 대한 깨달음은 거칠기만 하네.
이원성에 대한 집착을 끊으려고 다짐했지만 기대와 두려움이 일고 있네.
저와 그리고 저처럼 '아'에 대한 견해를 가진 모든 중생들에게
'무아'의 실상을 깨달을 수 있도록 가피를 내려주소서.

이상이 자량을 쌓는 만달라 공양과 꾸살리 공양의 가르침입니다.

배우러 티벳으로 갔다.(『TPIN』, 166쪽)

6장

구루요가
(깨달음의 지혜를 얻는 방법)

처음에 수승한 스승께 의지하여 말씀대로 행하고
도중에 수많은 고난을 겪으면서 수행정진하여
마침내 스승의 밀의密意와 합일되어 전승을 지니신
견줄 바 없는 스승의 발아래 엎드려 절하옵니다.

깨달음의 지혜를 자신의 마음에 일으키는 궁극적 방편이자 가피에 들어가는 문, 구루요가에 대한 가르침입니다.

구루요가의 중요성

일반적으로 정법正法을 수행하려면 우선 모든 자격을 갖춘 스승, 즉 청정한 정신적 친구(선지식)를 찾아서 그분이 말하는 것은 무엇이든 실행하고 그분이 진정한 붓다라는 생각으로 가슴속 깊이 기도하는 것이 매우 중요합니다. 경전에서도 말했습니다.

승의적 진리는 믿음으로 깨달아야 하는 것이다.

또한 아띠샤 존자께서도 말씀하셨습니다.

모든 도반들이여
보리를 얻을 때까지는 스승이 필요하니
수승한 선지식을 따르라.
실상을 깨달을 때까지는 배움이 필요하니
스승의 구전 가르침을 들어라.
모든 평안은 스승의 가피이니
항상 은혜를 마음속에 간직하라.

게쉐 카락곰충[241]께서,

스승은 세간과 출세간의 모든 성취를 이루신 분임을 알아야 한다.

고 하셨으며 또한,

경율론 3장을 모두 알아도
스승에 대한 헌신(확고한 믿음과 공경심)이 없으면
이로움이 없다.

고 말씀하셨습니다.
　특히 비밀 만뜨라 금강승의 모든 길은 '스승(라마ྒྱར, ⓔguru)'이 정말로 매우 중요하기 때문에 구루요가를 수행하는 것도 모든 딴뜨라에서 가르치며, 그것 자체가 생기차제와 원만차제의 모든 수행보다도 뛰어나다고 가르칩니다. 『딴뜨라』(속부)에서 말했습니다.

누구든 천만 겁 동안
10만의 본존상을 수습하는 것보다
스승을 단 한순간 기억하는 것이 더 수승하다.

　더구나 금강의 핵심 가르침, 자성대원만自性大圓滿[242]의 닝틱인 이 특별한 승에서는 이 말이 특히 진실입니다. 하부승에서처럼 분석과 논리로 심오한 진리를 확립해야 한다는 것[243]도 가르치지 않습니다. 하부 딴뜨라에서

---

241 게쎄 카락곰충ཁ་རག་སྒོམ་ཆུང་: 10-11세기 까담빠의 수행자.
242 자성대원만: 족첸의 수행법으로 마음의 본성에는 3신의 모든 공덕이 본래부터 저절로 다 갖추어져 있다는 의미다.(『장한불학사전』, 1498쪽)
243 불교철학에서 공성은 논리적 분석을 통해서 이미 가지고 있는 개념들을 논파함으로서 확립된다. 족첸 수행에서 이러한 것이 불필요하다는 의미가 아니라, 족첸을 포함한 금강승의 모든 가르침과 수행은 공성에 대한 바른 견해와 확고한 보리심을 그 기반으로 하기 때문에 족첸의 본수행에서는 별도로 공성을 가르치지 않는다는 의미다.

처럼 공통의 성취에 의존하여 궁극적 최상의 성취를 얻어야 한다는 것에 대해서도 가르치지 않습니다. 다른 상부 딴뜨라에서처럼 세 번째 관정의 예시적 지혜[244]에 의존하여, 승의적 지혜[245]를 소개하는 것도 강조하여 가르치지 않습니다. 가르침의 전승이 금 목걸이처럼 삼마야를 저버린 어떤 오염에도 더럽혀지지 않은, 오로지 최상의 깨달음을 지닌 스승을 진정한 붓다로 생각하고,[246] 마음속 깊이 전적으로 믿는 간절한 헌신으로 기도함으로써 스승의 지혜로운 마음과 제자의 마음이 구분할 수 없게 완전히 하나로 되어, 스승의 가피가 전이됨으로써 깨달음이 제자의 마음속에 일어난다고 말합니다.[247] 앞에서 인용한 것처럼,

---

244 비유지혜(뻬예쉐དཔེའི་ཡེ་ཤེས་: 예시적 지혜) : 세 번째 관정의 지복과 공성의 결합인 지혜이며, 네 번째 관정의 승의지혜를 소개하기 위해 사용된다.(『티영사전』) 비유지혜는 예컨대 아누요가에서는 맥도(짜충: 기맥)와 생명의 바람(룽ཪླུང་: 풍기)과 함께 작용하여 공성과 지복을 우리가 경험하는데, 이 공성과 지복은 우리 각자의 안에 항상 존재하지만 인식은 할 수 없는 승의지혜의 맛에 대한 징후만을 보여준다. 이것은 마치 실제 코끼리를 알아볼 수 있게 하기 위해서 코끼리의 그림을 보여주는 것과 같다. 그러나 대원만 수행에서는 마음의 본성인 승의지혜가 직접 소개된다.(영문본, 주235)

245 승의지혜(된기예쉐དོན་གྱི་ཡེ་ཤེས་: 궁극적 지혜) : 네 번째 관정을 통해 소개되는 각성(릭빠རིག་པ་)과 공성(똥빠སྟོང་པ་)이 결합된 각공쌍운འགག་སྟོང་ཟུང་འཇུག་의 지혜.(『티영사전』)

246 우리는 스승을 붓다로 보아야 한다. 어떻게? 상좌부 전통에서는, 스승이 성문이든 연각이든 그분을 훌륭한 품격을 가진 보통 사람으로 보면 충분하다. 보디사뜨와의 전통에서는, 스승이 보살의 10지 중 어느 한 경지를 이룬 분이든 붓다의 화신이든 단지 대자량도를 닦는 분이든 보디사뜨와의 공덕을 지닌 분으로 생각하면 충분하다. 족첸의 전통에서는 스승을 보통의 학식 있는 분이나 성스러운 아라한이나 수승한 보디사뜨와나 붓다의 화신으로 보거나 보신으로 보는 것도 적절하지 않다. 스승을 붓다의 법신으로 보아야 한다. 만일 당신이 그렇게 할 수 있고 절대로 흔들리지 않는 헌신(뫼귀མོས་གུས་: 확고한 믿음과 공경심)으로 그분에게 기도할 수 있다면, 다른 길에 의존할 필요없이 깨달음의 원초적 지혜가 본인의 마음의 흐름 속에 생길 수 있다. 성자의 나라 인도의 나로빠·나가보디·간다빠 그리고 티벳에서 속뽀하뺄·롱첸빠·직메링빠 등이 이렇게 깨달음을 얻은 경우이다.(『닝틱왼도신디』, 231~232쪽)

247 만일 스승을 붓다로 볼 수 있는 그 정도의 헌신을 갖는다면 생기차제와 원만차제에 대한 수행을 하지 않고도 마음에 깨달음의 지혜가 생길 것이다. 그렇지만 마하요가와 아누요가에서는 핵심 수행은 생기와 원만차제라고 가르친다. 만약에 스승과 금강승 수행 도반과 의견 충돌이 없고 스승을 본존의 참모습으로 수행한다면 성취가 보다 가까워지고 가피가 보다 신속하게 될 것이다.(『닝틱왼도신디』, 230쪽)

본래의 승의적 지혜(승의구생지)는 오로지
자량을 쌓고 장애를 닦은 흔적과
깨달음을 성취한 스승의 가피일 뿐
다른 방편에 의지하는 것은 어리석음을 알아야 한다.

고 하였으며 사라하께서도 말씀하셨습니다.

스승께서 하신 말씀이 가슴속에 들어간 사람은
누구든 손바닥에 있는 보물을 보는 것과 같다.

또한 일체지법왕(롱첸빠)께서 『여환안식론如幻安息論』[248]에서도 말씀하셨습니다.

생기차제와 원만차제의 수행 등 모든 것은 각 수행법 자체의 특성으로 윤회계로부터 자유롭게 되는 것이 아니고, 사실은 수행자의 행위(보살행)와 수행에 의한 공덕의 계발(증상增相)[249]과 같은 것에 달려 있다. 구루요가는 오직 길 자체의 특성만으로 실상에 대한 깨달음을 마음에 일으켜 해탈에 이르게 되는 것이다. 그러므로 모든 길(수행법) 중에서 구루요가가 가장 심오하다.

---

248 『여환안식론』(규마웅앨소སྒྱུ་མ་ངལ་གསོ) : 롱첸빠가 저술한 안식에 관한 3부작 중의 하나. 모든 현상을 여덟 가지 환상의 비유(간다르바의 성, 물에 비친 달, 거울에 비친 영상, 신기루, 꿈, 메아리, 마술, 무지개)로 보여주어, 사물이 실제로 존재한다고 집착하는 속박을 잘라버리도록 하는 주석서. 본문과 주석이 둘 다 8품으로 된 이 저술은 14세기에 닝마의 성취자 롱첸랍잠께서 쓰셨다. 3부작 중 나머지 둘은 『마음의 본성에서 안식을 찾음(셈니웅앨소སེམས་ཉིད་ངལ་གསོ)』과 『선정에서 안식을 찾음(삼땐웅앨소བསམ་གཏན་ངལ་གསོ)』이다.(『장한불학사전』, 326쪽)
249 수행자의 행위(보살행)와 수행에 의한 공덕의 계발: 티벳어 쬐빠당복된སྤྱོད་པ་དང་བསོགས་འདོན་의 옮김으로, 수행자가 얼마나 본인의 살아있는 경험으로 만드는가와 수행자가 본인의 수행을 얼마만큼 심화시키는가, 즉 수행의 진전 혹은 수행의 강화를 의미한다. 수행을 강화시키는(복된བསོགས་འདོན་) 주요 수행법으로 헌신과 자비심을 개발하는 것도 있다.(『티영사전』)

『서언장엄속誓言莊嚴續』에서도 말했습니다.

　　호상과 종호를 모두 갖춘 본존을
　　10만 깔빠 동안 수습하는 것보다
　　스승을 한순간 기억하는 것이 더욱 수승하다.
　　근접수행과 성취수행[250]을 백만 번 독송하는 것보다
　　스승에 대한 단 한 번의 기도가 더욱 수승하다.

『아띠장엄속』에서 말했습니다.

　　은혜로운 스승, 그분을
　　정수리 위에, 가슴 중앙에 혹은 손바닥 위에
　　관상수행하는 사람은 누구든지
　　천 명 붓다의 성취 또한
　　그 사람이 얻게 될 것이다.

괴창빠 대사[251]께서 말씀하셨습니다.

　　구루요가를 수행하면
　　결점이 없어지고 훌륭한 특성(공덕)이 온전히 갖추어진다.
　　생기차제의 수행이 많이 있지만
　　스승에 대한 수행을 능가하는 것은 없다.

---

250 근접수행과 성취수행(녠둡བསྙེན་སྒྲུབ་): 근수近修. 사다나 수행의 두 가지 단계로, 먼저 수행자는 이담 본존의 만뜨라를 독송함으로써 관상하고 있는 본존과 친숙해진다. 충분히 친숙해진 다음에는 수행자 자신이 본존과 하나가 됨으로써 본존을 성취하게 된다. 사다나 수행의 두 가지 단계로, 특히 마하요가 만뜨라에 따른 독송단계의 차제이다.(『장한불학사전』, 605쪽)

251 괴창빠 대사(제괴창빠རྗེ་རྒོད་ཚང་པ་): 1189~1258. 까규빠의 성취자로 둑빠 까규의 한 줄기를 설립한 창빠갸레의 제자다. 괴창རྒོད་ཚང་은 '독수리 둥지'를 뜻한다.

원만차제의 수행이 많이 있지만
완전한 믿음과 전적인 헌신을 능가하는 것은 없다.

또한 디궁꾭빠 린뽀체²⁵²께서도 말씀하셨습니다.

스승의 4신(법신 · 보신 · 화신 · 자성신)인 설산 봉우리에
헌신의 태양이 비추지 않으면
가피의 물줄기가 흐르지 않을 것이니
굳건한 믿음과 공경하는 마음으로 정성을 다하라.

성자 랑릭래빠(스피띠의 둑빠 까귀의 요기)께서도 말씀하셨습니다.

스승에게 간절히 기도하지 않으면서
무분별의 본래 지혜를 바라는 사람은
북향의 동굴에서 해를 기다리는 것과 같다.
현상과 마음이 혼연일체²⁵³가 되는 경우는 그곳에 없다.

따라서 조작 없는 실상에 대한 깨달음을 마음속에 일으키는 것은 오로

---

252 디궁꾭빠འབྲི་གུང་སྐྱོབ་པ་ 린뽀체: 1143~1217. 디궁 까귀빠와 디궁 사원의 설립자.
253 현상과 마음이 혼연일체(낭셈데빠སྣང་སེམས་འདྲེས་པ་): 모든 현상이 마음에 의해 생겨나며, 마음의 진정한 본성은 공성임을 깨닫는 것을 가리킨다. 이것이 결국 주체와 객체라는 이원성에서 벗어나, 방해받지 않고 적나라하게 꿰뚫어 보는 식으로 모든 것을 경험하는 단계에 이르게 할 것이다. 마하무드라의 네 가지 요가 중 '한맛인 요가'에서, "현상에 대한 마음의 집착을 끊어라. 마음에 대한 현상의 거짓 동굴을 부숴라. 현상과 마음이 둘이 없는 곳에 무한한 공간이 펼쳐지니, 한맛임을 알아차리면서 육자진언을 독송하라"고 했다. 객관적 현상이 우리에게 주관적으로 나타나는 방식은 마음의 작용이다. 마음의 진실한 본성을 인식하게 되면 세간적인 현상과 그에 대한 집착의 모든 허구성이 간단히 무너지게 된다. 좋고 나쁜 것 혹은 깨끗하고 불결한 것이 위압적인 맛을 상실하고 한맛으로 녹아들게 된다. 그렇게 되면 쇠와 황금을 분별하지 않는 밀라래빠의 깨달음에 이르게 될 것이다.(『The Heart Treasure of Enlightened Ones』, by Patrul Rinpoche with commentary by Dilgo Khyentse, 113쪽 발췌요약)

지 굳건한 믿음과 공경심으로 구루요가에 의지하여, 그러한 깨달음을 마음속에 일으키는 것 이외에는 다른 어떤 방법으로도 깨달을 수 없습니다.

나로빠 존자께서 삼승三乘에 정통한 대학자가 되어 외도들과의 논쟁을 전부 물리치고, 비끄라마쉴라의 북문을 수호하는 학장을 하실 때 어느 날 지혜의 다끼니가, "그대는 단어에는 정통하지만 그 의미는 잘 알지 못한다. 그러니 지금이라도 스승을 모셔야 하리라"라고 말했습니다. 그 예언에 따라 수많은 어려운 일을 겪으면서 띨로빠를 따랐습니다. 어느 날 띨로빠께서, "그만큼 가르쳤지만 아직도 이해하지 못하고 있구나!"라고 말씀하시면서, 신발바닥으로 이마를 후려치니 바로 그 순간 실상에 대한 깨달음이 일어나, 스승의 지혜로운 마음(밀의密意)과 혼연일체가 되었습니다.

대학자인 성인 나가르주나께서 코딱지를 하나 버렸는데, 나가보디[254]가 낚아채서 그 맛을 즐겼기 때문에 최상의 성취를 얻었다고 말합니다. 또한 릭진직메링빠께서도 말씀하셨습니다.

나도 두 번째 붓다(롱첸빠)의 저술을 보고, 진정한 붓다라는 진실한 생각이 마음에 일어나 강렬하게 기도를 올렸습니다. 그랬더니 그분이 지혜의 몸으로 나타나 나를 제자로 받아들여, 저절로 생긴 깨달음이 내 마음속에 일어났습니다. 그때부터 백 명이 넘는 제자들에게 가르침을 주었습니다. 열심히 정진한 사람들은 세간의 선정을 뛰어 넘었고, 지혜로운 사람은 분별에 치우쳐 헤매지 않았습니다. 그러나 승의제에 대한 깨달음은 헌신(확고한 믿음과 공경심)이 어느 한도에 도달한 사람만이 얻을 수 있었습니다.

---

254 나가보디(루이장춥ཀླུའི་བྱང་ཆུབ་, nagabodhi) : 나가르주나의 제자이며 그분의 딴뜨라 전승을 지닌 분이다. 루이장춥 혹은 루일로ཀླུའི་ལོ་라고도 한다.

또한 대번역가 바이로짜나는 걜모차와롱에서 유랑생활을 할 때, '늙은 거지 미팜괸뽀'라고 하는 여든 살이 된 아주 늙고 쇠약한 노인을 위해 명상 띠로 몸을 똑바로 세워 묶고, 명상 지지대를 허리에 받쳐주고, '스승의 가피를 받는 방법'에 대해 가르쳐 주었습니다. 미팜괸뽀는 까닥텍최의 본래 청정함[255]에 대한 올바른 깨달음의 지혜(밀의密意)가 마음의 흐름 속에 생겨나, 몸이 미세한 입자로 분해되어 깨달음(불성佛性)을 얻었습니다.[256]

이것보다 수승하고 심오한 길은 구차제승九次第乘의 가르침과 비교해 보아도 찾을 수 없으며, 이름은 예비수행이라고 붙였지만 사실은 모든 본수행 중 가장 핵심적이고 궁극적인 것이기 때문에, 언제나 어떤 경우에나 오로지 구루요가에만 수행의 중점을 두면, 다른 수행은 아무것도 없어도 됩니다. 따라서 마음속 깊은 곳으로부터 구루요가 수행에 전심전력을 다하는 것이 매우 중요합니다.

---

255 까닥텍최ཀ་དག་ཁྲེགས་ཆོད་(본정관수本淨觀修) : 족첸의 핵심 수행법으로, 법신의 가피를 통해 모든 장애를 일시에 끊고(텍최ཁྲེགས་ཆོད་) 법계의 성품인 본래청정(까닥ཀ་དག་)의 공성의 상태에 직입하여 법신을 성취하는 최상승법을 말한다.(『티베트 사자의 서』, 중암 역주, 25쪽)

256 바이로짜나 : 빠드마삼바와의 조언에 따라 티송데짼 왕이 그를 시자로 불러들여, 번역가로 공부하게 되었으며, 산따락시따로부터 티벳에서 최초로 출가의 계를 받은 예시 7인 중 한 분이다. 그는 왕명에 따라 인도로 가서 스리싱하에게서 셈데와 롱데의 족첸 가르침을 받았다. 티벳으로 돌아가 밤낮으로 왕에게 가르침을 전했으나, 질투심이 강한 일부 인도사람들이 '바이로짜나가 인도에서 가져온 가르침은 불교가 아니다'라고 비방하는 말을 퍼뜨려, 대신들의 의견을 따라 국왕은 그를 걜모차와롱으로 추방할 수밖에 없었다. 미팜괸뽀라는 노인은 이 수행으로 '무지개 몸(자뤼འཇའ་ལུས་)을 성취했다'고 한다.(『Masters of Meditation and Miracles』, Tulku Thondup, Shambhala, 104쪽)

구루요가 수행방법

그와 같은 구루요가의 심오한 길을 실제 수행하기 위해서는 세 가지 단계가 있는데 자량전資糧田[257] 관상, 일곱 단계 공양법, 강한 믿음으로 기도하기 입니다.

1. 자량전 관상

먼저 자량전을 관상하는 것은 다음과 같습니다. 정토를 관상하는 것[258]은 강력한 마음의 활동영역이므로, 자신의 생각이 이를 수 있는 모든 장소를 일체 장엄한 법상法相이 완벽하게 갖추어진 연화광 궁전[259]으로 관상하세요.

그 궁전 한가운데 앉아 있는 자신을 관상하세요. 본인은 관정을 받을

---

257 자량전: 253쪽 주188 참조.
258 정토를 관상하는 것(싱캄종와ཞིང་ཁམས་སྦྱོང་བ་): 자신의 마음을 닦으면 모든 외부 세계를 정토로 인식하게 된다.(체링) 티벳어를 직역하면 '정토를 정화하는 것'이 된다. 정토를 뜻하는 티벳어 싱캄ཞིང་ཁམས་은 또한 '정신 세계(spiritual sphere)'를 의미한다.
259 연화광 궁전(빼마외기포당པད་འོད་ཀྱི་ཕོ་བྲང་): 짜마라 대륙에 하늘 높이 솟아 있는 상독뻴리(길상한 동색산銅色山: 상두바리) 정상에 있는 궁전으로, 구루 린뽀체가 머물러 있는 곳이다. 그곳에서 그분은 생사를 넘어선 금강의 몸으로, 윤회계가 존재하는 한 몸과 말과 마음을 화신으로 나투어 중생들을 끊임없이 이롭게 하면서 머물러 계신다.(『티영사전』)

그릇으로 적합하고, 지복과 공성의 지혜를 일으킬 것이며, 스승이 본인을 제자로 보살피게 될 좋은 인연(선연)이 있을 것입니다.

이러한 특성에서,[260] 다끼니 예쉐 초걜의 본성을 지니고 있는 것으로 관상하세요. 그렇지만 형상은 바즈라요기니이고 몸빛은 붉고 얼굴이 하나, 팔은 둘, 눈이 셋이며 스승의 가슴을 간절하게 바라보고 있습니다. '간절하게'라는 것은 스승을 만나는 것이 유일한 기쁨인, 참을 수 없는 애타는 모습을 말합니다. 오른손에는 무지와 어리석음의 잠에서 깨어나게 하는 두개골로 만들어진 다마루[261] 소리가 허공으로 울려 퍼집니다. 왼손은 3독을 뿌리째 잘라내는 디국[262]을 옆구리에 붙이고 있습니다.

몸은 발가벗었으나 뼈로 만든 장신구를 걸치고 꽃목걸이를 했습니다. 모습은 보이지만 실체가 없어 하늘에 무지개가 뜬 것처럼 관상하세요.

그녀의 머리 위로 화살 하나 길이만큼 떨어진 공중에 여러 가지 보석으로 만들어진 10만 개의 꽃잎을 가진 연꽃이 펼쳐져 있는 것을 관상하세요. 그 위에 둥근 태양(일륜)이, 그 위에 둥근 달(월륜)이 있고, 그 위에 삼세의 모든 붓다가 구현된 실체(화현)이며 비할 바 없는 자비의 보고인 성스러운 근본 스승께서 앉아 계십니다. 모습은 우갠국의 대사 도르제창(연화생 대사)이며 몸의 색깔은 하얀 빛에 붉은 기운을 띠고 있습니다. 얼

---

[260] 귀의수행과 장애를 닦는 수행의 경우에는 자신의 몸을 보통의 모습으로 관상한다. 그렇지만 구루요가의 경우에는 스승을 본인의 정수리 위에 혹은 붙잡을 수 없는 허공에 안치하고 자신을 이담 본존으로 관상해야 한다. 이 경우 자신을 바즈라요기니로 관상해야 한다. 자신을 보통의 모습으로 관상한다면, 그러한 잘못된 분별로 인해 자신에게 가피가 들어오는 데 장애가 될 것이다. 또한 자신을 구루 린뽀체의 남성 모습과 관련하여 여성 모습으로 관상한다. 이렇게 지혜와 방편을 결합시키며, 특히 본인이 구루 린뽀체의 가장 가까운 제자인 예쉐 초걜의 본성을 가지고 있다고 생각함으로써, 그분들의 특별한 스승과 제자 관계와 '성스러운 인연(뗀델ཏེན་འབྲེལ་)'이 만들어지는 것이다.(『닝틱왼도신디』, 237쪽)

[261] 다마루ད་མ་རུ་: 작은 북으로 자루를 쥐고 좌우로 흔들면 북에 달린 작은 공이 저절로 북을 두드리게 된다.

[262] 디국གྲི་གུག་: 휘어진 금강도. 금강저 모양의 손잡이가 중간에 달린 반달형으로 굽은 칼로 아집을 잘라버리는 지혜를 나타내며 다끼니의 상징이다.

굴은 하나, 손이 둘, 발이 둘인데 왕이 한껏 즐기는 자세로 앉아있습니다. 몸에는 비단망토와 법복과 주의呪衣²⁶³를 입고 머리에는 연화모를 썼습니다.

우갠 린뽀체의 이러한 모자에는 서로 다른 세 가지가 있습니다. 우갠국의 두 번째 붓다인 그분은 커다란 우유호수의 남서쪽에서 아버지의 인因으로 태어나지 않았고, 어머니의 연緣으로 생긴 것이 아니라, 활짝 핀 연꽃의 줄기에서 홀연한 깨달음²⁶⁴으로 태어나서, 존재하는 모든 현상이 '본래의 바탕'에서 생긴다는 것을 깨달았을 때 다끼니들이 그들 가족의 주인으로 모셔 씌워드린 것을 빼마카뷔(연꽃 봉오리 모자)라고 합니다.

여덟 개의 큰 묘지에서 뚤슉²⁶⁵ 수행을 하면서 행동의 옳고 그름을 벗어났을 때 다끼니들이 위대함의 상징으로 씌워드린 것을 샤와넨슈(사슴 가죽 모자)²⁶⁶라고 합니다.

사호르²⁶⁷의 왕 아르사다라께서 산 채로 불에 태우려고 했을 때 금강의 몸으로 나타난 분을 불로 해를 가하는 것이 불가능하였으며, 환상적인 연꽃의 한가운데에 발가벗은 몸으로 상쾌하고 시원한 듯이 앉아 계셨습니다. 그때 왕은 아주 놀라워하며 믿음이 생겨, "비단 옷이 있는 새 곳간

---

263 비단 망토와 법복과 주의: 티벳어 사베르최괴퓌까ཟ་བེར་ཆོས་གོས་ཕོད་ཀ의 옮김으로, 맨 위에 비단 망토(사베르ཟ་བེར་)를 걸치고 그 안에 법복(최괴ཆོས་གོས་)을 입었으며 그 안에 긴 소매가 있는 두루마기 형상의 진언사의 예식용 법복, 즉 주의(퓌까ཕོད་ཀ)를 입고 있다.
264 홀연한 깨달음(릭빼퇼께རིག་པ་ཧོལ་སྐྱེས): 깨달음에 대한 지혜가 갑자기 생기거나 순간적으로 환히 비추어 줌. 돈오頓悟, 돌명突明으로 한역된다.
265 뚤슉བརྟུལ་ཞུགས(®vrata): 가장 상급의 수행자가 견해에 대한 믿음을 완벽하게 하는 수단으로 채택하는 인습에 얽매이지 않는 삶의 방식. 지금까지의 일상적 행동을 조복하고 이원성 극복에 목적을 두고 특별한 행위에 들어가는 수행.(『티영사전』)
266 사슴은 평화로움을 상징하여 쩬래식은 어깨에 사슴 가죽을 걸치고 있는 것으로 보통 묘사된다. 이 모자는 어린 사슴의 가죽으로 테두리 장식이 되어 있다.(영문본, 주244 참조)
267 사호르ཟ་ཧོར་: 고대 인도의 왕국으로 현재 북인도 히마찰 쁘라데쉬 주의 만디 주위에 위치해 있는 것으로 믿어지고 있다. 딴뜨라의 초기 전승과 관련된 왕국으로 산따락시따의 고향이다. 만디는 다람살라에서 마날리쪽으로 서너 시간 거리이며, 여기서 버스를 갈아타고 한 시간가량 구불구불한 산길을 곡예하듯 올라가면 빠드마삼바와 만다라와가 수행했던 초빼마가 나온다.

문을 열고, 내 모자와 옷을 모두 가지고 오라"고 말했습니다. 모든 재물과 왕국을 수행원들과 신하들과 함께 우갠 린뽀체에게 드렸는데, 그 당시의 모자를 빼마통될(보는 순간 자유로워지는 연꽃)이라고 합니다. 이들 세 가지 모자 중에서 여기서 말하는 것은 빼마통될, 즉 답댄릭응아(다섯 가족의 꽃잎을 가진 것)라고도 합니다.

이 모자는 생기차제와 원만차제의 결합을 나타내어 '바깥과 안쪽의 두 겹', 3신을 상징하여 '세 개의 뾰쪽한 부분', 5신五身[268]의 중생을 위한 이타행을 상징하여 '다섯 가지 색깔', 방편과 지혜를 상징하여 '해와 달', 삼마아에 끝이 없음은 '짙은 청색의 테두리', 흔들리지 않는 삼매는 '도르제로 된 꼭대기', 최상의 견해를 증득하고 수행이 궁극에 도달했음은 '독수리 깃털 장식'으로 각각 나타냈습니다.

오른손은 첫 번째 손가락으로 위협하는 무드라를 지으면서 황금 도르제를 가슴에 쥐고 있습니다. 왼손은 명상하는 자세로 무릎 위에 올려놓고 그 위에는 해골바가지[269]에 불사의 지혜 감로수로 가득 채워져 소원성취 나무(여의수)로 마개가 장식된 장수보병長壽寶甁과 함께 가지고 있습니다. 왼쪽 겨드랑이에는 다끼니 여왕인 공주(만다라와)를 감춘 형상의 카땀가[270]를 지니고 있습니다. 그 카땀가는 또한 본성과 특성과 자비[271]를 상

---

[268] 5신: 닝마 밀승에서 명료함의 과실에 대한 스물다섯 가지 특성(몸·말·마음·공덕·행동 각각의 다섯 가지) 중 몸의 다섯 가지 특성으로 ①법신 ②보신 ③화신 ④현증보리신(왼빠르장 춥빼꾸 འོན་པར་བྱང་ཆུབ་པའི་སྐུ) ⑤부동금강신(밍규르도르제꾸 མི་འགྱུར་རྡོ་རྗེའི་སྐུ)을 5신이라고 말한다.

[269] 해골바가지(퇴빠 ཐོད་པ་, ⓢkapala): 사람의 두개골로 만들어진 그릇. 해골 잔. 까빨라.

[270] 카땀가 ཁ་ཊྭཱཾ་ག : 맨끝 바로 아래쪽에 세 개의 두개골이 장식된 삼지창으로, 천신의 권위를 상징하며 탐·진·치 3독을 물리치는 것을 상징한다. 구루 린뽀체께서 왼손에 쥐고 있다.

[271] 본성과 특성과 자비(응오랑신툭제 ངོ་བོ་རང་བཞིན་ཐུགས་རྗེ): 족첸 수행에서 수가타가르바(불성)의 세 가지 특성으로 마음과 모든 현상의 '본성'은 공성이다. 그러한 본성이 표현되는 '특성'은 광명이다. 그것의 '자비'는 어디에나 존재한다. 이것은 3보과 3근본과 3신의 궁극적 실체이다.(『티영사전』) 마음의 '본질'이 공한 것이 법신이며, '자성'의 광명이 보신이며, '대비'가 편만함이 화신이다. 이 3신의 공덕들이 본래로 자연히 성취되어 있으므로 원만圓滿(족족 ཛོགས)이며, 이것이 제법의 진실한 이치이므로 대大(첸ཆེན)이다. 그러므로 대원만(족첸ཛོགས་ཆེན)이라 부른다.(『티

징하는 세 개의 돌출부 그리고 법신·보신·화신을 각각 나타내는 바짝 마른머리, 나이든 머리, 싱싱한 머리[272] 그리고 구차제승을 상징하는 돌출부에 있는 아홉 개의 금속 고리, 다섯 가지 지혜[273]를 나타내기 위한 오색 깃발, 여덟 개의 큰 묘지에서 떨쑥 수행을 하면서 마모[274]와 다끼니를 제압한 상징으로, 산 자의 머리카락과 죽은 자의 머리카락 등으로 장식하였으니, 그와 같은 것들을 관상하세요.

그분 주위로 오색 빛의 무수한 입자로 이루어진 빛줄기가 격자무늬로 비추고, 그 안에 무지개빛 둥근 원 한가운데 인도의 여덟 위드야다라[275]와 티벳의 왕과 신하 스물다섯 분 등 세 근본존[276]과 무수한 담쩬(호법존)들에 대해서 평범한 생각이 저절로 멈춰지는 것으로 관상하세요.

본래 이 구루요가 수행에는 세 가지 다른 관상법이 있는데, 그 중 귀의수행을 할 때 자량전은 구루들께서 '층층이 앉아있는 것'으로 관상해야 합니다. 우갠국 대사의 정수리 위로 족첸을 전승한 모든 구루들께서 층을 이루어 앉아 계신 것으로 관상해야 합니다. 도르제셈빠를 관상 독송하는 경우의 관상법은 '모든 것을 포함하는 보석'의 방식으로 관상해야 합니다. 모든 근본 스승과 법맥의 스승들이 구루 도르제셈빠 한 분에게 구현되어 있다고 관상하는 것입니다. 구루요가의 경우 관상은 스승들이 '함께 모여 있는 것'으로 관상하는 것입니다. 족첸을 전승한 모든 스

『베트 사자의 서』, 중암 역주, 342쪽)
[272] 티벳어 원문은 퇴빠깜룐닝ཧོད་པ་སྐམས་རློན་རྙིང་으로 바짝 마른 머리, 싱싱한 머리, 나이든 머리순으로 되어 있으나, 법신·보신·화신을 상징하는 순서에 맞게 바꾸어 번역했다.
[273] 다섯 가지 지혜(예쉐응아ཡེ་ཤེས་ལྔ་): 313쪽 주42 참조.
[274] 마모མ་མོ་(⊕mātrakā): 여성 분노 다끼니의 한 부류.
[275] 인도의 여덟 위드야다라: 만주스리미뜨라·나가르주나·훙첸까라·비말라미뜨라·쁘라바하스띠·다나산스끄리뜨·신땀가르바·구하찬드라.
[276] 세 근본존: 귀의의 대상으로 불법승 3보에 추가하여 금강승에서는 구루·이담·다끼니 삼존(3근본)도 귀의의 대상이다. 구루는 가피의 원천이고, 이담은 성취의 원천이며, 다끼니는 행위의 원천이다.

승들과 세 근본존과 무수한 담쩬들 모두가 우갠국 대사의 몸 주위에 시장에 모여 있는 사람들처럼 앉아 계시는 것입니다.

그 다음 다음과 같이 단어와 의미를 관련지어 분명하게 독송하세요.

에마호!
나의 인식이 저절로 청정해지는 무한한 정토
완벽하게 장엄된 상독빼리 가운데에서[277]
나의 평범한 몸이 바즈라요기니로 되어
붉게 빛나는 몸, 얼굴 하나, 두 손에 금강도와 해골 잔 들고

두 발은 춤추는 자세로, 세 눈은 허공을 바라보면서

---

[277] 나의 인식이 저절로 청정해지는 무한한 정토, 완벽하게 장엄된 상독빼리 가운데에서: 티벳어 원문은 རང་སྣང་ཤུན་གྱིས་དག་པ་རབ་འབྱམས་ཞིང་ཁམས་གོང་པ་རབ་རྫོགས་ཟངས་མདོག་དཔལ་རིའི་དབུས་ 로 여기에는 여러 가지 번역이 있다. 『IEPP』 (롱첸닝틱원도) 12쪽에서는 "나의 인식은 절대적 청정 정토, 즉 완벽하게 장엄된 상독빼리로서 저절로 떠오릅니다"로 번역했고, 『TPIN』 169쪽에서는 "저절로 자신을 나타내보이는 청정하고 무한한 정토에, 완벽하게 장엄된 상독빼리의 모습이 있습니다"로 옮겼으며, 『WMPT』 325쪽에는 첫 구절만 번역하여 "내가 인식하는 모든 것은 저절로 이루어진 청정하고 무한한 불국정토입니다"로, 중문본 225쪽에는 "자현원성무변불정토自顯元成無邊佛淨土 원만장엄동색덕산중圓滿莊嚴銅色德山中"으로 옮겨졌다. 258쪽의 포와의 관상기도문에는 같은 티벳어 첫 구절에 대해 "자현임운청정무변계自顯任運淸靜無邊界"로 번역했다.

첫 구절의 의미에 대해서, '에마호'는 놀라움에 대한 감탄사로 무엇에 놀라는가하면, 모든 현상이 한없이 청정하다는 인식에 대한 놀라움이다. 전도된 생각으로 인한 미혹된 인식과 상호 의존하여 생겨나는 환영과 같은 현상에 대한 인식, 이 두 가지는 '현현하는 방식(현상)'이며 반면에 청정한 원초적 지혜의 인식은 '존재하는 방식(실상)'이다. 보통 사람은 현현하는 방식(현상)과 존재하는 방식(실상) 사이의 일치나 조화에 대한 생각이 직접 생겨날 수 없다. 성인들에게는 양자 사이의 일치에 대한 생각이 약간 일어난다. 반면에 현상과 실상 사이의 진정한 조화나 일치는 오직 붓다의 경지를 제외하고는 여실히 생겨나지 않는다. 여기서 아직 수행의 길에 있는 우리의 경우에는 그분들이 일체지로 보는 것을 진실한 것으로 간주하고, 불성에 머무는 청정한 현상의 만달라, 즉 일체 현상의 한없는 청정함이 불성에 바탕을 두고 나타난 것으로 관상한다. 게다가 이러한 '사물이 나타나는 방식들(현상)'을 생기차제에서는 청정한 것으로 관상한다. 그렇지만 이것은 '생각으로 애써 만든 청정함(བློས་བཅོས་པའི་དག་པ་)'이다. 반면에 현재 이 수행에서는 '사물의 있는 그대로의 방식(실상)'을 불신佛身과 원초적 지혜로서 관상한다. 그리고 이것은 사물의 실상에 대한, '생각으로 애써 짓지 않은(조작 없는) 청정함(མ་བཅོས་པའི་དག་པ་)'이다. 따라서 이 경우에는 일체 모든 것이 이처럼 한없이 청정한 실상으로 존재하는 것으로 관상해야 한다.(『닝틱원도신디』, 238쪽)

정수리에 10만 꽃잎 만개한 연꽃, 겹쳐진 일월좌 위에
일체 귀의처의 화현이며 근본 스승과 구분할 수 없는
호수에서 태어난 금강, 연화생 대사의 화신 앉아 계시네.

불그레한 하얀 혈색에 젊은 모습을 지니고
긴소매 주의呪衣와 법복과 비단망토를 차려 입고
얼굴 하나 팔은 둘, 왕이 즐기는 모습으로 앉아
오른손에 금강저, 왼손에 감로병 품은 해골 잔 쥐고 계시네.

머리에 다섯 꽃잎 가진 연꽃모자 쓰고
왼쪽 옆구리에 대락과 공성의 수승한 명비明妃를
감춘 형상으로 3지三技의 카땀가를 지니시고
무지개빛 영롱한 빛다발 속에 앉아 계시네.

외부로 빙둘러 오색 빛 격자로 장엄된 가운데
환생한 왕과 신하 스물다섯 제자와
인도와 티벳의 학자 · 성취자 · 위드야다라 · 이담 본존
다끼니 · 호법신 · 담쩬들이 구름처럼 모여 계시네.

이 모든 것이 광명과 공성의 위대한 공존 상태에서 나타납니다.[278]

그 다음 강하고 간절한 믿음과 공경의 마음을 일으켜,

훔! 우갠국 서북쪽 변방지역에
활짝 피어 있는 연꽃줄기에서

---

[278] 에마호! 나의 인식이 저절로 청청해지는~광명과 공성의 위대한 공존 상태에서 나타납니다:
티벳어 전문은 『IEPP』(롱첸닝틱원도) 92~93쪽, 중문번역은 중문본 225쪽 참조.

놀랍고 수승한 성취를 이루어
연화생으로 널리 알려지시니
주위로 수많은 다끼니들 모이네.
당신 따라 저도 수행할 것이오니
부디 오셔서 가피를 내려 주소서.
구루 빼마 싣디 훔!²⁷⁹

이라고 독송하자마자 곧바로 상독빨리에 있는 연화광 궁전의 정토와 모든 지혜본존들이 실제로 나타나, 자신이 생각으로 일으킨 삼마야본존들과 정토 속으로 마치 물에 물을 부은 것처럼 하나가 되어 녹아들어가는 것을 관상하세요.

2. 일곱 단계 공양법

일곱 단계 공양법(7지 공양)은 다음과 같습니다. 금강승의 길은 방편이 많고, 큰 어려움이 없으며, 근기가 뛰어난 사람의 영역입니다. 따라서 강력한 마음으로 복덕과 지혜자량 쌓는 것을 지속적으로 수행함으로써 6바라밀행으로 1대겁—大劫 동안 쌓는 것을 여기서는 한순간에 해결하여 한 생애에 해탈하는 것입니다.

그러므로 가장 심오하고 그 이상 능가하는 것이 없으며 지극히 청정

---

279 기도문 첫 구절의 '훔'은 '오십시오'를 뜻하는 초대의 말이다. 이 기도로 인도 서북쪽 호수 안에 있는 커다란 연꽃 안에 계시는 구루 린뽀체가 실제로 온다고 관상한다. 와서 본인이 이미 관상으로 만든 모습 속으로 녹아들어 혼연일체가 된다고 생각한다. 구루 린뽀체가 실제로 도착하기 전에는 본인이 생각으로 일으킨 삼마야본존(담칙셈빠ད མ་ཚིག་སེམས་དཔའ་, ⓢsamayasattva)이었지만, 이제는 실제 지혜본존(에쉐셈빠ཡེ་ཤེས་སེམས་དཔའ་, ⓙjñānasattva)이다. 본인이 그분과 똑같이 되게 해달라고 기원하는 것이다.(『TPIN』, 170쪽)

하고 특별히 훌륭한 '자량을 쌓는 대상(자량전)'도 오직 금강승의 성취자임이 확실합니다. 그렇기 때문에 자량 쌓는 수행이 구루요가와 연결되었습니다. 자량을 쌓는 수많은 방법이 일곱 단계 공양법에 포함되어 있습니다.

오체투지로 절하기(정례지頂禮支)

그 중에서 먼저 아만我慢의 대치법인 오체투지[280]는 자신의 몸을 백 개의 몸으로, 천 개의 몸으로, 셀 수 없을 정도로 우주의 모든 먼지 수만큼 나타나게 하여, 허공의 끝과 같은 일체 유정들도 자신과 함께 엎드려 절한다고 생각하면서 다음과 같이 독송하세요.

ཧཱུྃ⋮흐릥! 내 몸을 우주의 먼지만큼 많은 모습으로 변화시켜
엎드려 절하옵니다.

일반적으로 단지 50만 번을 다 채우지 않고 예비수행[281]을 하는 사람들

---

280 오체투지(착첼와ཕྱག་འཚལ་བ་) : 세 가지가 있다. ①최상의 견해를 지니고 절하기: 절하는 대상, 절하는 사람, 절하는 행위 세 가지를 인식하지 않고(3륜을 소연하지 않고) 절하는 것이다. ②관상수행을 하면서 절하기: 관상을 통해 자신의 몸을 헤아릴 수 없이 많은 몸으로 나타내서, 그 몸 하나하나가 기도문을 독송하는 것으로 관상하는 것이다. 이것을 생기차제의 수행이라고 생각할지도 모르지만, 그렇지 않다. 왜냐하면 이때 관상으로 만들어낸 헤아릴 수 없는 몸은 청정하지 못한 보통의 몸으로 본존이 아니기 때문이다. ③헌신의 마음으로 절하기: 몸으로 절하고, 말로 기도문을 독송하고 마음으로 헌신의 마음을 내면서 절하는 것이다. 그 세 가지 중 헌신의 마음이 가장 중요하기 때문에, 절하면서 귀의 대상의 바다와 같은 훌륭한 특성들을 마음속에 떠올리면서 절하는 것이다.(『닝틱왼도신다』, 240쪽)
281 50만 번의 예비수행은 일반적으로 말해서 귀의 기도문 독송, 보리심 기도문 독송, 백자 만뜨라 독송, 만달라 공양, 구루요가 수행을 각각 10만 번씩 하는 것을 말하지만, 다섯 가지 수행을 셈하는 다른 방식들도 있으며 다섯 가지 기본 수행에 독송들이 추가되기도 한다.(영문본, 주251) 예를 들면, "네 가지 특별한 예비수행(사불공가행)은 귀의와 발보리심, 금강살타 백자진언, 만달라 공양, 구루요가를 뜻하나 여기에 전신투지 큰절을 포함하므로 각각을 10만 번씩 하여 모두 50만 번이 된다. 겔룩빠에서는 50만 번 수행에 짜차 만들기, 물 공양, 꽃 공양의 세 가지 10만 번을

은 귀의수행과 연결하여 오체투지를 해도 되기 때문에 그처럼 하는 수행 전통도 있습니다. 그렇지만 오체투지의 진정한 가르침은 이것이기 때문에 구루요가와 연결하여 오체투지를 하면 완벽하게 됩니다.

또한 오체투지를 할 때 몸으로는 엎드려 절하고, 말로는 예경문이나 기도문을 독송하고, 마음으로는 무엇을 행하든 그분을 믿고 전적으로 모든 것을 의지하는 헌신과 공경심으로, 나와 모든 유정들이 함께 엎드려 절한다고 관상하세요. 이처럼 몸과 말과 마음까지 하나로 일체화하는 것이 매우 중요합니다. 그렇게 하지 않고 입으로 하고 싶은 말 다 하고 눈으로 여기 저기 둘러보면서 마음이 외부의 대상을 뒤쫓아, 오른쪽에 지나가는 사람이나 앉아 있는 사람과 말을 하게 되면 눈과 의식이 그 쪽으로 산란되어, 결국 합장한 손이 왼쪽 턱에 붙게 되고 왼쪽에서 그와 같은 일이 생기면 눈과 의식이 그 쪽으로 흩어져, 결국에는 오른쪽 턱에 합장한 손이 붙게 됩니다. 이처럼 마음이 산란한 것들에 사로잡혀 단지 몸으로만 휘청거리듯 엎드려 절하는 척하는 것[282]은 자신의 몸에 고통만을 줄 뿐 그 외의 의미는 아무것도 없다는 것을 알아야 합니다.

그 뿐만 아니라 엎드려 절할 때 합장한 손 안을 비워 연꽃 봉오리 모양으로 붙여야지, 손바닥 안에 빈 공간 없이 두 손바닥을 붙이거나 손가락 끝만 붙이는 것은 옳지 않습니다. 『대해탈경』에서 말했습니다.

　　피어나는 연꽃 봉오리처럼
　　두 손을 정수리에 합장하고
　　구름 떼처럼 무량한 몸을 만들어

　　더해서 사가행을 '80만 번 수행'이라고 한다."(『마하무드라 예비수행』, 37쪽, 41쪽)
282 절하는 척하는 것: 티벳어 원문은 착챌독제ཕྱག་འཚལ་འདོགས་བྱེད་པ་로 되어 있으나 착챌독제ཕྱག་འཚལ་མདོག་བྱེད་པ་의 오기로 생각된다. 티벳 독제མདོག་བྱེད་는 췰제ཚུལ་བྱེད་པ་와 같은 의미로 '~하는 척하다'이며 마음은 딴 데 있고 단지 겉으로 시늉만 한다는 뜻이다.

시방의 붓다께 절하옵니다.

『공덕보장功德寶藏』에서도 말했습니다.

마음에 산란 없이 몸을 아래로 숙여
가슴에 공경의 표시를 나타내면서
연꽃 봉오리처럼 두 손을 합장하여
작은 성물함聖物盒[283]의 모습을 지녀야 한다.

그 다음 차례로 합장한 손을 정수리에 갖다 대어 몸으로 지은 장애를 닦고, 목에 갖다 대서 말로 지은 장애를 닦고, 가슴에 갖다 대서 마음으로 지은 장애[284]를 닦습니다. 그 다음 '바닥에 내려놓아야 할 몸의 주요 다섯 부위'로, 이마와 두 손바닥과 두 무릎, 모두 다섯 부위를 바닥에 내려놓으면서 엎드려 절함으로써 오독의 번뇌장을 닦고 몸·말·마음·공덕·행위(틴래ཐིན་ལས་)의 다섯 가지 가피를 얻습니다. 이와 같은 필요한 것이 있다면 그와 같이 하세요. 그 다음 다시 일어날 때도, 허리를 똑바로 펴고 손바닥을 합장하고 다시 이전처럼 엎드려 절해야 합니다.

손바닥을 제대로 합장하지 않고 손을 흔들기만 하거나, 무릎과 이마를 바닥에 대지 않고 구부리기만 하거나, 다시 일어날 때 허리를 제대로 펴지 않고 굽힌 채로 엎드려 절하는 것은 불경스러운 모습이므로 옳지 않습니다. '구부린 채로 엎드려 절하는 행동이 완전히 성숙한 과보는, 곱사

---

283 성물함(가우ག་འུ་) : 티벳 사람들이 목에 걸고 다니는 작은 성물함으로 안에 공경의 대상인 조그만 불상이나 사리, 짜차 등의 성스러운 유물이 담겨 있으며, 은이나 구리로 만들어 뚜껑을 달아 열고 닫을 수 있게 되어 있다. 티벳에서는 보통 '가우'라고 한다.
284 장애(딥빠སྒྲིབ་པ་) : 마음의 본성에 대한 직접 인식을 가리고 있는 베일. 네 가지 장애는 깨달음의 길에 들어가는 것을 방해하는 업장業障, 깨달음의 길을 따라 전진하는 것을 방해하는 번뇌장煩惱障, 혼돈과 미망을 제거하는 것을 방해하는 습기장習氣障, 불성의 완벽한 성취를 방해하는 소지장所知障이다.(『티영사전』)

등이라고 하는 등에 커다란 혹이 있는 구부리고 가는 난쟁이 같은 몸을 얻는다'고 경전에서 설했습니다. 따라서 이로움이 생기기를 기대하고 엎드려 절하는 것이지 장애를 가진 몸을 얻으려고 엎드려 절할 필요는 없습니다.

그러므로 아주 많이 할 수는 없겠지만 최대한 할 수 있는 만큼은 오체투지를 한 번 할 때마다 최상으로 지극히 청정하게 될 수 있도록 최선을 다해야 합니다. 따라서 쉽게 절하려고 생각하여 산의 언덕과 같은 경사면에 의지하거나 바위 틈 같은 곳에서 엎드려 절하는 것은 진정한 의미가 조금도 없습니다.

그뿐만 아니라 요즈음 라마 등을 뵈러 갈 때 그런대로 제대로 절을 한 번 올리고 나서 두 번은 허리만 굽혀서 합니다. 그것이 마치 힘 있는 사람의 인사라도 된다는 듯이 대부분의 무식한 사람들이 그것을 따라 배우는 것은 매우 저속한 행동입니다. 가르침을 청하는 진정한 의미나, 심지어 한 번 절하는 인사법조차 알지 못하는 사람은 스승에게서 듣고 알아야 합니다. 그렇게 해서 알게 된 것은 무엇이든, 언제 어떤 경우에나 잊지 말고 수행해야 하며 그뿐만 아니라 행하기 쉬운 것이나 알기 쉬운 것조차도 수습修習하지 않으면 가르침을 청한 사람에게 진정한 의미나 결과가 아무것도 없기 때문입니다. 따라서 진정한 뜻을 지니고 가르침을 청하는 사람은 단 한 번 절하는 인사법조차도 법을 모르는 사람들보다 훨씬 더 수승해야 합니다.

예전에 성자 밀라래빠께서 스승 응옥빠[285]가 계신 곳으로 법을 청하러 가셨을 때 스승 응옥빠께서 많은 승려들에게 헤바즈라딴뜨라를 가르치고 계셨습니다.

성자께서 멀리서 보고 엎드려 절을 올리니 스승 응옥빠께서도 기뻐하

---

285 응옥빠: 275쪽 주210 참조.

면서 모자를 벗고 답례를 하셨습니다. "법문을 잠시 쉬게 되는 인연도 훌륭하구나! 저기 엎드려 절하는 것은 로닥의 마르빠 제자들이 절하는 인사법이 틀림없는데 저 사람이 누구인지 물어보라"고 말씀하셨습니다.

일반적으로 스승을 가까이 모시고 가르침을 청하는 사람은, 염료 속에 던져 넣은 옷감처럼 예전의 그 사람과는 전혀 다르게 됩니다. 훌륭한 스승의 어떠한 행동이든 그대로 따라 배워야 합니다. 예를 들면 염료에 넣어진 천 조각은 물든 모습이 좋고 나쁜 정도는 있을 수 있겠지만, 예전에 염료에 넣지 않았을 때와 다른 색깔도 전혀 변하지 않는 일이 어떻게 있을 수 있겠습니까? 요즈음 가르침을 수백 번 받고도, 마음의 흐름이 예전의 마음보다 털끝만큼도 좋아지지 않고, 하는 행동이 모두 덧없는 세간의 일에서 조금도 벗어나지 못하는 사람은, '법에 둔감한 수행자[286] 혹은 삼마야를 위반한 자'라고 말합니다. 그러한 것은,

> 악한 사람은 법으로 다스릴 수 있어도, 구제불능의 수행자는 법으로 조복할 수 없다. 뻣뻣한 가죽은 기름으로 부드럽게 할 수 있지만, 이미 버터를 머금은 것은[287] 기름으로 부드럽게 할 수 없다.

라고 말한 것처럼, 선행의 이로움과 악행의 해로움, 붓다에 관한 어떤 종류의 훌륭한 특성(공덕)을 들어도, 그러한 말이 전파되고 있다고 생각만 할 뿐, 그 외에 본인의 마음 자세를 진정으로 변화시킬 수 있는 확신이나

---

[286] 법에 둔감한 수행자(최데ཆོས་རིད) : 티벳어 최데는 '법의 곰'을 뜻하며, 법에 둔감하고 고집이 있는 사람, 법을 계속 들어서 알기는 많이 아는 데 믿음이나 수행이 없어 스승을 마치 스스럼없는 친구처럼 대하는 사람이다. '구제불능의 수행자'라고 할 수 있다. (체링)

[287] 버터를 운반하는 데 사용하는 포대는 이미 기름이 스며 있어서, 일단 뻣뻣해지면 더 기름을 매겨도 부드러워지지 않는다. 마찬가지로 지식으로 가르침을 받은 이러한 종류의 수행자는 전에 벌써 모든 가르침을 다 들었다고 생각하기 때문에, 더 가르침을 받는다고 해서 마음이 움직이지 않는다. 오히려 더욱더 자만하게 될 것이다. (영문본, 주253)

믿음은 조금도 일으킬 수 없습니다. 완벽한 붓다께서 실제로 오신다고 해도 그 사람에게는 도움을 줄 수 없습니다. 우갠국의 대사께서도 말씀하셨습니다.

> 법에 대해 말만 하면서 생각은 곰처럼 둔한
> 헤매는 제자들과 함께 하지 말라.
> 삼마야에 제한을 두는 도반을 가까이하지 말라.[288]

따라서 가르침 한 마디의 의미를 이해해도, 그것을 자신의 마음에 새길 줄 알고 수습해야 합니다. 스승을 따르는 진정한 의미는 스승의 몸과 말과 마음의 행함을 보고, 그것을 따라 배워야 하는 것입니다. 세간의 말에도,

> 모든 행동은 모방하는 것이다.
> 가장 능숙하게 따라 하는 사람이 가장 잘하는 사람이다.

라고 말한 것처럼 스승이 밖으로 안으로 혹은 비밀스럽게 지니고 있는 모든 훌륭한 특성(공덕)을 자신의 마음의 흐름 속으로 가져와야 합니다. 예를 들면 짜차(진흙으로 만든 불상이나 불탑)를 주형에서 꺼내는 것처럼 해야 합니다.

일반적으로 '정례頂禮(착챌ཕྱག་འཚལ་: 절하는 것)'라는 것은 오로지 공손과 공경심의 구체적 모습입니다. 따라서 절하는 방식도 많으며 각 지역은

---

288 티벳어 원문은 ཆོས་སྨྲས་ཀོ་རྟོགས་བྱེད་པའི་གྲོགས་མི་བརྟེན། དམ་ཚིག་ཡོལ་བྱེད་པའི་གྲོགས་མི་འགྲོགས།으로, 영문본에는 마지막 줄을 "삼마야에 제한을 두는 도반과 어울리지 말라(Do not associate with companions who set limits to their samayas)"로 옮겼다. 중문본에는 "서언을 훼손한 도반을 가까이 하지 말라(切莫親近失毀誓言之道友)"로 의역했다.

제각각의 지역적 관습이 있어 확실히 정해진 것은 없지만, 여기서는 붓다의 가르침에 따른 오체투지 방식을 스승께서 가르치셨습니다. 마치 본인이 모두 이해하고 알고 있는 것처럼 쉬운 가르침이라고 생각하거나 혹은 자만심(오만) 때문에, 올바로 절하지 않는 것은 절하는 대상에 대해 공경심이 없는 무시하는 태도입니다. 마치 세금을 내는 것처럼 오체투지를 하는 것은 해악만 생기게 할 뿐 그밖에 필요한 이유가 아무것도 없다는 것을 알아야 합니다. 그처럼 하지 않고 제대로 절하는 것은 이로움이 헤아릴 수 없습니다.

예전에 한 비구 승려가 세존의 머리카락과 손톱이 있는 불탑에 엎드려 절을 올리고 있었는데, 이에 대해 아난다가 그 이로움에 대해 세존께 여쭈었더니 다음과 같이 말씀하셨습니다.

> 한 번 엎드려 절을 함으로써 자신의 몸으로 덮을 수 있는 만큼의 땅바닥에서 지구 중심에 있는 강력한 황금 바닥에[289] 닿을 때까지 존재하는 모든 먼지 숫자만큼 여러 번 전륜성왕의 지위를 누려도, 아직도 그 이로움의 끝에 도달하지 못한다.

또한 경전에서도 말했습니다.

> 세존의 머리에 있는 눈에 보이지 않는 육계(肉髻)는 스승이 되는 분에게 공경하는 마음으로 엎드려 절을 올린 것에서 생겼다.

결국 오체투지를 하는 것은 완벽한 붓다의 머리에 있는 헤아릴 수 없는 육계를 성취하는 원인이 될 것입니다.

---

[289] 강력한 황금 바닥: 지구의 맨 밑바닥을 뜻하며 지구의 핵에 해당하는 것으로 생각할 수 있다. (영문본, 주254)

공양 올리기(공양지供養支)

공양 올리는 것[290]은 실제로 자신이 가지고 있는 것은 무엇이든 공양하는 것으로, 이전에 만달라 공양의 경우에 설명한 것처럼 아주 청정하고 깨끗한 것을 인색함에 얽매이지 않고, 보기에만 그럴듯하거나 과시하는 모습이 되지 않게, 차려 놓는 것입니다. 그것으로 오직 관상의 대상으로만 합니다.

마음으로 모든 허공과 온 세상을 천상계와 인간계의 공양물들, 즉 꽃과 향, 버터 불과 향내 나는 물, 공양 음식 등과 천상의 궁전, 지역의 성, 즐거운 정원, 전륜왕 7보, 8길상八吉相, 금강여신 열여섯 분의 노래와 춤, 특별한 악기 등으로 장엄하여 보현보살普賢菩薩[291]께서 공양하는 식으로 공양 올려야 합니다.

보현보살은 선정삼매의 힘으로 자신의 가슴 한가운데에서 여러 가지 색깔의 빛줄기 수백억 개를, 헤아릴 수 없는 불국토의 먼지 수만큼 만들어 발산시킵니다. 각각의 빛줄기 끝에도 보현보살 자신과 똑같은 형상을 하나씩 만들어 놓습니다. 그 각각의 가슴 한가운데에서 이전과 똑같은 빛줄기가 퍼져나가고, 그 끝에 보현보살이 또 나타나는 등 셀 수 없고 상상할 수 없을 때까지 퍼져나갑니다.

그들 각각은 또한 상상할 수 없이 다양한 종류의 무량한 공양물로 열 방향의 붓다와 보살에게 공양을 올립니다. 이것을 '성인 꾼두상뽀의 공양구름무리'라고 합니다. 그처럼 자신의 마음으로 가능한 한 많은 형상을 만들어 공양 올리면서 다음과 같이 독송하세요.

---

[290] 공양 올리는 것은 집착과 인색의 대치법이다.(『TPIN』, 171쪽)
[291] 보현보살(장춥셈빠꾼두상뽀ངང་ཆུབ་སེམས་དཔའ་ཀུན་ཏུ་བཟང་པོ་, bodhisattva samantabhadra) : 붓다의 마음에 가까운 여덟 제자 중 한 분으로, 선정의 힘이 뛰어나 본인이 올린 공양물을 무한히 증가시킬 수 있는 것으로 유명하다.

실제로 차려놓은 것과 마음으로 만들어낸 것을 포함하여 선정삼매의 힘으로, 이 세상에 있을 수 있는 모든 것들을 공양의 무드라로 올립니다.

또한 자신에게 공양 올릴 능력이 있다면 붓다와 보살께서 받을 수 있는 능력이 있습니다. 그러므로 이 세상의 천상계와 인간계에 존재하는 주인이 없는 모든 재물도 마음으로 가져다 공양 올리고, 생각으로 만들어 낼 수 있는 만큼 많이 만들어 공양 올린다면, 자량 쌓는 것을 완성하는 데 있어서 실제 공양물과 다른 점이 조금도 없기 때문에 공양을 올리기 위한 물건이 없다고 생각할 필요가 없습니다. 따라서 언제 어떤 경우에나 다른 사람이 무슨 물건을 가지고 있든 그리고 무슨 물건을 보든 모든 것에 대해 먼저 '3보에 공양 올리리라', '근본 스승과 전승법맥의 스승께 공양 올리리라'라고 생각하는 마음을 우선 일으키세요. 심지어 길을 가는 도중에 깨끗한 물이 흐르거나, 꽃이 핀 평원이 있는 것에 이르기까지 마음에 드는 어떤 것을 보더라도 모두 본인의 마음으로 가져다 '3보에 공양 올리리라'는 생각을 마음속에 간직한다면 자량을 쌓는 것은 부수적으로 도중에 완성되기 때문에 그와 같이 해야 합니다.

잘못을 참회하기(참회지懺悔支)

잘못을 참회하는 것[292]으로 시작이 없는 윤회의 삶으로부터 오늘에 이르기까지 기억하고 있거나 기억할 수 없는 모든 잘못된 행동과 타락 그리고 몸과 말과 마음으로 행한 열 가지 옳지 못한 행동(10불선), 다섯 가지 곧바로 지옥에 떨어지는 행동(5무간행五無間行)과 그에 가까운 다섯 가지 행

---

292 옳지 못한 행동을 참회하는 것은 증오에 대한 대치법이다.(『TPIN』, 172쪽)

동, 네 가지 무거운 악행, 여덟 가지 잘못된 행동, 3보에 올린 보시물의 남용 등 큰 죄가 되는 무슨 행위를 했건 그 모든 것을 강하게 후회하면서 모두 드러내어 참회하세요. 그리고 '앞으로 절대로 다시는 하지 않겠습니다'라고 생각하는 등 이전에 '도르제셈빠 수행' 경우에 설명한 것처럼 네 가지 힘에 의한 대치법을 기억하면서 참회하세요.

모든 악업과 장애가 자신의 혀 위에 검게 쌓여 있는 형상으로 모여 있는데, 거기에 자량전에 있는 본존들의 몸과 말과 마음으로부터 발산된 빛줄기[293]가 닿아서 더러움을 씻어내는 것처럼 악업과 장애를 닦아낸다고 생각하면서 독송하세요.

> 몸과 말과 마음으로 행한 모든 옳지 못한 행동을
> 법신인 광명계 속에서 참회합니다.

더불어 즐거워하기(수희지隨喜支)

질투의 대치법인 '더불어 즐거워하는 것'은 모든 붓다께서 중생들을 위해서 커다란 법의 바퀴를 굴리신 것, 모든 보살의 큰 파도와 같은 행동, 모든 중생들의 복덕과 해탈로 향한 선행,[294] 본인이 이전에 행한 것, 지금 행하고 있는 것, 앞으로 행할 것이 확실한 것 등 이러한 모든 것에 대해 가슴속 깊은 곳으로부터 커다란 기쁨으로 더불어 즐거워하는 것을 수습하는 것입니다. 다음과 같이 독송하세요.

---

293 이마 중심에서 나온 하얀 광선은 몸을 상징하고, 목에서 발산되는 붉은 광선은 말을 나타내며, 가슴 중앙에서 발산된 푸른 광선은 마음을 나타낸다.
294 해탈로 향한 선행(타르빠차뙨기게와 ཐར་པ་ཆ་མཐུན་གྱི་དགེ་བ་: 순해탈분順解脫分의 선행) : 세 가지 수승한 방법(담빠숨당빠굴바)을 갖추어 행한 올바른 행위만이 해탈에 이르게 하는 선행이 되며 다른 선행들은 단지 보다 좋은 곳에 환생하게 한다.(영문본, 주258)

두 가지 진리에 포함된

지금까지 쌓아온 모든 선행(선자량)을 더불어 즐거워합니다.

세속적 진리와 승의적 진리 이 두 가지에 속하지 않는 법은 구차제승 어디에도 없으므로, 그 두 가지에 속하는 자신이 행한 것이든 다른 사람들이 행한 것이든, 번뇌로 오염된 것(유루有漏)이든 오염되지 않은 것(무루無漏)이든, 그 모든 선행[295]에 대해서 더불어 즐거워하는 것입니다.

그처럼 더불어 즐거워하는 것은 이로움이 헤아릴 수 없습니다. 예전에 빠세나디 왕이 세존과 그 제자들을 4달 동안 점심에 초대하여 모든 재산으로 공양을 올리고 있었습니다. 그때 구걸하는 한 가난한 여성이 있었는데, 그 여자는, '빠세나디 왕은 이전에도 공덕을 쌓았기 때문에 이렇게 많은 재물의 주인이 되었다. 공덕을 쌓는 대상(자량전)으로 이처럼 특별한 스승을 만나 지금도 이와 같은 광대한 복덕자량을 쌓고 있으니 정말 대단하구나!'라고 생각하면서 가슴 깊은 곳으로부터 오로지 더불어 즐거워하는 것만을 관상하여, 헤아릴 수 없는 공덕을 성취했습니다.

이것을 세존께서 아시고 그날 저녁 공덕을 회향하실 때 왕에게, "그대는 복덕을 쌓은 선근善根[296]을 당신에게 회향할 것인가, 아니면 그대보다 더 큰 복덕을 얻은 사람에게 회향할 것인가?"라고 물었습니다.

---

295 모든 선행: 어떤 선행에 대해 더불어 즐거워할 것인가? 유루(번뇌로 오염된 것)와 무루(번뇌로 오염되지 않은 것)의 모든 선행이다. 본질의 측면에서 승의적 진리에 속하는 일체 선근은 무루(삭메ᢙᠬ᠊ᢙᢑ᠋)이며, 세속적 진리에 속하는 모든 선근은 유루(삭쎄ᢙᠬ᠊ᠠᡉᡇ)이다. 길의 측면에서 자량도와 가행도에서의 선근은 모두 유루이며, 견도와 수도의 모든 선근은 무루이다. 선근의 측면에서 모든 복덕자량은 유루이지만 모든 지혜자량은 무루이다. 입정과 출정의 측면에서 보살의 입정은 무루이지만, 후득위의 보살의 모든 선근은 유루이다. 수반의 측면에서 지혜가 수반된 모든 선근은 무루이만 지혜가 수반되지 않은 모든 선근은 유루이다. 입정과 출정의 불가분성 혹은 윤회와 열반의 불가분성의 견해에 따르면 마하무드라(대수인), 마하쌴디(대원만), 마드야미까(중관)의 견수행은 모두 본질은 무루이지만, 현현하는 방식(현상)은 유루의 선행이다.(『닝틱 왼도신디』, 242~243쪽)
296 선행의 근원: 기본적인 선행으로 나중에 좋은 결과를 가져오게 하는 근원이 된다.

왕께서, "누구든 선근이 가장 큰 사람에게 회향해 주십시오"라고 청했으므로, 세존께서는 그 걸인 여성의 이름을 부르면서 공덕을 회향하셨습니다. 3일 동안이나 그처럼 회향하시니 왕은 언짢아서 그렇게 안 하시도록 할 방법을 대신들과 의논했습니다.

대신들이 "다음날 붓다와 제자들을 탁발에 초대할 때 먹을 것과 마실 것 등을 그릇 주위로 많이 쏟아 부어 놓고, 그것들을 걸인들이 가져가려고 하면 흠씬 두들겨 패서 가져가지 못하게 하면 그것이 효과가 있지 않을까요?"라고 하여 그와 같이 했습니다.

전에 수희찬탄을 올렸던 사람인 그 걸인 여성도 쏟아진 음식을 주워 가려고 왔는데 그것을 가져가지 못하게 두들겨 팼습니다. 그래서 걸인 여성이 화를 냈기 때문에 선근이 파괴되었습니다. 그 날은 세존께서 왕의 이름을 부르면서 공덕을 회향하셨습니다.

따라서 불선행이나 선행의 모습은 몸이나 말의 행함 속에는 조금도 없으며 오로지 본인의 의도에 따라 정해집니다. 이전에 거듭 반복하여 말한 것과 같습니다. 그러므로 다른 사람이 하는 선행에 대해 경쟁심이나 '내가 그 같은 선행을 했다'고 생각하는 자만심을 비롯하여 이생을 위한 야망 혹은 세간팔법의 독이 스며있는 광대한 선행을 과시적으로 자랑스레 행하는 것보다 청정한 의도로 다른 사람이 행한 모든 선행을 보고, 가슴속 깊은 곳으로부터 더불어 즐거워하는 것을 수습하고, 그 선행의 근원을 모든 중생들의 완벽한 깨달음을 위해 회향하는 것만이 보다 큰 자량을 쌓을 수 있습니다. 이와 같이 세존께서 『교왕경敎王經』에서 자세하게 말씀하셨습니다. 또한 착메 린뽀체²⁹⁷께서도 다음과 같이 말씀하셨습니다.

---

297 착메 린뽀체ཆགས་མེད་རིན་པོ་ཆེ་: 16세기 유명한 까규빠의 라마로 닝마빠의 가르침과 통합했다. 캐둡까르마착메མཁས་གྲུབ་ཀར་མ་ཆགས་མེད་라고도 한다.

다른 사람이 선행한 것을 들었을 때
그에 대해 질투나 옳지 못한 마음을 버리고
진정으로 기뻐하면서 더불어 즐거워하면
그 공덕을 똑같이 얻는다고 설하셨다.

『섭송攝頌』[298] 게송 225에서도 말했습니다.

3천 대천세계의 모든 수미산은 저울로 재서 크기를 파악할 수 있어도
더불어 즐거워하는 것(수희)의 공덕은 그렇게 할 수 없다.

그러므로 더불어 마음으로 즐거워하는 것은 행하기 쉬우면서 그 효과가 큰 가르침이므로, 언제나 어떤 경우에나 수행해야 합니다.

법을 설해 주기를 간청하기(청전법륜지請轉法輪支)

법의 바퀴를 굴리도록 간청하는 것[299]입니다. 붓다와 보살과 정신적 친구(선지식)인 스승 등 이타행의 커다란 짐을 질 수 있는 사람들 앞에 자신이 앉아 있다고 생각하세요. 그분들은 중생들의 배은망덕(오해)과 싫증내는 태도에 마음이 상하여, 법을 가르치지 않고 적정寂靜과 안락에 들어가 머무르고 있는 사람들입니다. 그분들 앞에서 본인도 자신의 몸을 수백 수천 수백만으로 헤아릴 수 없이 나타내서, 보륜과 보석 등을

---

298 『섭송』(뒤빠སྡུད་པ་) : 원래 명칭은 『성반야바라밀다섭송(한역:佛母寶德藏般若波羅蜜經)』(팍빠쉐랍기파롤뚜친빠 뒤빠직쑤째빠འཕགས་པ་ཤེས་རབ་ཀྱི་ཕ་རོལ་ཏུ་ཕྱིན་པ་སྡུད་པ་ཚིགས་སུ་བཅད་པ, ❹ārya-prajñāpāramitā-sañcayagāthā)이다. 『8천송반야바라밀다경』을 300게송으로 요약한 경으로, '섭공덕보', '섭덕보', '반야섭송', '성반야섭송', '반야섭론', '휘집경'으로도 번역된다. 티벳어본은 라싸본(H0017; 189a2-215a4), 데게본(D0013), 북경본(Q735) 등이 있다.
299 법을 설하도록 간청하는 것은 무지에 대한 대치법이다.(『TPIN』, 172쪽)

공양 올리면서 법의 바퀴를 굴려줄 것을 간청한다고 생각하면서 독송하세요.

삼승의 법륜을 굴려주시기를 청합니다.

또한 일반적으로 성문·연각·보살의 삼승에 붓다의 모든 법이 포함됩니다. 그것은 또한 다른 식으로 삼승 안에서 아홉 가지로 세분될 수 있는데, 고통의 원인을 부리 뽑는 외부 삼승으로 성문승·연각승·보살승 그리고 고행을 통해 깨닫게 하는 내부 삼승으로 끄리야·우빠·요가 그리고 강력한 변화의 방편을 가진 비밀 삼승으로 마하·아누·아띠요가가 있습니다. 이러한 것들에 대해 각자 중생의 근기와 필요에 따라 적절한 법으로 마음을 다스릴 수 있는 그와 같은 법을 설해 주시기를 간청하는 것입니다.

열반에 들지 말기를 간청하기 (기청불입열반지祈請不入涅槃支)

열반에 들지 말기를 간청하는 부분[300]으로 이 정토와 다른 정토에서 라마와 붓다, 보살 어느 누구든 중생의 이익을 위한 행함을 다 마치고, 열반에 들기를 원하는 사람들 앞에서 이전에 제가 수행자 쬔다가 간청한 것처럼 본인의 몸을 수없이 나타내어 간청하는 것입니다. 윤회계가 텅 빌 때까지 머물러 중생들의 이익을 위해 행하신다고 생각하면서 독송하세요.

---

300 열반에 들지 말기를 간청하는 것은 잘못된 견해에 대한 대치법이다. 본인의 스승이나 금강 형제자매들의 장수를 기원하는 것은 자신의 수명을 위협하는 장애물을 제거하는 매우 심오한 수행이다.(『닝틱왼도신디』, 245쪽)

윤회계가 텅 빌 때까지
열반에 들지 말고 머무시기를 간청합니다.

회향(회향지回向支)

회향[301]은 다음과 같습니다. 지금 행하고 있는 선행을 위주로 하여 자신과 다른 사람들이 지금까지 쌓아온 선행과 지금 쌓고 있는 선행과 앞으로 쌓게 될 선행 일체를, 모든 중생을 위하여 문수동자께서 완벽하게 회향한 것처럼 무연지혜無緣智慧의 인장으로 봉인하여, 다음과 같이 독송하세요.

삼세에 걸쳐 쌓은 모든 선행의 근원(선근)을
커다란 깨달음의 인因을 위해 회향합니다.

그와 같은 회향은, 언제 어떤 경우에나 크고 작은 어떤 선근을 행하든 그 마지막에 잊지 말고 해야 합니다. 그처럼 회향하지 않으면 어떠한 선행의 근원을 성취해도 선행의 열매는 한번 무르익고 없어져버릴 것입니다. 그러나 궁극적 깨달음을 얻는 원인에 회향하면 선행의 열매를 백 번 경험해도 그 선행의 근원은 완벽한 붓다의 경지를 얻을 때까지 없어지지 않고 점점 더 커질 것입니다. 『혜해청문경慧海請問經』에서 말했습니다.

마치 큰 바다에 떨어진 물방울이
바다가 마를 때까지 없어지지 않는 것처럼
깨달음(보리)에 온전히 회향한 선행도

---

301 회향은 불확실함에 대한 대치법이다.(『TPIN』, 173쪽)

깨달음을 얻을 때까지 없어지지 않는다.

그와 같이 자신이 궁극적으로 성문이나 연각 혹은 완벽한 깨달음(원만보리)의 경지를 성취하기 바라거나, 그처럼 단지 선도의 천신이나 인간의 몸을 얻기 바라거나, 아니면 긴 수명이나 건강한 몸 등 어떤 것이든 일시적인 결과를 바라보고 선행의 근원을 행하더라도 그 선행을 바로 그것을 위해 회향해야 합니다. 디궁꼽빠 린뽀체께서도 말씀하셨습니다.

> 두 가지 자량의 여의보주를
> 염원의 기도로 닦지 않으면
> 원하는 과보를 얻지 못하리니
> 마무리 회향에 정성을 다하라.

따라서 자신이 행한 선행이 완벽한 깨달음의 씨앗(원만보리의 인因)이 될지 안 될지는 회향의 힘에서 나옵니다. 아무리 광대한 유위 선법[302]을 쌓는다고 해도 회향함으로써 방향을 바꾸지 않으면 해탈의 길로 가지 못합니다. 게쉐 캄빠룽빠께서 말씀하셨습니다.

> 일체의 유위 선법은 무기無記[303]이니

---

[302] 유위(뒤제འདུས་བྱས་): 다수의 인과 연이 화합하여 만들어지거나 생겨난 것으로(규겐 두마 뒤내재빠암 꼐빠 རྒྱུ་རྐྱེན་དུ་འདུས་ནས་བྱས་པའམ་སྐྱེས་པ་), 5온으로 이루어진 일체법을 유위법有爲法이라고 하며 생주이멸의 네 가지 특성을 갖는다. 만들어지게 하는 의지작용 혹은 행위를 일으키고자 하는 충동력을 '행行(두제འདུ་བྱེད་)'이라고 한다. 반면에 무위(뒤마재འདུས་མ་བྱས་)는 인연에 의해 생기지 않은 것으로, 예를 들면 허공, 진여眞如(데신니དེ་བཞིན་ཉིད་), 택멸擇滅(소소르 딱떼 곡빠སོ་སོར་བརྟགས་ཏེ་འགོག་པ་: 번뇌를 하나하나 살펴서 멸함, 즉 열반), 비택멸(번뇌를 하나하나 살피지 않고 멸함)이다.(『장한불학사전』876쪽과 『인도철학과 불교』188쪽) 유위 선법은 다른 표현으로 조건지어진 선행, 무상한 선행 혹은 인연으로부터 생긴 선행으로 일반 범부의 선행이며, 조건화되지 않은 선행은 붓다의 선행이다. (체링)

[303] 무기(룽마땐ལུང་མ་བསྟན་): 예컨대 만일 회향을 통해서 본인의 선행이 지향하는 바를 정하지

중생을 위한 염원의 기도를 크게 올리세요.

또한 자신의 부모나 가까운 사람 등을 위해 선행을 하거나 돌아가신 분을 위해 선행을 하는 것 역시 회향하지 않으면 그분들이 도움을 얻지 못하지만, 회향을 하면[304] 회향한 그대로 얻게 됩니다.

예전에 바이샬리라는 도시에 있는 사람들이 세존을 다음 날 점심에 초대했습니다. 초대한 사람들이 돌아간 다음에 5백 명의 아귀들이 나타나서 세존께 청했습니다. "내일 바이샬리 사람들이 세존과 제자들에게 탁발공양 올리는 선근을 우리들에게 회향해 주세요." 세존께서는 아시면서도,

"그대들은 누구인가? 바이샬리 사람들의 선근을 그대들에게 무엇 때문에 회향해야 하는가?"라고 물었습니다.

"우리들은 바이샬리 사람들의 부모입니다만 인색한 행동 때문에 아귀로 태어났습니다"라고 말씀드리자,

"그렇다면 내일 회향할 때 너희들도 오너라. 그러면 회향하겠노라"고 말씀하셨습니다. 그렇지만,

"우리들은 이와 같은 흉한 몸을 받았기 때문에 부끄러워서 감히 갈 수가 없습니다"라고 아귀들이 말씀드리니,

"너희들은 악행을 쌓을 때 부끄러움을 느껴야 하는데 그때는 부끄러워하지 않고 이제 흉한 몸을 받고서 부끄러워하는 것은 무슨 소용이 있겠는가? 오지 못한다면, 회향해 줄 방법이 없다"고 세존께서 말씀하셨습니다.

않으면 그 행위는 '특정하여 언급되지 않은 것(룽마땐ལུང་མ་བསྟན་, ⓔunspecified: 무기無記)'이라고 말한다.

304 선행의 결과가 어디로 향하게 할지 방향을 정해서 언급해야 염원하는 이로움이 생길 것이다. 특정한 목적이나 특정한 사람을 위해 선법의 결과를 회향할 수도 있으나 가장 효과적인 회향은 그를 포함한 모든 중생에게 회향하는 것이다.(영문본, 주265 참조)

"그러면 가겠습니다"라고 말씀드리고 아귀들은 떠났습니다. 다음 날 회향할 때 아귀들이 회향을 받으러 왔습니다.

아귀들을 보고 바이샬리 사람들이 놀라서 도망가려고 할 때 세존께서 물었습니다.

"여러분들은 놀랄 필요 없다. 이분들은 여러분의 부모인데 아귀로 다시 태어났다고 말했다. 여러분의 선근을 이분들에게 회향할까 아니면 회향하지 말까?"

"그렇다면 꼭 회향해 주세요!"라고 바이샬리 사람들이 간청했기 때문에 세존께서,

> 이 공양의 모든 선근이 저 아귀들에게 가서
> 아귀들이 흉한 몸에서 벗어나고
> 높은 세계의 행복을 성취하기를!

라고 말씀하시자마자 그 아귀들이 모두 죽었습니다. 그들이 33천에 다시 태어났다고 붓다께서 말씀하셨습니다.

성자 밀라래빠께서도 말씀하셨습니다.

> 외딴 산골에서 수행하는 은둔 수행자와
> 음식물을 마련해 주는 공양주에게는
> 함께 깨달음을 얻게 하는 인연이 있다.
> 고귀한 인연의 핵심은 선근의 회향이다.

그처럼 회향하는 것도 완벽한 깨달음의 씨앗(원만보리의 인因)에 회향하기 위해서는 3륜三輪을 분별하지 않는(무연無緣의) 지혜를 갖추어야 합니다. 그렇게 하지 않고 3륜에 대해 진실로 존재한다고 집착하거나 청정하지

못한 생각으로 오염되면 '독성을 가진 회향'이라고 합니다.『섭송』게송 72에서 말했습니다.

> 어떻게 독이 섞여있는 훌륭한 음식을 먹겠는가?
> 선법에 대한 분별도 그와 같다고 붓다께서 말씀하셨다.

여기서 3륜이란 무엇을 회향하는가의 회향할 선근, 누구를 위하여 회향하는가의 회향할 사람, 무엇 때문에 회향하는가의 회향 목적입니다. 이 세 가지에 진실한 존재가 없음을 깨달은 지혜를 지니고 회향하는 것은 '독이 없는 진실한 회향'이 될 것입니다. 그렇지만 보통 사람은 이 경지에 이르지 않았기 때문에, '예전의 붓다와 보살들께서 회향한 그대로 나도 회향하리라' 생각하면서 회향하면 3륜이 청정한[305] 회향의 효과가 있을 것입니다.『삼취경』에서도 말했습니다.

> 과거의 모든 붓다 세존께서 완벽하게 회향하신 것처럼
> 아직 오시지 않은 모든 붓다 세존께서 완벽하게 회향하실 것처럼
> 지금 계시는 모든 붓다 세존께서 완벽하게 회향하시는 것처럼
> 그와 같이 저도 완벽하게 회향합니다.

『보현행원품』에서도 말했습니다.

> 용맹스런 문수보살께서 그처럼 아셨으며
> 보현보살 그분께서도 역시 그와 같으시니

---

305 3륜 청정三輪淸淨(코르숨용닥འཁོར་གསུམ་ཡོངས་དག་) : 보살 7지(원행지遠行地)를 완전히 닦은 경우 행위의 대상과 행위자, 행위의 3륜에 자성이 없음(3륜 무자성)을 확실히 증득한다. 3륜 무소연(코르숨믹메འཁོར་གསུམ་དམིགས་མེད་), 3륜 무분별(코르숨남빠르미똑빠འཁོར་གསུམ་རྣམ་པར་མི་རྟོག་པ་)과 같은 의미이다.(『장한불학사전』, 173쪽)

그분들 모두를 따라 저도 그대로 본받아서
이러한 모든 선행을 완벽하게 회향합니다.[306]

그러므로 선행이 완벽한 깨달음의 원인이 되도록 하는 틀림없는 요점은 오로지 마지막 회향의 인장으로 선행을 확실히 봉인하는 것에 달려있으므로 어떤 상황에서도 힘써 노력해야 합니다.

---

[306] 티벳어 원문은 다음과 같으며 여러 번역이 있다. འཇམ་དཔལ་དཔའ་བོས་ཇི་ལྟར་མཁྱེན་པ་དང་། །ཀུན་ཏུ་བཟང་པོ་ཡང་དེ་བཞིན་ཏེ། །དེ་དག་ཀུན་གྱི་རྗེས་སུ་བདག་སློབ་ཅིང་། །དགེ་བ་འདི་དག་ཐམས་ཅད་རབ་ཏུ་བསྔོ། 영문본(『WMPT』) 328쪽에서는 "용맹한 만주스리와 꾼두상뽀와 지혜를 가진 모든 분들을 본받아서 저 또한 모든 선행을 완벽하게 회향합니다"로 옮겼으며, 『IEPP』(롱첸닝틱원도) 21쪽에서는 "보디사뜨와 만주스리께서 지혜를 얻으셨고, 싸만따바드라께서도 그렇게 하신 것처럼, 그분들을 따라 저도 배울 수 있도록 이 모든 선행을 완벽하게 회향합니다"로 번역했다. 『A Rosary of Jewels』(둑빠까규 기도문집) 283쪽에서는 "일체지를 이룬 용맹하고 지혜로운 만주스리처럼 그리고 싸만따바드라처럼 그분들을 완벽하게 따르고 본받아서, 저는 모든 선행을 온전히 회향합니다"로 옮겼으며, 중문본에서는 "문수사리용맹지文殊師利勇猛智 보현혜행역부연普賢慧行亦復然 아금회향제선근我今回向諸善根 수피일체상수학隨彼一切常修學"으로, 『이와 같이 살았으면』(무비 스님의 보현행원품 해설) 161쪽에서는 위의 중문번역을, "문수보살 용맹하고 크신 지혜와 보현보살 지혜의 행 사무치고자 내가 이제 모든 선근 회향하여서 그분들을 항상 따라 배우오리다"로 옮겼다. 『티베트의 밀교 명상법』(소남 갈첸 곤다 지음, 석혜능 옮김) 85쪽에는, "용맹스런 문수사리보살이 그렇게 하셨고 보현보살도 그와 마찬가지시니라. 모든 분들의 자취를 (흠모하여) 저도 닦고 배워서 이 모든 선근 공덕을 가장 수승한 회향으로 바치나이다"로 옮겼다. 『보드가야 대기원법회 독송집』 121쪽에 실린 광덕 스님의 번역문은, "문수사리 법왕자의 용맹지혜도 보현보살 지혜행도 그러하시니 모든 선근 내가 이제 회향하여서 저를 따라 일체를 모두 배우리"로 되어 있다. 『보살의 37수행법』(정공 옮김, 하늘북)에 David Karma Choephel의 영역과 함께 옮긴 『보현행원품』에서는 "문수보살 일체도리 모두 아시고 용맹하며 보현보살 역시 그러해 내가 이제 그분들을 따라 배우고 모든 선업 남김없이 회향하리라.(The brave Manjushri knows things as they are, As does in the same way Samantabhadra. I fully dedicate all of these virtues That I might train and follow their example)"로 옮겼다. 『IEPP』를 번역한 중문본에서는 "문수보살무진용맹지文殊菩薩无盡勇猛智 이급보현보살선혜행以及普賢菩薩善慧行 범피일체수희상수학凡彼一切隨喜常修學 이차정선회향제중생以此淨善回向諸衆生"으로 번역했다. 완벽하게 회향하는 것에 대해서 『닝틱원도신디』 245쪽에서, "어떻게 회향하는가? 3륜 무소연의 가장 수승한 회향(모든 공덕을 갖춘 회향)이나 그에 수순하는 유사한 회향, 두 가지 중 하나를 통해 회향해야 한다. 초심자들은 3륜이 청정한 가장 수승한 회향을 할 수는 없지만, 그와 비슷한 종류의 회향을 할 수는 있다. 성자 보살들은 3륜을 지니는 마음이 없으며, 집착하는 측면이 없어, 그분들의 회향은 모든 면에서 최상을 갖춘 공성이 회향과 염원의 기도라는 모습으로 나타난 가장 수승한 회향이다. 일반 범부들은 그와 유사한 것으로 3륜에 대한 분별은 일어나지만 자성이 없다는 확신을 키울 수는 있다. 아니면 불보살이 회향한 그대로 따라 행하여, '용맹스런 문수보살…'을 독송한다면, 그것과 대체할 만한 효과를 갖는 회향이 될 것이다"라고 했다.

3. 강한 믿음으로 기도하기

확고한 믿음으로 기도하여, 이로 인해 금강의 네 가지 본성을 성취하는 것[307]입니다. 거룩한 보호주인 공경하는 스승은 각각의 모든 만달라에서 헤루까의 본성으로 능력을 다 갖추었으며,[308] 보거나 듣거나 기억하거나 닿는 것만으로 해탈의 씨앗이 심어지고, 모든 붓다와 행하심이 똑같아서 '네 번째 보물(4보四寶)'이라고 합니다. 본인의 입장에서, 한 생에 바로 이 몸으로 성숙시켜 해탈하게[309] 하는 심오한 길과 자비의 가피만으로 지금강持金剛(바즈라다라)[310]의 경지에 강력하고 신속하게 올려놓으니, 붓다보다도 은혜가 훨씬 큽니다. 훌륭한 특성(공덕)의 관점에서 헤아려 본다면, 지혜로운 마음(밀의密意)이 하늘과 같이 광대하며, 학식과 사랑은 바다처럼 헤아릴 수 없고, 자비(연민)는 강물처럼 힘이 강하고, 본성은 수미산처럼 확고하며, 중생들에게는 부모처럼 마음이 한결같습니다. 그리고 각 공덕들의 세부적인 부분도 하나하나가 헤아릴 수 없습니다. 따라서 오직 그분에 대한 기도만으로, 원하는 것은 무엇이든 모든 성취를 노력 없이 얻을 수 있습니다.

---

307 금강의 네 가지 본성: 성취해야 할 대상으로 ①청정한 맥(짜: 나디)은 금강의 몸, 즉 화신(니르마나까야)이고, ②청정한 풍(룽: 쁘라나)은 금강의 말씀, 즉 보신(삼보가까야)이며, ③청정한 마음은 금강의 마음, 즉 법신(다르마까야)이다. ④청정한 본성은 이들 세 가지의 금강석과 같은 불가분성, 즉 자성신(스와바와까야)이다.(『닝틱왼도신디』, 246쪽)
308 성취를 이루는 방법은 마음으로 확고한 믿음과 공경심을 지니고 말로 간절히 기도함으로써 성취를 얻는 것이다. 스승을 따르는 방법은 헌신(뫼귀མོས་གུས་: 확고한 믿음과 공경심)이며, 헌신을 일으키는 다섯 가지 방법 중에 첫 번째가 스승이 붓다임을 아는 것이다. 스승의 몸은 색신이며 스승의 마음은 법신이고, 색신과 법신이 스승 안에서 무별무이 쌍운임을 알아야 한다. '스승은 각각의 모든 만달라에서 헤루까의 본성으로 능력을 다 갖추었으며'라고 하는 것은 스승은 법계(헤ཧ)과 원초적 지혜(까ཀ)가 쌍운(루 རུ)을 이루신 분이기 때문이다.(『닝틱왼도신디』, 246쪽)
309 성숙과 해탈: 54쪽 주56 참조.
310 지금강의 경지: 지금강의 경지란 현교와 밀교의 수행을 모두 완성했을 때 도달하는 경지이므로, 완벽한 깨달음의 경지(무상정등각)를 밀교적으로 표현한 것이다.(『티베트 밀교 명상법』, 석혜능 옮김, 50쪽)

바라는 대로 이루어지게 하는 귀중한 보물(여의보주)
당신에게 의지합니다.
당신만이 희망입니다.
오직 당신만을 수행하겠습니다.

라고 생각하면서 헌신의 눈물과 함께 우선 '성취'를 수행할 때,

공경하는 스승 구루 린뽀체
당신은 모든 붓다께서 지닌
자비와 가피를 구현하신 성자
일체 중생의 유일한 보호주.
몸과 재물, 마음, 심장과 가슴을
아낌없이 당신께 올립니다.
지금부터 완전한 깨달음을 얻을 때까지
즐겁고 괴롭고, 좋고 나쁘고, 높고 낮은 어떤 경우에도
공경하는 연화생 대사, 당신께 의지합니다.[311]

까지 염송한 다음에 기원 기도문으로 바즈라구루 만뜨라, "옴 아 훔, 바즈라 구루빼마싣디 훔"만 열심히 독송하세요. 싣디를 백 번씩 반복했을 때마다,

공경하는 스승 구루 린뽀체
당신은 모든 붓다께서 지닌…

등을 이전처럼 하세요. 그처럼 근접수행 만뜨라 독송을 하려고 마음먹은

---

311 티벳어 전문은 『IEPP』 94~95쪽, 중문번역은 중문본 235쪽 참고.

횟수의 절반 정도 반복한 다음, '성취'를 기원할 때 심디 염주를 한 바퀴 돌릴 때마다 다음을 한 번 독송하세요.

> 저에게 믿고 의지할 곳은 달리 없습니다.
> 지금 자만심 가득 찬 5탁 악세의 중생들은
> 참을 수 없는 고통의 수렁에 빠져있으니
> 여기에서 구호해 주소서, 위대한 스승이여!
> 네 가지 관정을 수여해 주소서, 가피를 지닌 분이여!
> 깨달음이 일어나게 하소서, 자비를 지니신 분이여!
> 두 가지 장애를 닦아 주소서, 능력을 지니신 분이여![312]

4. 네 가지 관정 받기

그 다음 '성취'를 청할 때 네 가지 관정을 받기 위해 관상해야 할 것은, 먼저 스승의 눈썹 사이에 수정처럼 반짝이는 '옴' 글자로부터 빛줄기가 발산되어 자신의 정수리로 들어옵니다. 몸으로 지은 행위, 즉 생명을 끊은 것, 주지 않은 것을 취한 것, 감각적 즐거움 때문에 부적절하게 행동한 것의 세 가지(3신업三身業)와 그리고 몸을 생기게 하는 것은[313] 맥도脈道(짜 나디)이기 때문에 맥도의 장애를 닦아냅니다.

> 금강 몸(신금강身金剛)의 가피를 받습니다.

---

312 티벳어 전문은 『IEPP』 95쪽, 중문번역은 중문본 236쪽 참고.
313 임신하는 순간에 어머니의 정혈과 아버지의 정핵이 결합한 후에 짜끄라가 형성되어 처음 몸이 만들어질 때 배꼽에 위치한다. 그 짜끄라에서 세 가지 주요 맥도가 생기고 뒤이어 수천 개의 작은 맥으로 계속 분화된다.(영문본, 주269 참조)

보병관정을 받아
생기차제를 수행할 그릇이 되었으니
'완전성숙 위드야다라'의 씨앗이 심어졌습니다.[314]

라고 독송하세요. 화신의 과위를 얻을 선연善緣이 마음속에 자리잡았다고 생각하세요.

또한 스승의 목에서 연꽃 루비처럼 반짝이는 'ཨཱཿ' 글자로부터 빛줄기가 발산되어 자신의 목으로 들어옵니다. 말로 지은 행위, 즉 거짓말, 이간질하는 말, 거친 말, 쓸데없는 말의 네 가지(4어업四語業)와 그리고 말이 생기게 하는 것은 풍기風氣, 즉 생명의 바람(룽: 쁘라나)이기 때문에 풍기의 장애를 닦아냅니다.

금강 말(어금강語金剛)의 가피를 받습니다.
비밀관정을 받아
만뜨라를 독송할 그릇이 되었으니
'수명자재 위드야다라'의 씨앗이 심어졌습니다.[315]

라고 독송하세요. 수용원만 보신의 과위를 얻을 선연이 마음속에 자리잡았다고 생각하세요.

또한 가슴 한가운데의 하늘색을 가진 'ཧཱུྃ' 글자에서 빛줄기가 발산되어 자신의 가슴으로 들어옵니다. 마음으로 지은 행위, 즉 탐하는 마음, 해롭게 하려는 마음, 잘못된 견해의 세 가지(3의업三意業)와 그리고 마음이

---

314 완전성숙 위드야다라(남민릭진རྣམ་སྨིན་རིག་འཛིན་) : 이숙지명異熟持明. 견도에 속하며 처음에 생기차제에 확고함을 성취하여 마음 자체를 본존으로 성숙시킨다.(『장한불학사전』, 986쪽)
315 수명자재 위드야다라(체왕릭진ཚེ་དབང་རིག་འཛིན་) : 수명자재지명. 견도에 속하며 세간 최상의 법을 증득하여 수행자의 몸이 금강과 같은 청정한 몸이 되고, 마음도 견도의 지혜로 무르익어 생과 사를 넘어선 경지를 증득한다.(『장한불학사전』, 1320쪽)

생기게 하는 것은 명점明点(틱레: 빈두)이기 때문에 명점의 장애를 닦아냅니다.

> 금강 마음(의금강意金剛)의 가피를 받습니다.
> 원초적 지혜관정을 받아
> 지복과 공성의 짠달리(뚬모) 수행을 할 그릇이 되었으니
> '마하무드라 위드야다라'의 씨앗이 심어졌습니다.³¹⁶

라고 독송하세요. 법신의 과위를 얻을 선연이 마음속에 자리잡았다고 생각하세요.

다시 한 번 스승의 가슴 한가운데 있는 '훔'으로부터 두 번째 '훔' 글자가 별똥별이 던져진 것처럼 떨어져 나와, 자신의 마음과 구분할 수 없게 스며들어 삼문의 바탕인 알라야의 업장業障³¹⁷과 소지장所知障을 닦습니다.

> 금강 지혜(지혜금강智慧金剛)의 가피를 받습니다.
> 말이 나타내는 궁극적 관정을 받아
> 본래 청정한 족첸 수행의 그릇이 되었으니,
> '임운성취 위드야다라'의 씨앗이 심어졌습니다.³¹⁸

---

316 마하무드라 위드야다라(착갸륵진སྦྱག་རྒྱའི་རིག་འཛིན་) : 대인지명大印持明. 수도에 속하며 견도의 법성광명을 증득하여 수도 위에 들어온 뒤 유학쌍운의 지혜신을 성취한다.(『장한불학사전』, 1070쪽)

317 업장: 5무간행과 같은 일을 저지르거나 법을 멀리하거나 하는 과거의 행위로 인해서 진리를 인식할 수 없게 하는 것

318 임운성취 위드야다라(륜둡릭진ལྷུན་གྲུབ་རིག་འཛིན་) : 임운지명任運持明. 무학도에 속하며 궁극적 과위를 증득하여 5신五身을 저절로 성취하는 지금강(도르제창)의 경지를 증득한다.(『장한불학사전』, 1787쪽)

라고 독송하세요. 궁극적 결과인 자성신自性身[319]의 과위를 얻을 선연이 자신의 마음속에 자리잡았습니다. 이와 같이 관상하세요.

　마지막으로, 스승의 지혜로운 마음과 본인의 마음이 구분할 수 없게 완전히 일체가 됩니다. 그때부터 평등하게 머무르세요. 수행을 마무리할 때,

　　언젠가 이 생명이 다할 때
　　자신의 인식과 짜마라의 상독뺄리가
　　구분할 수 없이 혼연일체가 된 화신의 정토에서
　　바즈라요기니로 관상한 자신의 평범한 몸이
　　눈부시게 빛나는 동그란 빛으로 변하여[320]

---

[319] 자성신(응오니꾸ངོ་བོ་ཉིད་སྐུ, ⓢsvabhavakaya, svabhavikakaya) : 두 가지 청정함(자성청정과 객진청정)을 가진 궁극적 법계의 몸이며, 자성신의 다섯 가지 특성으로는, ①무위無爲(뒤마재빠འདུས་མ་བྱས་པ་) : 여러 인과 연이 화합하여 생기거나 행하여지는 바가 없어 생주이멸이 없으며, 작용할 수 없음. ②무별無別(에르메빠དབྱེར་མེད་པ) : 십력 등 공덕과 나누지 못함. ③영단이변永斷二邊(타니빵빠མཐའ་གཉིས་སྤངས་པ) : 제법에 대한 증익과 감손의 가장자리를 떠남. ④해탈삼장解脫三障 (딥빠숨데될와སྒྲིབ་པ་གསུམ་གྲོལ་བ) : 번뇌장·소지장·업장에서 벗어남. ⑤자성광명自性光明(랑신기외셀와རང་བཞིན་གྱིས་འོད་གསལ་བ་) : 원초부터 자성이 청정한 까닭에 일체를 보고 앎으로써 자성이 광명이다.(『장한불학사전』 370쪽과 『밀교의 성불원리』 477쪽 참조)

[320] 자신의 인식과 짜마라의 상독뺄리가~바즈라요기니로 관상한 자신의 평범한 몸이 눈부시게 빛나는 동그란 빛으로 변하여: 티벳어 རང་སྣང་ཟངས་མདོག་དཔལ་རིའི་ཞིང་ཟུང་འཇུག་སྤྲུལ་པའི་ཞིང་ཁམས་སུ། གཞི་ལུས་རྡོ་རྗེ་རྣལ་འབྱོར་མ་གསལ་བའི་འོད་ཀྱི་གོང་བུ་དྭངས་གྱུར་ནས། (티벳어 전문은 『IEPP』, 95~96쪽 참조)의 번역으로, 영문본의 주석서인 『A Guide to WMPT』 316쪽에서는 "쌍운 화신의 정토, 짜마라의 상독뺄리를 제가 인식하게 되기를! 거기서 내 몸이 눈부시게 빛나는 발광체 바즈라요기니로 변하여(May I perceive the Glorious Mountain of Ngayab, The union nirmanakaya buddha field. There, my body transformed into Vajra Yogini, A mass of brilliant, shinning light)"로 번역했다. 『IEPP』(룽첸닝틱원도) 15쪽에서는 "모든 현상이 짜마라의 상독뺄리로 인식되기를! 그러한 모든 것을 한 몸에 구현한 화신의 정토에서, 나의 몸이 투명하고 눈부시게 빛나는 바즈라요기니로 화화되기를!(May appearances be perceived as the realm of the Glorious Mountain, Camara Shriparvata, in which May my body be transformed into Vajrayogini, Translucent and brilliantly radiant, In that pure realm of the Emanation of Total Integration)"로 옮겼다. 중문본 236쪽에서는 "나의 몸이 쌍운 변화 정토, 짜마라의 상독뺄리에 나타나서 몸이 바즈라요기니로 되어 눈부신 둥근 빛으로 변하여 (神現妙佛德山刹現妙拂德山剎, 쌍운변화찰토중雙運變化剎土中, 신성금강유가모身成金剛瑜伽母, 전위광정요광단轉爲明淨耀光團)"로 번역했다.

공경하는 연화생과 온전히 하나가 되어 불성을 이루기를!
지복과 공성의 마술인
커다란 원초적 지혜의 유희로부터
3계의 중생들을 하나도 남김없이
인도하는 최고의 지도자가 되도록
공경하는 연화생께서 용기를 불어넣어 주소서.
가슴속 깊은 곳으로부터 기원합니다.
단지 입으로 말로만 하는 것이 아닙니다.
허공과 같은 광대한 마음으로 가피를 주소서.
이러한 모든 염원들이 이루어지기를!

라고 말하면서 동시에 공경과 헌신의 마음으로 간절하게 관상할 때, 구루린뽀체께서 미소지으며 눈이 자비심으로 가득차서 흔들리면서, 가슴에서 따뜻하게 빛나는 붉은 광선이 나옵니다. 그 광선이 자신을 바즈라요기니로 관상한 가슴에 닿자마자 자신이 완두콩 만한 둥근 빛으로 변화되어, 그것이 마침내 불꽃이 튀는 것처럼 타다닥 소리와 함께 구루 린뽀체의 가슴속으로 녹아들어갑니다. 그 상태로 평등하게 머무르세요.[321]

선정에서 나온 후, 존재하는 모든 현상[322]을 스승께서 다양한 모습으로 드러난 것으로 보고,

이 선행으로 신속히 내가
성스러운 보호주, 스승의 경지를 성취하여

---

[321] 평등하게 머무르다(냠샥འགམས་བཞག་, ⓢsamāhita) : 평등주. 근본정. 선정을 수습할 때 인무아와 법무아인 공성에만 마음을 오직 한 점에 두고, 마음의 평등 상태에 머무름.(『장한불학사전』, 592쪽)

[322] 나타나는 모든 현상(낭시탐째སྣང་སྲིད་ཐམས་ཅད་) : 만물, 즉 외기外器 세계와 내정內情 세계 혹은 인식되는 모든 존재.

한 중생도 남김없이
그 경지에 이르게 하리라.

로 회향을 하고, '상독뺄리³²³ 기원문'을 독송하세요.

그와 같은 구루요가도 걸어갈 때는 오른쪽 어깨 위 공중에 스승이 계신 것으로 관상하세요. 그분은 꼬라의 대상이 됩니다. 앉아 있을 때는 정수리 위 공중에 계시는 것으로 관상하세요. 그분은 기도의 대상이 됩니다. 먹거나 마실 때는 목 가운데에 계시는 것으로 관상하세요. 그 곳은 무엇을 먹든 무엇을 마시든 맨처음 부분을 드시는 곳입니다. 잠을 잘 때는 가슴 가운데에 계시는 것으로 관상하세요. 그것은 '알아야 할 모든 것을 보병에 집어넣는 것'³²⁴의 핵심입니다.

요약하여 말하면, 언제 어떤 경우에나 어디에 있든 그곳이 정말로 '상독뺄리'라는 생각을 항상 마음에 지니세요. 나타나는 모든 현상(현현顯現)을 스승의 몸으로 봄으로써 당신의 인식을 정화하여, 공경과 헌신의 마음을 내세요.

병이나 원치 않는 장애 등이 생기면, '내가 과거에 행한 옳지 못한 업을 소진시키는 방편으로 스승께서 자비(연민)로 주신 것이다'라고 생각하면서 기쁘게 생각하고, 없애려는 생각만 해서는 안 됩니다. 즐겁고 편안하고, 선행 수행의 진전이 생기면 그것들 또한 스승의 자비로 알고, 자만심을 갖거나 너무 우쭐대지 말아야 합니다. 선정삼매를 수습할 때 지겹거나 가라앉거나 산란함(혼침이나 도거) 등이 생기면 스승의 '지혜로운 마음(툭갸*ㅅ*)'과 자신의 '본래의 깨달음(릭빠ᐟᐟ⋅ᐟᐟᐟ⋅ᐟᐟ∷각성覺性)'이 구분할 수 없이

---

323 상독뺄리(ᄃᄃᄉᄋᄃᄀᄃᄇᄉᄅ) : 4대주의 하나인 잠부링 서쪽에 있는 짜마라 대륙의 중앙에 구루 린뽀체가 머물고 있는 성스러운 동색길상산銅色吉祥山으로 보통 상두바리로 번역된다.
324 알아야 할 모든 것을 보병에 집어넣는 것(쉐자뷤ᅔᅱ샤ᅴᅳᅩ후ᄀ) : 보병은 가슴을 상징하며 일단 가슴속에 넣으면 보병에 넣어 둔 것처럼 줄어들지 않고 간직되며 필요시 항상 꺼내 쓸 수 있다. 즉, 모든 것을 있는 그대로 알 수 있다.(체링)

하나가 되게 하여, 실상에 대한 견해가 스스로 빛을 발하는 것을 지켜보세요. 동시에 기도와 독송을 바즈라구루 만뜨라,

옴 아 훔, 바즈라 구루빼마싣디 훔

으로 통합해야 합니다. 그렇게 하면 모든 현상(현현)이 본존이나 스승으로 나타날 것입니다. 당신이 행하는 모든 일이 선한 것이 될 것입니다. 성자 밀라래빠께서,

내가 길을 갈 때는, 모든 인식(현현)을 길로 가져간다.[325]
그것이 여섯 가지 감각을 스스로 자유롭게 하면서[326] 걷는 방식이다.
쉴 때는, 꾸밈없는(조작없는) 본래의 자연스런 상태로 쉰다.[327]
그것이 핵심적 의미의 쉬는 방식이다.

---

[325] 모든 인식을 길로 가져간다(낭와람두케르སྣང་བ་ལམ་དུ་འཁྱེར་) : 출정시 즉 후득위에서, 먹거나 눕거나 걷거나 앉아 있는 등의 모든 행위를 길로 가져가야 한다. 요컨대, 이러한 모든 행위를 청정한 인식의 길로 가져가야 한다. 따라서 기쁨이든 고통이든 그 원인과 결과가 생기면, 두 가지 모두 스승에 대한 헌신(뫼귀མོས་གུས་ : 확고한 믿음과 공경심)의 마음으로, 길로 가져가야 한다. 기쁨의 원인과 그 결과가 생기면 스승의 은혜를 기억하면서 스승에게 기도하고, 무엇을 먹든 무엇을 마시든 그 첫 부분으로 스승께 공양올리고 모든 것을 스승의 은혜라고 보아야 한다. 고통의 원인과 그 결과가 자신에게 생기면 스승에 대한 헌신(확고한 믿음과 공경심)의 마음을 일으켜, 그것을 길(인식을 청정하게 닦는 길)로 가져가야 한다. 본인에게 질병이나 장애 등 원하지 않는 어떤 일이 생겨도 그 모든 것들은 스승의 원초적인 지혜의 마음이 다양한 현현으로 드러난 것이니, 청정한 인식으로 그러한 장애들을 스승으로 수습하면서 기도하세요. 요약하면 기쁜 일을 경험하든 고통스런 일을 경험하든 그 모든 것들을 스승의 본성으로 보고, 스승에 대한 헌신의 마음을 일으키고 기도하세요.(『닝틱왼도신디』, 249~250쪽) 중문본 #1, #3에서는 "아행현현전도용我行顯現轉道用"으로, 중문본 #2에서는 "아약행시경계휴우도我若行時境界携于道"로 번역했다.

[326] 이 단계에서 인식들을 길로 간주하는 것은, '인식'이나 '인식하는 자'에 대해 고유한 실체가 있다는 어떠한 생각도 없이 그것들을 경험하는 것을 의미한다. 여섯 가지 의식과 그들의 대상들은 마치 허공처럼 붙잡을 수 없다. 그것들은 더 이상 집착을 일으키지 않으며 그래서 더 이상 고통의 근원이 아니다.(영문본, 주271)

[327] 꾸밈없는 본래의 자연스런 상태로 쉰다: 티벳어 마쬐낼마르되མ་བཅོས་རྣལ་མར་གློད་의 번역으로, 티벳어 마쬐마་བཅོས་는 '조작없는, 꾸밈없는(unfabricated, uncontrived)'을 의미한다. 영문본에는 "rest in unaltered naturalness"로, 중문번역은 "무위본래주無爲本來住"로 옮겼다.

먹을 때는, 공성의 음식을 먹는다.
그것이 이원적 개념[328]을 벗어나 먹는 방식이다.
마실 때는, 억념憶念과 정지正知[329]의 물을 마신다.
그것이 끊임없이 마시는 방법이다.

라고 말씀하셨습니다. 그뿐만 아니라 비밀 만뜨라 금강승의 길에 들어간 후 삼마야를 어기는 일이 생기면 회복시켜 주고, 생기차제와 원만차제와 족첸의 모든 길을 수행할 수 있게 해주고, 장애물이 생기지 않게 하고, 잘못된 길로 빠지지 않게 해주며, 공덕자량이 점점 더 증가하게 해주는 등 이러한 모든 것들도 그 근원은 '성숙시키는 관정'[330]에 닿아 있습니다. 이르기를,

비밀 만뜨라는 관정에 의지하지 않고 성취할 수 없다.
예를 들면, 노가 없는 뱃사공처럼.

이라고 했으며,

관정을 받지 않고는 성취가 없다.
모래를 쥐어짜서 기름을 얻을 수 없다.

---

328 이원적 개념(숭진གཟུང་འཛིན་): 티벳어 숭གཟུང་은 인식의 대상(숭와གཟུང་བ་: 소취所取)이며 티벳어 진འཛིན་은 인식하는 주체(진제འཛིན་བྱེད་: 능취能取)다. 즉 인식되는 대상과 그것을 인식하는 마음의 이원성을 가리킨다. 의식과 외경, 능취와 소취.(『장한불학사전』, 1427쪽) 족첸에서 견 수행은 각각 절대적 본성에 대한 이해와 그러한 이해에 대한 수습과 그것을 바탕으로 한 행동을 의미하며, 이때 주체와 객체에 대한 어떤 인식도 절대적 본성에 대한 이해에 반드시 방해가 된다.(『A Guide to WMPT』, 316쪽 주319)
329 억념과 정지(댄쉐དྲན་ཤེས་): 항상 깨어서 기억하며(억념), 내면을 지속적으로 주의깊게 살피는 것(정지). 항상 잊지 않고 기억하면서 취하고 버림을 확실히 하는 상태.(『장한불학사전』, 805쪽)
330 성숙시키는 관정: 231쪽 주165 참조.

라고 말했습니다. 또한 처음에 자격을 갖춘 금강 스승이 만달라에 들어가도록 한 다음 관정을 수여하는 것이 '바탕의 관정'이며, 구루요가에 의지하여 어떤 다른 조건에 의존하지 않고 본인 스스로 네 가지 관정[331]을 받는 것이 '길의 관정'입니다. 궁극적인 결실을 얻을 때, 커다란 빛줄기의 관정 혹은 분리할 수 없는 심오함과 명료함의 관정을 받아서, 분명하고 완벽한 깨달음(현등각)을 얻는 것이 '결실의 관정'[332]입니다.

여기에도 정화시키고, 완벽하게 하고, 성숙시키는 세 가지[333]의 헤아릴

---

331 네 가지 관정: 보병관정 · 비밀관정 · 지혜관정 · 말씀관정.
332 일반적으로 세 가지 형식의 관정이 있다. 1.바탕에 관한 관정은, 마음의 본성이 여래장(모든 유정의 마음의 흐름에 본래부터 존재하는 바탕의 흐름인 여래장은 본성이 공하고 자성이 명료한 광명이며 편재하는 자비를 본질로 갖추고 있다)임을 깨닫게 될 때 이것은 열반에 대해 힘(관정)을 부여하는 것이며, 그것을 깨닫지 못할 때 이것은 윤회 3계에 대해 힘(관정)을 부여하는 것이기 때문에 바탕에 관한 관정이라고 한다. 이러한 본성은 길에 관한 관정의 '바탕의 관정'에서 실제로 무르익는 것이다. 2.길에 관한 관정은 바탕, 길, 결과의 세 가지로 구분된다. ①길에 관한 관정의 '바탕의 관정': 자격을 갖춘 스승으로부터 관정을 받아 적정존이나 분노존과 같은 본존의 만달라 속으로 들어간다. 관정을 받는 동안 최상의 근기를 가진 제자는 관정에 관련된 견해를 깨달아야 한다. 중간 근기를 가진 제자는 지복과 명료함과 무분별의 경험을 일으켜야 한다. 최소한의 근기를 가진 제자조차도 자신의 몸과 말과 마음이 세 가지 금강이라는 흔들림 없는 강한 확신을 일으켜야 한다. 이와 같은 방법으로 받은 관정은 금강승의 길을 따르기 위한 바탕이 될 것이다. 한편, 당신의 마음에 더 나아지는 것이 조금도 생겨나지 않고서 관정을 계속해서 단지 받기만 한다면 당신의 머리만 더 납작해질 것이다. ②길에 관한 관정의 '길의 관정': 일단 '바탕의 관정'을 받고나면, 그 이상의 관정은 다른 사람에게서 받았든 스스로 받았든 어떤 것이라도 금강승의 길에 대한 관정이거나 금강승의 포살의식이다. ③길에 관한 관정의 '결실의 관정': '커다란 빛줄기의 관정'을 지칭하거나(현승에 따르면 보디사뜨와가 붓다가 될 때, 열 방향의 헤아릴 수 없이 많은 여래의 두 눈 사이에서 빛이 발산되어 보디사뜨와의 정수리로 들어가 불성을 얻게 된다), 밀승에 따르면 '분리할 수 없는 심오함과 명료함의 관정'을 지칭한다. 이러한 세 가지 관정을 받으면 절대적 관정과 관련된 원초적 지혜가 모든 습기장을 파괴한다. 3.결과에 관한 관정은, 길에 관한 관정의 '결실의 관정'에 뒤따르는 바로 그 순간에 일체종지의 원초적 지혜에 대해 자재함을 얻게 되며 윤회와 열반에 속하는 알아야 할 모든 현상(일체법)에 대해 자재함을 성취하게 되는 것이다.(『닝틱왼도신디』, 248쪽)
333 세 가지: 정원숙삼淨圓熟三(닥죡민숨དག་རྫོགས་སྨིན་གསུམ་)을 의미하며 밀승 내부 딴뜨라의 생기차제의 일반적인 특성으로 청정 · 원만 · 성숙의 세 가지를 모두 갖추어야 한다. 윤회계의 생 · 사 · 중음과 사생(태생 · 난생 · 습생 · 화생) 등의 모습에 맞게 수행하여 윤회 3계에 대한 모든 무명을 닦아 정화시키는 것(닥빠དག་པ་: 청정)과, 열반에 도움이 되는 세 가지 삼매와 정토와 본존 등의 상相을 수행하여 결과인 3신의 훌륭한 특성(공덕)을 바탕으로 다 갖추는 것(족빠རྫོགས་པ་: 원만)으로, 실제로 깨달을 수 있는 특별한 능력이 생긴다. 이와 같은 청정과 원만 두 가지도 금강신金剛身의 맥 · 풍 · 명점의 핵심에 이르러 원만차제의 '예시적 지혜'와 '승의광명'을 일으키는

수 없이 심오한 핵심을 가지고 있습니다. 그러므로 본수행을 수행할 때도 일반적으로 예비수행의 모든 수행을 그만두어서는 안 되겠지만, 특히 생기차제와 원만차제 등을 수행할 때 구루요가에 의존하여, '길의 관정' 받는 것을 각 수행의 시작으로 항상 행하는 것이 진정한 핵심입니다.

그렇게 하면 헌신과 삼마야가 매우 청정한 사람이라면 누구든지 이것(구루요가)에 이르는 길을 완전히 마친 사람은, 본수행에 의지하지 않고도 짜마라의 성스러운 산[334]에서 편히 쉬게 될 것입니다. 그 정토에서 네 가지 위드야다라[335]의 길을 해와 달의 움직임보다도 더 빠르게 통과하여 싸만따바드라(꾼두쌍뽀: 보현여래)의 경지에 이르게 될 것입니다.

성숙(민빼ྨིན་པ་: 성숙)의 원인이 된다.(『장한불학사전』, 745쪽)
334 짜마라의 성스러운 산: 상독뺄리를 의미한다. 짜마라(응아얍ང་ཡབ, ⓢcamara)는 8중주 중 하나로 남섬부주의 서쪽에 있는 작은 대륙이다.
335 네 가지 위드야다라: 457쪽 주170과 560쪽, 561쪽의 주314~316, 318 참조.

세 가지 내부 딴뜨라의 전승

여기에 듣는 사람을 즐겁게 하기 위해서 내부 딴뜨라 세 가지 요가를 중심으로, 가르침이 어떻게 생겨났는지에 대한 이야기를 통해서 너무 자세하지도 너무 간략하지도 않게 적절하게 요약하여 가르쳐 온 전통이 있습니다. 여기서 조금 말한다면, 구역舊譯의 내부 요가는 마하요가·아누요가·아띠요가로 알려진 생기차제·원만차제·대원만의 딴뜨라입니다. 이들 가르침이 전해 내려온 방식에는 세 가지가 있는데 붓다의 마음의 전승, 위드야다라의 상징의 전승, 개인의 구전 전승입니다.

1. 붓다의 마음의 전승

붓다의 마음으로 전승된 것[336]은 최초에 깨달음을 얻은 붓다(본초불) 싸만따바드라의 자비(대연민)가 수많은 모습으로 나타난 것들 가운데, 모든 붓다의 정토와 가르침이 설해진 성스러운 장소와 4신四身을 성취한 스승들이 나타났습니다. 본인 자신과 다름이 없는 제자들인, 5신五身[337]을 저절

---

336 붓다의 마음의 전승(갤와공규རྒྱལ་བ་དགོངས་བརྒྱུད་) : 불의전승佛意傳承. 본초불 싸만따바드라와 바즈라다라로부터 오불여래 등으로 전승되는 붓다들의 밀의密意의 전승을 말한다.(『티베트 사자의 서』, 중암 역주, 48쪽)

로 성취한 위드야다라들과 바다처럼 헤아릴 수 없을 만큼 모여 있는 일체 붓다에게, 모든 법을 말이나 상징을 통해 가르치지 않아도 노력이 필요 없이 자연스럽게, 저절로 알아차리는 본래의 지혜(원시지)가 스스로 빛을 발산하는 대자비(대연민)의 명료함으로 모든 것을 보여 주기 때문에 가르치지 않고도 가르칩니다.

그러면 제자들이 궁극적인 깨달음(밀의密意)의 올바른 의미를 증득하여, '끊음과 깨달음의 훌륭한 특성(단증공덕)'[338]이 스승과 구분할 수 없이 일체가 될 것입니다. 그것을 듣고 알아차리는 선연이 없는 사람들에게 단계적인 길을 가진 다른 승을 설명했습니다. 일반적으로 우주의 상상할 수 없이 수많은 세계에서 각 중생의 근기와 필요에 따라 각자에게 적절한 방편으로 마음을 다스리기(조복하기) 위해 싸만따바드라는 수없이 많은 환생자로 몸을 나타내서 중생들을 이롭게 했습니다. 특히 6도의 중생들에게 여섯 '무니'[339]라는 화신의 모습으로 나타나 마음을 다스립니다. 특히 이 세상 남섬부주에서는 바로 붓다 샤꺄무니께서 천신계와 인간계에서 3단계의 법륜을 굴리셨습니다. 인승因乘인 율장·경장·논장 그리고 외부 딴뜨라인 끄리야·우빠·요가 등을 가르치셨습니다. 또한 다음과 같이 말한 것과 같습니다.

    집착의 번뇌를 다스리는 대치법으로

---

337 5신: 닝마 밀승에서 명료함의 과실에 대한 스물다섯 가지 특성(몸·말·마음·공덕·행동 각각의 다섯 가지) 중 몸의 다섯 가지 특성으로 ①법신 ②보신 ③화신 ④현증보리신 ⑤부동금강신이다.
338 버림과 깨달음의 공덕(빵똑가은མཐུང་རྟོགས་ཀྱི་ཡོན་ཏན་): 붓다의 두 가지 큰 공덕으로 일체의 번뇌장과 소지장을 없애고, 여소유성과 진소유성의 일체 지혜를 증득함.(『장한불학사전』, 1032쪽)
339 여섯 무니: 6능인六能仁, 6도六道 각각의 중생을 제도하기 위한 꾼두상뽀의 여섯 화신. 천상계의 제석왕불, 아수라계의 정심여래淨心如來, 인간계의 석가사자, 축생계의 사자선주불獅子善住佛, 아귀계의 화염구불火焰口佛, 지옥계의 법왕불.

    2만 1천 송의 율장을 가르치셨고
    분노의 번뇌를 다스리는 대치법으로
    2만 1천 송의 경장을 가르치셨으며
    무명의 번뇌를 다스리는 대치법으로
    2만 1천 송의 논장을 가르치셨고
    3독을 모두 함께 다스리는 대치법으로
    2만 1천 송의 네 번째 장藏[340]을 가르치셨다.

2. 위드야다라의 상징의 전승

위드야다라의 상징의 전승[341]이 어떻게 생겨났는지는 다음과 같습니다. 샤꺄무니 세존께서 열반하실 때, '더 이상 능가할 수 없는 만뜨라의 가르침이 나중에 나타날 것'이라고 예언하셨습니다.

    내가 앞으로 사라진 다음
    28년이 지나게 되면
    세 천상계[342]에 널리 알려진
    최고의 핵심적 가르침이
    남섬부주 동쪽 변방에 있는

---

340 네 번째 장: 제4장 혹은 위드야다라장 혹은 지명장持明藏이라고 하며 3독을 모두 함께 다스리는 대치법이다. 3장을 모두 함께 포함하거나 보여주는 장으로 밀승장이라고도 한다.(『장한불학사전』, 1151쪽)
341 위드야다라의 상징의 전승(릭진다རིག་འཛིན་བརྡ་བརྒྱུད་): 지명표전持明標傳. 여래의 밀의가 위드야다라들을 통해 전승되는 까닭에 그렇게 부른다. 특히 티벳에서는 구밀에서 보존하는 비공통의 특수한 구결로서, 단지 기호와 표시 등을 통해서 묘법을 소개하는 구루의 전승을 말한다. (『티베트 사자의 서』, 중암 역주, 49쪽)
342 세 천상세계: 색구경천 · 도솔천 · 33천.

고귀한 가문과 선업을 지닌
'자 왕'이라고 하는 분에게
미리 길조로 나타날 것이다.
우가하[343]라는 산 위에서
함께 지내는 하등 중생들과
랑까 왕과 다른 중생들에게는
바즈라빠니께서 나타나리라.

라고 예언하시고, 몸이 열반에 드는 모습을 보여 주셨습니다.[344]

그 후 예언에 따라 내부 무상 요가의 가르침인 생기차제 수행, 원만차제 수행, 대원만 수행(족첸)이 나타났습니다.

마하요가

마하요가 딴뜨라의 모든 법은 붓다께서 입멸한 다음 28년에 자 왕에게 일곱 가지 꿈의 징조로 나타나, 자신의 궁전 지붕 위에서 황금판에 청금석靑金石을 녹여 글자를 쓴, 비밀 만뜨라의 많은 딴뜨라 경전과 한 자 높이의 바즈라빠니(금강수金剛手) 본존상을 발견했습니다. 기도를 하여 '도르제셈빠를 친견하는 장章(면견금강살타품面見金剛薩埵品)'을 이해하였고, 그 장과 바즈라빠니 불상에 의지하여 6개월 동안 수행한 후 도르제셈빠를 직접 뵙고 가피를 받아 경전들의 의미를 남김없이 이해하셨습니다. 그때부터 점차 전파되었습니다.

---

343 우가하(닥쉘젠ད྄ག་ཤུལ་ཅན་): '포효하는', '무서운', '놀라운', '강력한'의 의미를 갖는다.
344 금강승의 가르침에 따르면, 붓다는 이 세상에 나타나셨을 때 이미 완전한 깨달음을 얻으셨으며, 그분의 모든 행동은 중생들을 가르치기 위해 단지 보여준 것이다. (영문본, 주277)

아누요가

아누요가의 전승이 나타난 방식은, 역시 그 시기에 고귀한 태생의 훌륭한 다섯 분[345]이 말라야 산 정상에서 열 방향의 모든 붓다께 마음을 집중하고,

아아! 오오 이런! 비통하도다!
스승의 태양 빛이 사라진다면
세상의 어둠 누가 걷어 내리오?

라는 23절의 슬픈 구절을 낭송하니, 모든 여래들께서 비밀주秘密主[346]에게 기원하였습니다.

비밀주여! 그대여, 들어주시기를!
이전의 굳은 약속은 버리셨나요?
이 세상의 고통을 모르시는가요?
다시 자비로 이 땅에 내려오셔서
세상의 고통을 소멸하여 주소서!

라고 기원하니, 비밀주께서 말씀으로 약속하셨습니다.

시작도 없이 또한 마지막도 없이

---

345 고귀한 태생의 성스러운 다섯 분(담빼릭쩬다망아དམ་པའི་རིགས་ཅན་ད་མ་ལྔ་): 성종오현聖種五賢. 붓다께서 열반한 후 28년이 지났을 때, 말라야 산의 천철天鐵(번개)봉에서 비밀주 바즈라빠니께서 모든 밀승의 딴뜨라를 설했는데 그때의 수승한 다섯 제자이다. 천신으로 묘칭천妙稱天, 용왕으로 안지용왕安止龍王, 야차로 유성면야차流星面藥叉, 나찰로 지혜방편나찰智慧方便羅刹, 인간으로 리짜비족 무구칭無垢稱(Vimalakirti)이다.(『장한불학사전』, 753쪽)
346 비밀주: 금강승 가르침의 주요 편찬자로 간주하는 보디사뜨와 바즈라빠니를 말한다.

나는 서언誓言을 저버리지 않으리니
그대가 부를 경우 무슨 일 있어도
나 또한 그처럼 신통을 보이리라.

고 말씀하신 다음, 말라야 산 정상에서 고귀한 태생의 성스러운 다섯 분에게 『집밀의속集密意續』[347] 등을 가르쳤습니다. 우걘국의 서쪽 다나꼬사에서 바즈라빠니께서 화신 가랍 도르제[348]에게 『길상밀속吉祥蜜續』[349]과 그 구전 가르침과 낄라 딴뜨라[350]와 마모 딴뜨라(불모속佛母續)[351] 등을 가르쳤습니다. 그러한 것들은 우걘국의 빼마퇴텡(연화생 대사)[352]에게 구전 전승되어 점차 전파되었습니다.

아띠요가

특히 구전 가르침인 아띠요가의 가르침이 나타난 방식은, 먼저 천상계에 전파되었습니다. 33천에서 데와바드라빨라[353]라는 천신에게는 마음으

---

347 『집밀의속』(도공뒤འདུས་དགོངས་འདུས་): 『경부밀의집합경』(도공빠뒤빠འདོ་དགོངས་པ་འདུས་པ་)으로, 닝마 족첸의 환심幻心 삼부경전의 하나이며 아누요가의 근본 딴뜨라이다. 『제불밀의집합경』(일체 붓다의 깨달음을 집약한 경)이라고도 한다. 인도 논사 다르마보디(법각法覺)와 다나락시따(시호施護)의 저술이다.(『장한불학사전』, 847쪽)
348 가랍 도르제དགའ་རབ་རྡོ་རྗེ་: 극희금강極喜金剛으로 한역되며 '최상의 기쁨을 지닌 금강'을 의미한다.(『티영사전』) 상세 내용은 297쪽 주17 참조.
349 길상밀속(빨상왜규དཔལ་གསང་བའི་རྒྱུད་): 성스러운 비밀 딴뜨라를 의미하며, 비밀의 핵심 딴뜨라(규상왜닝뽀རྒྱུད་གསང་བའི་སྙིང་པོ་, ⓢguhyagarbha)와 같은 의미다. 구 번역에서 널리 알려진 딴뜨라로 잠괸꽁쮤 린뽀체의 말씀에 의하면 열여덟 마하요가 딴뜨라 중 으뜸이 되는 것이다. 이 딴뜨라에 대한 수많은 주석을 닝마까마에서 찾아볼 수 있다.(『티영사전』)
350 낄라 딴뜨라: 닝마 마하요가의 여덟 가지 사다나 수행법 중 하나이다. 바즈라낄라야(도르제푸르바)라고도 한다.
351 마모མ་མོ་ 딴뜨라: 닝마 마하요가의 여덟 가지 사다나 수행법 중 하나이다.
352 빼마퇴텡པདྨ་ཐོད་ཕྲེང་: 두개골 화환을 걸친 빠드마를 뜻하며 구루 린뽀체의 비밀 이름이다. 빼마퇴텡쩰པདྨ་ཐོད་ཕྲེང་རྩལ་이라고도 한다.
353 데와바드라빨라ལྷ་བཟང་སྐྱོང་(ⓢdevabhadrapala): 천인호현天人護賢으로 한역된다.

로 낳은 아들이 5백 명 정도 있었습니다. 그중 가장 연장자인 아난다가르바[354]라는 아들은 다른 형제들보다 영리하고 탁월한 재주가 있었습니다. 명상처에서 홀로 머물면서 금강 만뜨라 독송을 즐겨했습니다. 그래서 그는 '최상의 마음을 지닌 천신의 아들'을 의미하는 데와뿌드라 아디찌따(승심천자勝心天子)로 알려졌습니다.

그분은 물-여성-소의 해에 꿈속에서 상징적인 네 가지 꿈을 꾸었습니다. 첫 번째로, 모든 붓다께서 빛줄기를 시방으로 발산하더니, 빛줄기로 된 여섯 무니(능인能仁)께서 중생들을 꼬라 돌고 나서 정수리로 들어와 사라지는 꿈을 꾸었습니다. 두 번째로, 브라흐마와 비쉬누와 파슈파티(쉬바의 다른 이름) 세 사람을 삼켜버린 꿈을 꾸었습니다. 세 번째로, 하늘의 해와 달이 자신의 손에 나타나 모든 세상을 빛으로 가득 채우는 꿈을 꾸었습니다. 네 번째로, 하늘에 보석과 같은 영롱한 색깔의 구름에서 감로의 비가 내려 농작물과 숲과 귀중한 식물과 꽃과 열매가 모두 한꺼번에 자라나는 꿈을 꾸었습니다.

다음날 천신의 왕에게 보고를 올렸더니, 천신의 왕 꼬우시까(제석천帝釋天)께서 찬탄의 말씀을 해주셨습니다.

> 에마호!
> 노력이 필요 없는 핵심 가르침이 나타날 때
> 붓다의 화신이며 삼세의 보살인
> 10지十地의 성취자가, 이 세상 최고의 등불로
> 천상계를 장엄하니, 그대! 정말 놀랍도다!

첫 번째 꿈은, 모든 붓다의 '깨달은 마음(밀의密意)'을 얻어 미래의 붓다

---

[354] 아난다가르바ཀུན་དགའ་སྙིང་པོ་(ānandagarbha) : 보희장普喜藏으로 한역된다.

가 된다는 표시입니다. 두 번째는, 모든 마라를 제압하고 3독을 뿌리째 자르는 것을 상징합니다. 세 번째는, 제자의 마음속에 어둠을 몰아내고 가르침의 등불을 비추는 것을 나타냅니다. 네 번째는, 저절로 생기는 아띠의 감로수로 번뇌의 뜨거운 고통을 없애고, 노력이 필요 없는 결실인 아띠 승을 저절로 성취한다는 것을 상징합니다.

또한 삼세의 모든 붓다들이 모여서,

성스러운 바즈라사뜨와[355]께 기원합니다.
놀라운 방편의 보물을 지니신 분이여!
중생이 원하는 것은 무엇이든 문을 열어
애쓰지 않고 보물을 가질 수 있게 하소서!

라고 기원하니, 성스러운 바즈라사뜨와의 가슴에서 스스로 빛을 발하는 보석으로 된 바퀴가 나타났는데 그것을 사뜨와바즈라[356]에게 주면서 이렇게 말했습니다.

이원성을 벗어난 지혜, 비밀의 진실
행함 없고 애씀 없는 본래의 깨달음(본래불)
'위대한 중도'로 널리 알려진 길을
모인 제자들에게 보여주도록 하라.

라고 요청하니, 사뜨와바즈라가 가르치겠다고 약속했습니다.

---

[355] 바즈라사뜨와(도르제셈빠རྡོ་རྗེ་སེམས་དཔའ་; ⓢvajrasattva) : 금강살타. 티벳어로 도르제셈빠이며 도르제셈은 금강의 마음을 뜻한다. 여기서 바즈라사뜨와는 '파괴될 수 없는 릭빠རིག་པ་(본래의 깨달음, primal awareness)'라는 절대적 의미로 이해해야 한다.(영문본, 주283)

[356] 사뜨와바즈라(셈빠도르제སེམས་དཔའ་རྡོ་རྗེ་; ⓢsattvavajra) : 바즈라빠니의 다른 이름, 금강수존자.

허공처럼 광대한 바즈라사뜨와여!
말로 할 수 있는 영역이 아니어서
제가 말하기가 지극히 어렵지만
깨닫지 못한 사람에게 말을 통해
보여줌은 깨닫게 하기 위함이니
어떻게든 수행자를 해탈케 하리라.

그 후 바즈라빠니는 동쪽의 바즈라로까 정토(금강광명정토)에서 여래 바즈라구햐(금강밀여래) 등 금강 가족들에게서 가르침을 받고, 남쪽 세계의 라뜨나로까 정토(진보광명정토珍寶光明淨土)에서 따타가따 라뜨나빠다(진보광명여래珍寶光明如來) 등 라뜨나 가족들에게서 가르침을 받았으며, 서쪽의 빠드마꾸따(연화광세계)에서 바가완 빠드마쁘라바(연화광여래) 등 헤아릴 수 없는 연화 가족들에게서 가르침을 받고, 북쪽 비수다싯다(청정성취정토)에서 따타가따 싯다로까(성취광명여래) 등 무량한 까르마의 가족들에게서 가르침을 받았고, 중앙의 비요간타(이변정토離邊淨土)에서 따타가따 바이로짜나(비로자나불) 등 따타가따 가족의 많은 승리자들로부터 가르침을 받았습니다.

이처럼 그분들로부터 놀라운 가르침의 핵심이며 노력 없이 저절로 생기는 깨달음(밀의)이자 인과因果를 넘어선 법, 즉 아띠요가의 모든 의미에 대해 생각의 덧붙임을 끊고[357] 모든 붓다의 심오한 깨달음(밀의)의 정수를 받았습니다.

그 다음 아디찌따(최상의 마음: 승심勝心)라는 천신의 아들에게 업연業緣과

---

357 생각의 덧붙임을 끊고: 티벳어 도독째 ཀྲོ་འདོགས་བཅད་ 의 옮김으로, 직역하면 '증익增益(도독ཀྲོ་འདོགས་)을 끊고'이다. 증익이란 자신의 소연의 대상에 대해 본래의 의미보다 그 이상으로 보는 분별을 가진 마음(རང་གི་དམིགས་ཡུལ་གྱི་དོན་དེ་ལས་ལྷག་པར་ལྟ་བའི་བློ་)으로,『티영사전』, 없는 것을 있는 것으로 변계하는 것(མེད་པར་ཡོད་འཛིན་གྱི་ཀུན་བཏགས་: 이무위유以無爲有)이다.(『장한불학사전』, 338쪽) 여기서는 영문본의 번역처럼 "모든 잘못된 생각이나 의문을 제거하고(removed all misconceptions)"로 옮겨도 무난할 것으로 생각된다.

선연善緣이 있는 것을 알고 그가 있는 곳으로 찾아갔습니다. 아디찌따는 33천에 있는 '완전 승리 궁전(인드라의 궁전: 존승궁尊勝宮)'의 한가운데 방에 있었습니다. 그 방의 맨 위에 있는 생명나무는 아홉 꼭지를 가진 도르제로 장식되어 있었고, 그 도르제 위에는 빛나는 보석으로 장식된 옥좌가 놓여 있었습니다. 그 옥좌 위에 바즈라빠니께서 자리를 잡으시자, 아디찌따는 갖가지 보석이 박힌 일산을 펼치고 신성한 물건으로 많은 공양물을 올렸습니다.

바즈라빠니께서는 아디찌따에게 '왕의 능숙한 방편을 직접 부어주는[358] 완벽한 관정(왕권원만보병관정)'을, 상징을 통해 수여하셨습니다. 또한 놀라운 핵심 구전 가르침에 관한 열 가지 구전전승(룽)을 주고 그 외에 일곱 가지 관정과, 다섯 가지 핵심 구전 가르침과, 수많은 딴뜨라와 핵심 가르침을 한순간에 완벽하게 가르쳐 주셨습니다. 그 다음 붓다의 가장 훌륭한 계승자로 관정을 수여하고, 다음과 같이 말씀하셨습니다.

이처럼 놀라운 가르침의 핵심이
세 천상세계에 널리 알려지고
환생의 환생인[359] 마음의 아들에 의해
잠부링의 중심으로 퍼져나가기를!

이렇게 해서 가르침이 세 천상세계로 전파되었습니다.

---

358 승리자의 능숙한 방편을 부어줌(걜탑찌룩རྒྱལ་ཐབས་སྤྱི་བླུགས་): 어떠한 의식이나 가시적인 절차가 없는 관정으로, 오로지 '깨달음을 성취한 각성'을 마음에서 마음으로 완벽하게 순간적으로 옮겨주는 것이다. 부어주다(찌룩སྤྱི་བླུགས་)는 이러한 직접적인 옮겨줌을 가리키며, 승리자의 방편(걜탑རྒྱལ་ཐབས་)은 불성(깨달음의 상태)을 가리키는 것으로 이해될 수 있다. 또한 비유적으로, 왕이 후계자에게 하는 것처럼 통치권을 수여하는 것을 의미한다. (영문본, 주284)
359 환생의 환생(양뙬ཡང་སྤྲུལ་): 싸만따바드라의 환생이 바즈라사뜨와이고 그의 환생이 가랍 도르제이기 때문이다. (영문본, 주285)

인간 세계에 나타난 아띠요가

그 다음에 인간 세계에 아띠요가가 나타난 이야기는, 인도 서쪽 다끼니의 나라, 우갠국의 다나꼬사 지방에 꾸뜨라 호수가 있습니다. 그 호숫가에 도르제링이라는 동굴이 있는 곳은 아름다운 꽃이 만발한 즐거운 꽃밭입니다. 그곳에 우빠라자 왕과 알로까바스와띠 왕비에게 '환한 꽃(화명花明)'이라는 이름을 가진 공주가 있었습니다. 마음씨가 착하고 보리심이 아주 많아 위선적이고 방일한 세속의 삶을 버리고 출가하여, 비구니의 계율을 받아 흠없이 아주 청정하게 지켰습니다. 마침내 5백 명의 비구니 제자들과 함께 지내게 되었습니다.

그러던 중 나무-여성-소의 해, 여름 첫 번째 달 8일 새벽, 꿈에 모든 따타가따로부터 빛줄기가 발산되어 해와 달로 바뀌더니, 해가 정수리를 통해 몸 안으로 흡수되고, 달은 발바닥을 통해 위로 흡수되는 꿈을 꾸었습니다. 그녀는 다음 날 깨달음이 생겨 꾸뜨라 호숫가에서 목욕을 하고 앉아 있었습니다. 그러는 동안 바즈라빠니가 새의 왕, 백조로 변신하여 아디찌따를 '훙훔' 글자 속에 집어넣어 '훙훔' 글자로 변하게 하고, 자신은 네 마리의 백조로 변신했습니다. 이 백조들은 하늘에서 내려와 목욕하고 세 마리는 다시 하늘로 날아갔습니다. 비밀주의 화신인 그 새가 공주의 가슴에 부리를 세 번 문지르자 빛나는 '훙훔' 글자가 가슴에 녹아들고, 새는 날아갔습니다.

그녀는 깜짝 놀라 아버지와 권속들에게 꿈 이야기를 들려주었습니다. 아버지인 왕은 놀라고 기뻐하면서, "붓다의 화신이 나타나려는 징조인가?"라고 말씀하시고, 성대한 잔치를 베풀고 공양의식을 크게 올렸습니다.

그녀는 임신한 아무런 표시도 없었지만 달이 찼을 때 가슴에서 빛을 발하는 아홉 꼭지 도르제가 나타났습니다. 그 후 그것이 사라지고, 거기에 원만한 상호를 갖춘 어린아이가 나타났습니다. 오른손에 금강저(도르제)를, 왼손에 보석으로 장식된 지팡이를 치켜들고, "허공처럼 광대한 바즈라사뜨와여……"로 시작하는 구절을 독송하면서 나타났습니다. 그것을 보고 모두가 기뻐하여 예언을 잘 읽어내는 브라흐만께 아이를 보여드렸습니다. 브라흐만은 매우 놀라, "이 아이는 위대한 성자의 환생자, 최상승 가르침의 주인으로 태어난 것이 틀림없다"고 말했습니다. 모두들 지극한 환희심을 갖게 되었고 아이가 손에 금강저를 들고 있었기 때문에 이름도 가랍 도르제라고 붙이고, 모두가 즐거워했기 때문에 게빠 도르제[360]라고도 불렀습니다. 모두가 웃음이 가득했기 때문에 섀빠 도르제[361]라고도 불렀습니다.

가랍 도르제가 왕위에 올랐을 때 바즈라빠니가 실제로 나타나, '왕의 능숙한 방편을 직접 수여하는 완벽한 관정(왕권원만보병관정)'을 포함하여 그 외 다른 관정을 모두 주었습니다. 2만 권의 구법계九法界[362] 등 모든 딴뜨라와 모든 핵심 구전 가르침을 한 찰나에 완벽하게 전했으며, 가랍 도르제에게 '가르침을 지닌 분(법주法主)'으로 관정을 수여했습니다. 관정 후 비밀주 바즈라빠니는 담짼들에게 친구가 되어달라고 호법신으로 신임하여 임명했습니다. 거기서 가랍 도르제는 노력 없이 한순간에 족첸의 경지에 대한 깨달음(불성)을 얻었습니다.

그 당시에 성스러운 나라 인도에, 아버지인 브라만 수카빨라와 어머니인 꾸흐나에게 아들이 하나 있었습니다. 이 아들은 문수보살의 화신으로 이름이 브라만 사라싯디 혹은 삼바라사라라고 합니다. 나중에 출가하여 5백 명의 학자들 중 우두머리가 되어 대학자 만주스리미뜨라[363]

---

360 게빠དགྱེས་པ་ 도르제: 즐거움의 도르제를 뜻하며, 희금강喜金剛·헤루까·헤바즈라(Hevajra)라고도 한다. 께 도르제·롤빠 도르제라고도 한다.
361 섀빠བཞད་པ་ 도르제: 웃음의 도르제를 뜻하며, 소금강笑金剛으로 한역된다.
362 구법계(ཀློང་དགུ་ད་) : 족첸 가르침에서 수행의 아홉 가지 영역.

로 널리 알려졌습니다.

문수보살께서, "여기서 서쪽으로 우걘국의 꾸뜨라 호숫가에 '마하헤의 황금지역'이라는 거대한 공동묘지가 있다. 그 가운데에 도르제링이라는 동굴이 있는데 그곳의 바즈라사뜨와 화신이며, 모든 붓다의 노력이 필요 없는 가르침의 주인이고 모든 붓다께서 이미 관정을 수여한, 환생자(뚤꾸) 가랍 도르제라는 분께서 머물러 계신다. 그러니 그대는 그분에게 가서 놀라운 가르침의 핵심이자 아띠요가라고 하는, 노력 없이 깨달음을 얻을 수 있는 가르침을 청해서 그분의 가르침을 결집하는 사람이 되어라"라고 예언하셨습니다.

그래서 만주스리미뜨라는 다른 학자들에게, "서쪽 우걘국에 인과법을 넘어선 법을 가르치는 사람이 있는 것이 분명하니 그를 논파論破하러 가야 한다"라고 말하고 함께 의논을 했습니다.

제일 연장인 라자하띠를 포함하여 일곱 명이, 가는 길이 험난한 우걘국에 도착하여 인과因果의 원리와 외부 내부 비밀 만뜨라[364]의 가르침에 대해 열심히 논쟁하고 토론을 해도 가랍 도르제를 당해낼 수 없었습니다.

그래서 만주스리미뜨라가 친구들에게 "환생자(뚤꾸)께 인과법을 넘어선 가르침을 청할까?"라고 물었습니다.

연장자 라자하띠는 가르침을 청하고 싶은 마음은 있었지만, "우리들이 무례를 보였는데 감히 청할 수 없다"고 선언했습니다.

다른 몇몇 친구들은 "우리들도 확신하게 되었으니 가르침을 청해야 한다"고 말했습니다. 결국 용서를 빌기로 의논하고, 몇몇 사람은 오체투지와 꼬라를 행하고 몇몇 사람은 울면서 눈물을 흘리기 시작했습니다.

만주스리미뜨라는 오체투지를 하면서 통곡을 했습니다. '환생자에게

---

363 만주스리미뜨라: 297쪽 주18 참조.
364 외부 내부 비밀 만뜨라: 외부 비밀 만뜨라는 끄리야·우빠·요가를 의미하고 내부 비밀 만뜨라는 마하요가·아누요가·아띠요가를 의미한다.

내가 본의 아니게 무례를 저질렀다. 수많은 반론을 생각나는 대로 경솔하게 내놓았으니 나의 혀를 잘라 사죄해야 한다'고 생각하고 면도칼을 찾고 있을 때, 환생자께서 그 마음을 알아차리고,

"그대의 혀를 잘라서 잘못이 닦아지는 것이 아니니 인과법보다 훨씬 뛰어난 법을 편찬하라! 그것으로 잘못이 닦아질 것이다"라고 말씀하셨습니다.

업연과 선연이 없는 사람들은 되돌아갔습니다. 만주스리미뜨라는 상징을 보여주는 것만으로 한순간에 알아차려 모든 법을 완전히 익혔습니다. 가르침을 완벽하게 하기 위해서, 가랍 도르제께서 '왕의 능숙한 방편을 직접 수여하는 관정(왕권보병관정)'을 주고 2만 권의 구법계를 비롯해서 모든 딴뜨라와 구전 핵심 가르침을 완벽하게 전해주셨습니다. 그때 가랍 도르제께서 만주스리미뜨라라는 이름을 주셨습니다. 그 후, 환생자 가랍 도르제께서 이러한 구전 가르침의 의미를 글로 써서,

마음의 자성은 본래부터 붓다이니
마음은 생함도 멸함도 없어 허공과 같아
모든 법이 한맛인 진정한 의미를 깨달으면
분별없이[365] 그 상태에 머무는 것이 수습이다.

라고 가르침을 주셨습니다. 만주스리미뜨라께서 깨달음의 의미를 확실

---

365 영문본과 중문본에서 "찾지 않고"로 번역했다. 그러나 티벳어 원문 마쩰আ'ব্ৰ্ত্তঅ'은 '찾지 않고' 외에 '애쓰지 않고(without striving)'를 의미하기도 한다. 영문본의 주에서도 다양한 해석이 있으며, 어느 경우든 '분별하거나 인위적 조작 없이(without mental fabrication or manipulation)'를 뜻한다고 했다.(Zenkar Rinpoche) 이에 대해 체링도 문맥의 흐름으로 보아 '분별하지 않고(no examing, no conception, no thoughts)'가 '찾지 않고'보다 의미상 더 적절하다는 의견을 제시했다. 닝마의 법왕 출식 린뽀체의 제자 중 한 분인 응아왕촉둡 린뽀체도 '찾지 않고, 애쓰지 않고, 분별하지 않고'의 세 가지 해석이 가능하며, 특히 그 상태(데니ད་ཉིད་)는 '족첸의 견해에서 마음에 대한 측면'을 의미한다고 했다.

히 파악하고, 깨달은 바를 설했으며,

> 나는 잠뺄쉐녠(만주스리미뜨라)으로
> 야만따까[366]의 성취를 얻었으며
> 윤회와 열반이 크게 평등함을 깨달아
> 일체를 아는 원시지原始智가 생겨났다.

라고 말씀하셨습니다. 「보리심을 돌 위에 황금으로 새긴 가르침(보리심금용석金溶石)」을 참회문으로 저술하셨습니다. 환생자(뚤꾸) 가랍 도르제의 가르침을 결집하신 분이기도 합니다.

잠뺄쉐녠에게 스리싱하가 가르침을 청해 받았습니다. 그는 중국의 쇼샤(秀夏)라는 곳에서 아버지 게댄(덕을 지닌 분)과 어머니 낭샐마(청정한 인식)의 아들로 태어났습니다.

그는 아짜리야 하스띠발라에게서 언어·논리·점성술 등 다섯 가지 학문에 대해 능숙하게 익혔습니다. 스물다섯 살에 아짜리야 잠뺄쉐녠을 만나, 심오한 아띠요가의 가르침을 딴뜨라(續部)와 구전 전승(룽)과 핵심 구전 가르침과 함께 완벽하게 받아 희론을 벗어난 최상의 깨달음을 증득하게 되었습니다.

스리싱하로부터 우갠국의 두 번째 붓다(빠드마삼바와), 학자 즈냐나수뜨라, 대학자 비말라미뜨라, 대역경사 바이로짜나께서 가르침을 차례로 받았습니다. 여기까지가 위드야다라의 상징의 전승입니다.

---

[366] 야만따까(신제쉐གཤིན་རྗེ་གཤེད་, ⓢyamāntaka) : 만주스리의 분노존으로 죽음의 신(야마)을 정복한 지혜를 나타낸다. 도르제직제རྡོ་རྗེ་འཇིགས་བྱེད་(ⓢvajrabhairava)라고도 한다.

3. 개인의 구전전승

그 후 눈의 나라 티벳에 핵심 가르침이 어떻게 전파되었는지를 살펴보자면, 예전에 붓다께서 살아계실 때 티벳에는 인간 중생이 없었는데, 나중에 성자 아왈로키테쉬와라의 환생인 원숭이와 따라의 환생인 나찰녀羅刹女로부터 생겨난 인간 중생이 번성하게 되었습니다. 또한 티벳은 종교도 없고 법도 없고 위에 장관도 없고 지도자도 없는 혼돈의 상태에 있었습니다.

한편 그 당시 인도의 왕 사타니까에게 아들이 태어났는데, 그는 손발이 모두 오리발처럼 붙어 있었고 눈은 새 눈처럼 위로 감겼습니다. 어느 날 아버지가, "이 애는 인간이 아닌 자의 자식이 분명하니 쫓아내야 한다"고 선언했습니다. 그 후 아들이 조금 자라게 되자 곧 쫓겨나, 까르마 때문에 여기저기 떠돌다가 티벳 땅에 도착하게 되었습니다. 몇 사람의 목동을 만나게 되어, "어디서 온 누구인가?" 물으니, 그는 하늘로 검지 손가락을 들어올렸습니다. 그래서 천상세계의 천신으로 생각하고, 모두가 어깨로 흙과 돌을 운반하여 옥좌를 만들어 드리고 지도자로 앉혔습니다. 그 왕이 초대 냐티짼뽀(견좌왕肩座王)[367]로 알려져 있으며 사르와 니와라나 위스깜빈 보살(제개장除蓋障 보살)[368]의 환생자입니다.

그 후 많은 왕조가 지났을 때 보현보살의 환생인 하토토리낸짼[369] 시대

---

[367] 냐티짼뽀གནའ་ཁྲི་བཙན་པོ་: '어깨 위의 옥좌에 앉은 왕'을 의미한다. 얄룽 계곡에서 12개 마을의 부족장 회의로 왕위에 올랐으며 기원전 2~3세기로 본다.

[368] 사르와 니와라나 위스깜빈(Ⓢsarva-nivaranaviskambhin) : 일체의 장애를 제거한 분(딥빠남셀བ་པ་རྣམ་སེལ་)으로, 제개장 보살로 한역된다. 붓다로부터 직접 가르침을 받은 여덟 보디사뜨와 중 한 분.

[369] 하토토리낸짼: 티벳의 28대왕(영문본과 김규현의『티베트 역사산책』과『장한불학사전』) 혹은 27대왕[『티영사전』,『티베트 불교문화』(지산 옮김)]으로, 433년에 불교 경전과 불상과 다른 성스러운 유물들을 처음으로 티벳에 받아들였다. 뒤좀 린뽀체의 저술과 김규현의『티베트 역사산책』에는 인도의 포교승이 궁전을 방문하여 불교에 대한 담론을 펴고『보협경』과 다른 유물들을 주고 간 것으로 기록된 것도 있다.

에 윰부라카르 궁전 지붕 위에 몸의 상징인 찐따마니라는 불상[370]과, 말씀의 상징인『보협경寶篋經』[371]과『백배참회경百拜懺悔經』과, 마음의 상징인 한 자 높이의 수정 불탑이 나타났습니다. 이것으로 티벳에 성스러운 법이 시작되었습니다.

그 다음 다섯 왕조 후에 성자 아왈로키테쉬와라의 환생자인 송짼감뽀 왕[372]이 나타나 타될과 양될의 모든 사원들과 라싸의 쭉라캉[373]을 건립하고, 지존 따라의 화신인 중국 공주 꽁조와 여신 브리쿠티의 화신인 네팔 공주 티쮠을 신부로 맞아들였으며 혼수품으로 붓다의 존상 두 분[374]을 모셔왔습니다.

퇸미삼보타께서는 문자가 없는 티벳에 문자의 체계를 확립했습니다. 인도의 학자 하릭빠셍게(천명사자天明獅子)에게 언어를 배워서『보운경寶雲經』을 비롯하여 다른 경전들의 번역을 시작했습니다. 왕의 눈썹 사이에서 환생한 아까르마띠라는 비구승으로 몸을 바꾸어 인도 외도들의 왕을 제압했습니다. 또한 인도와 상링[375] 사이 사막지역에는 '뱀의 정수'라는 백단향

---

370 찐따마니: 소원성취 보석(이신노르부ཡིད་བཞིན་ནོར་བུ་: 마니보주)의 산스끄리뜨어 표기이다. 중문본 244쪽에는 "십일면 관음불상"으로 번역했다.
371 보석함처럼 만든 경전:『보협경』이라고 하며 쨴뒨식에 관한 경. 송짼감뽀의 '마니카붐'에서 발견되었다.『불설 대승장엄보왕경』으로 학자 지나미뜨라 저술이다. 쨴뒨식이 처음 윤회계에 태어나서 마침내 깨달음을 성취할 때까지의 상황을 약간 보여주는 경이다.(『장한불학사전』1398쪽,『둥칙죄첸모』, 1801쪽)
372 송짼감뽀 왕의 생애는 출생년도가 여러 자료마다 달라 569(82세설), 581(69세설) 등이 있으나 최근 617년(34세설)이 티벳 학자 겐뒨최펠에 의해 제기되어 아직 확실치 않으나 617~650이 많은 지지를 얻고 있다.(『티베트 역사산책』의 부록)
373 라싸의 쭉라캉གཙུག་ལག་ཁང་: 라싸튈낭이라고도 하며 지금의 조캉 사원이다. 지리적으로 중요한 티벳의 주위와 변방에 네 개의 타될과 네 개의 양될 사원을 건립한 후에야 이 사원을 조성할 수 있었다.(영문본, 주294)
374 티벳으로 간 문성공주는 당나라 태종의 딸이다. 이 공주가 가지고 간 불상은 12세의 석가모니불인데, 이것은 전에 벵갈의 불교도인 왕이 중국 황제께 선물한 것이다. 641년에 라모체 사원을 건립하여 이 불상을 모셨다가 나중에 지금의 조캉 사원으로 옮겨져 현재 조캉 사원에 있다. 이 불상이 유명한 조오 린뽀체이다. 왕비 티쮠은 네팔의 왕 암슈바르만의 딸이다. 이 공주가 가지고 온 불상은 여덟 살의 석가모니불로 라모체 사원에 모셔져 있다.(영문본, 주295)
375 상링ཟངས་གླིང་: 적동주赤銅洲. 남섬부주의 작은 섬 혹은 작은 대륙으로 일부 사람들은 현재의

나무가 있었는데 그 속에서 저절로 생긴 다섯 분의 관세음보살상을 모셔 왔으며, 라싸에 특별히 성스러운 십일면 관세음보살상[376]을 조성했습니다. 이 왕의 시기에 붓다의 가르침의 체계가 확립되었습니다.

그 다음 다섯 왕조가 지난 후에 성자 문수보살의 환생인 티송데짼 왕[377]이 태어났습니다. 열세 살이 되었을 때 부왕께서 돌아가시고, 열일곱 살에 이를 때까지 암따라루공과 하상루뺄을 포함한 여러 재상들과 의논하여 전쟁으로 많은 지역을 제압하여 복속시켰습니다. 그 후에 조상들의 문서기록을 보니, 하토토리낸짼 시대에 수승한 법이 처음으로 티벳에 나타났으며 송짼감뽀 왕께서 체계를 확립시키는 등 훌륭한 모든 선조들이 오로지 정법을 행하셨음이 틀림없었습니다.

그래서 '나도 오로지 수승한 법을 전파하여 번성케 해야 한다'고 생각하고, 종교부 재상 괴빼마궁짼과 상의하고 다른 재상들에게는 능숙한 방편으로 선택하게 하여, 사원을 건립하는데 모두 동의했습니다. 그들은 지신地神을 다스릴[378] 소임을 맡을 승려를 찾을 때 왕이 가장 공경하는 스승인 삼애침푸에 머물고 계시는 냥땡진상뽀께 여쭈었습니다.

그분은 인도 동쪽 사호르에 고마데비야라는 법왕의 아들인 위대한 켄뽀 산따락시따(적호寂護)[379]가 머물고 있는 것을 선정삼매의 분명한 모습으

스리랑카라고도 한다.
376 지금도 라싸의 뽀딸라에서 볼 수 있는 이 십일면 관세음보살상은 속에서 다섯 개의 상이 발견된 바로 그 백단향나무로 만들어진 것이라는 전설이 있다.(영문본, 주296)
377 티송데짼 왕의 출생년도가 718년, 730년 등으로 다양하지만 대부분의 학자들은 생존시기를 790~844로 본다. 그러나 『티베트 역사 산책』에서는 742~797로 되어 있다.
378 지신을 다스리는 의식(싸뒬ས་འདུལ་) : 사원이나 큰 건물을 세우기 전에 그 땅의 정령을 조복하고 장소를 정화하는 밀교 의식.(『장한불학사전』, 1631쪽)
379 산따락시따(시와초ཞི་བ་འཚོ་, ⓢshantarakshita) : 8세기 초반 인도의 학자로 비끄라마실라와 삼애의 승정을 지냈으며 바즈라빠니의 환생자이다. 중관에 대해 자립논증의 견해를 지녔으며, 견해로 중관의 관점과 수행차제로 유식의 관점을 통합한 유가행 중관학파를 확립했다. 리메 운동을 벌였던 닝마의 미팜 린뽀체는 이분의 저술인 『중관장엄론』에 대한 주석서를 저술했다.(『티영사전』) 적호寂護, 정명靜命으로 한역된다.

로 아시고, 왕께 말씀드려 이분을 티벳으로 초청했습니다.

켄뽀께서 사원을 세울 땅을 정화하려는데, 아리야빨로 지역에 살고 있는 나가(악룡)가 우거진 숲이 잘려나갈 것을 알고, 그 나가는 모든 숲의 정령들에게 도움을 청하러 돌아가서, 스물한 명의 게녠과 인간과 도깨비들로 군대를 구성했습니다. 낮에 사람들이 건축한 것들을 밤에 정령들이 파괴하여 흙과 돌들을 전부다 본래 자리로 갖다 놓았습니다.

그래서 왕이 켄뽀에게, "이와 같은 일이 일어나는 것은 내가 업장이 두텁기 때문인가요? 켄뽀가 그 땅에 가피를 내려주지 않아서인가요? 내 계획이 이루어질 수 없는가요?"라고 물으니 켄뽀께서,

"제가 보리심을 닦았지만 이 정령들은 평화로운 방법(적정법)으로 다룰 수 없고 분노의 힘(위맹법)[380]으로 조복해야 합니다. 지금 인도 보드가야에 우갠국의 빼마중내(연화생)라고 하는 분이 계십니다. 그분은 기적처럼 저절로 태어난 분으로 다섯 가지 학문[381]에 능통하며, 궁극적인 능력을 완전히 갖추었고, 최상의 성취와 공통의 성취를 얻었으며, 마라를 정복하고 천룡팔부天龍八部[382]를 마음대로 부릴 수 있으며, 모든 정령들을 몸서리치게 만들고 악귀들을 제압할 수 있습니다. 이분을 모셔온다면 어떤 정령도 대적할 수 없으며, 왕께서 뜻하시는 일이 이루어질 것입니다"라고 말씀하셨습니다.

---

380 분노의 힘(닥뽀དྲག་པོ་: 위맹법) : 다섯 가지 붓다행(틴래응아ཕྲིན་ལས་ལྔ་: 5업) 중 하나로 주업 誅業이라고도 한다. ①고통과 그 원인을 잠재우는 행(식업: ཞུག་བསྡུས་ཀྱི་བསམ་ཞི་བ་, ⓔpacification), ②선업 자량을 증대시키는 행(증업: ལེགས་ཚོགས་ཀྱུལ་པ་, ⓔenrichment). ③조복이 필요한 사람을 다스리는 행(회업: གདུལ་བྱ་དབང་དུ་མཛད་, ⓔoverpowering), ④조복이 어려운 사람을 거친 방법으로 제거하는 행(주업: གདུལ་དཀའ་རྣམས་དྲག་པོས་ཚར་བཅད་, ⓔwrathfully uprooting), ⑤애쓰지 않고 저절로 성취하는 행(임운업: རྩོལ་མེད་དུ་འབྱུང་བ་ཕྱུག་གྱུར་, ⓔspontaneously accomplishing)

381 다섯 가지 학문(릭빼내응아རིག་པའི་གནས་ལྔ་) : 5명五明, 내명內明(낭릭빠ནང་རིག་པ་: 종교철학), 인명因明(땐칙릭빠གཏན་ཚིགས་རིག་པ་: 논리학), 성명聲明(다릭빠སྒྲ་རིག་པ་: 문법), 의술명醫術明(소와릭빠གསོ་བ་རིག་པ་: 의학), 기예명技藝明(소릭빠བཟོ་རིག་པ་: 예술과 공예).

382 천룡팔부(데개ྷྱི་བརྒྱད་) : 팔부신중八部神衆.

왕이, "그와 같은 분은 모셔올 수 있을까요?"라고 물으니 켄뽀께서, "전생의 염원기도가 있어서 모셔올 수가 있습니다. 옛날에 네팔에 닭을 기르며 사는 사람인 쎌레에게는 뎀촉마라는 딸이 있었는데, 그 딸에게는 말을 키우는 남자와 돼지 키우는 남자, 닭 기르는 남자, 개 키우는 남자와 함께하여 네 명의 아들이 생겨……" 그 당시에 자룽카숄 대탑[383]을 건립하고 기도를 올린 이야기를 모두 왕께 말씀드렸습니다.

왕은 바티세르·도르제뒤쫌·침샤꺄쁘라바·쉬뿌빨기셍게에게 각각 금가루 한 되와 금으로 된 영원의 매듭을 하나씩 주어 인도로 보냈습니다. 그들이 인도에 도착하여 빠드마삼바와를 뵙고 '대사께서 사원 건립할 터에 가피를 내려주시기 위해서 티벳으로 오셔야 합니다'라고 청을 올렸더니 허락하시고 마침내 출발하셨습니다.

도중에 열두 명의 땐마[384]와 열두 명의 꽁마[385]와 스물한 명의 게녠[386]을 비롯하여 티벳 지역의 모든 정령들을 계율로 묶어놓고 닥마르[387]에 오셨습니다.

사원이 들어설 터를 정화시키는 의식을 베푼 후, '저절로 이루어진 삼애 사원'을 세웠습니다. 그 사원은 3층짜리 중심 건물을 4대주·8소주를 상징하는 건물과, 해와 달을 상징하는 위아래 약샤 사원과, 철위산을 상징하는 벽이 빙 둘러 에워싸도록 건립되었습니다. 켄뽀 산따락시따와 대

---

383 자룽카숄བྱ་རུང་བཁ་ཤོར་ : 네팔 카트만두의 보우다나트 대탑. 326쪽 주57 참조.
384 열두 명의 땐마(땐마쭈니བསྟན་མ་བཅུ་གཉིས་) : 중부 티벳으로 들어가는 열두 개의 관문(주로 고갯마루 '라'에 있음)을 굳건히 지키는 여신.
385 열두 명의 꽁마(꽁마쭈니སྐྱོང་མ་བཅུ་གཉིས་) : 열두 명의 땐마의 수행원.
386 스물한 명의 게녠(게녠네르찍དགེ་བསྙེན་ཉེར་གཅིག་) : 캄에서 빠드마삼바와는 스물한 명의 마라와 그들의 천왕을 조복시켰다. 천왕을 따르는 자들 스물한 명은 네 명의 왕과 네 명의 지방장관과 네 명의 군사령관과 네 명의 죽음의 주재자와 다섯 명의 저승사자다. 그들을 조복시킨 후 구루 린뽀체는 게녠(거사)의 계를 주고 그들에게 이름을 '마르뽀리의 수호자와 스물한 명의 게녠'이라고 새로 지어주었다.(『티영사전』)
387 닥마르བྲག་དམར་ : '붉은 바위'의 의미로 티송데짼 왕이 계시는 곳, 즉 삼애 사원이 있는 뒷산이 붉은색을 띠어 붙여진 이름이다.

사 빠드마와 대학자 비말라미뜨라께서 봉헌하는 꽃을 세 번 던지니, 놀라운 상서로운 모습과 기적 같은 일이 많이 일어났습니다.

그 후 켄뽀는 율장과 경장의 체계를 가르치기 시작했으며, 대사 빠드마와 비말라미뜨라는 만뜨라의 가르침을 확고히 다졌습니다. 그 당시에 우갠국의 두 번째 붓다(연화생 대사)와 대학자 비말라미뜨라는 마음의 제자인 왕과 신하와 도반 그리고 냥웬띵진상뽀(묘정선사妙定禪師)를 비롯해서 가르침을 받아들일 그릇으로 적합하고 선연이 있는 제자들에게 가르침을 주었습니다. 그 제자들에게 섄제·라다·랑될[388]을 분명하게 가르쳐 주었으며, 족첸의 아띠요가를 포함하여 세 가지 내부 딴뜨라 요가에 대한 가르침의 바퀴를 굴렸습니다. 이때 이후의 전승을 '개인의 구전 전승'이라고 합니다.

그뿐만 아니라 우갠국의 두 번째 붓다께서 선연이 있는 왕과 신하 등 스물다섯 제자에게 각자의 업에 의해 받게 되어 있는 헤아릴 수 없는 붓다의 가르침을 주었으며, 딴뜨라 뻬차를 노란 두루마리 종이에 기록하여 보장寶藏으로 감추었습니다.

먼 훗날의 제자들에게 도움이 되도록 봉인의식[389]과 함께 기도를 합니다. 나중에 예언한 때가 오면 전에 기도로 힘을 얻은 성취자의 환생자가 홀연히 나타나 심오한 보장을 드러냅니다. 업연業緣이 있는 많은 사람들

---

388 섄제གཤན་འབྱེད་(구분區分)는 분명하게 구분힘이고, 라다ལ་བཟླ་(결정決定)는 확고한 결심 혹은 분별에서 벗어난 경지를 얻음이며, 랑될རང་གྲོལ་(자해自解)은 스스로 해탈함, 즉 자연해탈이다. 족첸 가르침의 세 가지 요점은 본성을 알아보는 것, 바로 이것이 본성임을 확고하게 결정하는 것, 스스로 해탈하는 것에 대한 자신감을 갖는 것이다.(용수 스님)

389 봉인의식(때ㄱགཏད་རྒྱ་): 먼저 보장으로 감춘 가르침을 지키도록 특정 호법신을 지정하여, 그에게 책임을 주고(때빠གཏད་པ་), 그 다음 인장을 찍어 봉인한다(갸빠རྒྱ་པ་). 마지막으로 기도를 한다(묀람재빠སྨོན་ལམ་གདབ་པ་).(체링)

을 제자로 받아들여 돌보면서 중생들을 위해 의미 있는 일들을 행하는 사람들로부터 전승된 것이 여섯 가지 전승 혹은 아홉 가지 전승[390]으로 알려진 것입니다.

그처럼 셀 수 없는 환생자 떼르뙨(보장을 찾아내는 분)이 나타날 수 있는데, 그 중에서 여기서 릭진직메링빠는 진정으로 '마음의 본성에서 쉬고 있는 아왈로키테쉬와라'이며 정신적 친구(선지식)의 모습을 지니고 있습니다. 우걘국의 두 번째 붓다(빼마중내), 대학승 비말라미뜨라, 일체지자 롱첸랍잠빠 등으로부터 마음의 전승과 상징의 전승과 구전의 전승, 세 가지를 합하여 완벽한 전승을 받았습니다. 업연과 선연이 있는 사람들에게 완벽한 가르침의 법륜을 굴리셨고, 분명하고 완전한 깨달음(현각現覺)에 이르셨습니다. 흔히,

몸은 보통의 천신이나 인간이지만
수승한 마음(밀의密意)은 진정한 붓다이다.

라고 한 말과 같습니다. 그러므로 저의 공경하는 스승[391]께서도, "그대들

---

390 긴 말씀(까마བཀའ་མ་)의 전달은 세 가지 전승으로, 승리자의 마음의 전승과 위드야다라의 상징의 전승과, 보통 사람의 구전에 의한 전승이다. 짧은 보장(떼르마གཏེར་མ་)의 전달은 여섯 가지 전승으로, 이미 설명한 마음의 전승과 상징의 전승과 구전의 전승에 더하여 세 가지 특별한 전승을 가지고 있다. 세 가지 특별한 전승은, 기도에 의해 힘을 부여하는 전승(སྨོན་ལམ་དབང་བསྐུར་བའི་བརྒྱུད་)과 다끼니에게 봉인하여 맡기는 전승(མཁའ་འགྲོ་གཏད་རྒྱའི་བརྒྱུད་), 예언으로 계승되는 전승 (བཀའ་བབ་ལུང་བསྟན་གྱི་བརྒྱུད་)이다. 첫째는 보장을 감추는 사람이 '이러이러한 보장에 대해 능력을 갖춘 사람이 이것을 발견하게 되기를!'라는 기원기도를 하면서 그것을 감추는 것이다. 두 번째는 그러한 예언이 다끼니의 상징적 문자로 기록되고 파괴할 수 없는 바위나 보물이 가득한 호수나 변하지 않는 보물함에 보이지 않게 감추는 것이다. 세 번째는 보장을 발견하게 될 사람이 미래에 대한 예언을 통해서 권위를 부여 받는 것이다. 예언한 시기에 도달하면, 감춘 사람의 염원의 힘이 무르익고, 발견하는 사람의 본성이 깨어나고, 보장의 주인인 다끼니가 힘을 불어넣어, 보장이 떼르뙨의 손에 들어오게 된다.(『The Nyingma School of Tibetan Buddhism - Its Fundamentals and History』 Dudjom Rinpoche, Wisdom Publications, 745쪽)

391 공경하는 스승: 저자인 빼뛸 린뽀체의 스승 직메 걜와뉴구를 가리킨다. 이분은 릭진 직메링빠의 주요 제자 중 한 분이다.

이 수행하고 기도할 수 있다면, 나의 스승, 중생들의 보호주, 최고의 성자, 도르제창(지금강불)[392]은 단지 찬탄하려고 혹은 공경하기 때문에 그러는 것이 아니라 분명한 완벽한 붓다(원만정등각)입니다. 바로 그 '위대한 도르제창'은 보통 사람의 모습을 지니고 중생들을 위해 오신 분으로, 그분과 여러분들 사이의 전승에는 오직 내가 있을 뿐입니다. 나 또한 스승 도르제창을 처음 만난 이후 스승께서 말씀하신 것은 무엇이든 그대로 행했습니다. 기쁘게 하는 세 가지 방법[393]으로 스승을 모실 뿐만 아니라 하다못해 눈 한 번 돌아보는 것조차도 스승의 마음에 들지 않는 행동을 해본 적이 없습니다. 따라서 이 전승의 황금밧줄은 삼마야를 어긴 오염으로 더럽혀진 적이 없는 것이 확실하므로 이 전승의 가피는 다른 전승과는 다릅니다"라고 말씀하셨습니다.

그것들 또한 『해와 달의 결합 딴뜨라』(닌다카조르: 일월상합속日月相合續)에서 말한 것과 같습니다.

> 이야기를 본래 의미로 설명하지 않으면
> 아주 심오하고 진실한 이 가르침에 대해
> 믿지 못하는 잘못을 저지르게 될 것이다.

전승의 기원을 더듬어 보는 것의 중요성과 그 내력을 설명함으로써 후학들의 믿음을 북돋울 필요가 있기 때문에 여기서 구루요가와 관련하여 설명했습니다.

---

392 도르제창རྡོ་རྗེ་འཆང་(ⓢvajradhara) : 지금강불이며 가끔 위대한 스승을 가리키는 극존칭으로 사용된다.
393 스승을 기쁘게 하는 세 가지 방법: 첫째 말씀대로 열심히 수행하는 것, 둘째 몸과 말과 마음으로 스승을 모시는 것, 셋째 물질적 공양이다.

그와 같은 구루요가의 만뜨라 독송 횟수도 단지 천만 번인데 어떤 경우에도 정확히 해야 합니다. 그렇게 하지 않고 이러한 예비수행의 가르침에 대해 그렇게 중요하지 않을 것으로 생각하거나, 본수행의 가르침이 아주 심오하다는 말에 기대를 걸고, 예비수행을 할 여유 없이 생기차제와 원만차제 등을 수행한다고 하는 사람들은 세간의 말에 다음과 같이 말한 것과 같습니다.

> 머리가 익기도 전에 혓바닥을 먼저 꺼내고
> 잠자리가 따뜻해지기도 전에 발을 뻗는다.[394]

예비수행의 가르침을 제대로 끝까지 수행하지 못하면서 하는 수행은 겨자씨만한 의미도 없으며, 일시적인 '따뜻한 느낌의 징후'가 약간 생길지라도 견고함이 없어 마치 바닥돌을 놓지 않고 벽을 쌓아 지은 건물과 같습니다. 일단 예비수행 때 수행을 이미 다 했다고 생각할지 모르지만, 본수행 때 '그것들은 예비수행의 가르침이므로, 이제는 필요 없다'고 생각하면서 그만두는 것 또한 그와 마찬가지입니다. 길의 바탕인 예비수행의 가르침을 그만두는 것은, 마치 없는 벽에 그림을 그리려는 것과 같아 법의 뿌리를 잘라버리는 것입니다. 따라서 언제 어느 경우에나 예비수행의 가르침 하나하나에 대해 진정한 확신이 생길 때까지 부단히 노력해야 합니다. 특히 가피로 들어가는 문, 구루요가에 전적으로 수행의 중점을 두고 노력하는 것이 최고의 핵심입니다.

---

[394] 첫 문장은 약이나 양의 머리를 삶을 때 다 익기도 전에 맛있어 보이는 혀를 성급하게 꺼내어 먹지 말라는 의미이며, 둘째 줄은 난방을 할 수 없는 히말라야 지역(티벳 포함)에서 방 안에, 혹은 유목민의 텐트 안에 있는 잠자리에 들어가면 먼저 온몸을 웅크리고 잠시 있다가 몸이 따뜻해짐에 따라 서서히 발을 뻗어야 한다. 그렇지 않고 먼저 발을 뻗으면 잠자리가 몸의 열로 데워지는데 시간이 걸리거나, 체력이 약한 경우 추워서 끝내 잠을 못 이룰 수도 있다.(체링)

큰 은혜를 베푸는 스승을 실제 붓다로 보았지만
본성이 거칠어 수승한 가르침에서 멀어졌으며
3계의 중생들이 부모였음을 이해하고 있지만
성질이 아주 못되어 도반에게 거친 말을 했으니
저와 저처럼 악업을 가진 모든 중생들에게
이번 생과 그리고 앞으로 모든 생에 걸쳐서
평온하고 절제된 부드러운 언행을 지니고
스승을 모실 수 있도록 가피를 내려주소서.

이상이 깨달음의 지혜를 강력하게 일으키는 방편, 가피에 들어가도록 하는 문, 구루요가의 가르침입니다.

3부

신속한 길—포와

1장

죽음의 순간을 위한 비밀 구전 가르침 포와
(의식의 전이)

미혹에 빠진 중생들에게 자비를 특별히 베풀어 주시고
큰 악행을 저지른 사람들을 특별히 제자로 받아 주시며
다스리기 힘든 사람에게 능숙한 방편을 특별히 보여주신
비할 바 없는 스승의 발아래 간절히 엎드려 절하옵니다.

죽음의 순간을 위한 구전 가르침인 의식의 전이, 즉 수행 없이 깨달음(불성)을 얻는 가르침입니다.

다섯 가지 포와방법

일반적으로 의식의 전이(포와)에는 다섯 가지가 있습니다. 최상으로 법신에게 견해의 인장을 찍어 의식을 옮기는 것, 중간으로 보신에게 생기차제와 원만차제를 결합시켜 의식을 전이하는 것, 낮은 것으로 화신에게 한량없는 자비로 의식을 전이하는 것, 평범한 것으로 세 가지 인식을 이용한 의식의 전이와 죽은 자를 보호하기 위해 자비의 갈고리로 의식을 전이하는 것입니다.

1. 법신으로 의식을 옮김 (상근기 중생)

상근기를 지닌 중생이 법신에게 견해의 인장을 찍어 의식을 옮기는 것은, 이생에서 조작없는 실상[1]에 대한 틀림없는 견해를 마음속에 일으켜 완전히 익숙해진 사람들이 임종 시에 까닥텍쵀[2]의 비밀의 길에서 법계와 릭빠의 핵심을 수행하여, 법신의 영역으로 본인의 의식을 전이하는

---

[1] 조작없는 실상: 티벳어 내룩마쬐빠 གནས་ལུགས་མ་བཅོས་པ་ 의 옮김이다. 중문번역에는 "무위실상無爲實相"으로 되었으나, 유위有爲의 상대개념인 무위無爲(뒤마재빠 འདུས་མ་བྱས་པ་)와 혼동할 소지가 있어 '조작없는'으로 옮겼다. 티벳어 마쬐빠 མ་བཅོས་པ་ 는 '조작없는, 꾸밈없는, 진실한'의 의미다.
[2] 까닥텍쵀 ཀ་དག་ཁྲེགས་ཆོད་ (본정관수本淨觀修): 528쪽 주255 참조.

것³입니다.

2. 보신으로 의식을 옮김(중근기 중생)

　중근기를 지닌 중생이 생기차제와 원만차제의 결합(생원쌍운生圓雙運)을 통해 보신으로 의식을 전이시키는 것은, 생기차제와 원만차제를 하나로 결합한 요가 수행에 익숙하고, 환幻(마야)과 같이 본존의 형상을 나타내 보이는데 능숙한 사람들이 죽음의 과정 중⁴에 중음의 환상이 나타남과 동시에 '쌍운지혜신雙運智慧身'으로 본인의 의식을 전이시키는 것⁵입니다.

---

3 ①최상의 포와는 견도에서 '법성의 진리(ཆོས་ཉིད་ཀྱི་བདེན་པ་)'를 인식한 성자들의 포와 방식으로 이생에서 조작 없는 실상(གནས་ལུགས་མ་བཅོས་པ་)의 견해를 마음속에 일으켜, 그러한 견해를 밤낮으로 끊임없이 지니고 있는 사람이 'ཀ་དག་ཁྲེགས་ཆོད་དགོངས་པ་ཆོས་'(본정관수本淨觀修)' 수행에서 몸으로부터 의식을 전이시켜 다른 몸에 옮겨 넣는 포와의 핵심 가르침에 의해 포와를 행하거나, 휜둡퇴갤ལྷུན་གྲུབ་ཐོད་རྒྱལ་(임운초월任運超越) 수행에서 '정광명 속으로 들어가는' 핵심 가르침에 의해 포와를 행한다.(『닝틱윈도신디』, 252쪽) ②그와 같이 릭빠རིག་པ་(각성覺性)에 대한 자유자재함을 성취하지 못하고, 오로지 깨어있는 때는 인식을 다스릴 수 있으나 잠든 경우에는 할 수 없는 아주 청정한 삼마야를 지닌 사람들이 있다. 그들이 임종 시에 외적 내적 은멸차제들과 현명(밝은 마음), 현명증휘顯明增輝(한층 밝은 마음), 현명근득顯明近得(정광명에 가까운 마음)의 세 가지가 완결된 후, '죽음의 순간의 법신광명'이 마치 안개, 구름, 운무가 조금도 없는 청명한 가을 하늘처럼 나타난다. 그것이 바로 원초의 '모母 광명'이며, 이들은 이생에서 경험하는 광명인 '자子 광명'의 안내를 받는다. 이 두 가지 광명이 서로 만나서 원초적 바탕인 본래 청정함 속에서 자유로워진다.(『닝틱윈도신디』, 252쪽) ③휜둡퇴갤 수행에서 증오증장상證悟增長相(휜둡퇴갤 수행의 사상四相 중 두 번째)의 초기에 도달한 사람들이 있다. 임종 시에 '죽음의 순간의 법신광명'이 나타날 때 그들은 그 순간에 그것을 인식할 수 있는 깨달음이 없기 때문에 그것을 처음에 인식하지 못한다. 그래서 해탈을 얻을 수 없다. 그렇지만 '법성의 청정한 바르도(최니닥빼바르도ཆོས་ཉིད་དག་པའི་བར་དོ་)'가 일어날 때 그들은 그것을 인식하고 그것과 하나가 되어 머물러서, 바르도의 자연발생적 환영으로부터 자유롭게 된다.(『닝틱윈도신디』, 252쪽) 따라서 이생에서 최상의 해탈과 바르도에서 중간의 해탈은 둘 다 견해의 인印을 통해 법신으로 의식을 전이시키는 최상의 포와로 간주된다.(『닝틱윈도신디』, 252쪽) 즉, ①은 이생에서 최상의 해탈에 해당하고, ②는 임종의 바르도에서 중간의 해탈, ③은 법성의 바르도에서 중간의 해탈에 해당된다고 볼 수 있다.
4 죽음의 과정 중에: 티벳어 치왜체འཆི་བའི་ཚེ་의 옮김으로, 영문번역은 at the time of death, 중문번역은 임종시臨終時이다. 상근기 중생이 법신으로 의식을 옮기는 경우, '임종 시臨終時에'는 치캐체འཆི་ཁའི་ཚེ་(at the moment of death)이다. '죽음의 과정 중에'의 뜻을 풀어서 다시 옮긴다면 '내 호흡마저 끊어지고 의식이 몸 밖으로 빠져나왔을 때 법성의 바르도에서'로 될 것이다.

3. 화신으로 의식을 옮김 (하근기 중생)

하근기를 지닌 중생이 화신에게 한량없는 자비로 의식을 전이하는 것은, 비밀 만뜨라의 성숙시키는 관정을 받고 삼마야에 어떤 흠결도 없으며, 생기차제와 원만차제에 확고한 믿음이 있으며, 중음(바르도)에 대한 구전 가르침을 지닌 사람들이,

> 자궁문을 막고 정토로 되돌아갈 것을 기억해야 한다.
> 이때가 결단과 청정한 인식이 필요한 순간이다.

라고 말한 것처럼, 청정하지 않은 자궁의 좋지 않은 문을 막고, 대자비로 던져져 화신으로 환생하는 길을 수행함으로써 정토의 재탄생 영역으로 본인의 의식을 전이시키는 것[6]입니다.

---

5 중간단계의 포와는 원만차제의 원초적 지혜를 얻기 시작한 사람들이 행한다. 그들은 가행도의 네 가지 경험 단계 중 하나에 도달함으로써 가행도에 대한 원초적 지혜가 마음속에 생겨, 환신幻身의 삼매에 들어갔다 다시 나올 수 있다. 그렇게 안 되면 적어도 본존에 대한 생기와 원만차제의 결합, 즉 원초적 지혜의 유희인 청정한 인식을 먼저 소개받은 후 그것에 익숙해져야 한다. 생기차제에서 섭수과정을 수행하는 것처럼 죽음의 순간에, 그들의 환신이 정광명 속으로 섭수된다. 만일 이생에서 '비유광명'을 마음속에 일으킬 수 있다면, 바르도에서 '승의광명'을 마음속에 일으킬 것이며 따라서 그 후득위로 학도쌍운의 마하무드라인 이담 본존으로 현현할 것이다. 이렇게 하여 해탈을 성취한다.(『닝틱왼도신디』, 252쪽) 위의 설명에서 "생기차제에서 섭수과정을 수행하는 것처럼 죽음의 순간에(치카르འཆི་ཀར), 그들의 환신이 정광명 속으로 섭수된다"는 설명은 "생기차제에서 섭수과정을 수행하는 것처럼 법성의 바르도에서, 그들의 환신이 정광명 속으로 은멸하여 환신과 정광명이 합일되어 보신의 몸을 성취한다"로 수정한다면 보다 그 의미가 분명히 드러날 것으로 생각된다. 왜냐하면, 『티베트 사자의 서』(중암 역주, 288쪽)에서 '바르도에서 합일의 마하무드라'에 대한 주21의 해설에 "이것은 임종의 바르도에서 정광명을 인식하지 못한 요가행자가 법성의 바르도에서 적정과 분노의 세존들이 출현할 때 생전에 생기차제나 원만차제를 닦을 때와 같이 그들이 자기 내심의 표출임을 깨달아 그들과 합일함으로써 보신의 몸으로 성불하는 경우이다. 여기서 합일은 정광명과 환신이 결합한 최고의 상태를 말한다"고 했기 때문이다.

*쌍운지혜신(숭죽에쉐기꾸ཟུང་འཇུག་ཡེ་ཤེས་ཀྱི་སྐུ)은 색신과 법신의 결합이다. 다시 말해서, 현상과 공성의 불가분의 특성 또는 생기차제와 원만차제의 불가분의 특성이다. 결합(숭죽ཟུང་འཇུག་: 쌍운)은 실체에 대한 본성의 이러한 두 가지 측면은 두 개의 분리된 것이 아니라 두 개의 소뿔처럼 완전히 나누어질 수 없다는 것을 의미한다.(영문본, 주309)

4. 세 가지 인식을 이용해 의식을 옮김(평범한 중생)

평범한 중생이 세 가지 인식을 이용하는 의식의 전이는 중맥(짜우마: 아와두띠)을 '길'로 생각하고, 마음의 의식(識)인 명점(틱래: 빈두)을 '여행자'로 생각하며, 커다란 기쁨의 땅인 정토(극락청정정토極樂淸淨土)를 '목적지'로 생각하면서 의식을 전이시키는 것[7]입니다.

5. 자비의 갈고리로 의식을 옮김(죽은 사람)

죽은 사람을 보호하기 위해 자비의 갈고리로 의식을 전이하는 것은, 최상의 깨달음을 지닌 사람으로 자신의 인식과 마음을 능히 다스릴 수 있고[8] 중음의 의식의 흐름을 아주 잘 아는 요가행자가, 다른 사람이 죽어 가는 순간 혹은 바르도 상태에 있는 동안 의식을 전이시키는 것입니다. 본래 죽은 자를 위해 포와를 행하기 위해서는 견도見道를 확실히 성취해야 합니다. 성자 밀라래빠께서도 말씀하셨습니다.

　　견도의 진리를 보기 전에는

---

6 낮은 단계의 포와는 관정을 받고 삼마야를 지키며 견해를 바르게 이해하고, 생기차제를 수행했으나 아직 성취하지 못한 자량도에 들어선 초심자가 행한다. 그들은 죽음의 순간(치캐바르도འཆི་ཁའི་བར་དོ་: 임종중유)의 정광명 혹은 법성의 바르도(최니바르도ཆོས་ཉིད་བར་དོ་: 법성중유)의 정광명 속에서 해탈하기 위한 확고한 믿음이 없지만, 환생의 바르도(시빼바르도སྲིད་པའི་བར་དོ་: 재생중유)에서 귀의하고 스승께 기도함으로써 바람직하지 못한 자궁으로 가는 길을 차단할 수 있으며, 좋은 환생을 선택할 수 있다. 그들은 자비심과 보리심에 의해서 청정한 정토로 의식이 전이된다. 그렇지 못할 경우에는, 불법을 지닌 부모에게 환생자(뚤꾸)로 다시 태어나 다음 생에 해탈하게 될 것이다.(『닝틱윈도신디』, 253쪽)
7 평범한 중생의 포와는 단지 수승한 법을 염원하지만, 이생에서든 임종 시든 바르도에서든 혹은 앞으로의 어느 생에서든 수행의 길에서 해탈을 예견할 수 있는 어떤 성취의 징후도 얻지 못한 초심자가 행한다.(『닝틱윈도신디』, 253쪽 참조)
8 능히 다스릴 수 있고: 티벳어 래수룽와ལས་སུ་རུང་བ་를 번역한 것으로 감능堪能으로 한역된다.

죽은 자에게 포와를 행하지 말라.

    그렇지만 포와를 행하는 시기에 대해 틀림이 없는 것은 외호흡(날숨)이 멈추고 내호흡(들숨)이 아직 멈추지 않은 때[9]입니다. 그와 같은 확실한 때를 만난다면 포와의 가르침에 약간 숙달된 사람이면 누구든 포와를 행해도 이로움이 크며 악도에 태어나는 상황을 막을 수 있습니다. 길 떠난 여행자를 위해 친구가 안내하는 것과 같습니다.
    그처럼 하지 않고 몸과 마음이 완전히 분리된 다음에는 포와가 어렵습니다. 그러한 사람에 대해 포와를 행하기 위해서는 중음에 태어나는 상황을 잘 알고 본인의 마음을 다스릴 수 있는 능력을 성취한 사람이 필요합니다. 그러한 요가행자라면 중음은 물질적인 몸에서 벗어났기 때문에 쉽게 변화시킬 수가 있어서, 바로 중음 상태에서 포와를 행하면 의식을 정토로 들어 올릴 수 있는 것이지, 완전히 죽은 다음에도 5온에 의식을 불러들여 포와를 한다고 주장하는 것은 실질적인 의미가 조금도 없다고 말씀하셨습니다.
    따라서 요즈음에 라마나 환생자(뚤꾸)라는 등 명칭만 붙여진 대부분의 사람들이 죽은 자에게 포와를 행하는 것은, 보리심의 사랑(자애)과 자비(연민)가 동기가 되어 이기적인 측면이 전혀 없다면, 오직 보리심이라는 동기에 의해서 죽은 자에게도 도움이 많이 되고 본인에게도 장애가 되지 않을 것입니다. 그렇지만 그렇게 하지 않고 자신의 이익을 추구하기 위

---

9 외호흡의 단절과 더불어 심장이 멎는 것 등을 죽음의 판정기준으로 삼는 현대 의학과는 달리, 밀교에서는 외호흡이 멎고 나서 의식이 4단계의 소멸과정을 마친 뒤 사자의 의식이 육체를 떠나기 전까지 약 3일 반 정도 내호흡이 계속된다고 한다. 그러나 그 상태가 지속되는 시간은 정해짐이 없다. 육신의 좋고 나쁨과 몸의 기맥과 생명의 바람을 수련한 수준에 달려 있다. 이것은 생기차제와 원만차제의 수행을 통해서 육신을 정화하고, 풍기의 통로인 기맥을 정화하고, 생명의 바람을 파지하여 심신의 감능성을 성취한 정도에 달렸음을 말한다.(『밀교의 성불원리』, 중암 역주, 135쪽 요약)

해 겨우 독송할 줄 아는 것만으로 포와를 행하고, 죽은 자에 대한 포와의 대가로 말이나 귀중품을 받는 것은 아주 비열한 짓입니다. 이르기를,

> 본인이 해탈의 마른 땅에 도달하지 않고
> 다른 사람의 안내자나 스승이 되는 것은
> 전혀 맞지 않는다. 마치 물에 빠진 사람이
> 물에 휩쓸린 다른 사람을 붙잡는 것과 같다.

고 말한 것과 같습니다.

예전에 똑댄(깨달음의 성취자) 땐진최펠께서 짜리에 오셨을 때, 어느 날 그분이 어떤 환영을 보았는데 예전에 포와를 행하고 포와에 대한 대가로 말 한 마리를 받았던 사람이 있었습니다. 그가 붉은 피가 가득한 호수 안에서 머리가 보일 정도만 내놓고 그분의 이름을 부르면서, "나는 어찌해야 합니까?" 하고 물었습니다. 그래서 그분은 두려움을 느껴, "내가 짜리에서 꼬라를 돌았던 공덕을 그대에게 주겠다"라고 말했더니 그가 더 이상 나타나지 않았다고 합니다.

게다가 최상의 깨달음을 지닌(똑댄) 훌륭한 분이라도 고인을 위한 공양물을 받고, '합당한 의식' 등을 행하지 않는다면 향후 도달하는 경지와 길에 장애가 됩니다.

예전에 족첸의 린뽀체 규르메텍촉땐진[10]께서 돌아가셨을 때 디메싱꽁괸뽀를 장례 의식에 모셨는데, 하루 종일 '정화 의식'[11]과 의식을 불러들이는 것만 행하고 거듭 반복하여 포와 의식을 행하셨습니다. 평범한 사람에게 하는 의식처럼 행하는 것에 대해서 승려들이 그 이유를 여쭈었더

---

10 규르메텍촉땐진འགྱུར་མེད་ཐེག་མཆོག་བསྟན་འཛིན་: 1699~? 제2대 족첸 린뽀체로 데게 인경원 설립자.
11 정화 의식: 시신 위에 물을 부어 씻어내는 의식(짬뛸 린뽀체)으로 상징적으로 거울 위에 보병의 물을 부어 정화하기도 한다. (체링)

니, "예전에 그분은 고인을 위해 흑색 말을 공양올린 어떤 사람에게 '합당한 의식'과 '회향기도' 등을 행하지 못했다네. 그는 엄청난 악행을 저지른 사람이어서 린뽀체께서 도달한 경지와 길에 약간의 장애가 생기게 되었다네. 그렇지만 지금 우리 두 사람이 힘을 합하여 도움을 주었다네"[12]라고 말씀하셨습니다. 그는 골록땐진이라는 사람이라고 합니다.

따라서 라마나 위대한 뚤꾸(환생자)의 지위에 있는 사람들도 고인을 위한 공양물을 받을 때 보리심을 내거나 '회향기도'를 하거나 '합당한 의식' 등 정말 핵심이 되는 것들을 행하지 않을 경우, '나는 이러 저러한 특별한 사람이다'라고 생각만 하는 것은 전혀 옳지 않습니다. 과거 위대한 스승의 틀림없는 환생으로 인정받으신 중요한 환생자(뚤꾸)께서도 처음에 '까 카 가 응아'부터[13] 시작하여 글자 읽는 연습까지도 보통 사람들과 다름없이 배워야 합니다. 따라서 전생에 잘 아셨던 글자 독송하는 법을 다 잊었으므로, 생기차제와 원만차제 수행에 대해 지금도 잊어버리지 않고 남아 있는 것이 전혀 없는 것이 분명합니다. 그러므로 말을 탈 줄 알게 되자마자 곧바로 보시금을 바라면서 돌아다니지 말고, 보리심 수행이나 무문관 수행이나 그 외 수행법들을 조금이라도 익혀야 하지 않을까 생각합니다.

---

12 이미 고인이 된, 엄청나게 악행을 저지른 골록땐진을 위해 하루 종일 시신 정화 의식을 하고 떠도는 의식을 불러들여 포와 의식을 행한 것이고, 린뽀체와 디메싱뽕괸뽀 두 분이 힘을 모아 이제야 그에게 도움을 준 것이다. 족첸의 린뽀체 규르메텍촉땐진은 그 당시 워낙 훌륭하여, 그분을 찾는 사람이 많고, 바쁜 상황에서 합당한 의식과 회향기도를 빠뜨렸을 것으로 생각된다. (짬뗄 린뽀체)

13 까 카 가 응아ཀ་ཁ་ག་ང་: 티벳어 글자는 자음이 30개 모음이 4개이며, 맨 처음 글자를 익힐 때 '까카가응아'로 시작되는 자음을 배우게 된다.

세 가지 인식을 이용해 의식을 옮김(평범한 중생)

이번에 설명할 포와는, '세 가지 인식을 이용한 평범한 포와' 혹은 '의식을 스승에게 전이하는 것'이라고 하며『흠 없는 고백의 딴뜨라(무구참회속 無垢懺悔續)』에서 '죽음의 순간 빛으로 된 둥근 공이 소리에 의해 이동하는 것'이라고 말한 것과도 일치합니다. 이와 같은 포와는 높은 깨달음을 지닌 분(똑댄)에게는 필요 없으며 그와 같은 것을『딴뜨라(속부續部)』에서,

> 죽음이라고 하는 것은 단지 망상분별이며
> 천상의 정토(다끼니의 정토)로 인도하는 것이다.[14]

라고 했고 또한,

> 죽음 혹은 죽음이라고 말하는 것은
> 요가행자의 작은 깨달음(성불成佛)이다.

---

14 천상의 정토로 인도하는 것: 천상의 정토는 카쬐내མཁའ་སྤྱོད་གནས་의 옮김이며 보다 정확한 번역은 '공행空行의 정토'이다. 공행의 정토는 밀교를 닦아 깨달음을 성취한 다까(공행)와 다끼니(공행모) 등이 거주하는 정토를 말한다. 예를 들면, 구루 빠드마삼바와께서 머물고 있는 정토는 상독뻴리에 있는 연화광정토이다. 사실, 안내하는 사람이나 안내하는 것 혹은 안내되는 사람이나 안내되는 것은 아무것도 없다. 그것은 단지 모광명과 자광명의 만남일 뿐이다. 원초부터 존재하는 죽음의 정광명淨光明이 '모광명'이며, 깨달음을 열어가는 도위道位에서 수행의 힘으로 발생하는 깨달음의 광명들은 '자광명'이다. (영문본, 주314 참조)

라고 말한 것과 같습니다. 이생에 절대적 본성에 대한 확고한 입지를 구축한 사람으로 생사에 대해 자유 자재함을 얻은 사람들은, 죽은 것처럼 보이지만 그들에게 죽음은 단지 지금 한곳에서 다른 곳으로 이동하는 것과 같을 뿐입니다. 게다가 생기차제와 원만차제의 핵심에 대해 익숙한 사람들은, 앞에서 설명한 것처럼 죽음과 중음과 재생에 대한 세 가지 수행으로 3신으로 의식을 전이시킬 수 있습니다.

따라서,

> 길에 대한 수행이 미약하다면
> 포와(의식의 전이)가 안전하게 안내할 수 있다.

고 말한 것처럼, 길에 대한 확고함을 얻지 못한 수행자들과 큰 악행을 행한 사람들에게 이러한 핵심적인 것이 필요합니다. 이와 같은 구전 가르침을 지니고 있다면 아무리 큰 악행을 저지른 사람이라도 악도에 다시 태어날 문이 닫힐 것이 확실하며, 게다가 곧바로 과보를 받는 악행(무간행無間行)을 저지른 사람들처럼 아래로 곧바로 떨어질 사람들도 이 가르침을 만나면 악도에 다시 태어나지 않을 것이 확실합니다. 『딴뜨라』에서,

> 날마다 브라흐만을 죽일지라도
> 다섯 가지 무간행을 행할지라도
> 이 길을 통해 자유로워질 것이며
> 악행으로 오염되지 않을 것이다.

라고 했으며 또한,

아홉 개 통로[15]의 위쪽 황금문에
마음을 모아 의식을 전이시키면
악행으로 오염되지 않을 것이며
청정한 불국토에 태어날 것이다.

라고 했고 또한,

정수리 위 해와 달 방석 위에 앉아 계시는
아버지, 법상을 갖춘 스승의 발아래에서
중맥인 하얀 비단 길을 따라 갈 줄 안다면
5무간행을 행할지라도 해탈할 것이다.

라고 말했습니다.
　그러므로 심오한 길인 포와의 구전 가르침은 수습하지 않고 깨달음을 얻을 수 있는 법이며, 악행이 큰 사람을 강력한 힘으로 해탈시키는 비밀의 길입니다. 도르제창(지금강불)께서,

날마다 브라흐만을 죽이거나
다섯 가지 무간행을 범할지라도
이 구전 가르침을 만나게 되면
해탈하리니, 이는 의심할 바 없다.

고 했으며 우갠국의 대사께서도,

---

15 아홉 개 통로: 두 개의 눈과 귀, 두 개의 콧구멍 그리고 입과 소변길, 대변길을 뜻한다. 황금문은 정수리에 있는 정문頂門을 가리킨다.

> 수습하여 성불을 이루는 법은 모두에게 있으나
> 수습하지 않고 깨달음을 얻는 법은 나에게 있다.

고 했고 대학자 나로빠께서,

> 아홉 문은 삼사라로 향하는 통로이다.
> 다만, 문 하나는 마하무드라의 문이니
> 아홉 문을 차단하여 문 하나를 열어라.
> 그것은 해탈의 길임에 의심할 바 없다.

고 했으며 로닥의 역경사 마르빠께서,

> 내가 요즈음에 포와를 수습하고 있다.
> 수습하고 수습하고 또 수습하고 있으니
> 평범하게 죽을지 모르나 두려움은 없다.
> 이미 익숙하여 강한 확신을 가지고 있다.

고 했고 성자 섀빠 도르제[16]께서 말씀하셨습니다.

> 융합·전이·연결시키는 이 구전 가르침은[17]
> 중음을 정복하는 핵심적인 안내서다.
> 이러한 길을 지니고 있는 사람이 있는가?

---

16 섀빠 도르제: 소금강笑金剛. '웃고 있는 금강'의 의미이며 성자 밀라래빠를 의미한다.
17 융합·전이·연결시키는(세포참조르བསྲེ་འཕོ་མཚམས་སྦྱོར): 본인의 의식을 스승의 의식과 융합시켜 의식을 전이시킴으로써 본인을 정토에 연결시키는. *융합전이(세포བསྲེ་འཕོ): 법계와 릭빠를 혼연일체가 되게 하여 법성광명의 상태로 의식을 전이시킴. 화합왕생和合往生.(『장한불학사전』, 1740쪽)

'생명의 바람'이 중맥으로 들어가는 사람은 얼마나 기쁠까![18]
법계에 도달하는 사람은 정말로 놀랍도다!

그러한 구전 가르침에는 포와를 수련하는 것과 실행하는 것 두 가지가 있습니다.

1. 포와의 수련

포와의 수련은 방금 본인이 포와에 대한 가르침을 받았으니, 거듭 반복 수련하여 징후가 나타날 때까지 열심히 노력하는 것입니다.

그것도 지금 본인 몸의 맥(짜: 나디)과 풍(룽: 쁘라나)과 명점(틱레: 빈두)이 모두 원래대로 완전하고 활발한 시기에는 포와를 통해서 실제로 의식을 전이하는 것이 상당히 어렵습니다. 죽을 때가 되거나 아주 나이가 많이 들었을 때는 포와가 쉽습니다. 예를 들면, 나무 열매나 과실이 여름에 한참 자라는 시기에는 따기가 어렵지만, 가을에 무르익어 떨어지려고 할 때는 옷자락만 스쳐도 떨어지게 되는 것과 같습니다.

2. 포와의 실행

그 다음 포와를 실행하는 것은 본인에게 죽음의 징조가 나타나서 어

---

18 높은 수준의 수행을 성취한 사람은 '생명의 바람'이 중맥으로 들어가며, 법계에 도달하게 된다. 즉 공성을 증득하여 해탈에 이르게 된다.(체링) 생명의 바람은 티벳어 속쬘 སྲོག་རྩོལ་의 옮김으로, 중문본에는 "명풍命風"으로 번역되어 있다.

떻게 해도 되돌리지 못한다는 것을 알고 있고, 은멸차제隱滅次第[19] 등이 나타날 때 해야 하는 것이지 그 외에 다른 때 해서는 안 됩니다. 『딴뜨라』에서,

> 적절한 시기에 이르렀을 때 포와를 실행하라.
> 적절한 때가 아니면 본존들을 죽이게 되리라.[20]

라고 말했습니다. 일반적으로 은멸차제에는 많은 것들이 있지만, 이해하기 쉽게 말하면 다섯 감관(5근五根)의 은멸차제, 4대 요소의 은멸차제, 현명顯明과 증휘增輝와 근득近得의 세 가지 은멸차제들이 있습니다.

다섯 감관의 은멸차제

만일 자신의 베갯머리에 승려들이 모여 있고 그들이 독경하는 소리를 듣게 되는 경우, 단지 웅얼거리는 소리 외에 말을 제대로 알아들을 수 없을 때 귀의 의식(이식耳識)이 소멸한 것입니다. 그와 같지는 않아도 다른 사람들이 말하는 이야기 등에 대해서도 멀리서 들려오는 것처럼 단지 소리는 들리지만 말을 알아듣지 못하는 것입니다. 그와 같이 눈으로 형상을 보지만 흐릿한 것 외에 있는 그대로의 실체를 볼 수 없을 때 눈의

---

19 은멸차제(팀림ཐིམ་རིམ་): 티벳어 팀빠ཐིམ་པ་는 '스며들어 사라짐'을 뜻하며, 여기서의 '앞의 원소가 뒤의 원소로 은멸한다'는 의미는 앞의 원소가 식을 지탱하는 힘을 상실해서 뒤의 원소의 힘이 뚜렷하게 드러남으로써, 마치 앞의 원소의 힘이 뒤의 원소로 옮겨감과 같은 현상이 발생하는 것이다. 은멸의 뜻은 의지하는 장소와 의지가 되어 주는 작용의 힘이 완전히 소멸하는 것을 말한다. 따라서 은멸, 은몰 혹은 소멸로 표기하며, 분해나 해체와는 의미가 다르다.(『밀교의 성불원리』, 중암 편저, 96쪽에서 발췌)
20 본존들을 죽이게 되리라: 금강승에서는 우리 몸을 '본존들의 신성한 만달라'로 생각한다. 만일 성급하게 미리 포와를 행하면 우리의 생명을 단축시키게 되며 그러한 만달라를 파괴하는 것이 될 것이다.(영문본, 각주 참조)

의식(안식眼識)이 소멸한 것입니다. 그런 식으로 예를 들어, 코로 냄새를, 혀로 맛을, 몸으로 촉감 등을 느끼지 못하게 될 때가 마지막 은멸차제입니다. 따라서 이때 '소개하는 가르침'[21]을 주어야 합니다. 포와를 행하는 사람이 있다면 포와를 실행하기에 적합한 때입니다.

4대의 은멸차제

그 다음 근육의 구성요소가 땅의 원소(지대地大)로 은멸되면서 몸이 깊은 구덩이에 떨어지거나 산에 눌려 있는 것 같은 묵직한 느낌이 일어납니다. 이때 죽어가는 사람이 때때로, "나를 위로 끌어올려 다오"라고 하거나 "이리 와서 내 베개를 높여 다오"라고 말하는 것이 바로 그것입니다. 그 다음 혈액의 구성요소가 물의 원소(수대水大)로 은멸할 때 침과 콧물 등이 흘러내립니다. 그 다음 따뜻함의 구성요소가 불의 원소(화대火大)로 은멸할 때 입과 코가 모두 마르고, 몸의 온기가 말단에서부터 거두어져 어떤 사람들은 정수리에서 김이 모락모락 피어오르는 것이 바로 그것입니다.

호흡의 구성요소가 바람의 원소(풍대風大)로 소멸할 때 위로 움직이는 바람(상행풍),[22] 아래로 비우는 바람(하행풍), 온기를 동반하는 바람(등주풍等住

---

21 소개하는 가르침: 죽어가는 사람 옆에 앉아, 그에게 다섯 가지 감각 하나하나에 대해서 왜 지금 의식이 분명하지 않은지 설명해 주고, 따라서 당신은 지금부터 죽음을 준비해야 한다는 것을 설명해 주는 '의식전이의 방법'을 알려주는 가르침.(체링)

22 상행풍: 이 생명의 바람(룽ཪླུང་: 풍風)은 인후에 머물면서 음식물을 받아들인다. 팔다리의 움직임과 말과 노래 등의 언어와 발성을 담당한다. 하행풍: 이 생명의 바람은 배꼽아래 3맥이 합해지는 자리(쏨도: 단전)에 존재하며, 대소변과 남녀의 정혈 등 청탁의 물질들을 배출하고 억제한다. 등주풍: 이 생명의 바람은 배꼽부위에 존재하며, 음식물을 소화시키고, 청탁을 분리하고, 음식물의 자양분을 전신에 보내서 몸을 활성화 시키고 탁한 물질을 배출시킨다. 소화를 담당한다. 편행풍: 이 생명의 바람은 머리를 비롯한 전신에 걸쳐서 분포한다. 몸의 굴신과 움직임들을 담당한다. 이것은 임종 시를 제외하고는 평소에는 이동하지 않는다. 지명풍: 인체의 모든 생명의 바람들의 근원으로 중맥 안에 머물면서 아뢰야식과 소의所依와 능의能依의 관계를 맺는다. 생시에는

風), 어디나 존재하는 바람(편행풍) 모두가 심장 안에 있는 생명을 유지하는 바람(지명풍持命風) 속으로 모여들어 숨을 안으로 끌어 모으기 힘들고, 숨이 머무는 장소인 허파에서 통로인 기관지를 거쳐서 나온 숨이 밖에 쌓이는 것이 그것입니다. 그 다음 몸의 모든 피가 심장의 '명맥命脈'으로 모여, 심장 가운데에 혈액 세 방울이 차례로 떨어져 긴 숨을 세 번 밖으로 내쉬면서 외부 호흡이 완전히 끊어집니다.

현명, 현명증휘, 현명근득의 은멸차제

그때 정수리로부터 아버지에게서 받은 '하얀 보리심(백정白精)'이 아래로 달려 내려가고, 외부적인 징후로 티 없이 맑은 하늘에 달빛이 닿은 것과 같은 '백색의 빛(백광)'이 나타납니다. 내부적인 징후로 의식이 '명료함의 경험'을 갖게 되며, 분노에 대한 서른세 가지 분별심이 소멸합니다. 그것이 '밝은 마음(명상明相, 현명顯明)'[23]입니다.

배꼽 부근에서 어머니에게서 받은 '붉은 보리심(적정赤精)'이 위쪽으로 달려 올라가고, 외부적인 징후로 맑은 하늘에 햇빛이 닿은 것과 같은 '붉은 빛(적광)'이 나타납니다. 내부적인 징후로 의식이 '대락大樂의 경험'에 휩싸이게 되며, 탐착에 대한 마흔 가지 분별심이 소멸합니다. 그것이 '한층 밝은 마음(증상增相, 현명증휘顯明增輝)'[24]입니다.

자아를 확립하고 모든 분별의 기억들을 산출하며, 임종 시에는 중맥을 통해 바깥으로 빠져나가 바르도의 의생신과 보신 또는 환신을 성취하는 질료가 된다.(『밀교의 성불원리』, 중암 역주, 용어모음에서 발췌. 상세내용은 291~294쪽 참조)

23 현명(낭와ཤང་བ་) : 밝은 마음. 심장 위쪽의 두 맥도(기맥) 속에 있는 생명의 바람(풍기)들이 중맥의 상단으로 모여드는 힘에 의해서, 정수리 짜끄라의 매듭이 풀리면서 그 안에 있는 하얀 보리심이 물의 성질이므로 아래로 내려오면서, 심장의 여섯 겹의 매듭까지 도달하는 과정 가운데 일어나는 현상이다. 4공四空 가운데 공空에 해당하는 미세한 깨달음의 마음을 말한다.(위 책, 용어모음에서 발췌. 상세내용은 112~117쪽 참조)

24 현명증휘(체빠མཆེད་པ་): 한층 밝은 마음. 심장 아래쪽 좌우의 맥도 속의 생명의 바람들이 중맥

그 다음 '하얀 보리심'과 '붉은 보리심'이 심장 중앙에서 만나는 그 사이로 의식이 들어가, 외부적인 징후로 티 없이 맑은 하늘에 어둠으로 덮인 것과 같은 '검은 빛(흑광)'이 나타나며, 내부적인 징후로 의식이 '무분별의 경험'을 갖게 되고, 무지에 대한 일곱 가지 분별심이 소멸합니다. 그리고 나서 칠흑 같은 어둠으로 의식을 잃게 됩니다. 그것을 '정광명에 가까운 마음(득상得相, 현명근득顯明近得)'[25]이라고 합니다.

그 다음 약간 의식이 깨어나 이전의 세 가지 조건 어느 것에 의해서도 영향 받지 않는 그런 하늘과 같은 '원초의 정광명'[26]이 나타나는데, 그것

의 하단으로 모여드는 힘에 의해서, 성기와 배꼽 짜끄라의 매듭들이 풀리면서, 배꼽 짜끄라 가운데 있는 붉은 보리심이 불의 성질이므로 위로 올라가면서, 심장의 여섯 겹의 매듭까지 도달하는 과정에서 이 같은 현상이 의식 가운데 일어난다. 또한 이것을 사공 가운데 극공極空이라 부른다. 그것은 마치 가을 하늘에 햇빛이 충만함과 같이 '밝은 마음(현명)'의 상태보다 더욱 투명하고 고요한 가운데 적광의 비침과 같다.(위 책 용어모음에서 발췌. 상세 내용은 118~122쪽 참조)

25 현명근득(네르톱ཉེར་ཐོབ་): 정광명에 가까운 마음. 심장의 여섯 겹의 매듭이 풀리면서 상부의 하얀 보리심은 내려오고 하부의 붉은 보리심은 상승해서, 심장 속의 중맥 가운데 있는 마치 작은 종지가 맞붙어 있는 것과 같은 불괴명점 속으로 들어간 뒤, 서로 만남으로써 그와 같은 현상이 일어난다. 이것은 사공 가운데 대공大空이라 부르는, 정광명에 근접한 깨달음의 상태이다.(위 책 용어모음에서 발췌. 상세 내용은 122~125쪽 참조)

26 원초의 정광명(시뒤기외샐གཞི་དུས་ཀྱི་འོད་གསལ་): 죽음의 정광명. 기위광명基位光明. 청명한 가을 하늘을 물들이는 달빛과 햇빛과 어둠의 세 가지 영향에서 멀리 벗어나서, 마치 여명의 하늘빛과 같은 텅 빈 고요함 속에 극도로 투명한 광명인, 공성을 깨닫는 싸마히따(samahita: 등인等引, 평등주)의 광명과 같은 것이 발생한다. 심장의 중맥 속으로 들어온 하얀 보리심과 붉은 보리심이 불괴명점 속에 있는 본래의 하얀 보리심과 붉은 보리심 속으로 각각 녹아들고, 중맥 속의 모든 생명의 바람들 또한 극도로 미세한 지명풍 속으로 녹아듦으로써, 처음부터 본래로 존재하는 극도로 미세한 풍심風心이 실현되어 그와 같은 광명이 발생하는 것이다. 이것을 모든 분별이 소멸된 죽음의 정광명과 사공 가운데 일체공一切空이라 부르며, 이것이 진정한 죽음이다.(위 책, 129쪽)
*현명, 현명증휘, 현명근득의 은멸과정 중에, '밝은 마음(현명)'의 단계에서, 5식五識(고융애쉐빠རྣམ་ཤེས་ཚོགས་ལྔའི་ཤེས་པ་: 안식·이식·비식·설식·신식)이 의식意識(이쉐빠ཡིད་ཤེས་པ་: 제6식) 속으로 은멸된다. 한층 밝은 마음(현명증휘)의 단계에서, 의식이 번뇌를 가진 의식(뇐이ཉོན་ཡིད་: 제7식. 말나식) 속으로 은멸된다. 정광명에 가까운 마음(현명근득)의 단계에서, 번뇌를 가진 의식(구번뇌식具煩惱意)이 '모든 것의 바탕이 되는 의식(꾼시ཀུན་གཞི་: 제8식. 아뢰야식)' 속으로 은멸된다. 정광명에 가까운 마음의 단계 후 의식에서 회복될 때, '모든 것의 바탕이 되는 의식'이 정광명淨光明(외샐འོད་གསལ་: clear light) 속으로 은멸된다.(『닝틱왼도신디』, 254쪽 참조) 이때 '원초의 정광명'을 직접 경험하게 된다. 법신으로 원초의 정광명을 대면하여, 그러한 인식을 확고하게 지닌 사람은 그 순간이 모광명과 자광명의 만남, 즉 즉각적 깨달음을 얻을 기회다. 대부분의 사람들은 이것을 알아차리지 못하고 눈 깜짝할 사이에 지나쳐 버린다.(영문본, 주316)

이 자신의 본성임을 알고 거기에 평등하게 머문다면, '상근기 중생이 법신으로 의식을 전이하는 것'이라고 하며, 바르도를 거치지 않고 깨달음(불성)을 얻는 것입니다.

그 다음 단계적으로 '최니바르도'[27]와 '시빼바르도'[28] 등이 나타나는데, 그것들은 본수행에 대한 가르침의 일부분이기 때문에 여기서는 설명하지 않겠습니다.

그보다 길에 익숙하지 못한 사람들[29]이 포와를 실행하기에 적절한 때는 은멸의 차제들이 나타나기 시작하는 때입니다. 이때 이생에 대한 모든 집착을 완전히 끊어야 합니다. '이번에 내가 죽는 것은 스승의 구전 가르침에 의지하여, 정토로 마치 강력한 화살이 발사된 것처럼 날아 갈 것이니, 나는 얼마나 즐거운가!'라고 생각하면서 스스로 용기를 불어넣어야 합니다. 포와에 대한 관상과 다른 중요한 것들을 자신의 마음속에 분명하게 떠올리기 어려울 때 기억을 되살려 줄 수 있는 법친구가 있다면, '기억을 되살리는 구전 가르침'[30]을 독송해 달라고 요청하세요. 어떤 경우든 이 기회에 앞에서 익힌 것처럼 심오한 길인, 포와에 대한 구전 가르침을 이용하여 강력하게 의식을 전이해야 합니다. 그처럼 수련하는 것과 실제 적용하는 것은 어떤 때라도 같습니다.

---

27 최니바르도ཆོས་ཉིད་བར་དོ་: 다르마타 바르도, 법성의 바르도로 번역된다.
28 시빼바르도སྲིད་པ་བར་དོ་: 재생의 바르도, 환생의 바르도로 번역된다.
29 길에 익숙하지 못한 사람들: 위에서 설명한 포와를 수행하기에는 수행에 대한 확고함과 견해에 대한 굳건한 확신이 없는 사람들.
30 기억을 되살리는 구전 가르침: 티벳어 སེམ་གསལ་འདེབས་은 '관상하다, 기억을 새롭게 하다, 생각나게 한다'라는 의미. 여기서는 죽어가는 사람을 위해 덕있는 승려나 가까운 법우가 반복해서 독송해 주는 것으로, 마음의 본성을 알아차리도록 요점을 상기시키는 가르침이다.(『티영사전』)

3. 포와의 수행단계

포와에 대한 가르침을 실제로 수습하는 차제는 편안한 자리에 금강결가부좌를 하고 앉아서 몸을 곧게 폅니다.

예비수행

예비수행은 '스승을 멀리서 부르는 기도문(遙喚上師祈請文)'으로 시작하여 '구루요가의 섭수攝收 단계'로 완전히 마치는 것을 분명하고 자세하게 해야 합니다.

본수행 관상

그 다음 본수행의 관상은 자신의 평범한 이 몸[31]이 한순간에 바즈라요기니가 된 것으로 관상하세요. 신체 색깔은 붉고, 얼굴 하나에 팔이 둘이며, 두 발은 춤추는 자세로 오른발을 들고 있습니다. 세 개의 눈이 하늘을 쳐다보고 있습니다. 포와 구전 가르침의 경우에는 상당히 평화롭지만 약간 화가 난 모습을 가진 것으로 관상하세요. 오른손은 무지와 어리석음의 잠에서 깨어나게 하는 두개골로 만든 작은 북(다마루)을 허공에서 두드리고 있으며, 왼손은 3독을 뿌리째 잘라내는 휘어진 금강도(디국)를 옆구리에 대고 있습니다. 그녀는 벌거벗은 몸에 뼈로 만든 장식물과 꽃 목걸이를 걸쳤습니다. 그녀는 볼 수 있지만 실체가 없어, 붉은 비단으로

---

[31] 여기서 '보통의 몸'에 대해서, 관상의 가르침에서 가끔 사용하는 '평범한 혹은 보통의 몸(타멜뤼ཐ་མལ་ལུས་)'이라는 용어 대신에 이 책에서는 '기본적인 혹은 바탕이 되는 몸(시뤼གཞི་ལུས་)'이라는 용어를 사용하고 있다. 그 의미는 보통의 몸으로 실질적으로는 같지만 우리의 보통의 몸도 환영이라는 것을 함축하고 있다. 그것은 '바르도의 환신幻身(규뤼སྒྱུ་ལུས་)'으로 우리가 현재 이 삶에서 경험하고 있는 모든 환영의 바탕 혹은 토대이다. (영문본, 주318 참조)

만든 천막이 설치된 것처럼 관상하세요. 그것이 '외부적인 몸의 텅 빈 형상'입니다.

똑바로 편 몸의 가운데에 있는 중앙의 기맥(짜우마: 중맥)을 마치 텅 빈 집 안에 세워놓은 기둥처럼 관상해야 합니다. 그것도 오른쪽이나 왼쪽 어느 쪽으로도 휘어져 있지 않고 몸의 정중앙에 있다는 의미로 '중맥'이라고 합니다.

그것은 또한 불변의 법신을 가리키는 상징으로 청금석의 표면처럼 진한 청색이며, 습기장習氣障이 미세하다는 상징으로 연꽃잎처럼 섬세하고, 무지의 어둠을 밝힌다는 상징으로 참깨 기름 램프처럼 밝으며, 미천한 길이나 잘못된 길로 가지 않도록 하기 위해서 대나무처럼 똑바르게 곧은 네 가지 특성을 가지고 있습니다. 높은 세계의 환생(선취善趣)이나 해탈의 길을 나타내기 위해서 위쪽 끝이 정수리의 정문頂門으로, 마치 하늘로 향한 채광창이 열려 있는 것처럼 곧바로 열려 있습니다. 윤회계와 악도의 문을 막는 것을 상징하여 아래쪽 끝은 배꼽 아래 네 손가락 되는 곳에서 기맥의 끝이 차단되어 통로가 닫혀 있습니다. 그와 같이 관상하세요. 그것이 '내부적인 기맥의 텅 빈 형상'입니다.

그 다음 중맥이 그 안쪽의 가슴 부근에, 마치 대나무가 마디로 막힌 것처럼 마디가 있다고 관상하세요. 그 위에 '풍기의 명점'이 연한 녹색으로 활발하게 진동하는 생생한 모습을 가지고 있다고 관상하세요. 그 위에 자신의 마음 의식의 본체[32]인 적색 글자 '흐링'이 있습니다. 이것은 길게 발음하는 모음 기호 ཨ와 딱딱하게 발음하는 기호 [33]가 함께 있

---

32 자신의 마음 의식의 본체: 티벳어 '랑기쎔남쒜기웅오오 རང་གི་སེམས་རྣམ་ཤེས་ཀྱི་ངོ་བོ་'의 번역이다. 영문으로 the essence of your mind-consciousness, 중문으로 自己心識本體로 옮겼다.
33 오른쪽에 위아래로 두 개의 작은 원이 그려져 있는 것이며, 산스끄리뜨어에서 이 기호를 visarga 라고 하여 딱딱한 h발음으로 한다. 티벳에서 사용할 때는 단지 음절을 길게 한다. 두 개의 작은 원은 지혜와 방편을 상징한다.(영문본, 각주 참조)

으며, 마치 기도 깃발(다르쪽)이 바람에 펄럭이는 것처럼 위아래로 진동하면서 바르르 떨고 있습니다. 그처럼 관상하세요. 그것이 마음의 바탕인 릭빠(비드야)입니다.[34]

그 다음 자신의 정수리 위에 한 자 정도 위쪽의 공중에 보좌寶座가 있는 것을 관상하세요. 그 보좌는 여덟 마리의 커다란 공작새가 떠받치고 있으며 그 위에 여러 가지 색깔의 연꽃 방석과 해와 달의 방석이 세 겹으로 쌓여있습니다. 그 위에, 본성은 삼세의 모든 붓다를 한 몸에 구현하신 분이며, 비할 바 없는 자비의 보고인 성스러운 근본 스승인데, 모습은 붓다 세존 보호주 아미타바(무량광불)인 분께서 앉아 있습니다. 신체의 빛깔은 붉은색으로, 루비로 된 보석산을 10만 개의 태양이 감싸고 있는 것과 같습니다. 얼굴이 하나고, 두 손을 수평으로 하여 선정인禪定印으로 무릎 위에 올려놓고, 그 위에 불사의 지혜 감로수가 가득 찬 발우를 들고 계시며, 최상의 화신[35]이 청정행을 지키는 옷차림을 하고 있습니다.

몸에 세 가지 법복을 갖추어 입으시고, 머리에 육계肉髻와 발바닥에 복륜輻輪 등 32호상과 80종호로 장엄하셨으며, 빛과 빛살이 한없이 발산되고 있습니다. 그처럼 관상하세요.

그 오른편에 모든 붓다의 대자비(대연민)가 구현된 실체인, 성자 아왈로키테쉬와라(관자재보살)가 있습니다. 신체의 색깔은 하얀색이며, 얼굴이 하나에, 팔이 넷인데 그중에서 먼저 두 손은 가슴에 합장하고 있고, 오른편

---

34 릭빠ཪིག་པ་: 깨달음이나 각성覺醒・지혜智慧・지명智明・명명을 의미한다. 특히 닝마빠에서는 '무명無明(마릭빠མ་རིག་པ་)'에 반대되는 개념으로 '본래 여실하게 깨어 있는 마음의 본성'을 나타내는 매우 중요한 용어로 사용한다. 일반적으로 단순히 마음, 한마음, 본지本智, 본각本覺, 명각明覺, 각성, 법신 등으로 다양하게 표현한다.(『티베트 사자의 서』, 중암 역주, 177쪽 참조) 이 책의 177~208쪽에 걸쳐 장문의 아름다운 게송으로 노래한 '6장 한마음의 본성을 여실히 봄을 통한 자연 해탈'에서 '한마음'이 바로 릭빠이다.
35 최상의 화신(촉기뻘꾸མཆོག་གི་སྤྲུལ་སྐུ་): 수승殊勝 화신. 일반 중생들이 실제로 볼 수 있도록 붓다께서 열두 가지 모습(12상 성도十二相聖道)을 보여주어, 중생들을 구제하려고 몸을 완전히 변화시킨 분이다.(『장한불학사전』, 482쪽)

아래쪽 손으로 하얀 수정 염주를 굴리고 있으며, 왼편 아래쪽 손으로 하얀 연꽃 줄기를 쥐고 있는데, 꽃잎들이 귀 근처에서 활짝 피어 있습니다.

아미타바(아미타불)의 왼편에 모든 붓다의 위세와 능력이 구현된 실체인, 비밀의 주 바즈라빠니가 있습니다. 신체의 색깔은 푸른색이며, 두 손에 금강저와 금강령을 교차하는 식으로 쥐고 있습니다.

또한 두 분 모두 열세 가지 보신報身(삼보가까야: 완벽한 기쁨의 몸) 장식물로 장엄하셨습니다. 또한 아미타바는 윤회와 열반의 양 극단에 머물지 않는다는 것을 상징하여 다리를 금강 결가부좌를 하고 있으며, 두 분의 보살은 중생들을 위한 일로 지치는 일이 없다는 것을 상징하여 두 발로 서 있는 자세로 계십니다.

그 세 분의 주본존을 둘러싸고 심오한 길인 포와를 전승하신 모든 스승들이 마치 청명한 하늘에 구름이 모여 있는 것처럼 계시며, 본인과 다른 모든 중생들을 자애로운 얼굴로 대하면서 미소 띤 눈으로 바라보고 계십니다. 즐거운 마음으로 생각하면서 본인과 다른 모든 중생들을 윤회와 악도의 고통으로부터 자유롭게 하여 대락의 정토로 인도하는 대상隊商의 수장으로 계신다고 관상하세요.

〈포와 의식〉
다음과 같이 독송하면서 관상하세요.

> 에마호,
> 나의 인식이 저절로 청정해지는 무한한 정토
> 지극히 원만하게 장엄된 극락의 정토에서
> 나의 평범한 몸을 바즈라요기니로 관상하니
> 붉게 빛나는 몸, 얼굴 하나, 두 손에 금강도와 해골 잔 들고
> 두 발은 춤추는 자세로, 세 눈은 허공을 바라보고 있네.

그분의 몸 한가운데 중맥이
굵기는 대나무 화살 정도며
속이 빈 투명한 빛의 관으로
상단은 황금 문으로 열리고
하단은 배꼽 아래에 이르네.

가슴 부근 마디진 곳 위에
연록색의 '풍기 명점' 가운데
릭빠, 'ཧྲཱིཿ흐릫'이 붉게 빛나고
정수리 위의 한 자 높이 위에
붓다 세존 여래 아미타바께서
상호를 갖춘 몸으로 나타나셨네.[36]

그 다음 확고부동한 믿음으로 온몸의 털이 곤두서고 눈에 눈물이 흘러넘치면서,

세존世尊[37] · 여래 · 응공應供[38] · 정등각正等覺[39] · 보호주 아미타바에게
엎드려 절하옵니다. 공양 올립니다. 귀의합니다.

---

36 전문은 티벳어 원본과 영문본에 없어 체링 선생을 통해 티벳어 전문을 구해 번역했다. 처음 다섯 줄까지는 534쪽의 구루요가 관상기도문과 '극락의 정토에서' 부분을 제외하고 동일하다. 처음 두 줄의 한역은 '자현임운청정무변계自顯任運淸靜無邊界 장엄원만극락찰토중莊嚴圓滿極樂刹土中'으로 되어 있으며, 한역 전문은 중문본 258쪽에 있다.
37 세존(쫌댄대བཅོམ་ལྡན་འདས་, bhagavan): 티벳어 쫌댄대བཅོམ་ལྡན་འདས་는 '제압하고 갖추어 벗어남'을 의미한다. 깨달음을 방해하는 네 가지 마라(5온, 번뇌, 죽음, 천신의 자손)를 제압하여, 올바른 여섯 가지 공덕을 갖추었으며, 윤회와 열반의 양극단에서 벗어나 깨달음을 얻은 분을 의미한다.(『장한불학사전』)
38 응공(다쫌빠དགྲ་བཅོམ་པ་, ārhat): 아라한. 번뇌라는 적을 제압하여 마땅히 공양을 받을 만한 분이다.
39 정등각: '올바로 완벽하게 깨달음을 얻으신 분'의 의미로, 정변지正遍知라고도 한다.

라고 최대한 여러 번 독송하세요. 마지막에,

에마호,
스스로 현현하는 색구경천 밀엄 청정계에
백 가지 믿음이 충만한 무지갯빛 마음으로
일체 귀의처를 한 몸에 구현한 근본 스승께서
범속하지 않은 청정무구한 완벽한 몸으로
거룩한 아미타불의 본성으로 앉아 계시네!

확고한 믿음과 공경으로 간절히 기도하오니
심오한 길 포와를 수습할 수 있게 가피하소서!
색구경천에 이를 수 있도록 가피를 주소서!
법신 세계 왕의 보좌를 얻을 수 있게 하소서![40]

까지 전체를 완전하게 세 번 독송하고 그 다음으로,

확고한 믿음과 공경으로…….

이하를 세 번 독송하고 마지막으로,

법신 세계 왕의 보좌를 얻을 수 있게 하소서!

를 세 번 독송하세요. 그러한 것들을 독송할 때 스승과 보호주 아미타불에게 눈에 눈물이 가득 고일만큼 헌신의 마음을 가지고, 마음의 바탕인

---

40 전문은 티벳어 원본과 영문본에 없어 체링 선생을 통해 티벳어 전문을 구해 번역했으며, 한역전문은 중문본 259쪽에 있다.

릭빠, '**ཧྲཱིཿ**흐릫' 글자에만 마음을 집중하세요.

　그 다음, '의식을 솟아오르게 하는 수행법'을 행할 때 입천장의 가장 안쪽으로부터 '흐릫, 흐릫'이라고 다섯 번 반복하고, 동시에 마음이 의지하는 바탕인 릭빠, 붉은색 글자 '**ཧྲཱིཿ**흐릫'이 밝은 녹색으로 진동하는 모습을 하고 있는 '풍기의 명점'[41]에 의해 들어 올려져, 바르르 떨면서 점점 더 높이 올라갑니다. 정수리의 정문頂門에서 나오는 것과 동시에 '**ཧྰཀྵ**'학'이라고 외치고, 마치 힘센 용사가 화살을 쏜 것처럼 위로 날아올라 아미타불의 가슴속으로 은멸된다고 관상하세요.

　다시 가슴에 '**ཧྲཱིཿ**흐릫' 글자를 떠올리면서 관상을 이전처럼 하고 '학'소리를 일곱 번 또는 스물한 번 혹은 그 이상 외치세요. 전해 내려오는 다른 수행체계에서는 '학'을 말하면서 의식이 위로 솟아오르고, '까'라고 말할 때 아래로 내려가는 것으로 관상해야 하는 전승도 있지만, 여기서는 '까'라고 말하면서 의식이 아래로 내려가는 수행전승은 없습니다. 또한,

　　세존 · 여래 · 응공 · 정등각 · 보호주 아미타바에게
　　엎드려 절하옵니다. 공양 올립니다. 귀의합니다.

라고 기도하는 것과 '의식을 솟아오르게 하는 수행법' 등을 이전처럼 행하는데 당신에게 알맞게 가능한 한 많이 연습하세요. 그 다음 다시,

　　세존 · 여래 · 응공 · 정등각 · 보호주 아미타바에게
　　엎드려 절하옵니다. 공양 올립니다. 귀의합니다.

---

41 녹색의 빈두로 나타내는 풍기(룽 རླུང་: 생명의 바람)와 흐릫 글자로 나타내는 마음을 말할 때 움직이는 특성은 '생명의 바람'이고, 알아차리는 특성은 마음이다. 그렇지만 본질적으로 그것들은 하나이며 똑같은 것이다.(『닝틱왼도신디』, 254쪽 참조)

를 일곱 번 또는 세 번 독송합니다. 마지막에 닌다상개(14세기의 보장 발굴자)가 저술한 『포와작죽마』(삽초왕생법插草往生法)⁴²는 족첸 사원에서 전승된 것에 따르는 요약된 기도문입니다.

> 여래 붓다 아미타바께 엎드려 절하옵니다.
> 우걘국 대사 빼마중내께 간절히 기원하옵니다.
> 은혜로운 근본 스승께서 자비로 보살펴 주소서.
> 근본 스승과 전승조사께서 길로 이끌어 주소서.
> 심오한 길 포와를 익힐 수 있도록 가피를 주소서.
> 신속한 길 포와로 천상⁴³에 이를 수 있게 가피하소서.
> 저와 다른 모든 사람들이 이생을 마치자마자
> 극락정토⁴⁴에 태어날 수 있도록 가피를 주소서.

라고 세 번 한 다음에,

> 극락정토에 태어날 수 있도록 가피를 주소서.

라고 세 번 독송하세요. '의식을 솟아오르게 하는 수행법' 등을 이전처럼 당신에게 알맞게 가능한 한 오래 동안 수행하세요. 그 다음 다시,

> 세존·여래·응공·정등각·보호주 아미타바에게

---

42 작죽마འདྲག་འཇུགས་མ་ : '풀줄기를 끼워 넣음'을 뜻한다.
43 천상: 티벳어 카쵠མཁའ་སྤྱོད་의 번역으로 직역하면 '하늘에서 행하다, 하늘을 마음껏 즐기다, 천상에서 돌아다니다(공행空行)'는 의미로, 여기서는 천상계의 공행정토를 말한다.
44 극락정토(데와쪤བདེ་བ་ཅན་, ⓢsukhavati) : 수행자가 '환생의 바르도' 중에 청정한 믿음과 충분한 공덕자량과 한곳을 향한 결심을 통해서, 그곳에 환생할 수 있는 붓다 아미타바의 서방정토를 말한다.(『티영사전』)

엎드려 절하옵니다. 공양 올립니다. 귀의합니다.

를 이전처럼 독송하고, 뺄율 사원에서 전승된 남최포와(천법왕생법天法往生法)⁴⁵라는 포와 기도문,

에마호!
정말 놀라운 보호주 아미타바
대비하신 쩬래식(관세음), 큰 힘을 성취한 바즈라빠니(금강수)께
저와 다른 모든 사람들이 오직 한 마음으로 기도합니다.
심오한 길 포와를 익힐 수 있도록 가피를 내려주소서.
저와 다른 모든 사람들이 어느 날 죽음에 이르렀을 때
의식이 대락으로 옮겨가게 되도록 가피를 주소서.

를 세 번 독송하고 마지막 줄을 세 번 반복하세요.⁴⁶ '의식을 솟아오르게 하는 수행법' 등은 이전과 같습니다.

마지막 두 개의 기도문은 롱첸닝틱의 수행지침서가 아니므로 릭진직 메링빠로부터 전승된 것이 아니지만, 족첸 린뽀체와 고첸 린뽀체 등으로부터 전승되어⁴⁷ 꺕제도둡 린뽀체에게서 하나로 합쳐진 흐름이 되었습니

---

45 남최: 티벳어 남최གནམ་ཆོས는 '하늘의 법'을 뜻하며, 데르된 밍규르 도르제(1645~1667)께서 비전으로 이 법을 받아, 발굴하여 티벳 동부지역 뺄율과 카톡의 닝마 사원에서 수행전승되고 있다. 밍규르 도르제는 까규빠의 가르침과 닝마의 가르침을 하나로 통합한 까규빠의 유명한 라마 까르마착메의 조카이며 제자이다. 남최밍규르 도르제라고도 한다.(『티영사전』)

46 세 번 독송하고 마지막 줄을 세 번 반복하세요: 티벳어 ལན་གསུམ་གྱི་ཆིག་ཀད་རྗེས་མ་ཡང་བསྒྲུར를 옮긴 것이다. 영문번역은 "이 기도문을 세 번 독송하고 마지막 두 줄은 세 번 더 독송하세요"로 되어 있으며, 중문번역은 "再重複三遍末尾一句頌詞"로 되어 있다.

47 영문본에는 "고첸 사원을 경유하여 족첸 린뽀체를 통해서, 그리고 다른 중간경로들을 통해서 전승된"으로 되어 있으며, 중문본에는 "족첸 린뽀체와 고첸 린뽀체 등이 전수한"으로 옮겨져 있다. 닝마의 법왕인 출식 린뽀체의 제자 중 한 분인 응아왕촉둡 린뽀체에 의하면, 고첸은 고첸 린뽀체를 가리키며 이분의 환생자가 현재 네팔의 팍빙에 계신다고 했다. 주46의 경우도 이분의 확인으로 '마지막 줄'이라고 옮겼다.

다. 그분이 가르치는 전통에 따라 제가 공경하는 스승께서도 가르치고 계셨습니다. 그렇지만 도둡 린뽀체에게는 닥뽀(감뽀빠)로부터 전승된 까규의 포와 수행법의 전승도 있었기 때문에 포와의 독송문이 도둡 린뽀체께서 편찬한 것에는 바로 그것에 관한 기도문도 분명히 있었겠지만, 저의 공경하는 스승께서 가르치는 전통에는 없습니다.

어떻든 다양한 모든 전승체계들이 관상차제 등에 차이가 없기 때문에 가르침의 흐름(티균བྱིད་རྒྱུན་)들이 하나의 강으로 합쳐진 것이 확실합니다. 꺕제도둡 린뽀체 앞에서 저의 공경하는 스승께서 여러 번 들으셨으며, 저의 공경하는 스승으로부터 포와의 가르침(포티འཕོ་ཁྲིད)을 받은 사람들 또한 까규의 포와에 대한 구전전승(포룽འཕོ་ལུང)도 받았을 것이므로 까규의 전승 기도문 등을 독송해도 좋다고 생각합니다. 여기에 요약된 두 가지 기도문도 둡제께서 편찬한 것과 같은 것이든 아니든, 어떻든 다른 것들과 단지 아주 조금 다르기 때문에 여기서는 공경하는 스승께서 설하신 전승(숭균གསུང་རྒྱུན)에 따라 저술했습니다.

또한 남최포와에 대한 구전전승(룽ལུང་)의 경우 공경하는 스승께서 많은 대중들에게 포와를 행하실 때, "이 사람들이 어느 날(디남 남식འདི་རྣམས་ཞིག) 수명이 다 했을 때"라고 가르치는 전통이 있는데, 의미하는 것과 맞지 않게 이해하여 요즈음 몇몇 사람들이, "이생에서 인식이 어느 날(디르 낭 남식འདི་རུང་ནམ་ཞིག) 수명이 다했을 때" 또는 "지금부터 어느 날(디내남식འདི་ནས་ནམ་ཞིག) 수명이 다했을 때" 등으로 독송하는 것은 단지 아주 조금 틀린 것이 아닌가 생각합니다.

그와 같이 거듭 반복하여 수련을 마치고 마지막에 마무리할 때가 되었을 때, 5신五身의 법계에 그것을 봉인하기 위해서, "팻"을 다섯 번 독송하세요. 그리고 희론을 여읜 실상에 평정심으로 머무르세요.

그 다음 정수리 위의 모든 전승조사들이 세 분의 주존에게 은멸隱滅됩니다. 보살 두 분도 아미타바께 은멸됩니다. 아미타바는 빛으로 녹아든 다음 자신에게 은멸됩니다. 이때 본인 자신을 순식간에 세존 보호주 아미타유스(무량수불無量壽佛)[48]로 관상하세요. 신체의 색깔은 붉고, 얼굴이 하나, 팔이 둘이며, 두 발은 금강 결가부좌로 앉아 계십니다. 두 손은 무릎 위에 선정인으로 올려놓고, 그 위에 불사의 지혜 감로가 가득 찬 장수보병을 가지고 있으며, 그 보병은 소원성취 나무 문양으로 입구가 장식되어 있습니다. 몸에는 '완벽한 기쁨의 몸(보신)'의 열세 가지 장식물로 장엄하였습니다.

그와 같이 관상하면서 "옴 아마라니 지완띠에 스와하"라고 백 번 독송하고, '아미타유스 다라니(장수 만뜨라)' 등을 독송하세요. 이 수행은 수명에 해로움이 미치지 않도록[49] 하며, 연기緣起의 진리의 힘으로 수명에 장애가 되는 것들도 물리칩니다. 따라서 이미 죽었거나 죽어가는 다른 사람에게 포와를 행하거나 본인 자신이 죽는 순간 포와를 실제 행할 때는, 이것이 필요하지 않습니다.

또한 그처럼 수련하여 능숙하게 된 징후에 대해서 기본서에서,

> 머리가 아프거나 노란 물방울이 이슬처럼 맺히거나
> 풀줄기가 천천히 들어가는 느낌 등이 생길 것이다.

라고 말한 것과 같은 징후가 생길 때까지 지속적으로 열심히 수련해야

---

48 아미타유스: 무량수불. 화신인 아미타바가 장수관정을 받아 보신으로 나타나신 분이 아미타유스(체빡메ཚེ་དཔག་མེད་, ⓢamitāyus)이다.(『티영사전』)
49 그러한 장애는 이 수행을 하는 중에 '학'을 반복해서 말할 때 잘못된 방법으로 하기 때문에 주로 생긴다. '학'은 수명을 단축시키는 소리다. 그 말을 사용할 때 배꼽 아래의 공기를 몸의 상반부로 끌어올리고, 눈은 예리하게 위를 향하도록 하라. 그와 같이 수련하면서 포와에 장애가 발생할 경우에는 몸통 상부의 공기를 눌러 아래쪽으로 가게 하여 배꼽 부근에 가득 채워라. 그리고 세 음절의 바즈라 만뜨라 '옴, 아, 훔'을 들숨·멈춤·날숨에 맞추어 독송하라. 마음을 발바닥에 집중하고 눈을 아래쪽으로 향해 응시하면 장애가 사라질 것이다.(『닝틱왼도신디』, 255쪽)

합니다.

마지막에 선행을 회향하고, '극락정토 환생기원문' 등의 기원문을 독송해야 합니다.

그와 같이 심오한 길인 포와에 대한 이 구전 가르침은, 다른 여러 가지 생기차제나 원만차제 수행법처럼 오랜 기간에 걸쳐서 수련할 필요 없이 단지 일주일만 수련하면 확실히 징후가 나타날 만큼 능숙해집니다. 그래서 '수행하지 않고 깨달음을 성취할 수 있는 법'이라고도 말하는 것 같습니다. 따라서 더할 나위 없는 이와 같은 신속한 길을 모든 사람들이 매일하는 주요 수행법으로 삼을 만합니다.

> 제 앞가림도 못하면서 고인의 머리에 쓸데없는 말을 하고
> 수행한 것도 없이 말을 차일처럼 길게 늘어놓았습니다.
> 저를 비롯해 저처럼 위선으로 가득 찬 그와 같은 사람들이
> 확고한 마음으로 수행할 수 있도록 가피를 내려 주소서.

이상이 수행하지 않고도 깨달음(불성)을 얻는 포와에 대한 가르침입니다.

가르침의 핵심요약

일반적인 외부 예비수행에 관한 여섯 가지 주요 가르침은 아래와 같습니다.

1. 수행 기회와 유리한 조건은 얻기 어려움을 사유하여 여유로운 몸을 활용하여 진정 의미 있는 것을 성취하세요.
2. 삶이 무상한 모습에 대해 사유하여 수행에 정진의 채찍을 가하세요.
3. 윤회계는 모두 고통이 본성임을 인식하여 출리심과 자비심(연민)을 일으키세요.
4. 인과의 여러 가지 측면을 이해하여 선을 행하고 불선을 멀리하세요.
5. 해탈의 이로움을 기억하여 그 결과에 대한 열망을 품으세요.
6. 청정한 스승을 따름으로서 그분의 깊은 생각(밀의)과 행동을 본받아 익히세요.

특별한 내부 예비수행에 대한 다섯 가지 주요 가르침은 아래와 같습니다.

7. 3보에 귀의하여 해탈의 길을 위한 디딤돌을 놓으세요.
8. 최상의 보리심을 일으켜 무량한 보살행의 기본골격을 만드세요.
9. 도르제셈빠 수행에 의지하여 모든 옳지 못한 행동의 뿌리인 악행과 계율 위반을, 네 가지 강력한 대치법을 써서 참회하세요.
10. 3신의 정토를 만달라 형상으로 공양 올려 모든 공덕의 뿌리인 복덕자량과 지혜자량을 쌓으세요.
11. 모든 가피의 원천인 스승께 기원하여 깨달음의 지혜를 자신의 마

음속에 일으키세요.

아래의 가르침을 포함해서 열두 가지가 핵심 가르침입니다.

12. 길을 끝까지 가기 전에 죽음이 갑자기 닥쳐온다면, 정토로 연결시키는 포와는 수행 없이 깨달음을 얻을 수 있습니다.

핵심 가르침들은 또한 윤회계로부터 마음을 돌리게 하는 네 가지 예비수행과 해탈의 이로움에 대한 숙고를 바탕으로, 진정한 출리심을 일으킬 때 모든 길의 문이 열릴 것입니다. 모든 공덕의 원천인 스승을 따름으로서, 길에 대한 성스러운 인연이 마련될 것입니다. 귀의수행으로 기초를 다지고, 수승한 보리심을 일으켜 6바라밀의 길을 닦음으로써 모든 것을 알고(일체종지―切種智) 완벽한 깨달음을 이루는(원만정등각) 청정한 길에 이르게 될 것입니다.

다른 가르침의 방식으로 세 가지 인식[1]과 세 가지 중생[2]과 현교체계의 마하무드라[3]에 대한 가르침으로 알려진 것 등이 있지만, 그러한 모든 길의 핵심을 완전히 갖추어 이 정도로 요약했습니다.

그렇지만 최상의 방편인 도르제셈빠 수행과 만달라 공양에 의지하는 장애 정화와 자량 축적, 심오한 가피를 위한 비밀의 길인 구루요가, 수행

---

[1] 세 가지 인식(냥와숨ནང་བ་གསུམ) : 사꺄파의 주요 수행법인 람데ལམ་འབྲས(도과道果) 수행의 예비수행이다. 처음에 바라밀의 길(현승)과 공통인 '세 가지 인식'의 길은 청정하지 못한 인식(마닥빼냥와མ་དག་པའི་སྣང་བ)과 요가행자의 경험에 의한 인식(낼조르남기냥와རྣལ་འབྱོར་ཉམས་ཀྱི་སྣང་བ)과 청정한 인식(닥빼냥와དག་པའི་སྣང་བ)이다. 3현분三現分.(『장한불학사전』, 1003쪽)
[2] 세 가지 중생(꼐부숨སྐྱེས་བུ་གསུམ) : 겔룩빠의 예비수행 중 하나로 중생의 근기와 능력에 따라 소중생·중중생·대중생으로 분류하여, 수행법을 하사도·중사도·상사도로 설명한다.
[3] 마하무드라(착갸첸뽀ཕྱག་རྒྱ་ཆེན་པོ) : 까규빠의 착첸이며 대수인大手印으로 한역된다.

하지 않고 깨달음을 얻는 포와에 대한 이 구전 가르침들은 이러한 방식으로 수행법을 설명하는 최상의 특별한 가르침입니다.

게다가 금강승의 핵심 가르침인 닝틱이라는 특별한 본수행에 입문하기 위해서는, 특별 예비수행을 통해서 3신三身과 마음과 릭빠(각성覺性)에 이르는 것으로 시작합니다. 그 다음 궁극적 본성으로 안내하는 가르침[4]인, '릭빠의 능력을 부여하는 관정'[5]을 수여한 다음, 이제 곧바로 본수행인 '경험에 의한 가르침'을 적나라하게 가르쳐 줍니다.[6]

모든 설명들도 매끄러운 말이나 문장의 형식에 중점을 두지 않고, 공경하는 스승의 대화체 구전 가르침의 말씀을 정확히 있는 그대로 따른 것입니다. 그리고 스승의 가르침이 오염되지 않도록 제 말이 섞여 들어가지 않도록 최대한 피했으며, 이해하기 쉽고 오로지 마음에 도움이 되도록 하는데 중점을 두면서 썼습니다.

그 외에도 감추어진 결함을 드러나게 하는 구전 가르침에 대해 특별히 별도로 말씀하신 것이 많지만, 제가 기억하고 있는 모든 것을 적절한 경우에 그때그때 보충설명처럼 추가했습니다. 또한 가르침들을 다른 사

---

4 안내하는 가르침(응오뙤ངོ་སྤྲོད་): 티벳어 응오뙤ངོ་སྤྲོད་의 의미는 '소개'이다. 직접 대면이며 따라서 '소개하는 가르침'으로도 번역될 수 있다. '릭빠의 능력을 부여하는 관정'을 수여하면서 여러 해당 본존들 각각의 의미와 각 본존들의 자세한 모습과 장엄구 등에 대해서 하나하나가 상징하는 의미를 자세하게 설명하는 가르침을 준다.(체링)

5 릭빠의 능력을 부여하는 관정(릭빼젤기왕꾸르རིག་པའི་རྩལ་གྱི་དབང་བསྐུར་) 네 가지: 명력사관정明力四灌頂. 아띠요가 족첸의 네 가지 입문으로 희론을 가진 보병관정(유희론보병관정), 희론이 없는 비밀관정(무희론비밀관정), 극히 희론이 없는 지혜관정(극무희론지혜관정), 전혀 희론이 없는 말씀관정(최극무희론사구詞句관정)이다.(『장한불교사전』, 1512쪽)

6 경험에 의한 가르침(냠티ཉམས་ཁྲིད་)을 적나라하게(마르짱두དམར་གཅང་དུ་: 발가벗고): 비유한다면 '냠티' 이전의 가르침은 스승이 몸의 형상을 설명하면서 옷을 입고 옷 속에 감추어진 몸에 대해 가르치는 것이고, 냠티는 옷을 완전히 벗고 직접 몸을 보여 주면서 가르치는 것이다.(쫌뻴 린뽀체, 체링)

람의 결함을 들여다보는 문구멍으로 생각하지 말고 내부로 돌려 자신의 허물을 들여다보는 거울로 삼아, 숨은 잘못이 자신에게 있는지 없는지 자세하게 살피세요. 만일 있다고 확인되면, 결함을 파악하여 감춰진 허물을 당장에 버리고 바른 길로 마음이 자연스럽게 갈 수 있도록 스스로 본인의 마음을 바로잡아야 합니다. 아띠샤 존자께서 다음과 같이 말씀하신 것과 같습니다.

> 최상의 정신적 친구는 감추어진 잘못을 공격하는 사람이다.
> 최상의 구전 가르침은 감추어진 결함을 정통으로 지적해 주는 것이다.
> 최상의 도움은 항상 기억하고(억념憶念) 마음을 살피는 것(정지正知)이다.
> 최상의 동기부여는 적들과 장애물 그리고 병의 고통이다.
> 최상의 방편은 어떤 것도 바로잡거나 만들어내지 않는 것[7]이다.

구전 가르침으로 감추어진 결함이 드러나게 하여 자신의 법 수행과 자신의 마음을 바로잡고, 항상 억념과 정지를 지니며, 모든 비난을 자신이 감당하면서, 단 하나의 나쁜 상념이 생기는 것까지도 그냥 놓아두지 말고, 자신의 마음을 법으로 다스리는(조복하는) 것은 매우 중요합니다. 이러한 모든 것들을 자신이 수행할 수 있는 경우에 비로소 세세생생世世生生 지속되는 방책인 법이 당신의 마음에 진정으로 도움이 되고, 스승을 따르는 것이 진정한 의미를 갖게 될 것입니다.

아띠샤 존자께서 말씀하셨습니다.

---

7 최상의 방편은 바로잡거나 만들어내지 않는 것(쩨쬐메빠ᵀⁱᵇ): 예를 들면, 병이 생기면 우리는 병의 고통으로부터 하루 속히 벗어나기 위해서 온갖 수단을 강구한다. 만일 어느 의사가 처방으로 따끈따끈한 사슴피를 마셔야 한다거나, 신선한 양의 간을 먹어야 한다고 했을 경우, 환자가 처방에 따라 먹고 곧바로 완치되었을지라도 그는 나중에 살생의 무거운 업보를 받게 된다. 따라서 방편을 강구하지 말고 오로지 법(Dharma)만을 수행해야 한다. 이번 병의 고통으로 과거의 까르마가 씻어지는 것이므로 기쁘게 생각하면서 법 수행에 대한 동기부여를 받아야 한다.(체링)

도움을 주는 최상의 방법은 법으로 들어가도록 하는 것이며
도움을 받는 최상의 방법은 법으로 마음을 돌리는 것이다.

요약하면, 지금 수행 기회와 유리한 조건을 가진 인간의 몸을 얻었으며, 자격을 갖춘 스승을 만나 심오한 구전 가르침을 얻었으니, 구차제승의 법을 수행하여 깨달음(불성)을 성취할 수 있는 기회가 지금 당신에게 있습니다. 세세생생 지속되는 방책을 확립할 수 있다면 지금 이 기회입니다. 확립할 수 없다면 그것도 바로 지금입니다. 마음을 바르게 할 수 있다면 지금이요, 바르게 할 수 없다면 그것도 바로 지금입니다. 염원하는 것이 영원히 올바른 것이 되느냐 혹은 영원히 올바르지 못한 것이 되느냐에 대한 선택의 갈림길입니다. 마치 평생에 걸쳐 백 번의 식사에 한 번 먹는 식사와 같습니다. 따라서 할 수 있을 때 태양과 같은 법으로 스스로를 자유롭게 하여,[8] 항상 죽음에 대한 생각으로 수행에 박차를 가하세요.

이생에 대한 관심을 줄이세요. 목숨과 맞바꾸는 열정으로 바른 행을 실천하고 옳지 못한 행을 멀리하도록 노력하세요. 모든 품격을 갖춘 스승을 따르면서 말씀하신 것은 어떤 것이든 기꺼이 받아 실행하세요. 마음과 심장과 가슴이 3보에 향하도록 하고, 평안하고 기쁠 때는 3보의 자비(연민)임을 알고, 힘들고 고통스러울 때는 이전에 쌓은 행동의 까르마가 남아있는 것이라 아세요. 보리심의 선한 생각을 지니고 자량을 쌓는 수행과 장애를 정화하는 수행을 열심히 하세요. 마지막으로 믿음과 공경

---

8 할 수 있을 때 태양과 같은 법으로 스스로를 자유롭게 하여: 티벳어 랑고니마최기뙨내 རང་འགོའི་མ་ཆོས་ཀྱིས་བཏོན་དུས་ 를 직역하면, '아직 태양이 비추고 있는 동안에 법으로 스스로 독립하여' 혹은 '태양과 같은 법으로 스스로를 자유롭게 하여' 정도가 된다. 영문번역은 "당신이 아직 할 수 있는 동안에 법을 이용하여 자신을 자유롭게 하여(make use of the Dharma to free yourself while you still can)"이며, 중문번역은 "밤낮으로 열심히 법을 수행하여(夜以繼日精勤修法)"로, 갸초 스님은 "하루하루 가르침대로 수행하면서"로 옮겼다.

심과 청정한 삼마야를 통해서 전승을 지닌 최고의 스승과 마음과 마음이 구분할 수 없이 하나가 되게 하세요. 이생에 '확고한 자리'를 확보하여, 연세 많은 어머니와 같은 모든 중생들을 윤회의 진흙 구덩이에서 끌어내는 용기 있는 책임을 맡으세요. 이것이 구전 가르침의 모든 핵심을 요약한 것입니다.

    이 같은 세 전승의 구전 가르침은 감로의 강물
    전승을 지닌 라마의 입에서 나온 달콤한 정수精髓
    구차제승 수행법 중에서 가장 중요한 핵심으로
    오류 없이 완벽하게 모은 것은 오직 이것뿐이니

    희론의 빈껍데기 같은 말은 완전히 버리고
    가장 심오한 수행의 핵심적인 맛을 혼합하여
    경험에 의한 구전 가르침으로 요리한 정수.
    훌륭한 이 가르침은 잘 요리된 음식과 같습니다.

    3독으로 불선을 행하는 거친 마음의 황무지를
    가르침의 금강 쟁기로 갈아 감춰진 허물을 드러내어
    올바르고 수승한 법으로 능숙하게 물을 대는 사람.
    수승한 이 가르침은 방편에 능숙한 농부와 같습니다.

    윤회에서 벗어나려는 출리심의 비옥한 농토에
    일체 중생을 위한 보리심의 씨앗을 제대로 심어
    자량 쌓고 장애 닦는 방편으로 공덕의 결실을 이루니
    수승한 이 가르침은 풍성한 수확과 같습니다.

    자신의 결함을 숨겨진 약점에서 찾아내 뿌리 뽑고

훌륭한 점(공덕)에 대해 사려 깊은 말로 백 번 격려하며
언제나 오직 도움이 되도록 헌신적으로 돌보는 사람,
거룩한 이 가르침은 마음씨 고운 유모와 같습니다.

단지 말만이 아닌 심오하고 특별한 의미를 가지고 있어
비할 바 없는 스승의 따스한 숨결이 여전히 남아 있으니
이처럼 훌륭한 가르침을 마음의 보물로 간직하는 사람은
청정하고 올바른 길에 확실히 도달하게 될 것입니다.

이타행과 수행에 마음을 다하여 전념할 수 있도록
수승한 저술은 우아하거나 시적인 언어가 아니라
일상의 평범한 말로 청정한 길을 보여주는 것이니
수승한 가르침은 보살들의 특별한 법입니다.

논서는 수많은 말들이 펼쳐져 자세하고 방대하지만
무지한 자는 마음의 좁은 공간에 집어넣기 어려우며
심오한 의미를 갖는 견해와 교리에 대한 담론도
악세에 사는 지혜가 적은 중생은 수행하기 어렵습니다.

그런 사람을 위해 이 책은 알기 쉽도록 요약하였으니
지혜가 적은 자는 마음의 작은 틈에 스며드는 황금의 정수
지혜가 낮은 자에게는 마음의 어둠을 밝혀주는 등불처럼
수승한 의미가 저절로 드러나게 하는 침착한 스승입니다.

자신의 견해는 없이 그럴듯한 말에 집착하는 학자와
기본서의 가르침이나 구전 가르침을 모르는 큰 스승도
이 수승한 구전 가르침의 정수를 마시고 나서 곧바로

수행의 핵심에 대한 활력이 분명히 증대될 것입니다.

수행법을 모르고 어둠 속에 돌을 던지는 은둔 수행자와
자신이 이런저런 선법을 수행했노라 자랑하는 수행자와
자신의 마음의 한계에 도달해 보지 못한 거짓 성취자들이
이 길을 보면 마음의 병을 치유하는 약초가 될 것입니다.

번잡한 설명과 말을 길게 늘어놓은 책을 많이 공부하고
달콤한 말로 무지개를 그림 그리는데 아무리 능숙해도
그것은 은혜로운 스승의 말씀의 전승이 아닙니다.
제가 지은 말은 이 책에 전혀 섞이지 않았습니다.

비할 바 없는 스승인 실제 붓다께서 오셔서
설역 티벳과 이 세상에 행운을 가져다 준 시기
'좋은 깔빠(현겁賢劫)'가 된 시기에서 멀지 않으니
지금도 금강 형제들이 머물러 붓다의 법을 따릅니다.

따라서 스승의 청정한 말씀을 모아 편찬하도록 한 원동력은
거룩한 스승의 은혜에서 비롯됩니다.
스승에 대한 헌신과 선한 마음에서 나온 성과에 대해
본존과 함께 저의 금강 도반들이 수희찬탄해도 좋습니다.

앞으로 세상에 나타나게 될 선연이 있는 사람들도
이 책을 보게 되면, 실제 붓다인 스승을 만난 셈이니
실제 붓다를 만난 것과 똑같은 헌신의 마음 내시기를!
스승의 핵심적인 말씀을 전하는데 틀림없으리라 생각합니다.

그와 같은 것으로부터 어떤 것을 얻게 되든지
그 선행 또한 전생에 어머니였던 모든 중생들이
훌륭한 스승의 제자가 되어 수승한 말씀을 수행하여
탐스런 열매를 만나게 되는 원인이 되도록 회향합니다.

특히 완벽한 깨달음(등각)을 얻으신 견줄 바 없는 스승
그분의 입술에서 나온 감로를 섭취하는 모든 사람들이
한 무리로 확실하게 깨달음(현각)을 성취한 후에
중생들을 이끌게 되는 것도 볼 수 있게 되기를!

수승하고 훌륭한 말씀인 감로의 정수를 드시고
가르침의 황홀한 노래에 마음을 빼앗긴 선연 있는
커다란 은혜를 입은 스승의 수제자들께서도
연꽃의 발이 금강좌 위에서 확고하게 되기를!⁹

저도 지금부터 그리고 앞으로 모든 생에 걸쳐서
최고의 스승과 그분의 제자들을 따르는 사람이 되어
그분이 무슨 말씀을 하시든 그 말씀대로 실행하여
그분을 기쁘게 하여, 제자로서 보살핌을 받게 되기를!

윤회계의 끝까지, 중생들이 존재하는 마지막까지
저의 몸과 모든 재물과 일체 선행을 함께 쌓아서
곤경에 처한 저의 연세 많은 어머니들을 모실 수 있게 되기를!
그들 모두가 완벽한 깨달음의 법을 받아 지니게 되기를!

---

9 연꽃의 발이 금강좌 위에서 확고하게 되기를!: 스승이 열반에 들면 스승을 대신하여 수제자가 스승의 최고 대리인이 되는 것이며, 연꽃의 발이 금강좌 위에 굳건히 하기를 기원하는 것은 건강하게 장수하기를 바라는 것이다.(체링)

또한 잠시 동안 보배와 같은 전승의 가피가
태양처럼 그들의 가슴속에 찬란하게 떠오르기를!
외딴 수행처에서 이생을 온전히 보내다가 마침내
비할 바 없는 스승이 계시는 그곳으로 가게 되기를![10]

---

10 비할 바 없는 스승이 계시는 그곳으로 가게 되기를!: 스승께서 붓다의 정토로 이미 가셨으므로 스승이 가 계신 곳, 즉 깨달음의 경지를 성취하게 되기를!(쌈뙬 린뽀체)

■ 뺄뚤 린뽀체의 후기

 이와 같이 롱첸닝틱에 대한 외적인 일반 수행안내서와 내적인 수행안내서는 비할 바 없는 거룩한 스승의 구전 가르침의 전승에 따라 쓰여졌습니다. 이것은 또한 예전에 부지런하고 계율을 굳건히 지키는, 저의 공경하는 스승의 제자 된마체링의 간곡한 권유로 쓰여졌습니다. 그는 본인의 마음에 분명하게 기억하고 있는 모든 것들을 비망록에 써서 저에게 주면서, "이것을 바탕으로 해서 그대가 우리 스승께서 주신 있는 그대로 구전 가르침에 대해 안내서를 꼭 쓰도록 하게"라고 진지하게 권했습니다. 그리고 특히 지극히 공경하는 스승의 '성숙과 해탈'에 관한 가르침을 지니고 있는 수제자, 뛸꾸 린뽀체 꾼상텍촉 도르제[11]께서 쓸 종이까지 주시면서 두세 번이나 거듭하여 말씀으로 권유하셨습니다.
 게다가 중생을 구호하는 거룩한 스승의 구전 가르침의 전승을 지니고 있는 모든 마음의 아들 중 첫째이며, 모든 가르침에 정통한 꾸샵 린뽀체 섄팬타얘외세르[12]께서, "공경하는 스승의 구전 가르침을 말씀하신 그대로 글로 적으면, 스승을 기억하고 헌신하는 마음을 다시 불러일으키는 데 도움이 될 것이니 반드시 쓰도록 하게"라는 말로 격려해 주셨습니다. 이밖에도 깨달음의 핵심을 성취할 때까지 버터 램프의 불꽃과 심지처럼

---

11 텍촉 도르제ཐེག་མཆོག་རྡོ་རྗེ: 1797~1867. 14대 까르마빠.
12 섄팬타얘གཞན་ཕན་མཐའ་ཡས: 1800년 출생. 롱첸닝틱의 주요법맥 보유자 중 한 분.

항상 함께 지낼 것이 확실하고, 이마의 눈처럼 사랑하는 여러 금강 형제들이, '잘 될 거야'라고 위로와 지혜로운 격려를 해주어 저로 하여금 자신감을 갖게 했습니다.

이에 따라 비할 바 없는 백 가지 성취로 머리를 장엄한 릭진장출 도르제[13]께서 오갠직메최기왕뽀[14]라는 칭호를 주셨지만, 사실은 오독의 불이 타오르는 '막된 아이'로 불리는 미천한 행동을 일삼는 자, 그 자체였습니다.

이 글은 루담오갠 삼땐최링[15]보다도 더 먼 외딴 장소에 있는 야만타까 수행처[16]에서 썼습니다. 그곳은 외딴 수행처로서 훌륭한 특성을 빠짐없이 갖추고 여러 장식물로 장엄하게 꾸며져 있습니다. 그곳에는 햇살이 비추는 따스한 맛을 정수리로 즐기며, 감로수 방울의 시원한 맛을 뿌리로 빨아들이는 나무들이 있고 넝쿨식물과 잡목, 덤불, 줄기가 있는 풀들, 다양한 종류의 나무둥걸, 여러 가지 수많은 가지들과 잎들, 꽃과 열매들이 매달려 있어, 금세공 장식과 화환 장식을 끝없이 펼쳐 놓은 틈사이로 감청색 하늘에서 보내오는 소녀의 빛나는 미소가 감로수로 가슴에 스며듭니다. 이처럼 모든 것이 주어진 장소에서 이 일을 제대로 이루어낼 수 있었습니다.

이것으로 또한 한없는 일체 중생들이

---

13 릭진장춥 도르제རིག་འཛིན་བྱང་ཆུབ་རྡོ་རྗེ་: 1745~1821. 직메링빠(1729~1798)의 주요 제자 중 한 분으로 제1대 도둡첸 린뽀체이다. 뺄뛸 린뽀체(1808~1887)가 아이였을 때 가피를 주신 분이다. 직메틴래외세르로도 알려져 있다.(영문본, 주330)
14 오갠직메최기왕뽀ཨོ་རྒྱན་འཇིགས་མེད་ཆོས་ཀྱི་དབང་པོ་: 뺄뛸 린뽀체དཔལ་སྤྲུལ་རིན་པོ་ཆེ་의 다른 이름이다. 꾼켄직메최기왕뽀ཀུན་མཁྱེན་འཇིགས་མེད་ཆོས་ཀྱི་དབང་པོ་라고도 한다.
15 루담오갠 삼땐최링: 이는 티벳에 있는 족첸 사원의 이름이다.
16 야만타까 수행처: 티벳어 직제뒤대왕뽀당འཇིགས་བྱེད་བདུད་དགྲའི་དབང་པོའི་ཕོ་བྲང་의 의미는 '야만타까를 제때 제압하는 힘을 가진 궁전'이다.

최상의 길에 의지하여,
원초불[17]의 근본 영역 안에서
완전히 자유롭게 되는 인(因)을 얻게 되기를!

---

17 원초불: 티벳어 되매뀐뽀གདོད་མའི་མགོན་པོ་를 직역하면 '본래의 보호주'로 꾼두상뽀(싸만따바드라: 보현여래)를 의미한다.

■ 잠괸꽁뛜 린뽀체의 헌사

옴 스와스띠 싣디

여섯 해탈법[18]을 지닌 꾼두상뽀의 밀의密意의 보고寶庫가
롱첸남캐닝조르(직메링빠)의 무드라로 문이 열렸으며
롱첸닝틱으로 알려져, 수승한 두 가지 성취[19]에 대해
바라는 모든 것을 줄 수 있는 커다란 힘과 가피가 있다.[20]

그 예비수행에 대한 설법을 단지 듣는 것만으로
유정들의 마음을 신속하게 변화시킬 수 있으며
직메걜와뉴구의 구전 가르침의 전승은
오걘최기왕뽀의 훌륭한 말씀의 정수다.

---

18 여섯 가지 해탈법: ①들음으로써 해탈함(퇴될ཐོས་གྲོལ་) ②몸에 걸침으로써 해탈함(딱될བཏགས་ས་གྲོལ་) ③봄으로써 해탈함(통될མཐོང་གྲོལ་) ④기억함으로써 해탈함(댄될དྲན་གྲོལ་) ⑤맛봄으로써 해탈함(뇽될མྱོང་གྲོལ་) ⑥접촉함으로써 해탈함(렉될རེག་གྲོལ་).
19 두 가지 성취: 보통의 성취와 최상의 성취.
20 세 번째와 네 번째 줄에 대해 영문본에는 "두 가지 성취로 빛나는 '롱첸닝틱'으로 널리 알려져, 그 커다란 가피는 모든 소원을 이루어 주는 힘이 있다"로 번역했으며, 갸초 스님은 "여섯 가지 해탈법을 지닌 '꾼상'은 지혜의 보고이며, 롱첸남캐닝조르(직메링빠)의 수인手印으로 열렸다. '롱첸닝틱'으로 알려져, 수승한 두 가지 성취에 대해 모든 소원을 이루어 주는 커다란 힘과 가피가 있다"로 해석했다.

항상 주어지지 않는 법보시의 문을 열기 위해
　　믿음과 재물을 다 갖춘 빼마렉둡은
　　4원만[21]과 10선을 지닌 데게 인경원의 훌륭한 책임자로
　　구름에서 목판본의 법비를 내리게 하였다.[22]

　　이 선행으로, 금강승 최상의 가르침의 빛이
　　3계에 널리 전파되어 오래도록 머물기를!
　　인연 있는 중생들이 위대한 본래 왕국을 속히 누리고
　　두 가지 의미 있는 일을 저절로 성취하기를!

라고 하는 것 또한, 처음 원고를 교정하는 것과 함께 청정한 인식을 가진 종파에 치우침 없는 분, 로되타애[23]께서 특별히 쓰신 것이다. 덕 있는 선행이 늘어나기를!

　　붓다의 가르침을 아름답게 펼쳐 보이신 롱첸빠
　　이론과 수행의 가르침에 능통하신 분 직메링빠
　　비할 바 없는 스승의 가르침을 윤회계가 다할 때까지
　　이론과 수행으로 공부하고 사유하고 수습하여 간직하기를!

라고 딜고켄쩨 린뽀체께서 말씀하셨습니다.

21　4원만(데시ཕུན་བཞི་): 티벳어 푼촉데시ཕུན་ཚོགས་ཕུན་བཞི་의 줄임말로 생각되며, 세간과 출세간의 네 가지 원만으로 재물과 소유물을 갖추는 것(노르ནོར་: ⓢArtha), 색성향미촉의 5욕락을 즐기는 것(되빠འདོད་པ་: ⓢKama), 붓다의 법이 성행하는 것(최ཆོས་: ⓢDharma), 불법을 수행하여 해탈과 열반의 경지를 얻는 것(타르빠ཐར་པ་: ⓢMoksa)이다.(『장한불학사전』, 1064쪽)
22　영문본에는 "3륜에 아무런 분별없이 법보시의 문을 열기 위해, 온전한 믿음과 재물을 가진 빼마렉둡은, 네 가지 원만과 열 가지 선행을 지닌 데게의 정신적 세간적 훌륭한 책임자로, 이 작업을 통해 구름에서 무진장한 법비를 내리게 하였다"로 옮겼다.
23　로되타애བློ་གྲོས་མཐའ་ཡས་: 1813~1899. 잠괸꽁뛸འཇམ་མགོན་ཀོང་སྤྲུལ་ 린뽀체의 다른 이름이다. 잠괸꽁뛸로되타애འཇམ་མགོན་ཀོང་སྤྲུལ་བློ་གྲོས་མཐའ་ཡས་의 줄임말이다.

■ 목판본 뻬차의 간기

이것은 다람살라 티벳 정부 쉐릭빠르캉에서 중생들을 널리 이롭게 하기 위해서 믿을 만한 원본을 라싸의 판본을 바탕으로 하여, 최근에 옵셋 인쇄기로 5백 부를 인쇄했다. 이러한 선근으로 5탁 악세에 쌓이는 정신적 쇠퇴 현상들이 저절로 줄어들고, 일체 중생들이 네 가지 원만을 향수하는 원인이 되기를!

티벳력 2106년(서기 1979년) 10월 15일
싸르와 망갈람

■ 14대 달라이 라마 존자님의 헌사

해탈과 평안의 바다로 한 맛으로 흘러드는
한량없는 수행법[24]은 유장하게 흐르는 강물
사소한 한마디 한마디로도 3독의 오염을
완전히 닦아내는 감로수, 이 훌륭한 가르침!

출판을 한 순백의 공덕이 쌓인 힘으로
수십만 청정한 법의 문이 활짝 열려서
여섯 흐름의 중생들[25] 하나도 남김없이
해탈[26]의 보고에서 주인이 되게 하소서!

샤꺄의 법을 설하는 비구 아왕로상땐진갸초께서 쓰셨습니다.[27]

---

*14대 달라이 라마 존자님의 헌사는 1979년 옵셋 인쇄한 목판본 빼차에는 없으나 2004년 쉐릭빠르캉에서 초판으로 7백 부 활자본으로 제본된 책에서 추가된 것이다.

24 수행법: 티벳어 최출ཆོས་རྒྱུན་은 여기서는 '법을 수행하는 여러 가지 방법 혹은 전승'을 의미한다.(체링)

25 여섯 흐름의 중생들: 티벳어 규웅애도와རྒྱུད་ལྔའི་འགྲོ་བ་는 '다섯 마음의 중생' 혹은 '다섯 흐름의 중생'으로 지옥, 아귀, 축생의 3악도와 인간, 천신의 선도를 합해서 5취五趣 중생을 뜻하나, 일반적으로 아수라까지 합해서 여섯 가지 중생이므로 실제로는 '6도 중생'을 의미한다.

26 해탈: 티벳어 웅에렉ངེས་ལེགས་은 '확실히 좋은 것'으로 영구안락永久安樂 혹은 결정승決定勝으로 한역된다. 항상 안락에 머물면서, 해탈과 일체지를 이룬 경지이다.(『장한불학사전』, 368쪽)

27 아왕로상땐진갸초ངག་དབང་བློ་བཟང་བསྟན་འཛིན་རྒྱ་མཚོ་는 14대 달라이 라마이다.

㈜ 14대 달라이라마 존자님은 어느 책이든 책 끝에 이 글을 덧붙여 주시므로 책의 내용과 관련하여 이 시를 해석해야 한다. 처음 두 줄을 설명한다면, "히말라야에서 발원하는 수많은 강물이 각각 이름이 다르고 흐름이 같지 않은 것(분별의 세계)처럼, 여러 가지 수행법이 다양하게 많이 있지만, 강물은 모두 물이기 때문에 그 본질은 한 맛이듯이 법도 모두 한 맛이며, 쉼 없이 흐르는 강물이 결국 바다에 도달하여 하나가 되는 것처럼, 끊임없는 정진으로 법을 수행하는 것은 마침내 완벽한 해탈과 열반의 바다(무분별의 세계)에 이르게 된다"는 의미로 설명할 수 있으며 그 다음 두 줄은, "감로수는 단 한 방울로도 독을 완전히 없애는 것과 같이 이 책의 가르침 한마디 한마디가 탐·진·치의 독을 완전히 제거할 수 있는 가르침이 되기를!"이라는 의미로 설명할 수 있다.(짬뙬 린뽀체)

■ 옮긴이 후기

이 책은 2007년 가을 끝자락에 다람살라에서 체링 선생으로부터 룽을 받고 귀국하여 번역을 시작했다. 티벳어 수업이 있는 주말을 빼고 하루 종일 사전 찾기를 1년 6개월 간 계속한 뒤 초벌 번역을 마칠 수 있었다. 그리고 재독, 삼독, 사독, 오독……. 2년 반을 묻고, 고치다 보니 어느덧 4년이 흘렀다.

내가 이 책을 번역하게 된 인연이 있다.

10년 전 두 달에 걸친 인도 배낭여행에서 나는 지난 반세기 삶과 맞먹는 경험을 했다. 그 여행에서 내 삶을 송두리째 되돌아 볼 수 있었다. 네팔의 포카라·사랑곳 오르는 길에서 운명처럼 만난 한 티벳 여성은, 나로 하여금 유년시절의 내 고향으로 빛보다 빠른 속도로 되돌아가게 했다. 그런 인연으로 티벳어를 배우기 시작하여 티벳 불교로 이어졌다.

인도 다람살라에서, 티벳인 체링 선생과 함께 한 해 동안 공부하는 중에, 그곳에 계시는 지산 스님께 『인도철학과 불교』라는 책으로 몇 개월 간 강의를 들으면서, 스님께 청해 다음 단계의 티벳어 공부를 위해 추천을 받은 책이 바로 이 『꾼상라매샬룽』이다.

처음에는 이 번역이 책으로 출판되리라고는 꿈에도 생각하지 않았다. 혼자 티벳어를 공부하면서 단어를 찾아 해석하면서 생각으로만 이해할 경우 애매한 부분이 있어도 그냥 넘어가게 되지만, 글로 옮겨 적으면 불

확실한 부분이 쉽게 드러난다는 사실을 알게 되어, 보다 그 뜻을 분명하게 공부할 목적으로 노트북에 일일이 한글로 옮겨 적었다. 결과적으로 글로 옮겨 적는 과정에서 그리고 주요 단어에 대해 각주를 다는 과정에서 나 자신이 무엇보다도 많은 공부를 하게 되었다.

출판을 하기로 마음먹고 번역을 시작할 때 무엇보다 두려운 마음이 앞섰다. 이미 어느 정도 공부와 수행이 되신 분들은 대부분 이 번역을 반대했다. 교학에 능통하지도 않고 수행경험도 없는 사람이 번역을 하게 되면, 붓다의 가르침이 제대로 전달되지 않아 번역자에게도 무거운 업이 되고, 읽는 사람에게도 도움이 되기는커녕, 부정적인 영향을 초래하게 될 것이라는 조언이었다. 그럼에도 불구하고 번역을 하기로 마음먹은 것은, 이제 불교에 대해 공부를 시작한 사람들의 목마름을 외면할 수 없었기 때문이다. 이미 이 책은 25년 전에 불어로, 18년 전에 영어로, 5년 전에 중국어로 번역된 책이 나와 지금도 여전히 서점의 진열대 앞자리를 차지하고 있다. 그런데 왜 한글로 번역된 책은 지금껏 나오지 않았느냐는 물음을 담고 있었다. 이 책은 이러한 분들의 바람을 조금이나마 충족시킬 수 있지 않을까하는 생각으로 번역하게 된 것이다.

해마다 다람살라의 달라이 라마 존자님의 법회에는 많은 한국인들이 꾸준히 참석한다. 그 중 많은 분들이 처음으로 티벳의 불교를 접하게 되나, 많은 불교 용어들이 한문용어를 그대로 차용하여, 초심자들은 이해하기 쉽지 않다. 그래서 이 번역서는 불교의 가르침이 무엇인가에 대해 알고자 하는 초심자를 염두에 두고 기획한 것이다. 특히 티벳의 불교의 근본바탕에 대한 것으로 소위 '밀교'라고 말하는 금강승에 입문하고자 하는 사람들의 바른 이해를 도모하기 위한 가르침과 수행의 안내서다.

그와 더불어 특별히 염두에 둔 것은 티벳어로 원전을 보기 위해 공부를 시작한 사람들의 입문서 역할을 할 수 있으리라는 생각이다.

지난 4년을 되돌아보면, 주요 길목마다 위대한 스승들께서 마치 내가 그 앞을 지나가기를 기다리고 계시다가 그때마다 때를 맞추어 나타난 것이라는 생각이 든다. 첫 번째 길목의 스승은 처음 인도 배낭여행을 마치고 귀국했을 때, 티벳어를 가르쳐 준 홍희정님이다. 이분은 스승의 사랑이 무엇인지를 온몸으로 보여준 분이다. 두 번째 길목의 스승은 한예순님이다. 이분은 지금까지도 한 번도 만난 적이 없는데 씽크티벳 사이트를 통해 티벳어 문법책을 보내준 보답으로 놀라운 선물을 내게 보내준 분이다. 『장한불학사전』, 『장한대조단주불학분류사전』, 『둥까르대사전』, 『밀구보전』 등 그 당시 티벳어 초심자인 내 실력으로는 넘볼 수 없는 책들을 한아름 보내왔다. 이 사전들이 없었으면 이 책을 번역할 꿈도 꾸지 못했을 것이다. 그 다음 길목에서 나타난 스승은 혜등정사의 설오 스님이시다. 티벳 불교에 제대로 입문할 수 있도록 그 길목을 안내해 주신 분이다. 그 다음 골목을 돌아 만난 분이 혜원 스님이시다. 그리고 이분의 안내로 지산 스님을 뵙게 되어 갈림길에서 길안내를 받을 수 있었다. 지산 스님으로부터 다람살라에서 불교 전반에 대한 토대가 되는 가르침을 들었다. 초벌번역을 마치고 재독, 삼독, 사독을 하면서 최종 교정을 봐줄 분으로 지산 스님을 떠올리고 있었다.

사독을 마치고 재작년 10월 네팔로 들어갔다. 20일 간의 쿰부히말 트레킹을 마치고, 그동안 번역하면서 의문나는 사항들을 가지고 닝마빠의 큰스님이나 린뽀체를 만나 뵙고 가르침을 청할 심산이었다. 카트만두의 보우다 대탑 뒤쪽에는 수많은 티벳 사원이 있고 그 중 닝마 사원도 있을 것이므로 그 안에서 찾을 생각이었는데, 인연이 닿지 않았는지 결국 다람살라로 가게 되었다. 청전 스님을 찾아뵙고 자초지종을 말씀드리니 네팔에 계신 최기니마 린뽀체를 만나면 도움을 받을 수 있을 거라고 하셨다. 어제 비행기타고 왔는데 다시 그곳으로 가야 한다니 망연해졌다. 한국음식점인 도깨비식당 이주연님의 도움으로 박수로드의 닝마 사원에서 통역을 하시는 대만 분을 찾아갔다. 그분에게 가면 최기니마 린뽀체 연락처를 알 수 있을 거라고 했다.

다음 날 닝마 사원에 찾아 갔으나 작년에 이미 떠나고, 지금은 어디 계신지 알 수 없다고 한다. 그냥 돌아서기가 아쉬워 옥상에 올라가니 깡그라 계곡의 전망이 한눈에 들어왔다. 옥상 한쪽에 옥탑 건물이 있어 벽에 붙어 있는 알림 글을 읽으면서 다음에 오면 저 법문들을 들으리라 생각하고 있었다. 그때 갑자기 문이 열리면서 한 여성이 나왔다. 문 밖에 있는 나를 보고 유창한 영어로 내게 말을 했다. '이 방에 린뽀체께서 계시며, 지금 들어가면 만날 수 있다'고. 전혀 예상치 못한 상황이라 너무나 기뻐서, 곧바로 들어가 삼배를 올린 후 사연을 말씀을 드리고 네팔에 계신다는 최기니마 린뽀체의 연락처를 여쭈었다. 알지는 못하지만 적절한 분을 만나서 번역이 잘 마무리 되었으면 좋겠다는 말씀과 함께 만일 적당한 분을 찾지 못하면, 본인이 도와 줄 수 있다고 덧붙이셨다.

이것으로 인연이 되어 매일 2시간씩 2주간에 걸쳐 의문을 여쭙고 설명을 들었다.

그날 점심 먹으러 들른 맥로드 간즈의 평화식당에서 다시 만나게 된 그 여성은 놀랍게도 한국인이었다. 그 이름도 아름다운 '릭진데된(릭빼를 지닌 평안의 등불)'이다. 이분에게서 직메링빠가 저술한 『롱첸닝틱왼도』에 대해 알게 되어 함께 서점에 가서 구할 수 있었다.

거의 끝나갈 무렵 린뽀체께서 보드가야로 가셔야 했다. 남아 있는 며칠 동안에 서둘러 끝내려고 했으나 역부족이었다. 오히려 엄중한 꾸중을 듣게 되었다. 질문을 했는데 린뽀체의 확인 질문에 대답이 막혀 버린 것이다. 서둘러 끝내려다 보니 내용을 제대로 파악하지 못한 채 질문을 올렸던 것이다. 결국 몇 십 개의 질문이 남아 있는 상황에서 린뽀체께서 보드가야로 떠나셨다. 도움을 받을 다른 분을 찾아보고 만일 찾지 못할 경우 보드가야로 오면 마무리해 주시겠다는 말을 남기고 떠나셨다. 며칠을 망설이다가 2박 3일 간의 여행 끝에 다시 만나 3일 만에 마무리했다. 마지막 수업이 끝나고 삼배를 올린 다음 "그 동안의 은혜를 어떻게 갚을 수 있을까요?"라고 여쭈었다. "은혜라니요?…… 이 책은 일반서적이 아니고, 붓다의 가르침을 전하는 것입니다. 더구나 이 책이 한국에서 처음 번역되는 것이 아닌가요? 가장 중요한 것은 가르침의 의미를 바르게 옮기는 것입니다. 티벳어, 영어, 한글, 불교를 잘 아는 분들과 수없이 검토하고 수정하세요. 나에게 보답할 은혜가 있다고 말한다면, 바로 그것뿐입니다." 나는 그 앞에서 더 이상 할 말을 잊고 눈물이 왈칵 솟구쳐 오름을 어찌 할 수 없었다. 이분이 짬뗄 린뽀체이시다.

인도에서 돌아온 2010년 이른 봄날, 잠빠초모님으로부터 지산 스님의 소식을 듣고 스님께 연락을 드렸다. 번역한 것을 점검해 줄 수 있는지 여쭙자 흔쾌히 수락하시고, 며칠 후 누추한 내 집까지 직접 오셨다. 원고를 잠깐 보시더니 조금만 손보면 되겠다고 말씀하셨다. 며칠 후 전반부를 출력하여 건네 드렸다. 그리고 닷새쯤 지나서 스님의 전화를 받았다. 드린 원고가 3백 쪽이 넘기 때문에, 아무리 짧게 잡아도 열흘 이상 걸릴 것으로 예상했는데 벌써 다 보셨다니, 엄청난 집중력이 아니면 불가능한 일이었다. 며칠 후 다시 뵙고 스님께서 교정하신 원고를 돌려받고, 나머지 절반을 건네 드렸다. 그리고는 일주일이 지나고 열흘이 지나도 무소식이었다. 끝내 전화는 오지 않았다. 아니, 올 수가 없었던 것이다. 잠빠 초모님이 스님에 대한 믿기지 않는 소식을 전해 주시는데, 도대체 자신도 어떻게 된 영문인지 알 수 없다는 것이었다. 다음날 신문에서 지산 스님이 열반하셨다는 소식을 접했다. 이 책을 지산 스님께 공경히 올립니다. 스님! 늘 평안하시기를 두 손 모아 기원합니다!

이 번역은 4년에 걸친 번역과 교정의 과정 중에 수많은 인연이 만남으로써 비로소 완성될 수 있었다. 번역이 원만히 이루어진 것은 14대 달라이라마 존자님의 가피와 둑빠 까규의 법왕이신 12대 둑첸 린뽀체와 닝마의 쨤뛸 린뽀체와 빼마왕걜 린뽀체의 가피에 힘입은 것이다. 번역에 잘못이 있다면 모두가 저의 잘못이며, 번역이 제대로 된 부분은 여러분들의 도움이 있었기 때문이다. 먼저 미천한 실력으로 번역한 것을 선뜻 출판해 주시겠다고 하고, 일일이 영문·중문과도 재차 대조해서 교정 출판해 주신 지영사의 이연창 사장님께 감사를 드린다. 한국에 계시는 티벳 스님인 게쉐하람빠 땐진남카 스님과 갸초 스님께 감사드린다. 다람살라에 계신 체링 선생님과 쨤뛸 린뽀체께서는 번역 중에 개념을 확실하게 파악하지 못한 백여 가지 세세한 질문에 그 많은 시간을 선뜻 내어 주셨으니 투체낭! 잘못된 번역이 되지 않도록 강한 채찍을 가해 주신 닝마의 켄뽀 아왕륀둡께도 투제체! 오체투지로 삼배를 올린다! 영문본을 참조하면서 직메님께도 수차례에 걸쳐 많은 질문을 했는데 일일이 답해 주었고, 중문본과 대조하면서 많은 도움을 준 최소영 님과 박성혜 님 그리고 조병진 님에게도 고마움을 전한다. 그리고 부끄러운 실력으로 시작한 번역을 살펴주신 혜능 스님과 안성두 교수님과 용수 스님께도 삼배를 올리며 감사드린다. 도움을 받은 부분에 대해 해당부분에 일일이 도와주신 분을 명기해야 도리이겠지만 그렇지 못한 점을 죄송스럽게 생각합니다.

다른 책에서 인용한 것도 일일이 허락받지 못하고 인용하였으니 너그러운 용서를 바라며 또한 감사를 올린다. 마지막으로 4년 동안을 번역에만 매진할 수 있도록 모든 뒷바라지 해준 평생의 동반자 양명희님께 고마움을 전한다.

이 책을 번역한 공덕으로, 살아 있는 모든 이들이 현재 이 삶에서 매 순간 진정한 평안과 행복을 향유하고 마지막에 이르러서도 평온하게 되기를!

2012년 정월 보드가야에서 오기열(땐진린첸 까르마꾼가) 합장

■ 참고서적

1. 『족빠첸뽀 롱첸닝틱기왼도티익 꾼상라매샐룽རྫོགས་པ་ཆེན་པོ་ཀློང་ཆེན་སྙིང་ཏིག་གི་སྔོན་འགྲོའི་ཁྲིད་ཡིག་ཀུན་བཟང་བླ་མའི་ཞལ་ལུང་།』, 오갠직메최기왕뽀 지음, Sherig Parkhang, 1979, 다람살라, India.
2. 『족빠첸뽀 롱첸닝틱기왼도티익 꾼상라매샐룽རྫོགས་པ་ཆེན་པོ་ཀློང་ཆེན་སྙིང་ཏིག་གི་སྔོན་འགྲོའི་ཁྲིད་ཡིག་ཀུན་བཟང་བླ་མའི་ཞལ་ལུང་།』, 꾼켄직메최기왕뽀 지음, Sherig Parkhang, 2004, Delhi, India.
3. 『족빠첸뽀 롱첸닝틱기왼도티익 꾼상라매샐룽རྫོགས་པ་ཆེན་པོ་ཀློང་ཆེན་སྙིང་ཏིག་གི་སྔོན་འགྲོའི་ཁྲིད་ཡིག་ཀུན་བཟང་བླ་མའི་ཞལ་ལ།』, 꾼켄직메최기왕뽀 지음, 재단법인 불타교육기금회, 2005, Taipei, Taiwan.
4. 『Words of My Perfect Teacher』, Patrul Rinpoche, Translated by Padmakara Translation Group, Vistaar Publications, 2006, Delhi, India.
5. 『普賢上師言教』, 巴珠仁波切 著, 佐欽熙日森五明佛學院 번역, 서장인민출판사, 2007, 서장, China.
6. 『닝틱왼도신디སྙིང་ཐིག་སྔོན་འགྲོའི་ཟིན་བྲིས།』, 켄첸응악왕뻴상 지음, 세르종 라마롱 응아릭낭땐롭다첸모(色達喇榮五明佛學院) 출판, 1990. 꾼상라매샐룽에 대한 깊이 있는 주석으로, 뺄뗄 린뽀체의 제자인 룽똑땐뻬니마께서 『꾼상라매샐룽』에 대해 상세하고 깊게 해설한 내용을 저자가 20대에 비망록에 기록한 것이다.
7. 『A Guide to The Words of My Perfect Teacher』, Khenpo Ngawang Pelzang, Translated by the Dipamkara Translation Group, Shambhala Publication, 2004, Boston, USA. 『닝틱왼도신디』의 영문번역이다.
8. 『Tantric Practice in Nying-ma』, Khetsun Sangpo Rinbochay, Translated and edited by Jeffrey Hopkins, Snow Lion Publications, 1996, New York, USA. 꾼상라매샐룽에 대해 케쭌상뽀 린뽀체께서 미국에서 설법한 것을 영문으로 번역 편집한 것이다.
9. 『The Dzogchen Innermost Essence Preliminary Practice』, Jigme Lingpa, Translated with commentary by Ven. Tulku Thondup, Library of Tibetan Works and Archives, 2008, 다람살라, India. 티벳어로 『롱첸닝틱왼도』이며, 꾼상라매샐룽 안에 있는 수많은 수행기도문 전문이 티벳어 및 영문번역으로 실려 있다.
10. 『Nagarjuna's Letter to a Friend』, commentary by Venerable Rendawa Zhön-nu Lo-drö, Translated by Geshe Lobsang Tharchin and Artemus B. Engle, Library of Tibetan Works and Archives, 2003, 다람살라, India. 『친우서』의 영문본으로, 『왕에게 보내는 편지』(정공 스님 번역, 하늘북, 2010)로 번역출판되었다.
11. 『깨달음에 이르는 길-람림』, 쫑카파 지음, 청전 옮김, 지영사, 2007.
12. 『밀교의 성불 원리』, 중암 역저, 정우서적, 2009.
13. 『완역 티베트 사자의 서』, 중암 역주, 정우서적, 2010.
14. 『티벳 불교의 향기』, 최로덴 지음, 대숲바람, 2005.
15. 『티베트 밀교의 명상법』, 소남갈첸 곤다 지음, 석혜능 옮김, 불광출판사, 2009.
16. 『마하무드라 예비수행』, 잠곤 꽁툴 린포체 지음, 까르마 욘땐 옮김, 지영사, 2008.
17. 『예세 초겔』, 설오 옮김, 김영사, 2004.
18. 『티베트 역사 산책』, 김규현 글 그림, 정신세계사, 2003.
19. 『티벳의 위대한 요기 밀라레파』, 라마 카지 다와삼둡 영역, 에반스 웬츠 편집, 유기천 옮김.

정신세계사, 2004.
20. 『까말라씰라의 수습차제 연구』, 중암 지음, 불교시대사, 2006.
22. 『티영사전』은 The Tibetan & Himalayan Library(www.thlib.org)의 The Tibetan Translation Tool을 의미한다.
23. 『장한불학사전』은 四川民族出版社에 발행된 『뵈갸낭된릭빼칙죄』로 『藏漢佛學詞典』으로 옮겨진다.
24. 『둥까르칙죄첸모』는 둥까르로상틴래 지음, 中國藏學出版社 발행 『東噶藏學大辭典』을 의미한다.

■ 찾아보기

(ㄱ)

가랍 도르제 111, 127, 161, 162, 257, 297, 424, 574, 580, 581, 583
가르똥잰 48
각성 415, 427, 433, 448, 633
감뽀빠 28, 345, 411, 430, 434, 435, 625
개별맞춤지옥 122, 123, 124, 125, 126, 198, 510
개인이 행한 과보 188, 196, 200
걜새 린뽀체 30
거짓말 94, 130, 171, 176, 177, 179, 192, 195, 199, 246, 248, 277, 515, 560
거친 말 90, 171, 177, 181, 193, 195, 198, 199, 213, 343, 560, 593
검은 금강요기니 501, 502
게쉐뙨빠 70
게쉐쩽아와 70
고통에 덮치는 고통 137
공덕보장 539
공덕장 39, 82, 202, 210, 211, 465
공뒤남새 482
공성 106, 217, 219, 295, 332, 342, 365, 381, 392, 406, 407, 417, 425, 426, 433, 448, 449, 473, 474, 530, 535, 561, 563
공양 올리기 260, 261, 544
공중을 돌아다니는 아귀 127, 132
관정 38, 68, 183, 231, 232, 252, 254, 268, 274, 276, 288, 315, 318, 340, 392, 455, 465, 523, 529, 559, 560, 561, 566, 567, 578, 580, 581, 582, 601, 633
광명천 74
괴창빠 525
괸빠와 349
괸뽀 도르제 68
교법과 증법 50, 55
교왕경 201, 548
구루 린뽀체 326, 558, 563
구법계 580, 582
구차제승 54, 528, 533, 547, 636
구햐삼마자 274
귀중한 밀교 경전 231
규르메텍촉맨진 604
규환지옥 116
극락정토 24, 187, 208, 623, 627
근득 611, 613, 614

금강가족 24
금강살타 24, 438, 572, 581
금강승 23, 52, 167, 215, 231, 277, 295, 308, 314, 315, 344, 440, 450, 458, 460, 464, 467, 522, 536, 633, 645
기맥 124, 142, 295, 301, 309, 312, 418, 427, 454, 617
길상밀속 574
까닥텍최 528, 599
까담빠 91, 100, 104, 402, 479, 488
까따야나 92, 129, 130, 197, 326
까르마 111, 184, 185, 189, 191, 201, 202, 203, 204, 217, 256, 333, 400, 452, 477, 577, 584, 635
까르마착메 445
까르말라가와 212
까마루빠 373
깔빠 25, 43, 50, 51, 52, 73, 85, 86, 117, 118, 155, 186, 191, 194, 298, 495, 638
꼬라 22, 164, 290, 304, 361, 378, 575, 581, 604
꾸살리 497, 499, 518
꾸샤 208
꾼두상뽀 544, 568, 644
끊음과 깨달음의 공덕 253

(ㄴ)

나가 50
나가르주나 45, 64, 77, 112, 148, 159, 163, 207, 208, 294, 382, 391, 413, 425, 441, 491, 527
나가보디 527, 587
나로빠 244, 257, 263, 264, 265, 266, 269, 271, 273, 474, 527, 609
나충뙨빠 431
난다 162
남섬부주 47, 52, 66, 129, 155, 191, 209, 570, 571
남최포와 624, 625
남퇴새 178
내장아귀 127, 128
냠메닥뽀 434
냥뗑진상뽀 586
낸뽀상와 48
네 가지 결합 434
네탕 431
능단금강경 217
닌다상개 623
닝틱 480, 522, 633

(ㄷ)
다까 24, 298, 504
다끼니 24, 123, 272, 282, 295, 297, 298, 344, 467, 504, 505, 527, 530, 531, 532, 533, 535, 536, 579, 606
다르마 13, 25, 29, 237, 269, 272, 295, 307, 308
다르마 도데 269, 272
다르마락시따 381
다르마타 517
다르모드가따 257, 259, 260, 261, 262
다마루 530, 616
닥빠걀챈 68
닥뽀 28, 80, 102, 345, 411, 430, 434, 435, 446, 474, 494, 625
단견 44, 184
달로 355
담첸 492, 493, 516, 533, 535, 580
대규환지옥 116, 117
대능인 27
대원만 5, 13, 508, 569, 572
대중생 21, 293
대초열지옥 117
대치법 198, 217, 318, 417, 423, 432, 433, 441, 442, 443, 444, 446, 448, 465, 468, 546, 570, 571, 631
대해탈경 538
더불어 즐거워하기 546
데게 124, 125, 644
데와닷따 288, 316
도괸최걀팍빠 479
도데빠 378
도둡 린뽀체 624, 625
도르제님마 449, 451
도르제셈빠 297, 349, 393, 438, 440, 443, 447, 448, 449, 450, 451, 452, 453, 456, 457, 458, 459, 463, 464, 465, 468, 469, 533, 546, 572, 631, 632
도르제창 219, 220, 530, 591, 608
도하 424, 474
돔뙨빠 164, 357, 425, 426, 433
동육마 490
둑빠 까규 409, 526, 654
등활지옥 114
디국 616
디궁꾭빠 526
따타가따 258, 452, 577, 579
땐진최펠 604
떼르뙨 590

뗀마쭈니 44
또르마 96, 131, 177, 319, 343, 414, 488, 489
똑댄 604, 606
똥렌 수행 373
뙨빠 70, 349, 393, 433
뛸슉 531, 533
띨로빠 244, 257, 263, 266, 474, 527

(ㄹ)
라뎅 사원 164
라뜨나삼바와 477
라마옹옥빠 276
라비 216
라와띠 205
랑리탕빠 167, 378
랑릭래빠 526
랑탕빠 350
래빠시와외 413
로닥 257, 267, 269, 270, 271, 272, 342, 541, 609
로카타 43
롱뙨라가 255, 268
롱첸닝틱 1, 5, 13, 309, 624, 641, 644
롱첸랍잠 297, 298, 524
롱첸랍잠빠 404, 590
롱첸빠 12, 57, 153, 155, 303, 409, 434, 480, 524, 527, 645
릭빠 415, 424, 427, 433, 564, 599, 618, 620, 622, 633
릭진직메링빠 12, 107, 192, 298, 404, 410, 423, 527, 590, 624
린첸상뽀 431
링제래빠 123

(ㅁ)
마나사로바 73
마니 22, 31, 32, 398
마르빠 80, 255, 257, 267, 269, 270, 273, 274, 275, 276, 342, 541, 609
마이뜨레야 85, 86, 160, 350, 352, 363
마이뜨리요기 380
마찍랍된 33, 499, 509, 511, 512, 515
마하까루나 382
마하요가 569, 572
만다바드리 391
만다타 91, 493
만달라 공양 216, 475, 476, 479, 480, 481, 483, 484, 486, 490, 498, 518, 544, 632
만디 174

만뜨라 독송 22, 177, 182, 183, 361, 368, 427, 440, 451, 452, 459, 461, 462, 463, 468, 469, 470, 488, 558, 575, 592
만주스리 52, 298, 363, 367
만주스리미뜨라 580, 581, 582
말라야 산 229, 573, 574
맥 139, 610
맥도 559
멜롱 도르제 404
명맥 613
명점 301, 309, 486, 561, 602, 610, 617, 620, 622
목건련 203, 204, 205, 299
몸 공양 395, 499
무간지옥 117, 118, 172, 208, 468
무구칭경 320
무루 180, 547
무분별 416, 417, 526, 614, 648
무색계 159, 194, 226
무소연 70, 434
무연 12, 354, 487, 554
무위법 53
문사수 232, 250, 435
문수보살 298, 327, 333
물 공양 389, 390, 395
미팜괸뽀 528
밀교 48, 49, 228, 230, 231, 234, 253, 254, 312, 319, 461, 469, 488, 650
밀라도르제갤챈 276
밀라래빠 255, 257, 267, 269, 270, 271, 272, 273, 274, 275, 276, 292, 302, 318, 342, 355, 390, 403, 404, 405, 413, 415, 422, 430, 432, 442, 512, 513, 514, 540, 554, 602
밀라퇴빠가 267
밑바닥에서 사는 아귀 127

(ㅂ)
바르도 38, 172, 311, 427, 601, 602, 614
바이로짜나 49, 298, 314, 477, 528, 577, 583
바이샬리 553, 554
바즈라다라 455, 557
바즈라빠니 210, 298, 572, 574, 577, 578, 579, 580, 619, 624
바즈라사뜨와 576, 577, 580, 581
바즈라야차 468
바즈라요기니 530, 534, 562, 563, 616, 619
반야바라밀다 257, 258, 259, 260, 262, 263, 275
백배참회경 48, 585
백업경 201, 202
밴궁걜 214, 215, 216
범천 53, 74, 483
법승논사 257, 262
법의 곰 105
변화하는 고통 137
별해탈계 47, 57, 215, 230, 440, 450
별해탈문 215
보드가야 47, 131, 289, 587
보디사뜨와 95, 347
보리수 47, 53
보리심 61, 63, 70, 108, 136, 178, 214, 215, 221, 226, 234, 235, 254, 255, 262, 301, 302, 309, 315, 324, 353, 354, 356, 362, 363, 365, 366, 367, 368, 370, 380, 394, 402, 407, 427, 428, 430, 431, 435, 436, 440, 444, 446, 451, 462, 463, 487, 509, 517, 579, 583, 587, 603, 605, 613, 614, 631, 632, 635, 636
보만론 294
보시 바라밀 388, 421, 423, 426
보장 77, 480, 589, 590, 623
보통의 성취 276, 312, 457, 504, 508
보현보살 368, 544, 555, 584
보현행원품 461, 489, 555
보협경 585
복덕자량 90, 251, 252, 302, 373, 427, 431, 458, 473, 474, 489, 491, 631
본래의 지혜 295, 526, 570
본래지 237, 473
본생담 41
본존 수행 22
뵌 123, 183, 319, 343, 347, 348
부동불 만뜨라 70
불선행 63, 111, 170, 171, 178, 186, 188, 199, 211, 212, 214, 218, 219, 241, 312, 316, 317, 330, 336, 397, 414, 444, 450, 548
브라흐마 53, 82, 159, 358, 376, 377, 575
비구 탕빠 95
비끄라마씰라 266
비나야경 40, 103
비루빠 474
비말라미뜨라 24, 297, 347, 404, 533, 583, 589, 590
비밀 만뜨라 19, 23, 52, 61, 123, 181, 183, 215, 218, 220, 230, 231, 273, 295, 308,

314, 315, 319, 344, 348, 396, 458, 460, 464, 467, 468, 522, 572, 581, 601
비밀주 573, 579, 580
비범한 보신 484
빠드마 24, 44, 49, 286, 288, 296, 297, 326, 380, 382, 383, 477, 516, 589
빠드마삼바와 23, 44, 49, 286, 288, 296, 297, 516, 583, 588
빠리바라자까 203, 204, 205
빠세나디 493, 547
빤디따 266
뻬마까르뽀 409
뻬마셀 326
뻬마중내 587, 590, 623
뺄댄쵀꽁 124
뻬차 262, 313, 378, 589
뽀또와 104, 106, 349, 379, 433
뿌라나까싸빠 204, 205
쁘라까사실라 350

(ㅅ)

3근본 24, 301, 309
사다쁘라루디따 257, 259, 260, 261
사라하 245, 524
사라하빠 424
사르와 니와라나 위스깜빈 584
사리자 203, 205, 291, 299
4무량심 226, 324, 325, 356, 367
4보 243, 557
4상 484
4선정 226
4섭법 230, 231, 399
사음 119, 171, 178, 179, 192
사하세계 483
사호르 531, 586
산따락시따 347, 586, 588
살생 43, 85, 116, 171, 172, 174, 175, 178, 186, 187, 189, 195, 197, 198, 199, 336, 344, 345, 346, 453, 454, 506
3륜 421, 422, 426, 554, 555
3륜 청정 421
삼마야 39, 57, 58, 61, 68, 167, 183, 230, 231, 232, 234, 235, 241, 242, 248, 314, 319, 344, 345, 396, 414, 440, 450, 455, 460, 463, 464, 465, 466, 467, 468, 504, 516, 523, 532, 536, 541, 542, 566, 568, 591, 601, 636
삼보가까야 448, 449, 619
삼애 49, 91, 586, 588

삼취경 389, 443, 444, 445, 461
상까라 441
상독뺄리 23, 534, 536, 562, 564
상제보살 257, 261
색계 159, 194
생기차제 183, 252, 274, 318, 319, 342, 427, 460, 462, 463, 466, 522, 524, 525, 532, 560, 568, 569, 572, 592, 599, 600, 601, 605, 607, 627
샤까무니 79
샤라와 379
샤오빠 359, 405
샤와리빠 245
샨띠데와 65, 208, 345
샹 린뽀체 126
샹승빠 378
섀빠 도르제 276, 580, 609
셀마 산 119, 120
섈새 488
서언 440, 574
서언장엄속 525
석궤론 28
선근 20, 220, 252, 269, 302, 311, 397, 431, 446, 484, 547, 551, 553, 554, 646
선정 바라밀 418, 421, 424, 426
선행 20, 21, 28, 38, 43, 46, 57, 69, 186, 187, 189, 190, 192, 198, 199, 200, 201, 202, 208, 209, 211, 212, 213, 214, 216, 217, 220, 221, 251, 286, 287, 294, 302, 304, 317, 318, 330, 361, 368, 380, 383, 392, 395, 396, 397, 398, 399, 406, 414, 416, 442, 446, 459, 484, 491, 541, 546, 548, 551, 552, 556, 627, 639, 645
섭바라밀다론 321
섭송 56, 101, 549, 555
섭정법경 348
성문 79, 203, 224, 226, 294, 299, 381, 468, 478, 490, 550, 552
성숙과 해탈 54, 80, 641
세간팔법 27, 69, 514, 548
세르기쭉또르 383
세속 보리심 364
셀링빠 368, 369
소지장 455, 561
송짼감뽀 48, 83, 91, 179, 333, 585, 586
쇠까 384, 385, 386, 387
수라비바드라 64, 207, 391
수미산 73, 74, 75, 91, 112, 115, 133, 158, 238, 414, 446, 481, 483, 487, 502, 549,

557
수승한 세 가지 방법 21, 221, 226, 398, 399
수희 129, 238, 239, 251, 354, 356, 446, 455, 546, 548, 549, 638
쉬로나 33, 125, 128, 130
스리싱하 297, 583
스므리띠즈나나 54
습기 20, 336, 343, 352, 439, 457, 507
습기장 455, 617
승의 보리심 365, 366, 367
승의적 지혜 523
실집 238
심성안식론 498
심향 140
싸만따바드라 23, 55, 297, 568, 569, 570
쐐기풀 403
쑤낙사뜨라 44, 245, 246, 288
쓸데없는 말 27, 171, 177, 182, 194, 195, 198, 199, 213, 248, 560, 627

(ㅇ)
아난다 33, 162, 246, 543, 575
아난다가르바 575
아누요가 569
아디찌따 575, 577, 578, 579
아띠샤 54, 56, 57, 164, 213, 215, 292, 312, 332, 357, 368, 380, 392, 393, 400, 407, 411, 422, 425, 431, 465, 489, 493, 521, 634
아띠요가 550, 569, 574, 577, 579, 581, 583, 589
아띠장엄속 525
아르사다라 531
아리야데와 97, 426
아만 511, 512, 513, 517, 537
아미타바 24, 477, 618, 619, 620, 622, 623, 626
아미타불 477, 619, 621, 622
아미타유스 626
아상가 350, 351, 352
아쇼따 210
아수라 66, 92, 157, 160, 204
아왈로키테쉬와라 12, 584, 585, 590, 618
아자따샤뜨루 316, 440, 441
아집 95, 402, 422, 432, 434, 435, 508, 513, 514, 517
아타파스 440
아파란타까 93
아홉 단계 수레 54

악의 171
악행 172, 174, 175, 178, 180, 181, 183, 186, 187, 190, 191, 194, 201, 202, 208, 209, 210, 211, 213
앙굴리말라 440, 441
약 138, 139, 174, 337, 339, 340, 410, 453
양뒬 사원 48
억념 33, 100, 217, 221, 234, 304, 359, 397, 398, 424, 427, 465, 466, 566, 634
업과지 191
업상 20, 336, 507
업장 455, 561, 587
업풍 141
엘라빠뜨라 210, 211
여의보장론 57
여의수 157, 238, 296, 481, 532
여환안식론 524
연각 54, 224, 226, 294, 299, 317, 478, 550, 552
연각불 386, 388
연단술 495
연민심 334, 337, 339, 348, 381, 451
연화 가족 24, 577
연화생 91, 347, 530, 535, 536, 558, 563, 574, 587, 589
열반경 65
염리심 58, 67, 94, 137, 154, 155, 221, 232, 255, 317, 346, 415, 416
염원의 붓다 52, 86
예르빠 80
예쉐 초걜 297, 298
예시 7인 49
예시적 지혜 523
오종육 345
오체투지 22, 244, 266, 291, 361, 411, 446, 537, 538, 540, 543, 581, 654
5탁 악세 61, 76, 229, 231, 278, 317, 431, 516, 559, 646
와수반두 350
완벽한 깨달음 52, 57, 113, 220, 224, 226, 289, 298, 306, 336, 355, 360, 363, 365, 368, 398, 410, 411, 425, 426, 427, 431, 548, 552, 554, 556, 567, 632, 639
외장아귀 127
우갠 린뽀체 531
우갠국 23, 38, 44, 49, 52, 80, 91, 141, 160, 218, 235, 286, 288, 296, 297, 332, 347, 459, 477, 516, 530, 531, 533, 534, 535, 542, 574, 579, 581, 583, 587, 589, 590,

608, 623
우갠빠 467
원만차제 183, 252, 253, 274, 318, 319, 427, 460, 462, 463, 466, 470, 522, 524, 526, 532, 568, 569, 592, 599, 600, 601, 605, 607, 627
원보리심 364, 370, 443, 446
원시지 420, 422, 455, 570, 583
원인과 결과 169, 224
원초적 지혜 450, 475, 503, 563
월등경 416
위드야다라 12, 23, 24, 277, 457, 533, 535, 560, 561, 568, 569, 570, 571, 583
유루 180, 547
유위 396, 552
6바라밀 36, 39, 40, 226, 365, 370, 388, 420, 421, 422, 424, 426, 436, 536, 632
윤회계 15, 19, 30, 36, 50, 52, 57, 58, 60, 63, 225, 226, 232, 237, 261, 278, 286, 293, 294, 306, 312, 326, 332, 346, 349, 353, 377, 380, 416, 425, 427, 438, 508, 524, 550, 617, 631, 632, 639, 645
융뙨토걜 267
은멸차제 610, 611, 613
응옥뙨최도르 275
응옥빠 540
이간질하는 말 181
이담 24, 166, 231, 244, 295, 298, 342, 429, 503, 504
이웃하는 지옥 117, 118, 120, 126
이타행 232, 374, 395, 532, 549, 637
인간계 46, 116, 134, 155, 162, 293, 544, 545, 570
인연품 77
인욕 바라밀 399, 421, 426
일곱 단계 공양법 479, 529, 536, 537
일장경 321
입보리행론 69, 330, 364, 399, 444
입행론 308

(ㅈ)
자량전 253, 296, 310, 367, 460, 478, 529, 533, 537, 546, 547
자롱카슐 326, 588
자비 12, 25, 37, 50, 51, 68, 78, 93, 106, 110, 121, 122, 126, 129, 133, 135, 167, 172, 176, 212, 219, 230, 231, 232, 234, 235, 236, 237, 238, 239, 241, 242, 252, 254, 267, 278, 285, 287, 288, 289, 291, 292, 295, 296, 301, 302, 308, 309, 310, 311, 316, 324, 332, 336, 337, 339, 340, 341, 343, 346, 348, 349, 350, 352, 353, 355, 369, 377, 381, 387, 389, 399, 402, 416, 424, 425, 427, 430, 448, 450, 453, 455, 457, 462, 463, 475, 486, 509, 517, 530, 557, 559, 569, 570, 573, 598, 599, 601, 602, 603, 618, 623, 631, 635
자성신 455, 526, 562
자애심 329, 330, 331, 332, 339, 348
자오 374
자타교환 372, 374, 380
잘못된 견해 40, 42, 43, 44, 118, 171, 184, 186, 187, 194, 195, 199, 219, 355, 406, 460, 560
잠부링 76, 83, 413, 578
잠뺄쉐넨 583
장애 45, 46, 59, 127, 165, 176, 203, 266, 276, 282, 302, 303, 309, 317, 320, 342, 350, 352, 364, 368, 373, 380, 382, 401, 411, 428, 438, 439, 440, 450, 451, 453, 454, 455, 456, 457, 462, 463, 464, 466, 467, 469, 470, 473, 475, 479, 495, 503, 504, 507, 508, 514, 524, 539, 540, 546, 559, 561, 603, 604, 626, 632, 635, 636
장엄장속 464
전륜성왕 68, 209, 210, 339, 403, 493, 543
전륜왕 82, 83, 91, 456, 481, 484, 544
전륜왕 7보 456, 484, 505, 544
정광명 101, 304, 614
정법념처경 160, 186
정신적 친구 12, 36, 57, 182, 197, 240, 241, 252, 257, 259, 277, 278, 285, 307, 317, 521, 549, 590, 634
정지 33, 100, 217, 221, 234, 304, 359, 397, 398, 465, 466, 566, 634
정진 바라밀 408, 421, 426
제개장보살 83
제따리 131
제석천 53, 91, 112, 157, 209, 260, 261, 263, 385, 575
조오 린뽀체 290, 291
조오벤 290
족첸 5, 13, 268, 299, 477, 508, 533, 561, 566, 572, 580, 589, 604, 623, 624
족첸 린뽀체 624
족첸닝틱 297
중관이취오론 382
중맥 454, 501, 602, 608, 609, 617, 620

중음 89, 140, 147, 172, 253, 254, 460, 600, 601, 602, 603, 607, 609
중중생 293
중합지옥 115, 371
즐거워함 325
증익 419, 430, 431, 435
증휘 611, 613
지관 226
지금강 25, 557, 591
지혜 바라밀 217, 418, 420, 421, 424, 426
지혜본존 346, 536
지혜자량 23, 251, 252, 373, 427, 431, 458, 473, 474, 491, 631
직메링빠 5, 412, 644, 645, 652
집밀의속 574
짜마라 562, 568
짜차 256, 315, 316, 357, 411, 542
짝성와 377
짝푸와 355
잔달리 561
잠빠 90, 138, 139, 218, 251, 290, 401, 426
쨍라따낙젠 123, 124
젠래식 298, 302, 333, 507, 624
제곰 433
쫑카빠 357
쥐 395, 498, 508, 509, 511, 512, 513, 514, 515, 517
쭉나노르부 380, 384, 386, 387, 388
쭌다 550

(ㅊ)
착메 445, 548
찬드라끼르띠 315
천신계 117, 158, 163, 263, 293, 570
청정한 인식 96, 241, 242, 246, 254, 307, 309, 310, 317, 346, 415, 430, 583, 601, 645
체카와 377
초열지옥 117
최상의 성취 276, 423, 427, 457, 491, 504, 508, 523, 527, 587
축생 42, 43, 47, 65, 66, 133, 135, 160, 188, 189, 293, 338, 347, 389, 409
출리심 60, 63, 94, 101, 163, 176, 255, 317, 346, 415, 416, 494, 631, 632, 636
출정 32
7보장 58, 404

(ㅋ)

카땀가 532, 535
카락곰충 107, 428, 521
깜빠룽빠 349, 552
크리슈나짜리야 277

(ㅌ)
타뒬 사원 48
탐심 171, 184, 194, 195
탕똥걜뽀 123, 124
된미삼보타 48, 585
투도 171, 176, 190
특별한 법신 485
특장아귀 127, 128
티벳 179, 197, 215, 220, 251, 270, 277, 333, 431, 432, 465, 489, 493, 498, 516, 533, 535, 584, 585, 587, 588, 638, 646, 649, 654
티송데짼 48, 83, 91, 298, 327, 347, 586

(ㅍ)
파담빠 27, 90, 105, 186, 192, 215, 219, 318, 372, 395, 400, 401, 435
8길상 456, 505, 544
8한지옥 121
평등심 238, 239, 325, 329
평범한 화신 484
포살계 315, 382
포와 13, 124, 159, 392, 393, 597, 599, 602, 603, 604, 606, 607, 608, 609, 610, 612, 616, 619, 621, 623, 624, 625, 626, 632, 633
포와작죽마 623
푸충와 349
풍 295, 418, 560, 610
풍기 295, 560

(ㅎ)
하얀 보시물 504, 505
하제눕충 267
하토토리낸짼 48
해골 잔 296, 501, 502, 503, 505, 534, 535, 619
해우서 76, 82
행보리심 324, 365, 370, 388, 443
헌신 5, 49, 241, 252, 253, 254, 256, 269, 287, 303, 310, 311, 367, 394, 485, 522, 523, 526, 527, 538, 558, 563, 564, 568, 621, 637, 638, 641
헤바즈라 275, 540

현관장엄론 39
현명 611
현명근득 613, 614
현명증휘 613
현우경 208, 209
혜해청문경 551
화엄경 36, 240, 243
회향 21, 57, 70, 108, 113, 121, 122, 131, 136, 220, 226, 303, 304, 311, 367, 392, 398, 399, 428, 431, 446, 459, 462, 487, 547, 548, 551, 552, 553, 554, 555, 556, 605, 627, 639
흑마술 219, 267, 268, 271, 272
흑승지옥 115
흑자재서 185
희금강속 25
희론 53, 304, 365, 458, 583, 625, 636

깨달음에 이르는 길-람림

총카파 지음 / 청전 옮김 / 신국판 변형 양장본 / 1000쪽 / 값 55,000원

티벳 불교 저술의 백미로 꼽히는 『람림(LAMRIM)』을 완역한 책이다. 저자 쫑카파는 전통적인 인도의 불교체제를 바탕으로 티벳 불교 스승들의 말씀과 전통교리에 자신의 의견을 더하여 이 책을 완성했다. 또한 부처님의 가르침과 인간 본성을 상세하게 분석하고 있다. 이 책은 좀 더 높은 차원의 티벳 불교의 독특한 밀교수행을 준비하는 수행단계를 소개하기도 하지만, 누구에게나 필요한 대중적인 가르침을 중점으로 담고 있다. 결국 모든 인간에게 소중하게 부여된 궁극적 깨달음을 향한 자유의 길을 제시하며, 학자들과 수행자들에게 훌륭한 지침서가 되어줄 것이다.

까르마빠, 나를 생각하세요

미쉘 마틴 지음 / 신기식 옮김 / 신국판 변형 반양장 / 488쪽 / 20,000원

16대 까르마빠는 인도에서 활동하다가 미국에서 열반에 들었다. 그리고 티벳에서 환생했다. 7살에 환생자로 인정되어 집중적인 교육을 받으며 천재성을 드러내던 17대 까르마빠는 새천년이 가까워오던 해에 중국의 탄압을 피해서 인도로 탈출하는 위험한 여행을 감행했다. 그의 나이 17살이었다.
17대 까르마빠의 탄생과 환생자 인정, 치열한 공부와 극적인 중국 탈출 그리고 시와 가르침이 주요 내용이다. 까르마빠의 놀라운 능력과 정신적 지도자로서의 참모습과 16명의 까르마빠들에 대한 간략한 역사를 덧붙이고 있다.
이 책을 통해 티벳 라마들이 어떻게 환생자로 인정받는지 윤회의 과정이 어떤 것인지 생생하게 알게 될 것이다.

미래는 지금이다

까르마빠 지음 / 정공 옮김 / 신국판 변형 반양장 / 246쪽 / 값 22,000원

티벳 불교의 지도자인 제17대 까르마빠의 저술로 까르마빠는 모든 중생을 이롭게 하고자 하는 바람을 이 책에서 드러내고 있다. 시, 그림, 음악, 동물, 자연을 사랑하는 까르마빠는 특히 환경에 관심이 많다. 이 책은 젊은이들을 염두에 두고 기획되었다. 매우 의미 있는 작품 사진들을 배경으로, 짧고 간결한 108가지 이야기를 전하는 까르마빠의 생생한 목소리를 당신도 들어 보기를 권한다.

달라이 라마와 함께 지낸 20년

청전 지음 / 신국판 반양장 / 360쪽 / 15,000원

20년이라는 세월 동안 천축국 인도에서 달라이 라마를 스승으로 모시고 수행하면서 히말라

야 설산들과 인도, 네팔, 티벳, 중국의 성지를 순례한 〈신왕오천축국전〉이다. 스승에게서 배운 〈큰 자비심〉을 가슴에 품고 수행하면서 여름 한철은 오지인 라닥지역에 가서 의료봉사를 하는 수행자의 맑은 기록이 당신의 가슴에 큰 감동을 전해 줄 것이다.

감뽀빠의 삶과 가르침
잠빠 맥킨지 스튜어트 지음 / 허정훈 옮김 / 신국판 변형 반양장 / 264쪽 / 15,000원

티벳 닥뽀 지역의 의사였던 감뽀빠가 가족을 잃게 된 후로, 불법 공부와 수행을 통해 스승 밀라래빠를 만나고 뛰어난 수행자가 된다. 아띠샤 스님의 까담파 전승과 수행 성취자인 띨로빠·나로빠·밀라래빠로 이어지는 마하무드라 전승을 수행한 후, 이 두 전승을 하나로 통합하는 위대한 업적을 남긴 감뽀빠의 삶과 가르침을 담고 있다. 또한 까규 법맥의 역사를 통해서 티벳 불교 까규 법맥의 형성에 있어서 스승의 중심적인 역할에 대해 자세하게 볼 수 있다.

티베트 불교문화
룬둡 소빠 지음 / 지산 옮김 / 신국판 변형 반양장 / 182쪽 / 10,000원

티벳 불교 겔룩파의 게쉐인 룬둡 소빠 스님이 티벳 불교 전반에 걸쳐 설명한 책이다. 현재 다람살라에 있는 티벳 도서관에서 티벳어와 티벳 불교를 가르치기 위한 교재로 활용되고 있다. 티벳 불교의 여러 특징과 티벳 불교 교학의 완성자인 겔룩파 창시자 쫑카빠 존자의 『람림(LAMRIM)』을 중심으로 모든 중생을 대, 중, 소 세 단계로 분류하고 각 중생들의 수행 방법에 대해 언급하고 있다.

마하무드라 예비수행
잠곤 꽁툴 린포체 지음 / 까르마 욘땐 옮김 / 신국판 변형 반양장 / 240쪽 / 12,000원

티벳 불교에서는 모든 종파들이 기초 명상을 다루고 있는데, 이 책은 그 중 까규파의 기초 명상수행인 〈4가행〉의 실제수행 대한 지침과 이론적인 설명을 담았다. 그리고 저명한 라마들의 인터뷰 내용을 통해, 수행자들이 궁금해 하는 질문에 답을 줄 것이다.

까르마빠 존자님께 배우는 사가행수행
까르마빠 오갠 틴래 도제 지음 / 까르마 출팀 뺄모 옮김 / 신국판 변형 반양장 / 252쪽 / 15,000원

까르마빠 존자님이 직접 전하는 티벳 『4불공가행』의 모든 기록.
사가행이라고도 불리는 사불공가행은 금강승 일체 법의 기초이고 수행자가 반드시 갖추어야 하는 기본과정이며 평생의 수행이라고도 할 수 있다. 존자님의 완전한 가르침과 밍규르 린포체의 자세한 해설을 다루었다.

선한 마음

17대 까르마빠 지음 / 까르마 빼마 돌마 옮김 / 신국판 변형 반양장 / 320쪽 / 20,000원

17대 까르마빠가 규또 사원을 찾아온 미국 대학생들과 3주 동안 함께 지내면서 학생들의 관심사에 대해 했던 법문을 토대로 엮었다. 우리 자신의 선한 마음을 알아보고 그 마음과 이어지는 데 가로막고 있는 모든 것들을 없애고, 이 선한 마음을 다른 사람들에게 열 수 있는 방법을 알려준다. 자기 자신을 바꾸는 것으로부터 이 세상을 바꾸고자 하는 모든 이들에게 권한다.

번뇌를 지혜로 바꾸는 수행

욘게이 밍규르 린포체 지음 / 까르마 빼마 돌마 옮김 / 신국판 변형 / 530쪽 / 18,000원

기초수행에 대한 포괄적인 가르침, 기초수행을 전통적인 방법으로 바르게 수행하는데 꼭 필요한 지침과 독자들에게 영감을 주는 추억담과 위대한 스승들의 일화, 린포체 자신이 체험한 영적인 길에 대한 통찰이 담겨 있다. 집을 지으려면 튼튼하고 견고한 기초가 필요하듯 수행에도 튼튼하고 든든한 기초가 있어야 한다. 이 책은 행복과 깨달음의 길에 이르는 안내서이다.

까말라실라의 수행의 단계

까말라실라 지음 / 오기열 옮김 / 신국판 변형 양장 / 312쪽 / 18,000원

『수습차제』는 후기 인도불교의 유가행중관파에 속하는 대학자인 까말라실라의 저작이다. 유가행중관파는 까말라실라와 그의 스승인 산따락시따에 의해 대표되는 데, 수행론에 관한 한 유가행파의 관법을 계승하면서 궁극적인 것의 해석에 있어서는 중관의 해석을 따르고 있다고 평가되고 있다. 책의 제목이 말해주듯이 본서는 불교 수행법의 정수인 지·관의 수습이 어떻게 이루어져야 하는가를 다루고 있다는 점에서 대승불교 수행에 관심을 가진 사람들에게 좋은 길라잡이가 될 수 있을 것이다. 나아가 티벳의 불교 수용사에서 삼얘의 종론으로 상징되는 인도불교와 중국불교의 논쟁은 커다란 의의를 갖고 있는데, 인도불교를 대변해 종론에 참여한 까말라실라의 관점이 여기에 표현되어 있고, 이를 바탕으로 티벳 불교가 발전하기 시작했다는 점에서도 중요한 사상사적 의미를 지닌 작품으로 일독을 권한다. 안성두 | 서울대 철학과 교수

정신문화를 귀하게 여기시는 당신을 초대합니다!

마이트리 클럽
Maitri Club

산스크리트어로 "마이트리Maitri"는 사랑을 의미하며, 한자로는 "자慈"로 표현합니다.
이 사랑은 행복을 다른 사람에게 옮겨줄 수 있는 능력을 가진 사랑입니다.
이 사랑은 모든 사람, 모든 생명에게로 확대됩니다.
이 사랑은 분별심이나 '나의 것'이라는 집착도 없습니다.
이 사랑이 있으면 인생은 평화와 기쁨과 만족으로 가득 찹니다.

도서출판 지영사는 1992년 1월에 설립되어 인문학술서를 비롯한 양서를 200여 권 출판했습니다. 2005년에 티벳불교의 중요 논서인 『깨달음에 이르는 길』(쫑카파 지음/청전스님 옮김)을 출판한 것을 계기로 18종 이상의 불교서적, 특히 티벳불교서적을 출판했습니다. 또한 2010년 『가이아 아틀라스』(노만 마이어 외/신기식 옮김)를 비롯한 생명을 귀하게 여기는 환경관련 책 5종을 출판했습니다.
2020년 지영사는 변화를 구합니다. 명상서적과 환경서적 분야는 많은 책이 출판되지도 않았고 독자층도 적은 분야입니다만, 사람과 자연 모두를 위한 가치 있는 길이라고 믿습니다. 지영사는 험난한 이 길을 가면서 정신문화를 귀하게 여기시고, 뭇 생명을 사랑하는 뜻있는 여러분의 후원회원 참여를 간곡하게 부탁드립니다. 여러분의 참여는 바로 사랑입니다.

■ 방법 ■
1. 매월 형편에 따라서 1만원, 2만원, 3만원, 5만원 (출금일, 5일 혹은 25일) 중 하나로 후원해 주시기를 간곡히 권유합니다.(방법은 온라인 자동이체입니다.)
2. 후원회원들에게는 앞으로 지영사에서 출간하는 모든 도서를 1권씩 증정하고, 도서구입 시 1권을 구입하더라도 주주에 준하는 할인을 해드립니다.
3. 네이버 블로그 〈http://blog.naver.com/maitriclub〉을 통해서 서로 교류하는 만남의 장을 갖도록 하겠습니다.
4. 궁금하신 내용은 전화나 이메일로 문의하시면 안내해 드리겠습니다.

참여해 주서서 감사합니다.

도서출판 **지영사**
서울특별시 성북구 성북로 28길 40 낙원연립 라동-101호
t. 02-747-6333 / f. 02-747-6335 e. maitriclub@naver.com
대표 이연창(010-3894-6334)

지영사후원회원
(마이트리클럽)가입신청서

도서 **지영사**
출판
서울시 성북구 성북로 28길 40
t. 02-747-6333 / f. 02-747-6335
e. maitriclub@naver.com

성 명		생 일		휴대폰		
주 소				E-mail		
				CMS자동이체		
은행명		예금주 성명		예금주 주민번호 (앞자리)		
계좌번호				출금일	☐5일	☐25일
출금액	☐10,000원	☐20,000원		☐30,000원	☐50,000원	
추천인						

[개인정보 수집 및 이용 동의]
-수집 및 이용목적: CMS 출금이체를 통한
  요금수납
-수집항목: 성명, 전화번호, 휴대폰번호, 금기관명, 계좌번호
-보유 및 이용기간: 수집, 이용 동의일로부터
  CMS 출금이체 종료일(해지일) 후 5년까지
-신청자는 개인정보 수집 및 이용을 거부할
  권리가 있으며, 권리행사시 출금이체 신청이
  거부될 수 있습니다.

동의함 ☐   동의안함 ☐

[개인정보 제3자 제공동의]
-개인정보를 제공받는자: 사단법인 금융결제원 · K소프트
-개인정보를 제공받는 자의 개인정보 이용목적:CMS출금이체
  서비스 제공 및 출금동의 확인, 출금이체 신규등록 및 해지 사실
  통지
-제공하는 개인정보의 항목: 성명, 금융기관명, 계좌번호, 생년월일,
  전화번호, (은행 등 금융회사 및 이용기관 보유) 휴대폰번호
-개인정보를 제공받은 자의 개인정보보유 및 이용기간: 출금이체
  서비스제공 및 출금동의 확인목적을 달성할 때까지
-신청자는 개인정보에 대해 금융결제원에 제공하는 것을 거부할
  권리가 있으며, 거부시 출금이체 신청이 거부될 수 있습니다.

[출금이체 동의여부 및 해지사실 통지안내]
은행 등 금융회사 및 금융결제원은 CMS제도의 안정적 운영을 위하여 고객의 (은행) 등 금융회사 및 이용기관 보유) 연락처 정보를 활용하여 문자메세지, 유선 등으로 고객의 출금이체 동의여부 및 해지사실을 통지할 수 있습니다.

상기 금융거래정보의 제공 및 개인정보의 수집 및 이용, 제3자 제공에 동의하며 CMS 출금이체를 신청합니다

※개인정보 제공동의 ☐(체크해주세요)
문자메시지, 유선 등으로 출금이체 동의여부 및 해제사실 통지안내를 위한 개인정보 제공에 동의합니다.

도서출판 지영사 후원회원 가입을 신청합니다.   20   년   월   일

신청인   인(서명)

(신청인과 예금주가 다른 경우) 예금주   인(서명)